Die Kaufkraft des Geldes

Die Kaufkraft des Geldes

Ihre Bestimmung und ihre Beziehung zu Kredit, Zins und Krisen

von

Irving Fisher
Professor der Nationalökonomie an der Yale Universität
New Haven, Connecticut
Unter Mitwirkung von HARRY G. BROWN, Dozent der Nationalökonomie an der Yale Universität

Aus dem Englischen übersetzt von IDA STECKER, durchgesehen von Professor Dr. ST. BAUER in Basel

Berlin 1916
Druck und Verlag von Georg Reimer

Dem Gedächtnis

Simon Newcombs

des großen Gelehrten, des anregenden Freundes,
des Bahnbrechers im Studium der
„Societary Circulation"
gewidmet.

Vorwort zur deutschen Ausgabe.

Dieses Buch will die Grundsätze darlegen, die die Kaufkraft des Geldes bestimmen, und diese Grundsätze dem Studium der geschichtlichen Veränderungen dieser Kaufkraft nutzbar machen. Dabei soll insbesondere die in neuerer Zeit fühlbar gewordene Steigerung der „Lebenskosten", die in allen Ländern der Welt so lebhaft erörtert wird, Berücksichtigung finden.

Wenn die hier vertretenen Grundsätze richtig sind, so hängt die Kaufkraft des Geldes — oder ihr Gegenstück, das Preisniveau — ausschließlich von fünf bestimmten Faktoren ab: 1. von der in Umlauf befindlichen Geldmenge; 2. von ihrer Umlaufsgeschwindigkeit; 3. von dem Volumen der dem Scheckverkehr unterworfenen Bankdepositen; 4. von deren Verkehrsgeschwindigkeit und 5. von der Menge der Umsätze, dem Handelsvolumen. Jede dieser fünf Größen ist scharf abgegrenzt, und ihre Beziehung zur Kaufkraft des Geldes wird durch die „Verkehrsgleichung" erschöpfend ausgedrückt. Meiner Meinung nach sollte und wird das Gebiet der Nationalökonomie, das von diesen fünf Regulatoren der Kaufkraft handelt, als exakte Doktrin anerkannt werden, die genauer Formulierung, Beweisführung und statistischer Kontrolle unterliegt.

Im Grunde genommen bestehen die wesentlichsten Thesen dieses Buches lediglich in einer neuen und erweiterten Darstellung der alten „Quantitätstheorie" des Geldes. Diese kann, wenn ihre übliche Formulierung gewissen Korrekturen unterworfen wird, noch immer als grundsätzlich richtig betrachtet werden. Es ist wohl mehr eine vorurteilsfreie Nachprüfung und Revision dieser ehrwürdigen Theorie, nicht aber ihre Verwerfung, die seit langem als Bedürfnis empfunden werden.

Die umfangreiche Literatur über das Geldwesen bietet jedoch nur sehr weniges, was einer theoretisch oder statistisch genauen Formulierung und strengen Beweisführung nahekommt.

Indem ich nun diesen Versuch eines Wiederaufbaus der Quantitätstheorie unternehme, erfüllt es mich mit Genugtuung, mich diesmal in der Volkswirtschaftstheorie eher bei einer konservativen als bei einer radikalen Stellungnahme zu ertappen. Ich empfinde es als Unfug, daß sich akademische Nationalökonomen durch das Gelärm der Interessenten zu Meinungsverschiedenheiten über die grundsätzlichen Theorien des Geldwesens verleiten ließen. Schuld daran ist die Verwirrung, die politische Streitfragen, mit denen der Gegenstand verquickt wurde, gestiftet haben.

Man hat einmal gesagt, daß selbst die Theoreme Euklids in Frage gestellt und angezweifelt würden, wenn sich eine politische Partei gegen die andere auf sie beriefe. Jedenfalls hat die „Quantitätstheorie", seitdem sie Gegenstand politischen Streites geworden ist, an Ansehen verloren, und es ist sogar so weit gekommen, daß sie von manchen als längst widerlegter Irrtum betrachtet worden ist. Die Versuche der Anhänger fauler Währungsprojekte, von der Quantitätstheorie einen unzulässigen Gebrauch zu machen — wie dies im ersten Bryanschen Wahlfeldzuge geschah —, haben manche Freunde einer gesunden Währung zur völligen Verwerfung der Quantitätstheorie bewogen. Es ist infolgedessen erforderlich, daß die Quantitätstheorie aufs neue, insbesondere in Amerika, der allgemeinen Erkenntnis zugänglich gemacht werde.

Neben der Aufgabe, die die Kaufkraft des Geldes bestimmenden Grundsätze darzulegen, setzt sich das Buch den Zweck, diese Grundsätze durch historische Tatsachen und Statistiken zu illustrieren und auf ihre Richtigkeit hin zu prüfen. Insbesondere ist das neuerliche Steigen der Preise in seinen Einzelheiten untersucht und auf seine verschiedenen Ursachen zurückgeführt worden.

Das Studium der grundsätzlichen und der tatsächlichen Fragen, die sich mit der Kaufkraft des Geldes beschäftigen, ist von weit mehr als rein akademischer Bedeutung. Solche Fragen berühren das Wohlergehen jedes einzelnen in der zivilisierten Welt. Von jeder Wendung in der Bewegung der Preise ziehen Millionen von Menschen Nutzen, während Millionen anderer durch dieselbe Bewegung zu Schaden kommen.

Seit einem Jahrhundert leidet die Welt unter periodischen Veränderungen im Preisniveau, die wechselweise Krisen und Handelsdepressionen verursachen. Nur durch die Kenntnis ihres Ursprunges und der damit verbundenen Tatsachen können solche Schwankungen in Zukunft vermieden oder abgeschwächt werden, und nur durch ihre genaue Kenntnis können die Verluste, welche diese Schwankungen nach sich ziehen, aufgehoben oder gemildert werden. Es ist nicht zu viel gesagt, wenn man behauptet, daß die Mißstände einer unbeständigen Währung zu den bedenklichsten volkswirtschaftlichen Übeln gehören, mit denen die Zivilisation zu kämpfen hat, und daß das praktische Problem, eine Lösung dieser Schwierigkeit zu finden, von internationaler Bedeutung und Tragweite ist. Nur versuchsweise habe ich ein Mittel vorgeschlagen, den Übeln der Wertschwankungen des Geldes abzuhelfen. Jedoch ist die Zeit zur Annahme irgendwelches zweckdienlichen Planes noch nicht gekommen. Was gegenwärtig vor allen Dingen notwendig ist, ist ein klares und allgemeines Verständnis der Grundsätze und Tatsachen. Zur Erreichung dieses Zieles soll dieses Buch folgendes beitragen:

1. einen Neuaufbau der Quantitätstheorie;
2. eine Erörterung der besten Form von Indexziffern;
3. einige mechanische Methoden, um die Bestimmung des Preisniveaus schaubildlich darzustellen;
4. eine praktische Methode zur Abschätzung der Umlaufsgeschwindigkeit des Geldes;
5. statistische Ermittelungen der in den Vereinigten Staaten *dem Scheckverkehr unterworfenen* Bankdepositen zum Unterschiede von den gewöhnlich veröffentlichten „individuellen Depositen";
6. eine verbesserte statistische Schätzung des Handelsvolumens und der übrigen Elemente der Verkehrsgleichung;
7. eine gründliche statistische Kontrolle der (neuaufgestellten) Quantitätstheorie des Geldes.

Da es ganz unmöglich ist, einigen dieser Gegenstände ohne Anwendung der Mathematik gerecht zu werden, so habe ich diese nach freiem Ermessen eingeführt, sie aber, soweit es angängig war, in den Anhang verwiesen. Diese Methode, nach der bereits meine früheren Bücher, *The Nature of Capital and Income* und *The Rate of Interest*, gearbeitet sind, gestattet einen fast gänzlichen Ausschluß der Mathematik aus dem Text.

In dieser, der zweiten amerikanischen Auflage folgenden deutschen Ausgabe habe ich am Schlusse des Anhanges zum XII. Kapitel einen Zusatz eingeschaltet, welcher die von Professor Wesley Clair Mitchell verbesserten Zahlen der dem Scheckverkehr unterworfenen Depositen enthält. Außerdem habe ich am Schlusse des Buches einen allgemeinen Anhang über die „Wertstabilisierung des Dollars" beigefügt.

Der größte Teil der statistischen Ergebnisse bestätigt die Schlußfolgerungen, die Professor Kemmerer in seinem wertvollen Werke *Money and Credit Instruments in their Relation to General Prices*, das während der Bearbeitung des vorliegenden Buches im Druck erschien, niedergelegt hat.

Herr Professor Kemmerer war so gütig, das ganze Manuskript durchzulesen und einer eingehenden Kritik zu unterziehen, wofür ich ihm zu großem Dank verpflichtet bin.

Aufrichtiger Dank gebührt Herrn Professor F. Y. Edgeworth vom *All Souls' College* in Oxford und Herrn Professor A. W. Flux in Manchester, die das Manuskript des Anhanges über die Indexnummern durchgesehen, kritisiert und mir wertvolle Anregungen gegeben haben.

Herrn Dr. A. Piatt Andrew, gegenwärtig zweiter Sekretär des Schatzamtes, danke ich für die Bereitwilligkeit, mit der er mir in seiner Eigenschaft als Spezialexperte der *National Monetary Commission* die Hilfsmittel dieser Kommission zur Verfügung gestellt und aus den Aufzeichnungen des Bureaus zur Kontrolle des Währungswesens das Volumen der dem Scheckverkehr unterworfenen Depositen zu den verschiedenen Zeitpunkten verflossener Jahre ausgerechnet hat; ebenso danke ich Herrn Lawrence O. Murray, *Comptroller of the Currency*, für seine gütige Mitarbeit bei solchen und ähnlichen Berechnungen. Diese wertvollen Zahlen sind die ersten ihrer Art.

Ferner danke ich Herrn Gilpin vom New York Clearing House für die Besorgung der verschiedenen Zahlen, die im Texte spezifisch aufgeführt worden sind; Herrn Richard M. Hurd, Präsident der *Lawyers Mortgage Co.*, für das Durchlesen eines Teiles des Manuskriptes und für seine wertvolle Kritik; Herrn John O. Perrin, Präsident der *American National Bank of Indianapolis*, für die Statistik über die „Aktivität" der Bankguthaben in seiner Bank, und den Beamten der *National New Haven Bank* sowie der *City Bank of New Haven* für analoge Ziffern.

Dem *Economic Journal* bin ich für die Erlaubnis, einige Teile meines Artikels über „*The Mechanics of Bimetallism*", welcher im Jahre 1894 in genanntem Journal erschien, unverändert abzudrucken, und dem *Journal of the Royal Statistical Society* für die gleiche Erlaubnis in bezug auf meinen im Dezember 1909 erschienenen Artikel über „*A Practical Method for estimating the Velocity of Circulation of Money*" zu Dank verpflichtet.

Wertvolle Dienste sind mir von einer Anzahl meiner Studenten durch das Sammeln und die Anordnung statistischer Angaben geleistet worden. Ich möchte hierbei folgende Herren erwähnen: Mr. Seimin Inaoka, Mr. Morgan Porter, Mr. N. S. Fineberg, Mr. W. E. Lagerquist, Messrs. G. S. und L. A. Dole, Dr. John Bauer, Dr. John Kerr Towles, Dr. A. S. Field, Mr. A. G. Boesel, Mr. W. F. Hickernell, Mr. Yasuyiro Hayakawa, Mr. Chester A. Phillips und Mr. R. N. Griswold. Letzterer hat die mit der Ermittlung einer Indexnummer für das Handelsvolumen verbundenen mühsamen Berechnungen vorgenommen.

Mehr als irgend jemand bin ich jedoch meinem Bruder, Herrn Herbert W. Fisher, und meinem Kollegen, Herrn Dr. Harry G. Brown, aufrichtigen Dank schuldig; dem ersteren verdanke ich eine scharfe und gründliche Kritik des ganzen Buches vom Standpunkte didaktisch einwandfreier Darstellung, dem letzteren sowohl eine allgemeine, anregungsreiche Kritik als auch Detailarbeiten zu allen Teilen des Buches. In Anerkennung der mir durch Mr. Brown geleisteten Unterstützung habe ich seinen Namen auf das Titelblatt gesetzt.

Außer der vorstehend anerkannten Unterstützung habe ich seit Veröffentlichung der ersten amerikanischen Ausgabe wichtige Anregungen, Hinweise auf Druckfehler und weitere Kritiken erhalten. Nachstehenden Herren bin ich nach dieser Richtung hin zu großem Dank verpflichtet: Major W. E. McKechnie vom indischen Sanitätsdienst in Etawah in den Vereinigten Provinzen Indiens; Professor Warren M. Persons, Colorado College, Colorado Springs, Col.; Mr. J. M. Keynes, Herausgeber des *Economic Journal*, Kings College, Cambridge; Mr. Carl Snyder, Schriftsteller, New York City; Mr. James Bonar, königl. Münzmeister in Ottawa, Canada; Professor Allyn A. Young an der Washington Universität in St. Louis, Mo.; Professor Stephan Bauer, Direktor des Internationalen Arbeitsamtes in Basel, Schweiz; Professor Wesley Clair Mitchell, New York City und Professor O. M. W. Sprague, Harvard Universität, Cambridge, Mass.

Ganz besonders aber möchte ich Herrn Professor Stephan Bauer von der Universität Basel meinen aufrichtigsten Dank für die Revision der Übersetzung aussprechen. Nur dank seiner großen Bemühung und technischen Sachkenntnis war es möglich, den an eine derartige Übersetzung gestellten Anforderungen gerecht zu werden.

Auch drängt es mich, Herrn Dr. August Carl Mahr von der Yale Universität, dessen Mitwirkung zum Gelingen der Übersetzung beigetragen hat, an dieser Stelle meinem besten Dank Ausdruck zu geben.

Und schließlich möchte ich Herrn Dr. V. Furlan in Basel, der die Güte hatte, den Anhang zu diesem Buche auf die mathematische Ausdrucksweise hin zu prüfen, meiner aufrichtigen Dankbarkeit versichern.

Die erste amerikanische Auflage (1911) hat sich in Amerika und in Europa gleichgroßer Zustimmung erfreut. Die Rezensionen, die das Buch ausführlich beurteilt haben, sind hauptsächlich folgende:

Warren M. Persons, *Quarterly Publications of the American Statistical Association*, Bd. XII, Dezember 1911.

O. M. W. Sprague, *The Quarterly Journal of Economics*, Bd. XXVI, November 1911.

David Kinley, *Journal of the American Economic Association*. 4. Serie, Nr. 5, September 1911.

E. W. Kemmerer, *Yale Review*, Bd. 1, Nr. 3, April 1912.

Wesley C. Mitchell, *Political Science Quarterly*, Bd. XXVII, S. 160 ff.

S. J. Chapman, Manchester University, *Journal of the Royal Statistical Society*, Bd. LXXIV, Teil VII, Juni 1911.

G. François, *Le Monde Economique*, Paris, November 1912.

A. Aftalion, *Revue d'Histoire des Doctrines économiques et sociales*, Paris 1911, Nr. 4.

Achille Loria, *Scientia*, Bologna, Bd. X, 1911, XX—4.

Corrado Gini, *Rivista Italiana di Sociologia*, anno XVII, fasc. II, März-April 1913.

In deutsch sprechenden Ländern haben sich die Zeitschriften: „*Conrads Jahrbücher für Nationalökonomie und Statistik*", III. Folge 44. Band, Jena 1912, S. 91 ff., das „*Archiv für Sozialwissenschaft und Sozialpolitik*", 36. Band, Tübingen 1913, S. 213 ff. und S. 548 ff., und die „*Zeitschrift für Volkswirtschaft, Sozialpolitik und Verwaltung*", Wien, 21. Band, 1912, Seite 293 ff., lebhaft mit der vorliegenden Arbeit beschäftigt. Letztere brachte eine äußerst günstige Besprechung aus der Feder des früheren Finanzministers Geh. Rat Dr. Robert Meyer in Wien. Doch befinden sich unter den Kritiken auch solche, die sich gegen die Ergebnisse des Buches richten, und es scheint besonders in Deutschland eine gewisse Voreingenommenheit gegen jede Theorie zu herrschen, die der alten Quantitätstheorie ähnelt. Aus diesem Grunde wünsche ich, daß das Buch bei den deutschen Lesern für sich selbst sprechen möge.

Yale Universität, New Haven, Conn., 4. Januar 1916.

Irving Fisher.

Ratschläge für die Leser.

1. Der *allgemeine Leser* wird sich hauptsächlich für die Kapitel I bis VIII interessieren.

2. Der *flüchtige Leser* findet den Kernpunkt des Buches im Kapitel II.

3. Die *Gegner der Quantitätstheorie* finden ihre theoretischen und statistischen Einwendungen im VIII. und XII. Kapitel erörtert.

4. *Studierenden der Währungsgeschichte* wird das XII. Kapitel empfohlen.

5. Für *Umlaufsmittelreformer* wird das XIII. Kapitel von Interesse sein.

6. Der Anhang richtet sich in der Hauptsache (doch nicht ausschließlich) an *mathematische Nationalökonomen*, die wohl wiederum vornehmlich am Anhang zum X. Kapitel über die Indexnummern (der als Ganzes gelesen werden sollte) und am § 6 des Anhanges zum XII. Kapitel über die Methode zur Feststellung der Umlaufsgeschwindigkeit besonders interessiert sein werden.

7. Der übrige Anhang zum XII. Kapitel wurde hauptsächlich für *statistische Kritiker* geliefert, um sie in den Stand zu setzen, die Richtigkeit der im Text beschriebenen Verfahren festzustellen.

8. Das X. Kapitel und dessen Anhang ist vornehmlich für *Studierende von Indexnummern* von Interesse, einem Gegenstande, der die Einen ebenso fesselt, wie er den Anderen trocken erscheint.

9. Das analytische Inhaltsverzeichnis, das Register und die laufenden Seitenüberschriften dienen der raschen Orientierung für jede Art von Leserinteressen.

10. Das Buch stellt jedoch ein vollständiges Ganzes dar, und es wird der Hoffnung Raum gegeben, daß recht viele Leser, die von besonderen Gesichtspunkten aus Einblick in das Buch nahmen, es schließlich ganz lesen möchten.

Inhaltsverzeichnis.

Analytisches Inhaltsverzeichnis.

V. Kapitel.

Indirekte Einflüsse auf die Kaufkraft.

VI. Kapitel.

Indirekte Einwirkungen (*Fortsetzung*).

VII. Kapitel.

Einwirkung der Geldsysteme auf die Kaufkraft.

VIII. Kapitel.

Einwirkung der Geldquantität und anderer Faktoren auf die Kaufkraft und ihre Wechselwirkung.

IX. Kapitel.

Die Zerstreuung der Preise macht eine Indexnummer für die Kaufkraft erforderlich.

X. Kapitel.

Die besten Indexnummern der Kaufkraft.

XI. Kapitel.

Statistischer Nachweis. Allgemeiner historischer Rückblick.

Anhang zum III. Kapitel.

Anhang zum V. Kapitel.

Anhang zum VI. Kapitel.

Anhang zum VII. Kapitel.

Anhang zum VIII. Kapitel.

Anhang zum X. Kapitel.

Anhang zum XII. Kapitel.

I. Kapitel[1]).

Begriffsbestimmungen.

§ 1.

Um die Beziehungen des in diesem Buche behandelten Problems zu dem Gesamtgebiete der Nationalökonomie klarzustellen, sind einige Grundbegriffe zu definieren.

In erster Reihe kann die *Nationalökonomie* selbst als die Wissenschaft vom *Reichtum* (wealth) und *Reichtum* als der Inbegriff materieller, im Besitze der Menschen befindlicher Gegenstände bezeichnet werden. Zum Reichtum gehören daher zwei Hauptmerkmale: Stofflichkeit und Aneignung. Nicht alle materiellen Dinge können daher im Reichtum inbegriffen werden, sondern nur solche, von denen man Besitz ergriffen hat. Weder Sonne, Mond und andere Himmelskörper, noch alle Teile der Oberfläche unseres Planeten können als Reichtum betrachtet werden, sondern nur solche Teile, welche zu menschlichem Gebrauche angeeignet worden sind. Es sind daher angeeignete Stücke der Erdoberfläche und angeeignete Gegenstände darauf, die den Reichtum bilden.

Man kann zweckmäßigerweise drei Kategorien von Reichtum unterscheiden: *Boden* (real estate), *Waren* (commodities) und *Menschen*. Unter *Boden* verstehen wir ein Stück Erdoberfläche und andere hiermit verbundene Reichtumsbestandteile — Meliorationen, wie Gebäude, Dämme, Gräben, Eisenbahnen, Straßenbauten usw. Unter *Waren* verstehen wir allen Mobiliarreichtum (mit Ausnahme des Menschen selbst), sowohl Rohmaterialien als Fertigprodukte. Es gibt nun eine besondere Warengattung — ein gewisses Fertigprodukt —, das für den in diesem Buche behandelten Gegenstand von besonderer Bedeutung ist, nämlich das Geld. Um Geld zu sein, muß eine Ware im Austausch allgemein annehmbar sein, und jede im Austausch

[1]) Dieses Kapitel bildet vornehmlich eine gedrängte Wiedergabe der Kapitel I und II des Buches des Verfassers „*The Nature of Capital and Income*“, New York (Macmillan) 1906.

allgemein annehmbare Ware sollte Geld genannt werden. Den besten Typus einer als Geld fungierenden Ware stellen heutzutage Goldmünzen dar.

Von allem Reichtum ist der *Mensch* gleichfalls eine Spezies. Seinen Pferden oder Rindern gleich ist er selbst ein materieller Gegenstand und gleich diesen der Aneignung unterworfen; denn ist er Sklave, so gehört er einem anderen an, und ist er frei, sich selbst [1]).

Obwohl jedoch der Mensch als Reichtum betrachtet werden kann, sind *menschliche Eigenschaften*, wie Geschick, Intelligenz und Erfindungsgabe kein Reichtum. Ebensowenig wie die Härte des Stahls kein Reichtum ist, sondern nur die Eigenschaft einer besonderen Art von Reichtum — harten Stahls —, so ist die Geschicklichkeit eines Arbeiters kein Reichtum, sondern nur die Eigenschaft einer anderen besonderen Art von Reichtum: „des tauglichen Arbeiters". Ebenso ist nicht die Intelligenz an sich Reichtum; dagegen ist ein intelligenter Mensch Reichtum.

Da Stofflichkeit eines der beiden Hauptmerkmale des Reichtums ist, kann jeder Reichtumsbestandteil durch physikalische Einheiten gemessen werden. Land wird in Hektaren, Kohle in Doppelzentnern, Milch in Litern und Weizen in Scheffeln gemessen. Zur Abschätzung der Quantität der verschiedenen Reichtumsbestandteile können daher die verschiedenen physikalischen Maßeinheiten angewandt werden: Längen-, Flächen-, Hohlmaße und Gewichte.

Wenn immer ein Reichtumsbestandteil mittelst einer solchen Einheit gemessen wird, so bedeutet dies zugleich den ersten Schritt zur Messung jener geheimnisvollen Größe, die „*Wert*" genannt wird. Zuweilen wird der Wert als psychisches und zuweilen als physisches Phänomen betrachtet. Obgleich aber die Wertbestimmung immer einen psychischen Prozeß, die Fällung eines Urteils, bedeutet, so ist doch die Ausdrucksweise, in der die Resultate bestimmt und bemessen werden, physikalischer Natur.

Der Klarheit wegen ist es wünschenswert, vermittelst dreier grundlegender Begriffe zum eigentlichen Wertbegriff zu gelangen. Diese sind: Übertragung, Austausch und Preis.

Unter *Übertragung* von Reichtum versteht man einen Wechsel der Eigentümer. Ein *Austausch* besteht aus zwei gegenseitigen und freiwilligen Übertragungen, von denen sich die eine auf die andere bezieht.

---

[1]) Wenn wir vorziehen, Sklaven allein und nicht freie Männer in den Begriff Reichtum einzuschließen, so müssen wir die Definition von Reichtum folgenderweise abändern: Reichtum besteht aus materiellen, vom Menschen angeeigneten Gütern seiner Außenwelt. Für den Zweck dieses Buches ist es gleichgültig, ob der engere oder weitere Begriff angewandt wird.

Wenn eine gewisse Quantität irgendwelcher Art von Reichtum gegen eine gewisse Quantität einer anderen Art umgetauscht wird, so können wir die eine der beiden Quantitäten durch die andere dividieren und erhalten damit den *Preis* der letzteren. Wenn z. B. zwei Dollar in Gold in drei Scheffel Weizen umgetauscht werden sollen, so ist der Preis des Weizens in Gold zwei Drittel eines Dollar per Scheffel, und der Preis des Goldes, in Weizen ausgedrückt, ist ein und ein halb Scheffel pro Dollar. Es ist zu beachten, daß dies die Verhältnisse zwischen zwei physischen Quantitäten sind, deren Messungseinheiten voneinander ganz verschieden sind. Die eine Ware wird in Scheffeln oder Einheiten der Weizenmenge, die andere in Dollar oder Einheiten des Goldgewichtes gemessen. Im allgemeinen ist der Preis irgendwelcher Spezies eines Reichtums bloß das Verhältnis zweier materieller Quantitäten, in welcher Weise eine jede von beiden ursprünglich auch gemessen werden mag.

Wir kommen nun schließlich zum Wertbegriff. Der *Geldwert* (value) irgendwelches Postens von Reichtum ist dessen Preis multipliziert mit seiner Quantität. Wenn daher ein halber Dollar per Scheffel der Preis des Weizens ist, so beträgt der Geldwert von hundert Scheffeln Weizen fünfzig Dollar.

§ 2.

Wir haben bisher unsere Betrachtung auf einige Ableitungen aus dem ersten der Begriffsmerkmale des Reichtums, dem seiner Stofflichkeit, beschränkt. Wir wenden uns nun dem zweiten Grundmerkmale, seiner Aneignung, zu. Reichtum *eignen* (own) bedeutet einfach das Recht, von ihm Nutzen zu ziehen, d. h. die Dienst- und Nutzleistungen (services and benefits) des Reichtums zu genießen. So kann der Eigentümer eines Laibes Brot aus ihm dadurch Nutzen ziehen, daß er es ißt, es verkauft oder anderweitig darüber verfügt. Der Besitzer eines Hauses hat das Nutzungsrecht, das ihm dadurch gebotene Obdach selbst zu genießen, es zu verkaufen oder es zu vermieten. Dieses Recht, das Recht *an* oder *auf* die Nutzleistungen des Reichtums — oder kurz das Recht auf den oder an dem Reichtum selbst — wird hier „Eigentumsrecht" oder kurzweg „*Eigentum*" genannt.

Wenn die Objekte des Reichtums stets in vollem ungeteilten Eigentum stünden, d. h. wenn keine Teilung des Eigentums — keine Teilhaberrechte, keine Gewinnanteile damit verbunden wären, ferner, wenn es keine Aktiengesellschaften gäbe, so wäre es ziemlich irrelevant, zwischen Eigentum und Reichtum zu unterscheiden. Aber das Eigentumsrecht auf ein Vermögen ist häufig geteilt, und durch diese Tatsache wird eine sorgfältige

Unterscheidung zwischen dem im Besitz befindlichen Gegenstand und den Rechten der Eigentümer notwendig. Eine Eisenbahn ist also ein Stück Reichtum. Aktien und Prioritäten sind Ansprüche auf diesen Reichtum. Jeder Inhaber von Aktien oder Prioritäten hat ein Anrecht auf einen Bruchteil des von der Eisenbahn abgeworfenen Gewinnes. In ihrer Gesamtheit umfassen diese Berechtigungen das vollständige Verfügungsrecht über die Eisenbahn oder das Eigentum an der Eisenbahn.

Ebenso wie der Reichtum können auch Eigentumsrechte gemessen werden; ihre Maßeinheiten tragen aber einen anderen Charakter. Die Einheiten des Eigentumsanrechts sind nicht physischer Natur, sondern sie bestehen aus abstrakten Ansprüchen auf die Nutzleistungen des Reichtums. Für einen Mann, der fünfundzwanzig Aktien einer Eisenbahngesellschaft besitzt, besteht das Maß seines Eigentums in fünfundzwanzig Einheiten so gut, wie wenn er fünfunzdwanzig Scheffel Weizen besäße. Was er besitzt, sind aber fünfundzwanzig Anrechte einer besonderen Gattung.

Es gibt verschiedene Einheiten zur Messung des Eigentums, wie es verschiedene Einheiten zur Bemessung des Reichtums gibt; und dieselben Begriffe der Übertragung, des Austausches, des Preises und Wertes, die auf den Reichtum Anwendung finden, können auf das Eigentum genau so gut angewandt werden.

Neben der Unterscheidung zwischen Reichtum und Eigentum soll hier noch eines anderen Unterschiedes gedacht werden. Dies ist die Unterscheidung zwischen Eigentumsanrechten und Ausweisscheinen (certificates) dieser Anrechte. Erstere sind die Anrechte auf die Benutzung des Reichtums; letztere sind nur schriftliche Beweismittel für das Vorhandensein dieser Anrechte. Der Anspruch auf die Dividenden einer Eisenbahn ist also ein Eigentumsrecht, das geschriebene Dokument indessen, durch das dieses Anrecht anerkannt wird, ist ein Ausweisschein. Das Recht auf eine Eisenbahnfahrt ist ein Eigentumsrecht; die Fahrkarte, die dieses Recht zugesteht, ist ein Eigentumsausweisschein. Das Versprechen einer Bank ist ein Eigentumsrecht; die Banknote, auf der dieses Versprechen aufgedruckt ist, ist ein Eigentumsausweis.

Jedes Eigentumsrecht, das im Austausch zur allgemeinen Annahme gelangt, kann „Geld“ genannt werden. Das gedruckte Beweismittel seiner Existenz wird ebenfalls Geld genannt. Hierdurch entstehen drei Bedeutungen des Ausdruckes Geld, nämlich: seine Bedeutung im Sinne von Reichtum; seine Bedeutung im Sinne von Eigentum [1]) und seine Bedeutung im Sinne

[1]) Siehe *K. Menger*, Handwörterbuch der Staatswissenschaften, Jena (Fischer), Bd. IV, 1910, Artikel „Geld“, Seite 565—568.

eines urkundlichen Nachweises. Vom Standpunkt volkswirtschaftlicher Analyse ist seine Bedeutung im Sinne von Eigentum die wichtigste.

Das Eigentumsanrecht in dem oben angenommenen Sinne ist das Recht auf die Dienstleistungen, auf die Nutzungen oder Nutzleistungen des Reichtums. Unter *Nutzleistungen* (benefits) des Reichtums sind die wünschenswerten Ergebnisse, die mittelst des Reichtums erzielt werden, zu verstehen. Ebenso wie Reichtum und Eigentum, können auch die Nutzleistungen gemessen werden; es tragen jedoch ihre Maßeinheiten wieder einen anderen Charakter. Nutzleistungen werden entweder „nach der Zeit" berechnet, wie die Dienstleistungen eines Gärtners oder eines Wohnhauses; oder „stückweise", wie der Gebrauch eines Pfluges oder eines Telephons. Und die nämlichen Begriffe von Übertragung, Austausch, Preis und Wert, die in bezug auf den Reichtum und das Eigentum angewandt werden, gelten ebenso für die Nutzleistungen.

Die *Nutzleistungen* (benefits) des Reichtums, von welchen wir gesprochen haben, müssen aber von der *Nutzbarkeit* des Reichtums deutlich unterschieden werden. Unter dem einen sind wünschenswerte Ergebnisse und unter dem anderen die Wünschbarkeit dieser Ergebnisse zu verstehen. Das eine liegt gewöhnlich außerhalb des subjektiven menschlichen Ermessens, das andere hängt stets von ihm ab.

Wann immer wir von Ansprüchen auf Nutzleistungen sprechen, beziehen sich diese auf *zukünftige* Nutzleistungen. Der Eigentümer eines Hauses. besitzt das Recht, es vom gegenwärtigen Augenblick an bis auf weiteres zu benutzen. Sein bisheriger Gebrauch ist verfallen und nicht mehr dem Eigentumsrecht unterworfen.

Der Ausdruck „*Güter*" wird in diesem Buche einfach als geeigneter Kollektivausdruck gebraucht, der *Reichtum*, *Eigentum* und *Nutzleistungen* umfaßt. Übertragung, Austausch, Preis und Wert der Güter nehmen unzählige Formen an. Unter den Begriff des Preises fallen in voller Anwendung auf alle Güter auch Mieten, Löhne, Zinsraten, in Geld und in Quantitäten anderer Güter ausgedrückte Preise. In diesem Buche werden wir aber hauptsächlich *auf die in Geld ausgedrückten Preise von Gütern* eingehen.

§ 3.

Über das Verhältnis des Reichtums, des Eigentums und der Nutzleistungen zur *Zeit* ist bisher wenig gesagt worden. Eine gewisse Menge von Gütern kann entweder eine Quantität sein, welche zu einem besonderen Zeit*punkt* vorhanden ist, oder sie kann eine Quantität sein, die während einer gewissen Zeit*periode* produziert, verbraucht, transportiert oder umgetauscht wird. Die erstere Gütermenge ist eine Bestandmasse (stock) oder ein *Güterfond* (fund), die zweitgenannte Quantität befindet sich im Flusse; sie ist ein *Güterstrom* (flow or stream). Der Gesamtbestand von Weizen in einer Mahlmühle an irgendeinem bestimmten Tage ist ein Weizenfond, während der ein- und ausgehende monatliche oder wöchentliche Bestand einen Weizenstrom darstellt. Die Menge der geförderten Kohle in den Vereinigten Staaten, die zu einem gewissen Zeitpunkt vorhanden ist, ist ein Fond geförderter Kohle; was wöchentlich hinzugefördert wird, bildet einen Kohlenstrom.

Diese Unterscheidungen finden vielfache Anwendung; z. B. auf das Verhältnis des Kapitals zum Einkommen. Eine Güterbestandmasse, gleichviel ob Reichtum oder Eigentum, die zu einem gewissen Zeitpunkt vorhanden ist, heißt *Kapital.* Der Strom der Nutzleistungen eines solchen Kapitals während einer Zeitperiode heißt „*Einkommen*". Das Einkommen bildet daher eine bedeutsame Art volkswirtschaftlicher Ströme. Außer dem Einkommen kann man drei Hauptklassen volkswirtschaftlicher Ströme unterscheiden, die — je nachdem — Veränderungen durch *Wirtschaftsprozesse* (wie: Produktion und Konsumtion), Veränderungen durch *räumliche Verschiebungen* (wie: Transport, Ausfuhr und Einfuhr) oder Veränderungen durch Wechsel des Eigentumsrechtes, die wir bereits „Übertragungen" genannt haben, darstellen. Der Handel ist ein Strom von Übertragungen. Er ist, sei er Außen- oder Innenhandel, einfach der Austausch eines Stromes übertragener Rechte an Gütern gegen einen gleichwertigen Strom übertragenen Geldes oder von Geldersatzmitteln. Der letztere dieser beiden Ströme wird der „Umlauf" des Geldes genannt. Die Gleichung zwischen den beiden Strömen wird die „*Verkehrsgleichung*" (equation of exchange) genannt und gerade diese Gleichung ist es, die das Hauptproblem dieses Buches bildet.

II. Kapitel.

Beziehungen der Kaufkraft des Geldes zur Verkehrsgleichung.

§ 1.

Wir definieren das Geld als das, *was im Austausch für Güter allgemein zur Annahme gelangt* [1]). Die Leichtigkeit, mit der das Geld also ausgetauscht werden kann, oder seine allgemeine Annehmbarkeit bildet sein charakteristisches Unterscheidungsmerkmal. Die allgemeine Annehmbarkeit kann durch das Gesetz besonders erzwungen werden; dadurch wird das Geld ein sogenanntes „gesetzliches Zahlungsmittel" (legal tender); doch ist dieser Zwang nicht das wesentliche. Um irgendeinem Gute die Bedeutung des Geldes zu geben, ist nur erforderlich, daß die allgemeine Annahme damit verknüpft ist. An der Landesgrenze gelten manchmal Goldstaub oder Goldklumpen als Geld ohne irgendwelche gesetzliche Sanktion. In der Kolonie Virginia war es Tabak. Bei den Indianern in New England galt der Wampum als Geld. „In Deutsch-Neu-Guinea werden die gebogenen Hauer des Ebers als Geld benutzt. In gleicher Weise werden in Kalifornien die Köpfe roter Vögel verwendet" [2]). In Melanesien kommen Steine und Muscheln als Geld in Anwendung [3]). „In Birma sind es chinesische Spielmarken, welche als Geld dienen. Man sagt, daß in Südamerika die von Straßenbahngesellschaften herrührenden Kautschukmarken ähnlich kursieren" [4]). Vor nicht allzulanger Zeit gelangten in einer Stadt im Staate New York ähnliche Wertzeichen in lokalen Umlauf, bis ihre Ausgabe durch die Regierung der Vereinigten Staaten verboten wurde. In Mexiko bediente man sich als Geld großer Kakaobohnen von verhältnismäßig geringer Qualität, und an der Westküste Afrikas wurden kleine Matten als solches verwandt [5]). Diese Aufzählung könnte bis ins Unendliche fortgesetzt werden. Aber was auch immer die Substanz des Artikels sein mag, es ist seine allgemeine Austauschbarkeit, die ihn zum Geld macht.

[1]) Erörterungen über genaue Begriffsbestimmungen des Geldes finden sich bei: A. Piatt Andrew, „*What ought to be called Money*" im *Quarterly Journal of Economics*, Bd. XIII; Jevons, *Money and the Mechanism of Exchange*, London (Kegan Paul) and New York (Appleton), 1896; Palgrave, *Dictionary of Political Economy*; Walker, *Money* und in anderen Monographien und Lehrbüchern.

[2]) Sumner, *Folkways*, Boston (Ginn), 1907, S. 147.

[3]) A. a. O. S. 150.

[4]) A. a. O. S. 148.

[5]) A. a. O. S. 148.

Andererseits kann sogar das, was als gesetzliches Zahlungsmittel erklärt worden ist, durch allgemeinen Brauch seines praktischen Geldcharakters entkleidet werden. Während des Bürgerkrieges versuchte die amerikanische Regierung Fünfzigdollarnoten, die 7,3 % Zinsen eintragen sollten, in Umlauf zu setzen, so daß die Zinsen den sehr leicht ausrechenbaren Betrag eines Cents per Tag ergaben. Es gelang jedoch nicht, den Notenumlauf zu sichern. Trotz der Anstrengungen, ihren Austausch zu erleichtern, zog man vor, sie der Zinsen wegen zu behalten [1]). Geld trägt nie Interessen, außer in dem Sinne, daß sein Gebrauch im Austauschprozesse Vorteil bringt. Diese Bequemlichkeit ist die spezielle Dienstleistung des Geldes, und dies macht den scheinbaren Zinsverlust wett, den die Verwahrung des Geldes in unserer Tasche an Stelle seiner Anlage nach sich zieht.

Es gibt verschiedene Stufen der Austauschbarkeit, die überschritten werden müssen, bevor wir zum wirklichen Gelde gelangen. Unter allen Gattungen von Gütern ist Grundbesitz vielleicht am *wenigsten* austauschbar. Nur wenn zufällig gerade die Person gefunden wird, die das Grundstück benötigt, kann es ausgetauscht werden. Eine Hypothek auf Grund und Boden ist um einen Grad leichter auswechselbar. Doch selbst eine Hypothek ist schwerer austauschbar als ein bekanntes und sicheres Privateffekt und ein solches Wertpapier weniger leicht austauschbar als ein Staatspapier. Es kommt tatsächlich häufig vor, daß Personen nur zu vorübergehender Kapitalsanlage Staatspapiere kaufen, um sie wieder zu verkaufen, sobald höherverzinsliche dauernde Kapitalanlagen erhältlich sind. Ein Wechsel ist um einen Grad leichter austauschbar als ein Staatspapier; eine Tratte auf Sicht ist um einen Grad leichter umzusetzen als ein Wechsel, während ein Scheck beinahe ebenso austauschbar ist als Geld selbst. Jedoch keines dieser Papiere ist wirkliches Geld, denn keines derselben gelangt zur „*allgemeinen* Annahme".

Wenn wir unsere Aufmerksamkeit auf gegenwärtige und normale Verhältnisse, sowie auf die Tauschmittel konzentrieren, die entweder Geld oder annähernd Geld sind, so werden wir finden, daß das Geld selbst zu einer allgemeinen Klasse von Eigentumsrechten gehört, die wir „Umlaufsmittel" (currency) oder „Tauschmittel" (circulating media) nennen wollen. Die Umlaufsmittel umfassen jedweden Typus von Eigentumsrechten, die, gleichviel ob allgemein annehmbar oder nicht, in ihrem Hauptzweck und ihrem Gebrauche nach faktisch als Tauschmittel dienen.

Man unterscheidet zwei Klassen dieser Tauschmittel: 1. Geld, 2. Bank-

---

[1]) Vgl. Jevons, *Money and the Mechanism of Exchange*, S. 245.

depositen, welch letztere im nächsten Kapitel ausführlich behandelt werden. Mittels der Schecks dienen die Bankdepositen als Zahlungsmittel im Austausch für andere Güter. Ein Scheck ist der „Ausweisschein" oder das Beweismittel der Übertragung von Bankdepositen. Er ist nur unter Zustimmung des Empfängers annehmbar; er würde im allgemeinen von dritten Personen nicht akzeptiert werden. Dennoch fungieren die Bankdepositen vermittelst der Schecks gegenwärtig als Tauschmittel sogar in größerem Maße als Geld. Vom praktischen Standpunkte aus sind Geld und dem Scheckverkehr unterworfene Bankdepositen die einzigen Zirkulationsmittel. Wenn Postanweisungen und telegraphische Übertragungen mit inbegriffen werden sollen, müssen diese als Übertragungsausweise besonderer Depositen betrachtet werden; das Post- oder Telegraphenamt dient zum Zwecke dieser besonderen Geschäftsvorgänge als Depositenbank.

Obgleich aber ein durch Scheck übertragenes Bankdeposit den Umlaufsmitteln zuzurechnen ist, so ist es doch kein Geld. Eine Bank*note* hingegen ist ebensogut Zirkulationsmittel wie Geld. Zwischen diesen beiden liegt die endgültige Grenzlinie der Unterscheidung, was Geld ist und was kein Geld ist. Allerdings ist diese Linie überaus fein gezogen, besonders wenn es sich um Kassenschecks oder mit der Annahmeerklärung der bezogenen Bank versehene „zertifizierte" Schecks handelt, denn letztere sind fast identisch mit Banknoten. Beide begründen Forderungsansprüche an eine Bank, und beide erteilen dem Inhaber das Recht, Geld zu erheben. Aber während eine Note im Austausch *allgemein* annehmbar ist, ist ein Scheck nur *speziell* annehmbar, d. h. nur unter der Zustimmung des Empfängers. Reale Geldansprüche akzeptiert der Empfänger ohne weiteres, denn dazu wird er entweder durch Gesetze betreffend die gesetzlichen Zahlungsmittel oder durch eingewurzelten Brauch bewogen [1]).

Es gibt zwei Arten realen Geldes: Bargeld (primary) und Kreditgeld (fiduciary). Es wird Bargeld genannt, wenn es aus einem Gute besteht, das in irgendeiner anderen Verwendung wie zu Geldzwecken genau denselben Wert besitzt. Unabhängig von irgendeinem anderen Reichtum besitzt das Bargeld seinen vollen Eigenwert. Kreditgeld hingegen ist Geld, dessen Wert teilweise oder gänzlich von dem Vertrauen abhängt, daß der Besitzer es für andere Güter auswechseln kann, wie z. B. gegen Bargeld auf einer Bank oder an einer Staatskasse, oder daß er jedenfalls damit Schulden bezahlen oder Handelsartikel dafür einkaufen kann. Der Haupttypus des Bargeldes ist die Goldmünze; der Haupttypus des Kreditgeldes sind die Banknoten. Der Eigenschaften, die die Austauschbarkeit des Bargeldes

[1]) Siehe Francis Walker, *Money, Trade, and Industry*, New York (Holt), 1879, Kap. I.

bewirken, gibt es viele. Die wichtigsten sind: Transportierbarkeit, Dauerhaftigkeit und Teilbarkeit [1]). Die Hauptgrundlagen der Austauschbarkeit des Kreditgeldes sind seine Einlösbarkeit in Bargeld oder auch der ihm zugesprochene Charakter, als gesetzmäßiges Zahlungsmittel zu fungieren.

Banknoten wie auch alles andere Kreditgeld sowie auch Bankdepositen zirkulieren in Gestalt von Ausweisscheinen, die oft „Wertzeichen" (Token) genannt werden. Hierzu gehören auch „Scheidemünzen". Abgesehen von den durch sie gewährleisteten Ansprüchen ist der Wert dieser Scheidemünzen gering. So ist der Wert eines Silberdollars als Reichtum nur ungefähr vierzig Cents; mehr ist das tatsächlich darin enthaltene Silber nicht wert. Sein Wert als Eigentum hingegen ist einhundert Cents, denn der Inhaber des Silberdollars ist gesetzlich befugt, von ihm zur Bezahlung einer Schuld in der Höhe dieses Betrages Gebrauch zu machen, und er kann, kraft Gewohnheitsrechts, diesen Dollar zur Bezahlung von Gütern verwenden. Ebenso ist der Eigentumswert (property value) eines Fünfzigcentstückes, eines Quarters, eines Zehncentstückes, eines Fünfcentstückes oder eines Centstückes bedeutend größer als deren Wert als Reichtum. So hat z. B. ein Papierdollar — ein Silberzertifikat — als Reichtum beinahe gar keinen Wert. Er besitzt eben nur den Wert des Papiers und nicht mehr. Aber sein Eigentumswert ist einhundert Cents, d. h. das Äquivalent eines Golddollars. Bis zu diesem Betrage repräsentiert er einen Anspruch des Inhabers auf den Reichtum des Staates.

Figur 1 gibt die Klassifizierung aller Umlaufsmittel in den Vereinigten Staaten wieder. Aus ihr ist zu ersehen, daß der Gesamtbetrag der Umlaufsmittel sich auf ungefähr $10^1/_6$ Milliarden beläuft, von denen etwa $8^1/_2$ Milliarden auf Bankdepositen entfallen, die dem Scheckverkehr unterworfen sind, ferner auf $1^2/_3$ Milliarden in Geld, und daß von diesen $1^2/_3$ Milliarden in Geld eine Milliarde Kreditgeld ist, während nur ungefähr $^2/_3$ Milliarden bares Geld darstellen.

In diesem Kapitel wollen wir die Bankdepositen oder den Scheckumlauf nicht behandeln und unsere Aufmerksamkeit auf den Umlauf des baren — und des Kreditgeldes beschränken. In den Vereinigten Staaten ist die Goldmünze das einzige Bargeld. Das Kreditgeld umfaßt: 1. Scheidemünzen, nämlich Silberdollar, Bruchteile dieses Silberdollars und geringere Münzen („Nickels" [Fünfcents] und Cents); 2. Papiergeld, nämlich: a) Gold- und Silberzertifikate, b) Noten der Regierung der Vereinigten Staaten („Greenbacks") oder der Nationalbanken.

[1]) Siehe Jevons, *Geld und Geldverkehr* (Money and the Mechanism of Exchange) V. Kap.

Wenn wir die Schecks beiseite lassen, können wir den Tauschverkehr in drei Klassen einteilen: in den Austausch von Gütern gegen Güter oder den Tauschhandel; in den Austausch von Geld gegen Geld oder Geld*wechsel* und in den Austausch von Geld gegen Güter oder *Kauf* und *Verkauf*. Nur die letztgenannte Art des Austausches führt zu der Erscheinung, die wir den „Umlauf" des Geldes nennen. Der Geldumlauf bedeutet daher den Gesamtbetrag seiner Umsätze gegen Güter. Alles für den Umlauf bestimmte Geld, d. h. alles Geld mit Ausnahme dessen, das sich in den Banken und in den Kassen der Regierung der Vereinigten Staaten befindet, wird „in Umlauf befindliches Geld" genannt.

Fig. 1.

Hauptaufgabe dieses Buches ist die Erklärung der Ursachen, durch die die Kaufkraft des Geldes bestimmt wird. Die Kaufkraft des Geldes wird durch die Quantitäten anderer Güter bestimmt, die eine gegebene Geldquantität zu kaufen vermag. Je niedriger die Preise von Gütern sind, desto größer sind die Quantitäten, die mit einem gegebenen Geldbetrage gekauft werden können, und desto höher ist daher die Kaufkraft des Geldes. Je höher wir die Preise von Gütern finden, desto geringer sind die Quantitäten, die mit einem gegebenen Geldbetrage gekauft werden können, und desto niedriger ist daher die Kaufkraft des Geldes. Kurz, die Kaufkraft des Geldes ist das Gegenstück (reciprocal) des Preisniveaus; das Studium der Kaufkraft des Geldes ist daher mit dem Studium der Preisniveaus identisch.

§ 2.

Wenn man von dem Einfluß der Depositenumlaufsmittel oder Schecks absieht, kann man sagen, daß das Preisniveau nur von drei Ursachengruppen bestimmt wird: 1. von der Quantität des im Umlauf befindlichen Geldes; 2. von seiner „Leistungsfähigkeit" oder Umlaufsgeschwindigkeit (oder der Durchschnittszahl der jährlichen Umsätze von Geld gegen Güter); und 3. vom Umsatzvolumen (oder von der Menge der mittelst Geld gekauften Güter). Die sogenannte „Quantitätstheorie" [1]), nach der die Preise in direktem Verhältnis zur Geldmenge variieren, ist oft unrichtig formuliert worden; die Theorie ist aber (wenn man vom Scheckumlauf absieht) korrekt in dem Sinne, daß das Preisniveau direkt mit der in Umlauf befindlichen Geldquantität variiert, vorausgesetzt, daß die Umlaufsgeschwindigkeit dieses Geldes und das Volumen des Umsatzes, den es zu vollbringen hat, keine Veränderung erfahren.

Die Quantitätstheorie ist stets eine der schärfstumstrittenen Theorien der Nationalökonomie gewesen, und zwar größtenteils darum, weil die Anerkennung ihrer Richtigkeit oder Unrichtigkeit mächtige Interessen in Handel und Politik berührte. Man hat gesagt — und der Ausspruch ist kaum eine Übertreibung — daß selbst die Theoreme des Euklid angefochten würden, wenn einmal finanzielle und politische Interessen mit ihnen in Widerstreit geraten sollten.

Die Quantitätstheorie ist leider zum Tummelplatz für ungesunde Währungsprojekte mißbraucht worden. Man berief sich auf sie zur Verteidigung uneinlöslichen Papiergeldes und der freien Silberausprägung im Verhältnis 16 zu 1 in den Vereinigten Staaten. Infolge dessen gibt es nicht wenige „Anhänger einer gesunden Währung", die der Meinung sind, daß eine Theorie, die zur Aufrechterhaltung solcher Verirrungen benutzt wird, falsch sein müsse, und die aus Angst vor der politischen Tragweite ihrer Verbreitung bewogen wurden, nicht nur gegen die ungesunde Propaganda, sondern auch gegen die gesunden Grundsätze selbst Stellung zu nehmen, durch die ihre Verteidiger die Theorie künstlich zu halten suchten [2]). Diese Angriffe auf

---

[1]) Diese, wenngleich oft nur vag formulierte Theorie ist von Locke, Hume, Adam Smith, Ricardo, Mill, Walker, Marshall, Hadley, Fetter, Kemmerer und den meisten Autoren, die sich über diesen Gegenstand geäußert haben, angenommen worden. Der Römer Julius Paulus sprach im Jahre 200 nach Chr. Geb. seine Überzeugung aus, daß der Wert des Geldes von seiner Quantität abhänge. Vgl. Zuckerkandl, *Theorie des Preises*, Kemmerer, *Money and Credit Instruments in their Relation to General Prices*, New York (Holt), 1909. Allerdings wenden sich noch viele Schriftsteller gegen die Quantitätstheorie. Vgl. insbesondere Laughlin, *Principles of Money*, New York (Scribner), 1903.

[2]) Vgl. Scott, „Sie ist eine sehr ergiebige Quelle falscher Lehren in geldwirtschaftlichen Fragen gewesen und wird beständig und erfolgreich zur Verteidigung schädlicher Gesetzgebung und als Mittel gebraucht, notwendige geldwirtschaftliche Reformen zu hintertreiben." *Money and Banking*, New York, 1903, S. 68.

die Quantitätstheorie sind durch das mangelhafte Verständnis seitens derer erleichtert worden, die sich auf diese Weise zugunsten einer unhaltbaren Sache auf sie beriefen.

Nach meiner persönlichen Überzeugung kann es kaum eine gefährlichere und in letzter Linie verderblichere geistige Voreingenommenheit geben, als eine solche, die eine gesunde Praxis durch Verleugnung gesunder Prinzipien aufrechterhalten will, weil einige Denker von diesen Prinzipien eine falsche Anwendung machen. Auf jeden Fall gibt es für das wissenschaftliche Denken keine andere Alternative, als die ungeschminkte Wahrheit zu finden und zu konstatieren.

Die Quantitätstheorie wird in der Verkehrsgleichung (equation of exchange), zu deren Analyse wir nun übergehen, klarer gestellt werden.

Die Verkehrsgleichung ist eine in mathematischer Form ausgedrückte Darlegung der gesamten Transaktionen, die in einer gewissen Periode in einem bestimmten Gemeinwesen vollzogen werden. Man erhält sie einfach durch Summierung der Verkehrsgleichungen aller individueller Transaktionen. Nehmen wir z. B. an, daß eine Person 10 Pfund Zucker zu 30 Pfennigen per Pfund kauft. Dies ist eine Austauschtransaktion, in der 10 Pfund Zucker als gleichwertig mit 300 Pfennigen betrachtet werden, und diese Tatsache wird folgendermaßen ausgedrückt: 300 Pfennige = 10 Pfund Zucker multipliziert mit 30 Pfennigen per Pfund. Jeder andere Kauf und Verkauf kann in derselben Weise ausgedrückt werden, und wenn wir diese Posten zusammenaddieren, erhalten wir die Verkehrsgleichung *für eine gewisse Periode in einem bestimmten Gemeinwesen.* Während dieser nämlichen Periode kann indessen das nämliche Geld für mehrere Transaktionen dienen, und gewöhnlich ist dies der Fall. Aus diesem Grunde ist die Geldseite der Gleichung natürlich größer als der Gesamtbetrag des in Umlauf befindlichen Geldes.

Die Verkehrsgleichung betrifft alle während einer bestimmten Zeit durch Geld gemachte Einkäufe in einem gewissen Gemeinwesen. Nach wie vor wollen wir von Schecks oder von irgendeinem anderen Zirkulationsmedium, mit Ausnahme des Geldes, sowie vom Außenhandel absehen und uns auf den Handel innerhalb eines hypothetischen Gemeinwesens beschränken. Später werden wir diese Faktoren wieder in unsere Erörterungen einschließen, indem wir mittelst einer Reihe von Näherungen durch aufeinanderfolgende hypothetische Voraussetzungen zu den gegenwärtig herrschenden Verkehrsbedingungen vorschreiten. Wir dürfen natürlich nicht vergessen, daß die Schlüsse, die in jeder folgenden Näherung ausgedrückt sind, einzig und allein für die speziell angenommene Hypothese gelten.

Die Verkehrsgleichung ist einfach die Summe der Gleichungen, die alle individuelle Austäusche eines Jahres ausdrücken. In jedem Kauf und Verkauf sind Geld und ausgetauschte Güter *ipso facto* gleichwertig; das für Zucker bezahlte Geld zum Beispiel hat denselben Wert wie der gekaufte Zucker. Und in der großen Gesamtsumme aller Austäusche eines Jahres ist der Gesamtgeldbetrag gleichwertig mit dem Gesamtwert der gekauften Güter. Die Gleichung hat daher eine Geldseite und eine Güterseite. Die Geldseite stellt das gesamte bezahlte Geld dar und kann als das Produkt der Geldquantität multipliziert mit seiner Umlaufsgeschwindigkeit betrachtet werden. Die Güterseite besteht aus den Produkten von ausgetauschten Güterquantitäten multipliziert mit deren respektiven Preisen.

Die wichtige Größe der sogenannten Umlaufsgeschwindigkeit oder Umschlagsfrequenz ist einfach der Quotient, der dadurch erlangt wird, daß man die Gesamtsumme der im Laufe eines Jahres bezahlten Güter durch den im Umlauf befindlichen Durchschnittsgeldbetrag, durch den diese Zahlungen bewirkt werden, dividiert. Diese Umlaufsgeschwindigkeit für ein ganzes Gemeinwesen ist eine Art Durchschnitt der Umschlagssätze (rates of turnover) des Geldes für verschiedene Personen. Jede Person hat ihren eigenen Umschlagssatz, der durch Division des jährlich verbrauchten Geldbetrags durch den von ihr geführten Durchschnittsbetrag leicht ausgerechnet werden kann.

Beginnen wir mit der Geldseite. Wenn in einem Lande die Anzahl der Dollar 5,000,000 und die Zahl ihrer Umschläge, ihre Umlaufsgeschwindigkeit, zwanzig per Jahr beträgt, dann ist der Gesamtbetrag des seinen Besitzer (für Güter) wechselnden Geldes jährlich 5,000,000 mal zwanzig oder $ 100,000,000. Dies ist die *Geld*seite der Verkehrsgleichung.

Da nun die Geldseite der Gleichung $ 100,000,000 beträgt, so muß die Güterseite dieselbe Summe aufweisen. Denn wenn im Laufe des Jahres $ 100,000,000 für Güter ausgegeben wurden, dann müssen in dem Jahre Güter im Werte von $ 100,000,000 verkauft worden sein. Um die Mühe zu ersparen, die Mengen und Preise der unzähligen Kategorien faktisch ausgetauschter Güter anzuschreiben, wollen wir jetzt annehmen, daß es nur drei Arten von Gütern gibt — Brot, Kohle und Tuch — und daß die Verkäufe die folgenden sind:

200,000,000 Laibe Brot zu	$ 0,10 per Laib
10,000,000 Tonnen Kohle zu	$ 5,00 per Tonne und
30,000,000 Meter Tuch zu	$ 1,00 per Meter.

Der Wert dieser Umsätze ist, wie ersichtlich, $ 100,000,000, d. h. $ 20,000,000 Wert des Brotes plus $ 50,000,000 Wert der Kohle plus

$ 30,000,000 Wert des Tuches. Die Verkehrsgleichung (man beachte, daß die Geldseite aus zwanzigmal ausgewechselten $ 5,000,000 bestand) ist daher die folgende:

$ 5,000,000 × 20 mal per Jahr				
	=	200,000,000 Laibe	×	$ 0,10 per Laib,
	+	10,000,000 Tonnen	×	$ 5,00 per Tonne,
	+	30,000,000 Meter	×	$ 1,00 per Meter.

Diese Gleichung enthält auf der Geldseite zwei Größen, nämlich: 1. die Geldmenge und 2. ihre Umlaufsgeschwindigkeit. Auf der Güterseite befinden sich zwei *Gruppen* von Größen in zwei Kolonnen, nämlich: 1. die Mengen der ausgetauschten Güter (Laibe, Tonnen, Meter) und 2. die Preise dieser Güter. Die Gleichung zeigt, daß diese vier Gruppen von Größen sich in wechselseitiger Abhängigkeit befinden. Um diese Gleichung zu befriedigen, müssen die Preise eine Funktion der drei anderen Größengruppen — Geldquantität, Umlaufsgeschwindigkeit und ausgetauschte Güterquantitäten — bilden. Im großen ganzen müssen diese Preise infolgedessen im Verhältnis mit der Geldquantität und mit ihrer Umlaufsgeschwindigkeit sowie umgekehrt mit den Quantitäten der ausgetauschten Güter variieren.

Nehmen wir zum Beispiel an, daß die Geldmenge verdoppelt wird, während ihre Umlaufsgeschwindigkeit und die Quantitäten der ausgewechselten Güter dieselben blieben; dann würde es für die Preise ganz unmöglich sein, unverändert zu bleiben. Die Geldseite wäre dann $ 10,000,000 × 20 mal per Jahr, gleich $ 200,000,000, wohingegen, wenn die Preise sich nicht veränderten, die Güter $ 100,000,000 blieben und die Gleichung unmöglich würde. Da individuelle und kollektive Austäusche stets ein äquivalentes *quid pro quo* bedeuten, *müssen* die zwei Seiten gleich sein. Nicht nur Einkäufe und Verkäufe müssen den gleichen Betrag aufweisen — da ja notwendigerweise jeder durch eine Person gekaufte Artikel von einer anderen verkauft worden ist — sondern auch der Gesamtwert der Güter muß dem Gesamtbetrage des ausgetauschten Geldes gleich sein. Unter den gegebenen Umständen müssen sich die Preise daher dermaßen verändern, daß die Güterseite von $ 100,000,000 auf $ 200,000,000 erhöht wird. Diese Verdoppelung kann durch eine gleiche oder ungleiche Preissteigerung vollführt werden, aber irgendeine Art *Preiserhöhung muß stattfinden.* Wenn die Preise gleichmäßig steigen, so werden sie sich offenbar allesamt verdoppeln, so daß die Gleichung wie folgt lautet:

$ 10,000,000 × 20 mal per Jahr				
	=	200,000,000 Brotlaibe	×	$ 0,20 per Laib,
	+	10,000,000 Tonnen	×	$ 10,00 per Tonne,
	+	30,000,000 Meter	×	$ 2,00 per Meter.

Wenn die Preise ungleichmäßig steigen, muß die Verdoppelung augenscheinlich durch einen Ausgleich herbeigeführt werden; wenn einige Preise weniger als doppelt steigen, müssen andere zum genauen Ausgleich um entsprechend mehr als das Doppelte steigen.

Aber gleichviel, ob alle Preise gleichmäßig steigen und jeder sich genau verdoppelt, oder ob einige Preise mehr und andere weniger steigen (und zwar derart, daß der Gesamtwert des Geldes der gekauften Güter stets verdoppelt wird), so *verdoppeln sich die Preise jedenfalls im Durchschnitt*[1]). Dieser Satz wird gewöhnlich so ausgedrückt, daß man sagt, das „allgemeine Preisniveau" sei um das doppelte gestiegen. Aus der bloßen Tatsache, daß das für Güter verausgabte Geld den Quantitäten dieser Güter multipliziert mit deren Preisen gleichkommen muß, folgt also, daß das Preisniveau, den Veränderungen der Quantität des Geldes gemäß, steigen oder fallen muß, *es sei denn*, es träten Veränderungen in der Umlaufsgeschwindigkeit oder in den Quantitäten der ausgetauschten Güter ein.

Wenn Veränderungen in der Geldquantität auf die Preise einwirken, so haben Änderungen in den anderen Faktoren — den Güterquantitäten und der Umlaufsgeschwindigkeit — auf die Preise denselben Einfluß, und zwar in ganz ähnlicher Weise. Eine Verdoppelung in der Umlaufsgeschwindigkeit des Geldes verdoppelt also das Preisniveau, vorausgesetzt, daß die im Umlauf befindliche Geldquantität und die Quantitäten der gegen Geld ausgetauschten Güter vor- und nachher die gleichen bleiben. Die Gleichung wird folgendermaßen aussehen:

$$
\begin{aligned}
\$\ 5{,}000{,}000 \times 40 \text{ mal im Jahre} \\
&= 200{,}000{,}000 \text{ Brotlaibe} \times \$\ 0{,}20 \text{ per Laib,} \\
&+ 10{,}000{,}000 \text{ Tonnen} \times \$\ 10{,}00 \text{ per Tonne,} \\
&+ 30{,}000{,}000 \text{ Meter} \times \$\ 2{,}00 \text{ per Meter.}
\end{aligned}
$$

Es kann natürlich die Gleichung auch eine solche Gestalt annehmen, daß einige der Preise um mehr als das Doppelte und andere Preise um soviel weniger als das Doppelte steigen, als nötig ist, nur um den Gesamtwert der Umsätze zu erreichen.

Ebenso wird die Höhe des Preisniveaus durch eine Verdoppelung in den Quantitäten der ausgetauschten Güter nicht verdoppelt, sondern um die Hälfte sinken, vorausgesetzt, daß die Geldquantität und ihre Umlaufsgeschwindigkeit dieselben bleiben. Unter diesen Umständen gestaltet sich die Gleichung wie folgt:

[1]) Das heißt natürlich nicht, daß ihr einfacher *arithmetischer* Durchschnitt genau verdoppelt wird. Bezüglich der Definition „Durchschnitt" oder „Mittel" im allgemeinen vgl. § 1 des Anhanges zu diesem (II.) Kapitel.

$ 5,000,000 × 20 mal im Jahr
= 400,000,000 Brotlaibe × $ 0,05 per Laib,
+ 20,000,000 Tonnen × $ 2,50 per Tonne,
+ 60,000,000 Meter × $ 0,50 per Meter.

Oder die Gleichung nimmt eine solche Gestalt an, daß einige Preise um mehr und andere um weniger als die Hälfte sinken, um dem Ansatze Genüge zu leisten.

Wenn schließlich gleichzeitig Veränderungen in zwei oder in sämtlichen drei Wirkungsfaktoren, d. h. in der Geldquantität, in der Umlaufsgeschwindigkeit und in den Quantitäten der ausgetauschten Güter eintreten, dann wird das Preisniveau eine Verbindung oder die Resultierende dieser verschiedenen Wirkungsfaktoren darstellen. Wenn z. B. die Geldquantität sich verdoppelt und ihre Umlaufsgeschwindigkeit um die Hälfte abnimmt, während die Quantität der ausgetauschten Güter unverändert bleibt, so erleidet das Preisniveau keinerlei Störung. Ebenso wird es unverändert bleiben, wenn die Geldquantität und die Quantität der Güter verdoppelt werden, während die Umlaufsgeschwindigkeit sich nicht verändert. Daher bedeutet eine Verdoppelung der Geldquantität nicht immer eine Verdoppelung der Preise. Wir müssen klar erkennen, daß die Geldquantität nur einer von drei Faktoren ist, die alle für die Bestimmung des Preisniveaus von gleicher Wichtigkeit sind.

§ 3.

Die Verkehrsgleichung ist nun durch ein arithmetisches Beispiel erläutert worden. Sie soll jetzt auch durch ein Bild der Mechanik symbolisch dargestellt werden. Eine solche Darstellung wird in Figur 2 zum Ausdruck gebracht. Diese stellt eine im Gleichgewicht befindliche Wage vor, von

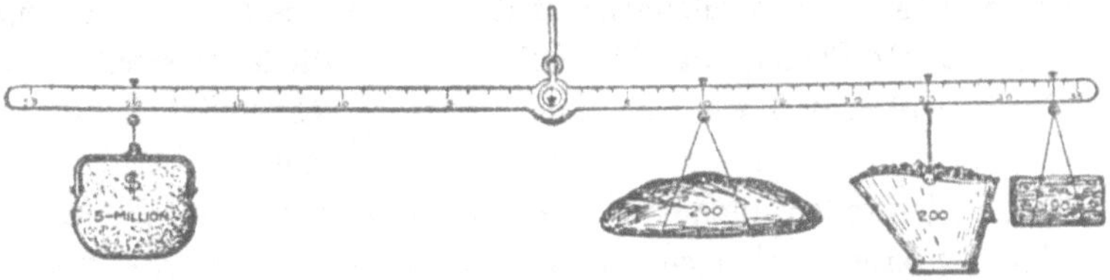

Fig. 2.

deren zwei Armen der eine die Geldseite, der andere die Güterseite der Verkehrsgleichung vorstellen soll. Das zur Linken durch eine Geldbörse sinnbildlich dargestellte Gewicht repräsentiert das in Umlauf befindliche Geld. Der „Arm“ oder die Entfernung vom Drehpunkte der Wage, an welchem dieses Gewicht (Geldbörse) hängt, stellt die Leistungsfähigkeit dieses Geldes oder dessen Umlaufsgeschwindigkeit dar. Auf der rechten Seite befinden sich drei Gewichte — Brot, Kohle und Tuch, die durch einen Brotlaib, einen Kohleneimer und einen Ballen Tuch sinnbildlich dargestellt sind. Der Wagebalken oder die Entfernung jedes einzelnen Gewichtes vom Drehpunkte der Wage, repräsentiert dessen Preis. Um den Hebelarm zur Rechten nicht unverhältnismäßig lang zu gestalten, haben wir es zweckmäßig gefunden, die Maßeinheit der Kohle von Tonne auf Zentner und diejenige des Tuches von einem Meter (yard) auf den dritten Teil eines Meters, resp. auf einen „Fuß" (foot) zu reduzieren und dementsprechend die Anzahl der Einheiten zu erhöhen. (Das Ausmaß der Kohle wird von 10,000,000 Tonnen auf 200,000,000 Zentner und das Maß des Tuches von 30,000,000 Yards auf 90,000,000 Fuß reduziert.) In der neuen Einheit, in Zentnern beträgt der Preis der Kohle 25 Cents per Zentner und der Preis des Tuches für einen „Fuß" ist $33^1/_3$ Cents per Fuß.

Die Tendenz zur Senkung ist bekanntlich bei einer im Gleichgewicht befindlichen Wage nach beiden Richtungen die gleiche. Jedes Gewicht löst auf der Seite, auf der es sich befindet, eine Tendenz zur Abwärtsbewegung aus, deren Stärke durch das Produkt aus der Länge des Wegearms mit dem Gewichte zu messen ist. Das Gewicht zur Linken bewirkt auf dieser Seite eine durch das Produkt $5{,}000{,}000 \times 20$ gemessene Tendenz, während die Gewichte zur Rechten eine vereinigte Gegentendenz ausüben, die dem Produkte $200{,}000{,}000 \times 10 + 200{,}000{,}000 \times 0{,}25 + 90{,}000{,}000 \times 0{,}33^1/_3$ entspricht. Die Gleichheit dieser entgegengesetzten Tendenzen stellt die Verkehrsgleichung dar.

Zur Beibehaltung des Gleichgewichts erfordert eine Zunahme in den Gewichten oder Armlängen auf der einen Seite eine entsprechende Zunahme in den Gewichten oder Armlängen auf der anderen Seite. Dieses einfache und wohlbekannte Prinzip, das hier auf die sinnbildliche Darstellung angewandt ist, bedeutet, daß, wenn z. B. die Umlaufsgeschwindigkeit (am linken Arme) unverändert und der Umsatz (Gewichte zur Rechten) ebenfalls gleich bleibt, jedwede Zunahme der Geldbörse zur Linken die Verlängerung einer oder mehrerer Armlängen auf der rechten Seite, welche die Preise darstellen, erfordert. Wenn diese Preise gleichmäßig zunehmen, dann steigen sie in demselben Verhältnis wie die Zunahme an Geld; wenn sie nicht gleichmäßig zunehmen, werden einige mehr und andere weniger als in diesem Verhältnis steigen, so daß doch der Durchschnitt erhalten bleibt.

Es ist ebenso klar ersichtlich, daß, wenn der Arm zur Linken sich verlängert, und wenn die Geldbörse sowie die verschiedenen Gewichte zur Rechten unverändert bleiben, eine Zunahme in den Armlängen zur Rechten eintreten muß.

Wenn ferner eine Zunahme in den Gewichten zur Rechten besteht, und wenn der linke Arm und die Geldbörse unverändert bleiben, dann muß eine Verkürzung im rechten Arme eintreten.

Im allgemeinen muß jede Änderung in einer der vier Arten von Größen von einer solchen Änderung oder von Änderungen in einer oder mehreren der anderen drei Größen, die das Gleichgewicht aufrechterhalten sollen, begleitet sein.

Da wir mehr an der Veränderung der allgemeinen Preislage als an jener der individuellen Preise Interesse nehmen, können wir diese mechanistische Darstellung dadurch vereinfachen, daß wir sämtliche auf der rechten Seite befindlichen Gewichte an einen Durchschnittspunkt hängen, so daß der Arm die Durchschnittspreise darstellt. Diese Armlänge ist ein „gewogener Durchschnitt" der drei ursprünglichen Armlängen, deren Gewichte buchstäblich diejenigen sind, die zur Rechten hängen.

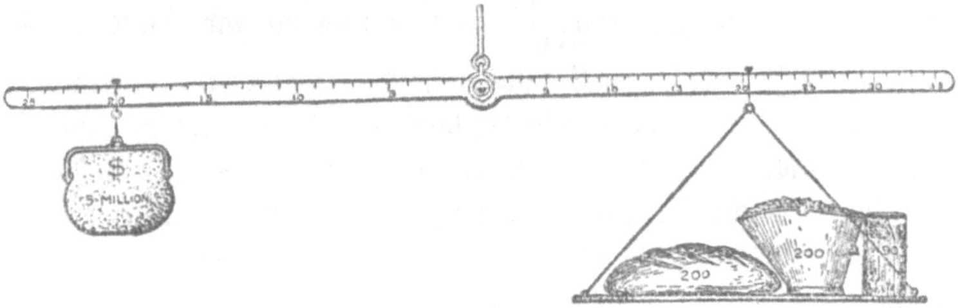

Fig. 3.

Dieser Preisdurchschnitt ist in Figur 3 dargestellt; sie veranschaulicht die Tatsache, daß der Durchschnittspreis der Güter (rechter Arm) direkt mit der Geldquantität (Gewicht zur Linken) und direkt mit ihrer Umlaufsgeschwindigkeit (linker Arm) sowie umgekehrt mit dem Umfang des Umsatzes (Gewicht zur Rechten) variiert.

§ 4.

Wir kommen nun zur rein algebraischen Darstellung der Verkehrsgleichung. Eine algebraische Darstellung ist gewöhnlich ein gutes Schutzmittel gegen unklares Räsonnement, und diese Unklarheit des Gedankenganges ist es vor allem, die häufig ökonomische Theorien in Mißkredit gebracht haben. Wenn es in der Geometrie für der Mühe wert gehalten wird, Lehrsätze, die beinahe selbstverständlich sind, zu Anbeginn sorgfältig abzuleiten, so ist es hundertmal wichtiger, die Sätze über die Bildung der Preisniveaus, die weniger selbstverständlich sind, und die in der Tat von den einen vertrauensvoll angenommen, von anderen *a limine* abgewiesen werden, mit Sorgfalt klarzulegen.

Bezeichnen wir den Gesamtgeldumlauf, d. h. den Geldbetrag, der in einem bestimmten Gemeinwesen während eines bestimmten Jahres für Güter ausgegeben wurde, mit A (Aufwand) und den Durchschnittsbetrag des in dem Gemeinwesen während des Jahres in Umlauf befindlichen Geldes mit G (Geld). Dann wird G der einfache arithmetische Durchschnitt der Geldbeträge sein, die an aufeinanderfolgenden, durch einander gleiche Intervalle von unendlich kurzer Dauer voneinander getrennten Zeitpunkten vorhanden sind. Wenn wir die Jahresausgaben A durch den mittleren Geldumlauf G dividieren, so erhalten wir die Durchschnittsrate des Geldumsatzes in seinem Austausche für Güter, $\frac{A}{G}$, das heißt, die Umlaufsgeschwindigkeit des Geldes [1]). Diese Geschwindigkeit soll mit U (Umlaufsgeschwindigkeit) bezeichnet werden, so daß $\frac{A}{G} = U$; A können wir somit durch GU ausdrücken. In Worten: Der Gesamtumlauf des Geldes im Sinne der Geldausgabe ist gleich dem gesamten in Umlauf befindlichen Gelde multipliziert mit seiner Umlaufs- oder Umschlagsgeschwindigkeit. A oder GU drücken also die Geldseite der Verkehrsgleichung aus. Wenden wir uns nun der Güterseite der Gleichung zu, so haben wir es hier mit den Preisen und mit den Quantitäten der ausgetauschten Güter zu tun. Der Durchschnittsverkaufspreis [2]) irgendeines besonderen Gutes, z. B. des von einem gegebenen Gemeinwesen während eines bestimmten Jahres gekauften Brotes soll mit p (Preis) und die gekaufte Gesamtquantität desselben mit Q (Quantität) bezeichnet werden. In gleicher Weise wollen wir den Durchschnittspreis eines anderen Gutes (sagen wir Kohle) mit p' und dessen gesamte ausgetauschte Quantität mit Q' bezeichnen. Der Durchschnittspreis und die Gesamtquantität eines dritten Gutes (Tuch) soll durch p'' beziehungsweise durch Q'' ausgedrückt werden, und so weiter für zahllose andere ausgetauschte Güter. Die Verkehrsgleichung kann in klarer Weise folgendermaßen dargestellt werden [3]):

[1]) Zur Erörterung des Begriffes der Umlaufsgeschwindigkeit vgl. §§ 2, 4 und 5 des Anhanges zu diesem (II.) Kapitel.

[2]) Dies ist ein, auf Grund der aus verschiedenen Anlässen gekauften Quantitäten, für einen gegebenen Zeitabschnitt und für ein bestimmtes Land gewogener Durchschnitt. Vgl. § 3 des Anhanges zu diesem (II.) Kapitel.

[3]) Eine algebraische Darstellung der Verkehrsgleichung ist von Simon Newcomb in

$$\begin{aligned} GU &= pQ \\ &+ p'\,Q' \\ &+ p''\,Q'' \\ &+ \text{usw.} \end{aligned}$$

Die rechte Seite dieser Gleichung ist die Summe von Produkten von der Form pQ — ein Preis multipliziert mit einer gekauften Quantität. In der Mathematik ist es Brauch, eine derartige Summe von Produkten, die alle dieselbe Form haben, dadurch abzukürzen, daß „Σ" als ein Symbol der Addition angewandt wird. Dieses Symbol bedeutet keinesfalls eine *Größe*, wie dies bei den Symbolen G, U, p, Q usw. der Fall ist. Das Zeichen stellt nur die Operation des Addierens vor und ist folgenderweise zu lesen: „die Summe von Produkten von folgender Form". Die Verkehrsgleichung kann daher geschrieben werden:

$$GU = \Sigma pQ.$$

Das heißt, die Größen A, G, U, p und Q beziehen sich auf das *ganze* Gemeinwesen und auf ein *volles* Jahr, aber sie beruhen und beziehen sich auf die entsprechenden Größen für die individuellen Personen, aus denen sich das Gemeinwesen zusammensetzt, auf die individuellen Zeitpunkte, aus denen das Jahr besteht [1]).

Die algebraische Ableitung dieser Gleichung ist natürlich in der Hauptsache die gleiche wie die vorher gegebene arithmetische Ableitung. Sie besteht einfach in der *Addition der Gleichungen für alle individuellen Käufe innerhalb des Gemeinwesens während des Jahres* [2]).

Mittelst der Gleichung $GU = \Sigma pQ$ können die in diesem Kapitel weiter oben dargelegten drei Theoreme nun folgendermaßen ausgedrückt werden:

seinen trefflichen aber wenig geschätzten *Principles of Political Economy*, New York (Harper 1885, S. 346, gegeben worden. Eine solche findet sich auch bei Edgeworth im „Report on Monetary Standard", sowie im *Report of the British Association for the Advancement of Science*, 1887, S. 293 und bei A. T. Hadley, *Economics*, New York (Putnam), 1896, S. 197. Siehe auch Irving Fisher, „The Rôle of Capital in Economic Theory", *Economic Journal*, December 1899, S. 515—521 und E. W. Kemmerer, *Money and Credit Instruments in their Relation to general Prices*, New York (Holt), 1907, S. 13. Obwohl die Quantitätstheorie auch erst seit wenigen Jahren mathematisch ausgedrückt worden ist, so ist ihre Aufgabe, die Wechselbeziehungen zwischen den Faktoren: Geldquantität, Umlaufsgeschwindigkeit und Umsatz festzustellen, schon seit langer Zeit erkannt worden. Vgl. Mill, *Principles of Political Economy*, Bd. III, Kap. VIII, § 3. Das Hauptverdienst, die Theorie lanciert zu haben, gebührt wohl Ricardo.

[1]) Über die Beziehungen zwischen diesen Größen (für das ganze Gemeinwesen und das volle Jahr) und den entsprechenden elementaren Größen für jedes Individuum und jeden Zeitpunkt vgl. § 4 des Anhanges zu diesem (II.) Kapitel.

[2]) Siehe § 6 des Anhanges zu diesem (II.) Kapitel.

1. Wenn U und Q unverändert bleiben, während G in irgendeinem Verhältnis variiert, dann wird sich die Geldseite der Gleichung in demselben Verhältnis verändern, und ihre gleiche Größe, die Güterseite, muß sich daher in demselben Verhältnis ebenfalls verändern. Infolgedessen werden sich entweder alle p in diesem Verhältnis ändern, oder es werden sich einige p in diesem Verhältnis mehr und andere weniger verändern, und zwar in ausreichendem Maße, um einen Ausgleich herbeizuführen und denselben Durchschnitt beizubehalten [1]).

2. Wenn G und die Q unverändert bleiben, während U in irgendwelchem Verhältnis variiert, dann wird die Geldseite der Gleichung in demselben Verhältnisse variieren und ihre gleiche Größe, die Güterseite, muß daher in diesem Verhältnis ebenfalls variieren; demzufolge werden alle p in demselben Verhältnis variieren, oder aber es werden einige mehr und andere entsprechend weniger variieren, um einen Ausgleich herbeizuführen.

3. Wenn G und U sich nicht verändern, so werden die Geldseite und die Güterseite unverändert bleiben; infolgedessen müssen, wenn alle Q in einem gegebenen Verhältnis variieren, entweder alle p in dem entgegengesetzten Verhältnis variieren, oder einige davon werden sich mehr und andere entsprechend weniger verändern, um den Ausgleich herbeizuführen.

Wenn uns daran liegt, können wir die rechte Seite noch weiter vereinfachen, indem wir sie in der Form von PH schreiben, wobei P einen gewogenen Durchschnitt aller p und H die Summe aller Q darstellt. P drückt dann in *einer* Größe das Preisniveau und H in *einer* Größe das Handelsvolumen (*volume of trade*) aus. Diese Vereinfachung ist die algebraische Auslegung der in Figur 3 gegebenen mechanischen Illustration, in der alle Güter, statt, wie in Figur 2, getrennt aufgehängt zu sein, vereint an einem Durchschnittspunkte hängen, der ihren Durchschnittspreis angibt.

Wir haben die Verkehrsgleichung $GU = \Sigma pQ$, für die rechte Seite durch Zusammenzählen der von verschiedenen Personen *verausgabten* Summen abgeleitet. Es hätte jedoch die Verkehrsgleichung in derselben Weise abgeleitet werden können, wenn nicht die verausgabten, sondern die von verschiedenen Personen *empfangenen* Summen betrachtet worden wären. Wenn ein Gemeinwesen keinen Außenhandel besäße, so stimmten die Ergebnisse der beiden Methoden überein, denn abgesehen vom Außenhandel muß das, was von einer Person in dem Gemeinwesen ausgegeben worden ist, notwendigerweise von einer anderen Person dortselbst empfangen worden sein.

---

[1]) Über das Wesen des Durchschnitts, um den es sich hier handelt, und über die Durchschnitte in den beiden folgenden Fällen vgl. § 7 des Anhanges zu diesem (II.) Kapitel.

Wenn wir unsere Deduktionen auch auf den Außenhandel ausdehnen wollen, so haben wir *zwei* Verkehrsgleichungen aufzustellen, von denen die eine auf dem verausgabten und die andere auf dem *empfangenen* oder von Mitgliedern des Gemeinwesens angenommenen Geld beruht. Diese Gleichungen werden stets annähernd übereinstimmen und können innerhalb eines Landes, gemäß der zwischen diesem und anderen Ländern bestehenden „Handelsbilanz“, ganz oder nicht ganz gleich sein. In der auf den Geldausgaben beruhenden *rechten* Seite der Gleichung sind außer den bereits vertretenen inländischen Güterquantitäten die Quantitäten der *importierten* Güter und deren Preise inbegriffen, nicht aber die der exportierten Güter, während das Gegenteil bei der auf Geldempfängen beruhenden Gleichung zutrifft.

§ 5.

Dies zur Vervollständigung unserer Erörterungen über die Verkehrsgleichung mit Ausnahme des Elementes der Scheckzahlungen, das dem nächsten Kapitel vorbehalten bleibt. Wir haben gesehen, daß in letzter Linie die Verkehrsgleichung auf den elementaren, auf gegebene Personen und gegebene Zeitpunkte bezüglichen Verkehrsgleichungen beruht; mit anderen Worten, sie beruht auf den Gleichungen, die sich auf individuelle Umsätze beziehen. Diese elementaren Gleichungen bedeuten soviel, daß das in irgendwelcher Transaktion gezahlte Geld das Äquivalent der zum Verkaufspreis erlangten Güter ist. Von dieser sicheren und naheliegenden Voraussetzung ist die Verkehrsgleichung $GU = \Sigma pQ$ abgeleitet, in der jeder Bestandteil eine Summe oder ein Durchschnitt der gleichen Elementarbestandteile für verschiedene Individuen und verschiedene Zeitpunkte ist, und auf diese Weise alle in dem Gemeinwesen während eines Jahres gemachten Käufe umfaßt. Schließlich erkennen wir aus dieser Gleichung, daß die Preise direkt wie G und U und umgekehrt wie die Q variieren, vorausgesetzt, daß in jedem Falle nur eine dieser drei Größengruppen variiert und die anderen beiden unverändert bleiben. Ob eine Veränderung in einer der drei Größen notwendigerweise eine Störung in den anderen herbeiführt, ist eine Frage, die wir in einem späteren Kapitel erörtern werden. Wer den Einwand erheben will, daß die Verkehrsgleichung nur eine Binsenwahrheit sei, wird gebeten, sein Urteil bis nach Durchlesung des VIII. Kapitels aufzuschieben.

Kurz wiederholend finden wir also, daß unter den angenommenen Bedingungen das Preisniveau variiert: 1. direkt wie die im Umlauf befindliche Geldquantität (G), 2. direkt wie deren Umlaufsgeschwindigkeit (U) und

3., umgekehrt, wie das durch diese erwirkte Handelsvolumen (H). Auf die erste dieser drei Beziehungen ist Nachdruck zu legen. Sie konstituiert die „Quantitätstheorie des Geldes".

Dieses Prinzip ist so wichtig und ist so heftig umstritten worden, daß wir uns veranlaßt sehen, es noch weiter zu illustrieren. Wie bereits angedeutet, ist unter der „Quantität des Geldes" die im Umlauf befindliche Menge der Dollar (oder einer anderen gegebenen Münzeinheit) gemeint. Diese Anzahl kann auf verschiedene Weise verändert werden, doch sind die nachstehenden drei Arten die bedeutendsten. Ihre Darlegung wird dazu dienen, die gewonnenen Schlüsse zu vollem Verständnis zu bringen und die fundamentalen Eigentümlichkeiten des Geldes, auf denen sie beruhen, zu offenbaren.

Nehmen wir als erstes Beispiel den Fall an, daß eine Regierung die *Nennwerte* alles Geldes verdoppelt, d. h. wir wollen annehmen, daß das, was bisher ein halber Dollar war, von nun an ein Dollar und das, was bis jetzt als ein Dollar galt, zwei Dollar genannt werden soll. Demnach wird die Anzahl der im Umlauf befindlichen „Dollar" verdoppelt und das in neuen „Dollarn" bestimmte Preisniveau wird das doppelte des sonst herrschenden sein. Jedermann wird mit *denselben Münzen* auszahlen, als ob kein derartiges Gesetz gegeben worden wäre, obgleich in jedem Falle zweimal soviel „Dollar" bezahlt werden müssen. Wenn z. B. der Preis für ein Paar Schuhe früher $ 3,— war, so sind jetzt für dasselbe Paar Schuhe $ 6,— zu bezahlen. Wir sehen also wie die *nominelle* Geldquantität auf die Preisniveaus einwirkt.

Eine zweite Illustration finden wir in einer *Währungsverschlechterung*. Nehmen wir an, daß die Regierung jeden Dollar in zwei Stücke schneidet und aus den beiden Hälften neue „Dollar" prägt, und daß ferner alle Papiernoten eingezogen und durch das Doppelte der ursprünglichen Anzahl ersetzt und sonach für jede alte zwei neue Noten mit demselben Nennwerte ausgegeben werden. Kurz, wir setzen den Fall, daß das Geld nicht nur, wie in dem ersten Beispiel, eine *andere Benennung*, sondern auch eine *Neuausgabe* erfährt; in der verschlechterten Währung werden die Preise genau wie in der ersten Illustration ebenfalls verdoppelt. Wenn die Teilung und Umprägung nicht soweit getrieben werden, daß die Auszahlungen erschwert werden, und daß diese Operationen störend auf die *Bequemlichkeit* des Geldwesens einwirken, so sind sie belanglos. Wo immer vor der Verringerung ein Dollar gezahlt worden ist, sind nun statt dessen zwei Dollar — d. h. zwei aus den ursprünglichen zwei halben Dollar neugeprägte Dollar — zu zahlen.

In dem ersten Beispiel war die Steigerung der Quantität rein nominell; sie wurde durch eine Umtaufe der Münzen herbeigeführt. In dem zweiten

Falle wird neben der Umnennung die weitere Tatsache der Umprägung eingeführt. Im ersten Fall blieb die Anzahl der tatsächlichen Geldstücke jeder Gattung unverändert und nur ihre Nennwerte wurden verdoppelt. Im zweiten Fall wurde die Anzahl der Stücke auch verdoppelt, und zwar durch eine Spaltung jeder Münze und durch deren Umprägung in zwei Münzen, wobei jede der Münzen dieselbe nominelle Benennung wie das ursprüngliche Ganze erhält, von dem es die Hälfte darstellt, und durch analoge Verdoppelung des Papiergeldes.

Als dritte Illustration setze man den Fall, daß die Regierung, statt die Anzahl der Dollar durch deren Spaltung in zwei Stücke und durch eine Umprägung der halben Stücke zu verdoppeln, jedes vorhandene Geldstück verdopple und das Duplikat dem Besitzer des ursprünglichen Geldstückes einhändige [1]). (Hierbei müßten wir weiter annehmen, daß wirksame Maßregeln getroffen wurden, um ein eventuelles Einschmelzen des Geldes oder seinen Export zu verhüten; andernfalls würde ein großer Teil des Zuwachses an Geld verschwinden und die Quantität des in Umlauf befindlichen Geldes nicht verdoppelt werden.) Wenn nun die Quantität des Geldes in dieser Weise verdoppelt wird, so werden sich die Preise ganz genau so verdoppeln wie in dem zweiten Beispiel, in dem es ganz dieselben Nennwerte gab. Der einzige Unterschied zwischen dem zweiten und dritten Beispiele besteht in der Größe und im Gewichte der Münzen. Statt eine Verringerung zu erfahren, bleiben die Gewichte der einzelnen Münzen unverändert, und nur ihre Anzahl wird verdoppelt. Diese Verdoppelung der Anzahl der Münzen muß dieselbe Wirkung haben wie ihre Verschlechterung um 50 Prozent, d. h. sie muß die Verdoppelung der Preise zur Folge haben.

Die Beweiskraft des dritten Beispiels wird noch schlagender, wenn wir der Darstellung Ricardos gemäß [2]) durch die Annahme eines Schlagschatzes von dem dritten auf das zweite Beispiel übergehen. Nehmen wir an, die Regierung behalte, nachdem sie alles Geld verdoppelt hat, von jeder Münze die Hälfte des ursprünglichen Wertes für sich, es werde also damit das Gewicht auf das der verschlechterten Münzen des zweiten Beispiels heruntergebracht und so das einzige Unterscheidungsmerkmal beider Beispiele beseitigt. Solange die *Anzahl* der Münzen unverändert bleibt, wird dieser Abzug des „Schlagschatzes" ihren Wert nicht beeinflussen.

[1]) Vgl. J. S. Mill, *Principles of Political Economy*, Teil III, Kap. VIII, § 2. Ein im Prinzip ähnliches Beispiel, das von dem gegebenen nur in der Form etwas abweicht, wird von Ricardo in seiner Antwort an Bosanquet benützt. Siehe *Works*, 2. Aufl., London (Murray), 1852, S. 346.

[2]) *Works*, 2. Aufl., London (Murray), 1852. S. 346 u. 347. (Antwort an Bosanquet, Kap. VI); siehe auch S. 213 u. 214.

Kurz, die Quantitätstheorie behauptet, daß (falls Umlaufsgeschwindigkeit und Handelsvolumen unverändert bleiben) eine Vermehrung der *Anzahl* der Dollar, sei es durch eine Umnennung, eine Verschlechterung oder durch eine Verstärkung der Ausprägung oder durch irgendwelche anderen Mittel, eine Steigerung der Preise in demselben Verhältnis nach sich zieht. Nicht das Gewicht, sondern die Anzahl ist hier das Entscheidende. Auf diese Tatsache muß großer Nachdruck gelegt werden. Es ist eine Tatsache, durch die sich das Geld von allen anderen Gütern unterscheidet, und in der die Eigenart seiner Kaufkraft im Verhältnisse zu anderen Gütern zum Vorschein kommt. Der Zucker hat z. B. einen spezifischen subjektiven Nutzwert (desirability), der von seiner Quantität im Pfundgewicht abhängt. Das Geld hat keine derartige Eigenschaft. Der Wert des Zuckers hängt von dessen *aktueller Quantität* ab. Wenn die Quantität des Zuckers von 1,000,000 Pfund auf 1,000,000 Zentner verändert wird, so folgt hieraus nicht, daß ein Zentner den früheren Wert eines Pfundes hat. Aber wenn das in Umlauf befindliche Geld von 1,000,000 Einheiten des einen Gewichtes auf 1,000,000 Einheiten eines anderen Gewichtes verändert wird, so wird der Wert jeder Einheit unverändert bleiben.

Die Quantitätstheorie des Geldes beruht also letzten Endes auf der fundamentalen Eigentümlichkeit, die unter allen Gütern das Geld allein besitzt — nämlich auf der Tatsache, daß es nicht imstande ist, die Bedürfnisse des Menschen zu befriedigen, sondern nur die Kraft besitzt, Dinge zu *kaufen*, die diese Kraft der Bedürfnisbefriedigung besitzen [1]).

III. Kapitel.

Einfluß der Depositenumlaufsmittel auf die Gleichung und infolgedessen auf die Kaufkraft.

§ 1.

Wir sind nunmehr in der Lage, das Wesen der Bankdepositen als Zahlungsmittel oder des Kreditumlaufs zu erklären. Kredit bedeutet im allge-

---

[1]) Vgl. G. F. Knapp, *Staatliche Theorie des Geldes*, Leipzig, 1905; L. von Bortkiewicz, „*Die geldtheoretischen und die währungspolitischen Konsequenzen des 'Nominalismus'*“, Jahrbuch für Gesetzgebung, Verwaltung und Volkswirtschaft, Oktober 1906; Bertrand Nogaro, „*L'expérience bimétalliste du XIXième siècle et la théorie générale de la monnaie*“, *Revue d'Economie politique*, 1908.

meinen den Zahlungsanspruch eines Gläubigers gegenüber einem Schuldner. Dem Scheckverkehr unterworfene Bankdepositen sind Ansprüche der Bankgläubiger gegen die Bank, kraft deren sie vermittelst Scheck spezifizierte Geldsummen von der Bank auf Verlangen ziehen können. Da wir nur diese und keine andere Art der Bankdepositen erörtern werden, so sind unter „Bankdepositen" stets „dem Scheckverkehr unterworfene Bankdepositen" zu verstehen. Sie werden auch „Zirkulationskredit" genannt. Bankschecks sind, wie wir gesehen haben, nur Anweisungen, die zur Ziehung, d. h. zur Übertragung von Bankdepositen berechtigen. Die Schecks selbst sind keine Zahlungsmittel; die durch sie repräsentierten Bankdepositen hingegen sind die Zahlungsmittel.

Aus dieser Übertragung von Bankdepositen ist das sogenannte „Geheimnis des Bankwesens", der „Zirkulationskredit" entstanden. Viele Personen, einschließlich einzelner Nationalökonomen, haben angenommen, daß der Kredit eine spezielle Form des Reichtums sei, der von einer Bank sozusagen aus Nichts geschaffen werden kann. Andere behaupten, daß der Kredit in dem wirklichen Reichtum überhaupt keine Grundlage besitze, sondern nur eine Art fiktiver und aufgeblähter Seifenblase von prekärer, wenn nicht gar völlig unberechtigter Existenz sei. Tatsächlich kann man das Wesen der Bankdepositen ebensogut verstehen wie das der Banknoten, und was in diesem Kapitel über Bankdepositen gesagt wird, kann im wesentlichen auch auf Banknoten angewendet werden. Der Hauptunterschied ist ein formeller: während die Noten von Hand zu Hand umlaufen, zirkulieren die Depositenumlaufsmittel nur vermittelst spezieller Anweisungen, der sogenannten „Schecks".

Um die wahre Natur der Bankdepositen zu erkennen, wollen wir uns eine hypothetische Institution vorstellen, und zwar wählen wir eine primitive Bank, die hauptsächlich nur der Depositen und der sicheren Verwahrung wirklichen Geldes wegen bestehe. Die ursprüngliche Bank in Amsterdam glich einigermaßen derjenigen, die wir uns nun vorstellen. In dieser Bank werden von einer Anzahl von Personen $ 100,000 in Gold niedergelegt, wogegen jede Person eine Bestätigung für den Betrag ihres Depositums in Empfang nimmt. Wenn diese Bank eine „Kapitalabrechnung" oder einen Status herausgäbe, so würde diese Abrechnung $ 100,000 in ihren Kellern und $ 100,000 als den Deponenten schuldigen Bertrag aufweisen, und zwar wie folgt:

Aktiva		*Passiva*	
Gold	$ 100,000	Schuld an Deponenten	$ 100,000

Die rechte Seite der Aufstellung besteht natürlich aus kleineren, den einzelnen Deponenten schuldigen Beträgen. Wenn wir annehmen, daß die Bank einem Deponenten A $ 10,000, einem Deponenten B $ 10,000 und allen anderen $ 80,000 schuldig ist, so schreiben wird die Bankbilanz folgendermaßen:

Aktiva		*Passiva*	
Gold	$ 100,000	Schuld an Deponent A........	$ 10,000
		Schuld an Deponent B	$ 10,000
		Anderen Deponenten schuldig .	$ 80,000
	$ 100,000		$ 100,000

Nehmen wir nun an, daß A dem B $ 1000 zu zahlen wünscht. A kann mit B auf die Bank gehen, Anweisungen oder Schecks für $ 1000 präsentieren, hierauf das Geld in Empfang nehmen und es dem B einhändigen, welches letzterer vielleicht in derselben Bank wieder deponiert, indem er das Geld durch die Schalterklappe des Kassiers zurückgibt und dagegen eine neue Anweisung in seinem eigenen Namen entgegennimmt. Statt daß aber A und B die Bank besuchen und das Geld heraus- und hereinzahlen, kann A dem B einfach einen Scheck auf $ 1000 geben. In jedem der beiden Fälle bedeutet die Übertragung, daß das Guthaben A's auf die Bank von $ 10,000 auf $ 9000 reduziert und das des B von $ 10,000 auf $ 11,000 erhöht worden ist. Der Status lautet dann folgendermaßen:

Aktiva		*Passiva*	
Gold	$ 100,000	Schuld an Deponent A........	$ 9,000
		Schuld an Deponent B	$ 11,000
		Anderen Deponenten schuldig .	$ 80,000
	$ 100,000		$ 100,000

Die Anweisungen oder Schecks zirkulieren also unter den verschiedenen Deponenten der Bank an Stelle des Bargeldes. Was tatsächlich in solchen Fällen seinen Eigentümer wechselt oder „zirkuliert", ist das *Recht, Geld zu erheben.* Der Scheck ist nur die Beweisurkunde dieses Rechtes und der Übertragung des Rechtes von einer Person auf eine andere.

In dem von uns angenommenen Falle würde die Bank mit Verlust arbeiten. Sie würde zur Bequemlichkeit ihrer Deponenten Zeit und Arbeit ihres Beamtenpersonals liefern, ohne irgend etwas als Ersatz dafür zu bekommen. Eine solche hypothetische Bank würde aber — wie dies bei der Amsterdamer Bank der Fall war [1]) — bald finden, daß sie durch das zinstragende Ausleihen eines Teils des in Depot befindlichen Goldes „Geld ver-

[1]) Siehe Dunbars *Theory and History of Banking*, 2. Aufl., herausgegeben von O. M. W. Sprague, New York und London (G. P. Putnam's Sons), 1901, S. 113—116.

dienen" *kann.* Die Deponenten werden dadurch nicht geschädigt, denn sie haben weder den Wunsch noch das Verlangen, genau dasselbe Gold, das sie deponiert haben, zurückzuerhalten. Sie verlangen lediglich, jederzeit in der Lage zu sein, denselben *Betrag* des Goldes zu erhalten. Wenn nun die Abmachung der Deponenten mit der Bank nicht die Zahlung irgendwelcher besonderen Art von Gold sondern nur eines bestimmten Betrages, und dies nur gelegentlich, zum Inhalte hat, so steht es der Bank frei, einen Teil des Goldes, das sonst nutzlos in ihren Kellern läge, auszuleihen. Das Geld unbenutzt liegen zu lassen, bedeutete eine große und unnötige Vergeudung von Anlagewerten.

Setzen wir nun den Fall, die Bank entschließe sich, die Hälfte ihres Bargeldes auszuleihen. Dies geschieht gewöhnlich im Austausch gegen urkundliche Versprechen der Entlehner. *Nun ist ja ein Darlehen wirklich ein Austausch von Geld gegen ein Versprechen,* welches der Darleiher — in diesem Falle die Bank — an Stelle des Geldes empfängt. Nehmen wir an, der sogenannte Entlehner zöge wirklich $ 50,000 in Gold. Die Bank tauscht hierbei Geld für Versprechen aus, und ihre Bücher werden wie folgt lauten:

Aktiva		*Passiva*	
Goldreserven	$ 50,000	Dem Deponent A schuldig	$ 9,000
Versprechen	$ 50,000	Dem Deponent B schuldig	$ 11,000
		Anderen Deponenten schuldig	$ 80,000
	$ 100,000		$ 100,000

Hieraus ist zu ersehen, daß das in der Bank befindliche Gold nur $ 50,000 beträgt, während die Gesamtdepositen noch immer $ 100,000 betragen. Mit anderen Worten: die Deponenten haben nun mehr *deponiertes Geld* als die Bank in ihren Kellern! Wie wir aber beweisen, involviert diese Ausdrucksweise in dem Worte „Geld" einen landläufigen Irrtum. *Etwas* Gutes liegt hinter jedem Darlehen, es muß aber nicht notwendig Geld sein.

Nehmen wir weiter an, daß die *Entlehner* in gewissem Sinne gleichfalls Deponenten werden, indem sie die geliehenen $ 50,000 Bargeld *für das Recht, auf Verlangen dieselbe Summe zu ziehen,* wieder deponieren. Mit anderen Worten: wir nehmen an, daß sie nach Entleihung der $ 50,000 von der Bank diese Summe der Bank zurückleihen. Die Aktiven der Bank erhöhen sich also um $ 50,000, und ihre Verbindlichkeiten (oder der erweiterte Kredit) werden in gleichem Maße erhöht. Die Bilanzen gestalten sich somit folgendermaßen:

Aktiva		*Passiva*	
Goldreserven	$ 100,000	Schuldig Deponent A	$ 9,000
Versprechen	$ 50,000	Schuldig Deponent B	$ 11,000
		Schuldig den früheren Deponenten	$ 80,000
		Schuldig den neuen Deponenten, d. h. den Entleihern	$ 50,000
	$ 150,000		$ 150,000

In diesem Falle ereignete sich folgendes: es wurde Gold im Austausch gegen ein Zahlungsversprechen geliehen, und dieses Zahlungsversprechen wurde gegen ein Recht, Gold vermittelst Schecks zu erheben, ausgewechselt. Das Gold hat sich also tatsächlich nicht gerührt; die Bank empfing jedoch ein Zahlungsversprechen und der Deponent die Befugnis, auf sie zu ziehen. Offenbar würde auch dasselbe Resultat herbeigeführt worden sein, wenn jeder Entlehner einfach sein Zahlungsversprechen übergeben und dagegen ein Recht, zu ziehen, empfangen hätte. Da dieses Verfahren Anfänger im Bankstudium sehr oft verwirrt, wiederholen wir die Tabellen, welche die Sachlage vor und nach diesen „Darlehen" repräsentieren, d. h. diesen Austausch von Zahlungsversprechen gegen gegenwärtige Rechte, zu ziehen [1]).

Vor den Darleihungen

Aktiva		*Passiva*	
Gold-Reserven	$ 100,000	Schuld an Deponenten	$ 100,000

Nach den Darleihungen

Gold-Reserven	$ 100,000	Schuld an Deponenten	$ 150,000
Versprechen	$ 50,000		

Es ist also klar, daß die Vermittlung des Geldes in diesem Falle eine unnötige Komplizierung bedeuten würde, obwohl sie zu einem theoretischen Verständnis der resultierenden Verschiebung von Rechten und Verbindlichkeiten beiträgt. Eine Bank kann also Depositen in Gold oder Depositen in notalen Zahlungsversprechen empfangen. Im Austausch gegen die Zahlungsversprechen kann sie entweder das Recht, auf sie zu ziehen, oder

---

[1]) In letzter Analyse und abgesehen von ihrer Aufgabe der Sicherung des Kredits ist eine Bank tatsächlich eine Vermittlerin zwischen Entlehnern und Darleihern. Infolge davon, daß sie Entlehner und die letzten Darleiher zusammenbringt und den ersteren Darlehensgelder verschafft, welche sonst gar nicht existieren würden, hat das Bankwesen gleichzeitig die Tendenz, den Zinsfuß zu erniedrigen und den Vorrat an Kreditumlaufsmitteln zu erhöhen. Vgl. die Abhandlung von Harry G. Brown im *Quarterly Journal of Economics*, August 1910, über „*Commercial Banking and the Rate of Interest*".

Gold selbst — dasselbe Gold das von einem anderen Kunden deponiert worden ist — geben oder darleihen. Sogar wenn der Entlehner nur ein Zahlungsversprechen besitzt, so wird noch immer fingiert, daß er Geld deponiert habe, und ist gleich den wirklichen Deponenten von Bargeld ermächtigt, Schecks zu ziehen. Den Gesamtwert der Ansprüche auf das Ziehen von Geld, gleichviel woher sie stammen, nennt man „Depositen". Die Befugnis zu ziehen (oder die Depositenanrechte) leihen die Banken öfters her als wirkliches Geld, teils weil dies für die Entlehner bequemer ist, teils weil die Banken bedeutende Barreserven zu halten wünschen, um großen oder unerwarteten Anforderungen gegenüber gerüstet zu sein. Wenn eine Bank Geld ausleiht, so wird allerdings ein Teil des so geliehenen Geldes von den Personen, welche von den Entlehnern nach Abwicklung der Geschäfte bezahlt wurden, wieder deponiert werden; es ist aber nicht unbedingt nötig, daß dieses Geld in derselben Bank zurückdeponiert wird. Dem Durchschnittsbankier wird es daher lieber sein, wenn der Entlehner ihm kein Bargeld entzieht.

Außer Depositenanrechten können die Banken auch ihre eigenen Noten, die sogenannten „Banknoten", ausleihen; und das Prinzip, welches die Depositenanrechte beherrscht, gilt in gleicher Weise für die Banknoten. Der Inhaber empfängt einfach anstatt eines Bankguthabens die Tasche voll Banknoten. In beiden Fällen muß die Bank stets bereit sein, den Inhaber zu bezahlen — ihre „Noten einzulösen" — ebenso wie ihre Deponenten auf Verlangen zu bezahlen, und in beiden Fällen tauscht die Bank ein Zahlungsversprechen gegen ein anderes aus. Was die Banknote betrifft, so hat die Bank ihre Banknote gegen das Zahlungsversprechen eines Kunden eingetauscht. Die Banknote trägt keine Zinsen, ist aber auf Verlangen sofort zahlbar. Die Note des Kunden trägt Zinsen, ist aber nur an einem bestimmten Verfalltage zahlbar.

Angenommen die Bank gebe $ 50,000 in Noten aus, so wird ihre Bilanz jetzt folgendermaßen aussehen:

Aktiva		*Passiva*	
Goldreserven	$ 100,000	Schuld an Deponenten	$ 150,000
Darlehen	$ 100,000	Schuld an Noteninhaber	$ 50,000
	$ 200,000		$ 200,000

Wir wiederholen, daß vermöge des Kredits die Depositen (und Noten) einer Bank *ihre Barmittel überschreiten können.* In dieser Tatsache läge nichts Mysteriöses oder Dunkles, noch überhaupt in dem Kreditwesen im allgemeinen, wenn man es dem Publikum beibringen könnte, die Operationen einer Bank nicht mit Geldoperationen auf gleichen Fuß zu stellen. Dies wäre eine metaphorische und irreführende Vorstellung. Die Bankoperationen sind ebensowenig Geldoperationen wie etwa Grundbesitzübertragungen. Ein Bankdeponent A hat gewöhnlich kein „deponiertes Geld" und kann eigentlich nicht sagen, daß er „Geld in der Bank hat", ob er nun solches hat oder nicht. Was er besitzt, ist das Versprechen der Bank, auf Verlangen Geld zu zahlen. Die Bank schuldet ihm Geld. Wenn eine Privatperson Geld schuldet, so fällt es dem Gläubiger nicht ein zu sagen, daß er in der Tasche des Schuldners ein Depot besitzt.

§ 2.

Es kann nicht nachdrücklich genug betont werden, daß in jeder Bilanz der Wert der Passiva auf dem der Aktiva beruht. Die Depositen einer Bank bilden davon keine Ausnahme. Man darf sich durch die Tatsache nicht irreführen lassen, daß die *Bar*aktiven einen geringeren Betrag aufweisen können als die Depositen. Wenn der Laie zum ersten Male erfährt, daß die Anzahl der Dollar, welche Noteninhaber und Deponenten berechtigt sind, aus der Bank zu ziehen, größer ist als die im Besitze der Bank befindliche Anzahl der Dollar, ist er geneigt, den vorschnellen Schluß zu ziehen, daß die Noten oder die Depositenpassiva nicht gedeckt sind. Dennoch steckt, vorausgesetzt, daß es sich um eine zahlungsfähige Bank handelt, hinter allen diesen Verbindlichkeiten der volle Wert, und wenn es auch nicht wirkliche Dollar sind, so ist es auf jeden Fall *Eigentum im Werte von wirklichen Dollarn.* Durch keinerlei Kniffe können die Aktiven durch die Passiven überschritten werden, es sei denn im Falle der Insolvenz und selbst in diesem Falle kann das nur in nomineller Weise geschehen, denn der wahre Wert der Verbindlichkeiten („uneinbringliche Posten") wird allein dem *wahren* Werte der hinter denselben befindlichen Aktiven gleichkommen.

Wie bereits erwähnt, setzt sich der Stand dieser Aktiven zum großen Teil aus Kaufmannsnoten zusammen, obwohl sie, rein banktheoretisch gesprochen, aus irgendwelchem Eigentum bestehen könnten. Wenn die Aktiven in dem Besitz von Grundstücken oder anderem unbelasteten Immobiliarbesitz bestünden, so daß der greifbare Reichtum, welchen Eigentum stets repräsentiert, klar auf der Hand läge, dann verschwände das ganze Rätsel der Erscheinungen. Die Wirkung wäre jedoch keine andere. Anstatt im Austausch für die geliehenen Summen Getreide, Maschinen oder Flußstahl in Depot zu nehmen, ziehen die Banken die zinstragenden Wertpapiere von Gesellschaften, Firmen und Privatpersonen vor, welche direkt oder indirekt Getreide, Maschinen oder Flußstahl repräsentieren, und durch die Bankgesetze sind die Banken sogar *gezwungen*, anstatt des Stahls die Noten anzunehmen. Wenngleich eine Bank Verbindlichkeiten eingeht, welche die Höhe ihrer *Kassen*aktiva übersteigen, so werden doch in jedem Falle die die Aktiva überschreitenden Passiva durch den Besitz anderer Aktivmasse im Gleichgewicht gehalten. Dieses andere Aktivum der Bank besteht gewöhnlich aus den seitens der Geschäftsleute eingegangenen Verbindlichkeiten. Wechselseitig werden derartige Schulden durch die Aktivbestände der Geschäftsleute getragen. Wenn wir die endgültige Basis der Bankpassiva noch weiter verfolgen, so finden wir dieselbe in dem sichtbaren und greifbaren Reichtum der Welt.

Wenn diese endgültige Basis des ganzen Kreditaufbaues auch nicht sichtbar ist, so ist sie doch vorhanden. Wir können tatsächlich sagen, daß das Bankwesen den sichtbaren und greifbaren Reichtum gewissermaßen zu zirkulieren veranlaßt. Wenn auch die Ländereien eines Gutsbesitzers oder die eisernen Öfen eines Ofenhändlers nicht in buchstäblich demselben Sinne wie Golddollar zirkulieren, so kann doch der Gutsbesitzer oder der Ofenhändler der Bank einen Schein geben, der dem Bankier zur Basis von Banknoten oder Depositen dient, und diese Banknoten und Depositen zirkulieren dann wie Golddollar. Durch das Bankwesen kann derjenige, welcher schwer auszutauschenden Reichtum besitzt, ein Umlaufsmittel schaffen. Er gibt einfach der Bank einen Schein, — für welchen sein Eigentum natürlich haftpflichtig ist —, erhält dafür das Recht, Geld zu ziehen, und siehe da, sein in gewissem Sinne unauswechselbarer Reichtum wird fließendes Umlaufsmittel. Drastisch ausgedrückt bedeutet das Bankwesen ein Mittel, durch welches Ländereien, Öfen und anderer sonst allgemein nicht austauschbarer Reichtum in Dollar ausgemünzt werden kann.

Es ist interessant wahrzunehmen, welch eine gewaltige Triebkraft dem Depositenumlaufsmittel durch die großen modernen „Trusts“ gegeben worden ist, insofern als die Wertpapiere großer Gesellschaften als Sicherheit für Bankanleihen eine größere Verwendung finden als die Aktien und Pfandbriefe kleinerer Gesellschaften oder als Papiere über Teilhaberanrechte.

Wir begannen damit, eine Bank dem Wesen nach als ein kooperatives Unternehmen zu betrachten, das zur Annehmlichkeit und auf Kosten seiner Deponenten betrieben wird. Wenn aber die Bank auf dem Punkte anlangt, dem X, Y und Z auf eine gewisse Zeit Geld zu leihen, während sie selbst auf Verlangen sofort zahlbares Geld schuldig ist, so übernimmt sie dem X, Y und Z und den Deponenten ihrer Barmittel gegenüber ein Risiko, das die letzteren keinesfalls auf sich nehmen würden. Um einer solchen Sachlage zu begegnen, übernimmt eine dritte Klasse von Personen — die Aktionäre — die Verantwortlichkeit und die Betriebskosten der Bank, was des voraussichtlichen Gewinnes wegen geschieht. Um die Deponenten gegen Verlust zu schützen, werden von den Aktionären eigene Barmittel eingelegt. Die Aktionäre sind vertraglich gebunden, für einen eventuellen die Deponenten treffenden Verlust aufzukommen. Nehmen wir an, daß die Aktieninhaber $ 50,000 einzahlen, von denen $ 40,000 für den Barbestand und $ 10,000 für den Kauf eines Bankgebäudes zur Verwendung kommen. Das Konto lautet dann folgendermaßen:

Aktiva		*Passiva*	
Barmittel	$ 140,000	Schuld an Deponenten	$ 150,000
Darlehen	$ 100,000	Schuld an Noteninhaber	$ 50,000
Gebäude	$ 10,000	Schuld an Aktieninhaber	$ 50,000
	$ 250,000		$ 250,000

In der jetzigen Form umfaßt das Konto alle für eine gewöhnliche moderne Bank charakteristischen Hauptzüge, d. h. für eine mit Geld- und Notenausgabe sowie mit Diskontierung verbundene sogenannte Depositenbank.

§ 3.

Wir haben gesehen, daß die Aktiva hinreichend groß sein müssen, um die Verbindlichkeiten zu erfüllen, und es soll nun gezeigt werden, daß die Form des Aktivbestandes die prompte Ausgleichung der Verbindlichkeiten gewährleistet. Da es Sache der Bank ist, ihre Deponenten an Stelle ihres „langsameren" Eigentums mit rasch verfügbarem Eigentum (Barmittel oder Kredit) zu versehen, verfehlt sie ihren Zweck, wenn sie mit ungenügendem Bargeld angetroffen wird. Dennoch „verdient" die Bank zum Teil dadurch Geld, daß sie ihr rascher verfügbares Eigentum festlegt, d. h. dadurch, daß sie es dorthin ausleiht, wo es weniger leicht verfügbar ist. Das Problem der Bankpolitik besteht darin, genügend viel Kapital zur Vergrößerung ihres Eigentums festzulegen, ohne aber soviel festzulegen, daß die Bank selbst festgelegt wird. Insofern bisher noch nichts Gegenteiliges gesagt worden ist, könnte man annehmen, eine Bank dürfe ihre Darlehen im Verhältnis zu ihren Barmitteln oder im Verhältnis zu ihrem Kapital ins Unbegrenzte erhöhen. Wenn dies der Fall wäre, könnten die Depositenumlaufsmittel eine Inflation bis ins Unendliche erfahren.

Vorsicht und gesunde Volkswirtschaftspolitik haben jedoch beiden Operationen eine Grenze gezogen. Insolvenz und Unzulänglichkeit an Barmitteln müssen vermieden werden. Wenn bei unzulänglichem Kapital Darleihen gemacht werden, tritt Insolvenz ein. Es droht Unzulänglichkeit in Barmitteln, wenn die Gewährung von Darlehen nicht im Verhältnis zu den Barmitteln stattfindet. Insolvenz ist unausbleiblich, wenn die den Kreditoren (Aktieninhaber nicht inbegriffen) gegenüber eingegangenen Verbindlichkeiten von dem Aktivbestand nicht mehr gedeckt werden, so daß es der Bank unmöglich ist, ihre Schulden zu bezahlen. Unzulänglichkeit an Barmitteln tritt ein, wenn die zur Verfügung stehenden tatsächlichen Barmittel für die Anforderungen des Augenblicks nicht zureichend sind und die Bank außerstande ist, *auf Verlangen* ihre Schulden sofort zu bezahlen, selbst wenn sich die Gesamtaktiva der Bank mit ihren Verbindlichkeiten auf völlig gleicher Höhe befindet.

Je niedriger das Wertverhältnis der Ansprüche der Aktionäre zu dem Werte der Verbindlichkeiten an andere Personen, desto größer ist die Gefahr der Insolvenz; je geringer das Verhältnis des Kassenbestandes zu den auf Verlangen sofort zahlbaren Verbindlichkeiten, desto größer ist das Risiko der Unzulänglichkeit an Bargeld. Mit anderen Worten: die Hauptschutzwehr gegen eine Insolvenz besteht in einem großen Kapital und Überschuß, während die Hauptschutzwehr gegen eine Unzulänglichkeit an Barmitteln große Barreserven sind. Die eigentliche Insolvenz kann bei jedwedem Geschäftsunternehmen vorkommen. Von Unzulänglichkeit an Barmitteln werden besonders die Banken betroffen, deren Funktion es ist, Noten und Depositen einzulösen.

Illustrieren wir die „Unzulänglichkeit an Barmitteln". In unserer letzten Bankabrechnung befand sich eine Reserve von $ 140,000 in bar und $ 200,000 Forderungsverbindlichkeiten (Depositen und Noten). Den Direktoren der Bank können der Reservefonds als zu hoch oder die Darlehen als zu niedrig erscheinen. Sie können dann ihre den Kontoinhabern in Form von Bargeld, Noten und Depositen gewährten Anleihen so erweitern, bis die Kassenreserve vielleicht auf $ 40,000 reduziert und die den Deponenten und Noteninhabern gegenüber eingegangene Schuld auf $ 300,000 erhöht worden ist. Wenn ein Deponent oder Noteninhaber unter solchen Umständen $ 50,000 in bar verlangt, so erweist sich eine sofortige Auszahlung dieser Summe als unmöglich. Allerdings sind die Aktiven den Verbindlichkeiten noch immer gleich. Hinter den geforderten $ 50,000 befindet sich der volle Wert; abmachungsgemäß sollen aber die Deponenten und Noteninhaber in *Geld* und *auf Verlangen* sofort bezahlt werden. Wenn dies in dem Depositenvertrage nicht festgelegt wäre, könnte die Bank die von ihren Debitoren erhaltenen Schuldscheine auf ihre Gläubiger übertragen und somit den an sie gestellten Anforderungen entsprechen. Auch könnte die Bank die Kontoinhaber ersuchen, sich zu gedulden bis diese Wertpapiere in Bargeld umgesetzt worden sind [1]).

Da eine Bank keinen dieser Wege einschlagen kann, so sucht sie bei einer bevorstehenden Unzulänglichkeit an Barmitteln einer solchen Vermögenslage durch „Kündigung" einiger Darlehen zuvorzukommen oder, wenn deren rasche Einziehung nicht möglich ist, durch den Verkauf von Wertpapieren oder anderem Besitztum gegen Bargeld. Leider ist aber dem Bargeldbetrage, der von einer Bank ohne weiteres realisiert werden kann, eine Grenze gesetzt. Keine einzige Bank könnte der Zahlungseinstellung entgehen, wenn ein großer Prozentsatz ihrer Noteninhaber und Deponenten *gleichzeitig* Barzahlung fordern würde [2]). Das Paradoxon einer Panik findet in dem Falle den richtigen Ausdruck, wo sich ein Mann bei seiner Bank erkundigt, ob sie zur Auszahlung seines Deposits verfügbares Bargeld habe, indem er erklärt: „Wenn Sie mich bezahlen können, so brauche ich es nicht; wenn Sie es aber nicht können, so brauche ich es!" Dies war die Situation in Wall Street im Jahre 1907. Alle Deponenten wollten zu ein und derselben Zeit die Gewißheit haben, daß ihr Geld „da sei". Aber alles Geld *ist* zu ein und derselben Zeit niemals da.

Wenn also die Unzulänglichkeit an Barmitteln eine so beunruhigende Lage schafft — so schwierig zu beseitigen, wenn sie eingetroffen, und so schwierig ihr zuvorzukommen, wenn sie sich zu nähern beginnt — so muß eine Bank ihre Darlehen und ihre Ausgabe von Noten derart regulieren, daß ihr stets eine genügende Barreserve zur Verfügung steht, um auch schon das bloße Drohen einer Unzulänglichkeit an Barmitteln zu verhüten. Sie kann die Reserve abwechselnd durch den Verkauf von Wertpapieren gegen Bar und durch das Darleihen von Bar auf Wertpapiere regulieren. Je größer die Zahl der Darlehen im Verhältnis zu dem verfügbaren Barbestand, desto größer ist der Gewinn und somit auch das Risiko. Auf die Dauer erhält eine Bank ihre Reserven durch die Anpassung des für die Darlehen festgesetzten Zinsfußes. Wenn die Bank nur wenige Darlehen und eine genügend große Reserve besitzt, um Darlehen von bedeutend größerem Umfange zu tragen, so trachtet die Bank, durch Herabsetzung des Zinsfußes ihre Darlehen zu erweitern. Wenn die Darleihen der Bank eine Höhe erreichen, die befürchten läßt, daß die Anforderungen an die Reserve

---

[1]) Siehe Irving Fisher, *The Nature of Capital and Income*, V. Kapitel.

[2]) Vgl. Ricardo, *Works*, 2. Aufl., London (Murray), 1852, S. 217 (*Principles of political economy and taxation*, XXVII. Kapitel).

zu groß werden, dann wird sie die Darlehen durch Erhöhung des Zinsfußes einschränken. Auf diese Weise wird durch abwechselnde Erhöhung oder Erniedrigung des Zinsfußes eine Bank ihre Darlehen innerhalb solcher Grenzen halten, daß sie der Reservefonds decken kann, gleichzeitig die Darlehen (des Gewinnes wegen) so weit ausdehnen, als der Reservefonds dies zuläßt.

Wenn die einzelnen Deponenten schuldigen Beträge im Verhältnis zur Gesamtschuld beträchtlich sind, so muß die Reserve dementsprechend hoch sein, weil der Entschluß weniger Deponenten den Reservefonds rasch erschöpfen kann [1]). Auch muß die Reserve gegenüber schwankenden Depositen (wie diejenigen der Effektenmakler) oder den als temporär bekannten Depositen größer sein [2]). In einer Großstadt mit lebhaftem Bankbetrieb muß der Reservefonds im Verhältnis zu den Forderungsverbindlichkeiten der Bank größer sein als an kleineren Plätzen, wo die Geschäftstätigkeit einer Bank nur gering ist.

Die Erfahrung lehrt, daß die verschiedenen Banken verschiedene Durchschnittsbeträge an Depositen erheischen, die dem allgemeinen Charakter und dem Geschäftsumfange der Bank gemäß variieren. Für jede Bank gibt es dafür ein Normalverhältnis (ratio), und daher auch für ein ganzes Gemeinwesen ein Normalverhältnis — einen Durchschnitt der Verhältnisse der verschiedenen Banken. Eine absolute numerische Regel kann dabei nicht in Frage kommen. Willkürliche Bestimmungen werden oft durch die Gesetzgebung aufgestellt. Die Nationalbanken in den Vereinigten Staaten z. B. haben für ihre Depositen eine Reserve zu halten, deren verschiedene Höhe sich darnach richtet, ob sie sich in gewissen gesetzlich zu „Reserve"-Städten bestimmten Plätzen befinden oder nicht, d. h. in Städten, in welchen die Nationalbanken Depositen anderswo gelegener Banken in Besitz haben. Alle diese Reserven dienen zur Sicherstellung der Depositen. Für die Noten hingegen wird eine Barreserve nicht verlangt, wenigstens wird den Nationalbanken eine solche Reserve nicht vorgeschrieben. Zwar gelten die nämlichen volkswirtschaftlichen Prinzipien für Banknoten und Depositen, doch behandelt sie das Gesetz verschieden. Die Regierung zieht vor, die Einlösung der Nationalbanknoten auf Verlangen selbst zu besorgen.

Die Einzelstaatenbanken (state banks) sind verschiedenartigen Sonder-

---

[1]) Victor Morawetz, *The Banking and Currency Problem in the United States*, New York (The North American Review Publishing Co.), 1909, S. 36 und 37. Ebenso Kemmerer, *Money and Prices*, 1909, S. 80.

[2]) a. a. O.

bestimmungen unterworfen [1]). So schwankt das gesetzlich geforderte Normalverhältnis der Reserven zu den Depositen von 12½ bis 22½ Prozent, wobei 15 bis 20 Prozent der gewöhnliche Prozentsatz ist. Bei der Reserve variiert die Teilsumme, welche aus Bargeld bestehen muß, zwischen 10 und 50 Prozent (der Reserve) und beträgt gewöhnlich 40 Prozent.

Eine derartige gesetzliche Regulierung der Bankreserven ist jedoch kein notwendiges Entwicklungsergebnis des Bankwesens. In Kanada stellt das Gesetz die Noten tatsächlich auf die gleiche Stufe mit den Depositen. Das Bankwesen könnte in der Tat auch ohne jedwede staatliche Verfügung bestehen. Eine Illustration hierzu liefert das „Geld von George Smith" („George Smith's money"). Der Genannte gründete im Verein mit Alexander Mitchell und anderen im Jahre 1839 eine Versicherungsgesellschaft, welche trotz des Verbotes, „Bankprivilegien" auszuüben, dem Inhaber auf Sicht zahlbare Depositenzertifikate herausgab, und diese Zertifikate gelangten tatsächlich wie Banknoten in Umlauf [2]).

§ 4.

Das Studium der Bankgeschäfte führt uns also zwei Umlaufsmittelgattungen vor Augen: erstens die zur Kategorie des Geldes gehörenden Banknoten und zweitens die Depositen, die zwar außerhalb dieser Kategorie liegen, jedoch einen ausgezeichneten Ersatz für Geld darstellen. Wenn wir diese Depositen zu der umfassenderen Kategorie der Güter zählen, so können wir die Güter in drei Klassen einteilen, nämlich: 1. in *Geld*, 2. in Depositenumlaufsmittel oder einfach *Depositen* und 3. in alle anderen *Güter*. Unter diesen Gütern gibt es sechs mögliche Austauschtypen, und zwar:

1. Geld gegen Geld,
2. Depositen gegen Depositen,
3. Güter gegen Güter,
4. Geld gegen Depositen,
5. Geld gegen Güter,
6. Depositen gegen Güter.

Für unseren Zweck sind nur die letzten beiden Austauschtypen von Bedeutung, denn diese bilden die *Umlaufsmittelzirkulation* (circulation of currency). Was die anderen vier Typen anbelangt, so ist die erste bereits

[1]) „*Digest of State Banking Statutes*" in *Reports of the National Monetary Commission*, 61. Kongreß, 2. Session, Senatsdokument Nr. 353.

[2]) Siehe Horace White, *Money and Banking*.

als „Geldwechsel" und die dritte als „Tauschhandel" (barter) erklärt worden. Die zweite und vierte sind Banktransaktionen; zur zweiten gehören solche wie der Verkauf von Zahlungsanweisungen für Schecks oder die gegenseitige Ausgleichung von Bankclearings, während sich unter der vierten Art Transaktionen wie das Deponieren oder die Zurücknahme von Geld befinden, was vermittelst Einzahlung von Bargeld oder die Ziehung von Schecks geschieht.

Nachdem wir die Bankbilanzen einer Analyse unterzogen haben, können wir nunmehr die Bankdepositen oder den zirkulierenden Kredit in die Verkehrsgleichung aufnehmen. Nach wie vor wollen wir die Quantität tatsächlichen Geldes mit G und die Umlaufsgeschwindigkeit desselben mit U bezeichnen. In gleicher Weise sollen die gesamten Depositen, welche durch den Scheckverkehr Gegenstand der Übertragung sind, mit G' und die Durchschnitts-Umlaufsgeschwindigkeit mit U' bezeichnet werden. Der Gesamtwert der während eines Jahres vorgenommenen Käufe ist daher nicht mehr durch GU, sondern durch $GU + G'U'$ zu bemessen. Die Verkehrsgleichung gestaltet sich also folgendermaßen:

$$GU + G'U' = \Sigma pQ = PH$$ [1]).

Wir wollen uns nun die Verkehrsgleichung wieder mittelst eines mechanischen Schaubildes vorstellen. In Figur 4 ist der Handel nach wie vor auf der

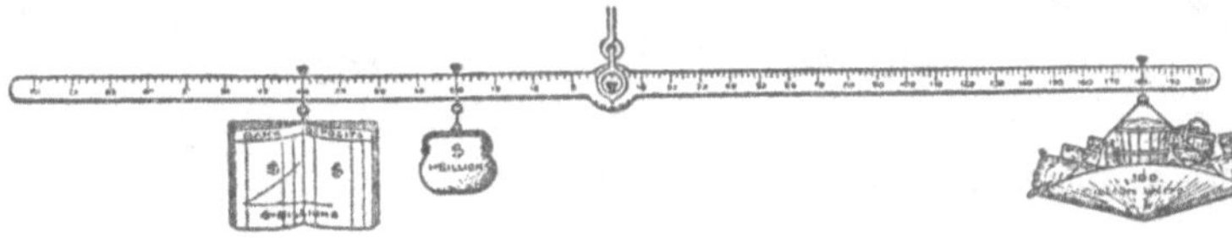

Fig. 4.

rechten Seite durch das Gewicht eines Komplexes verschiedener Güter veranschaulicht, deren Durchschnittspreis durch die Entfernung vom Drehpunkte der Wage nach der rechten Seite oder durch die Länge des Wagearmes, an welchem das Gewicht hängt, dargestellt ist. Zur Linken wird wieder das Geld (G) durch ein in Geldbörsenform gekennzeichnetes Ge-

[1]) Die Verkehrsgleichung wurde auch von Kemmerer in *Money and Credit Instruments in their Relation to General Prices*, und zwar mit Einschluß des Bankkredits aufgestellt, doch ist seine Darstellungsweise eine etwas verschiedene. Daß der Kredit genau so wie das Geld auf die Preise einwirkt, ist keineswegs ein neu aufgestelltes Prinzip. Siehe z. B. Mill, *Principles of Political Economy*, III. Teil, XII. Kapitel, § 1 und 2.

wicht und die Umlaufsgeschwindigkeit desselben (U) durch den Wagearm dargestellt. Auf dieser linken Seite haben wir nun aber noch ein anderes Gewicht in Form eines Bankbuches, welches die Bankdepositen (G') veranschaulicht. Die Umlaufsgeschwindigkeit dieser Bankdepositen (G') ist ebenfalls durch die Entfernung vom Drehpunkte der Wage oder durch den Wagearm, an welchem dieses Buch hängt, dargestellt.

Dieser Mechanismus führt die Tatsache vor Augen, daß sich der Durchschnittspreis (rechter Arm) mit der Zunahme des Geldes oder mit derjenigen der Bankdepositen und mit der Zunahme in deren Umlaufsgeschwindigkeit erhöht, während sich dieser Preis mit der Zunahme des Handelsumfanges erniedrigt.

Auf die linke Seite der Verkehrsgleichung oder auf $GU + G'U'$ zurückkommend, sehen wir, daß in einem Gemeinwesen ohne Bankdepositen die linke Seite der Gleichung einfach auf GU, d. h. auf die im II. Kapitel angewandte Formel umgewandelt wird, denn in einem solchen Gemeinwesen fehlt der Posten „$G'U'$". Mit der Einführung von G' tritt die Tendenz zu einem Steigen der Preise ein. Das heißt, durch das Anhängen des Depositenbankbuches auf der linken Seite wird die Verlängerung des Armes zur Rechten notwendig.

Gerade wie A zur Bezeichnung des gesamten Geldumlaufes, also von GU verwendet wurde, so soll jetzt der gesamte Depositenumlauf $G'U'$ mit A' bezeichnet werden.

Wie A, G und U sind auch A', G' und U' Summen und Mittelwerte korrespondierender Größen, die auf verschiedene Zeitpunkte des Jahres oder verschiedene Personen zu beziehen sind [1]).

§ 5.

Durch den Einschluß des Depositenumlaufes in die Gleichung der Geldzirkulation wird der von der Quantität des Geldes auf das allgemeine Preisniveau ausgeübte Einfluß weniger direkt, und die weitere Verfolgung dieses Einflusses wird schwieriger und komplizierter. Es ist sogar behauptet worden, daß durch das Hinzutreten des zirkulierenden Kredits jedwede zwischen den Preisen und der Quantität des Geldes bestehende Beziehung

---

[1]) Die in der Anordnung von a', g' und u' usw. ausgedrückte mathematische Analyse von A', G' und U' stimmt mit der im Anhang zum II. Kapitel gegebenen von A G und U vollkommen überein. Siehe auch §§ 1 und 2 des Anhanges zu diesem (III.) Kapitel.

durchbrochen wird [1]). Wäre der zirkulierende Kredit vom Gelde unabhängig, so träfe dies zu. Tatsächlich hat aber die Quantität des zirkulierenden Kredits, *G'*, die Tendenz, eine bestimmte Beziehung zu *G*, zu der in Umlauf befindlichen Geldquantität, aufrechtzuerhalten, d. h. die Depositen sind unter normalen Umständen ein mehr oder weniger bestimmtes Vielfaches von Geld.

Zwei Tatsachen bringen die Depositen unter normalen Umständen in ein mehr oder weniger bestimmtes Verhältnis zum Gelde. Die eine davon, nämlich, daß die Bankreserven in einem mehr oder weniger bestimmten Verhältnis zu den Bankdepositen gehalten werden, ist bereits erwähnt worden. Die andere besteht darin, daß Einzelpersonen, Firmen und Gesellschaften ein mehr oder weniger bestimmtes Verhältnis zwischen ihren Bargeld- und Schecktransaktionen und auch zwischen ihrer Geld- und Depositenbilanz bewahren [2]). Diese Verhältnisse werden durch Motive individueller Bequemlichkeit und Gewohnheit bestimmt. Die Geschäftsfirmen benützen im allgemeinen Geld für Lohnzahlungen und für verschiedene Geschäfte geringerer Bedeutung, die in den Begriff „Kleingeld" eingeschlossen sind, während zum Ausgleich der Geschäfte von ihnen untereinander gewöhnlich Schecks vorgezogen werden. Die Vorliebe hierfür ist so groß, daß wir uns schwerlich einen Bruch mit dieser Praxis vorzustellen vermögen, es sei denn etwa nur zeitweise und in geringem Umfange. Eine Geschäftsfirma wird schwerlich Straßenbahnfahrgelder mit Schecks bezahlen und große Zahlungsverpflichtungen mit Bargeld liquidieren. Jedermann strebt in der Benützung der beiden Zahlungsmethoden nach einem Gleichgewicht und stört dieses nicht nennenswert, wenigstens nicht auf längere Zeit. Er paßt seinen Geldbestand oder sein Bankkonto beständig den von ihm in Geld oder per Scheck zu erledigenden Zahlungen an. Sobald der Geldbestand verhältnismäßig gering wird und das Bankkonto ein verhältnismäßig großes Guthaben aufweist, wird ein Scheck gezogen. Im entgegengesetzten Falle wird bares Geld deponiert. Auf diese Weise wird eines der beiden Austauschmittel fortwährend in das andere um-

[1]) Laughlin ist der beinahe entgegengesetzten Ansicht, daß der normale Kredit die Preise nicht beeinflussen kann, weil er kein Angebot von vollwertigem Gelde darstellt und daher auf den Wert des Maßgutes, das das Preisniveau einzig und allein bestimmt, keinen Einfluß hat. Siehe *Principles of Money*, New York (Scribner), 1903, S. 97. Beide Ansichten stehen mit der in diesem Buche vertretenen in Widerspruch.

[2]) Diese Tatsache ist von Laughlin anscheinend übersehen worden, wenn er den Schluß zieht, daß „there is not any reason for limiting the amount of the deposit currency, or the assumption of an absolute scarcity of specie reserves". Siehe *Principles of Money*, S. 127.

gesetzt. Eine Privatperson versieht sich gewöhnlich aus ihrem Bankkonto mit Taschengeld. Eine Detailhandelsfirma stärkt ihr Bankkonto mit dem Ertrage der Ladenkasse. In beiden Fällen besorgt die Bank die Vermittlung des Austausches.

In irgend einem Gemeinwesen wird das quantitative Verhältnis von Depositenumlaufsmitteln [1]) zum Gelde durch verschiedene Bequemlichkeitsrücksichten bestimmt. Je höher vor allen Dingen der Geschäftsverkehr in einem Gemeinwesen entwickelt ist, desto vorherrschender ist daselbst der Gebrauch von Schecks. An Plätzen mit hochentwickeltem Geschäftsbetrieb werden die von den Kaufleuten untereinander abgeschlossenen bedeutenden Geschäfte gewöhnlich mittelst Scheck und die kleineren durch Barzahlung erledigt. Je konzentrierter die Bevölkerung ist, desto mehr gewinnt der Gebrauch von Schecks die Oberhand. In Städten ist es für den Zahlenden und auch für den Empfänger bequemer, große Zahlungen per Scheck vorzunehmen, während auf dem Lande das Aufsuchen einer Bank infolge Zeit- und Geldverlustes zu teuer zu stehen kommt, um den Schecks den Vorzug zu geben. Aus diesem Grunde wird im Verhältnis zum Umfange der zustande kommenden Geschäfte auf dem Lande mehr Geld gebraucht [2]). Je wohlhabender ferner die Mitglieder des Gemeinwesens sind, desto ausgiebiger kommen Schecks zur Verwendung. Arbeiter gebrauchen sie selten; Kapitalisten, Angehörige der gelehrten Berufe und Gehalt beziehende Personen hingegen gebrauchen sie gewöhnlich, und zwar sowohl für persönliche als auch für geschäftliche Zwecke.

Es herrscht also, was Bequemlichkeit und Gewohnheit betrifft, eine gewisse Beziehung zwischen der Scheck- und Bargeldzirkulation und ein mehr oder weniger stabiles Verhältnis zwischen der Depositenbilanz des Durchschnittsmenschen oder der Durchschnittsgesellschaft und dem Geldbestand in Tasche oder Ladenkasse. Diese Tatsache, auf ein ganzes Land angewendet, bedeutet, daß sich aus Bequemlichkeitsgründen ein ungefähres Verhältnis zwischen G und G' herausbildet. Wenn dieses Verhältnis zeitweilig gestört wird, dann wird eine Tendenz zur Wiederherstellung des alten Verhältnisses einsetzen. Es erfolgt dann ein Deponieren des Überschusses an Bargeld oder ein Flüssigmachen des Zuviel an Depositen.

Es hat also sowohl das in Umlauf befindliche als auch das in Reserve

---

[1]) Laughlin benützt in seinen *Principles of Money* den bequemen Ausdruck „Depositenumlaufsmittel“ (deposit currency) S. 118.

[2]) Siehe Kinleys „*Credit Instruments*“, *Report of the National Monetary Commission*, Senatsdokument 399, 61. Kongreß, 2. Session, 1910, S. 188.

gehaltene Geld die Tendenz, ein bestimmtes Verhältnis zu den Depositen beizubehalten. Es folgt daraus, daß die beiden Geldbestände in einem bestimmten Verhältnis zueinander stehen müssen.

Es folgt ferner, daß, da jede Veränderung in G, dem in Umlauf befindlichen Geldquantum, unter normalen Umständen eine verhältnismäßige Veränderung in G', dem Volumen der dem Scheckverkehr unterworfenen Bankdepositen, bedingt, eine solche Änderung eine sich in bestimmten Verhältnissen vollziehende Veränderung im allgemeinen Preisniveau hervorruft, ausgenommen natürlich, daß Veränderungen in den U oder den Q als Begleitumstände diese Wirkung beeinträchtigen. Die Richtigkeit dieser Behauptung ist aus der Gleichung $GU + G'U' = \Sigma pQ$ klar ersichtlich, denn wenn sich z. B. G und G' verdoppeln, während U und U' unverändert bleiben, so wird die linke Seite der Gleichung verdoppelt, worauf folglich auch die rechte Seite verdoppelt werden muß. Aber wenn die Q unverändert bleiben, dann müssen sich offenbar alle p verdoppeln, oder, wenn einige p weniger als eine Verdoppelung erfahren, müssen sich andere genügend mehr verdoppeln, um einen Ausgleich zu bewirken.

§ 6.

Der Inhalt dieses Kapitels soll in einigen einfachen Sätzen zusammengefaßt werden:

1. Die Banken liefern zwei Arten von Umlaufsmitteln, nämlich Banknoten, die Geld darstellen und Bankdepositen (oder Rechte zur Ziehung von Schecks), die kein Geld sind.

2. Ein Bankscheck bedeutet nur ein Zertifikat über ein Bezugsrecht.

3. Die Anrechte der Deponenten und Noteninhaber sind nicht allein durch die Barreserve, sondern auch durch sämtliche Aktiva der Bank gedeckt.

4. Das Depositenbankwesen ist eine Einrichtung, durch die der zu direktem Umlauf nicht geeignete Reichtum zur Basis für die Zirkulation von Bezugsrechten gemacht wird.

5. Die Grundlage solcher zirkulierender Bezugsrechte oder Depositen muß zum Teil in wirklichem Gelde und *sollte* zum Teil auch in rasch in Geld umzusetzenden Aktiven bestehen.

6. Die drei Güterkategorien: *Geld*, *Depositen* und *alle anderen Güter* ermöglichen sechs verschiedene Austauscharten. Für unsere Zwecke ist der Austausch von Geld und Depositen gegen Güter der wichtigste.

7. Mit Einschluß der Bankdepositen lautet die Gleichung der Geldzirkulation folgendermaßen:

$$GU + G'U' = \Sigma pQ \text{ oder } PH.$$

8. Es herrscht die Tendenz zu einem normalen Verhältnis der Bankdepositen (G') zur Geldquantität (G), und zwar aus dem Grunde, weil die Geschäftsbequemlichkeit gebietet, daß die zur Verfügung stehenden Umlaufsmittel sich auf Depositen und Geld in einem gewissen, mehr oder weniger bestimmten, wenn auch elastischen Verhältnis verteilen.

9. Das quantitative Verhältnis zwischen Geld und Preisen wird unter normalen Bedingungen durch die Einbeziehung der Depositenumlaufsmittel nicht gestört.

IV. Kapitel.

Störung der Gleichung und der Kaufkraft in Perioden des Übergangs.

§ 1.

Im vorigen Kapitel wurde dargelegt, daß die Quantität der Bankdepositen unter normalen Umständen ein bestimmtes Verhältnis zu der im Umlauf befindlichen Geldquantität und zu dem Quantum der Bankreserven aufrechterhält. Solange sich dieses normale Verhältnis behauptet, *erhöht* das Vorhandensein der Bankdepositen die durch die im Umlauf befindliche Geldquantität hervorgerufene Wirkung auf das Preisniveau und *verzerrt* diese Wirkung nicht im geringsten. Veränderungen in der Umlaufsgeschwindigkeit oder im Handel üben übrigens auf die Preise, gleichviel ob Bankdepositen inbegriffen sind oder nicht, dieselbe Wirkung aus.

Dieses Verhältnis zwischen Geld (G) und Depositen (G') ist jedoch in Übergangsperioden kein starres.

Wir wollen nun auf diese Übergangsperioden näher eingehen. Die Veränderung, welche einen Übergang konstituiert, kann durch eine Veränderung in der Quantität des Geldes oder in einem anderen Faktor der Verkehrsgleichung oder durch alle Faktoren zugleich stattfinden. Gewöhnlich tragen alle Faktoren zu der Veränderung bei. Der Hauptfaktor aber, den wir uns (gleichzeitig mit seiner Wirkung auf die anderen Faktoren) zum Studium wählen, ist die Geldquantität. Wenn die Quantität des Geldes plötzlich eine Verdoppelung erführe, so würde die Wirkung der Veränderung später eine andere sein als zu Beginn derselben. Die Endwirkung ist, wie wir gesehen haben, eine Verdoppelung der Preise; bevor diese aber eintritt, schwanken die Preise auf und nieder. In diesem Kapitel wollen wir auf die *temporären Wirkungen während der Übergangsperiode näher eingehen* ohne Rücksicht auf die *permanenten oder Endwirkungen*, welche im vorigen Kapitel besprochen wurden. Diese permanenten oder Endwirkungen folgen jedoch erst, nachdem ein neues Gleichgewicht hergestellt worden ist, — wenn man die Herstellung eines Gleichgewichtszustandes überhaupt in das Bereich des Möglichen ziehen kann. Wir haben es in diesem Kapitel lediglich mit den temporären Wirkungen, d. h. mit den Wirkungen in der Übergangsperiode zu tun.

Übergangsperioden charakterisiert entweder ein Steigen oder ein Fallen der Preise. *Steigende* Preise müssen von *hohen* Preisen und *fallende* von *niedrigen* Preisen deutlich unterschieden werden. Mit stationären Preisniveaus, seien sie hoch oder niedrig, haben wir in diesem Kapitel nichts zu tun. Wir wenden unsere Aufmerksamkeit steigenden und fallenden Preisen zu. Steigende Preise markieren den Übergang von einem niedrigen zu einem hohen Preisniveau genau so, wie ein Abhang den Übergang von flachem Tieflande zu flachem Hochlande bezeichnet.

Da das Studium dieses Steigens und Fallens mit der Adjustierung des Zinsfußes fest verknüpft ist, so ist unsere erste Aufgabe, die Wirkungen steigender und fallender Preise [1]) auf den *Zinsfuß* kurz zu erörtern. Der Hauptgegenstand dieses Kapitels ist, zu beweisen, daß das eigenartige Verhalten des Zinsfußes in Übergangsperioden für die Krisen und Depressionen, mit welchen Preisbewegungen gewöhnlich enden, in starkem Ausmaße verantwortlich zu machen ist.

Obwohl Geschäftsdarlehen stets in Form von Geld gemacht werden, so wolle man beachten, daß ein Mann, der sich Geld leiht, dies nicht tut, um Geld zu thesaurieren, sondern um für dasselbe Ware zu kaufen. Wenn z. B. A hundert Dollar von B borgt, um einhundert Einheiten eines gegebenen Artikels zu einem Dollar per Einheit zu kaufen, so kann man jedenfalls sagen, daß B dem Wesen nach dem A hundert Einheiten dieses Artikels leiht. Und wenn am Schlusse des Jahres A dem B hundert Dollar zurückerstattet und der Preis des Artikels mittlerweile höher geworden ist, dann hat B einen Bruchteil der ursprünglich dem A geliehenen Kaufkraft verloren. Denn selbst wenn A dem B die gleichen Münzen, in denen das Darlehen ausbezahlt wurde, zurückerstatten würde, so repräsentieren

[1]) Bezüglich vollständiger Darlegung s. Irving Fisher, *The Rate of Interest*, New York (Macmillan), 1907, Kap. V und XIV.

diese Münzen etwas weniger als die ursprüngliche Quantität der damit kaufbaren Artikel. Indem wir dies in unserer Untersuchung des Zinsfußes berücksichtigen, wollen wir jetzt annehmen, daß die Preise jährlich um 3 Prozent steigen. Es ist klar, daß der Mann, welcher zu Beginn des Jahres hundert Dollar ausleiht, um 5 Prozent Zinsen in Kaufkraft zu erhalten, $ 103 (das Äquivalent der geliehenen $ 100) plus 5 Prozent auf diesen Betrag oder eine Gesamtsumme von $ 108,15 zurückerhalten muß. Das heißt, um 5 Prozent Zinsen in gegenwärtiger Kaufkraft zu erlangen, muß er etwas mehr als 8 Prozent Zinsen in Geld erhalten. Die 3 Prozent Preissteigerung sollten daher den Zinsfuß um annähernd 3 Prozent erhöhen. Damit die Beziehungen zwischen Gläubiger und Schuldner während des Steigens der Preise die gleichen bleiben wie vorher und nachher, verlangen steigende Preise einen höheren Geldzins als ihn gleichbleibende Preise erfordern.

Nicht nur Gelddarleiher können auf Zahlung höherer Interessen Anspruch erheben, sondern die Geldentlehner können auch ganz gut höhere Zinsen zahlen. Bis zu einem gewissen Grade wird die Konkurrenz sie allmählich hierzu zwingen [1]). Wir sind in unserem Geschäftsleben aber so daran gewöhnt, das Geld als den stabilen Faktor zu betrachten und, ohne Rücksicht auf den Zeitablauf, den Dollar für einen Dollar zu halten, daß wir nur widerstrebend diesem Prozeß der Wiederausgleichung nachgeben, die wir dadurch sehr langsam und unvollständig gestalten. Wenn die Preise um 3 Prozent per Jahr steigen und der normale Zinsfuß, d. h. der Zinsfuß, der bestände, wenn sich die Preise immer gleich blieben, 5 Prozent wäre, so wird der wirkliche Zinsfuß, obwohl er von Rechts wegen 8,15 Prozent sein sollte, um für die Preissteigerung Ersatz zu bieten, diese Ziffer gewöhnlich nicht erreichen; der Zinsfuß mag sich vielleicht auf 6 Prozent und später auf 7 Prozent erhöhen. Diese Unzulänglichkeit und Langsamkeit in der Ausgleichung werden außerdem durch das Gesetz sowie durch Brauch und Sitte gefördert, die nach Willkür streben, den Zinsfuß möglichst niederzuhalten.

Dieselbe Unzulänglichkeit der Ausgleichung ist bei einem Fallen der Preise wahrzunehmen. Nehmen wir an, daß $ 97 am Ende des Jahres ebensoviel kaufen als $ 100 zu Anfang des Jahres. Um also eine Kaufkraft im gleichen Werte seiner ursprünglichen und 5 Prozent Zinsen zurückzuerhalten, sollte in diesem Falle der Verleiher nicht $ 105, sondern nur $ 97 plus 5 Prozent von $ 97 oder $ 101,85 empfangen. Der Zinsfuß in Geld sollte also in diesem Fall statt der ursprünglichen 5 Prozent 1,85 Prozent, oder

---

[1]) *Rate of Interest*, Kap. XIV.

weniger als 2 Prozent sein. Mit anderen Worten: die 3 Prozent Preiserniedrigung sollten den Zinsfuß um annähernd 3 Prozent herabsetzen. Tatsächlich wird aber ein so vollkommener Ausgleich selten erlangt, und der Zinsfuß hält sich für eine beträchtliche Zeit weit über 2 Prozent [1]).

§ 2.

Wir kommen nun zur Erörterung der vorübergehenden oder Übergangsveränderungen in den Faktoren unserer Verkehrsgleichung. Zunächst wollen wir eine geringfügige Störungsursache annehmen, wie sie zum Beispiel durch eine Zunahme in der Quantität des Goldes herbeigeführt würde. Daraus entsteht, wie die Verkehrsgleichung lehrt, eine Steigerung der Preise. Wenn die Preise steigen, so erhöht sich der in Geld bemessene Gewinn der Geschäftsleute ebenfalls, selbst wenn die Geschäftsunkosten in demselben Verhältnis steigen sollten. Wenn also ein Mann, der Güter, die ihn $ 6000 gekostet haben, für $ 10,000 verkauft und auf diese Weise $ 4000 rein verdient, doppelte Preise bei doppelten Unkosten erhalten könnte, so würde sich sein Gewinn verdoppeln, also $ 20,000 — $ 12,000 = $ 8000 Reingewinn. Natürlich würde eine solche Preissteigerung rein dem Namen nach bestehen, da sie ja lediglich mit der Steigerung im Preisniveau gleichen Schritt hält. Dem Geschäftsmann würde daraus kein Vorteil erwachsen, denn sein größerer Gewinn an Geld würde nicht mehr kaufen, als sein vorheriger geringerer Gewinn an Geld früher kaufte. Tatsächlich erhöht sich aber der Gewinn des Geschäftsmannes mehr, als es nach diesen Ziffern scheint, weil der von ihm zu zahlende Zinsfuß sich nicht augenblicklich anpaßt. Unter seinen Unkosten befinden sich Zinsen, und diese Unkosten steigen anfänglich nicht. Der Gewinn erhöht sich demnach schneller als die Preise. Daraus ist zu entnehmen, daß ein höherer Gewinn als gewöhnlich erzielt werden kann, was den Geschäftsmann ermutigt, durch weitere Aufnahme von Kapital sein Geschäft auszudehnen. Dies geschieht hauptsächlich in Form von kurzfristigen Anleihen bei Banken und, wie wir gesehen haben, erzeugen kurzfristige Darlehen Depositen. Bekanntlich korrespondieren Anleihen und Depositen bemerkenswert genau miteinander [2]). Der Umlauf von Depositen (G') vermehrt sich also, doch bewirkt diese Vermehrung des Depositenumlaufs eine weitere Steigerung des allgemeinen Preisniveaus, und zwar ebenso, wie es im Anfang die Zunahme des

[1]) *Rate of Interest*, loc. cit.

[2]) S. J. Pease Norton, *Statistical Studies in the New York Money Market* (Macmillan), 1902, Tabelle am Schlusse.

Goldquantums getan hatte [1]). Die Preise, welche der Höhe des Zinsfußes vorher bereits vorausgeeilt waren, streben darnach, ihr noch weiterhin vorauszueilen und setzen dabei die Entlehner, welche ihre Gewinne ohnedies schon erhöhten, in den Stand, sie noch weiter zu erhöhen. Die Nachfrage nach weiteren Anleihen wächst und, obwohl der nominelle Zinsfuß etwas in die Höhe geschraubt wird, so bleibt er doch unter dem normalen Niveau zurück. Nominell *hat* sich die Zinsrate doch erhöht, und infolgedessen werden auch die Darleiher, die Banken inbegriffen, zu größeren Unternehmungen veranlaßt. Durch die höheren nominellen Raten zur irrtümlichen Annahme verleitet, daß ziemlich hohe Zinsen erlangt werden können, erweitern sie ihre Darlehen, und mit der resultierenden Erweiterung des allgemeinen Bankkredits vermehrt sich der an sich schon umfangreiche Depositenumlauf (G') in noch höherem Maße. Wenn die Preise steigen, kann auch der Geldwert von Effektendepots größer geworden sein, wodurch es den Entlehnern leichter gemacht wird, großen Kredit zu erhalten [2]). Infolgedessen steigen die Preise noch weiter [3]). Diese Wirkungsfolge der Ereignisse kann in folgender Form kurz ausgedrückt werden:

1. Die Preise steigen (die Ursachen können verschieden sein; wir haben zur Verdeutlichung ein Anwachsen des Goldbestandes gewählt).
2. Die Zinsrate nimmt zu, aber nicht genug.
3. Die durch großen Gewinn ermutigten Unternehmer („Enterprisers", um Professor Fetters Ausdruck zu gebrauchen) erweitern ihre Anleihen.
4. Der Depositenumlauf (G') vermehrt sich im Verhältnis zum Gelde (G).
5. Die Preissteigerung dauert fort, d. h. das Phänomen Nr. 1 wiederholt sich. Dann wiederholt sich Nr. 2 und so weiter.

Mit anderen Worten: eine geringfügige anfängliche Preissteigerung setzt eine Reihe von Ereignissen in Bewegung, welche die Tendenz haben, diese Preissteigerung zu wiederholen. Eine Preissteigerung bringt immer die andere mit sich, und zwar solange, wie *der Zinsfuß hinter seiner normalen Ziffer zurückbleibt.*

---

[1]) Siehe den Artikel von Knut Wicksell in den *Jahrbüchern für Nationalökonomie* 1897 (Band 68), S. 228—243, betitelt: „Der Bankzins als Regulator der Warenpreise." Obgleich es sich in diesem Artikel nicht direkt um einen Kreditzyklus in bezug auf Paniken handelt, so bezeichnet er doch den Zusammenhang zwischen der Zinsrate auf Bankanleihen und Veränderungen im Preisniveau, welche auf die resultierende Vermehrung und Verminderung solcher Anleihen zurückzuführen ist.

[2]) Siehe Kinley, *Money*, New York (Macmillan), 1904, S. 223.

[3]) Siehe Wicksell, a. a. O.

§ 3.

Die Ausdehnung des Depositenumlaufs, die in dieser sich ständig verstärkenden Bewegung zutage tritt, erhöht in abnormer Weise das Verhältnis von *G'* zu *G*. Dies ist klar ersichtlich, wenn die Preissteigerung in der Veränderung eines anderen Elementes oder mehrerer Elemente in der Gleichung beginnt, als des Geldes; denn wenn *G* unverändert bleibt und *G'* erhöht wird, so muß das Verhältnis *G'* zu *G* sich ebenfalls erhöhen. Wenn *G* in irgendeinem Verhältnis zunimmt, so wird *G'* in einem noch größeren Verhältnis zunehmen. Wenn die Zunahme nur in demselben Verhältnis stattfände, so würden die Preise in diesem Verhältnis steigen (unter der Annahme, daß die Geschwindigkeiten und Quantitäten unverändert bleiben); und wenn die Preise in diesem Verhältnis zunehmen würden, so müßten die Anleihen (welche zum Einkauf von Gütern gemacht und den Preisen der Güter gemäß adjustiert wurden) in diesem Verhältnis erhöht werden, nur um dieselben Güter wie vorher kaufen zu können. Die Unternehmer aber, welche aus dem Nachhinken des Zinsfußes zu profitieren wünschen, würden aber die Anleihen über diesen alten oder ursprünglichen Punkt hinaus ausdehnen. Demnach würden sich die auf Anleihen gegründeten Depositen in einem größeren Verhältnis vermehren. Das heißt, das Verhältnis *G'* zu *G* würde sich erhöhen. Mit anderen Worten: während der Periode, in welcher *G* zunimmt, wächst *G'* noch rascher und stört auf diese Weise das normale Verhältnis zwischen diesen beiden Formen von Umlaufsmitteln.

Dies ist jedoch nicht die einzige durch eine Zunahme von *G* verursachte Störung. Es gibt auch Störungen in *Q* (oder anders bezeichnet in *H*) in *U* und in *U'*. Diese sollen der Reihe nach vorgenommen werden. Der Geschäftsgang (die *Q*) wird durch die leichten Bedingungen für Anleihen angespornt. Diese Wirkung wird bei einer Preissteigerung immer beobachtet, und die Leute erklären dann mit Befriedigung, daß das „Geschäft gut ist" und die „Konjunktur eine steigende ist". Derartige Behauptungen repräsentieren den Gesichtspunkt des gewöhnlichen Geschäftsmannes, welcher ein „kreditsuchender Unternehmer" ist. Sie stellen nicht die Meinung des Gläubigers, des Gehalt beziehenden Mannes oder des Arbeiters dar, von denen die meisten schweigend und geduldig leiden, indem sie die höheren Preise zahlen müssen, nicht aber entsprechend höheres Einkommen beziehen.

Die erste Ursache der ungesunden Zunahme des Geschäfts liegt in der Tatsache, daß die Preise, den Zinsen gleich, hinter ihrer völligen Anpassung zurückbleiben und durch erhöhte Käufe sozusagen emporgetrieben werden müssen. Dies gilt namentlich dann, wenn der ursprüngliche Anstoß von einer Geldzunahme herkam. Die Ausgabe zuschüssigen Geldes erfolgt anfangs fast auf der alten Preisstufe, durch seine fortgesetzte Verausgabung hingegen werden die Preise allmählich erhöht. Mittlerweile wird der Umfang der Käufe etwas größer, als er gewesen wäre, wenn die Preise schneller gestiegen wären. Vom Gesichtspunkte derjenigen, welche Güter verkaufen, ist es tatsächlich die Möglichkeit stärkeren Umsatzes zu den alten Preisen, welche zu einer Steigerung der Preise ermutigt. Wenn sie sehen, daß sie Käufer für mehr Güter als vorher zu den früher herrschenden Preisen finden können oder für ebensoviele Güter wie vorher zu höheren Preisen, dann werden sie diese höheren Preise fordern.

Aber der Umfang des Geschäftes hängt fast gänzlich von allem anderen eher ab als von der Quantität der Umlaufsmittel, so daß eine Zunahme in den Umlaufsmitteln den Geschäftsumfang nicht einmal zeitweilig beträchtlich erhöhen kann. In gewöhnlichen guten Zeiten ist tatsächlich das ganze Gemeinwesen mit Arbeit, mit der Produktion, dem Transport und dem Austausch von Gütern beschäftigt. Die Zunahme der Umlaufsmittel während einer Periode geschäftlichen Aufschwungs kann von sich selbst aus nicht die Bevölkerung vermehren, die Leistungsfähigkeit der Arbeiter erhöhen oder weitere Erfindungen hervorbringen. Diese Faktoren begrenzen ziemlich genau den Umfang des Geschäftsverkehrs, der füglich bewältigt werden kann. Und obwohl der Gewinn der kreditsuchenden Unternehmer einen psychologischen Ansporn für das Geschäft bilden kann, obwohl einige Arbeitslose beschäftigt werden können und andere in verschiedenen Branchen zu Überzeitarbeit veranlaßt werden, und obwohl eine größere Anzahl spekulativer Käufe und Verkäufe effektuiert werden, so ist doch beinahe die völlige Wirkung einer Zunahme an Depositen in einer Veränderung der Preise zu erblicken. Normalerweise würde so die volle Wirkung zum Ausdruck kommen, in Übergangszeiten hingegen findet auch eine gewisse Zunahme in den Q statt.

Zunächst können wir wahrnehmen, daß die Preissteigerung — das Sinken in der Kaufkraft des Geldes — den Umlauf des Geldes beschleunigt. Wir alle beeilen uns, eine Ware los zu werden, welche, wie eine reife Frucht unter unseren Augen verdirbt[1]). Das Geld macht keine Aus-

[1]) Einen statistischen Beweis liefert Pierre des Essars, *Journal de la Société de Statistique de Paris*, April 1895, S. 143. Die Zahlen beziehen sich nur auf die Umlaufsgeschwindigkeit der Bankdepositen. Entsprechende Zahlen für die Umlaufsgeschwindigkeit des Geldes gibt es nicht. Pierre des Essars hat bewiesen, daß U' in europäischen Banken in Jahren der Krisis mit fast unfehlbarer Sicherheit ein Maximum erreicht. Ich

nahme; wenn es im Werte sinkt, so will es der Inhaber so schnell wie möglich los werden. Sobald er das Fallen bemerkt, ist es sein Bestreben, Güter zu kaufen, welche in Geld ausgedrückt im Preise steigen, um durch den Aufschlag im Werte der Güter zu profitieren. Das unvermeidliche Resultat ist, daß diese Güter noch weiter im Preise steigen. Die in der Erhöhung der Preise begonnene Reihe der Veränderungen, ausführlicher als zuvor ausgedrückt, lautet wie folgt:

1. Die Preise steigen.
2. Die Umlaufsgeschwindigkeiten (U und U') erhöhen sich; der Zinsfuß nimmt zu, aber nicht genug.
3. Der Gewinn steigt, die Anleihen vermehren sich und die Q wachsen.
4. Der Depositenumlauf (G') vermehrt sich im Verhältnis zum Gelde (G).
5. Die Preise steigen weiter; d. h. Phänomen Nr. 1 wiederholt sich. Dann wiederholt sich Nr. 2 und so fort.

Es ist ersichtlich, daß diese Veränderungen nun alle Größen in der Verkehrsgleichung in Mitleidenschaft ziehen. Es sind temporäre Veränderungen, welche sich nur auf die Übergangsperiode beziehen. Sie gleichen der zeitweiligen Kraftzufuhr und dem darauffolgenden Kraftausgleich eines Automobils, das eine Steigung nimmt.

§ 4.

Die aus diesem Ursachenkreis entspringende Ausdehnung kann natürlich nicht ewig dauern; sie muß sich schließlich selbst erschöpfen. Es ist der Zinsfuß, der dieser fortgesetzten Wirksamkeit Einhalt gebietet. Die Verzögerung im Steigen des Zinses war für den abnormen Zustand verantwortlich. Wenn das Steigen des Zinses auch verspätet eingetreten ist, so ist es doch ein fortschreitendes, und sobald der Zinsfuß die Stufe der Preissteigerung überschreitet, ändert sich die ganze Situation. Wenn die Preise um 2 Prozent per Jahr steigen, so wird der Aufschwung nur solange fortdauern, bis die Zinsen 2 Prozent höher sind. Erst damit wird die Preissteigerung wettgemacht. Die Banken sind zur Selbstverteidigung gezwungen, den Zins zu erhöhen, denn sie können einer im Verhältnis zu den Reserven so abnormen Ausdehnung von Anleihen nicht standhalten. Sobald die Zinsrate adjustiert ist, können die Entlehner nicht mehr hoffen, großen Gewinn zu erzielen, und die Nachfrage nach Anleihen hört auf zu wachsen.

Es gibt auch noch andere Kräfte, welche der weiteren Vergrößerung

---

fand dasselbe, wie das Verhältnis der Clearings zu Depositen in New York, Boston und Philadelphia lehrt, auch für die Vereinigten Staaten zutreffend.

des Depositenumlaufs eine Schranke setzen, und die eine Tendenz zu seiner Einschränkung einleiten. Der Höchstbetrag der Depositenumlaufsmittel ist nicht nur durch das Gesetz und durch Klugheit auf ein gewisses Vielfaches des Betrages der Bankreserven beschränkt, sondern die Bankreserven selbst sind durch den Geldbetrag der zu Reservezwecken verfügbar ist, auf eine gewisse Höhe beschränkt. Ferner beginnt mit dem Steigen des Zinses der Kurs gewisser, als Sicherung hinterlegten Wertpapiere, wie z. B. der Obligationen, auf Grund deren Anleihen gemacht wurden, zu fallen. Solche Effekten, deren Preis in dem diskontierten Werte fixer Summen beruht, fallen, wenn der Zins steigt, und sie können daher nicht als Sicherheit für Anleihen in demselben Umfange als zuvor benützt werden. Diese Hemmung der Anleihen ist, wie vorher erklärt, auch eine Hemmung für Depositen.

Wer damit gerechnet hatte, seine Anleihen zu den früheren Sätzen und in der früheren Höhe zu erneuern, ist nach der Erhöhung des Zinsfußes außerstande, dies zu tun. Es folgt daraus, daß einige von ihnen genötigt sind, ihre Zahlungen einzustellen. Der Konkurs (oder die Voraussicht eines solchen) von Firmen, welche von Banken stark geborgt haben, führt seitens vieler Deponenten zu der Befürchtung, daß die Banken nicht imstande sein werden, diese Anleihen einzubringen. Die Banken kommen daher selbst in Verdacht, und die Deponenten verlangen aus diesem Grunde Bargeld. Dann kommt es zu „Runs“ auf die Banken, welche die Bankreserven gerade in dem Augenblick erschöpfen, wo sie am notwendigsten gebraucht werden [1]). Die nicht hinreichend mit Reserven versehenen Banken müssen nun ihre Anleihen einschränken. Jetzt ist der Zeitpunkt gekommen, wo der Zinsfuß die Höhe der Panik erreicht. Diejenigen Unternehmer, welche betroffen werden, *müssen* Umlaufsmittel [2]) haben, um ihren Verbindlichkeiten nachkommen zu können, und um sie zu erhalten, sind sie bereit, hohe Zinsen zu zahlen. Einige von ihnen geraten in Konkurs, und mit ihrem Bankerott vermindert sich die Nachfrage für Anleihen in entsprechendem Maße. Diese Kulmination einer Preisbewegung nach aufwärts ist eben das, was man Krisis [3])

---

[1]) Ein Teil der hier dargelegten Theorie über Krisen wurde in ähnlicher Weise in einer Schrift von Harry G. Brown, *Yale Review*, August 1910, unter dem Titel „Typical Commercial Crises *versus* a Money Panic“ erklärt.

[2]) Irving Fisher, *Rate of Interest*, S. 325 und 326.

[3]) Dies ist die von Juglar gegebene Definition einer Krisis, und seine im Detail ausgeführte Geschichte der Krisen entspricht der Beschreibung. Siehe Juglar, *Des Crises Commerciales et de leur Retour périodique en France, en Angleterre et aux Etats-Unis.* 2. Aufl., Paris (Guillaumin), 1889, S. 4 und 5. Vgl. auch die Übersetzung des die Ver-

nennt, — eine Sachlage, die durch Bankerotte charakterisiert wird, und zwar von Bankerotten infolge eines Mangels an Bargeld zu einer Zeit, wenn es am nötigsten gebraucht wird.

Es wird allgemein anerkannt, daß der durch Vertrauensverlust herbeigeführte Zusammenbruch des Bankkredits, ganz abgesehen von der Ursache des Vertrauensverlustes, das Hauptmoment jeder Krisis ist. Was nicht allgemein anerkannt wird, und was dieses Kapitel nachdrücklich hervorheben will, ist, daß dieser Vertrauensverlust (in der hier geschilderten typischen Handelskrisis) die Folge einer Verzögerung in der Anpassung des Zinsfußes ist.

Auf andere Ursachen von Krisen, nämlich auf solche, die in keinerlei Beziehung zum Gelde stehen, beabsichtigen wir nicht einzugehen. Statt dessen erklären wir, daß die mit dem Geld zusammenhängenden Ursachen, *wenn sie mit der mangelhaften Anpassung des Zinsfußes in Verbindung gebracht werden*, die wichtigsten sind. Die anderen Faktoren nämlich, auf welche oft Nachdruck gelegt worden ist, sind bloße Wirkungen dieser mangelhaften Anpassung. „Überkonsumtion" (overconsumption) und „zu große Kapitalanlage" (overinvestment) sind hierhergehörige Fälle. Der Grund, weshalb viele Leute mehr ausgeben, als sie sich gestatten können, ist, daß sie sich auf den Dollar als stabile Einheit noch dann verlassen, wenn seine Kaufkraft tatsächlich schon in raschem Fallen begriffen ist. Der Inhaber von Obligationen z. B. läßt sich verlocken, sein Kapital anzugreifen. Er denkt nicht daran, daß er einen Schuldentilgungsfond beiseite legen sollte, weil die Abnahme der Kaufkraft des Geldes den tatsächlichen Wert seines Hauptkapitals herabsetzt. Aktieninhaber und Unternehmer werden gewöhnlich durch gedankenlosen Verlaß auf die Stabilität des Zinsfußes in gleicher Weise getäuscht, und so legen sie zuviel an. Allerdings verdienen sie eine Zeitlang, was der Inhaber von Wertpapieren verliert; sie sind daher berechtigt mehr auszugeben und anzulegen, als wenn die Preise nicht steigen würden, und anfangs fahren sie gut dabei. Aber früher oder später steigt der Zinsfuß über die Ziffer hinaus, mit welcher sie gerechnet hatten, und sie werden sich der Tatsache bewußt, daß sie sich auf Unternehmungen eingelassen haben, die sich bei diesen hohen Zinssätzen nicht bezahlt machen.

Dann ereignet sich etwas Seltsames: die Entlehner, welche außerstande sind, leichte Anleihen zu erhalten, machen den hohen Zinsfuß für Zustände

einigten Staaten betreffenden Teiles von De Courcey W. Thom, *A Brief History of Panics in the United States*, New York (Putnam), 1893, S. 7—10.

verantwortlich, die in Wirklichkeit der Tatsache zuzuschreiben sind, daß der Zinsfuß vorher nicht hoch genug war. Wäre der frühere Zinsfuß hoch genug gewesen, so würden die Entlehner nicht zuviel Kapital angelegt haben.

§ 5.

Die Einschränkung von Anleihen und Depositen ist von einer Abnahme in den Umlaufsgeschwindigkeiten begleitet, und diese wirken zusammen, um eine weitere Preissteigerung zu verhindern, und führen zu einem Fallen derselben. Die Woge hat ihren Höhepunkt erreicht, und eine Reaktion setzt ein. Wenn nun die Preise nicht mehr weiter steigen, so *sollte* der Zinsfuß, welcher sich erhöhte, um die Preissteigerung auszugleichen, wieder fallen. Aber genau so langsam, wie er im Steigen war, so ist er es jetzt im Fallen. Tatsächlich hat der Zinsfuß noch für einige Zeit die Neigung, weiter zu steigen.

Der ehemalige Fehler, in der Kapitalaufnahme zuweit gegangen zu sein, zwingt die unglücklichen Opfer dieses Irrtums, noch weiter zu borgen, um ihre Zahlkraft zu schützen. Diese Abnormität kennzeichnet die Periode ganz besonders als „Krisis". Es werden Anleihen gebraucht, um alte Verpflichtungen aufrechterhalten zu können oder um die alten Schulden vermittelst neuer Schulden zu bezahlen. Die Anleihen werden nicht zu neuer Kapitalsanlage benötigt, sondern um Verpflichtungen, welche mit alten (und verhängnisvollen) Kapitalanlagen in Verbindung stehen, nachzukommen. Das Problem ist nun, wie man sich aus den Schlingen eingegangener Verbindlichkeiten freimachen kann. Es ist das Problem der Liquidation. Selbst wenn der Zinsfuß zu fallen beginnt, so fällt er langsam, und Zahlungseinstellungen treten noch fortgesetzt ein. Die Entlehner erkennen nun, daß es immer noch schwierig ist, dem, wenn auch niedrig stehenden, Zins zu entsprechen. Sie finden dies besonders, wenn sie unmittelbar, bevor das Steigen der Preise aufhörte, oder gerade, bevor sie zu fallen begannen, Kontrakte abgeschlossen hatten. In solchen Fällen hat man sich über den Zinsfuß geeinigt, bevor eine Veränderung in der Geschäftslage eingetreten ist. Infolgedessen wird die ausgleichende Erniedrigung des nominalen Zinsfußes, wenn überhaupt eine stattfindet, sehr geringfügig sein. Da es schwer fällt, den Zins zu bezahlen, kommt es zu weiteren Zahlungseinstellungen. Es wachsen die Bedenken, irgendein Wertpapier zu beleihen, es sei denn ein ganz erstklassiges, und auch die Bedenken, Kapital aufzunehmen, werden größer, außer wenn die Aussichten auf Erfolg die günstigsten sind. Die Bankanleihen sind geringfügig, und infolgedessen reduzieren sich die Depositen (G'). Die Verminderung der Depositenumlaufsmittel verursacht ein weiteres Fallen der Preise. Diejenigen, welche Geld geborgt haben, um Warenvorräte zu kaufen, machen nun die Wahrnehmung, daß sie die Waren nicht hoch genug verkaufen können, selbst um nur das zurückzuzahlen, was sie sich geborgt haben. Infolge dieser Langsamkeit, mit der die Zinsrate auf ein niedrigeres und ein normales Niveau herabsinkt, gestaltet sich nunmehr die Reihenfolge der Ereignisse der früheren entgegengesetzt:

1. Die Preise fallen.
2. Der Zinsfuß nimmt ab, aber nicht genug.
3. Die durch geringen Gewinn entmutigten kreditsuchenden Unternehmer schränken ihre Anleihen ein.
4. Die Depositenumlaufsmittel (G') vermindern sich im Verhältnis zum Gelde (G).
5. Das Fallen der Preise dauert fort; d. h. Phänomen Nr. 1 wiederholt sich. Dann wiederholt sich Nr. 2 und so fort.

Auf diese Weise erzeugt ein Fallen der Preise ein weiteres Sinken derselben. Offenbar wiederholt sich der Zyklus solange, wie der Zinsfuß zurückbleibt. Derjenige, welcher hierbei am meisten verliert, ist der Geschäftsmann, welcher Schulden hat. Er ist der typische Geschäftsmann, und er klagt nun, daß „das Geschäft schlecht ist“. Eine „geschäftliche Depression“ ist eingetreten.

Während dieser Depression sind die Geschwindigkeiten (U und U') abnorm niedrig. Die Leute haben es weniger eilig, Geld oder Schecks auszugeben, wenn die Dollar, die sie repräsentieren, in der Kaufkraft steigen. Die Q (oder die im Handel befindlichen Quantitäten) verringern sich, 1. weil die Leute, die die Initiative für den Handel geben — die kreditsuchenden Unternehmer — entmutigt sind; 2. weil das Beharrungsvermögen der hohen Preise nur durch eine Abnahme der Ausgaben überwunden werden kann und 3., weil der Handel gegen Geld, welchen die Q allein repräsentieren, einigermaßen dem Tauschhandel Platz macht. Eine Zeitlang ist zur Abwicklung von Geschäften, welche zu den gerade bestehenden Preisen durchzuführen sind, nicht genügend Geld vorhanden, denn diese Preise stehen noch immer hoch und wollen sich nicht sofort der plötzlichen Verminderung anpassen. Wenn eine solche „Geldhungersnot“ entsteht, so gibt es, um all die Geschäfte zu effektuieren, keinen anderen Ausweg, als sich bei den Gelddtransaktionen mit Tauschhandel durchzuhelfen. Während aber die Zuflucht zum Tauschhandel das erste Fallen der Preise erleichtert, so beginnt die Unannehmlichkeit des Tauschhandels sofort als eine weitere, auf die Herabsetzung der

Preise gerichtete Kraft zu wirken, und zwar insofern, als der Verkäufer veranlaßt wird, mit Verlust zu verkaufen, um nur Geld in die Hand zu bekommen und Tauschhandel zu vermeiden; freilich wird diese Wirkung eine Zeitlang durch eine quantitative Abnahme der Geschäfte, in welche die Leute unter so ungünstigen Bedingungen sich einlassen, zum Teil aufgehoben.

Diese Vorgänge sind in der folgenden Aufstellung zusammenzufassen:

1. Die Preise fallen.
2. Die Umlaufsgeschwindigkeiten (U und U') nehmen ab; der Zinsfuß nimmt ab, aber nicht genug.
3. Der Gewinn nimmt ab; die Anleihen und die Q verringern sich.
4. Die Depositenumlaufsmittel (G') vermindern sich im Verhältnis zum Gelde (G).
5. Das Fallen der Preise dauert fort; d. h. Phänomen Nr. 1 wiederholt sich. Dann wiederholt sich Nr. 2 und so fort.

Die aus diesem Ursachenkreis entspringende Einschränkung der Umlaufmittel hört von selbst auf, sobald der Zinsfuß tiefer gesunken ist, als der Senkung der Preise entspricht. Nach einiger Zeit kehren die normalen Zustände wieder. Die schwächsten Produzenten sind hinausgedrängt oder wenigstens verhindert worden, ihr Geschäft durch erhöhte Anleihen auszudehnen. Es bleibt den stärksten Firmen überlassen, ein neues Kreditgebäude aufzuführen. Das fortgesetzte Fallen der Preise hat es den meisten Entlehnern unmöglich gemacht, die alten hohen Zinsraten zu zahlen; das Verlangen nach Anleihen vermindert sich, und der Zins fällt bis zu dem Punkt, wo ihn die Entlehner endlich zahlen können. Die Entleiher sind wieder bereit, Unternehmen zu wagen; die Zahl der Bankerotte nimmt ab; die Bankanleihen hören auf, sich zu verringern; das Sinken der Preise läßt nach; das Borgen und die Geschäftsbetriebe bringen Gewinn; es herrscht wieder Bedarf an Anleihen; die Preise beginnen wieder zu steigen, und eine Wiederholung der bereits beschriebenen Bewegung nach aufwärts tritt ein.

Wir haben nun das Steigen, die Kulmination, das Fallen und die Wiederherstellung der Preise betrachtet. Diese Veränderungen sind abnorme Schwankungen, die auf eine anfängliche Störung zurückgehen. Die Auf- und Abwärtsbewegung zusammengenommen stellt einen geschlossenen Kreditzyklus dar, welcher der Hin- und Herbewegung eines Pendels gleicht [1]). In den meisten Fällen beträgt die Dauer eines ein-

---

[1]) Eine mathematische Behandlung dieser Analogie bei Pareto, *Cours d'économie politique*, Lausanne, 1897, S. 282—284.

maligen Hin- und Herschwingens des Geschäftspendels zehn Jahre. Wenn das Pendel auch fortgesetzt in die Ruhelage strebt, so tritt tatsächlich immer irgendein Ereignis ein, um vollständiges Gleichgewicht zu verhindern. Es werden Schwingungen hervorgerufen, die trotz ihrer Tendenz, sich selbst zu korrigieren, infolge erneuter Störung ständig fortdauern. Jede das Gleichgewicht störende Ursache genügt, um Schwingungen zu veranlassen. Eine der häufigsten dieser Ursachen ist die Zunahme der Quantität des Geldes[1]). Eine andere besteht in der Erschütterung des Geschäftsvertrauens (die den Unternehmungsgeist, Anleihen und Depositen berührt). Eine dritte ist in schlechten Ernten zu suchen, da diese auf die Q einwirken. Eine vierte Ursache besteht in Erfindungen.

Die Faktoren in der Verkehrsgleichung suchen daher fortgesetzt einen normalen Ausgleich. Auf ruhiger See wird ein Schiff nur einige Male „stampfen", bevor es zu Ruhe kommt, bei hochgehender See aber hört das Stampfen gar nicht auf. Während das Schiff fortgesetzt das Gleichgewicht zu erreichen sucht, begegnet es andauernd Ursachen, welche die Schwankung verstärken. Die Faktoren, die gegenseitigen Ausgleich suchen, sind das in Umlauf befindliche Geld, Depositen, die Umlaufsgeschwindigkeiten beider, die Q und die p. Diese Größen müssen immer durch die Gleichung $GU + G'U' = \Sigma pQ$ miteinander verkettet sein. Dies stellt den Mechanismus des Austausches dar. Um sich aber einem solchen Verhältnis fügen zu können, dehnt die Verschiebung eines beliebigen Teils in diesem Mechanismus ihre Wirkungen während der Übergangsperiode über alle anderen Teile aus. Da die Übergangsperioden die Regel und diejenigen des Gleichgewichtes die Ausnahme sind, so befindet sich der Mechanismus des Austausches fast immer mehr in einem dynamischen als in einem statischen Zustand.

Man muß nun nicht annehmen, daß sich jeder Kreditzyklus dadurch kennzeichnen müßte, daß er auf künstliche Weise zu einer Zeit übermäßigen Geschäftsaufschwung und zu einer anderen „schlechte Zeiten" herbeiführt. Der Rhythmus kann in seiner Schwankungsweite mehr oder weniger extrem sein. Wenn die Banken in der Bewilligung von Anleihen während der Perioden der Preissteigerung konservativ sind und die Ausdehnung des Kreditumlaufs daher beschränkt ist, so ist das Steigen der Preise ebenfalls beschränkt, und es ist zu erwarten, daß der nachfolgende Preissturz nicht so tief wird und allmählicher stattfindet. Wenn ein besseres Verständnis für die Bedeutung der Veränderungen im Preisniveau und das Bestreben

---

[1]) In dieser Ursache scheint die Panik im Jahre 1907 ihre Erklärung zu finden. Siehe Irving Fisher, *Rate of Interest*, S. 336.

herrschte, diese Veränderungen durch Ausgleichung des Zinsfußes aufzuwiegen, so könnten die Schwankungen bedeutend abgeschwächt werden. Nur durch das Nachhinken des Zinsfußes vermögen die Schwankungen so große Verhältnisse anzunehmen. Über diesen Punkt äußert sich Marshall sehr treffend:

„Die Ursache für die abwechselnden Perioden des An- und Abschwellens der geschäftlichen Tätigkeit . . . ist innig verknüpft mit jenen Schwankungen des tatsächlichen Zinsfußes, die von den Veränderungen in der Kaufkraft des Geldes ausgehen. Denn wenn Wahrscheinlichkeit vorhanden ist, daß die Preise steigen, dann nehmen die Leute eiligst Geld auf und kaufen Güter ein und tragen dadurch zur Preissteigerung bei; die Hochkonjunktur ist da, und das Geschäft wird skrupellos und unökonomisch betrieben; wer mit geborgtem Kapital arbeitet, zahlt weniger an realem Wert zurück, als er aufgenommen hat, und bereichert sich auf Kosten der Allgemeinheit. Wenn dann nachher der Kredit erschüttert ist und die Preise zu fallen beginnen, will Jeder Güter loswerden, deren Wert sich verringert, und Geld in die Hand bekommen, dessen Wert sich rapid erhöht; dadurch fallen die Preise nur noch rascher, und das weitere Fallen verringert den Kredit noch weiter, und so fallen denn auf lange Zeit die Preise weiter, weil die Preise einmal gefallen sind“ [1]).

Einen Zyklus von etwas verschiedener Art bilden die jahreszeitlichen Schwankungen, die alljährlich stattfinden. Solche Schwankungen werden meistenteils nicht durch die Abweichung von einem Gleichgewichtszustand veranlaßt, sondern vielmehr durch eine fortgesetzte Angleichung an Zustände, welche, wenn auch veränderlich, so doch normal sind und erwartet werden. Wenn im Herbst die Zeit der Ernte und deren Transport heranrückt, so ist eine Tendenz zu einem niedrigeren Preisniveau wahrzunehmen, der ein Steigen der Preise folgt, sobald diese Periode vorüber ist und der Winter herannaht.

§ 6.

In dem vorliegenden Kapitel haben wir die den Übergangsperioden eigentümlichen Phänomene analysiert. Wir haben gesehen, daß eine solche Periode des „Aufschwungs“ zu einer Reaktion führt, und daß Wirkung und Gegenwirkung einen geschlossenen Kreislauf von „Prosperität“ und „Depression“ darstellen.

---

[1]) Marshall, *Principles of Economics*, 5. Aufl., London (Macmillan), 1907, Bd. I S. 594.

Wir haben gefunden, daß steigende Preise nach einem höheren nominellen Zins und fallende Preise nach einem niedrigeren Zins streben, daß die Anpassung im allgemeinen aber unvollständig ist. Mit einem anfänglichen Steigen der Preise tritt infolge der Tatsache, daß der Zins sich nicht sofort anpaßt, eine Erweiterung der Anleihen ein. Dem kreditsuchenden Unternehmer bringt dies Gewinn, und sein Bedarf an Anleihen dehnt den Depositenumlauf weiter aus. Durch diese Ausdehnung steigen die Preise noch höher, ein Resultat, das durch die Steigerung der Umlaufsgeschwindigkeiten verschärft wird, wenn es auch einigermaßen durch eine Zunahme des Geschäfts eine Abschwächung erfährt. Wenn sich der Zins den steigenden Preisen angepaßt hat und sowohl Anleihen wie Depositen die durch die Bankreserven und andere Bedingungen festgesetzte Grenze erreicht haben, so macht die Tatsache, daß die Preise nicht mehr steigen, eine neue Anpassung notwendig. Wer sein Geschäft unverhältnismäßig erweitert hat, findet nun die hohen Zinsraten drückend. Die Folge davon sind Zahlungseinstellungen, die dann eine Handelskrisis hervorrufen. Eine Reaktion setzt ein; die umgekehrte Bewegung nimmt ihren Anfang. Einem einmal begonnenen Fallen der Preise wohnt die Tendenz zu seiner Beschleunigung inne, und zwar aus Gründen, die mit denen, die in der entgegengesetzten Situation wirken, genau übereinstimmen.

V. Kapitel.

Indirekte Einflüsse auf die Kaufkraft.

§ 1.

Bisher haben wird die Beeinflussung des Preisniveaus durch den Handelsumfang, die Umlaufsgeschwindigkeiten des Geldes und der Depositen und durch die Quantität des Geldes und der Depositen in Betracht gezogen. Dies sind die alleinigen Einwirkungen, welche das Preisniveau *direkt* treffen können. Alle anderen Einflüsse auf die Preise müssen sich durch diese fünf geltend machen. Es gibt Myriaden von Einwirkungen (außerhalb der Verkehrsgleichung), die die Preise mittels der aufgeführten fünf berühren. In diesem Kapitel wollen wir die hauptsächlichsten Einflüsse kennzeichnen, mit Ausnahme derer, welche die Quantität des Geldes (G) betreffen; letztere werden in den beiden folgenden Kapiteln erörtert.

Wir wollen zunächst die äußeren Einwirkungen erwägen, die den Umfang des Handels und durch diesen das Preisniveau berühren. Die Verhältnisse, welche die Ausdehnung des Handels bestimmen, sind zahlreich und technischer Natur. Die bedeutendsten können in folgende Gruppen eingeteilt werden:

1. *Verhältnisse, welche die Produzenten berühren.*

a) Geographische Unterschiede in natürlichen Hilfsquellen.
b) Die Arbeitsteilung.
c) Kenntnis der Produktionstechnik.
d) Die Akkumulation des Kapitals.

2. *Verhältnisse, welche die Konsumenten berühren.*

a) Die Ausdehnung und Verschiedenheit der Bedürfnisse des Menschen.

3. *Verhältnisse, die Produzenten und Konsumenten verknüpfen.*

a) Verkehrsmittel.
b) Relative Handelsfreiheit.
c) Charakter des Geld- und Banksystems.
d) Geschäftsvertrauen.

1 a. Wenn alle Plätze in ihren natürlichen Hilfsquellen und in ihren jeweiligen Produktionskosten ganz gleich wären, so würde offenbar zwischen den verschiedenen Plätzen nur ein geringer oder gar kein Handel aufkommen. Je größer der Unterschied in den Produktionskosten der verschiedenen Artikel an verschiedenen Orten ist, desto wahrscheinlicher ist das Aufkommen des Handels zwischen diesen Plätzen, und desto größer ist der Umfang des Handels. Der ursprüngliche Handel hatte seine *raison d'être* in der Tatsache, daß die Regionen der Erde in ihren Produkten ungleich sind. Die Handelsleute waren nichts als Reisende, die ferne Länder aufsuchten. Veränderungen in der Handelsgeographie bringen noch immer Änderungen in der Verteilung und im Umfang des Handels hervor. Die Erschöpfung der Gold- und Silberminen in Nevada und des Bauholzes in Michigan haben zu einer Verminderung des Umfanges des Innen- sowie Außenhandels in diesen Gebieten beigetragen. Umgekehrt hat die Viehzucht in Texas, die Produktion von Kohle in Pennsylvanien, der Versand von Apfelsinen in Florida und derjenige von Äpfeln in Oregon den Handelsumfang in den betreffenden Distrikten erhöht.

1 b. Ebenso unverkennbar ist der Einfluß der Arbeitsteilung. Sie ist zum Teil auf die Unterschiede in den jeweiligen Kosten oder auf die

Leistungen der Menschen untereinander gegründet, entsprechend den geographischen Unterschieden der einzelnen Länder. In ihrem Zusammenwirken führen diese beiden Umstände zu lokalen Spezialisierungen, durch welche beispielsweise die Stadt Sheffield für ihre Messerschmiedeware, Meißen für Porzellan, Venedig für Glas, Paterson für Seide und Pittsburg für seinen Stahl ihr Renommee erworben haben.

1 c. Außer den lokalen und persönlichen Differenzierungsgründen übt die Kenntnis des Produktionsprozesses einen Einfluß auf den Handel aus. Die Bergwerke Afrikas und Australiens wurden jahrhundertelang unberührt gelassen von den unwissenden Eingeborenen und wurden erst durch weiße, in der Wissenschaft der Metallurgie bewanderte Menschen geöffnet. In China warten ausgedehnte Kohlenfelder ihrer Ausbeutung, hauptsächlich wegen mangelnder Kenntnis, wie Kohle zu fördern und wie ihr Vertrieb zu organisieren ist. Ägypten wartet auf das Kommen wissenschaftlichen Ackerbaues, um eine Ausdehnung seines Handels zu erfahren. Die Zahl der Gewerbeschulen in Deutschland, England und in den Vereinigten Staaten, die die Kenntnis produktiver Technik steigern und ausbreiten, ist in dauernder Zunahme begriffen.

1 d. Wenn aber diese Kenntnis von Nutzen sein soll, so muß sie angewandt werden, und ihre Anwendung erfordert gewöhnlich die Unterstützung durch Kapital. Je größer und je produktiver das Kapital in einem Gemeinwesen ist, desto mehr Güter kann es in den Strom des Handels bringen. Eine Fabrik kann eine Stadt zu einem Zentrum des Handels machen. Docks, Getreidespeicher, Lagerhäuser und Eisenbahnendstationen tragen dazu bei, einen bloßen Ankerplatz in einen Handelshafen zu verwandeln.

Da die Zunahme im Handel zu einer Verminderung des allgemeinen Preisniveaus beiträgt, so trägt alles das, was den Handel erhöht, gleichfalls zu einer Herabsetzung des allgemeinen Preisniveaus bei. Wir können daher hieraus folgern, daß zu den Ursachen, die eine Verminderung der Preise herbeiführen, zunehmende geographische oder persönliche Spezialisierung, Verbesserungen in der Produktionstechnik und die Akkumulation von Kapital gehören. Die Geschichte des Handels beweist, daß alle diese Ursachen während einer langen Zeit, das letzte Jahrhundert inbegriffen, in zunehmendem Maße wirksam gewesen sind. Infolgedessen war, soweit diese Quellen in Betracht kommen, eine beständige Neigung zu einem Fallen der Preise vorhanden.

2 a. Wenden wir uns der Seite der Konsumenten zu. Es ist offenbar, daß ihre Bedürfnisse von Zeit zu Zeit wechseln. Dies ist sogar bei dem

sogenannten natürlichen Bedarf der Fall, wenn es auch bei dem erworbenen oder künstlichen klarer vor Augen tritt.

Die Bedürfnisse sind sozusagen die Grundtriebkräfte ökonomischer Tätigkeit, welche letzten Endes die volkswirtschaftliche Welt im Gange halten. Der Wunsch, ebenso feine oder feinere oder auch von anderen verschiedene Kleidung zu besitzen, führt zu der Mannigfaltigkeit in Seiden, Satins, Spitzen usw., und derselbe Grundsatz kann auf Möbel, Vergnügungen, Bücher, Kunstwerke und alle anderen Mittel zur Befriedigung des Menschen angewandt werden.

Die zu einer Erhöhung des Handels führende Zunahme der Bedürfnisse trägt zu einer Erniedrigung des Preisniveaus bei. Die Geschichte lehrt, daß in neuerer Zeit durch Erfindungen, Erziehung und den dem wachsenden Kontakt in den Bevölkerungszentren entspringenden Wetteifer, eine große Vermehrung und Vervielfältigung der Bedürfnisse des Menschen und daher eine Zunahme des Handels herbeigeführt worden ist. Infolgedessen ist aus diesen Ursachen eine Tendenz zum Sinken der Preise herzuleiten.

§ 2.

3 a. Alles, was den Verkehr fördert, trägt zu einer Zunahme im Handel bei. Alles, was auf den Verkehr störend einwirkt, ist auf eine Verringerung des Handels gerichtet. Da sind vor allen Dingen die mechanischen Verkehrsmittel. Nach dem Ausspruch Macaulays hat, mit Ausnahme des Alphabets und der Druckerpresse, keine Art von Erfindungen soviel zu einer Umwälzung der Zivilisation beigetragen, wie die, welche zu einer Verkürzung von Entfernungen dienen, — wie z. B. die Eisenbahn, das Dampfschiff, der Telegraph, das Telephon und jenes Verbreitungsmittel von Information und Reklame: die Zeitung. Alles dies trägt daher zu einem Sinken der Preise bei.

3 b. Handelsschranken sind nicht nur physischer sondern auch gesetzlicher Natur. Ein Zolltarif hat denselben Einfluß auf die Herabsetzung des Handelsverkehrs zwischen einzelnen Ländern wie eine Gebirgskette. Je freier der Handel ist, desto größer seine Umsätze. In Frankreich besitzen manche Gemeinden eine Torsteuer (octroi), welche den lokalen Handel stark beeinflußt. In den Vereinigten Staaten ist der Handel innerhalb des Landes selbst frei, doch besteht zwischen diesem Staate und anderen Ländern ein hoher Schutzzoll. Gerade die Tatsache der Zunahme der Transporterleichterungen, welche die physischen Schranken niedriger machen oder hinwegräumen, hat die Nationen und Gemeinwesen zur Errichtung gesetz-

licher Schranken an deren Stelle angespornt. Zollgesetze führen nicht allein zu einer Minderung des tatsächlichen Austausches, sondern, insofern sie internationale oder interlokale Arbeitsteilung verhindern und die Länder sowohl gleichartiger, als auch weniger produktiv machen, tragen sie weiter dazu bei, die Quantitäten der Güter, welche ausgetauscht werden können, herabzusetzen. Die endgültige Wirkung ist daher eine Steigerung der Preise.

3 c. Die Entwicklung eines wirksamen Geld- und Banksystems hat die Tendenz, den Handel zu erweitern. In der Weltgeschichte hat es Zeiten gegeben, in welchen sich die Geldverhältnisse in einem so zweifelhaften Zustande befanden, daß die Leute sich nicht entschließen konnten, viele Handelskontrakte abzuschließen, und zwar, weil sich nicht voraussehen ließ, was man von ihnen bei der Erfüllung der Kontrakte erwarten könnte. In gleicher Weise werden die Leute, wenn sie sich auf die Rechtschaffenheit oder Stabilität der Banken nicht verlassen können, Bedenken tragen, Depositen und Schecks zu benutzen.

3 d. Das Vertrauen, nicht nur zu den Banken im besonderen, sondern zu Geschäftsleuten im allgemeinen, wird mit Recht „die Seele des Handels“ genannt. Ohne dieses Vertrauen kann keine größere Anzahl von Kontrakten zustande kommen. Alles, was zur Vermehrung dieses Vertrauens beiträgt, vermehrt auch den Handel. In Südamerika harren viele Plätze ihrer Entfaltung einfach aus dem Grunde, weil Kapitalisten dort keinen Schutz gegen Kontraktbruch finden. Sie fürchten, daß ihnen durch die eine oder die andere Spitzbüberei die Frucht jeglicher Kapitalsanlage genommen werden wird.

Wir sehen also, daß die Preise bei einer Erhöhung des Handels einem Sinken zuneigen, das je nach den Umständen durch verbesserte Transportverhältnisse, durch erhöhte Handelsfreiheit, durch Vervollkommnung der Geld- und Banksysteme und durch Geschäftsvertrauen herbeigeführt werden kann. Geschichtlich haben in neuerer Zeit mit Ausnahme der Handelsfreiheit alle diese Ursachen das Bestreben gehabt, an Kraft zuzunehmen. Die Zollschranken haben aber die Wirkungen der Beseitigung physischer Schranken nur teilweise aufgehoben. Das Endergebnis ist eine fortschreitende Herabsetzung der Handelseinschränkungen gewesen, und es herrschte daher, soweit diese Gruppe von Ursachen in Betracht kommt, die Tendenz zu einem Fallen der Preise.

§ 3.

Nachdem wir die den Umfang des Handels berührenden und außerhalb der Gleichung liegenden Ursachen erörtert haben, ist es unsere nächste Aufgabe, die äußeren Ursachen, die auf die Umlaufsgeschwindigkeiten des Geldes und der Depositen einwirken, in Erwägung zu ziehen. Meistenteils betreffen die Ursachen, welche eine dieser Geschwindigkeiten berühren, auch die andere. Diese Ursachen können folgenderweise eingeteilt werden.

1. *Gewohnheiten des Individuums.*

a) In bezug auf Wirtschaftlichkeit und Thesaurierung.
b) In bezug auf Buchkredit.
c) In bezug auf die Verwendung von Schecks.

2. *Zahlungssysteme in dem Gemeinwesen.*

a) In bezug auf die Häufigkeit der Geldeinnahmen und -ausgaben.
b) In bezug auf die Regelmäßigkeit der Geldeinnahmen und -ausgaben.
c) In bezug auf das Zusammentreffen der Zeitpunkte und der Beträge der Geldeinnahmen und -ausgaben.

3. *Allgemeine Ursachen.*

a) Bevölkerungsdichte.
b) Transportschnelligkeit.

1 a. Wir nehmen nun diese Ursachen der Reihe nach vor und wollen zunächst in Erwägung ziehen, welchen Einfluß die Sparsamkeit auf die Umlaufsgeschwindigkeit ausübt. Die Umlaufsgeschwindigkeit des Geldes ist dasselbe wie seine Umsatzrate. Sie wird durch die Division der gesamten durch Geld in einem Jahre effektuierten Zahlungen durch den in diesem Jahre in Umlauf befindlichen Geldbetrag gefunden und hängt ab von den Umsatzraten der Individuen, aus denen sich die Gesellschaft zusammensetzt. Diese Umlaufsgeschwindigkeit oder Umsatzschnelligkeit des Geldes ist bei jeder einzelnen Person umso größer, je mehr diese bei einem gegebenen in Händen befindlichen Durchschnittsbarbetrag ausgibt, oder je weniger Durchschnittsbargeld die Person bei einem gegebenen jährlichen Geldaufwand in Händen hat.

Die Umlaufsgeschwindigkeit kann bei einem Verschwender als eine über-durchschnittliche angenommen werden[1]). Er pflegt immer „knapp" an Geld zu sein und einen geringen Durchschnittsaldo zur Verfügung zu haben. Sein sparsamer Nachbar hingegen gibt sich Mühe,

[1]) Siehe Jevons, *Money and the Mechanism of Exchange*, New York (Appleton), 1896, S. 336.

sich mit genügender Kasse zu versehen, damit er seinen unvorhergesehenen Ausgaben Genüge leisten kann. Der letztere treibt mit seinem Gelde Schatzbildung, und wird daher eine langsamere Umlaufsgeschwindigkeit aufweisen. Wenn, wie es in Frankreich der Brauch war, die Leute ihr Geld in Strümpfen aufbewahrten und es durch Monate dort ließen, so muß die Umlaufsgeschwindigkeit äußerst niedrig gewesen sein. Dasselbe gilt von den Depositen. In einer gewissen Universitätsstadt lehnen die Banken es oft ab, von Studenten, die mit Geld etwas verschwenderisch umgehen, Depositen anzunehmen, da ihr Durchschnittssaldo sehr niedrig ist; oder die Banken stellen die spezielle Bedingung, daß der Saldo niemals unter 100 Dollars fallen darf.

Es wird zuweilen gesagt, daß zurückgelegtes Geld der Zirkulation entzogen worden sei. Dies besagt aber nur in anderer Form, daß das Zurücklegen zu einer Verminderung der Umlaufsgeschwindigkeit führt.

Ein sparsamer Mensch ist bis zu einem gewissen Grade ein Schatzbildner von Geld[1]) oder Bankdepositen. Arbeiter, welche sich Geld sparen, pflegen ihre Ersparnisse in Form von Geld zu behalten, bis sie genügend angehäuft haben, um es in einer Sparkasse zu deponieren. Diejenigen, welche Bankkontos haben, sammeln gleichfalls beträchtliche Depositen, bevor sie Anstalten zu einer Kapitalsanlage treffen. Es wird behauptet, daß Banken, deren Deponenten „rasch Geld machen“ und es in bestimmten Zeitperioden anlegen, weniger aktive Bilanzen haben als Banken, deren Deponenten „nicht über die Verhältnisse leben“.

1 b. Die Gewohnheit des „Belastens“ (charging), d. h. die Gewohnheit, sich des Buchkredits zu bedienen, *erhöht* die Umlaufsgeschwindigkeit des Geldes, weil der Mann, der Waren „belasten“ läßt, es nicht nötig hat, soviel Geld *zu seiner Verfügung zu halten*, wie er haben müßte, wenn alle seine Zahlungen per Kasse zu erledigen wären. Derjenige, welcher täglich bar bezahlt, muß sich auch für die täglich möglichen Fälle mit Geld vorsehen. Ungleich dem System des Buchkredits erfordert das System der Barzahlungen, daß das Geld für Einkäufe *im voraus* bereitgehalten wird. Wenn für Geld im voraus Sorge getragen werden muß, so muß es offenbar in größeren Quantitäten beschafft werden, als wenn es bloß zur Liquidation vergangener Schulden benötigt wird. Und dies aus zwei Gründen: erstens herrscht vor den Einkäufen Ungewißheit darüber, wann und wieviel Geld gebraucht werden wird, während, nachdem die Rechnungen eingelaufen sind, die

---

[1]) Siehe Harrison H. Brace, *Gold Production and Future Prices*, New York (Bankers' Publishing Co.), 1910, S. 122.

genaue benötigte Summe bekannt ist. Zweitens, und dieser Grund ergibt sich aus dem eben genannten, muß das im voraus bereitgehaltene Geld eine längere Zeit zurückgehalten werden als das Geld, welches eingenommen wurde, nachdem seine Verwendung schon beschlossen war. Kurz, das Bereithalten des Geldes im voraus erfordert a) einen breiteren Spielraum für unvorhergesehene Fälle und b) einen längeren Zeitraum vor seiner Verausgabung, während dessen das Geld unbenützt bleibt. Bei dem System der Barzahlungen muß der Mann *im voraus* das Geld unbenützt liegen lassen, damit er nicht in die unangenehme Lage kommt, dann an Geld Mangel zu leiden, wenn er es am notwendigsten braucht. Beim Buchkredit weiß der Mann, daß, selbst wenn er ohne einen Pfennig in seiner Tasche angetroffen wird, er stets auf Kredit Waren erhält, die er bezahlen kann, sobald er in den Besitz von Geld gelangt. Außerdem braucht dieses Geld nicht lange in seiner Tasche zu liegen. Sobald er es erhalten hat, wird es zur Bezahlung der inzwischen angesammelten Schulden verwendet. Nun vermindert die Verkürzung der Wartezeit offenbar die vorgetragene Durchschnittsbilanz, selbst wenn am Ende dieselben Summen empfangen und verausgabt werden. So muß ein Arbeiter, welcher $ 7 die Woche verdient und ausgibt, wenn er nicht „belasten" lassen kann, mit seinem Wochenlohn die ganze Woche ausreichen. Wenn er $ 1 täglich ausgibt, so muß sein wöchentlicher Zyklus an den aufeinanderfolgenden Tagen wenigstens $ 7, $ 6, $ 5, $ 4, $ 3, $ 2 und $ 1 aufweisen. An diesem Zeitpunkt kommen dann wieder weitere $ 7 herein. Dies ergibt einen Durchschnitt von mindestens $ 4. Wenn er hingegen alles gutschreiben lassen und bis zum Zahltage warten kann, um dann den sich ergebenden Verbindlichkeiten nachzukommen, so braucht er, wenn er seine $ 7 erst auszahlt, nachdem sie in seinen Besitz gelangen, die ganze Woche hindurch nichts zurückzubehalten. Sein wöchentlicher Zyklus braucht keine höheren Saldi aufzuweisen als $ 7, $ 0, $ 0, $ 0, $ 0, $ 0, $ 0, was einen Durchschnitt von nur $ 1 ergibt.

Durch den Buchkredit wird daher der Durchschnittsbetrag des Geldes oder der Bankdepositen, den jedermann zur Hand haben muß, um entstehenden Ausgaben gewachsen zu sein, verringert. Dies bedeutet eine Erhöhung der Umsatzrate, denn wenn die Leute dieselben Beträge wie zuvor verbrauchen, dagegen aber kleinere Beträge zu ihrer Verfügung halten, so muß der Quotient, der sich aus der Division des verausgabten Betrages durch den in Händen befindlichen ergibt, eine Zunahme zeigen.

Wir haben aber gesehen, daß eine Erhöhung der Umsatzrate zu einer Erhöhung des Preisniveaus führt. Folglich führt der Buchkredit zu einem Steigen des Preisniveaus [1]). Außerdem kann ein Gemeinwesen bis zu einem gewissen Grade den relativen Mangel an Geld in einer Zeit guten Geschäftsganges mit dem relativen Überschuß einer Zeitperiode decken, in der weniger Ansprüche an ihr Geldangebot gestellt werden. Denn sonst wäre zur Aufrechterhaltung des allgemeinen Preisniveaus bei einem guten Geschäftsgange bedeutend mehr Geld erforderlich. Und dieses Geld läge während der Jahreszeiten, in denen das Geschäft flau ist, nutzlos, es sei denn, daß es die Form eines elastischen Umlaufsmittels annähme, das eingelöst und eingezogen werden kann.

Kurz, durch Buchkredit wird *Geld* (G) gespart, auch wenn durch ihn keine Ersparnis an Geld*zahlungen* (A) eintritt, und daher erhöht der Buchkredit auch die Umlaufsgeschwindigkeit des Geldes (A/G).

1 c. Die gewohnheitsmäßige Bevorzugung von Schecks gegenüber Bargeld wirkt gleichfalls auf die Umlaufsgeschwindigkeit ein, da der Deponent entbehrliches Geld sofort in der Bank, gegen das Recht, mittelst Schecks Geld zu erheben, niederlegt.

Die Banken bieten auf diese Weise einen Abfluß für alles überflüssige Taschen- und Kleingeld und verhüten dadurch das Vorhandensein unproduktiver Geldhorte. Auf die gleiche Art kann ein Überschuß an Depositen in Bargeld umgewandelt werden, d. h. er kann auf Verlangen in bar ausgezahlt werden. Kurz, diejenigen, welche sowohl von Bargeld, als auch von Depositen Gebrauch machen, haben Gelegenheit, durch Anpassung beider Umlaufsmittel an den jeweiligen Bedarf ein Müßigliegen des einen oder des anderen zu verhüten.

Wir sehen also, daß drei Gewohnheiten — Verschwendung, „Kontobelastung" und Benützung von Schecks — durch ihre Einwirkungen auf die Umlaufsgeschwindigkeit des Geldes oder der Depositen zu einer Erhöhung des Preisniveaus beitragen. Es ist anzunehmen, daß diese Gewohnheiten (wahrscheinlich mit Ausnahme der erstgenannten) in neuerer Zeit rasch zugenommen haben.

§ 4.

2 a. Je öfter Geld oder Schecks empfangen und verausgabt werden, desto kürzer ist der Durchschnittsintervall zwischen Empfang und Ver-

---

[1]) Diese indirekte Einwirkung auf das Preisniveau darf nicht mit der direkten Wirkung, die zuweilen angenommen wird, verwechselt werden. Siehe § 1 des Anhanges zu diesem Kapitel (V).

ausgabung des Geldes oder der Schecks, und desto rascher ist die Umlaufsgeschwindigkeit.

Dies kann am besten aus einem Beispiel ersehen werden. Der Übergang von monatlichen zu wöchentlichen Lohnzahlungen erhöht die Umlaufsgeschwindigkeit des Geldes. Wenn ein Arbeiter per Woche $ 7 ausgezahlt bekommt und diese täglich gleichmäßig verringert und jede Woche mit leeren Händen beschließt, so würde sein Durchschnittsbargeld, wie wir gesehen haben, wenig über die Hälfte von $ 7 oder ungefähr $ 4 betragen. Dies ergibt einen beinahe zweimaligen Umsatz per Woche. Bei monatlicher Auszahlung muß der Arbeiter, welcher im Durchschnitt $ 1 per Tag erhält und ausgibt, die $ 30 mehr oder weniger gleichmäßig auf die folgenden 30 Tage verteilen. Wenn er am nächsten Zahltag mit leeren Händen dasteht, so ist sein Durchschnittsgeld während des Monats ungefähr $ 15 gewesen. Sein Umsatz ist dann ungefähr ein zweimaliger per Monat. Folglich ist die Umsatzrate bei wöchentlichen Auszahlungen rascher als bei monatlichen Lohnzahlungen.

Dasselbe Resultat würde sich ergeben, wenn wir annähmen, daß der Arbeiter, anstatt den Zyklus mit leeren Händen zu beenden, einen gegebenen Bruchteil seines Lohnes, sagen wir die Hälfte desselben, übrig behält. Bei wöchentlicher Auszahlung würde er mit $ 10,50 beginnen und mit $ 3,50 schließen, was einen Durchschnitt von ungefähr $ 7 ergibt. Bei monatlicher Auszahlung würde er so mit einem Durchschnitt von $ 45 beginnen und mit $ 15 aufhören, wonach sich der Durchschnittsbetrag auf ungefähr $ 30 belaufen würde. Im ersten Falle würde seine Durchschnittsumlaufsgeschwindigkeit einmal die Woche und im letzteren Falle einmal im Monat sein. Bei wöchentlicher Auszahlung ist der Umsatz also auch dann ungefähr viermal rascher als bei monatlicher Zahlung. Wenn daher die Verteilung des Geldaufwandes auf die beiden Zyklen genau dieselbe „zeitliche Gestaltung“ („time shape“)[1]) haben sollte, so würden die wöchentlichen Zahlungen die Umlaufgeschwindigkeit in demselben Verhältnis beschleunigen, in welchem ein Monat zu einer Woche sich verhält. Als geschichtliche Tatsache betrachtet, ist es jedoch nicht wahrscheinlich, daß die Einführung von wöchentlichen Zahlungen an Stelle von monatlichen die Schnelligkeit des Geldumlaufes unter den Arbeitern um das Vierfache erhöht hat, weil die Veränderung eines anderen Elements, nämlich des Buchkredits, geeignet sein dürfte, eine ungefähr ausgleichende Abnahme zu verursachen. Bei wöchent-

---

[1]) Vgl. Adolphe Landry, „La Rapidité de la Circulation Monétaire“, Auszug aus *La Revue d'Économie politique*, Februar 1905.

lichen Auszahlungen kommt der Buchkredit weniger in Anwendung als bei monatlichen. Dort, wo die Gewohnheit des Buchkredits oder des „Belastens" vorherrscht, wird die Hauptmasse des Geldes am Zahltag verausgabt. Aller Wahrscheinlichkeit nach hat die Einführung von Wochenzahlungen an Stelle von Monatszahlungen, wenn eine solche stattfand, viele Arbeiter, die früher auf Kredit einkaufen mußten, in den Stand gesetzt, ihre eigenen Zahlungen in bar vorzunehmen, und auf diese Weise zu einer Abnahme der Umlaufsgeschwindigkeit des Geldes beigetragen.

Die Häufigkeit der Ausgaben hat offenbar eine ähnliche Wirkung wie diejenige der Häufigkeit von Einnahmen, d. h. sie beschleunigt die Umsatzgeschwindigkeit oder den Umlauf.

2 b. Die *Regelmäßigkeit* der Zahlung begünstigt den Umsatz ebenfalls. Wenn der Arbeiter seiner Einnahmen und Ausgaben ziemlich gewiß ist, so kann er bei genauer Ausrechnung dieselben ebenso genau wie sicher seinen Verpflichtungen anpassen, um jeden Zahlungszyklus mit leerer Tasche zu beschließen. Diese Gewohnheit ist bei gewissen städtischen Arbeiterklassen äußerst häufig anzutreffen. Wenn andererseits die Einnahmen und Ausgaben entweder hinsichtlich des Betrages oder der Zeit unregelmäßig sind, so erfordert es die Vorsicht des Arbeiters, daß er, um gegen unliebsame Zwischenfälle gesichert zu sein [1]), eine größere Summe zur Verfügung hält. Selbst wenn die Höhe der Einnahmen mit Sicherheit im voraus bekannt ist, so erfordert ihre Unregelmäßigkeit dennoch eine größere Zahlungsbereitschaft. Dies trifft wenigstens dann zu, wenn wir annehmen, daß die Häufigkeit der jährlichen Zahlungen dieselbe ist wie im Falle regelmäßiger Zahlungen, und daß die „zeitliche Gestaltung" der Ausgaben während sukzessiver Einnahmen ebenfalls dieselbe ist. Wir wollen den Fall annehmen, daß ein Arbeiter durchschnittlich $ 1 täglich ausgibt und einen *Durchschnitts*betrag von $ 1 den Tag empfängt. Wenn seine Eingänge alle vierzehn Tage einmal stattfinden, wird der Durchschnittsbetrag, den er zu seiner Verfügung haben muß, ein geringerer sein, als wenn sie abwechselnd in Zeiträumen von drei Wochen und einer Woche vorkommen. Denn angenommen, daß er genau vor jeder Zahlung mit leeren Händen dasteht, so wird er im ersten Falle alle vierzehn Tage offenbar einen Durchschnittsbetrag von $ 7 benötigen; im letzteren Falle hingegen wird er für die erste Periode von drei Wochen oder in einundzwanzig Tagen $ 10,50 und in der zweiten Periode $ 3,50 benötigen, deren Durchschnitt — unter Berücksichtigung der Tatsache, daß sich die $ 10,50 auf drei Wochen und die $ 3,50 auf eine Woche beziehen — $ 8,75

[1]) Vgl. Landry, a. a. O.

beträgt. Hieraus können wir also schließen, daß die Regelmäßigkeit in Einnahmen und Ausgaben die Umlaufsgeschwindigkeit erhöht.

2 c. Weiter haben wir den Synchronismus von Einnahmen und Ausgaben in Erwägung zu ziehen, d. h. die Vornahme von Zahlungen und Geldeingängen in gleichen Intervallen. In den Fällen, wo Zahlungen wie Mieten, Zins, Versicherung und Steuern ohne Rücksicht auf die Zeit der Geldeingänge erfolgen, ist es oft notwendig, Geld oder Depositen im voraus anzusammeln, wobei dann der im Besitz befindliche Durchschnittsbetrag erhöht, das Geld zeitweilig seinem Verbrauche entzogen und die Umlaufsgeschwindigkeit herabgesetzt wird. Diesem Resultat kann indessen, wenn das Individuum es will und zu borgen in der Lage ist, vorgebeugt werden, wobei das zur Bezahlung von Steuern oder anderen Spezialauslagen geliehene Geld später, wenn es ihm paßt, zurückgezahlt wird. Dies ist einer der Fälle, in denen das Bankwesen, wie bereits erklärt, durch Anleihen und Depositen der Bequemlichkeit des Publikums dient und die Umlaufsgeschwindigkeit des Geldes und der Depositen erhöht. In ähnlicher Weise kann der Buchkredit den der Disharmonie zwischen den Zeiten der Einnahmen und Ausgaben entspringenden Unannehmlichkeiten abhelfen, denn, wie wir gesehen haben, ist es eine große Annehmlichkeit für denjenigen, der in Bargeld oder Depositen zahlt, wenn Kaufleute, denen er Geld schuldig ist, ihm gestatten, seine Zahlungen bis nach Empfang seines Geldes oder seines Bankdeposits aufzuschieben. Durch diese Maßnahme wird der Notwendigkeit, viel Geld oder Depositen zur Verfügung zu halten, abgeholfen und infolgedessen wird dadurch deren Umlaufsgeschwindigkeit erhöht.

Wir ziehen also den Schluß, daß der Synchronismus und die Regelmäßigkeit der Zahlungen nicht minder als die Zahlungsfrequenz durch Erhöhung der Umlaufsgeschwindigkeit zu einem Steigen der Preise beigetragen haben.

§ 5.

Je dichter die Bevölkerung eines Bezirkes ist, desto rascher ist die Umlaufsgeschwindigkeit [1]).

Es kann mit Bestimmtheit nachgewiesen werden, daß dies bei den Bankdepositen der Fall ist. Nachstehende Zahlen [2]) geben die Depositen-

[1]) Kinley weist in seinem Buche *Money*, New York (Macmillan), 1904, S. 156, auf diese Tatsache hin.

[2]) Diese Zahlen stellen die Medien der von Pierre des Essars für europäische Banken angeführten dar, (*Journal de la Société de Statistique de Paris*, April 1895), die ich durch Material ergänzt habe, das mir von einigen amerikanischen Banken zur Verfügung gestellt wurde.

umlaufsgeschwindigkeiten in zehn Städten, die der Größe nach aufgestellt wurden:

Paris	116	Lissabon	29
Berlin	161	Indianapolis	30
Brüssel	123	New Haven	16
Madrid	14	Athen	4
Rom	43	Santa Barbara	1

Madrid ist die einzige Stadt, welche in bezug auf die Umlaufsgeschwindigkeit bedenklich aus der Reihe fällt.

3 b. Je ausgedehnter und je geschwinder der Transport im allgemeinen ist, desto rascher ist der Umlauf des Geldes [1]). Alles was die Übertragung des Geldes von einer Person zur anderen erleichtert, trägt zur Erhöhung der Umlaufsgeschwindigkeit bei. Die Eisenbahnen üben diese Wirkung aus. Der Telegraph hat die Umlaufgeschwindigkeit der Depositen erhöht, denn durch ihn können letztere in wenigen Minuten Tausende von Meilen weit überwiesen werden. Die Post und die Eilbeförderung haben durch Erleichterung der Übermittlung von Bankdepositen und von Geld in gleicher Weise zu einer Erhöhung ihrer Umlaufsgeschwindigkeit beigetragen.

Wir ziehen also den Schluß, daß die Bevölkerungsdichte und die Schnelligkeit des Transportes durch Erhöhung der Geschwindigkeiten ein Steigen der Preise bewirken. Geschichtlich ist diese Konzentrierung der Bevölkerung in Städten ein bedeutender Faktor der Preissteigerung in den Vereinigten Staaten gewesen.

Die Umlaufsgeschwindigkeiten des Geldes und die der Depositen werden in gewöhnlichen Zeiten durch gleichartige Ursachen in ähnlicher Weise beeinflußt. Dagegen herrscht in der Zeit von Paniken, wenn das Vertrauen der Deponenten erschüttert ist, die Tendenz, die Depositen zurückzuziehen, während andererseits Geld gehütet wird. Deshalb *können* sich die beiden Geschwindigkeiten für eine gewisse Zeit in entgegengesetzten Richtungen verändern, wenn auch eine verläßliche Statistik zur Feststellung der Richtigkeit dieser Vermutung nicht vorhanden ist.

§ 6.

Die hauptsächlichsten spezifischen Einwirkungen von außen auf den Umfang der dem Scheckverkehr unterworfenen Depositen sind:

1. Das Banksystem und die Gewohnheiten der Personen, die dieses System benützen.

2. Die Gewohnheit des „Belastens“.

---

[1]) Vgl. Jevons, *Money and the Mechanism of Exchange*, New York (Appleton), 1896, S. 336; ebenso Kinley, *Money*, New York (Macmillan), 1904, S. 156 u. 157.

1. Selbstverständlich muß ein Banksystem, bevor es in Anwendung kommt, ausgedacht und entwickelt werden. Die Erfindung des Bankwesens hat die Depositenumlaufsmittel möglich gemacht, und ihre Annahme hat zweifellos zu einer großen Zunahme in Depositen und infolgedessen zu einer Steigerung der Preise geführt. Auch im letzten Jahrzehnt hat die Ausdehnung der Depositenbankgeschäfte in den Vereinigten Staaten einen außerordentlich großen Einfluß nach dieser Richtung ausgeübt. In Europa befindet sich das Depositengeschäft noch im Anfangsstadium.

2. Das „Belasten" geht öfter einer Zahlung per Scheck als einer solchen in bar voraus. Wenn einem Kunden seine Verbindlichkeiten nicht „belastet" würden, so bezahlte er in bar und nicht per Scheck [1]). Die letzte Wirkung dieses Verfahrens ist daher, daß das Verhältnis der Scheckzahlungen zu Zahlungen in bar (A' zu A) und das Verhältnis der Depositen zu dem disponiblen Bargelde (G' zu G) erhöht und folglich eine Zunahme im Umfange der Kreditumlaufsmittel herbeigeführt wird, den eine gegebene Geldquantität aufrechthalten kann.

Diese Wirkung, die Substitution von Schecks für Zahlungen in bar, ist aller Wahrscheinlichkeit nach das wichtigste Ergebnis des „Belastens", und sie übt einen gewaltigen Einfluß auf das Steigen der Preise aus.

VI. Kapitel.

Indirekte Einwirkungen.

(Fortsetzung.)

§ 1.

Wir haben nun diejenigen Einwirkungen außerhalb der Verkehrsgleichung in Erwägung gezogen, die den Umfang des Handels (die Q), die Umlaufsgeschwindigkeit des Geldes und der Depositen (U und U') und die Quantität der Depositen (G') berühren. Die gesonderte Behandlung der äußeren Einwirkungen, welche die Quantität des Geldes (G) betreffen, blieb für dieses und das folgende Kapitel vorbehalten. Die Haupteinwirkungen können wie folgt klassifiziert werden:

---

[1]) Andrew, „Credit and the Value of Money". Sonderabdruck von *Papers and Proceedings of the Seventeenth Annual Meeting American Economic Association*, Dezember 1904, S. 10.

1. Einwirkungen, die durch den Export und den Import von Geld hervorgebracht werden.

2. Einwirkungen, die durch das Einschmelzen oder das Prägen von Geld verursacht werden.

3. Einwirkungen, die durch die Produktion und den Verbrauch von Geldmetallen herbeigeführt werden.

4. Einwirkungen der Geld- und Banksysteme, die den Gegenstand des nächsten Kapitels bilden sollen.

Das erste, was wir zu erörtern haben, ist der Einfluß des Außenhandels. Bisher haben wir das Studium des Preisniveaus auf ein isoliertes Gemeinwesen beschränkt, das mit anderen Gemeinwesen in keinerlei Handelsverbindung steht. Die moderne Welt weist jedoch kein derartiges Gemeinwesen auf, und es ist wichtig festzustellen, daß der internationale Handel den heutigen Problemen des Geldes und des Preisniveaus einen internationalen Charakter gibt. Wenn alle Länder ihr uneinlösbares Papiergeld hätten und keines ihrer Gelder anderwärts zur Annahme gelangte, so könnte es keine internationale Adjustierung im Geldwesen geben. Die Preisniveaus in den verschiedenen Ländern ständen nicht in engem Zusammenhange. Tatsächlich ist die Verbindung zwischen Ländern mit verschiedener Metallwährung — z. B. zwischen einem Lande mit Goldwährung und einem anderen mit Silberwährung — bis zu einem gewissen Grade wirklich gebrochen, wenngleich diese beiden Metalle durch den Umstand, daß sie nicht Geldzwecken allein dienen, doch noch immer einigermaßen aneinander gebunden sind. Aber wo bei zwei oder mehreren in Handelsverbindung stehenden Nationen *dieselbe* Geldwährung besteht, ist die Tendenz wahrzunehmen, daß die Preisniveaus der einen Nation durch die Preisniveaus der anderen stark beeinflußt werden.

In einem kleinen Lande, wie der Schweiz, hängt das Preisniveau zum großen Teil von dem anderer Länder ab. Das Gold, welches das primäre oder vollwichtige Geld der meisten zivilisierten Nationen ist, wandert beständig von Land zu Land oder von einem Gemeinwesen ins andere. Wenn ein einzelnes kleines Land in Betracht gezogen wird, so sagt man besser, daß die Quantität des Geldes in dem betreffenden Lande durch das universelle Preisniveau festgesetzt wird, als daß dessen Preisniveau durch die innerhalb seiner Grenzen befindliche Geldquantität bestimmt wird. Ein einzelnes Land steht zu der übrigen Welt in demselben Verhältnis, wie eine Lagune zum Ozean. Das Niveau des Ozeans hängt natürlich von den in ihm befindlichen Wassermassen ab. Wenn wir aber von einer Lagune sprechen, so kehren wir die Erklärung um und sagen, daß die Quantität des darin enthaltenen Wassers vom Niveau des Ozeans abhängt. Ebenso wie draußen im Ozean Ebbe und Flut miteinander abwechseln, so regulieren sich demgemäß die Wassermassen in der Lagune.

Um das Problem der Verteilung des Geldes unter die verschiedenen Gemeinwesen einfacher zu veranschaulichen, wollen wir einstweilen die Tatsache außer acht lassen, daß das Geld gewöhnlich aus einem Material besteht, das auch zu anderen als zu Geldzwecken verwendbar ist, und daß es geschmolzen und geprägt werden kann.

Wir wollen also einmal die Ursachen erörtern, welche die Quantität des Geldes in einem Staate wie Connecticut bestimmen. Wenn das Preisniveau in Connecticut zeitweilig unter dasjenige der umgebenden Staaten Rhode Island, Massachusetts und New York herabsinkt, so wird ein Export von Geld aus diesen Staaten nach Connecticut platzgreifen, da man die Güter stets dort kauft, wo sie am billigsten, und verkauft, wo sie am teuersten sind. Durch die niedrigen Preise wäre Connecticut ein guter Platz für den Einkauf von Gütern, hingegen ein schlechter für den Verkauf. Wenn nun aber Auswärtige in Connecticut kaufen, so haben sie zum Kaufen Geld mitzubringen. Es wird sodann die Tendenz wahrzunehmen sein, daß das Geld nach Connecticut abfließt, bis das Preisniveau daselbst so steigt, daß es den Zufluß aufhält. Wenn andererseits die Preise in Connecticut höher als in den umgebenden Staaten sind, so wird es ein guter Verkaufsplatz und ein schlechter Platz für den Einkauf. Wenn aber Auswärtige nach Connecticut verkaufen, so erhalten sie im Austausch Geld dafür. Das Geld zeigt dann die Tendenz, aus Connecticut abzufließen, bis das Preisniveau in Connecticut niedriger geworden ist.

Hieraus darf aber nicht geschlossen werden, daß die Preise der verschiedenen Artikel oder gar das allgemeine Preisniveau in den verschiedenen Ländern genau dasselbe wird. Entfernung, Ungewißheit darüber, wo die besten Märkte zu finden sind, Zolltarife und Transportkosten unterstützen die Aufrechterhaltung von Preisdifferenzen. Die einheimischen Erzeugnisse pflegen in der betreffenden Gegend immer billiger zu sein als anderwärts. Solange nun der auswärtige Preis genügend höher ist, um Transportkosten mehr als zu decken, solange wird der Export andauern. Faktisch wird keine Ware exportiert, wenn ihr Preis nicht mindestens ebenso hoch wie der des Ursprungslandes plus Frachtkosten ist. Viele Waren werden nur nach einer Richtung hin transportiert. So wird Weizen aus den Vereinigten Staaten nach England, nicht aber von England nach den Vereinigten Staaten verschifft. In letzterem Lande ist er billiger. Eine große Ausfuhr erhöht den Preis in Amerika dem in England gegenüber;

er hält sich aber gewöhnlich um den Betrag der Transportkosten unter diesem Preise. Andere Waren, deren Transport billig ist, werden je nach der Konjunktur nach beiden Richtungen versandt.

Obgleich aber der internationale und interlokale Handel niemals eine genaue Gleichförmigkeit der Preisniveaus herbeiführt, so führt dieser Handel doch, soweit er besteht, durch die oben beschriebene Regulierung der Verteilung des Geldes die Tendenz nach Gleichförmigkeit dieser Niveaus herbei. Wenn eine Ware in den internationalen Handel gelangt, so genügt diese allein, um sie, wenn auch nur langsam, als Regulator der Geldverteilung wirken zu lassen; denn als Entgelt dieser Ware fließt Geld ein und, je nachdem das Preisniveau steigt oder fällt, wird die Quantität des Verkaufs dieser Ware entsprechend adjustiert. Selbst wenn im gewöhnlichen Verkehr der Nationen untereinander der vorsätzliche Versuch gemacht wird, sich durch Schutztarife dagegen ins Mittel zu legen, wird es immer eine große Anzahl von Waren geben, die in dieser Weise als Mittel des Ab- und Zuflusses dienen. Und da die *Quantität des Geldes selbst* auf die Preise *aller* Warengattungen einwirkt, so erstreckt sich die regulierende Wirkung des internationalen Handels nicht nur einfach auf die in diesen Handel gelangenden Waren, sondern ebenso auch auf alle anderen. Es folgt daraus, daß der internationale und der interlokale Handel heutzutage die Preisniveaus in der ganzen Welt beständig regulieren.

Wir dürfen diesen Gegenstand nicht verlassen, ohne die Wirkungen eines Zollgesetzes auf die Kaufkraft des Geldes hervorzuheben. Wenn ein Land einen Zolltarif annimmt, so tritt die Tendenz zu einem Steigen des Preisniveaus ein. Es ist klar, daß ein Zoll die Preise der „geschützten" Güter erhöht. Er hat aber eine noch größere Wirkung, — der Zoll erhöht nämlich auch die Preise der ungeschützten Güter. Auf diese Weise verursacht der Zoll zunächst eine Abnahme der Einfuhren. Obgleich nun diese Abnahme der Einfuhr auf die Dauer zu einer entsprechenden Abnahme der Ausfuhr führt, so wird doch anfangs eine derartige Adjustierung nicht stattfinden. Der Ausländer setzt seine Einkäufe aus dem geschützten Lande in fast demselben Umfange eine Zeitlang fort. Dies wird zeitweilig ein Steigen des Exports dieses Landes über den Import oder eine sogenannte „günstige" Handelsbilanz und einen daraus folgenden Zufluß an Geld bewirken. Schließlich erhöht dieser Zufluß nicht nur die Preise der geschützten, sondern auch die der ungeschützten Güter. Das Steigen dauert dann so lange fort, bis es einen Punkt erreicht, der hoch genug ist, um der „günstigen" Handelsbilanz Einhalt zu tun.

Obgleich die durch einen Zolltarif geschaffene „günstige Handelsbilanz" nur eine Zeitlang anhält, so hinterläßt sie doch eine permanente Zunahme des Geldes und der Preise. Die Zollschutzmauer ist eine Art Damm, der eine Erhöhung in den Preisen der dahinterliegenden Güter verursacht.

Diese Tatsache wird in der üblichen Darstellung der Theorie des internationalen Handels zuweilen übersehen. Statt dessen wird die Tatsache betont, daß letzten Endes der Handel ein solcher von Gütern gegen Güter und nicht von Geld gegen Güter ist, und daß ein Einfuhrzoll nicht nur die Einfuhr, sondern auch die Ausfuhr reduziert, also somit bloß zeitweilig den virtuellen Tauschhandel der Nationen unterbricht. Die Wirkung eines Einfuhrzolls wird damit der eines Ausfuhrzolls analog behandelt. Aber hinsichtlich der Wirkungen auf die Preisniveaus ist ein Einfuhrzoll einem Ausfuhrzoll diametral entgegengesetzt. Wenn wir unseren Zoll auf den Export legen, so wirken wir zunächst störend auf den Export ein. Dem Import wird kein Hemmnis in den Weg gestellt, bis das Geld abgeflossen ist und das allgemeine Preisniveau genug reduziert hat, um die vorher geschaffene „ungünstige" Handelsbilanz zu zerstören. Wir schließen daraus, daß die allgemeine Kaufkraft des Geldes durch einen Zolltarif vermindert wird, und daß sie durch einen Ausfuhrzoll erhöht werden würde.

Dies ist vielleicht der Hauptgrund, warum ein Schutzzoll vielen eine Quelle wirtschaftlichen Aufschwungs zu sein scheint. Er liefert nicht nur den geschützten Industrien, sondern dem Handel im allgemeinen einen temporären Antrieb, der in Wirklichkeit einfach den Antrieb zu einer Geldinflation bildet.

Vorläufig wollen wir den internationalen Handel hauptsächlich daraufhin betrachten, welche Wirkungen er auf das internationale Preisniveau ausübt. Mit Ausnahme des Umstandes, daß der Export oder Import von Geld die Preisniveaus adjustiert, ist der internationale Handel im Grunde bloß ein gegenseitiger Austausch von Gütern. Wo das Preisniveau nicht berührt wird, ist der Geldwert der in einem Lande verkauften Güter dem Geldwerte der gekauften Güter ganz gleich. Nur wenn eine Differenz in diesen Werten oder eine „Handelsbilanz" vorhanden ist, wird ein Zu- oder Abströmen des Geldes und infolgedessen eine Tendenz zur Veränderung des Preisniveaus eintreten [1]).

Wir haben nun dargelegt, wie das internationale und interlokale Gleichgewicht der Preise durch differentielle Veränderungen in der Geldquantität allein gestört werden kann. Es kann auch durch differentielle Änderungen im Umfang der Bankdepositen, in der Umlaufsgeschwindigkeit

---

[1]) Betr. mathematischer Darlegung siehe § 1 des Anhanges zu diesem Kapitel (VI).

des Geldes, in der Umlaufsgeschwindigkeit der Bankdepositen oder im Umfange des Handels gestört werden. Aber was auch immer die Quelle der Differenz in den Preisniveaus sein mag, das Gleichgewicht wird schließlich durch eine internationale oder interlokale Wiederverteilung von Geld und Gütern, die durch den internationalen und interlokalen Handel herbeigeführt wird, wiederhergestellt. Außer Geld und Waren können keine anderen Elemente in der Verkehrsgleichung von einem Orte zum anderen transportiert werden.

Abgesehen von Übergangswirkungen bringen also internationale Differenzen in den Preisniveaus nur in einem der Elemente der Verkehrsgleichung, und zwar in der Menge des Geldes, Veränderungen hervor. Tatsächlich können natürlich die Übergangsperioden unabsehbar oder chronisch sein. Es kommt selten vor, daß ein Volk keine Handelsbilanz aufweist. Jahrzehntelang bezogen Länder des Orients Silber von denen des Okzidents, selbst wenn das Silber unter dem bimetallischen Regime in einem stabilen Verhältnis zum Golde stand. In Europa herrschte infolgedessen eine langanhaltende Tendenz zu einem Fallen der Preise, während in Asien, in Verbindung mit allen anderen einen Übergang begleitenden Wirkungen, die Preise eine steigende Tendenz verfolgten.

§ 2.

Wir haben gesehen, wie G in der Verkehrsgleichung durch den Import und Export des Geldes beeinflußt wird. Hinsichtlich ihrer Beziehung zu G in irgendeinem der in Betracht kommenden Länder sind die G in allen anderen Ländern „äußere Einflüsse".

Wenn wir nun einen Schritt weitergehen, so müssen wir jene Einwirkungen auf G in Erwägung ziehen, die nicht nur außerhalb der für ein besonderes Land, sondern auch außerhalb der für die ganze Welt gültigen Verkehrsgleichung liegen. Außer dem durch Import und Export hervorgebrachten Zufluß und Abfluß des Geldes, gibt es einen Zufluß und Abfluß durch Prägen und Schmelzen. Mit anderen Worten: nicht nur die in der Welt befindlichen Geldbestände stehen, wie kommunizierende Wasserbehälter, miteinander in Zusammenhang, sondern sie hängen in derselben Weise auch mit dem auswärtigen *Barrenbestand* zusammen. In der modernen Welt spielt ein so kostbares Metall wie das Gold gewöhnlich die Rolle des primären Geldes, und dieses Metall findet eine zweifache Verwendung: es wird zu Geldzwecken und zur Anfertigung von Waren verwandt. Das heißt, Gold ist nicht nur ein Geldmaterial sondern es ist ebensowohl Ware. In ihrer Eigenschaft als Waren bilden die Edelmetalle das Material für Juwelierarbeiten, Kunstwerke und andere Erzeugnisse, in die sie verarbeitet werden können. In diesem unverarbeiteten oder rohen Zustand heißen die Edelmetalle Barren.

Aus Gold geprägtes Geld kann in Barrengold umgewandelt werden und umgekehrt. Tatsächlich gehen beide Umwandlungen beständig vor sich, denn wenn im Vergleich mit anderen Waren, der Geldwert des Goldes in dem einen Verwendungsgebiete größer ist als in dem anderen, so ergießt sich das Gold sofort dorthin, wo seine Anwendung gewinnbringender ist, und der Marktpreis des Barrengoldes bestimmt die Richtung des Abflusses. Da 100 Unzen Gold, $^9/_{10}$ fein, in $ 1860 umgewandelt werden können, muß der Marktgeldwert von soviel Barrengold, $^9/_{10}$ fein, die Summe von $ 1860 erreichen. Wenn das Prägen des Barrengoldes in Geld nicht mit Kosten verbunden wäre, und wenn es nichts kosten würde, Geld in Barren zu schmelzen, so würde ein automatisches Hin- und Herströmen von Geld in Barren und von Barren in Geld stattfinden, das ein bedeutendes Schwanken des Barrenpreises verhütet. Wenn der Preis von Barrengold die Geldmenge übersteigt, die daraus geprägt werden kann, so werden die Goldkonsumenten, die Barrengold benötigen, — hauptsächlich Juweliere, — einerlei wie gering die Differenz sein mag, durch Einschmelzen der Goldmünzen in Barrengold diese Differenz ausnützen. Ist dagegen der Preis des Barrengoldes geringer als der Wert der Goldmünzen, so werden die Besitzer von Barrengold nicht versäumen, die Differenz wahrzunehmen, indem sie das Barrengold zur Münzstätte bringen, um es in Golddollar prägen zu lassen, anstatt es auf dem Barrengoldmarkte zu verkaufen. Das Einschmelzen der Münzen bewirkt eine Abnahme in der Quantität des Goldgeldes und eine Zunahme der Barrengoldmenge, wobei der Geldwert des Goldes als Barrengold herabgesetzt und der Wert des Goldes als Geld erhöht wird; das Preisniveau wird dadurch erniedrigt und die Gleichheit zwischen dem Barrengolde und dem Gelde wiederhergestellt. Bei dem entgegengesetzten Verfahren hat ein Prägen des Barrengoldes in Münzen die Wirkung, daß der Geldwert des gemünzten und der Geldwert des Barrengoldes ebenfalls ins Gleichgewicht gebracht werden. In der Praxis wird der Ausgleich größtenteils wahrscheinlich [1]) dadurch aufrechterhalten, daß die neueste Goldausbeute je nach der Stimmung des Marktes in der einen oder anderen Weise verwendet wird. Durch eine derartige Versorgung der beiden Reservoirs in Übereinstimmung mit deren respektivem Bedarf fällt die Notwendigkeit eines nennenswerten Hin- und Herströmens von Gold zwischen Münze und Goldwarenindustrie weg.

---

[1]) Vgl. De Launay, *The World's Gold*, New York (Putnam), 1908, S. 179—183.

Dort, wo für die Umwandlung von Barrengold in Goldmünzen ein sogenannter „Schlagschatz“ („Seigniorage“) in Anrechnung gebracht wird, oder dort, wo dieser Prozeß mit Unkosten oder Verzögerungen verbunden ist, wird der Zufluß von Barrengold in die Umlaufsmittel bis zu einem gewissen Grade aufgehalten. Unter einem modernen System der freien Prägung und bei den modernen Methoden der Metallurgie kann indessen sowohl das Schmelzen als auch das Prägen auf eine nichts weniger als kostspielige Weise und so schnell ausgeführt werden, daß, wie aus der Praxis hervorgeht, weder Verzögerungen noch Kosten damit verbunden sind. In der Tat gibt es wenige Beispiele genauerer Preisadjustierung als die Anpassung des Preises von Barrengold und dem von Goldmünzen. Es folgt daraus, daß die Quantität des Geldes und damit seine Kaufkraft direkt von der des Barrengoldes abhängt.

Die Stabilität des in Goldmünze ausgedrückten Preises für Barrengold verwirrt die Vorstellung vieler Leute insofern, als sie sich unter dem irrtümlichen Eindruck befinden, daß es eine Veränderung im Wert des Geldes nicht gibt. Tatsächlich ist diese Stabilität oft als Beweis dafür angeführt worden, daß das Gold ein stabiler Wertregulator sei. Die Goldwarenhändler scheinen die Bedeutung der Tatsache mißzuverstehen, daß eine Unze Gold in den Vereinigten Staaten immer ungefähr $ 18,60 und in England £ 3 17 sh 10½ d kostet. Darunter ist nichts weiter zu verstehen, als daß Gold, in einer Form und in einer Art gemessen, immer ein konstantes Verhältnis zu Gold in einer anderen Form und auf eine andere Art gemessen, beibehält. Eine Unze Barrengold ist eine genau bestimmte Anzahl Golddollar wert, und zwar aus demselben Grunde, wie ein Pfund Sterling in Gold eine genau bestimmte Anzahl von Golddollar oder daß ein „Gold Eagle“ (= $ 10,—) eine bestimmte Anzahl Golddollar wert ist.

Abgesehen von äußerst geringen und zeitweiligen Schwankungen muß Barrengold und aus Gold gemünztes Geld daher immer den gleichen Wert haben. In der folgenden Erörterung über die bedeutenderen Schwankungen, denen diese beiden Werte unterliegen, wollen wir deswegen von diesen Werten unterschiedslos als von dem „Wert des Goldes“ sprechen.

§ 3.

Der Barrengoldbestand ist nicht die letzte äußere Einwirkung auf die Quantität des Geldes. Wie das Barrenquantum und das Geldquantum aufeinander einwirken, so wird das Gesamtquantum beider durch Produktion und Verbrauch beeinflußt. Die Produktion des Goldes besteht in der Ausbeute der Goldminen, die fortgesetzt Gold zur Vermehrung der vorhandenen Bestände an Barrengold und Goldmünzen hinzufügen. Der Verbrauch von Gold besteht in der Verwendung des Barrengoldes im Kunstgewerbe, seiner Verarbeitung in Juwelierwaren, Vergoldungen usw. sowie in den durch Verschleiß, Schiffbruch usw. verursachten Abgängen. Wenn wir uns das Quantum der Goldmünzen und des Barrengoldes als in einem Reservoir enthalten vorstellen, so würde die Produktion den Zufluß aus den Minen und der Verbrauch den Abfluß bedeuten, der durch die Verwendung im Kunstgewerbe sowie durch den Verlust infolge von Zerstörung und Abgang verursacht wird. Dem Einströmen aus den Minen müßte das Wieder einströmen aus der Welt der Goldwaren beigerechnet werden, in welche das Gold zuvor verarbeitet wurde, und die nutzlos geworden sind. Ein gutes Beispiel hierfür ist die Verbrennung goldener Bilderrahmen zur Gewinnung von Barrengold.

Wir wollen zunächst das Einströmen oder die Produktion und darauf den Ausfluß oder den Verbrauch betrachten. Den Regulator des Zuströmens (das doch in der Praxis mit der Goldproduktion aus den Minen gleichbedeutend ist) bilden die Schätzungen seiner „Grenzproduktionskosten".

Der Bergwerksbetrieb ist ein gewagtes Unternehmen und Schätzungen sind bedeutenden Irrtümern unterworfen. Doch wie irrig die Kostenvoranschläge auch immer sein mögen, so üben sie doch eine regulierende Macht auf die Produktion aus. Wenn der Kostenvoranschlag für die Produktion eines Dollars in Gold geringer ist als der bestehende Wert eines Golddollars, dort wird er normalerweise produziert werden. Wenn hingegen die Produktionskostenschätzungen den bestehenden Wert eines Golddollars übersteigen, wird er normalerweise nicht produziert werden. Im ersten Falle ist die Goldproduktion gewinnbringend, im letzteren Falle ist sie unrentabel. Es gibt hier einen mittleren oder neutralen Punkt, wo die einträgliche Produktion unter normalen Verhältnissen aufhört und die unrentable beginnt, ein Punkt, wo die Produktionskosten von $ 100 genau $ 100 betragen. Die Kosten an diesem Punkt werden die Grenzkosten der Produktion genannt. Für die ergiebigsten Minen sind die Produktionskosten äußerst gering. Von diesem niedrigen Satze steigen die Kosten bei den anderen Minen allmählich an, bis der Kostenpunkt in der Grenzmine erreicht ist, bei welcher die Unkosten dem Werte des Produktes gewöhnlich gleich sind. Tatsächlich gibt es einen Produktionsgrenzpunkt, nicht für die verschiedenen Minen, sondern für jede einzelne Mine. Die Tatsache, daß die Kosten im allgemeinen mit der Produktionssteigerung wachsen, ist darauf zurückzuführen, daß das Gold eine extraktive Industrie ist. Es ist dem Gesetz der zunehmenden Kosten unterworfen oder, wie es oft ausgedrückt wird, „dem Gesetz der abnehmenden Erträge". Wenn eine Grube nur mittelmäßig ausgebeutet wird, so werden die Produktionskosten für eine Unze Gold geringer sein, als wenn sich die Ausbeutungsweise ihrer vollen Produktionsfähigkeit nähert, und es wird hierbei immer eine Normalstufe der Ausbeutung geben, auf der die Kosten per Unze so beschaffen sind, daß eine Überschreitung dieser Ausbeutungsstufe die erhöhte Produktionstätigkeit kaum rentabel erscheinen läßt. Es verlohnt sich, die Produktion bis zu dem Punkte auszudehnen, wo die Ertragssteigerung die entstandenen Mehrkosten gerade deckt, weiter aber nicht. Der Bergwerksunternehmer kann unabsichtlich oder zeitweilig über das beabsichtigte Ziel hinausschießen oder es nicht vollständig erreichen. Solche Irrtümer werden ihn aber nur anspornen, derartige Fehler wieder gut zu machen und die Goldproduktion neigt immer einem Gleichgewichtszustande zu, in welchem die Grenzkosten der Produktion (unter Hinzurechnung des Zinses) dem Wert des Produktes gleich sind.

Dies bestätigt sich immer, ob die Produktionskosten nun in Gold selbst gemessen oder ob sie in irgendeiner anderen Ware wie Weizen, oder in Waren im allgemeinen, oder in irgendeiner anderen beliebigen „absoluten" Wertnorm ausgedrückt werden. In Ländern mit Goldwährung berechnen die Bergwerksbesitzer die Kosten der Goldproduktion in Gold. Von ihrem Standpunkte aus ist es eine überflüssige Anstrengung, die Produktionskosten und den Wert des Produktes in ein anderes Wertmaß als Gold zu übertragen. Sie haben ein Interesse an dem Verhältnis zwischen den beiden und dieses Verhältnis wird durch die Wahl des Wertmaßes nicht beeinflußt.

Um die Kosten und den Wert von Goldgeld in Weizen zu übertragen, braucht man nur die Kosten und den Wert durch den in Goldgeld ausgedrückten Preis des Weizens zu dividieren. Eine solche Änderung in der Methode, Kosten und Wert auszudrücken, beeinflußt ihr Verhältnis zueinander nicht.

Um es deutlich zu machen, wie der Goldproduzent alles in Goldsätzen bemißt, wollen wir nun annehmen, daß das Preisniveau steigt. Angenommen, daß die Preissteigerung sich auf Löhne, Maschinerie, Brennmaterialien und andere Unkosten der Goldproduktion bezieht, hat der Goldproduzent dann mehr Dollar für Löhne, Maschinerie, Heizung usw. zu zahlen, während die für sein *Produkt* erlangten Preise (in eben denselben Dollar ausgedrückt) wie immer unverändert bleiben. Umgekehrt erniedrigen sich bei einem Fallen des Preisniveaus seine Produktionskosten (in Dollar bemessen), während der Preis seines Produktes noch immer derselbe ist [1]).

[1]) Siehe Mill, *Principles of Political Economy*, III. Teil, IX. Kap. § 2.

Wir haben also eine *feststehende* Zahl, die den Preis des produzierten Goldes darstellt und eine *veränderliche* Zahl, welche dessen Produktionskosten ausdrückt.

Wenn wir dieselben Phänomene nicht in Gold, sondern in Weizen oder vielmehr in Gütern im allgemeinen ausdrücken, so haben wir die umgekehrte Sachlage. Wenn die Preise steigen, fällt die Kaufkraft des Geldes, und diese Kaufkraft ist der Wert des Produktes, ausgedrückt in Gütern im allgemeinen. Wenn sich die Kosten der Goldgewinnung aus den Minen mit der allgemeinen Preisbewegung ändern, so wird es eine Veränderung in den Kosten der Goldproduktion *in bezug auf Güter* nicht geben. Dagegen wird jedoch eine Veränderung im Werte der Goldproduktion eintreten. Das heißt, wir haben dann eine *veränderliche*, den Preis des Goldproduktes bezeichnende Zahl und eine *feststehende* Zahl, welche dessen Produktionskosten ausdrückt.

Der Vergleich zwischen Preis und Produktionskosten ist also derselbe, gleichviel ob wir Gold oder andere Waren als unser Kriterium benützen. Von dem einen Gesichtspunkte aus betrachtet — d. h. wenn die Preise in Gold bemessen werden — bedeutet eine Preissteigerung ein Steigen in den Produktionskosten des Goldminenbesitzers; von dem anderen — d. h. wenn die Preise in anderen Gütern bemessen werden — bedeutet dieselbe Preissteigerung ein Fallen im Preise (der Kaufkraft) seines Produktes. In beiden Fällen wird er sich entmutigt fühlen. Er betrachtet sein Mißgeschick von dem ersterwähnten Standpunkt aus, d. h. als eine Folge der Steigerung der Kosten der Produktion. Wir werden es aber zweckmäßiger finden, es vom letzterwähnten Gesichtspunkte aus in einem Fallen der Kaufkraft des Produktes zu suchen. In jedem der beiden Fälle findet der Vergleich zwischen den Produktionskosten des Goldes und der Kaufkraft des Goldes statt. Wenn diese Kaufkraft über den Produktionskosten einer besonderen Mine steht, so verlohnt es sich, diese Mine auszubeuten. Wenn die Kaufkraft des Goldes niedriger ist als die Produktionskosten einer besonderen Mine, so verlohnt sich eine Ausbeutung dieser Mine nicht. Die Goldproduktion steigt oder sinkt also je nach dem Steigen oder Fallen der Kaufkraft des Goldes.

Soviel über den Goldzufluß und die ihn regulierenden Umstände. Wir wenden uns nun dem Abfluß oder dem Verbrauch des Goldes zu. Dieser Verbrauch vollzieht sich in zwei Formen: der des industriellen Verbrauches und der des Verbrauches zu Geldzwecken.

Wir wollen zunächst den industriellen Verbrauch des Goldes betrachten. Wenn die aus Gold verfertigten Gegenstände sich durch Billigkeit auszeichnen — d. h., wenn die Preise anderer Gegenstände verhältnismäßig hoch sind —, so wird die verhältnismäßige Billigkeit der Goldgegenstände zu einer Steigerung ihrer Anwendung und ihres Verbrauches führen. Wenn wir diesen Vorgang in Geldpreisen ausdrücken, so werden mehr goldene Uhren und Wertsachen gekauft und verbraucht werden, wenn die Preise aller sonstigen Objekte höher sind und das Einkommen der Leute ebenfalls höher ist, während goldene Uhren und Goldschmuck im allgemeinen ihre früheren Preise beibehalten.

Dies sind Beispiele des Goldverbrauchs in Form von Waren. Der Verbrauch und Abgang von Gold als Münze erfolgt durch Abnützung, durch Verlust bei Schiffbruch und anderen Unglücksfällen. Er wechselt mit den Veränderungen des in Gebrauch befindlichen Goldquantums und mit dessen Austauschschnelligkeit. Die Abflüsse aus diesem Reservoir repräsentieren den Verbrauch der Goldmünzen durch Verlust. Geradeso wie die Produktion durch die Grenzkosten des Produzierten reguliert wird, so wird der Konsum durch den Grenznutzen des Konsumierten reguliert. Es ist hier nicht der Ort, auf eine Erörterung der wesentlichen Symmetrie zwischen diesen beiden Grenzgrößen einzugehen, einer Symmetrie, die oft übersehen wird, weil die Kosten gewöhnlich objektiv und der Nutzen subjektiv bemessen werden. Sie können beide auf die eine oder die andere Weise bemessen werden. Die subjektive Methode ist die grundlegendere, sie entfernt uns aber von unserer vorliegenden Erörterung mehr als notwendig oder nutzbringend ist.

Wir sehen also, daß durch ein Fallen des Wertes (der Kaufkraft) des Goldes der Verbrauch an Gold einen Ansporn erhält, während die Produktion des Goldes dadurch herabgesetzt wird. Die Kaufkraft des Geldes, auf die die entgegengesetzten Kräfte von Produktion und Konsum auf diese Weise einwirken, wird je nach den Umständen, nach aufwärts oder nach abwärts getrieben [1]).

---

[1]) Die hier dargelegte Theorie, daß der Wert des Barrengoldes und die Produktionskosten des Goldes vermittelst der Quantität des Geldes die Preise beeinflussen, ist von Nationalökonomen im allgemeinen vertreten worden. Eine abweichende Ansicht hierüber hat Laughlin. Er sagt: „Die Geldmenge, die als tatsächliches Austauschmittel dient bestimmt den Preis nicht mehr, als der Eintrag von Kaufurkunden und Zessionen in das Kreisgrundbuch die Preise der Ländereien bestimmt, deren Verkauf in den erwähnten Urkunden verzeichnet wird." Und weiter: „Der Preis ist ein Austauschverhältnis zwischen Gütern und dem Währungsgute, mag dieses Währungsgut als Tauschmittel gebraucht werden oder nicht." Siehe *The Principles of Money*, New York (Scribner), 1903, S. 317 und 318.

§ 4.

In jeder vollständigen Darlegung der Kräfte, welche die Kaufkraft des Geldes bestimmen, ist es notwendig, drei Gruppen von Faktoren fest ins Auge zu fassen: 1. die Produktion oder den „Zufluß" von Gold (d. h. aus den Minen); 2. den Verbrauch oder den „Abfluß" des Goldes (a) in die Industrie, b) durch Zerstörung und Verlust); 3. den „Vorrat" oder das Reservoir von Gold (entweder Münzen oder Barrengold), welches den Zufluß erfährt und den Abfluß erleidet. Die Verhältnisse dieser drei Arten von Größen zueinander können vermittelst eines Schaubildes wiedergegeben werden, wie es in Figur 5 ersichtlich ist. Dieses stellt

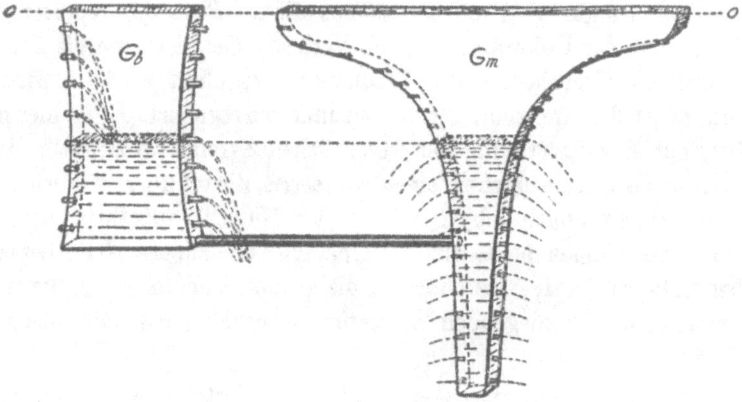

Fig 5.

zwei miteinander verbundene, eine Flüssigkeit enthaltende Reservoire dar, G_b und G_m. Der Inhalt des ersten Reservoirs repräsentiert den Vorrat an Barrengold (*Gold bullion*) und der des zweiten Behälters den Vorrat des gemünzten Goldes (*Gold money*). Da nun die Kaufkraft mit der Seltenheit zunimmt, soll der Abstand zwischen dem Rand der Zisternen *oo* und dem Spiegel der Flüssigkeit die Kaufkraft des Goldes für andere Güter darstellen. Ein Sinken des Flüssigkeitsniveaus zeigt eine Zunahme in der Kaufkraft des Geldes an, da wir ja diese Kaufkraft von der Linie *oo* nach abwärts zur Oberfläche der Flüssigkeit bemessen. Wir wollen es unterlassen, andere Formen der Umlaufsmittel in dem Diagramm ausführlicher zur Veranschaulichung zu bringen. Wir haben gesehen, daß normalerweise die Quantitäten anderer Umlaufsmittel zur Quantität des Bargeldes, das wir uns in Gold vorstellen, in einem bestimmten Verhältnisse stehen. Die Veränderung in der Kaufkraft dieses Bargeldes kann daher als maßgebend für die Veränderung aller übrigen Umlaufsmittel angenommen werden. Wir kommen nun zur Erklärung der *Gestaltung* dieser Zisternen. Die Gestalt der Zisterne G_m muß so beschaffen sein, daß sie bei einer Zunahme der Flüssigkeit eine Abnahme der Distanz zwischen der Oberfläche der Flüssigkeit und der Linie *oo* *in genau derselben Weise* bewirkt, *wie die Kaufkraft des Goldes mit einer Zunahme in seiner Quantität abnimmt.* Mit anderen Worten: wenn sich die Flüssigkeit in G_m verdoppelt, so sollte sich der Abstand der Oberfläche von der Linie *oo* um die Hälfte verringern. In ähnlicher Weise muß die Form der Barrengoldzisterne so beschaffen sein, daß sie die Entfernung der Flüssigkeitsoberfläche von der Linie *oo* bei einer Zunahme der Flüssigkeit verringert, und zwar in dem Maße, wie der Wert des Barrengoldes mit einer Zunahme des Barrengoldvorrats abnimmt. Die Form der beiden Zisternen braucht nicht und wird auch gewöhnlich nicht die gleiche sein, denn wir können kaum annehmen, daß eine Halbierung der Kaufkraft des Goldes immer das Quantum des vorhandenen Barrengoldes genau verdoppelt.

Beide Reservoire haben Zuflüsse und Abflüsse. Betrachten wir zunächst diejenigen des Barrengoldreservoirs (G_b). Jeder Zufluß stellt hier eine besondere Barrengold liefernde Mine dar, und jeder Abfluß repräsentiert eine besondere Verwendung des Goldes in Industriezweigen, wo Barrengold verbraucht wird. Jede Mine und jede Verbrauchsmöglichkeit hat ihren eigenen Abstand von *oo*. Es gibt daher drei Arten von Distanzen von *oo*: die Zufluß-, die Abfluß- und die Flüssigkeitsoberflächendistanz. Jeder Zuflußabstand stellt, in Gütern bemessen die Produktionskosten für jede Mine dar; jede Abflußdistanz repräsentiert den Wert des Goldes in irgendeiner besonderen Verwendung und ist ebenfalls in Gütern bemessen; die Entfernung von der Oberfläche stellt, wie bereits erklärt, den gleichfalls in Gütern bemessenen Wert des Barrengoldes, — mit anderen Worten dessen Kaufkraft dar.

Es ist klar, daß es unter diesen drei Niveaugruppen Diskrepanzen geben kann. Diese Konflikte können dazu dienen, die relativen Verhältnisse zwischen dem Barrengold und den verschiedenen Zuflüssen und Abflüssen zu erklären. Wenn ein Zufluß zu einem gewissen Zeitpunkte über dem Niveau der Flüssigkeit, also in geringerem Abstande von *oo* stattfindet, so bedeutet das, daß die Produktionskosten geringer sind als die Kaufkraft des Barrengoldes. Der Bergwerksbesitzer wird nun den Hahn aufdrehen und ihn offen lassen, bis vielleicht das Niveau der Flüssigkeitshöhe zu dem seiner Mine steigt — und zwar bis der Abstand der Oberfläche von *oo* ebenso gering ist wie der Abstand vom Zuflusse — d. h. bis die Kaufkraft des Barrengoldes ebenso gering ist wie die Produktionskosten. An diesem Punkte bringt die Bearbeitung der Mine keinen Gewinn mehr. Soviel in bezug auf die Zuflüsse; wir wollen nun die Abflüsse betrachten. Wenn ein Abfluß in einem bestimmten Augenblick sich unterhalb der Höhe der Oberfläche befindet — d. h. *in einer größeren Entfernung von oo*, so bedeutet dies, daß der Wert des Goldes in dieser besonderen Anwendung größer ist als die Kaufkraft des Barrengoldes. Nun wird das Barrengold nach diesem Verwendungsgebiete, wo sein Wert größer ist, abfließen, und zwar fließt es dann aus allen Ausflüssen des Reservoirs *unterhalb* der Oberfläche ab.

Es ist hieraus zu ersehen, daß zu einem gegebenen Zeitpunkte nur die Zuflüsse oberhalb der Flüssigkeitsoberfläche und nur die Abflüsse unterhalb derselben in Tätigkeit gesetzt werden. Mit einem Steigen der Oberfläche treten also mehr Abflüsse, jedoch weniger Zuflüsse in Tätigkeit. Das heißt, je geringer die Kaufkraft des Goldes im Barren ist, desto größer wird sein Verbrauch in der Industrie sein, desto weniger gewinnbringend hingegen wird es für die Mine sein, es zu produzieren, und desto geringer wird die Förderung aus den Minen sein. Sobald die Oberfläche sinkt, treten mehr Zuflüsse und weniger Abflüsse in Tätigkeit.

Wir wenden uns nunmehr dem Geldreservoir (G_m) zu. Die Tatsache, daß das Gold auf Grund des zwischen Barrengold und Goldmünzen stattfindenden Hin- und Herströmens in Barren oder Münze den gleichen Wert besitzt, wird in dem Diagramm durch die Verbindung des Barrengoldreservoirs mit dem der Goldmünzen dargestellt, und infolgedessen haben beide (ebenso wie Wasser) dieselbe Niveauhöhe. Die Oberflächen der Flüssigkeit in beiden Reservoirs haben dieselbe Entfernung von der Linie *oo*, und dieser Abstand stellt den Wert des Goldes oder dessen Kaufkraft dar. Sollte der Zufluß zu irgendeiner Zeit den Abfluß übersteigen, so ist das Resultat notwendigerweise eine Zunahme in dem vorhandenen Goldvorrate. Dies wird eine Herabsetzung der Kaufkraft des Goldes oder des Goldwertes herbeiführen. Sobald sich aber die Oberfläche erhöht, kommen weniger Zuflüsse und mehr Abflüsse in Tätigkeit. Das heißt, auf der einen Seite nimmt der übermäßige Zufluß oder die Produktion ab, und auf der anderen Seite nimmt der unzureichende Abfluß oder der Verbrauch zu, wodurch die Ungleichheit zwischen Zufluß und Abfluß eingeschränkt wird. Wenn hingegen der Abfluß zeitweilig größer als der Zufluß sein sollte, so wird sich der Inhalt des Reservoirs vermindern. Die Kaufkraft erhöht sich, dem übermäßigen Abfluß wird auf diese Weise Einhalt getan und der unzureichende Zufluß angespornt, wobei das Gleichgewicht wiederhergestellt wird. Der genaue Gleichgewichtspunkt kann selten oder nie erreicht werden, aber es herrscht wie bei einem Pendel, das *durch* die Gleichgewichtslage hin und her schwingt, stets eine Tendenz sie zu erreichen.

Es bedarf wohl keiner Erwähnung, daß unser mechanisches Diagramm nur den Zweck hat, ein Bild der hauptsächlichsten variablen Größen zu geben, die in dem in unsere Erörterung aufgenommenen Problem enthalten sind. Es bildet weder an sich selbst ein Argument, noch fügt es irgendeinen neuen Faktor bei; auch darf nicht angenommen werden, daß es ausdrücklich *alle* zu berücksichtigenden Faktoren umfaßt. Doch setzt uns dieses Diagramm in den Stand, die in der Bestimmung der Kaufkraft des Geldes enthaltenen Hauptfaktoren zu erfassen. Es ermöglicht, die nachstehenden wichtigen Variationen und deren Wirkungen zu beobachten und zu verfolgen:

Erstens, wenn eine Erhöhung der Goldproduktion eintritt — die, wie wir einmal annehmen wollen, durch Entdeckung neuer Minen oder durch verbesserte Ausbeuteverfahren in alten Minen veranlaßt würde — so kann diese durch eine Vermehrung in der Anzahl oder in der Größe der Zuflüsse in das G_b Reservoir dargestellt werden. Die Folge davon wird, wie klar ersichtlich, eine Vermehrung des „Zuflusses" in das Barrengoldreservoir und von diesem in das Umlaufsmittelreservoir sein, und dieser Zufluß wird infolgedessen ein allmähliches Vollfüllen beider Reservoirs sowie eine Abnahme der Kaufkraft des Geldes herbeiführen. Diesem Prozeß wird schließlich durch eine Zunahme im Verbrauch Einhalt geboten. Und wenn die Produktion und der Konsum einander gleichkommen, wird das Gleichgewicht wiederhergestellt. Es ist klar, daß eine Erschöpfung der Goldminen in genau umgekehrter Weise wirksam wird.

Wenn zweitens eine Zunahme im Verbrauch des Goldes eintreten sollte, wie z. B. durch einen Wechsel in der Mode, so kann dies durch eine Vermehrung in der Anzahl oder in der Größe der Abflüsse aus G_b dargestellt werden. Das Ergebnis ist dann ein allmähliches Abfließen aus dem Barrengoldreservoir und infolgedessen eine Inhaltsverminderung des Umlaufsmittelreservoirs; es tritt nun eine Erhöhung in der Kaufkraft des Goldes ein, der schließlich durch eine Zunahme der Förderung aus den Minen und auch durch Abnahme des Konsums Einhalt geboten wird. Wenn die erhöhte Produktion und der verminderte Verbrauch einander gleichkommen, ist das Gleichgewicht wieder erreicht.

Wenn die Verbindung zwischen dem Umlaufsmittel- und dem Barrengoldreservoir mittelst eines Ventils abgesperrt wird, d. h. wenn die Münzstätten geschlossen werden, so daß das Barrengold nicht in das gemünzte Gold fließen kann (dem seinerseits ein Rückströmen ins Barrengold nicht verwehrt wird), dann wird die Kaufkraft des Goldes als Geld eine größere werden, als dessen Wert als Barrengold ist. Jede Zunahme in der Produktion des Goldes wird darauf gerichtet sein, nur das Barrengoldreservoir zu füllen und den Abstand der Oberfläche von der Linie *oo* zu verringern, d. h. den Wert des Barrengoldes zu erniedrigen. Die Oberfläche der Flüssigkeit in dem Geldreservoir wird der Linie *oo* nicht näher gebracht. Sie kann bei allmählichem Verlust sogar noch weiter von ihr entfernt werden. Mit anderen Worten: die Kaufkraft des Geldes wird durch ein solches Ventil gänzlich unabhängig vom Werte des Barrengoldes gemacht, woraus es zuvor erzeugt worden ist.

Ein Beispiel für dieses Prinzip ist in der Geschichte der Silberumlaufsmittel in Indien zu finden. Nach langen Verhandlungen wurden im Jahre 1893 die indischen Münzstätten dem Silber verschlossen. Vor jener Zeit folgte der Wert des gemünzten Silbers genau dem Werte des Barrensilbers; die Schließung der Münze brachte jedoch sofort eine Abweichung zwischen den beiden hervor. Die Rupie ist seitdem vom Silber unabhängig geblieben, und während der ersten sechs Jahre — bis 1899 — war sie auch unabhängig vom Gold. Das gegenwärtige Verhältnis der Rupie zum Gold soll im nächsten Kapitel erörtert werden.

Wir haben nun, mit Ausnahme einer einzigen, alle von außen kommenden Einwirkungen auf die Verkehrsgleichung untersucht. Diese eine besteht im Charakter des Geld- und Banksystems, der die Quantität des Geldes und der Depositen berührt. Eine spezielle Erörterung dieses Punktes behalten wir uns für das nächste Kapitel vor. Inzwischen ist es noch bemerkenswert, daß fast alle entweder die Quantität oder die Umlaufsgeschwindigkeiten berührenden Einwirkungen sich hauptsächlich in der Richtung einer Preiserhöhung geltend gemacht haben und sich noch immer geltend machen. Fast die einzige entgegengesetzte Einwirkung übt die Steigerung des Handelsvolumens aus, doch wird diese teilweise durch erhöhte, der Zunahme des Handels selbst zuzuschreibende Umlaufsgeschwindigkeiten neutralisiert. Hierbei muß bemerkt werden, daß sich einige der in diesem und dem vorhergehenden Kapitel erörterten Einwirkungen *auf mehr als eine Weise* geltend machen. Nehmen wir z. B. technisches Wissen und Erfindung, die durch eine Steigerung des Handelsvolumens auf die Verkehrsgleichung einwirken. Insofern als diese den Handel vergrößern, besteht eine Tendenz zu einer Preiserniedrigung; insofern sie aber die Metallurgie und die anderen Gewerbe, die die Produktion erhöhen und den Transport der Edelmetalle erleichtern, zur Entwicklung bringen, tragen sie zu einer *Erhöhung* der Preise bei. Sofern Technik und Erfindungen den Transport und die Übertragung des Geldes und der Depositen rascher gestalten, führen sie ebenfalls eine Steigerung der Preise herbei. Sofern sie zur höheren Entwicklung des Bankwesens führen, bringen sie gleicherweise eine Steigerung der Preise hervor, und zwar durch die Vermehrung des Depositenumlaufs (G') und ebenso durch die Erhöhung der Umlaufsgeschwindigkeit des Geldes wie der Depositen. Soweit sie zur Konzentration der Bevölkerung in den Städten führen, erhöhen sie die Preise durch Beschleunigung der Zirkulation.

Schließlich herrscht eine Tendenz zu einem Fallen der Preise, insofern als sich durch diese oder jene Ursache der Umsatz pro Kopf der Bevölkerung vergrößert. Das Endergebnis der Entwicklung der Gewerbe während einer gewissen Zeitperiode hängt davon ab, nach welcher Richtung sich vorwiegend die Gewerbe entwickeln.

VII. Kapitel.

Einwirkung der Geldsysteme auf die Kaufkraft.

§ 1.

Bisher haben wir die die Kaufkraft des Geldes bestimmenden Einwirkungen erörtert, bei denen das in Umlauf befindliche Geld durchgehend von Einer Gattung ist. Die im vorhergehenden Kapitel gegebene Illustration lehrt, wie der Geldmechanismus arbeitet, wenn ein einziges Metall in Gebrauch ist. Wir haben nun die Geldsysteme zu untersuchen, bei welchen mehr als eine Art Geld in Anwendung kommt.

Eine der ersten Schwierigkeiten in der frühesten Geschichte des Geldes bestand darin, zwei oder mehr Metalle im Umlauf zu erhalten. Wurde eins der beiden Metalle billiger als das andere, so vertrieb das billigere Metall das teurere. Diese Tendenz wurde ungefähr im Jahre 1366 von Nicolas Oresme, dem nachmaligen Bischof von Lisieux in einem Bericht an Karl V. von Frankreich und von Kopernikus um 1526 in einem für Sigismund I., König von Polen geschriebenen Bericht oder Traktat erwähnt [1]). Macleod gab, bevor er von den früheren Formulierungen von Oresme und Kopernikus [2]) erfuhr, in seinen im Jahre 1857 veröffentlichten *Elements of Political Economy* [3]) zu Ehren von Sir Thomas Gresham, welcher das Prinzip in der Mitte

---

[1]) Henry Dunning Macleod, *The History of Economics*, New York (Putnam), 1896, S. 37 u. 38.

[2]) Macleod, a. a. O. S. 38 u. 39.

[3]) S. 477.

des sechzehnten Jahrhunderts darlegte, dieser Tendenz den Namen „das Greshamsche Gesetz" (Gresham's Law). Die Tendenz scheint tatsächlich sogar von den alten Griechen erkannt worden zu sein, denn sie wird in den „Fröschen" von Aristophanes erwähnt [1]):

„Häufig will mir's scheinen daß bei uns daheim so, wie im Feld,
In betreff der Gentlemen unter uns sich's so verhält,
Wie mit unsrer alten Münze und dem neuen goldnen Geld.
Nämlich jene nicht, die wahrlich weder falsch ist noch zu leicht.
Sondern unter allen Münzen stets die beste, wie mir däucht,
Und als einzig vollgeprägte und bewährte im Metall,
Geltung hat bei allen Griechen und Barbaren überall,
Diese nicht mehr braucht ihr, sondern jene gleißnerische Bronze
Jenen ärgsten Schlag von Münzen, erst seit gestern aus der Bonze."

Das Gresham- oder Oresmesche Gesetz wird gewöhnlich in der Form von: „Schlechtes Geld vertreibt gutes Geld" ausgedrückt, denn es ist gewöhnlich beobachtet worden, daß das abgenützte, entstellte, untergewichtige, gekippte, gewippte („sweated") sowie auf andere Weise verschlechterte Geld die vollwichtigen, neu gemünzten Stücke vertrieben hat. Diese Formel trifft jedoch nicht völlig zu. Es ist nicht wahr, daß „schlechte" Münzen, wie abgenützte, verbogene, verunstaltete oder selbst gekippte Münzen, anderes Geld gerade deshalb vertreiben, weil sie sich in abgenütztem, verbogenem oder gekipptem Zustande befinden. Korrekt formuliert lautet das Gesetz einfach: *Das billige Geld vertreibt das teure.* Der Grund, daß von zwei Geldarten das billigere die Oberhand gewinnt, liegt darin, daß die Wahl zwischen den Geldsorten vorwiegend bei dem liegt, der das Geld ausgibt, nicht bei dem, der es empfängt. Jemand der die Wahl hat, seine Schulden in der einen oder anderen von zwei Geldarten zu bezahlen, wird ökonomischerweise hierzu das billigere der beiden benutzen. Wenn die Initiative und die Wahl in der Hauptsache bei der Person läge, die das Geld empfängt, so würde der umgekehrte Fall eintreten. Das teurere oder „gute" Geld würde dann das billigere oder „schlechte" Geld vertreiben.

Was wird nun aus dem teureren Gelde? Es kann thesauriert werden, in den Schmelztiegel oder ins Ausland gehen, — thesauriert und geschmolzen des Gewinnes halber und ins Ausland gesandt, weil beim Auslandshandel der Ausländer, der das Geld empfängt, und nicht wir, die es geben, darüber entscheiden, welche Art Geld er akzeptiert. Er wird nur das beste nehmen, denn er ist durch unsere Währungsgesetzgebung nicht gebunden.

---

[1]) V. 718—732, Übersetzung von Joh. Gust. Droysen.

Denkbarerweise kann das bessere Geld im Umtausch mit einem Agio, d. h. zu seinem Barrenwerte, benutzt werden; die Schwierigkeiten aber, Zahlungen damit so vorzunehmen, daß beide Parteien sich zufriedengeben, sind derartig, daß es in der Praxis nie in großem Umfang dazu kommt. Tatsächlich ist der Einfluß des Greshamschen Gesetzes so groß, daß ihm sogar die Bequemlichkeit einer ganzen Nation geopfert wird. So trieb vor fünfzehn Jahren die übermäßige Ausgabe von Papiergeld in Italien nicht nur das Gold, sondern auch Silber und Kupfer über die Alpen. Diese konnten in Südfrankreich zum gleichen Werte wie die entsprechenden dortigen Münzen zirkulieren, weil Frankreich und Italien zur Lateinischen Union gehören. Infolgedessen blieb eine Zeitlang sehr wenig Kleingeld unter dem Betrage der 5-Lire-Noten übrig. Es war den Käufern in Detailgeschäften oft unmöglich, ihre Einkäufe zu besorgen, weil ihnen das nötige Kleingeld fehlte, und auch der Kaufmann hatte es nicht und konnte daher nicht wechseln. Um der mißlichen Lage abzuhelfen, wurden 30,000,000 Noten zu 1 Lire ausgegeben, und es herrschte eine so große Nachfrage danach, daß man ein Agio dafür zahlte.

Das Greshamsche Gesetz bezieht sich nicht nur auf zwei konkurrierende Geldarten aus ein- und demselben Metall, sondern überhaupt auf alles Geld, welches gleichzeitig zirkuliert. Bis zu der Zeit, wo das „Reifeln" der Münzränder erfunden und seitens der Münzstätten ein „Remedium" (eine Grenze, innerhalb welcher eine Abweichung vom gesetzlichen Schrot und Korn erlaubt ist) angenommen wurde, traten dadurch, daß das Kippen (clipping) und Münzenverschlechterung etwas ganz Gewöhnliches war, große Verwirrungen ein. Heutzutage hört jedoch jede Münze, deren Gewicht durch Feingehaltsverschlechterung oder durch Kippen merklich herabgesetzt worden ist, auf, gesetzliches Zahlungsmittel zu sein und, indem sie aus diesem Grunde allgemein zurückgewiesen wird, nimmt ihre Geldfunktion ein Ende. Innerhalb der gebräuchlichen [1]) oder gesetzmäßigen Schranken des Remediums indessen — d. h. solange das billigere Geld die „Geld"-funktion beibehält — vertreibt es das teurere.

§ 2.

Die natürliche Folge des Greshamschen Gesetzes ist eine Abnahme der Kaufkraft des Geldes bei jeder Gelegenheit. Die Geschichte der Umlaufsmittel der Welt ist zum großen Teil eine Chronik von oft lediglich auf

[1]) Die Verkehrsusancen sind zuweilen weniger streng als das Gesetz. In Californien z. B. zirkulieren abgenützte und unter der Toleranzgrenze befindliche Goldmünzen weiter. Sie werden „Bankgold" genannt.

das Geheiß des Staatsoberhauptes ausgeführten Geldverschlechterungen. Bei der Betrachtung des Greshamschen Gesetzes haben wir nun unser Hauptaugenmerk auf die klarere Erkenntnis der Ursachen zu richten, welche die Kaufkraft des Geldes unter den der Wirkung des Greshamschen Gesetzes unterworfenen Geldsystemen bestimmen. Das erste Paradigma bildet der Bimetallismus.

Um den Einfluß eines Geldsystems auf die Kaufkraft des Geldes gründlich zu verstehen, müssen wir zuerst wissen, wie das System arbeitet [1]). Es ist in Abrede gestellt worden, daß sich der Bimetallismus jemals bewährt hat, oder daß er sich überhaupt bewähren kann, weil das billigere Metall stets das teurere vertreibt. Unsere erste Aufgabe ist, ohne irgendwelche Rücksicht auf die Frage, ob der Bimetallismus wünschenswert ist, zu beweisen, daß er sich unter ganz bestimmten Umständen „bewähren" kann, aber nicht unter anderen. Um klarzumachen, wann sich der Bimetallismus bewährt und wann nicht, wollen wir das im letzten Kapitel benützte Schaubild [2]), in welchem die Quantität des Barrengoldes durch den Inhalt des Reservoirs G_b dargestellt ist, noch weiter anwenden. (Figur 6 und 7.) Genau wie vorher stellen wir die Kaufkraft oder den Wert des Goldes dar durch die Entfernung vom Niveau des Wassers unter dem Niveau der Nullpunkte bzw. *oo*. Die Figur im letzten Kapitel veranschaulichte nur ein Metall, nämlich Gold, und zwar in zwei Reservoirs, im Barrengold- und im Goldmünzenreservoir. Wir wollen nun Schritt für Schritt diese Figur ausarbeiten. Zuerst fügen wir, wie aus Figur 6 ersichtlich, ein Reservoir für Barrensilber (S_b) hinzu, welches in Größe und Form von dem Reservoir G_b etwas abweicht. Wir benützen dieses Reservoir, um das Verhältnis zwischen dem Werte oder der Kaufkraft des Silbers sowie dessen Quantität in der Industrie und als Barrensilber zu zeigen. Wir haben es also hier mit drei Reservoirs zu tun. Das Silberreservoir bleibt zunächst gänzlich isoliert, später werden wir es aber mit dem mittleren verbinden. Für den Augenblick wollen wir annehmen, daß das mittlere Reservoir, welches Geld enthält, nur mit aus Gold gemünztem Gelde gefüllt ist (Figur 6a), da noch kein Silber als Geld fungiere. Mit anderen Worten: Das im letzten Kapitel erörterte Geldsystem wird beibehalten; wir haben es nur insoweit verändert, als wir der Zeichnung ein weiteres Reservoir, (S_b), hinzugefügt haben, das, gänzlich

---

[1]) Irving Fisher, „*The Mechanics of Bimetallism*", London, *Economic Journal*, September 1894, S. 527—536.

[2]) In der vorliegenden Anwendung gleicht es einigermaßen einer von Jevons in seinem *Money and the Mechanism of Exchange*, New York (Appleton), 1896, S. 140, angeregten Versinnbildlichung.

abgesondert von den anderen, die Quantität und den Wert des Barrensilbers darstellt.

Nunmehr nehmen wir an, daß zur Rechten ein Rohr, durch welches das S_b-Reservoir mit dem Geldreservoir verbunden ist, geöffnet wird; d. h. wir führen den Bimetallismus ein. Bei Bimetallismus öffnen die Regierungen ihre Münzstätten der freien Münzprägung beider Metalle zu einem festgesetzten Verhältnis, d. h. zu einer ständigen Relation zwischen Gold und

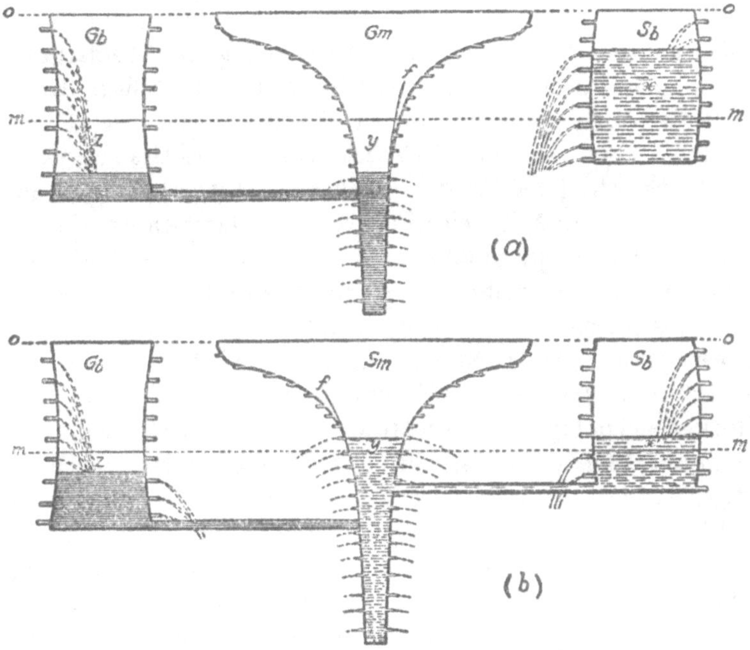

Fig. 6.

Silber. Wenn z. B. ein Silberdollar 16 Gran Silber für jedes Gran Gold in einem Golddollar enthält, so wird dieses Verhältnis 16 zu 1 genannt. Unter diesem System hat ein Schuldner, wenn er durch seinen Kontrakt nicht auf andere Weise gebunden ist, die freie Wahl, Zahlung entweder in Gold- oder in Silbergeld zu leisten. Tatsächlich sind die zwei Bedingungen des vollkommenen Bimetallismus folgende: 1. die freie und unbeschränkte Ausmünzung beider Metalle zu einem festgesetzten Verhältnis und 2. die unbeschränkte gesetzliche Zahlungskraft jedes Metalls zu diesem Verhältnis [1]).

[1]) Die Möglichkeit der Festsetzung eines Verhältnisses zwischen Gold und Silber seitens der Regierung, dem das Marktverhältnis sich anzupassen hat, ist Gegenstand so

Diese neuen Bedingungen sind in Figur 6 b (und später in Figur 7 b), in der das Silber durch ein Rohr in das Geld- oder Zentralreservoir geleitet wird, veranschaulicht [1]).

Es sind nicht die Verhältnisse zwischen den Minen, den Barren und den gewerblichen Verwendungen, welche wir nunmehr zur Darstellung bringen, sondern diejenigen zwischen Barren (zwei Arten) und Münzen. Wir können daher für jetzt, mit Ausnahme der Verbindungen zwischen den beiden Barrenreservoirs und dem Münzreservoir, alle Zuflüsse und Abflüsse unberücksichtigt lassen.

Wie bereits erwähnt, stellen nun die Abstände der Oberflächen dieser Reservoirs unter *oo* die Kaufkraft des Goldes und des Silbers dar. Jede Silbereinheit (sagen wir, jeder Tropfen Silberflüssigkeit, gleichgültig ob in Geld oder in Barren) enthält jedoch sechzehnmal soviel Gran als jede Goldeinheit (sagen wir, jeder Tropfen Goldflüssigkeit, gleichgültig ob in Geld oder in Barren). Das heißt, eine Einheit Wasser repräsentiert einen Dollar in Gold oder einen Dollar in Silber. Es ist die relative Kaufkraft der übereinstimmenden Einheiten, welche wir zur Darstellung bringen wollen.

Die Wassermengen, welche Gold- und Silbergeld vorstellen, sind durch einen beweglichen Film (*f*) getrennt. In Figur 6 a befindet sich dieser Film zur äußersten Rechten; in Figur 6 b zur äußersten Linken; in Figur 7 a wieder zur Rechten und in Figur 7 b in der Mitte. Die a-Figuren stellen die Sachlage dar, *bevor* die Münzstätten dem Silber erschlossen wurden. Die b-Figuren diejenige, *nachdem* sie geöffnet worden sind und das Greshamsche Gesetz gewirkt hat. Wenn gerade vor der Einführung des Bimetallismus das Niveau des Silbers in S_b unter dem Niveau des Goldes in G_b liegt, wird das den Bimetallismus einführende Gesetz unwirksam, d. h. das Barrensilber wird nicht sozusagen bergauf in das Geldreservoir fließen; wenn hingegen, wie in Figur 6 a oder 7 a angezeigt, das Niveau des Silbers höher ist, dann wird dieses, sobald die Münzstätten dem Silber geöffnet sind, in die Zirkulation fließen. Da es anfangs billiger als Gold ist, so drängt es das Goldgeld durch das Rohr zur Linken (d. h. durch Schmelzen) auf den Barrenmarkt

---

erbitterten Streites gewesen, daß außer dem im Text enthaltenen positiven Argumente noch eine negative Kritik der u. E. diesen Streitfragen zugrunde liegenden Haupttrugschlüsse in § 1 des Anhanges zu diesem (VII.) Kapitel anhangsweise folgt.

[1]) Eine Einheit Wasser stellt natürlich Gold und Silber in ihren Münzgewichten dar. Wenn das bimetallische Verhältnis 16 zu 1 ist, so müssen die Zisternen derart konstruiert sein, daß ein Kubikzoll Wasser eine Unze Gold oder 16 Unzen Silber darstellt, und daß die Anzahl der Zoll, welche die Flüssigkeitsoberflächen von *oo* trennen, den Grenznutzen einer Unze Gold bzw. von 16 Unzen Silber vorstellt.

hinaus. Diese Verdrängung des Goldes kann, laut Figur 6b, eine vollständige oder, wie in Figur 7b, eine teilweise sein. Die Verdrängung hält gerade solange an, als es eine Prämie auf Gold gibt; d. h. solange, als das Niveau des Silbers im Barrenreservoir über dem Niveau des Goldes im Geldreservoir steht, und zwar solange, als das Barrensilber billiger als Goldgeld ist.

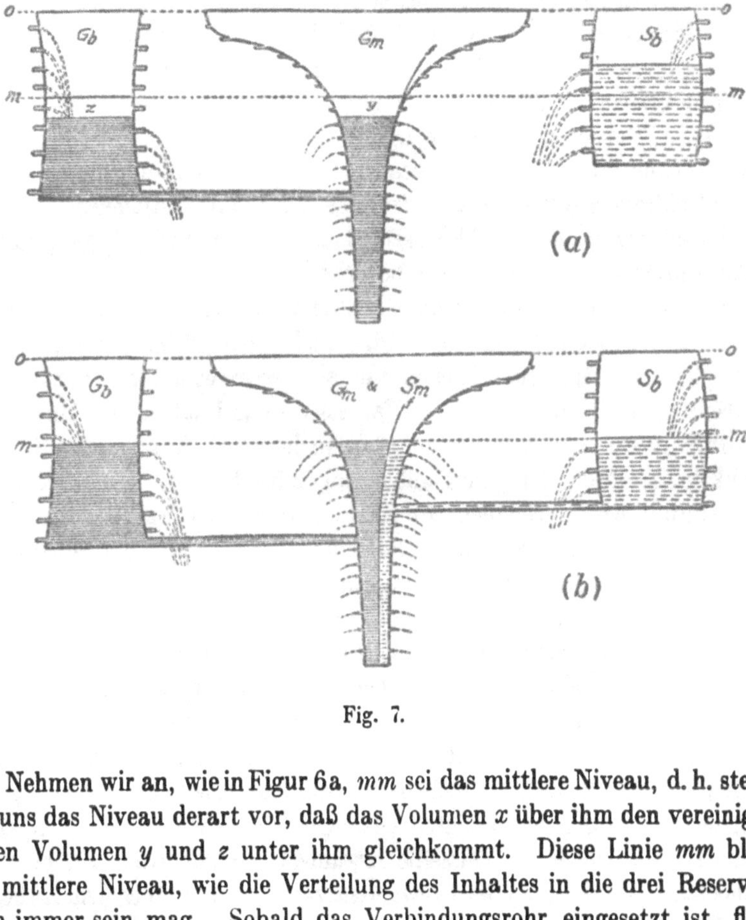

Fig. 7.

Nehmen wir an, wie in Figur 6a, *mm* sei das mittlere Niveau, d. h. stellen wir uns das Niveau derart vor, daß das Volumen x über ihm den vereinigten leeren Volumen y und z unter ihm gleichkommt. Diese Linie *mm* bleibt das mittlere Niveau, wie die Verteilung des Inhaltes in die drei Reservoirs auch immer sein mag. Sobald das Verbindungsrohr eingesetzt ist, fließt das Silber in das Geldreservoir und tritt, dem Greshamschen Gesetz gemäß, an die Stelle des Goldes.

Wir haben hier zwei Fälle zu unterscheiden: 1. wenn das Silber x über der mittleren Linie *mm* den *Gesamtinhalt des Geldreservoirs unter dieser Linie übersteigt*; 2. wenn x geringer ist als der besagte unten befindliche Inhalt. Im ersten Falle ist es klar, daß das Silber, wie in Figur 6b veranschaulicht, in welcher sich der Film von der äußersten Rechten zur äußersten Linken fortbewegt hat, das Gold gänzlich aus der Zirkulation fegt. Der Inhalt des Silbers im Barrenreservoir ist geringer als vorher und der Inhalt des Goldes im Barrenreservoir größer als zuvor.

Diese Wiederverteilung ist jedoch nur die erste Wirkung der Zulassung des Silbers zu den Münzstätten. Das Gleichgewicht zwischen Produktion und Konsumtion ist für Gold wie auch für Silber gestört worden. Einerseits hat der erhöhte Wert des Silbers (das erniedrigte Niveau in S_b) die Produktion angespornt, indem Silberminen (die ungedeckten Zuflüsse zur Rechten) in Betrieb gebracht wurden; anderseits hat der herabgesetzte Wert des Goldes (das erhöhte Niveau in G_b) die Goldproduktion entmutigt und die Goldminen (die gedeckten Zuflüsse zur Linken) stillgelegt. Gleiche Änderungen werden in den Abflüssen, d. h. im Verbrauch, Abgang und in der Absorption eines jeden Metalls bewirkt.

Das Ergebnis ist, daß die von der ersten Wiederverteilung herrührenden Niveaus nicht unbedingt dauernde sind. Sie können auf ihre entsprechenden ursprünglichen Niveaus zurückgehen, und sie werden es unter allen normalen Verhältnissen auch tun. Auf jeden Fall aber — und auf diesen Punkt muß Nachdruck gelegt werden — können sie nicht gänzlich auf diese Niveaus zurückkehren. Eine solche Annahme würde unhaltbar sein, wie die folgende Beweisführung zeigt: Nehmen wir für den Augenblick an, daß das Silber auf sein ursprüngliches Niveau zurückkehrt. Dann würde der Silberzufluß (Produktion) auch auf seine ursprüngliche Rate, die von dem Silberniveau abhängt, zurückgehen, dagegen würde der Abfluß des Silbers (Verbrauch, Abgang usw.) größer als der ursprüngliche sein. Der Verbrauch im Gewerbe würde der gleiche bleiben; der Verschleiß und die Absorption des Silbergeldes bilden jedoch eine weitere Ableitung. Folglich wird nun die Konsumtion (vorher der Produktion gleich) die Produktion übersteigen und das ursprüngliche hohe Niveau kann nicht beibehalten werden. Die Schlußfolgerung ist: Das neue Niveau des permanenten Gleichgewichtes, wo es auch sein mag, liegt unter dem früheren. Dasselbe Argument, *mutatis mutandis*, beweist, daß das neue permanente Gleichgewichtsniveau für Gold über dem früheren liegt. Der Abstand zwischen den beiden ursprünglichen Niveaus ist demnach geringer geworden. Selbst wenn der Bimetallismus eine gleichzeitige Zirkulation beider Metalle und eine Wertparität zu dem gegebenen Münzverhältnis nicht herbeiführen könnte, so hat er doch die Herabsetzung des Wertes des teureren Metalls (Gold) und die Erhöhung des Wertes des billigeren (Silber) zur Folge gehabt. Wir kommen auf dieses Resultat einer gegenseitigen Annäherung bei der Erörterung des nachstehenden zweiten Falles zurück.

§ 3.

Soviel von dem ersten Fall, in welchem x größer ist als der Inhalt des Goldreservoirs unter *mm*. Im zweiten Falle wird angenommen, daß x kleiner ist als der Inhalt des Goldreservoirs unter der Linie *mm*; d. h. es ist nicht genügend Silber vorhanden, um das *ganze* Gold aus der Zirkulation zu drängen. Unter diesen Umständen wird, wenn wir für den Augenblick jede Änderung in der Produktion und Konsumtion außer acht lassen, das Öffnen der Leitung — die Zulassung des Silbers zu den Münzstätten — das ganze Flüssigkeitssystem auf das gemeinsame Niveau *mm* bringen. Mit anderen Worten: Die Prämie auf Barrengold verschwindet (Figur 7b), und dessen Kaufkraft sowie die Kaufkraft des Barrensilbers bilden die Mitte zwischen der ursprünglichen Kaufkraft der beiden Metalle, und diese Mitte ist der Abstand der mittleren Linie *mm* unter *oo*. Noch anders ausgedrückt: Der Bimetallismus hat in diesem Falle Erfolg, d. h. er wird eine Zeitlang zum gleichen Stande von Gold- und Silberdollar im Geldreservoir führen und ihn aufrechterhalten.

Das soeben gefundene Gleichgewicht bedeutet aber lediglich einen Ausgleich der Niveaus, der durch eine Neuverteilung der in den verschiedenen Reservoirs *vorhandenen* Gold- und Silbervorräte hervorgerufen wurde. Es wird gestört, sobald die geringste Störung in diesen Vorräten eintritt. Ein permanentes Gleichgewicht verlangt, daß die Vorräte die nämlichen bleiben, — mit anderen Worten: Es verlangt für jedes Metall eine Gleichheit von Produktion und Konsumtion. Es ist klar, daß weder die Produktion und die Konsumtion des Goldes noch die Produktion und Konsumtion des Silbers einander gleich zu sein brauchen, nachdem das Silber vom Reservoir des Barrensilbers in das Geldreservoir eingeströmt ist. Genau wie in dem im vorigen Abschnitt behandelten Fall wird dann derselbe Antrieb zur Silberproduktion und dieselbe Entmutigung der Goldproduktion zutage treten. Hieraus kann sich ergeben, daß das Gold vom Silber gänzlich verdrängt wird, oder auch, daß es dem Silber nicht gelingt, dies zu bewirken.

Es gibt also zwei Möglichkeiten. Die eine, daß das Gold vollständig verdrängt werden kann, liegt auf der Hand; es wird hierbei das gleiche Resultat erzielt wie das bereits im unteren Teil der Figur 6 dargestellte. Die zweite Möglichkeit ist, daß das Gold nicht verdrängt wird.

Die Existenz dieser zweiten Möglichkeit wird klar und deutlich, wenn wir erst versuchen, sie zu leugnen. Nehmen wir also an, daß sich der Film f

zur äußersten Linken befindet, und daß schließlich ein permanentes Gleichgewicht hergestellt worden ist. Wir haben bereits gesehen, daß das Niveau des Goldes niedriger und das des Silbers höher wird als zuvor. Wieviel niedriger oder höher, hängt offenbar von den technischen Bedingungen der der Sachlage entsprechenden Produktion und Konsumtion ab. Es ist natürlich nicht undenkbar, daß das Goldniveau soviel niedriger und das Silberniveau soviel höher sein kann, daß ihr relativer Stand sich umkehrt, d. h. daß das Niveau des Goldes höher wird als das des Silbers. In diesem Falle ist es aber ganz unmöglich, daß sich der Film *f* auf der linken Seite befindet. Das nun billigere Gold flösse in die Zirkulation und verdrängte das Silber. Unter den von uns angenommenen Bedingungen kann der Film auf keinem der beiden Extreme bleiben. Befindet er sich zur Rechten, so ist das Silber billiger als Gold und wird den Film veranlassen nach links zu gehen; gelangt er auf die linke Seite, so wird das Gold billiger als das Silber und der Film wird nach rechts getrieben. Unter diesen Umständen muß das Gleichgewicht, wie in Figur 7b, offenbar zwischen diesen Extremen liegen. Die Produktions- und Konsumtionsbedingungen, unter denen der Bimetallismus erfolgreich sein kann, sind daher: 1., daß unter dem Silber-Monometallismus ein Golddollar im Gleichgewicht billiger als ein Silberdollar ist, und 2., daß unter dem Gold-Monometallismus das Silber billiger als Gold zu stehen kommt. Deshalb muß ein bimetallisches Niveau, wenn der Bimetallismus durchführbar sein soll, stets zwischen den Niveaus liegen, welche die beiden Metalle unter Gold-Monometallismus angenommen haben würden, bei welchem Gold und nicht Silber das Umlaufsmittel ist, und aus denselben Gründen muß es zwischen den Niveaus liegen, welche die beiden Metalle unter Silber-Monometallismus haben würden, bei dem Silber und nicht Gold das Umlaufsmittel ist [1]). In unserer ganzen Beweisführung haben wir ein gesetzliches Wertverhältnis zwischen den beiden Metallen angenommen. Der zu dem einen Verhältnis unmögliche Bimetallismus ist aber stets zu einem anderen möglich. Es wird stets zwei begrenzende Relationen geben, zwischen denen der Bimetallismus möglich ist [2]).

Es ist klar, daß die Grenzen für eine Nation enger als für mehrere Nationen sind, da das Umlaufsmittelreservoir für eine Nation kleiner ist als für viele, während die Reservoirs der industriellen Verwendungen virtuell um die Quantität der monometallischen Umlaufsmittel der übrigen Nationen größer sind. Wenn der Bimetallismus bei einem gewissen Wertverhältnis

---

[1]) Es braucht aber nicht notwendig zwischen dem Währungsniveau unter dem Gold-Monometallismus und seinem Niveau unter dem Silber-Monometallismus zu liegen.

[2]) Siehe § 2 des Anhanges zu diesem Kapitel (VII).

unhaltbar geworden ist, kann er stets zu einem anderen wieder in Tätigkeit treten, *doch erfordert der Übergang eine Wertverringerung des Währungsgeldes.* Das einzige Mittel, das aus dem Umlaufsmittelreservoir abgegangene Metall wieder einzuführen, ist eine Herabsetzung der Quantität dieses Metalls in der Geldeinheit — wenn nicht die noch drastischere Maßnahme ergriffen wird, das Münzgewicht des bereits in Zirkulation befindlichen Geldes zu erhöhen.

Es ist auch daran zu erinnern, daß zwei Nationen einen Bimetallismus zu zwei verschiedenen Wertverhältnissen nicht beiderseits aufrechterhalten können, wenn der Unterschied in den Relationen nicht geringer ist als die Transportkosten. Die eine der beiden Nationen würde das Metall, das sie unterwertet hat, verlieren und sich dann selbst auf einer monometallischen Basis befinden.

Es sollen noch einige weitere Bemerkungen hinzugefügt werden. Das zeitweilige und das normale Gleichgewicht, die beide getrennt behandelt wurden, sind zeitlich tatsächlich ganz voneinander geschieden. Nach Einsetzung des neuen Systems hängt die Zeit der Wiederverteilung der vorhandenen Metallvorräte von der Schnelligkeit des Transports, des Schmelzens und des Ausmünzens ab und wäre nach Wochen oder Monaten zu bemessen. Das normale Gleichgewicht hängt aber von den langsam wirkenden Änderungen in den Produktions- und Konsumtionsraten ab und wäre nach Jahren zu bemessen. Einmal erreicht, hält das normale Gleichgewicht solange an, als sich die Produktions- und Konsumtionsbedingungen nicht ändern. Geringe Abänderungen dieser Bedingungen — die Erschöpfung von Minen, die Entdeckung neuer Adern usw. — verursachen leichte wechselweise Veränderungen in den Verhältnissen des Gold- und Silbergeldes, d. h. in der Stellung des Films *f*. Die Schwankungen dieses Films (und *nicht* die der Preisrelation, wie in dem Fall von zwei nicht miteinander in Verbindung stehenden Waren) spiegeln diese wechselnden Zustände wieder. Aller Wahrscheinlichkeit nach wird dieser Film jedoch früher oder später einen seiner Grenzpunkte erreichen. Die mutmaßliche Zeit für das Eintreten eines solchen Falles ist aber sehr lang. Die Goldumlaufsmittel der Welt belaufen sich auf ungefähr 5,000,000,000 Dollar; zum jetzigen Marktpreis berechnet beträgt die jährliche Silberproduktion ungefähr 100,000,000 Dollar. Nähme man an, es würde ein System des internationalen Bimetallismus im Verhältnis von 36 zu 1 eingeführt, das sich im Anfang in normalem Gleichgewichte befindet, so läßt sich die Wirkung einer enormen, sagen wir, doppelten Zunahme in der Silberproduktion, also um 50,000,000 Dollar, in Erwägung ziehen. Es würde dann ein Zeitraum von hundert

7*

Jahren nötig sein, um das Gold hinauszutreiben, ohne die Tatsache in Anschlag zu bringen, daß der Überschuß der Produktion über die Konsumtion beständig abnimmt, während das Verdrängen des Goldes fortschreitet. Wenn dieser Überschuß gleichmäßig von 50,000,000 Dollar auf Null zusammenschrumpfen sollte, so würde die Zeitperiode die doppelte sein, also 200 Jahre. Wird zu diesen Erwägungen der Umstand hinzugefügt, daß, während der Antrieb zur Produktion des einen Metalls rasch wirkt, das sich ergebende Abflauen in der Produktion des anderen Metalls, infolge des fixen Charakters des einmal investierten Kapitals, langsamer eintritt, und daß daher die Menge der Umlaufsmittel schließlich größer ist als am Anfange; wird ferner der Umstand hinzugefügt, daß das Umlaufsmittelreservoir selbst sich beständig erweitert, und schließlich der Umstand, daß Schwankungen in der Produktion nach beiden Richtungen und für beide Metalle wahrscheinlich sind, so können wir ziemlich sicher sein, daß der internationale Bimetallismus während mehrerer Generationen von Erfolg begleitet wäre, wenn er *bei einer Filmstellung nahe der Mitte anfangs erfolgreich ist.* Der anfängliche Erfolg hängt, wie wir gesehen haben, von der dekretierten Relation ab.

Es ist zu beachten, daß der Bimetallismus ein *geringes* Agio nie vermeiden kann. Andrerseits liefert gerade dieser Unterschied in den Niveaus die Kraft, die die Schwankung von einem Punkt des Gleichgewichtes zu dem anderen erzwingt [1]).

Während einer Reihe von Jahren bleibt das bimetallistische Niveau in der Mitte zwischen den wechselnden Niveaus, die die zwei Metalle getrennt voneinander annehmen würden. Der Bimetallismus breitet die Wirkung einer einzigen Schwankung über die vereinigten Gold- und Silbermärkte aus [2]).

[1]) Solange das Agio besteht, wird das billigere Metall zweifellos etwas schneller und das teurere etwas langsamer zirkulieren, als wenn es kein Agio gibt. Dies kann, wenn erforderlich, dadurch dargestellt werden, daß man sich die Stärke der Flüssigkeitsmenge im Umlaufsmittelreservoir auf der einen Seite von *f* abnehmend und auf der anderen Seite wachsend denkt, indem ein Metall „weitergehender" gemacht wird als unter normalen Verhältnissen (mehr Fläche in dem Diagramm bedeckend) und die Bewegung des *f* zum Gleichgewichtspunkte beschleunigt. Auf die geringere Umlaufsgeschwindigkeit (Zunahme an Stärke der Flüssigkeitsmenge), welche im „Thesaurieren" ihren Hauptfaktor findet, kommen wir nachstehend zurück.

[2]) Um die stetigende Einwirkung auf eine einzelne Schwankung hin darzustellen, bemerken wir, daß unter dem Bimetallismus die drei Reservoirs als ein einziges tätig sind. Im Vergleich zum Monometallismus vermindern sich daher die Schwankungen umgekehrt proportional zur Flüssigkeitsoberfläche, über die sich die Schwankungen ausbreiten. Wenn also die vereinigten Breiten der zwei linken Reservoirs (auf Niveauhöhe gemessen) zwei Drittel der vereinigten Breiten aller drei sind, dann würde ein Goldzufluß, der, nur über

Die stetigende Kraft des Bimetallismus hängt von den Breiten der Reservoirs und nicht von der Position des Films *f* ab. Sie bleibt in voller Stärke, gleichgültig, welches die Proportionen des Gold- und Silbergeldes sein mögen und ist ebenso groß, wenn nur eine Nation bimetallistisch wird, wie wenn die ganze Welt das System annimmt. Selbst wenn die Schweiz allein ein System des Bimetallismus erfolgreich betriebe, würde es bis zu seinem Zusammenbruch die Umlaufsmittel der ganzen Welt zusammenhalten und ausgleichen, wo immer auch Gold oder Silber die Währung wäre. Tatsächlich würde die ganze Welt all den Nutzen, den die Schweiz durch den Bimetallismus genießt, ohne dessen Übel und Gefahren mitgenießen. Diese internationale Funktion würde, sobald das System des Bimetallismus versagte, plötzlich aufhören.

Es ist darauf hinzuweisen, daß die behauptete ausgleichende Wirkung nur relativ ist. Es ist denkbar, daß ein Metall allein für sich noch stetiger sein würde, als wenn es dem anderen angeschlossen wird. In einem späteren Kapitel wollen wir untersuchen, bis zu welchem Grade dieser Ausgleich von Vorteil ist. Hier beschränken wir uns darauf, bloß die mechanische *Wirksamkeit* des bimetallistischen Systems zu veranschaulichen [1]).

§ 4.

Der Bimetallismus ist heutzutage nur noch Gegenstand historischen Interesses. Er wird nicht mehr praktisch angewandt, doch hat seine frühere Herrschaft in vielen Ländern, Frankreich und die Vereinigten Staaten inbegriffen, ein Geldsystem hinterlassen, welches zuweilen die „hinkende" Währung genannt wird. Eine solche kommt zustande, wenn in einem System des Bimetallismus, bevor das eine der beiden Metalle das andere gänzlich vertreiben kann, die Münzstätte dem billigeren von beiden verschlossen, aber das bis zu diesem Tage gemünzte Geld nicht einberufen wird. Nehmen wir an, daß es das Silber ist, das, wie in Frankreich und in den Ver-

---

die zwei Reservoirs verteilt, eine Schicht von einem Zentimeter Tiefe ausmachen würde, über die drei Reservoirs verteilt, eine Tiefe von zwei Dritteln eines Zentimeters haben. Da das rechte Reservoir gleichfalls ein Drittel der Gesamtweite hat, würde eine Schwankung von einem Zentimeter Silber, wenn es bloß Ware ist, auf ein Drittel eines Zentimeters herabgesetzt werden, wenn die Verbindung mit dem Geldreservoir aufrechterhalten wird. Die Breiten des Reservoirs, die hier die wichtigste Rolle spielen, sind die Rate der Zunahme der Ware im Verhältnis zur Verminderung des Grenznutzens. Das Gesetz der umgekehrten Breiten bezieht sich mit Genauigkeit nur auf statische oder raschvorübergehende Wiederanpassungen.

[1]) Vgl. Leonard Darwin, *Bimetallism*, London (Murray), 1897, S. 341; Bertrand Nogaro, „*L'expérience bimétalliste*", *Revue d'économie politique*, 1908.

einigten Staaten, auf diese Weise ausgeschaltet wurde. Alles in diesem Metall bereits geprägte und in Zirkulation befindliche Geld wird zu Pari mit Gold im Umlauf gehalten. Diese Parität kann festgehalten werden, selbst wenn *beschränkte* weitere Silberquantitäten von Zeit zu Zeit geprägt werden. Es wird sich dann eine Differenz im Werte des Barrensilbers und des gemünzten Silbers ergeben, wobei die Silbermünzen überwertet werden. Diese Situation ist in Figur 8 dargestellt. Hier ist das Verbindungsrohr zwischen dem Geld- und dem Barrensilberreservoir sozusagen abgeschnitten, oder, wir wollen sagen, durch ein Ventil, das den Durchgang des Silbers vom Barrenreservoir in das Geldreservoir

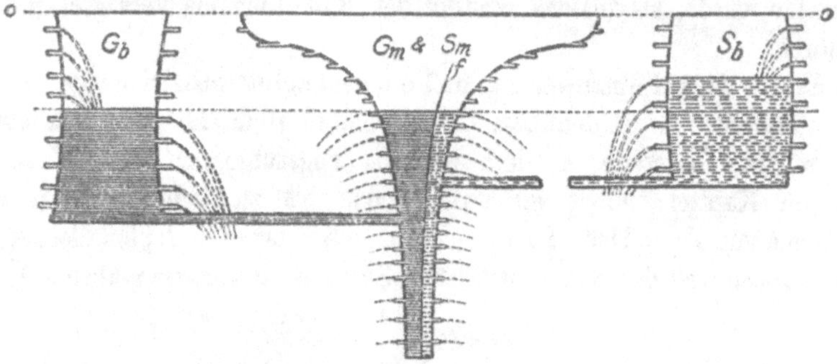

Fig. 8.

verhindert, abgesperrt worden, was aber nicht umgekehrt der Fall sein kann, denn kein Gesetz kann je ein Schmelzen der Silbermünzen in Barrensilber verhindern. Neu gewonnenes Silber kann nun nicht Geld werden und so die Kaufkraft des Geldes erniedrigen.

Andererseits wird der Umlaufsmittelwert, und zwar nicht nur der Wert des Goldes, sondern auch der des gleichzeitig zirkulierenden überwerteten Silbers durch fortgesetzte neue Goldzuflüsse nach wie vor beeinflußt. Wenn mehr Gold in das Geldreservoir fließt, so erhöht es das Umlaufsmittelniveau. Steigt dieses Niveau jemals höher als das Niveau des Barrensilberreservoirs, so fließt das Silber vom Geldreservoir in das Barrenreservoir, denn der Durchgang ist *nach dieser Richtung* (d. h. durch das Schmelzen) stets frei. Solange sich jedoch das Umlaufsmittelniveau unter dem Silberniveau befindet, d. h. solange als das geprägte Silber einen größeren Wert hat als das ungeprägte, wird es ein Fließen des Silbers in der einen oder anderen Richtung nicht geben. Nach der einen Richtung wird das Fließen durch die gesetzliche Untersagung verhindert, und nach der anderen Richtung sind es die Gesetze der relativen Niveaus, welche das Fließen verhindern.

In dem soeben erörterten Falle ist der Wert des geprägten Silbers dem Werte des Goldes zur gesetzlichen Relation gleich. Genau dasselbe Prinzip kann auf eine jede Geldart, deren Münzwert größer ist als der Wert des Materiales, welches das Geld konstituiert, angewandt werden. Betrachten wir z. B. das Papiergeld. Solange es das unterscheidende Merkmal des Geldes hat — allgemeine Annahme zum gesetzlichen Werte — und in seiner Quantität beschränkt ist, wird der Wert desselben gewöhnlich dem des gesetzlichen Äquivalentes in Gold gleich sein. Wenn die Quantität dieses Papiergeldes unbegrenzt zunimmt, so wird es allmählich das ganze Gold hinausdrängen und das Geldreservoir völlig ausfüllen, genau so wie das Silber unter dem Bimetallismus es tun würde, wenn seine Produktion in genügend großen Quantitäten erfolgte. In gleicher Weise würde Kreditgeld und Kredit in Form von Bankdepositen diese Wirkung ausüben. Soweit sie in Gebrauch sind, verringern sie die Nachfrage nach Gold, setzen dessen Wert als Geld herab und führen dazu, daß mehr Gold in die industriellen Verwendungsgebiete oder in andere Länder zieht.

Solange die Quantität des Silbergeldes oder des Zeichengeldes wie z. B. des Papiergeldes zu gering ist, um das Gold vollständig zu verdrängen, wird das Gold in Zirkulation verbleiben. Der Wert des anderen Geldes kann in diesem Fall nicht unter den des Goldes sinken. Denn sollte dies geschehen, so würde dieses andere Geld, zufolge des Greshamschen Gesetzes, das Gold verdrängen, was wir mangels genügender Quantität als nicht ausführbar angenommen haben. Die Parität zwischen Silbermünzen und Gold ist daher unter der hinkenden Währung nicht notwendigerweise von einer Einlösbarkeit in Gold abhängig, sondern sie kann allein aus einer Einschränkung in der Quantität der Silbermünzen resultieren. Eine solche Einschränkung genügt gewöhnlich, um eine Parität trotz der Nichteinlösbarkeit zu behaupten. Dies trifft indessen nicht immer zu; denn wenn die Leute zu irgendeiner Form uneinlösbaren Papieres oder Geldwertzeichen das Vertrauen verlieren, selbst wenn nicht zuviel davon ausgegeben worden ist, kann es im Werte sinken und in Geldform beinahe ebenso billig sein als sein Rohstoff. Ein Mann ist, solange er das Vertrauen hat, daß jeder andere willens ist, dasselbe zu tun, bereit, Geld zum Nennwerte anzunehmen. Dieses Vertrauen kann aber schon durch die *bloße Befürchtung*, daß eine zu starke Ausgabe erfolgt ist, erschüttert werden. Der Empfänger einer Zahlung, der unter gewöhnlichen Umständen sich allem Gelde, das gebräuchlich und gesetzmäßiges Zahlungsmittel ist, duldsam unterwirft, kann dann mitsprechen und auf einer „vertraglichen Abdingung“ der schädigenden Währung bestehen [1]). Das heißt, er kann darauf bestehen, daß alle seine künftigen Verträge auf das bessere Metall — zum Beispiel auf Gold — lauten und auf diese Weise zu einem weiteren Niedergang des entwerteten Papieres beitragen.

Unseren nicht einlösbaren Dollarn gleich, kann also uneinlösbares Papiergeld zum gleichen Werte mit anderem Geld zirkulieren, wenn es in seiner Quantität beschränkt und nicht allzu unbeliebt ist. Wenn es allmählich an Quantität zunimmt, kann solches nicht einlösbare Geld alles Metallgeld austreiben und in den unbestrittenen Besitz des Feldes gelangen.

Aber wiewohl ein solches Resultat — ein Zustand nicht einlösbaren Papiergeldes als alleinigen Umlaufsmittels — möglich ist, so hat es sich selten, wenn überhaupt jemals, als wünschenswert erwiesen. Die Uneinlösbarkeit ist, wenn sie nicht unter sicherem Schutze steht, eine beständige Versuchung zu Mißbrauch, und diese Tatsache allein verursacht den Geschäftsleuten Mißtrauen, sie benimmt den Mut zu langfristigen Kontrakten und Unternehmungen. Uneinlösliches Papiergeld hat sich fast unwandelbar als ein Fluch für das Land, das es zur Anwendung brachte, erwiesen. Während also die Einlösbarkeit zur Erzielung der Parität des Wertes mit dem primären Gelde nicht unbedingt notwendig ist, so ist sie praktisch eine weise Vorsichtsmaßregel. Die Nichteinlösbarkeit der Silberdollar in den Vereinigten Staaten ist einer der Hauptfehler in unserem unzulänglichen Geldsystem und eine fortgesetzte Gefahr.

Es sind verschiedene Grade der Einlösbarkeit möglich. Eines der interessantesten Systeme teilweiser Einlösbarkeit ist das als „Golddevisenwährung" bekannte, bei dem Länder, die sich zwar nicht ausdrücklich auf einer Goldbasis befinden, trotzdem aber wesentlich eine Parität mit Gold im Auslandswechselverkehr unterhalten. Während die Regierung oder ihre

---

[1]) Im mechanischen Schaubild würde, da das Gesetz nun unwirksam wäre, der Film nicht mehr dem Druck von der rechten Seite nachgeben, und eine merkliche Niveaudifferenz zu dessen beiden Seiten würde folgen. Ein solcher Mechanismus würde die konkurrierende Zirkulation zweier Metalle zu unabhängigen Wertbestimmungen illustrieren, doch lehrt die Erfahrung, daß eine solche Situation zu reich an Unannehmlichkeiten ist, um lange aufrechterhalten zu werden. Das Silber wird nach und nach in Verruf geraten, d. h. die Umlaufsgeschwindigkeit verringert sich allmählich. Wie wir gesehen haben, kann dies dadurch bildlich dargestellt werden, daß man sich die Flüssigkeitsmenge im Umlaufsmittelreservoir (nur zur Rechten des Films) stärker denkt und auf diese Weise den Film nach rechts bringt. Wenn das Silber vollständig in Verruf gekommen ist, wird de: Film ganz nach rechts kommen, und es wird einen Gold-Monometallismus geben. Das Ergebnis einer solchen Stellungnahme gegen das Silber ist daher eine Wertsteigerung des Goldes.

Beauftragten bei diesem System die Einlösung ihrer Umlaufsmittel in Gold ablehnt, so löst sie sie doch durch Anweisungen auf Gold im Auslande ein. Das heißt, die Regierung verkauft Wechsel auf London oder New York zu einem bestimmten Preise. Das Umlaufsmittel, welches die Regierung auf diese Weise empfängt und in gewissem Sinne einlöst, wird von der Zirkulation ausgeschlossen, bis der ausländische Wechselkurs fällt (d. h. bis die Nachfrage nach der Einlösung aufhört).

Die Golddevisenwährung kann als eine Art hinkender Währung mit dem weiteren charakteristischen Merkmal teilweiser Einlösung betrachtet werden.

Dieses weitere Merkmal verändert jedoch den Charakter der hinkenden Währung ganz bedeutend. Ohne Golddevisenpolitik kann die hinkende Währung jederzeit zusammenbrechen, wenn das Silber (oder welcher Art auch immer das überwertete Geld sein mag) im Handel so überhand nimmt, daß das Gold vollständig verdrängt wird. Sobald das ganze Gold ins Ausland getrieben worden ist, hört die Parität mit dem Golde auf. Durch das System der Golddevisenwährung wird diese Katastrophe jedoch vermieden. Tatsächlich ist es bei diesem System nicht notwendig, jederzeit Gold in Zirkulation zu haben. Die Bereitwilligkeit seitens der Regierung, Auslandswechsel zu einem bestimmten Preise zu verkaufen und das hierbei empfangene Silber abzuschließen, nimmt soviel Umlaufsmittel aus der Zirkulation, daß genau dieselbe Wirksamkeit erzielt wird, wie wenn der Gegenwert in Gold exportiert worden wäre. Solange die Regierung bereit und in der Lage ist, den Wechselkurs mit einem Lande, das die Goldwährung führt, aufrechtzuerhalten, behauptet sie, *ipso facto*, annähernde Parität mit Gold [1]).

§ 5.

Wir haben nun die eben dargelegten Grundsätze durch historische Beispiele zu illustrieren. Der erste und zugleich wichtigste Fall ist der Frankreichs. Im Jahre 1785 wurde in diesem Lande das Verhältnis 15½ zu 1 adoptiert und durch das Gesetz von 1803 beibehalten. Die Geschichte Frankreichs und der Lateinischen Union während des Zeitraumes von 1785 und besonders von dem Jahre 1803 an bis 1873 ist lehrreich. Sie gibt eine praktische Illustration der Theorie, daß unter günstigen Bedingungen mittelst des Bimetallismus Gold und Silber während einer beträchtlichen Zeit zusammengekoppelt werden können. Während dieser Periode war sich das Publikum irgendwelchen Unterschiedes im Werte der beiden Metalle ge-

---

[1]) Vgl. Charles A. Conant, „*The Gold Exchange Standard*“, *Economic Journal*, Juni 1909, S. 190—200.

wöhnlich nicht bewußt und beobachtete nur den Übergang vom relativen Vorherrschen des Goldes zu dem relativen Vorherrschen des Silbers im Umlaufe und *vice versa*. Auf dem Engros-Barrenmarkte gab es allerdings geringe Abweichungen von dem Verhältnis 15½ zu 1. Doch lieferten solche Abweichungen nur den Anlaß zur Wiederherstellung des Gleichgewichtes.

Von 1803 bis ungefähr 1850 hatte das Silber die Tendenz, das Gold zu verdrängen. In unsrer schaubildlichen Ausdrucksweise gab es größtenteils einen Zufluß auf der rechten Seite des Geldreservoirs und der Film wurde allmählich nach links gedrückt. Eine spezielle Statistik der Gold- und Silberbewegungen vor dem Jahre 1830 gibt es nicht, doch gab es von 1830 bis einschließlich 1847 einen Nettoexport in Gold im Betrage von 73,000,000 Francs, obgleich fünf der Jahre einen Import aufwiesen, was einen Durchschnittsexport von über 4,000,000 Francs pro Jahr ergibt [1]). Von 1830 bis 1851 war in jedem Jahre ein Nettoimport in Silber zu verzeichnen, welcher sich während der Periode auf insgesamt 2,297,000,000 Francs oder einen Durchschnitt von über 104,000,000 Francs pro Jahr belief [2]). Die Statistiken für das Silber betrachten wir bis zum Jahre 1851, denn nach dieser Zeit trat für das Silber die umgekehrte Bewegung ein, während das Einfließen des Goldes mit dem Jahre 1848 begann. Das Silber nahm die Stelle des Goldes ein und füllte das Umlaufsmittelreservoir aus. Nichtsdestoweniger dehnte sich das Reservoir so schnell aus, das heißt, der Handel nahm so sehr zu, daß es kein Steigen, sondern eher ein Fallen der Preise gab. Um das Jahr 1850 hatte der Film tatsächlich seinen Grenzpunkt erreicht. Es würde ein Zusammenbruch des Bimetallismus erfolgt sein, und das Resultat wäre auf der Stelle Silber-Monometallismus gewesen, wenn nicht zur Rettung der Situation gerade zu dieser Zeit in Californien Goldminen entdeckt worden wären. Die Folge davon war, daß die neue und erhöhte Goldproduktion die umgekehrte Bewegung veranlaßte, nämlich einen Zufluß von Gold in den französischen Geldumlauf und ein Abfließen des Silbers. Von 1848 bis einschließlich 1870 belief sich der Nettoimport in Gold auf 5,153,000,000 Francs oder über 224,000,000 Francs pro Jahr, während der Nettoexport des Silbers vom Jahre 1852 bis einschließlich 1864 1,726,000,000 Francs oder nahezu 133,000,000 Francs pro Jahr betrug [3]). Das Gold verdrängte das Silber und füllte den Geldumlauf. Es schien wahrscheinlich, daß Frank-

---

[1]) W. A. Shaw, *The History of the Currency*, 3. Aufl., London (Clement Wilson), 1899, S. 183.

[2]) a. a. O. S. 184.

[3]) a. a. O. S. 183 u. 184.

reich seines Silberumlaufsmittels beraubt werden und auf eine Goldbasis gelangen würde. Jm Jahre 1865 bildete Frankreich mit Belgien, Italien, der Schweiz und im Jahre 1868 mit Griechenland die Lateinische Münzunion. Der Silbergehalt in den Scheidemünzen wurde reduziert, der Münzfuß der vollwertigen Silbermünzen hingegen zum alten Verhältnis mit Gold beibehalten. Die neuen Goldminen wurden jedoch allmählich erschöpft, während die Silberproduktion zunahm, welcher Umstand wiederum eine Umkehrung der Bewegung zur Folge hatte. Vom Jahre 1871 bis einschließlich 1873 ergab der Goldexport einen Nettobetrag von 375,000,000 Francs oder einen Durchschnitt von 125,000,000 Francs pro Jahr, während der Nettoimport des Silbers von dem Jahre 1865 bis einschließlich 1873 860,000,000 Francs oder über 94,000,000 Francs pro Jahr betrug. Auf diese Weise hatte das Silber, selbst bevor das Gold im Jahre 1871 abzufließen begann, bereits zuzufließen begonnen, und zwar im Jahre 1865. Das Gold wurde vom Silber allmählich aus der Zirkulation gedrängt, und hätten Frankreich sowie die anderen Länder der Lateinischen Union in den Jahren 1873 bis 1878 nicht nacheinander die freie Ausprägung des Silbers suspendiert, so hätten sie sich anstatt auf einer Goldbasis, auf eine Silberbasis versetzt gefunden. Es ist von den Bimetallisten behauptet worden, daß diese Maßregel der Demonetisierung des Silbers selbst die Ursache des Zusammenbruches war. In Wirklichkeit war der Zusammenbruch die Ursache der Demonetisierung, obgleich die letztere, indem sie das Silber von der Zirkulation zurückhielt und das Gold in Zirkulation beließ, eine Vergrößerung des bereits geschehenen Risses bewirkte.

Mit anderen Worten, der Film befand sich nahe der linken Grenze, und das Umlaufsmittelreservoir war größtenteils mit Silber gefüllt. Möglicherweise würde die Lateinische Union den Bimetallismus länger haben aufrechterhalten können, wenn weitere Länder sich ihr angeschlossen hätten. Sie hatte aber nicht nur die von den Minen bereitgehaltene Silbermenge, sondern auch noch eine bedeutende Quantität Silber zu absorbieren, die zuvor einen Teil des Geldvorrates im Deutschen Reiche gebildet hatte, und die, dem Deutsch-Französischen Kriege folgend, nach Annahme der Goldwährung von diesem Lande auf den Markt geworfen wurde. Das heißt, es waren nicht nur die Silberminen, sondern auch die das Silber demonetisierenden Länder, welche dieses Metall auf die Lateinische Union schleuderten. Fügt man noch die Bewegung zur Goldwährung in Skandinavien und in den Vereinigten Staaten hinzu, so wird man erkennen, daß es für eine Union, die so wenige und hauptsächlich unbedeutende Staaten umfaßte, der Hindernisse viele gab.

Die Parität des in der Lateinischen Union verbleibenden Silbers mit Gold wird gegenwärtig gemäß den in diesem Kapitel früher erklärten Prinzipien aufrechterhalten, und zwar sowohl durch Einschränkung seiner Quantität als auch dadurch, daß es zu vollem gesetzlichen Zahlungsmittel und für öffentliche Abgaben als annahmeberechtigt erklärt wurde.

§ 6.

Es ist sonderbar, daß die Lehren der französischen und andere Experimente nicht allgemein, und zwar weder von den Monometallisten noch von den Bimetallisten verstanden zu werden scheinen. So haben intransigente Monometallisten, indem sie auf die während 75 Jahren stattgefundenen Variationen im Gold- und Silberwerte hinwiesen, die Möglichkeit der Aufrechterhaltung eines gesetzlichen Verhältnisses zu widerlegen versucht. Sie könnten ebensogut auf die sich kräuselnden Wellen eines Weihers oder auf die leichte Neigung eines Flusses hinweisen, um die Tatsache zu widerlegen, daß das Wasser ein Niveau sucht. Diese sich kräuselnden Wellen sind der natürliche Beweis für die Tendenz zu einem Niveau und sind geringfügig im Vergleich zu Wellen, welche aller Wahrscheinlichkeit nach aufgetreten wären, wenn es keine gesetzliche Relation gegeben hätte. Das in Shaw's *History of the Currency* benutzte Diagramm und seine Tabellen sowie das ähnliche hier gegebene Diagramm zeigen, daß trotz der großen Zunahme in der Quantität des Silbers in der Periode des Silberzuflusses während der Jahre 1803 bis 1850, das Verhältnis von 15,5 zu 1 um nur höchstens 0,75 Punkte oder etwas über 4,8 Prozent in irgendeinem Jahre schwankte, und die Abweichung betrug im Durchschnitt nur 0,29 Punkte oder 1,9 Prozent. Außerdem ist der größere Teil der Abweichung durch die zu jener Zeit in Frankreich in Kraft befindliche Erhebung der Prägegebühr (Seigniorage) erklärbar [1]). Während der darauffolgenden und größtenteils durch einen Goldzufluß charakterisierten Periode von 1851 bis 1870 betrug die Maximalabweichung (nach der entgegengesetzten Richtung) 0,31 Punkte oder 2 Prozent bei einer Durchschnittsabweichung von 0,14 Punkten oder 9 Prozent, während in der nachfolgenden Periode von 1871 bis 1873, in der ein Zufluß des Silbers und ein Abfluß des Goldes zu verzeichnen war, das Verhältnis bei einem Maximum von 0,42 Punkten oder 2,7 Prozent und einem Durchschnitt von 0,21 Punkten oder 1,4 Prozent über 15,5 zu 1 stieg. Wir wollen nun diese Zahlen denen seit 1873 gegen-

---

[1]) Vgl. J. F. Johnson, *Money and Currency*, Boston (Ginn) 1905, S. 227.

überstellen [1]). Seit diesem Jahre beträgt die Maximalabweichung von dem Verhältnis 15,5 zu 1 23,65 Punkte oder 152,6 Prozent und die Durchschnittsabweichung 10,4 Punkte oder 67,1 Prozent [2]). Die Geschichte des Verhältnisses ist in Figur 9 dargestellt.

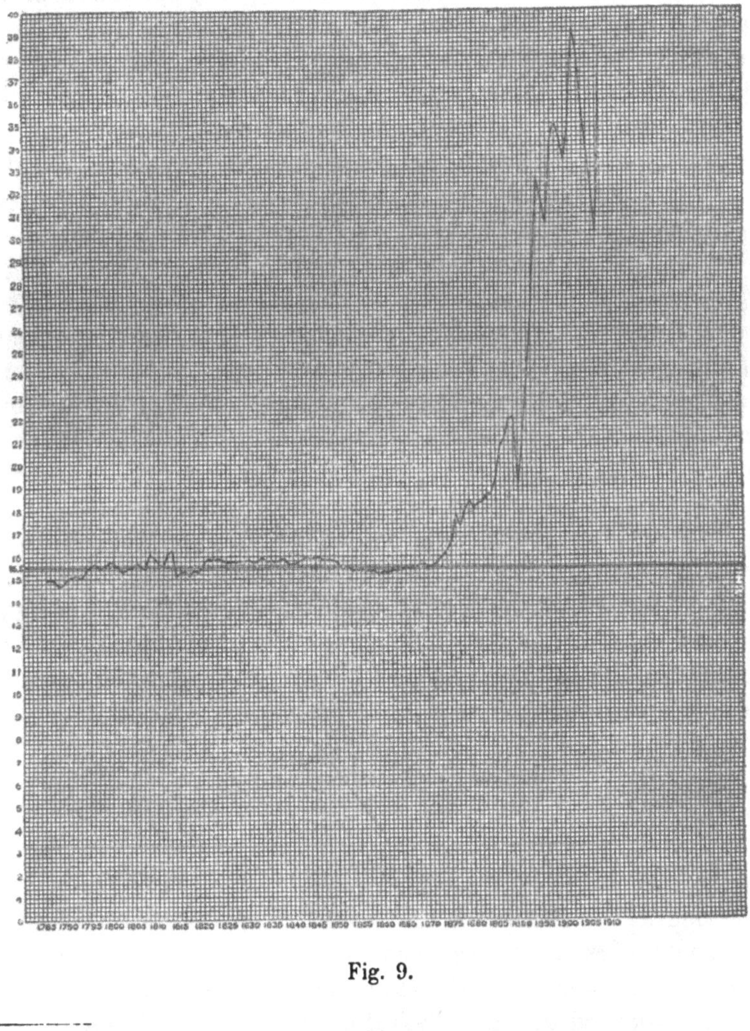

Fig. 9.

[1]) Obgleich Frankreich die Ausprägung der Silber-Fünffrankstücke erst im Jahre 1876 gänzlich suspendierte, so begann deren Einschränkung bereits mit dem Jahre 1874. Siehe W. A. Shaw, *The History of the Currency*, S. 194 u. 196.

[2]) Diese Zahlen wurden aus dem von W. A. Shaw gegebenen Material, *The History of the Currency*, S. 159, und den *Reports of the Director of the Mint* zusammengestellt.

Die Bimetallisten haben nun andrerseits oft übersehen oder nicht wahrnehmen wollen, daß dieses Experiment ebenso die Schranken wie die Möglichkeiten des Bimetallismus kennzeichnet. Im Jahre 1850 war der Bimetallismus in Frankreich seinem Zusammenbruch nahe, und es würde ihm der Silber-Monometallismus gefolgt sein, wenn die erhöhte Goldproduktion nicht eine entgegengesetzte Strömung veranlaßt hätte. Jm Jahre 1865 hatte das Gold das Silber zum großen Teil vertrieben. Im Jahre 1873 wiederum war das Gold meistens verschwunden und wahrscheinlich wäre es gänzlich verschwunden, wenn nicht die Suspendierung der freien Prägung von Silber erfolgt wäre. Eine Fortdauer des Bimetallismus bei einem Verhältnis 15,5 zu 1 seitens Frankreichs und der Lateinischen Union allein, wäre zweifellos unmöglich gewesen. Wenngleich der Versuch mißlungen wäre, so wäre das Wertverhältnis aber doch der Relation von 15,5 zu 1 näher geblieben, als es tatsächlich gewesen ist, denn die Union hätte einen großen Markt für das Silber abgegeben. Ungeachtet der erhöhten Silberproduktion wäre der Bimetallismus möglicherweise länger aufrechterhalten worden, wenn mehrere andere Länder in diesen kritischen Jahren nicht die Goldwährung angenommen hätten. Diese Tatsache trug mit dazu bei, die Länder der Lateinischen Union mit Silber zu überschwemmen und ihnen ihr Gold zu entziehen. Diese Länder hatten alle Kosten zu tragen und Unannehmlichkeiten zu erdulden, die die Aufrechterhaltung des Verhältnisses zwischen Gold und Silber mit sich brachte, während andere Länder den meisten Nutzen davon ernteten. Hierin liegt eine der Schwächen des Bimetallismus in bezug auf eine praktische politische Verwirklichung, — jedes Land überläßt es irgendeinem anderen Lande oder anderen Ländern, den Bimetallismus anzunehmen. Es ist daher für die Zukunft nur geringe Aussicht vorhanden, daß ein einzelnes Land hierzu die Initiative ergreift, und noch weniger Aussicht besteht für ein internationales Übereinkommen.

§ 7.

Das nunmehr in Frankreich in Gebrauch befindliche System ist auch in vielen anderen Ländern zur Anwendung gekommen, die ebenso wie Frankreich gezwungen waren, dieses System anzunehmen oder andernfalls Länder mit Silberwährung zu werden. Nach dem Zerreißen der bimetallistischen Bande, welche bis zum Jahre 1873 alle Länder mit Gold- und Silberwährung aneinanderketteten, brach die Handelswelt in zwei Teile: in die Gold- und in die Silberwährungsländer. Viele, die in die Reihen der ersteren treten wollten, sich jedoch in Gefahr befanden, in die der letzteren getrieben zu werden, retteten sich dadurch, daß sie ihre Prägestätten dem Silber verschlossen und somit die hinkende Währung annahmen. Eines dieser Länder war Britisch Indien.

Der Fall Indiens ist interessant, weil es nie ein bimetallistisches Land war und zur Zeit der Annahme des jetzigen Systems, in welchem Gold die Währung ist, sich kein Gold in Umlauf befand. Im Juni 1893 wurden die Prägestätten dem Silber verschlossen, und die Rupie wurde gesetzlich auf 16 Pence festgesetzt. Zum großen Verdruß derer, die das neue System befürwortet hatten, konnte dieser Wert zuerst nicht aufrechterhalten werden. Es war jedoch dieser anfängliche Mißerfolg zu erwarten, da sich kein Gold in Umlauf befand und ungeahnte Bestände gemünzten Silbers vorhanden waren, durch die die Zirkulation, trotz der Verschließung der Prägestätten, anschwoll. Außerdem akzeptierte die Regierung von Banken und von anderer Seite bedeutende Silberquantitäten, die vor der Absperrung der Prägestätten bereits nach Indien versandt worden waren und nun von der Regierung geprägt wurden. Ebenso wurde eine beträchtliche Menge Silbers von den Reserven der Regierung zurückgezogen und in Umlauf gebracht. Mit dem Jahre 1895 fiel der Wert der Rupie bis auf 13 Pence herab. Doch hielt sich der Wert der Rupie selbst von allem Anfang an über dem Werte ihres Silbergehaltes. Wenn sie im Vergleich zu dem damals im Werte steigenden Golde fiel, so stieg sie im Vergleich zum Werte des Barrensilbers. Sicher kann man dies als ein Symptom dafür betrachten, daß der Wert des Geldes zu seiner Quantität in Beziehung steht, ganz abgesehen von dem Quantum und dem Werte des konstituierenden Materials. Selbst in bezug auf die Goldwährung stieg der Wert der Rupie allmählich von 13 Pence im Jahre 1895 auf 15 1/3 Pence im Jahre 1898 und auf 16 Pence, den gesetzlichen Wert, mit dem Jahre 1899, der seitdem eingehalten wurde. Da die indische Regierung während des letzten Jahrzehnts auf Verlangen Rupien für Gold zu diesem Satze ausgezahlt hat, kann der Wert der Rupie nicht merklich höher gehen. Sollte dies der Fall sein, so würde Gold für Rupien angeboten werden, mehr Rupien würden auszugeben sein, und dies würde solange fortdauern, bis deren Wert auf 16 Pence per Rupie gefallen ist [1]).

Dem Wesen nach ist das System Indiens die in § 4 beschriebene Golddevisenwährung. Dasselbe System ist nun auf den Philippinen, in Mexiko, in den Straits Settlements, Siam und in Panama erfolgreich in Kraft [2]).

---

[1]) Eine kurze Geschichte und Auseinandersetzung der Erfahrungen Indiens bei E. W. Kemmerer, *Money and Credit Instruments in their Relation to Prices*, S. 36—39.

[2]) Siehe Charles A. Conant, „*The Gold Exchange Standard in the Light of Experience*“, *Economic Journal*, Juni 1909, S. 190—200; Hanna, Conant und Jenks, *Report on the Intro-*

Im Jahre 1908 bestand es in Indien insofern eine harte Probe, als die Handelsbilanz ungünstig war und den Verkauf von über £ 8,000,000 in Wechseln auf London erforderte, bevor das indische Geldwesen genügend gefestigt war, um wider den Strom segeln zu können.

§ 8.

Unter den Nationen, welche nun die hinkende Währung haben, befinden sich die Vereinigten Staaten. Im Jahre 1792 nahm der Kongreß vollkommenen Bimetallismus an. Den Gold- wie den Silbermünzen wurde die Eigenschaft als vollständiges gesetzliches Zahlungsmittel verliehen; beide Metalle waren in einem Verhältnis von 15 Unzen Silber zu 1 Unze Gold frei und ohne Einschränkung auszuprägen.

Bald kam es dazu, daß das Marktverhältnis das Verhältnis 15 zu 1 übertraf, da ersteres durch verschiedene Bedingungen, besonders durch Verhältnisse in anderen Ländern und speziell in Frankreich bestimmt wurde. Gold strömte infolgedessen aus. Es ist zwar nicht möglich, mit Genauigkeit festzustellen, zu welcher Zeit diese Bewegung begann, doch erklärt Professor Laughlin, daß sie bereits im Jahre 1810 einsetzte, und zieht den Schluß, daß sich im Jahre 1818 wenig Gold in Zirkulation befand [1]). Das nominell bimetallistische Amerika wurde tatsächlich Silberwährungsland.

Teilweise durch den Wunsch, das Gold wieder in Umlauf zu bringen, und teilweise vielleicht auch durch die angeblichen Goldentdeckungen in den südlichen Staaten beeinflußt, nahm der Kongreß in den Jahren 1834 und 1837 Gesetze an, die das Verhältnis „16 zu 1" — oder genauer, 16,002 zu 1 im Jahre 1834 und 15,998 zu 1 im Jahre 1837 — festsetzten. Während durch die vorigen Gesetze das Silbergeld überwertet worden war, wurde durch diese neuen Gesetze nunmehr das Gold überwertet. Das heißt, das Wertverhältnis im Handel blieb fortdauernd nahe 15,5 zu 1, während das gesetzliche Verhältnis etwas höher war. Dies war der Fall bis zum Jahre 1850. Die Folge davon war, daß, dem Greshamschen Gesetze gemäß, das billigere Goldgeld das Silbergeld hinaustrieb und die Vereinigten Staaten ein Land mit Gold-

---

duction of the Gold Exchange Standard into China, the Philippine Islands, Panama, and other Silver-using Countries and on the Stability of Exchange, Washington (Government Printing Office), 1904; Kemmerer, „*Establishment of the Gold Exchange Standard in the Philippines*", *Quarterly Journal of Economics*, August 1905, S. 600—605.

[1]) *The History of Bimetallism in the United States*, New York (D. Appleton and Company), 1901, 4. Aufl., S. 29.

währung wurden. Um den Export unserer Silberscheidemünzen zu verhindern, wurde deren Gewicht im Jahre 1853 reduziert.

Bis zur Zeit des Bürgerkrieges herrschte der Goldumlauf in den Vereinigten Staaten; während des Bürgerkrieges wurden „Greenbacks" oder Noten der Vereinigten Staaten in erheblichem Übermaß ausgegeben. Wiederum trat das Greshamsche Gesetz in Kraft. Jetzt wurde das Gold seinerseits aus dem Verkehr vertrieben, und die Vereinigten Staaten gerieten in die Papierwährung [1]). Das Land blieb noch für einige Jahre nach der Beendigung des Krieges bei der Papierwährung; außer an der Küste des Großen Ozeans befand sich nur wenig Gold in Zirkulation und nirgends viel Silber.

Im Jahre 1873 nahm der Kongreß ein Gesetz an (das von Bimetallisten das „Verbrechen von 1873" genannt wurde), durch das der Standard Silberdollar aus der Liste der gesetzlichen Münzen gänzlich weggelassen wurde.

Dies konnte natürlich auf den Gold- und Silberwert keine unmittelbare Wirkung ausüben, weil sich das Land zu jener Zeit auf einer Papierbasis befand. Als aber im Jahre 1879 Zahlungen in klingender Münze (d. h. Zahlungen in Gold und Silber) wieder aufgenommen wurden, gelangte das Land durch die Aufhebung der freien Prägung von Silber in eine Gold-, und nicht in eine Silberwährung. Hätte das Gesetz von 1873 nicht existiert, so wären die Vereinigten Staaten, als sie im Jahre 1879 auf eine Metallbasis zurückkehrten, ein Silberland geworden, dessen Währung sich bedeutend unter dem Goldwert bewegt hätte, den sie tatsächlich erreichten. Unsere Geldprobleme hätten sich dann ganz anders gestaltet, als wie sie sich faktisch entwickelt haben.

Als wir aber auf eine Goldbasis zurückkehrten, wurde der Silberdollar in einer untergeordneten Rolle wieder eingeführt. Wenngleich die freie Ausprägung des Silbers nicht wiederaufgenommen wurde, gelang es den Silberleuten, durch die „Bland-Allison Akte" vom Jahre 1878 und die „Sherman Akte" vom Jahre 1890, die die erstere ersetzte, die Regierung zum Einkauf großer, aber nicht unbeschränkter Silberquantitäten und zu der Prägung einer großen, aber nicht unbeschränkten Anzahl Silberdollars zu verpflichten. Das Bland-Allison-Gesetz trug dem Schatzsekretär auf, jeden Monat 2,000,000 bis 4,000,000 Dollar Silberwert zu kaufen und in Standard — Silberdollars zu prägen. Das Sherman-Gesetz schrieb den monatlichen Einkauf von 4,500,000 Unzen Silber vor.

[1]) Siehe besonders Wesley Clair Mitchell, *History of the Greenbacks*, Chicago (The University of Chicago Press), 1903; ebenso dessen *Gold, Prices, and Wages under the Greenback Standard*, Berkeley, Californien (University of California Press), 1908.

Unter diesen Gesetzen wurden 554,000,000 Silberdollar geprägt, obgleich weniger als 20 Prozent davon jemals in tatsächliche Zirkulation gekommen sind. An Stelle dieser ungeheuren Silbermasse haben während einer Zeit Schatzscheine und auf Verlangen in Silberdollars einlösbare Silberzertifikate zirkuliert. Die Silberdollars (und folglich die Silberzertifikate) halten ihre Wertparität mit dem Golde aufrecht, hauptsächlich aus dem Grunde, weil sie in ihrer Anzahl beschränkt sind. Wenn ihre Gleichwertigkeit mit Gold in Frage gestellt werden sollte, so würde das Schatzamt wahrscheinlich sich anheischig machen, sie in Gold einzulösen. Kein Gesetz sieht direkt die Einlösung des Silbers in Gold vor, doch ist dem Schatzsekretär zur Pflicht gemacht worden, Maßnahmen zu treffen, daß die Parität des Silbers mit dem Golde aufrechterhalten bleibt.

Im Jahre 1893 wurde das Sherman-Gesetz aufgehoben und im Jahre 1900 ein Gesetz angenommen, das ausdrücklich erklärte, daß die Vereinigten Staaten eine Goldbasis haben sollen.

§ 9.

Das System der hinkenden Währung, das nun in den Vereinigten Staaten besteht, bildet logisch ein Verbindungsglied zwischen dem vollkommenen Bimetallismus und jenen „zusammengesetzten" Systemen, bei denen eine *beliebige* Anzahl verschiedener Arten von Geld gleichzeitig in Zirkulation gehalten werden. Die Art und Weise, wie die meisten Staaten der zivilisierten Welt das Problem nebeneinanderbestehender Umlaufsmittel gelöst haben, war, Gold als Währung zu benützen und hauptsächlich Silber, Nickel und Kupfer in beschränkten Quantitäten als Scheidemünze sowie in den meisten Fällen auch eine beschränkte Menge Papiergeld zu verwenden, das gewöhnlich einlösbar ist. In diesem zusammengesetzten System sind unbegrenzte Variationen möglich. Wir haben zurzeit in den Vereinigten Staaten ein sehr kompliziertes System, das in vieler Hinsicht nicht einwandfrei ist und (wie wir gleich sehen werden) besonders an dem Mangel an Elastizität leidet. Währung ist Gold und es wird frei geprägt. Eine beschränkte Anzahl Silberdollars, deren Geldnennwert mehr als das Doppelte ihres Metallwertes beträgt, bilden ein Vermächtnis früherer bimetallistischer Gesetze, die seit langem durch das Papiergeld des Bürgerkrieges unwirksam gemacht und im Jahre 1873 ausdrücklich aufgehoben wurden. Die beiden Versuche, in den Jahren 1878 und 1890 durch den Einkauf von Silber — Versuche, die im Jahre 1893 eingestellt wurden — halbwegs zum Bimetallismus zurückzukehren, haben die Menge des geprägten Silbers in hohem Grade angeschwellt. Der Versuch, Silberdollars mit Gewalt in Zirkulation zu bringen, scheiterte am Widerstand der Geschäftswelt, und der Kongreß gab deshalb an Stelle der Silberdollars die beiden vorerwähnten Arten von Papiergeld heraus. Die Hauptform ist das „Silberzertifikat". Für jedes Silberzertifikat wird in den Schatzkammern der Regierung der Vereinigten Staaten ein Silberdollar aufbewahrt.

Das Absurde der Situation besteht in der Fiktion, daß das Silber die Parität des Papiergeldes mit dem Golde aufrechterhält. Das Papier behielte seine Parität mit dem Golde genau so gut, wenn es kein Silber gäbe. Ein Silberdollar als Silber ist weniger wert als ein Golddollar, geradeso wie ein Papierdollar als Papier weniger wert ist als ein Golddollar. Die Tatsache, daß das Silber mehr wert ist als das Papier, trägt nicht im geringsten dazu bei, das Papier einen ganzen Dollar wert zu machen, solange als das Silber selbst keinen ganzen Dollar wert ist. Ein Pfeiler, der nur zur Hälfte an die Decke reicht, kann diese ebensowenig stützen wie ein Pfeiler, der nur einige Zentimeter hoch ist.

Die Papiersurrogate des Silbers würden ebensogut weiterzirkulieren wie gegenwärtig, wenn das „hinter ihnen befindliche Silber" nicht existierte, wenngleich dann das Sinnwidrige der Situation so offenbar wäre, daß sie wahrscheinlich zurückgezogen würden. Ob die halbe Milliarde Dollar neuer Umlaufsmittel, die mit den Bland- und Sherman-Gesetzen in Zirkulation kamen, aus bis zum Betrage von 50 Prozent überwertetem Silber oder aus bis zur Höhe von 100 Prozent überwertetem Papier bestehen, übt auf das Prinzip der hinkenden Währung, die Silberdollars zum gleichen Werte mit Gold beibehält, faktisch keinen Einfluß aus. Das in den Schatzkammern des Finanzministeriums müßig liegende Silber stellt nichts als eine Verschwendung dar, eine Liebesgabe der Regierung zur Unterstützung des Silberbergbaus. Seine einzige wirkliche Bedeutung heutzutage ist, das Publikum zu dem Glauben zu verleiten, daß jenes Silber auf irgendeine Art die Silberzertifikate auf dem gleichen Wert mit *Gold* erhält oder zu erhalten behilflich ist [1]), während aber in Wirklichkeit die Parität nur durch die Beschränkung ihrer Quantität behauptet wird. Das Silber und dessen Papiersurrogate können nicht unter Pari fallen, ohne das Gold zu verdrängen, und sie können das Gold nicht verdrängen, weil ihre Anzahl nicht groß genug ist.

Eine andere und gleichfalls nutzlose Anomalie besteht in der vorhandenen

---

[1]) Seager macht in seiner *Introduction to Economics*, 3. Aufl., New York (Holt), 1908, S. 317 nachdrücklich geltend, die Regierung solle den Versuch machen, nach und nach über dieses Silber zu verfügen und es durch den gleichen Wert in Gold zu ersetzen.

Menge von „Greenbacks“. Diese sind Noten der Regierung der Vereinigten Staaten. Unter dem Gesetze vom Jahre 1875 wurden die „Greenbacks“ mit dem Jahre 1879 in genügender Anzahl eingezogen, um die Parität mit Gold wiederherzustellen. Durch ein Gegengesetz vom Jahre 1878 wurden jedoch 347,000,000 davon in Zirkulation erhalten, die sich noch jetzt in Umlauf befinden. Sobald eine Einlösung dieser „Greenbacks“ stattfindet, muß ihre Wiederausgabe erfolgen; sie können nicht eingezogen werden. Sie bilden einen festen Bestandteil unseres Geldpotpourris, der weder ausdehnungsfähig noch zusammenziehbar ist. Sie sind mit dem Golde im gleichen Werte erhalten worden, weil sie 1. in ihrer Quantität beschränkt sind, 2. auf Verlangen in Gold eingelöst werden können, 3. weil sie für Abgaben zulässig und gesetzliches Zahlungsmittel sind. Doch ist es absurd, einzulösen, aber nicht zurückzuziehen, — ja tatsächlich fast ein logischer Widerspruch. Diese Sinnwidrigkeit hat die Regierung zuweilen in ernste Verlegenheiten gebracht.

Der nächst zu betrachtende Bestandteil unseres Kurantgeldes ist die Banknote. Obgleich die National-Bank-Gesetze mit dem alten Durcheinander von Staatsbanknoten aufräumten, verkoppelten sie die neuen Noten mit der Kriegsschuld, und trotz der Tatsache, daß diese Verbindung längst keine Vorteile mehr aufwies, ihre Nachteile jedoch immer ausgesprochener zutage traten, blieben beide seither miteinander festverbunden. Gesetzmäßig kann die Ausgabe von Nationalbanknoten die Staatsschulden nicht überschreiten, wie dringend der Bedarf hierfür auch sein mag; und die Regierung kann ihre Schulden nicht bezahlen, ohne damit die Nationalbanken zu zwingen, ihre Noten in dem gleichen Betrage einzuziehen.

Eine der merkwürdigen Anomalien der Situation ist, daß die Preise von Obligationen der Vereinigten Staaten so hoch sind und der Zinsfuß dieser Obligationen folglich so niedrig ist, daß tatsächlich ein geringerer Antrieb dadurch gegeben wird, in Gegenden Banknoten auszugeben, wo der Zinsfuß hoch ist (z. B. im Westen), als in solchen Gegenden, wo er (wie im Osten des Landes) niedrig ist.

Das Resultat ist ein unelastisches Währungssystem, das, anstatt sich den im Handel vorkommenden jahreszeitlichen Schwankungen anzupassen und auf diese Weise die sich ergebenden Variationen im Preisniveau abzuschwächen, eine harte und feste Masse bleibt, der sich die anderen Elemente in der Verkehrsgleichung anpassen müssen [1]).

---

[1]) Das Aldrich-Vreeland-Gesetz vom Jahre 1908 hat diese Situation nicht geändert. Wenn es auch in bezug auf die Abschwächung von Krisen noch so nützlich ist, so gibt es doch dem Umlaufsmittel keine Elastizität in gewöhnlichen Zeiten. Wenigstens ist diese Wirkung bisher nicht zutage getreten.

Die übrigen Teile unseres Umlaufsmittelsystems, solche wie Teil- und geringere Münzen, die der Nachfrage des Publikums angepaßt werden, sind zufriedenstellend. Die Gold- und Währungsdepositenzertifikate können kaum als unabhängige Erscheinungen betrachtet werden, da sie einfach zur Bequemlichkeit des Publikums gegebene Quittungen der Regierung sind, die Depositen von Gold oder „Greenbacks" repräsentieren.

Geld in den Vereinigten Staaten (in Millionen).

	Gold	Silber	Noten der Ver. Staaten	Banknoten	Hilfs- und Scheide-Münzen	insgesamt
Im Schatzamt der Ver. St.	264 [1])	26 [4])	9	40	26	365
In den Banken ..	801 [2])	217 [5])	253	108	38	1417
Außerhalb derselben.........	752 [3])	323 [6])	85	597	107	1864
Im ganzen	1817	566	347	745	171	3646

Der in dieser Tabelle wiedergegebene gegenwärtige Zustand in den Vereinigten Staaten vom 1. Juli 1912 wurde den Berichten des Comptrollers und des Staatsschatzmeisters entnommen.

Wir sehen hier ein Umlaufsmittelsystem, in dem das Gold, die Basis des ganzen Planes, außerhalb des Schatzamtes und der Banken zu einem Anteile von einem Drittel bis zur Hälfte des Quantums in die Zirkulation eindringt, und in dem etwas über die Hälfte des in den Banken befindlichen Geldes als Reserven für Depositen (und für Banknoten, wenn auch diese von der Regierung garantiert werden) im Gebrauch sind. Das übrige in Zirkulation befindliche Geld besteht fast gänzlich aus unelastischen und fast konstanten Elementen. Infolgedessen verursacht eine Veränderung in der

---

[1]) „Freies" Gold (d. h. ausschließlich des Goldes, das im Schatzamt für Goldzertifikate, die sich im Besitze des Publikums befinden, zurückbehalten wird).

[2]) Einschließlich 563 Millionen Goldzertifikate, für die sich Gold als Depositum in den Schatzkammern der Regierung der Vereinigten Staaten befand.

[3]) Einschließlich 380 Millionen Goldzertifikate, für die sich Gold als Depositum in den Schatzkammern der Regierung der Vereinigten Staaten befand.

[4]) „Freies" Silber (d. h. ausschließlich des Silbers, das im Schatzamt für Silberzertifikate, die sich im Besitze des Publikums befinden, zurückbehalten wird).

[5]) Einschließlich 194 Millionen Silberzertifikate, für die sich Silber als Depositum in den Schatzkammern der Regierung der Vereinigten Staaten befand.

[6]) Einschließlich 275 Millionen Silberzertifikate, für die sich Silber als Depositum in den Schatzkammern der Regierung der Vereinigten Staaten befand.

Quantität des *in Zirkulation* befindlichen Goldes keine proportionale Veränderung in der Quantität des ganzen in Zirkulation befindlichen Geldes, sondern nur ungefähr für ein Drittel. Da aber fast jede Geldart als Reservefonds dienen kann und selbst Nationalbanknoten von Einzelstaatenbanken und Trustgesellschaften zu diesem Zwecke Verwendung finden, so werden die proportionalen Beziehungen zwischen dem in Zirkulation befindlichen Gelde, dem als Reserven dienenden Gelde und den Bankdepositen annähernd die normale Geldsituation bilden. Die in bezug auf die Reserven bestehenden gesetzlichen Vorschriften fördern die Tendenz zur Bewahrung eines solchen Verhältnisses.

Wir haben also in den Vereinigten Staaten ein Umlaufsmittelsystem, in dem das Gold, wie bereits erwähnt, tatsächlich das einzige anpassungsfähige Geld ist. Da das Gold Zeit für das Prägen oder für den Transport erfordert, ist die Ausgleichung langsam und schwerfällig im Vergleich zu der in anderen Ländern ausgeübten prompten Ausgabe oder Zurückziehung von Banknoten. Die jahreszeitlichen Veränderungen in der Kaufkraft des Geldes ebenso wie die mit Krisen und Kreditzyklen verbundenen Schwankungen werden daher in hohem Grade und unnötigerweise verschärft. Wenn diese zweite Auflage in Druck geht, liegt die Möglichkeit vor, daß der Kongreß in Washington endlich eine Gesetzgebung zur Abhilfe dieser Sachlage beschließt.[1])

VIII. Kapitel.

Einwirkung der Geldquantität und anderer Faktoren auf die Kaufkraft und ihre Wechselwirkung.

§ 1.

Die vorhergehenden Kapitel waren vor allem der Darlegung der Umstände gewidmet, welche die Kaufkraft des Geldes bestimmen. Wie wir gesehen haben, ist diese Kaufkraft das Resultat von fünf, und zwar nur fünf Ursachenkomplexen, nämlich: Geld, Depositen, deren beiderseitige Umlaufs-

[1]) Seit Herausgabe der zweiten amerikanischen Auflage ist in den Vereinigten Staaten ein neues Bankgesetz in Kraft getreten. Durch dieses Gesetz wird eine neue Art Papiergeld mit größerer Elastizität geschaffen und ein Zentralbanksystem eingeführt, das den Kredit (Depositenumlaufsmittel) bedeutend elastischer gestaltet, als dies bisher der Fall war.

geschwindigkeit und Umfang des Handels. Diese Ursachen und ihre Wirkungen — die Preise — sahen wir durch eine Gleichung verbunden, welche wir die Verkehrsgleichung $GU + G'U' = \Sigma pQ$ nannten. Wir haben gefunden, daß die fünf Ursachen ihrerseits selbst Wirkungen tiefer liegender Ursachen sind, welche völlig außerhalb der Verkehrsgleichung liegen, und zwar in folgender Weise: Der Umfang des Handels wird erhöht und daher das Preisniveau entsprechend erniedrigt durch die veränderten Bedürfnisse des Menschen, durch erhöhte Spezialisierung in der Industrie und durch Verbesserungen im Transportwesen. Die Umlaufsgeschwindigkeiten werden erhöht und das Preisniveau zu einem Steigen veranlaßt durch Unwirtschaftlichkeit, durch Ausnützung des Buchkredits und durch beschleunigten Transport. Die Quantität des Geldes wird erhöht und dementsprechend auch das Preisniveau unmittelbar durch den Import sowie das Prägen von Geld, mittelbar aber durch die steigende Produktion des Geldmetalls; durch den Bimetallismus, der ein anderes und anfangs billigeres Geldmetall einführt, oder durch die Ausgabe von Banknoten und anderem Papiergeld. Durch Ausdehnung des Banksystems sowie die Ausdehnung des Buchkredits wird die Quantität der Depositen erhöht und folglich auch das Preisniveau gesteigert. Die entgegengesetzten Ursachen bringen natürlich entgegengesetzte Wirkungen hervor.

So finden wir hinter den fünf Ursachenkomplexen, welche einzig und allein die Kaufkraft des Geldes unmittelbar bestimmen, über ein Dutzend mittelbarer Ursachen. Wenn wir die Untersuchung noch weiterhin verfolgen wollten, so würden wir finden, daß sich die Anzahl der Ursachen mit jedem Stadium erhöht, ganz ähnlich wie sich die Anzahl der Vorfahren einer Person mit jeder älteren Generation erhöht. Im Grunde genommen wirken schließlich Myriaden von Faktoren auf die Kaufkraft des Geldes ein, doch wäre es weder möglich noch zweckmäßig, sie aufzuzählen. Der Wert unserer Untersuchung besteht vielmehr darin, das Problem durch eine klare Darlegung der fünf unmittelbaren Ursachen, durch die sich schließlich alle anderen doch geltend machen müssen, zu vereinfachen. Am Schlusse ebenso wie am Anfang unserer Untersuchung tritt die Verkehrsgleichung als der letzten Endes entscheidende Faktor der Kaufkraft des Geldes hervor. An der Hand dieser Gleichung sehen wir, daß regelmäßig die Quantitätsschwankungen der Depositenumlaufsmittel direkt mit denen des Geldes parallel laufen und daß daher die Verhältnisse, welche wir zuvor als bewährt gefunden haben, durch die Einführung von Depositen nicht gestört werden. Das heißt, es bestätigt sich, daß 1. die Preise gleichmäßig mit der Geldquantität variieren, sofern das Handelsvolumen und die Umlaufsgeschwindigkeiten unverändert bleiben; daß sich 2. die Preise direkt wie die Umlaufsgeschwindigkeiten verändern (wenn diese Geschwindigkeiten in derselben Richtung variieren), soferne ihrerseits die Quantität des Geldes und der Umfang des Handels unverändert bleiben, und daß sich 3. die Preise im umgekehrten Verhältnis zum Handelsumfang verändern, vorausgesetzt, daß die Quantität des Geldes — und folglich auch der Depositen — und deren Umlaufsgeschwindigkeiten unverändert bleiben.

§ 2.

In diesem Kapitel werden wir untersuchen, inwieweit diese Behauptungen wirklich *kausale* Zusammenhänge betreffen. Wir werden deshalb den Einfluß jeder der sechs Größen auf jede der anderen fünf ausführlich erörtern. Diese Untersuchung wird auf die Einwendungen, welche so oft gegen die Quantitätstheorie des Geldes erhoben werden, Antwort erteilen.

Um alle Tatsachen und Möglichkeiten in bezug auf die Kausalität darzulegen, ist es nötig, die Wirkungen der verschiedenen Größen in der Verkehrsgleichung, und zwar jede für sich, zu studieren. In jedem Fall müssen wir zwischen den Wirkungen während der Übergangsperioden und den endgültigen oder normalen Wirkungen nach Beendigung der Übergangsperioden unterscheiden. Der Einfachheit halber werden wir in jedem Fall die normalen oder endgültigen Wirkungen zuerst und hierauf die abnormen oder Übergangswirkungen in Erwägung ziehen.

Da fast alle denkbaren Wirkungen der Veränderungen in den Elementen der Verkehrsgleichung bereits in früheren Kapiteln dargelegt worden sind, so besteht unsere Aufgabe in diesem Kapitel hauptsächlich in einer nochmaligen Prüfung und Umordnung.

Unsere erste Frage ist daher folgende: angenommen es ist eine Verdoppelung der in Umlauf befindlichen Geldquantität gegeben (G), was sind dann die normalen oder letzten Endes auftretenden Wirkungen auf die anderen Größen in der Verkehrsgleichung, nämlich auf G', U, U', die p und die Q?

Im III. Kapitel haben wir gesehen, daß unter normalen Umständen die Wirkung einer Verdoppelung des in Umlauf befindlichen Geldes (G) zugleich eine Verdoppelung der Depositen bedeutet (G'), da letztere unter allen nur denkbaren Verhältnissen der Industrie und Zivilisation stets das Bestreben haben, ein bestimmtes oder normales Verhältnis zu dem in Umlauf befindlichen Gelde aufrechtzuhalten. Die endgültige Wirkung einer Verdoppelung in G ist daher dieselbe als diejenige einer Verdoppelung von

G und *G'*. Sodann wollen wir beweisen, daß diese Verdoppelung von *G* und *G'* unter normalen Umständen nicht *U*, *U'* oder die *Q*, sondern nur die *p* verändert. Die Verkehrsgleichung verlangt oder widerspricht diesen Behauptungen an sich nicht.

Denn nach der Verkehrsgleichung allein können sogar die Quantitäten des Geldes und der Depositen umgekehrt wie ihre respektiven Umlaufsgeschwindigkeiten variieren. Träfe dies zu, so würde eine Zunahme der Geldquantität in einer Herabsetzung der Umlaufsgeschwindigkeit ihre ganze Wirkung erschöpfen und könnte keinen Einfluß auf die Preise ausüben. Wenn die Gegner der „Quantitätstheorie“ ein solches Verhältnis herstellen könnten, so würden sie, ungeachtet der Verkehrsgleichung, ihre Sache bewiesen haben. Sie haben aber nicht einmal den Versuch gemacht, eine solche Behauptung zu beweisen. Denn tatsächlich hängt die jeweilige Geschwindigkeit des Geld- und Depositenumlaufes von technischen Bedingungen ab und steht in keiner sichtbaren Beziehung zu der in Zirkulation befindlichen Geldmenge. Die Umlaufsgeschwindigkeit ist die Durchschnittsrate des „Umsatzes“ und hängt von unzähligen Einzel-Umsatzraten ab. Diese wiederum sind, wie wir gesehen haben, von individuellen Gewohnheiten abhängig. Jede Person reguliert ihren Umsatz nach eigenem Ermessen. Eine gegebene Umsatzrate für eine Person umfaßt eine gegebene Umsatzzeit — das heißt, eine Durchschnittszeitdauer, während welcher z. B. ein Dollar in ihren Händen bleibt. Dieser Umsatzzeit wird durch Anpassung der Durchschnittssumme des Taschengeldes oder des Kassengeldes Rechnung getragen, um die Ausgaben begleichen zu können. Einerseits herrscht das Bestreben, nicht zu geringe Geldsummen bereitzuhalten, um nicht gelegentlich unnötig in Verlegenheit zu geraten, und anderseits sucht man zu vermeiden, zuviel Geld bei sich zu haben, um der Unbequemlichkeit des Mitsichschleppens, dem Zinsverlust und der Gefahr der Beraubung aus dem Wege zu gehen. Die Anpassung des Geldbetrages an den individuellen Bedarf kann natürlich nur eine ungefähre sein, die meist vom Zufall des Augenblickes abhängt; aber für die Dauer und für eine große Anzahl von Menschen ist die Durchschnitts-Umsatzrate, oder, was auf dasselbe hinausläuft, die Durchschnittszeit, während welcher Geld in denselben Händen bleibt, eine ganz genau bestimmte. Sie hängt ab von der Bevölkerungsdichte, von Verkehrsgewohnheiten, der Transportschnelligkeit und anderen technischen Bedingungen, nicht aber von der Quantität des Geldes und der Depositen oder vom Preisniveau. Diese können sich ohne irgendwelche Wirkung auf die Geschwindigkeit verändern. Wenn die Quantitäten des Geldes und der Depositen verdoppelt werden, gibt es, soweit die Umlaufsgeschwindigkeit in Betracht kommt, nichts, was das Preisniveau vor einer Verdoppelung bewahren könnte.

Es kann z. B. nicht bewiesen werden, daß (ausgenommen in Perioden des Überganges) eine Zunahme in der Quantität des Geldes die Tendenz habe, die Umlaufsgeschwindigkeit dieses Geldes zu vermindern. Leute, die diesem Gegenstand niemals Beachtung geschenkt haben, sind der Meinung, daß die Preise keineswegs zu steigen brauchen, wenn die Quantität des Geldes urplötzlich eine Verdoppelung erführe, da die Wirkung sich einfach in einer Halbierung der Umlaufsgeschwindigkeit äußern würde. Dies wäre der Fall, wenn sich das Publikum aus irgendeinem unerklärlichen Grunde entschlösse, unter Beibehaltung genau derselben Ausgaben das doppelte Quantum des Geldes in Händen zu behalten. Wir haben aber gesehen, daß die Umlaufsgeschwindigkeit des Geldes durch die Gewohnheiten des Publikums bestimmt wird. Die Leute finden die Höhe des Betrages, der ihrem persönlichen Aufwande gemäß der angemessenste ist, selbst heraus. Wenn demnach Geld und Aufwand mit Rücksicht auf die Bequemlichkeit des Publikums sich gegenseitig anpassen, so bedeutet das, daß bei einem gegebenen Preisniveau eine jede Erhöhung des in Händen befindlichen Betrages sich als unbequemer Überfluß erweisen würde.

Um das Bild zu vervollständigen, wollen wir annehmen, daß der in den Vereinigten Staaten tatsächlich in Umlauf befindliche und auf den Kopf berechnete Durchschnittsgeldbetrag außerhalb des Schatzamtes und der Banken dieses Landes ungefähr $ 15 beträgt, und daß ein geheimnisvoller Weihnachtsmann den im Besitz jedes Individuums befindlichen Geldbetrag plötzlich verdoppele. Das heißt, wir nehmen an, daß das Durchschnittsindividuum, das vorher $ 15 besaß, nun $ 30 besitzt. Statistischen Angaben gemäß verändert sich der auf den Kopf berechnete und in Umlauf befindliche Durchschnittsbetrag von Monat zu Monat nur um einige Cents. Während der durchschnittliche Betrag der flüssigen Barmittel eines Individuums auf Grund seiner Einnahmen und Ausgaben notwendigerweise schwankt, ist der Durchschnittsbetrag der flüssigen Barmittel, der aus den einzelnen Personen bestehenden großen Masse nur geringen Schwankungen unterworfen. Wenn nun zur Gesamtzirkulation plötzlich der so große Zuschlag von weiteren $ 15 per capita kommt, so werden die meisten Leute nur den Gedanken haben, wie man sich von dieser unbequemen Vermehrung ihres üblichen Bargeldes befreien kann. Wenn das Geld im Strumpfe oder im Geldschranke aufbewahrt, in die Erde vergraben oder in das Meer versenkt würde, so könnte es keinerlei Tendenz zu einer Erhöhung der Preise herbeiführen. Statt dessen wird man aber trachten, von diesem Gelde

Gebrauch zu machen, was entweder durch Einkauf von Waren oder durch dessen Deponieren in den Banken geschieht. So werden die überraschten Empfänger des Extrageldes einige Tage nach dem angenommenen Besuch des Weihnachtsmannes in den meisten Fällen in der einen oder der anderen Weise über das Geld verfügt haben. Wenn sie es für den erstgenannten Zweck, nämlich zum Einkauf von Waren, verwendet haben, muß die Tendenz zu einem Steigen der Preise auftreten, denn der auf den Kopf berechnete plötzliche Zuschuß von $ 15 wird, selbst bei einem kleinen Bruchteil der Bevölkerung der Vereinigten Staaten, einen phänomenalen Andrang in die Kaufhäuser bedeuten. An tatsächlichem Gelde gibt das Durchschnittsindividuum nicht mehr als 15 Dollar in zwei Wochen aus. Dies beträgt ungefähr einen Dollar pro Tag oder ungefähr $ 100,000,000 pro Tag für das ganze Land. Wenn die Durchschnittsperson, sagen wir innerhalb fünf Tagen nach dem unerwarteten Glücksfalle eines Zuschusses von $ 15 diese besondere Summe ausgibt, so beträgt dies auf den Kopf berechnet $ 3 pro Tag oder täglich $ 300,000,000 für die ganze Nation. Diese Summe zu den gewöhnlichen $ 100,000,000 pro Tag addiert, ergibt $ 400,000,000 pro Tag oder das Vierfache des gewöhnlichen Aufwandes. Ein so lebhafter Handelsverkehr würde die Inhaber der Warenhäuser in Staunen setzen und prompt zu einer Erhöhung ihrer Preise veranlassen, weil sonst in vielen Fällen eine gänzliche Erschöpfung ihrer Vorräte eintreten würde.

Auf den ersten Blick scheint es, als ob jedermann nur einige Tage Zeit brauchte, um seinen Überschuß an Geld los zu werden, und daß daher die große Bewegung in den Preisen nur zeitweilig wäre. Dies erwiese sich aber als eine irrige Schlußfolgerung, denn wir dürfen nicht vergessen, daß die einzige Möglichkeit, das Geld loszuwerden, darin besteht, es jemand anderem zuzuschieben. Die bürgerliche Gesellschaft ist von dem Gelde noch nicht befreit. Wenn die Inhaber der Warenhäuser, deren Geldbestand unter unserer Weihnachtsmannhypothese auf geheimnisvolle Weise bereits eine Verdoppelung erfuhr, noch außerdem das überflüssige Bargeld ihrer Kunden bekommen, so sind sie es jetzt, die durch den Überfluß an Bargeld in Verlegenheit geraten und sich nun ihrerseits bemühen, das Geld durch Einkauf von Waren für ihr Geschäft loszuwerden, oder es in den Banken zu deponieren. Wenn das Bestreben, sich von dem Gelde durch Übertragung zu befreien, bloß dahin führt, daß jemand anderer das Zuviel erhält, dann bleibt das Zuviel in dem Gemeinwesen unverändert. Das Bestreben, das Geld loszuwerden und die konsequente Wirkung auf die Preise dauert solange fort, bis das Preisniveau die genügende Höhe erreicht hat.

Um diese Schlußfolgerung kann man auch durch die Annahme nicht herumkommen, daß der größte Teil des Geldes nicht im Handel verausgabt, sondern in den Banken deponiert wird. Jetzt sind es die Bankiers, deren Depositen auf diese Weise plötzlich anschwellen, die sich bemühen, den Überschuß an Bargeld los zu werden. Kein Bankier will Reserven unbenützt daliegen haben und ein jeder trachtet, erhöhte Reserven zur Basis einer Erweiterung des Geschäftsumfanges zu machen und weitere Depositen aufzunehmen. Wir haben gesehen, daß diese Tendenz letzten Endes in der Wahrung der relativen Beträge der folgenden drei Elemente resultiert: des in Zirkulation befindlichen Geldes, des Bankreservengeldes und der auf diese Reserven gegründeten Depositen. Eine Verdoppelung des Geldes der bürgerlichen Gesellschaft bedeutet demnach 1. eine Verdoppelung des in Zirkulation befindlichen Geldes, 2. des Geldes in den Banken und 3. der auf dieses Geld gegründeten Depositen. Binnen kurzer Zeit wird diese Verdoppelung auch noch eine Verdoppelung der Preise bedeuten, denn solange die Preise nicht doppelt so hoch wie die früheren sind, herrscht dasselbe Phänomen des unbequemen Zuviels. Privatpersonen, Geschäftsleute, Bankiers usw. tun ihr möglichstes, um sich von dem Überschuß zu befreien und ihre Bemühungen nach dieser Richtung haben notwendigerweise die Tendenz zu einer Steigerung der Preise zur Folge. Wenn aber die Preise auf das Doppelte ihres ursprünglichen Niveaus gestiegen sind, wird das Bestreben, sich von dem Überfluß an Bargeld zu befreien, aufhören, weil es dann kein überflüssiges Bargeld mehr gibt. Angesichts der Tatsache, daß die Preise doppelt so hoch sind als die früheren, und daß die Leute, die das doppelte Geld bei sich führen, durchschnittlich auch doppelten Lohn oder doppeltes Einkommen haben, werden die auf diese Weise geschaffenen 30 Dollar pro Kopf der Bevölkerung nicht mehr als zuviel betrachtet. Während also die Durchschnittsperson $ 300 auszugeben und einen Durchschnittsbetrag von $ 15 zur Verfügung zu halten pflegte, so wird sie nun $ 600 ausgeben und einen Durchschnittsbetrag von $ 30 bei sich führen. Die Anpassung der $ 30 zu den $ 600 ist genau dieselbe wie die frühere Anpassung der $ 15 zu den $ 300. In jedem der beiden Fälle beträgt das Verhältnis 1 : 20, woraus hervorgeht, daß das Individuum sein Geld im Durchschnitt jährlich 20mal umsetzt. Letzten Endes äußert sich also eine Verdoppelung der Quantität des Geldes nicht in einer Störung der Umlaufsgeschwindigkeit, sondern in einer Erhöhung des allgemeinen Preisniveaus.

Es ist erwähnenswert, daß das hier angenommene Beispiel, abgesehen von Einzelheiten, genau das darstellt, was sich nach Entdeckung neuer Goldminen tatsächlich ereignet. Die Goldproduzenten wandeln ihr Erzeugnis in Geld um; sie benützten es zuweilen als solches in Form von Klumpen oder Goldstaub, zuweilen bringen sie es in die Münzstätte zur Prägung. Sie sehen sich im Besitze von gefüllten Geldbeuteln, die viel mehr enthalten als den Betrag des Taschengeldes, der ihnen am bequemsten ist. Wenn z. B. ein solcher Mann von der Münzstätte soeben $ 1000 in Gold empfangen hat, so kann er ziemlich sicher sein, entweder durch Ausgeben oder durch Deponieren in einer Bank, wenigstens $ 950 dieser Summe so schnell wie möglich los zu werden. In jedem der beiden Fälle hat er und haben Hunderte anderer, die dasselbe tun, die Tendenz, eine Steigerung der Preise in dem Gemeinwesen herbeizuführen, wo sie ihr Geld oder Schecks auf die Banken ausgeben, in denen sie ihr Geld deponieren.

Auf diese Weise stiegen die Preise vor ungefähr sechs Jahrzehnten in Kalifornien und vor ein oder zwei Jahrzehnten in Kolorado sowie in Klondike. Das lokale Steigen der Preise teilte sich dann von selbst anderen Plätzen mit, denn, wie wir gesehen haben, kann das Preisniveau in einem Bezirke das des Nachbarbezirks nicht in hohem Maße übersteigen, ohne einen Export von Geld nach dem billigeren Platze zu verursachen. So sucht sich neues Geld allmählich seinen Weg in die Zirkulation der ganzen Welt, indem es von Ort zu Ort fließend die Preise erhöht. Der Vorgang dabei bedeutet in allen Fällen eine Äußerung des Bestrebens, sich von einem unbequemen Zuviel an Geld zu befreien, was durch ein bloßes Übertragen von Hand zu Hand auf die Dauer nicht möglich ist, sondern nur durch ein Steigen der Preise geschehen kann.

Dieses Bild, das verdeutlichen soll, auf welche Art und Weise eine Vermehrung des Geldes eine Preissteigerung verursacht, ist hier gewählt worden, um klar zu veranschaulichen, daß eine Vermehrung der Geldquantität (G) *nicht* in einer bloßen Abnahme seiner Umlaufsgeschwindigkeit (U) resultiert.

Soweit die überzähligen Depositen in Betracht kommen, mag es den Anschein haben, als ob es einen Weg gäbe, dieselben durch Aufhebung von Bankanleihen los zu werden; dies würde aber das normale Verhältnis, in dem G' zu G steht, reduzieren, das aber, wie wir gesehen haben, die Tendenz besitzt, das gleiche zu bleiben.

Wir kommen auf den Schluß zurück, daß die Umlaufsgeschwindigkeit des Geldes sowohl wie der Depositen unabhängig ist von der Quantität des Geldes oder der Depositen. Es hat sich noch kein Grund finden lassen, ja sogar, soweit es den Anschein hat, kann kein Grund dafür nachgewiesen werden, daß die Umlaufsgeschwindigkeit des Geldes oder der Depositen verschieden sein müßte, je nachdem die Quantität des Geldes oder der Depositen groß oder klein ist.

Scheinbar bleibt noch eine Möglichkeit, um der Schlußfolgerung zu entrinnen, daß die alleinige Wirkung einer Zunahme in der Quantität des in Umlauf befindlichen Geldes in einer Erhöhung der Preise besteht. Man kann behaupten — und diese Behauptung ist tatsächlich gemacht worden —, daß eine solche Zunahme einen erhöhten Handelsumfang veranlaßt. Wir versuchen daher nunmehr zu beweisen, daß (mit Ausnahme von Übergangsperioden) das Handelsvolumen ebenso wie die Umlaufsgeschwindigkeit des Geldes von der Quantität des Geldes unabhängig ist. Eine außerordentliche Erhöhung der Umlaufsmittel kann weder die Erzeugnisse von Ackerbau und Industrie, noch die Fahrgeschwindigkeit von Lastzügen oder Schiffen erhöhen. Der Strom der Geschäfte hängt von natürlichen Hilfsquellen und technischen Vorbedingungen, nicht aber von der Quantität des Geldes ab. Der ganze Mechanismus von Produktion, Transport und Verkauf ist Gegenstand physischer und technischer Leistungsfähigkeit, die beide von der Quantität des Geldes nicht abhängig sind. Die einzige Art und Weise, in welcher die Quantität des Geldes auf den Umfang des Handels einzuwirken scheint, besteht in der Beeinflussung solcher Hilfsgewerbe, die unmittelbar mit der Herstellung des Geldes und Erzeugung der Geldmetalle zu tun haben. Eine Zunahme an Goldgeld führt, wie gesagt, eine Zunahme im Handel in Goldgegenständen herbei. Ebenso bringt diese Zunahme eine Vermehrung der Verkäufe von Maschinen zum Goldbergbau, der Zahl der im Goldbergbau beschäftigten Arbeiter, der Münzapparate und der Arbeit hervor. Diese Umwälzungen können Veränderungen in verwandten Gewerben nach sich ziehen. Wenn z. B. mehr Goldwaren verkauft werden, so mögen weniger Silberwaren und Diamanten abgesetzt werden. In gleicher Weise kann die Ausgabe von Papiergeld auf das Papiergewerbe und die Druckereien, sowie auf die Anstellung von Bank- und Regierungsbeamten usw. einwirken. Tatsächlich könnte man zahllose derartiger unbedeutender Änderungen in den Q, die auf die erwähnten Wandlungen und noch viele andere zurückzuführen sind, nennen. Vom praktischen oder statistischen Gesichtspunkt aus bedeuten sie nichts, denn sie können nicht den zehnten Teil eines Prozentes zum Gesamtumfange des Handels hinzufügen oder von demselben wegnehmen. Nur einige wenige Q würden merklich beeinflußt und diese wenigen in ganz unbedeutender Weise. Dies wird wohl niemand in Abrede stellen, doch könnten einige Gegner geltend machen, daß, obwohl Produktionstechnik und Handel die meisten dieser Verhältnisse bestimmen, sie dessenungeachtet die Q — die tatsächlichen Quantitäten von *gegen Geld und Depositenumlaufsmittel ausgetauschten* Gütern — begreiflicherweise variieren können, jenachdem zum Tauschhandel Zuflucht genommen wird oder nicht. Wenn der Tauschhandel ebenso bequem wie Kauf und Verkauf wäre, würde dieser Einwurf überzeugende Kraft haben. Es würde dann keine Veranlassung vorliegen, zwischen Geld als dem allgemein annehmbaren Austauschmedium und anderem Eigentum, das nicht allgemeine Beliebtheit als Tauschmittel besitzt, einen Unterschied zu machen. Wenn alles Eigentum in gleicher Weise annehmbar wäre, würde alles Eigentum in gleicher Weise Geld sein, oder wenn es viele Arten von Eigentum gäbe, die beinahe ebenso austauschbar wie Geld wären, würde die Zuflucht zum Tauschhandel so leicht sein, daß einige der für Geld verkauften Güter fast ebensogut für etwas anderes vertauscht werden könnten. Solange man aber dem Gebrauch von Geld überhaupt den Vorzug gäbe, würde man nur widerstrebend zum Tauschhandel Zuflucht nehmen und ihn nur als zeitweiligen Notbehelf benützen. Wir haben dies bei unserem Studium der Übergangsperioden kennen gelernt. Unter normalen Bedingungen und auf die Dauer kann nur ein ganz unbeträchtlicher Bruchteil des modernen Handels durch Tauschhandel erledigt werden. Wir schließen daraus, daß eine Änderung der Geldquantität die für Geld verkauften Güterquantitäten nicht merklich beeinflußen kann.

Wenn also eine Verdoppelung der Quantität des Geldes: 1. regelmäßig die dem Scheckverkehr unterworfenen Depositen in demselben Verhältnis verdoppelt und 2. weder auf die Umlaufsgeschwindigkeit des Geldes oder der Depositen, noch auf den Umfang des Handels merklich einwirkt, so muß notwendig und mit mathematischer Bestimmtheit das Preisniveau sich verdoppeln. Während demnach die Verkehrsgleichung an sich über einen Kausalzusammenhang zwischen Geldquantität und Preisniveau ebensowenig Auskunft gibt, wie über einen Kausalzusammenhang zwischen zwei beliebigen anderen Faktoren, so gibt es dennoch, wenn wir Verhältnisse in Betracht ziehen, die völlig außerhalb dieser Gleichung liegen, nämlich die Tatsache, daß ein Wechsel in G eine entsprechende Veränderung in G', aber keine Veränderung in U, U' oder in den Q hervorruft, kein Entrinnen von der Schlußfolgerung mehr, daß eine Änderung in der Quantität des Geldes (G) unter normalen Umständen eine proportionale Veränderung im Preisniveau (in den p) verursachen muß.

Einer der Gegner der Quantitätstheorie versucht die Verkehrsgleichung in der Formulierung Newcombs damit abzutun, daß er sie für eine bloße Binsenwahrheit erklärte. Wenn man will, ist ja die Verkehrsgleichung eine bloße Binsenwahrheit, welche auf die Tatsache gegründet ist, daß das im ganzen in Einkäufen aufgewandte Geld zusammen mit den Schecks dem Werte der damit gekauften Güter gleich ist; da uns aber unabhängig von der Verkehrsgleichung bekannt ist, daß zwar G' von G abhängt, daß aber G, U, U' und die Q nicht von G abhängen, so liefert die Verkehrsgleichung den Nachweis dafür, daß sich die p unter normalen Verhältnissen parallel mit G bewegen müssen, mit anderen Worten, sie demonstriert die Quantitätstheorie. „Binsenwahrheiten" sollten niemals vernachlässigt werden. Die größten Grundlehren der Naturwissenschaft, wie z. B. die, daß Kräfte im Verhältnis zu Masse und zunehmender Geschwindigkeit stehen, sind Binsenwahrheiten. Wenn diese aber durch spezifische Tatsachen in richtiger Weise ergänzt werden, bilden diese „Binsenwahrheiten" die wertvollsten Quellen der Erkenntnis mechanischer Gesetze. Die Verkehrsgleichung geringschätzig zu verwerfen, weil sie eine so selbstverständliche Wahrheit ist, heißt die Gelegenheit verabsäumen, für die Wissenschaft der Nationalökonomie einige der wichtigsten und exaktesten Gesetze, deren sie fähig ist, zu formulieren.

Wir wollen nun neu feststellen, in welchem kausalen Sinne die Quantitätstheorie auf Wahrheit beruht. Sie ist wahr in dem Sinne, daß eine *der normalen Wirkungen einer Quantitätsvermehrung des Geldes eine genau proportionale Erhöhung des allgemeinen Preisniveaus ist* [1]).

Die Leugnung dieser Schlußfolgerung erfordert die Leugnung einer oder mehrerer der folgenden Behauptungen, auf welchen sie beruht:

1. Der Verkehrsgleichung $GU + G'U' = \Sigma pQ$.

2. Dessen, daß unter normalen Verhältnissen eine Zunahme in G eine proportionale Zunahme in G' verursacht.

3. Daß U, U' oder die Q unter normalen Verhältnissen durch eine Zunahme in G nicht beeinflußt werden.

Wenn diese drei Annahmen als richtig zugegeben werden, so muß auch die Schlußfolgerung zugegeben werden, und wenn eine davon in Abrede gestellt wird, so muß der Gegner beweisen, wo der Trugschluß liegt. Die Berechtigung der ersten Prämisse ist im II. und III. Kapitel nachgewiesen und im Anhang zu den erwähnten beiden Kapiteln mathematisch bewiesen worden. Die Wahrheit der zweiten Prämisse ist im III. Kapitel und die dritte Prämisse im vorliegenden Kapitel bewiesen worden.

Es ist deshalb soviel Sorgfalt darauf verwendet worden, diese Theoreme aufzustellen und die Resultate der Beweisführung, die darauf aufgebaut ist,

---

[1]) Vgl. Albert Aupetit, *Essai sur la théorie générale de la monnaie*, Paris (Guillaumin), 1901.

zu betonen, weil es nicht Geringeres als einen Skandal in der volkswirtschaftlichen Wissenschaft bedeutet, wenn über einen so grundlegenden Satz Anlaß zum Streite bestehen sollte.

Die Quantitätstheorie, wie sie hier aufgestellt ist, behauptet nicht, daß, während das Geld an Quantität zugenommen hat, nicht auch *andere* Ursachen G', U, U' und die Q beeinflussen können, durch welche die Wirkung von G auf die p erhöht oder neutralisiert wird. Dies sind aber keine Wirkungen von G auf die p. Soweit G allein in Betracht kommt, ist dessen Wirkung auf die p eine strikt proportionale.

Die Bedeutung und Realität dieses Satzes wird durch die Tatsache nicht im geringsten beeinträchtigt, daß diese anderen Ursachen geschichtlich nicht im Hintergrunde bleiben und uns erlauben, die Wirkung einer Zunahme in G lediglich auf die p wahrzunehmen. Die Wirkungen von G sind mit solchen, die durch die Veränderungen anderer Faktoren der Verkehrsgleichung hervorgerufen werden, verbunden, und zwar genau so, wie die Wirkungen der Schwere auf einen fallenden Körper mit den Wirkungen der Widerstandskraft der Luft verbunden sind.

Schließlich ist zu beachten, daß in Übereinstimmung mit den früher erklärten Prinzipien eine große Zunahme des Geldes (G) in irgendeinem Lande oder Landesteile nicht stattfinden kann, ohne daß sie sich auf andere Länder und Distrikte ausbreitet. Sobald die lokalen Preise soweit gestiegen sind, daß der Verkauf von Waren, die zu niedrigen Preisen irgendwo anders eingekauft werden, wegen der an dem betreffenden Platze herrschenden hohen Preise lohnend erscheint, wird Geld exportiert. Die Produktion von Gold in Kolorado und Alaska hatte zunächst zur Folge, daß die Preise in Kolorado und Alaska stiegen. Durch die Weiterversendung des Goldes rief sie dann eine Preissteigerung in anderen Teilen der Vereinigten Staaten hervor. Der Export nach anderen Kontinenten ergab endlich eine Preiserhöhung in der ganzen goldverbrauchenden Welt.

§ 3.

Wir haben auf die Tatsache Nachdruck gelegt, daß die streng proportionale, durch eine Zunahme in G hervorgebrachte Wirkung auf die Preise nur die *normale* oder *letztliche* Wirkung ist, nachdem die Übergangsperioden vorüber sind. Der Satz, daß die Preise mit dem Gelde variieren, bestätigt sich nur bei einem Vergleich zweier hypothetischer Perioden, in welchen die Preise feststehend bleiben oder sich in gleichem Verhältnisse auf- oder abwärts bewegen.

Was die Übergangsperioden anbelangt, so haben wir gesehen, daß eine Vermehrung in G nicht nur auf die p eine Wirkung ausübt, sondern auf alle Größen der Verkehrsgleichung. Im vierten, von den Übergangsperioden handelnden Kapitel sahen wir, daß diese Vermehrung G' nicht nur im normalen Verhältnis zu G erhöht, sondern häufig zeitweilig über dieses Verhältnis hinaus. Ebenso haben wir gefunden, daß eine Zunahme in G zeitweilig auch U und U' beschleunigt.

Während sich U und U' gewöhnlich in gegenseitiger Übereinstimmung bewegen, so können sie sich, wenn eine Panik das Vertrauen in Bankdepositen herabsetzt, wie bereits früher erwähnt, in entgegengesetzter Richtung bewegen. Dann wird so schnell wie möglich mit Depositen und so langsam wie möglich mit Geld ausgezahlt — letztgenannte Tendenz wurde „Thesaurieren“ genannt.

Auch haben wir gefunden, daß eine Zunahme in G während einer Preissteigerungsperiode die Q anspornt. Und schließlich sahen wir, daß ein Abnehmen in G die entgegengesetzten Wirkungen hervorruft, indem es U und U' vermindert, G' nicht allein absolut genommen, sondern auch im Verhältnis zu G verringert und die Q vermindert, teils wegen der Abneigung, zu niedrigen Geldpreisen, die nur als vorübergehend angenommen werden, zu verkaufen, teils wegen eines bei Verkäufen stattfindenden partiellen Ersatzes von Verkäufen durch Akte des Tauschhandels; denn wenn G ganz plötzlich reduziert werden sollte, so würde irgendein Weg ausfindig zu machen sein, den Handel im Gange zu halten, und es würde trotz der Nachteile des Tauschhandels zeitweilig zu diesem Zuflucht genommen werden. Dies würde einige Erleichterung schaffen, doch würden die damit verbundenen Nachteile die Verkäufer veranlassen, Geld zu verlangen, wenn immer die Möglichkeit hierzu vorhanden ist, und weiterblickende Käufer würden sich rechtzeitig mit Geld versorgen. Die starke Nachfrage nach Geld würde dessen Wert in die Höhe treiben — das heißt, die Preise anderer Dinge herabsetzen. Das so sich ergebende Sinken der Preise würde die zur Erledigung der nötigen Geschäfte erforderlichen Umlaufsmittel zulänglich erscheinen lassen und somit den Tauschhandel weniger notwendig machen. Das Fallen der Preise würde anhalten bis der dem Nachteil des Tauschhandels zuzuschreibende abnorme Druck aufhört. Tatsächlich ist jedoch in der heutigen Welt selbst eine solche zeitweilige Zuflucht zum Tauschhandel ohne besondere Bedeutung. Die Annehmlichkeit des Austausches durch Geld ist soviel größer als die des Tauschhandels, daß die Preisanpassung fast sofort geschieht. Wenn der Tauschhandel als ein Mittel zur Erleichterung einer Geldknappheit ernstlich in Erwägung gezogen werden muß, so lassen wir ihm volle Gerechtigkeit widerfahren, wenn wir ihn als ein Sicherheitsventil betrachten, das so mächtig gegen einen Widerstand arbeitet, daß dieser fast niemals zutage tritt und auch dann nur ganz vorübergehend. Für alle praktischen Zwecke und alle normalen Fälle können wir annehmen, daß Geld und Schecks Notwendigkeiten für den modernen Handel sind.

Die charakteristischen Wirkungen während der Übergangsperioden gleichen den eigentümlichen Wirkungen, die durch das Ingangsetzen oder Anhalten eines Zuges hervorgerufen werden. Unter normalen Verhältnissen hält der letzte Wagen mit der Lokomotive gleichen Schritt, wenn sich aber der Zug in Bewegung setzt oder anhält, wird dieses Verhältnis durch die allmähliche Fortpflanzung der Wirkungen durch die Zwischenwagen gestört. Jede einzelne Erschütterung eines Waggons wird in ähnlicher Weise auf alle anderen und auf die Lokomotive übertragen.

Wir haben zum Beispiel gesehen, daß eine plötzliche Veränderung in der Quantität des Geldes und der Depositen zeitweilig auf ihre Umlaufsgeschwindigkeit und auf das Handelsvolumen einwirkt. Umgekehrt üben jahreszeitliche Veränderungen im Handelsvolumen auf die Umlaufsgeschwindigkeiten einen Einfluß aus und, wenn das Währungssystem elastisch ist, sogar auf die Quantität des Geldes und der Depositen. In lebhaften Jahreszeiten, in denen „Geld gebraucht wird, um die Ernte zu transportieren", ist die Umlaufsgeschwindigkeit offenbar größer als in stillen Jahreszeiten. Zu einer Zeit wird das Geld unbenützt liegen gelassen, um zu einer anderen gebraucht zu werden, und solche jahreszeitliche Schwankungen der Geschwindigkeit reduzieren wesentlich die Schwankungen, die sich sonst im Preisniveau als notwendig erweisen würden. In ähnlicher Weise werden jahreszeitliche Änderungen des Preisniveaus durch die abwechselnde Ausdehnung und Zusammenziehung eines elastischen Bankumlaufsmittels reduziert. In diesem Falle kann man sagen, daß sich das Geld oder die Depositen oder beides zeitweilig und bis zu einem durch die Menge der gesetzlichen Zahlungsmittel bestimmten Grade dem Handelsumfange selbst anpassen. In beiden Fällen wird dann das Steigen wie das Fallen der Preise abgeschwächt[1]). Daher wird während der Übergangsperioden die „Quantitätstheorie" also nicht strikt und absolut sich bewahrheiten.

[1]) Vgl. Hildebrand, *Theorie des Geldes*, XI. Kapitel, der, ohne die Wirkung auf die Umlaufsgeschwindigkeit klar zu erkennen, auf den Unterschied zwischen zwei Gemeinwesen aufmerksam macht, die denselben Verbrauch aufweisen, von denen das eine jedoch einen gleichmäßigen, das andere hingegen einen solchen Handel hat, in dem das Geschäft sich zu bestimmten Zeiten, z. B. in der Erntezeit, anhäuft.

Wir sind nun am Schlusse unserer Skizze über die Wirkungen von G und gehen nun zu den anderen Größen über.

§ 4.

Was die Depositen (G') anlangt, so hängt diese Größe stets von G ab. Depositen sind auf Verlangen in Geld zahlbar. Es sind für dieselben Bankreserven in Geld erforderlich und zwischen der in Umlauf befindlichen Geldmenge (G), dem Betrage der Reserven (μ) und der Quantität der Depositen (G') muß eine gewisse Beziehung bestehen. Wir haben gesehen, daß unter normalen Umständen die drei in gegebenen Verhältnissen zueinander bleiben. Was aber als normales Verhältnis bei einem gegebenen Stande der Industrie und Zivilisation gilt, kann in einem anderen für nicht normal gelten. Veränderungen in der Bevölkerung, im Handel, in den Gewohnheiten der Geschäftsleute, in den Gesetzen, ebenso wie Fortschritte im Bankwesen können große Veränderungen in diesem Verhältnis herbeiführen. Statistisch hat sich das Verhältnis $G' : G$, wie wir im XII. Kapitel beweisen werden, innerhalb vierzehn Jahren von 3,1 auf 4,1 verschoben.

Da unter normalen Verhältnissen G' von G abhängt, brauchen wir nicht auf die Frage einzugehen, welches die Wirkungen einer Zunahme von G' sind, denn diese Wirkungen sind in denjenigen von G inbegriffen. Da sich aber das Verhältnis von G' zu G verändern kann, haben wir uns mit der Frage zu beschäftigen, welches die Wirkungen dieser Veränderung sind.

Nehmen wir den Fall an, der tatsächlich in den letzten Jahren vorgekommen ist, daß sich das Verhältnis von G' zu G in den Vereinigten Staaten erhöht. Wenn die Größen der Verkehrsgleichung anderer Länder, mit denen die Vereinigten Staaten in Handelsverbindung stehen, beständig sind, so wird die endgültige Wirkung auf G die sein, es auf ein geringeres Maß zu bringen, als dies sonst der Fall wäre, indem der Export von Gold aus den Vereinigten Staaten erhöht oder der Import reduziert wird. Auf keine andere Weise kann ein Steigen des Preisniveaus der Vereinigten Staaten über das anderer Nationen hinaus verhindert werden, bei welchen wir dieses Niveau und die anderen Größen der Verkehrsgleichung als gleichbleibend angenommen haben. Die endgültige Wirkung besteht zwar in einer Erhöhung des Volumens der Umlaufsmittel, doch breitet sich diese Erhöhung über die ganze Welt aus. Obgleich die Ausdehnung des Bankwesens rein lokaler Natur ist, haben die Wirkungen doch einen internationalen Charakter. Tatsächlich wird dann in allen Ländern mit Goldwährung nicht nur eine Wiederverteilung des Goldgeldes vorsichgehen, sondern es wird auch eine Tendenz zum Einschmelzen von Münzen in Barrengold zu industriellen Zwecken wahrzunehmen sein.

Die übrigen Wirkungen sind die nämlichen wie die bereits bei einer Zunahme in G dargelegten. Das heißt, es tritt keine (endgültige) merkliche Wirkung auf U, U' oder auf die Q ein, sondern nur auf die p und diese steigen dann in allen Ländern im Verhältnis zu der Höhe, die sie sonst aufgewiesen hätten. In fremden Ländern ist die normale Wirkung proportional der Zunahme des in Umlauf befindlichen Geldes, die sie infolge der Verdrängung von Gold in den Vereinigten Staaten erfahren haben. In den Vereinigten Staaten ist die Wirkung nicht proportional einer Zunahme von G', da sich G ja nach der entgegengesetzten Richtung bewegt hat. Sie ist vielmehr proportional einer Zunahme von $G + G'$, wenn U und U' gleich sind und geringer, als diesem Verhältnis entsprechen würde, wenn U kleiner ist als U', was gegenwärtig zutrifft.

Auf jeden Fall ist die Wirkung auf die Preise äußerst gering, da sie sich über die ganze Handelswelt ausbreitet. Wenn man die Welt als ein Ganzes nimmt, so besteht die endgültige Wirkung, wie wir gesehen haben, in einer leichten Erhöhung der Weltpreise und in einem Einschmelzen von etwas Münze. Die einzige nennenswerte Wirkung einer Erhöhung des Verhältnisses von G' zu G in einem Lande ist letzten Endes eine Verdrängung von Geld aus diesem Lande in andere Länder. Alle diese Wirkungen sind genau dieselben wie die einer Erhöhung der Ausgabe von Banknoten, solange sie in Gold oder in anderem exportierbaren Geld eingelöst werden können. Eine Ausgabe über diesen Punkt hinaus hat eine Isolierung des ausgebenden Landes und infolgedessen ein rasches Steigen der Preise dortselbst zur Folge, statt daß sich die Wirkung einer Erhöhung auf andere Länder ausbreitet. Dies war der Fall in den Vereinigten Staaten während des Bürgerkrieges.

Was die Übergangswirkungen anbetrifft, so ist es klar, daß vor der Vertreibung des Goldes aus den Vereinigten Staaten ein merkliches Steigen der Preise daselbst wahrzunehmen sein muß, das sich die Handelsleute sodann durch Verkauf in den Vereinigten Staaten zunutze machen, indem sie das Geld dem Land entziehen und damit im Auslande einkaufen. Während der Zeit der steigenden Preise werden alle anderen einer solchen Periode eigentümlichen zeitweiligen Wirkungen, die an anderer Stelle ausführlich beschrieben worden sind, klar zutage treten.

Genau die entgegengesetzten Wirkungen folgen natürlich einer Abnahme von G' im Verhältnis zu G.

§ 5.

Wir kommen nun zu den Wirkungen von Veränderungen in den Geschwindigkeiten (*U* und *U'*). Diese Wirkungen sind den soeben beschriebenen sehr ähnlich. Die endgültigen Wirkungen treffen die Preise und nicht die Geldquantität oder das Handelsvolumen. Doch wird eine Änderung in der Umlaufsgeschwindigkeit des Geldes in einem Lande, das durch internationalen Handel mit anderen Ländern in Verbindung steht, eine entgegengesetzte Veränderung der Quantität des in diesem Lande in Umlauf befindlichen Geldes verursachen. Es tritt dann eine Neuverteilung des Geldes unter die Länder der Welt und der zu industriellen sowie der zu Geldzwecken erforderlichen Edelmetallmengen ein.

Die normale Wirkung einer Erhöhung von *U* oder *U'* in einem Lande besteht also in einer Abnahme von *G* durch den Export, einer entsprechenden Abnahme von *G'* und einer leichten Preiserhöhung (*p*) in der ganzen Welt. Es liegt kein Grund vor, anzunehmen, daß sich dabei unter normalen Umständen irgendwelche Wirkungen auf das Handelsvolumen fühlbar machen. Es ist wohl möglich, daß eine Veränderung in einer der beiden Geschwindigkeiten eine entsprechende Veränderung in der anderen verursacht, oder, auf jeden Fall, daß die meisten Ursachen, die die eine erhöhen, auch eine Erhöhung in der anderen herbeiführen. Eine Steigerung der Bevölkerungsdichte zum Beispiel beschleunigt aller Wahrscheinlichkeit nach den Geldumlauf wie den Scheckverkehr. Leider haben wir jedoch nicht genügende tatsächliche Kenntnis der beiderseitigen Geschwindigkeiten, um die zwischen ihnen bestehenden Beziehungen mit Zuverlässigkeit feststellen zu können.

Während der Übergangsperioden sind die Wirkungen der Veränderungen in den Geschwindigkeiten zweifellos dieselben wie die Wirkungen einer Vermehrung der Umlaufsmittel.

§ 6.

Unsere nächste Frage bezieht sich auf die Wirkungen einer allgemeinen Zunahme oder Abnahme in den *Q*, d. h. im Handelsvolumen.

Eine Zunahme im Handelsvolumen eines Landes, sagen wir der Vereinigten Staaten, erhöht endgültig das in Umlauf befindliche Geld (*G*). In keiner anderen Weise könnte in den Vereinigten Staaten im Vergleich mit fremden Ländern eine Depression des Preisniveaus verhindert werden. Eine Zunahme in *G* führt eine proportionale Zunahme in *G'* herbei. Außerdem übt eine Zunahme des Handelsvolumens zweifellos eine gewisse

Wirkung dadurch aus, daß sie die Gewohnheiten eines Gemeinwesens in bezug auf das Verhältnis der Scheck- zu den Bargeldgeschäften beeinflußt, und sie kann so das Verhältnis von G' zu G zugunsten von G' verschieben; je höher sich Handel und Verkehr eines Landes entwickeln, desto mehr macht sich das Bedürfnis nach dem Gebrauch von Schecks fühlbar [1]).

Bezüglich der Wirkungen auf die Umlaufsgeschwindigkeit können wir drei Fälle unterscheiden. Im ersten Fall wird angenommen, daß die Veränderung des Handelsvolumens einer Veränderung in der Bevölkerung entspricht, wie etwa dann, wenn eine Zunahme im Handel durch Besiedlung neuen Landes stattfindet, und zwar ohne eine größere Konzentration in früher besiedelten Gegenden und ohne irgendwelche Veränderung im Umsatz pro Kopf oder in der Verteilung des Handels unter den Einzelgliedern der Bevölkerung. Unter derartigen Bedingungen ist kein Grund gefunden worden und anscheinend kann ein solcher auch nicht gefunden werden, weshalb die Umlaufsgeschwindigkeit des Geldes eine andere sein sollte, je nachdem das Handelsvolumen groß ist oder gering.

Der zweite Fall tritt dann ein, wenn die Zunahme des Handelsvolumens einer Steigerung der Bevölkerungs*dichte* entspricht, aber keine Änderung im Handelsumfang pro Kopf vor sich geht. In diesem Falle kann durch die dichtere Besiedlung eine etwas größere Geschwindigkeit ermöglicht werden.

Der dritte Fall schließlich tritt dann ein, wenn die Veränderung des Handelsvolumens auf den Handelsumfang pro Kopf der Bevölkerung oder auf die Handelsverteilung in der Bevölkerung einwirkt.

Es sind also verschiedene Wege denkbar, auf denen die Umlaufsgeschwindigkeit beeinflußt werden kann.

Erstens: Eine Veränderung im Handel, die eine Änderung in den Methoden des Gütertransports nach sich zieht, bringt eine Veränderung in den Methoden des Geldtransports mit sich. Ein rascher Transport bedeutet gewöhnlich eine raschere Zirkulation.

Zweitens: Eine veränderte Verteilung des Handels verändert den relativen Verbrauch verschiedener Personen. Wenn ihre Umschlagssätze verschieden sind, so verändert eine Änderung ihrer Ausgaben deutlich die

[1]) Damit soll aber nicht im entferntesten behauptet werden, wie Laughlin dies getan hat, daß „die Grenze, die der Ausdehnung gesetzlicher Kreditoperationen gesetzt ist, immer im Verhältnis zur Ausdehnung der tatsächlichen Güterbewegung erweitert werden kann"; siehe *Principles of Money*, New York (Scribner), 1903, S. 82. Im IV. Kapitel haben wir gesehen, daß die Depositenumlaufsmittel im Verhältnis zur Geldquantität stehen; eine Veränderung im Handel kann das Verhältnis indirekt d. h. durch eine Veränderung in den *Gewohnheiten* des Gemeinwesens, beeinflussen, aber mit Ausnahme der Übergangsperioden kann dieses Verhältnis nicht direkt beeinflußt werden.

relative Bedeutung oder das Gewicht dieser Sätze im allgemeinen Durchschnitte, führt also einen Wechsel in diesem Durchschnitte herbei, ohne notwendigerweise die individuellen Umschlagssätze zu verändern. Ein erhöhter Handel in den Südstaaten zum Beispiel, in denen die Umlaufsgeschwindigkeit des Geldes mutmaßlich eine niedrige ist, würde die Tendenz haben, die Durchschnittsgeschwindigkeit in den Vereinigten Staaten zu vermindern, indem in ihnen einfach die Geschwindigkeit in den langsameren Teilen des Landes größere Bedeutung erhielte.

Drittens kann eine Veränderung im individuellen Geldaufwande, wenn er durch eine wirkliche Änderung in der Quantität der gekauften Güter veranlaßt worden ist, eine Veränderung in den Geschwindigkeiten im Einzelfalle verursachen. Tatsächlich scheint der Umsatz eines Menschen desto rascher zu sein, je größer sein Aufwand bei einem gegebenen Preissatze ist; d. h. die Reichen haben einen höheren Umschlagssatz als die Armen. Sie geben das Geld schneller aus, und zwar nicht nur absolut, sondern auch im Verhältnis zu dem Gelde, das sie zur Verfügung halten. Die an der Yale Universität gesammelten Statistiken einer Anzahl von Fällen individueller Umsätze beweisen dies klar und deutlich [1]). Mit anderen Worten: Ein Mann, der viel ausgibt, braucht, wenn er auch im ganzen mehr Geld zur Verfügung haben muß, im Verhältnis zu seinen Ausgaben nicht soviel Geld bei sich zu führen wie derjenige, der wenig ausgibt. Man darf das auch insofern erwarten, als ja im allgemeinen ein Betrieb, je größer er ist, desto ökonomischer geleitet werden kann. Professor Edgeworth [2]) hat nachgewiesen, daß dieselbe Regel für das Bankwesen gilt. Wenn sich zwei Banken vereinigen, so benötigen sie eine geringere Reserve als die Summe der beiden früheren Reserven.

Wir können also hieraus schließen, daß, wenn der Reichtum einer Nation, auf den Kopf der Bevölkerung berechnet, zunimmt, die Umlaufsgeschwindigkeit des Geldes sich erhöht. Diese Behauptung bezieht sich natürlich nicht auf die *nominelle* Zunahme der Ausgaben. Denn, wie wir gesehen haben, würde eine Verdoppelung aller Preise und Einkommen die Geldumschlagssätze des einzelnen nicht berühren. Jede Person würde genau den doppelten Aufwand für dasselbe tatsächliche Ergebnis zu machen und genau das zweifache Geld zur Verfügung zu halten haben, um den nämlichen unvorhergesehenen Ausgaben in derselben Weise entsprechen zu können. Was die Geschwindigkeit bestimmt, ist der tatsächliche Verbrauch und nicht

[1]) Siehe § 1 des Anhanges zu diesem Kapitel (VIII).

[2]) „*Mathematical Theory of Banking*", *Journal of the Royal Statistical Society*, März 1888.

der nominelle. Der tatsächliche Aufwand einer Person ist nur ein anderer Name für deren Handelsvolumen. Wir ziehen also den Schluß, daß eine Veränderung im Handelsvolumen, wenn sie auf den Handel per Kopf einwirkt, gleichzeitig auch die Umlaufsgeschwindigkeit beeinflußt.

Wir finden also, daß ungleich einer Zunahme der Umlaufsmittel (G und G') oder der Geschwindigkeiten (U und U') eine Zunahme im Handel andere Wirkungen haben kann als nur auf die Preise, nämlich Wirkungen einer Erhöhung der Größen auf der entgegengesetzten Seite der Gleichung, U und U', und (wenn auch nur indirekt durch einen Einfluß auf die Geschäftsbequemlichkeit und Gewohnheit) auf G' im Verhältnis zu G. Wenn diese Wirkungen die linke Seite der Gleichung um ebensoviel erhöhen als die Zunahme im Handel selbst (in den Q) die rechte Seite direkt erhöht, dann wird die Wirkung auf die Preise gleich *Null* sein. Wenn die Wirkung auf der linken Seite die auf der rechten Seite übertrifft, dann steigen die Preise. Nur unter der Voraussetzung, daß die Wirkung auf der linken Seite geringer ist als die Zunahme im Handel, wird ein Fallen der Preise eintreten, dann aber nicht im Verhältnis zur Zunahme im Handel.

In einem früheren Kapitel wurde dargelegt, daß eine Veränderung im Handel, *vorausgesetzt, daß die Umlaufsmittel (G und G') und die Geschwindigkeiten U und U' gleichbleiben*, eine umgekehrte Veränderung in den Preisen hervorruft. Nun finden wir aber, daß Voraussetzung und Obersatz nicht recht stimmen; Umlaufsmittel und Geschwindigkeiten können dieselben bleiben nur unter der schwerfälligen Annahme, daß die mannigfachen anderen Ursachen, welche auf sie einwirken, eine solche Änderung erfahren, daß die Zunahme im Handel durch sie genau neutralisiert wird. Wenn diese verschiedenen anderen Ursachen dieselben bleiben, dann werden die Umlaufsmittel und die Geschwindigkeiten nicht dieselben bleiben.

Es geschieht hier zum erstenmal, daß in unserer Untersuchung, wir finden, daß unter normalen Umständen, d. h. abgesehen von zeitweiligen oder Übergangswirkungen, nicht dasselbe Resultat erzielt wird, wenn wir je eine der *Ursachen* variieren lassen, wie wenn wir annehmen, daß je einer der algebraischen *Faktoren in der Gleichung* variiert. Die „Quantitätstheorie" — daß die Preise (p) mit dem Gelde (G) variieren — bewahrheitet sich sowohl, wenn wir annehmen, daß andere *Ursachen* dieselben bleiben, wie wenn wir bloß annehmen, daß andere algebraische *Faktoren* dieselben bleiben; und wir haben gefunden, daß alle algebraisch bewiesenen Theoreme, mit Ausnahme des auf die Variation des Handels bezüglichen, auch kausal genommen richtig bleiben. Da es der Hauptzweck dieses Kapitels ist, die Quantitätstheorie insofern zu rechtfertigen, als sie sowohl einen Kausalzusammenhang, als auch ein algebraisches Verhältnis ausdrückt, so ist es wichtig, hervorzuheben, daß kausale und algebraische Theoreme nicht immer identisch sind.

Was die Übergangswirkungen einer Veränderung im Handelsvolumen betrifft, so hängen diese hauptsächlich von einer der beiden möglichen Richtungen ab, in denen sich die Preise bewegen. Wenn sie nach aufwärts gehen, sind die Wirkungen des Überganges denen ähnlich, mit denen wir bereits in bezug auf die Perioden steigender Preise vertraut sind; wenn die Preise sinken, gleichen sie den mit einer solchen Bewegung verbundenen.

§ 7.

Wir haben nun die Wirkungen der Variationen jedes einzelnen Faktors der Verkehrsgleichung (mit Ausnahme eines einzigen) auf die anderen Faktoren genau untersucht und haben gefunden, daß mit Ausnahme des Faktors „Handel" (der Q) in jedem Falle die endgültige Wirkung die Preise (die p) traf. Die einzige Gruppe der Faktoren, die wir als Ursache noch nicht erörtert haben, sind die Preise (die p) selbst. Sie sind bisher einzig und allein als Wirkungen anderer Faktoren betrachtet worden. Die Gegner der Quantitätstheorie haben aber behauptet, daß die Preise eher als Ursachen, denn als Wirkungen zu betrachten sind. Unsere nächste Aufgabe ist daher, diese Behauptung einer kritischen Prüfung zu unterziehen.

Abgesehen von beschränkter Wirkung während Übergangsperioden oder einer vorübergehenden Saison (z. B. im Herbst) liegt, soweit ich entdecken kann, keinerlei Wahrheit in dem Gedanken, daß das Preisniveau eine unabhängige Ursache von Veränderungen in irgendeiner der anderen Größen G, G', U, U' oder in den Q ist. Um die Unhaltbarkeit eines solchen Gedankens darzulegen, wollen wir des Beweises halber zugeben, daß — aus irgendeiner andern Ursache als durch Veränderungen in G, G', U, U' und den Q — die Preise (sagen wir) in den Vereinigten Staaten sich (sagen wir) um das Doppelte ihrer ursprünglichen Höhe verändert haben, und wir wollen nun sehen, welche Wirkung diese Ursache auf die anderen Größen der Gleichung hervorbringen wird.

Es ist klar, daß die Gleichheit der Geldseite und der Güterseite auf irgendeine Art aufrechterhalten werden muß, und daß, wenn die Preise erhöht werden, die Quantität des Geldes oder die Quantität der Depositen oder ihre Geschwindigkeiten erhöht werden müssen, oder aber, es muß das Volumen der Geschäfte reduziert werden. Die Untersuchung wird aber lehren, daß keine dieser Lösungen annehmbar ist.

Die Quantität des Geldes kann nicht erhöht werden. Es kommt kein Geld aus dem Ausland, denn wir haben gesehen, daß ein Platz mit hohen Preisen das Geld vertreibt. Die Konsequenz einer Erhöhung der Preise in den Vereinigten Staaten würde sein, daß die Geschäftsleute in den Vereinigten Staaten, woselbst die Preise hoch sind, verkaufen und den Geldgewinn nach anderen Erdteilen nehmen, um dort zu kaufen, wo die Preise niedrig sind. Es ist ebenso schwierig, Geld in ein Land mit hohen Preisen strömen zu lassen wie zu bewirken, daß das Wasser bergauf fließt.

Aus ähnlichen Gründen kommt auch kein Geld auf dem Wege der Münzstätten ins Land. Da das Barrengold und die Goldmünzen in bezug auf Güter ursprünglich denselben Wert hatten, so haben die Goldmünzen nach der angenommenen Preisverdoppelung die Hälfte ihrer Kaufkraft verloren. Niemand wird Barrengold zur Münzstätte bringen, wenn er dabei die Hälfte des Wertes verliert. Umgekehrt führen, wie wir in einem früheren Kapitel gesehen haben, hohe Preise zur Einschmelzung der Münzen.

Endlich wird der Goldbergbau durch hohe Preise nicht gefördert, sondern im Gegenteil, entmutigt. Auch wird die Konsumtion von Gold durch hohe Preise nicht entmutigt, sondern gefördert. Alle diese Tendenzen sind in ihren Einzelheiten erörtert worden. Jeder Grundsatz, der die Verteilung des Geldes unter die Nationen bestimmt, (die Verteilung des Geldmetalls zwischen die Gebiete der Gelderzeugung und der industriellen Verwendung oder die Produktion und Konsumtion von Metallen) arbeitet genau dem entgegen, was eintreten müßte, wenn das Geld sich den Preisen anpassen sollte und nicht die Preise dem Gelde.

In gleicher Weise ist es sinnwidrig, anzunehmen, daß hohe Preise die Quantität der Depositen (G') erhöhen. Wie wir gesehen haben, würde die Wirkung eine Verringerung der Quantität des in Umlauf befindlichen Geldes (G) sein; aber dieses Geld ist doch die Basis der Depositenumlaufsmittel (G'), und die Verminderung des ersteren hat daher eine Verminderung der letzteren zur Folge. Eine Reduzierung von G und G' hat nicht die Tendenz, die von uns willkürlich angenommenen hohen Preise zu heben, sondern im Gegenteil herabzudrücken.

Eine Berufung auf die Geschwindigkeiten (U und U') gewährt ebensowenig Befriedigung. Diese sind bereits adjustiert worden, um sich der individuellen Bequemlichkeit anzupassen. Sie zu verdoppeln, mag keine physische Unmöglichkeit sein, würde aber sicher eine große Unannehmlichkeit bedeuten.

Es bleibt nun noch als letzte Hoffnung, daß die hohen Preise das Handelsvolumen (die Q) vermindern. Wenn aber alle Preise einschließlich der

Preise der Dienstleistungen verdoppelt werden, liegt doch kein Grund vor, weshalb der Handel reduziert werden sollte. Da die Durchschnittsperson nicht nur hohe Preise zahlt, sondern auch hohe Preise empfängt, ist es offenbar, daß die gegebenen hohen Preise sie in den Stand setzen, die zu zahlenden hohen Preise auszuhalten, ohne ihre Käufe einschränken zu müssen.

Unsere Schlußfolgerung geht dahin, daß die Hypothese eines verdoppelten Preisniveaus, das, als unabhängige Ursache auftretend, zwar auf die anderen Faktoren in der Verkehrsgleichung bestimmend einwirkt, selbst aber von diesen unabhängig ist, unhaltbar ist. Jeder Versuch, hohe Preise künstlich aufrechtzuerhalten, muß unseren Erörterungen nach das Resultat ergeben, daß sich die anderen Größen der Verkehrsgleichung nicht etwa adjustieren, um sich den hohen Preisen anzupassen, sondern daß sie im Gegenteil den hohen Preisen entgegenarbeiten. Das Gold wird ins Ausland gehen, in den Schmelztiegel wandern, weniger produziert und mehr konsumiert werden, bis sein Mangel in seiner Geldgestalt die Preise herabdrücken wird. *Das Preisniveau ist unter normalen Verhältnissen das einzige absolut passive Element in der Verkehrsgleichung.* Es wird einzig und allein von den anderen Elementen und den ihnen vorherwirkenden Ursachen bestimmt, übt aber keinen bestimmenden Einfluß auf diese Elemente aus.

Wiewohl es aber ein Irrtum ist, zu glauben, daß das Preisniveau in einem Gemeinwesen das Geld in *diesem* Gemeinwesen auf die Dauer beeinflussen kann, so ist es richtig, daß das Preisniveau in einem Gemeinwesen auf das Geld in einem *anderen* Gemeinwesen einwirken kann. Von dieser Behauptung, die von dem obenerwähnten Trugschluß deutlich zu unterscheiden ist, ist in unserer Erörterung wiederholt Gebrauch gemacht worden. Das Preisniveau in einem auswärtigen Gemeinwesen ist eine Größe, die außerhalb der Verkehrsgleichung eines anderen Gemeinwesens liegt, und wirkt auf das darin in Umlauf befindliche Geld, nicht aber direkt auf das Preisniveau in dem Gemeinwesen ein. Das Preisniveau außerhalb der Stadt New York zum Beispiel wirkt auf das Preisniveau in dieser Stadt nur auf dem Umwege von Veränderungen im Gelde in der Stadt New York ein. Innerhalb der City von New York ist es das Geld, das auf das Preisniveau einwirkt, und es ist nicht das Preisniveau, das das Geld beeinflußt. Das Preisniveau ist Wirkung und nicht Ursache. Wenngleich das Preisniveau außerhalb New Yorks eine unmittelbare Ursache von Geldveränderungen in New York ist, so ist dieses Preisniveau seinerseits nur sekundäre Ursache, da es selbst eine Wirkung der anderen Faktoren in der Verkehrsgleichung außerhalb der Stadt New York ist. Für die Welt im ganzen ist das Preisniveau nicht einmal eine sekundäre Ursache, sondern lediglich eine Wirkung des Geldes der Welt, ihrer Depositen, Geschwindigkeiten und des Welthandels.

Wir haben gesehen, daß hohe Preise an einem *Platze* daselbst keine Zunahme der Geldzufuhr verursachen, denn das Geld fließt von einem solchen Platze *fort*. Gleichfalls verursachen hohe Preise zu irgendeiner *Zeit* keine Zunahme an Geld zu dieser Zeit, denn das Geld fließt sozusagen von diesem Zeitabschnitte *hinweg*. Wenn also das Preisniveau im Januar im Vergleiche mit demjenigen der anderen Monate hoch ist, so wird keine Neigung zu einer Ausgabe großer Quantitäten von Banknoten in diesem Zeitpunkte vorhanden sein. Im Gegenteil, man wird trachten, bei den hohen Preisen Geldzahlungen zu vermeiden und warten, bis die Preise niedriger sind. Wenn diese Zeit kommt, werden mehr Umlaufsmittel gebraucht; der Banknoten- und Depositenbestand dehnt sich dann aus, um der außergewöhnlichen Nachfrage, die sich hierbei ergeben kann, zu entsprechen. Die Umlaufsmittel vermehren sich also bei niedrigen Preisen und nehmen ab bei hohen Preisen und diese Expansion und Kontraktion führt zum Sinken hoher Preise und zum Steigen niedriger Preise, wirkt also preisausgleichend. Weit entfernt davon, daß hohe Preise ein erhöhtes Geldangebot verursachen, können wir aus vorstehendem ersehen, daß das Geld den Standort und die Zeit hoher Preise vermeidet, hingegen Standort und Zeit niedriger Preise aufsucht, und daß dadurch die Ungleichheit der Preisniveaus abgeschwächt wird.

Das Gesagte setzt voraus, daß die Käufer Platz und Zeit ihrer Einkäufe nach Belieben wechseln können. In dem Maße, in dem ihre Freiheit, den Marktplatz und die Marktzeit selbst zu wählen, beeinträchtigt wird, wird die Korrektur durch die Anpassung der Quantität des Geldes geschmälert. Die anormale Zeit einer Panik kann sogar dadurch charakterisiert werden, daß Kontrakte, die vor langer Zeit abgeschlossen worden sind und hinsichtlich deren eine Zahlungsaufschiebung nicht statthaft ist, erfüllt werden müssen. Es kann dann eine „Geldhungersnot" und eine fieberhafte Nachfrage nach Krisengeldzeichen eintreten, um mit ihnen die ausstehenden Verbindlichkeiten liquidieren zu können, die man, hätte man die Situation voraussehen können, auf keinen Fall eingegangen wäre. Daß derartige abnorme Zustände die allgemeine These, daß die Preise die Wirkung und nicht die Ursache der Umlaufsmittel (Depositenumlaufsmittel inbegriffen) sind, nicht widerlegen, ist durch Minnie Throop England statistisch bewiesen worden[1]).

---

[1]) *„Statistical inquiry into the influence of credit upon the level of prices"*, *University Studies* (University of Nebraska), Januar 1907, S. 41—83.

§ 8.

Wenn es sich hier nicht darum handelte, dem geradezu fanatischen Eifer entgegenzutreten, mit dem einige Nationalökonomen immer wieder bestreiten, daß in letzter Konsequenz das Preisniveau *Wirkung* und nicht *Ursache* ist, so brauchten wir uns keine so große Mühe zu geben, diese über allen Zweifel hinaus zu beweisen. Wir sind es unserer Wissenschaft schuldig, ihre Wahrheiten darzulegen. Damit übernehmen wir die weitere Verpflichtung zu untersuchen und klarzulegen, soweit dies eben möglich ist, warum eine so offenbare Wahrheit nicht allgemein anerkannt worden ist.

Ein Grund ist bereits angeführt worden, nämlich die Befürchtung, daß die Gegner aller klardenkenden Nationalökonomen — die Anhänger fauler Währungssysteme — dadurch unterstützt und ermutigt werden könnten. Wir wollen nun unsere Aufmerksamkeit einem anderen Motive der Gegnerschaft zuwenden, und zwar der irrigen Idee, daß das Preisniveau durch andere Faktoren in der Verkehrsgleichung nicht bestimmt werden kann, weil es bereits durch andere Ursachen, gewöhnlich „Angebot und Nachfrage" genannt, bestimmt worden sei. Diese allgemeine Redensart hat für eine Unmasse von Versündigungen nachlässiger Analyse der Volkswirtschaft als Deckmantel gedient. Wer ein so unbedingtes Vertrauen in die Zulänglichkeit von Angebot und Nachfrage für die Festlegung der Preise setzt, und zwar ohne Rücksicht auf die Quantität des Geldes und der Depositen, auf die Umlaufsgeschwindigkeit und auf den Handel, dürfte in seinem Vertrauen gewaltig erschüttert werden, wenn er der Beweisführung in bezug auf die Preisbildung einzelner Artikel folgt. Er wird finden, daß zur Bestimmung der „unbekannten Größen" immer gerade eine *Gleichung fehlt*[1]). Die Verkehrsgleichung ist in jedem Falle erforderlich, um die Gleichungen von Angebot und Nachfrage zu ergänzen.

Es würde uns zu weit von unserem Wege abführen, wollten wir hier eine vollständige Darlegung der preisbestimmenden Prinzipien einschalten. Jedoch kann die Vereinbarkeit der Verkehrsgleichung mit den Gleichungen, die sich auf die individuelle Preisbildung beziehen, dem Leser für den vorliegenden Zweck genügend zum Verständnis gebracht werden, wenn auf die Unterscheidung zwischen 1. den individuellen Preisen in ihrem gegenseitigen Verhältnis und 2. dem Preis*niveau* Nachdruck gelegt wird. Die

[1]) Vgl. Irving Fisher, „*Mathematical Investigations in the Theory and Value of Prices*", *Transactions of the Connecticut Academy of Arts and Sciences*, Band IX, 1892, S. 62.

Verkehrsgleichung bestimmt nur das letztere (das Preisniveau), und nur das letztere ist Gegenstand dieses Buches. In die Diskussion über Preisniveaus die Prinzipien hineinzubringen, die die einzelnen Preise in ihrer gegenseitigen Beziehung bestimmen, würde den Leser nicht fördern, sondern nur aufhalten. Es ist erstaunlich, mit welcher Beharrlichkeit so viele an der irrigen Idee festhalten, daß ein individueller Preis, wenngleich er in Geld ausgedrückt ist, ganz und gar ohne Bezug auf Geld bestimmt werden könne. Andere erkennen minder vorurteilsvoll, aber nicht weniger konfus, zwar die Notwendigkeit an, die Geldquantität in die Ursachen der Feststellung der Preise einzuschließen, werfen sie aber in sorglosem Eklektizismus mit einer buntgemischten Menge anderer auf die Preise einwirkender Einflüsse ohne Rücksicht auf ihre gegenseitigen Beziehungen einfach durcheinander. Es sollte unbedingt anerkannt werden, daß Preis*niveaus* unabhängig von individuellen *Preisen* studiert werden müssen.

Die Berechtigung, das Studium der Preisniveaus von dem der Preise getrennt zu halten, erkennt man sofort klar und deutlich, wenn man sieht, daß die einzelnen Preise durch Angebot und Nachfrage, Geldproduktionskosten usw. nicht vollkommen bestimmt werden können, daß man vielmehr durch eine Hintertüre das Preisniveau hineinbringen muß. Wir können die Tatsache gar nicht genug hervorheben, daß die Preise von „Angebot und Nachfrage" oder den in Geld ausgedrückten „Produktionskosten" der Güter nicht vollständig bestimmt werden und bestimmt werden können. In jedem vollständig ausgedrückten Preissatze ist das *Geld* bereits inbegriffen. Immer wird die Voraussetzung eines allgemeinen Preisniveaus irgendwie vorausgesetzt. Schriftsteller wie A. D. Wells [1]) haben ernsthaft die Erklärung einer allgemeinen Veränderung der Preisniveaus in den individuellen Preisveränderungen verschiedener getrennt betrachteter Waren gesucht. Ihre Beweisführung geht zumeist nicht weiter, als einen Preissatz durch andere Preissätze erklärend auszudrücken. Wenn wir versuchen, den *Geld*preis eines fertigen Produktes durch *Geld*preissätze der Rohmaterialien dieses Produktes und andere *Geld*kosten von Produktionspreisen zu erklären, so ist es klar, daß das Problem nur verschoben wird. Wir haben dann *immer noch* die Preise zu erklären, wie sie vorher waren. In elementaren Lehrbüchern wird großer Nachdruck auf die Tatsache gelegt, daß „Angebot und Nachfrage" unvollständige Bezeichnungen sind, und daß es zur Bedeutung derselben notwendig ist, jeder den Zusatz „zu einem gegebenen Preise" beizufügen. Es muß aber auch Nachdruck darauf gelegt

---

[1]) *Recent Economic Changes*, New York (Appleton), 1890, IV. Kapitel.

werden, daß „Angebot zu einem gegebenen Preise" und „Nachfrage zu einem gegebenen Preise" *noch immer* unvollständige Bezeichnungen sind, und daß, um ihnen Sinn zu verleihen, hinzugefügt werden muß: „bei einem gegebenen Preisniveau". Die Nachfrage für Zucker bezieht sich nicht nur auf den Preis des Zuckers, sondern auch auf das allgemeine Preisniveau anderer Gegenstände. Zu zehn Cent per Pfund ist die Nachfrage für Zucker nicht nur größer als die Nachfrage zu zwanzig Cent per Pfund (bei einem gegebenen Preisniveau anderer Gegenstände) sondern die Nachfrage zu zwanzig Cent *bei einem hohen Preisniveau* ist auch größer als die Nachfrage zu zwanzig Cent *bei einem niedrigen Preisniveau.* Wenn das Preisniveau verdoppelt wird, so ist die Nachfrage zu zwanzig Cent per Pfund tatsächlich ebensogroß wie zuvor die Nachfrage zu zehn Cent per Pfund, wobei wir annehmen, daß die Verdoppelung sich in gleicher Weise auf Löhne und Einkommen im allgemeinen bezieht. Das Bedeutsame eines Dollars liegt in seiner Kaufkraft, und die Äquivalenz zwischen Zucker und Dollars ist im Grunde eine Äquivalenz zwischen Zucker und der *in Dollar ausgedrückten Kaufkraft.* Eine Veränderung in der Menge dessen, was Dollar kaufen, ist ebenso bedeutsam wie eine Veränderung in der Menge des Zuckers. Der Preis des Zuckers in Dollar hängt teils vom Zucker und teils von den Dollarn ab, — von dem, was Dollar kaufen, und zwar was sie bei dem gegebenen Preisniveau kaufen. Deshalb steckt hinter dem Zuckerpreise im besonderen, als einer der Grundfaktoren dieses besonderen Preises, das allgemeine Preisniveau. Vor einer Untersuchung des Zuckerpreises das allgemeine Preisniveau zu erörtern, ist viel notwendiger, als vor einer Untersuchung des Preisniveaus den Zuckerpreis zu studieren. Das Niveau des Meeres kann nicht durch die Höhe der einzelnen Wellen erklärt werden, sondern es kann der Charakter dieser Wellen zum Teil aus dem allgemeinen Meeresniveau seine Erklärung finden. Jede „Angebotskurve" oder „Nachfragekurve" beruht auf der unbewußten Voraussetzung eines bereits bestehenden Preisniveaus. Obwohl sich die Kurven auf eine Ware beziehen, so beziehen sie sich auf diese im Vergleiche mit dem Gelde. Ein Preis ist ein Austauschverhältnis zwischen der Ware und dem Gelde. Die Geldseite jedes Austausches darf niemals vergessen werden und auch die Tatsache nicht, daß schon in der Vorstellung des Käufers das Geld als ein allgemeines Kaufmittel figuriert. Obwohl jeder Käufer und Verkäufer, der einen Preis für irgendeine Ware fordert oder anbietet, stillschweigend eine gegebene Kaufkraft des geforderten oder angebotenen Geldes voraussetzt, so ist er sich dessen gewöhnlich ebenso unbewußt wie der Beschauer eines Bildes sich der Tatsache unbewußt ist, daß er den Hintergrund des Bildes benützt, um daran die Gestalten im Vordergrunde zu messen. Wenn das allgemeine Niveau sich verändert, so verändern sich folglich die Angebot- und Nachfragekurven der in Betracht kommenden einzelnen Ware dementsprechend. Wenn die Kaufkraft des Dollars auf die Hälfte ihrer früheren Ziffer reduziert wird, so verdoppelt sich die Höhe dieser Kurven, denn jedermann gibt oder empfängt dann für ein gegebenes Quantum der Ware das Doppelte des früheren Geldes. Wenn durch Einwirkung spezieller Ursachen auf eine spezielle Ware die Angebot- und Nachfragekurven dieser Ware und ihr Schnittpunkt erhöht oder erniedrigt werden, so müssen sich die Angebot- und Nachfragekurven anderer Güter in der entgegengesetzten Richtung verändern. Das heißt, wenn eine Ware im Preise steigt (ohne irgendeine Veränderung ihrer vorhandenen Menge oder anderer gekaufter und verkaufter Gegenstände und ohne jedwede Veränderung des Bestandes an Umlaufsmitteln oder der Umlaufsgeschwindigkeit), dann müssen andere Waren im Preise *fallen*. Das Geld, das für diese Ware mehr ausgegeben wird, muß von anderen Einkäufen abgezogen werden. Mit anderen Worten: Die Wellenberge in der See der Preise haben Wellentäler. Dies ist aus der Verkehrsgleichung zu ersehen. Wenn wir die Geldquantität und ihre Umlaufsgeschwindigkeit als unverändert annehmen, bleibt die linke Seite der Gleichung dieselbe und die rechte Seite muß daher ebenfalls unverändert bleiben. Infolgedessen muß jede Zunahme eines ihrer vielen Glieder, die durch eine Erhöhung eines individuellen Preises veranlaßt worden ist, auf Kosten der übrigen Glieder erfolgen.

Es ist natürlich richtig, daß ein Sinken des Preises einer einzelnen Ware gewöhnlich von einem Anwachsen ihrer ausgetauschten Menge begleitet ist, so daß das Produkt beider nicht notwendig fällt, sondern womöglich sogar steigt, wenn nämlich die ausgetauschte Menge genügend steigt. Da die rechte Seite der Gleichung dieselbe bleibt, bedeutet die Wirkung der Zunahme des einen oder anderen Gliedes in diesem Falle notwendigerweise eine Abnahme in den anderen, und die übrigen Glieder der rechten Seite müssen bis zu einem gewissen Grade abnehmen. Das Ergebnis kann dann ein allgemeines oder sogar ein universelles Fallen der Preise sein. Doch selbst in diesem Falle steht das Sinken des Preisniveaus mit dem Sinken des Preises der besonderen Ware nicht direkt in Verbindung, sondern es ist der Zunahme der ausgetauschten Menge dieser Ware zuzuschreiben [1]).

Der rückwirkende Einfluß des Preises einer Ware auf die Preise anderer Waren darf niemals aus dem Auge gelassen werden. Manche Verwirrung

---

[1]) Der weiteren Erläuterung dient § 2 des Anhanges zu diesem Kapitel VIII.

könnte vermieden werden, wenn jeder Versuch, direkt von individuellen Preisen zu folgern, aufgegeben würde. Fortschritte in der Produktionstechnik wirken auf die jeweilige Preislage nur insofern ein als sie den Umfang der erledigten Geschäfte beeinflussen. Jede rationelle Untersuchung der Einwirkung von Verbesserungen der Produktionsmethoden auf das Preisniveau sollte daher die Aufmerksamkeit zunächst auf den sich ergebenden Handelsumfang lenken und ausfindig zu machen suchen, ob dieser seinerseits die Preise aufwärts und abwärts bewegt.

Als eine der mutmaßlichen Ursachen der heutigen hohen Preise, die in jetziger Zeit so lebhaft erörtert werden, werden die Industrie- und Arbeitnehmerverbände angesehen. Aus dem Gesagten muß aber hervorgehen, daß, *ceteris paribus*, die Trusts durch Manipulation der Preise spezieller Waren das allgemeine Preisniveau nicht anders beeinflussen können, als durch Änderungen des Umsatzes. Wenn die Preise einer Ware ohne eine Veränderung ihres Umsatzes abnehmen oder zunehmen, so wird die Wirkung auf das Preisniveau durch ausgleichende Veränderungen in anderen Preisen aufgehoben. Wenn die Arbeitnehmerverbände die Löhne zu erhöhen suchen und die Trusts die Warenpreise erhöhen, so kann allgemein die Preislage aller Waren steigen oder fallen; steigen kann sie aber nur durch eine allgemeine Abnahme der verkauften Quantitäten der Waren, der Arbeit usw. oder durch eine Zunahme an Umlaufsmitteln, oder durch eine Zunahme der Umlaufsgeschwindigkeit. Wenn weder eine Zunahme noch eine Abnahme im Geschäftsvolumen eintritt, und wenn die Quantität sowie die Umlaufsgeschwindigkeit des Geldes und dessen Surrogate unverändert bleiben, kann sich das Preisniveau nicht verändern. Änderungen in Teilen des Preisniveaus können nur auf Kosten von entgegengesetzten Änderungen in anderen Teilen stattfinden.

Wir haben gesehen, daß das Preisniveau nicht durch individuelle Preise bestimmt wird, sondern daß im Gegenteil jeder individuelle Preis ein Preisniveau voraussetzt. Ebenso sahen wir, daß die vollständige und einzige Erklärung eines Preisniveaus in den Faktoren der Verkehrsgleichung und in ihnen zugrunde liegenden Ursachen zu suchen ist. Die in bezug auf die einzelnen Preise benützten Ausdrücke „Nachfrage“ und „Angebot“ haben keinerlei Bedeutung für die Erklärung eines Steigens oder Fallens der jeweiligen Preis*niveaus*. Wenn wir die auf die individuellen Preise gerichtete Einwirkung betrachten, so sagen wir, daß eine Zunahme des Angebots die Preise drückt, eine Zunahme in der Nachfrage hingegen die Preise in die Höhe treibt. Wenn wir aber die Einflüsse, die auf die Preis*niveaus* einwirken, betrachten, haben wir es mit ganz anderen Begriffen zu tun, und wir dürfen den Lehrsatz, daß eine Zunahme im *Handel* (in den Q) die Tendenz hat, das Preis*niveau* zu drücken, nicht mit dem Satze verwechseln, daß eine Zunahme im Angebot darauf gerichtet ist, einen individuellen Preis zu drücken. Der Handel (die Q) ist kein Angebot, denn er hat tatsächlich ebensowenig damit zu tun wie mit der Nachfrage. Die Q sind vielmehr die letzten Endes von den Produzenten verkauften und von den Abnehmern gekauften Quantitäten.

Es soll hier ein Paradoxon aufgestellt werden, das dazu dienen soll, den Unterschied zwischen der Bestimmung individueller Preise in Beziehung zueinander und der Bestimmung des allgemeinen Preisniveaus klar und deutlich darzulegen. Das Paradoxon besteht darin, daß, wenn auch eine erhöhte Nachfrage für eine einzelne Ware eine größere Konsumtion *zu höherem Preise* ergibt, eine erhöhte allgemeine Nachfrage nach Gütern dennoch zu einem größeren Handel (den Q) *zu niedrigeren Preisen* führen wird.

Wir können also nicht direkt von den besonderen auf die allgemeinen Preise schließen, sondern nur indirekt unter Berücksichtigung der Wirkungen auf die Quantitäten Schlüsse ziehen. Durch das Steigen eines individuellen Preises wird das allgemeine Preisniveau manchmal erhöht und manchmal erniedrigt [1]). Um eine physikalische Parallele zu ziehen, wollen wir annehmen, daß tausend Pfähle in Flugsand getrieben worden sind, und daß der Besitzer beabsichtigt, ihr Niveau um einen Fuß zu erhöhen. Er verschafft sich Krahne, setzt sie auf die Pfähle und hebt einen Pfahl um einen Fuß. Sodann werden alle tausend Pfähle einer nach dem anderen emporgezogen. Jedesmal aber, wenn ein Pfahl einen Fuß emporgezogen wurde, wurden 999 über $^1/_{999}$ eines Fußes hinuntergestoßen und nach Fertigstellung der Arbeit wird der Mann finden, daß seine tausend Pfähle niedriger stehen als zuvor. Bei jedesmaligem Emporheben eines Pfahles ist das Durchschnittsniveau aller Pfähle gefallen.

Die Behauptung, daß eine allgemeine Erhöhung in der Nachfrage, die eine Zunahme im Handel zur Folge hat, die Tendenz zeigt, das allgemeine Preisniveau zu erniedrigen und nicht zu erhöhen, kann man als eine Art *pons asinorum* betrachten, um seine Kenntnis des fundamentalen Unterschiedes zwischen den Einwirkungen, die das allgemeine Preisniveau, und denen, die das Steigen und Fallen eines besonderen Preises im Verhältnis zu diesem Niveau berühren, zu prüfen.

---

[1]) Zur weiteren Erläuterung vergleiche § 2 des Anhanges zu diesem Kapitel VIII.

§ 9.

Wir haben gesehen, daß die verschiedenen in der Verkehrsgleichung auftretenden Faktoren nicht auf einer und derselben kausalen Grundlage beruhen. Die Preise bedeuten das passive Element und ihr allgemeines Niveau muß sich nach den anderen Faktoren richten. Kurz zusammengefaßt sind die kausalen Lehrsätze, die wir unter normalen Verhältnissen, d. h. nachdem die Übergänge vollzogen sind, richtig befunden haben, die folgenden:

1. Eine Zunahme der Geldquantität (G) führt zu einer proportionalen Zunahme der Depositen (G') und die Zunahme dieser beiden Faktoren (G und G') zu einer proportionalen Preiserhöhung.

2. Eine Zunahme der Geldquantität in einem Lande hat die Tendenz, sich auf andere Länder, in denen dasselbe Geldmetall zur Verwendung kommt, und auf die goldverwendenden Gewerbe auszubreiten, sobald die Preisniveaus oder der relative Wert des Geldes und des Barrenmetalls genügend abweichen, um den Export oder das Einschmelzen des Geldmetalls gewinnbringend zu gestalten, sowie die Weltpreise in geringem Maße zu erhöhen.

3. Eine Vermehrung der Depositen (G') im Verhältnis zum Gelde (G) führt ebenfalls zur Verdrängung und Einschmelzung von Geldmünzen und erhöht die Weltpreise.

4. Eine Zunahme der Geschwindigkeiten bringt ähnliche Wirkungen hervor.

5. Eine Zunahme des Handelsvolumens (der Q) führt nicht nur zu einer Erniedrigung der Preise sondern auch zu einer Erhöhung der Geschwindigkeiten und Depositen im Verhältnis zum Gelde und dadurch zu einer teilweisen oder gänzlichen Neutralisierung der genannten Preiserniedrigung.

6. Das Preisniveau ist die Wirkung einer Veränderung in den anderen Faktoren und kann nicht die Ursache einer solchen Veränderung sein.

7. *Außerhalb* der Verkehrsgleichung können unzählige Ursachen auf G, G', U, U' und die Q einwirken und durch sie die p beeinflussen. Unter diesen äußeren Ursachen befinden sich die Preisniveaus in den benachbarten Ländern.

8. Der Kausalnexus individueller Preise kann die Preise nur in ihrem Gegenseitigkeitsverhältnis erklären. Sie kann dagegen nicht das allgemeine Preisniveau in seinem Verhältnis zum Gelde erklären.

9. Einige der vorstehenden Lehrsätze sind während Übergangsperioden

geringfügigen Modifikationen unterworfen. So ist es zum Beispiel richtig, daß eine Zunahme in der Quantität des Geldes (G) abgesehen von den vorerwähnten Wirkungen das Verhältnis von G' zu G zeitweilig verändert, zeitweilige Störungen von U, U' und in den Q hervorruft und einen „Kreditzyklus“ hervorruft.

Unsere Schlußfolgerung in bezug auf Ursachen und Wirkungen geht demnach im allgemeinen dahin, daß unter normalen Verhältnissen das Preisniveau (die p) die Wirkung aller anderen Faktoren in der Verkehrsgleichung (G, G', U, U' und der Q) ist; weiter, daß unter diesen anderen Faktoren die Depositen (G') hauptsächlich vom Gelde abhängen, wenn das Verhältnis von G' zu G ein normales ist; ferner, daß dieses Verhältnis zum Teil das Ergebnis des Handels (der Q) ist; daß U und U' ebenfalls zum Teil die Ergebnisse der Q sind, und daß alle diese Größen, G, G', U, U' und die Q, die Wirkungen vorangehender und außerhalb der Verkehrsgleichung liegender Ursachen *ad infinitum* sind.

Zusammenfassend können wir nichts entdecken, was gegen die Wahrheit der Quantitätstheorie, daß Veränderungen im Gelde (G) unter normalen Verhältnissen Veränderungen in den Preisen hervorbringen, eingewandt werden könnte.

IX. Kapitel.

Die Zerstreuung der Preise macht eine Indexnummer für die Kautkraft erforderlich.

§ 1.

Wir sind zu dem Schlusse gekommen, daß das allgemeine Preisniveau von den anderen Größen in der Verkehrsgleichung bestimmt wird, haben aber bisher noch nicht genau festgestellt, was ein „allgemeines Niveau“ bedeutet. Solange wir, wie dies bisher der Fall war, annahmen, daß sich alle Preise in vollständiger Übereinstimmung bewegen, erübrigte sich eine solche Definition. Tatsächlich bewegen sich aber die Preise niemals in vollkommen einheitlicher Richtung. Ihre Dispersion würde das statistische Studium der allgemeinen Preisbewegungen unmöglich machen, wenn es keine praktische Methode der Feststellung der allgemeinen Bewegung gäbe. Eine einfache Ziffer, welche die allgemeine Richtung Tausender von Preisen angibt, bietet einen großen statistischen Vorteil. Sie vereinfacht auch unsere Verkehrsgleichung, indem sie die rechte Seite, die ursprünglich aus Tausenden von einzelnen Posten besteht, einfach in einem einzigen Posten zusammenfaßt.

Eine solche zusammenfassende Ziffer wird „Indexnummer" oder „Indexziffer" des Preisniveaus genannt. Ihr Gegenwert bedeutet natürlich die Kaufkraft des Geldes.

Das vorliegende Kapitel soll demnach von der Dispersion (der Zerstreuung) der Preise handeln; das nächste Kapitel behandelt Indexnummern, deren Benützung diese Dispersion praktisch notwendig macht und in den beiden folgenden Kapiteln werden wir uns mit dem praktischen statistischen Gebrauch von Indexziffern beschäftigen.

Der Hauptschluß unserer vorhergehenden Untersuchung war, daß unter sonst gleichen Umständen die Zunahme im Gelde ein proportionales Steigen des Preisniveaus verursacht. Mit anderen Worten: Die p in der Summe ΣpQ haben die Tendenz, im Verhältnis zur Zunahme des Geldes zu steigen. Wir wissen nun aber, daß die Anpassung nicht notwendigerweise gleichmäßig sein muß, daß vielmehr, wenn einige p nicht soviel wie es diesem Verhältnis entspräche, steigen, andere dafür mehr steigen müssen. In dieser Verbindung bemerken wir, daß sich einige Preise nicht sofort und andere überhaupt nicht anpassen. Das letztere gilt zum Beispiel von kontraktlich festgesetzten Preisen. Vom Tage der Kontraktschließung ab bis zu dem Tage seiner Erfüllung kann keinerlei Veränderung, die während dieser Zeit in Kraft tritt, auf einen derartig festgesetzten Preis einwirken. Selbst wenn es sich nicht um ausdrückliche Kontrakte handelt, können die Preise durch stillschweigendes Einverständnis und durch die bloße Macht der Gewohnheit der Anpassung entzogen bleiben. Außer diesen Beschränkungen der freien Preisbewegung gibt es oft gesetzliche Beschränkungen. So zum Beispiel kann den Eisenbahngesellschaften untersagt werden, von einem Fahrgast über zwei Cent für die Meile zu verlangen, oder es kann das Fahrgeld auf Straßenbahn auf fünf oder drei Cent festgelegt werden.

Was immer auch die Ursachen der Nichtanpassung sein mögen, das Resultat ist, daß die Preise, die sich verändern, sich in einem größeren Verhältnis verändern müssen, als dies der Fall sein würde, wenn es keine Preise gäbe, die sich nicht verändern. Ebenso wie eine über den halben Lauf eines Stromes gelegte Sperrung eine Zunahme des Gefälles der anderen Hälfte des Stromes verursacht, so muß jeder Ausfall in der Bewegung der einen Preise ein Mehr in der Bewegung anderer Preise verursachen.

Um uns ein Bild von den Gruppen der steigenden und fallenden Preise zu machen, müssen wir das ganze Gebiet der Preise überblicken. Preise, die so wie wir sie zu messen gewöhnt sind, d. h. in Geld ausgedrückt werden, stellen die Austauschverhältnisse zwischen anderen Gütern und Geld dar. Der Ausdruck „Güter" ist, wie bereits früher erklärt wurde, ein Kollektivausdruck, der allen Reichtum, alles Eigentum und alle Nutz- und Dienstleistungen umfaßt; dies sind alle dem Verkaufe unterworfenen Größen. Die wichtigsten Unterklassen dieser drei Gruppen, die Verkäufen zugrunde liegen, können folgenderweise eingeteilt werden.

Reichtum	Grundbesitz Waren
Eigentum	Aktien Obligationen Hypotheken Privatnoten Wechsel auf Zeit
Nutz- und Dienstleistungen	gepachteten Grundbesitzes gemieteter Waren gedungener Arbeiter einiger oder aller dieser Ertragsquellen zusammengenommen.

Die Preise dieser verschiedenen Güterklassen können sich nicht vollkommen gleichmäßig auf- und abbewegen. Die einen sind bedeutend anpassungsfähiger als die anderen. Eine vollkommene Anpassungsfähigkeit aller Preise können wir uns nur vermöge höchst künstlicher Hypothesen denken. Die Reihenfolge der Preise nach der Anpassungsfähigkeit mit der geringsten beginnend kann ungefähr wie folgt angegeben werden[1].

1. Stipulierte Preise von Eigentum und Dienstleistungen, besonders bei langfristigen Kontrakten; hierzu gehören: Obligationen, Hypothekenscheine, Nutznießung von Grundbesitz durch Verpachtung.

2. Stipulierte Preise von Eigentum und Dienstleistungen, in denen es sich um Abschlüsse für kürzere Zeit handelt; in diesen sind Wechsel, Nutznießung von gepachtetem Grundbesitz und von Waren, Dienstleistungen von Arbeitern usw. inbegriffen.

[1] Vgl. Jevons's vortreffliche „*Classification of Incomes according as they suffer from Depreciation*", *Investigations in Currency and Finance*, London (Macmillan), 1884, Seite 80 und weiter unten. Siehe auch *The Gold Supply and Prosperity*, herausgegeben von Byron W. Holt, New York (The Moody Corporation), 1907, besonders den auf S. 193 beginnenden Schluß oder Überblick des Herausgebers.

3. Preise aus Geldmetall verfertigter Waren.
4. Preise der Ersatzmittel für genannte Waren.
5. Gesetzlich geregelte Preise, wie Gerichtsgebühren, Postporti, Wege- und Brückengelder, Gebühren für den Gebrauch öffentlicher Anstalten, Gehälter usw.
6. Durch Brauch und Sitte festgesetzte Preise, wie Honorare von Ärzten, Lehrergehälter usw. und bis zu einem gewissen Grade Löhne.
7. Bodenpreise.
8. Preise der meisten Waren im Kleinhandel.
9. Preise der meisten Waren im Großhandel.
10. Effektenkurse

Nehmen wir zum Beispiel Obligationen und Hypotheken. Um die Preise dieser Wertpapiere vollkommen anpassungsfähig zu gestalten, müßten wir nicht nur annehmen, daß eine Einschränkung durch Brauch oder Gesetz nicht vorhanden sei, sondern auch, daß die Kontrakte mit jedem neuen Preisniveau wieder vollkommen erneuert würden. Wir müßten zum Beispiel annehmen, daß, nachdem sich das Preisniveau um das Doppelte erhöhte, weil sich der Umlaufsmittelbestand verdoppelte, aus einer Obligation zu 1000 Dollar eine solche zu 2000 Dollar werden würde. Offenbar ist dies nicht der Fall. Außer den in der Zwischenzeit fälligen Zinsen kann der Inhaber dieser Obligation an ihrem Fälligkeitstage nur 1000 Dollar verlangen. Er erhält nicht mehr, selbst wenn sich auch das Preisniveau mittlerweile verdoppelt hat. Es ist richtig, daß eine Veränderung im Preisniveau mit der Zeit das Volumen neuer Anleihen verändert. Bei hohen Preisen muß ein Kaufmann, der ein gegebenes Warenlager sich verschaffen will, eine größere Summe ausborgen als bei niedrigen Preisen. Die Beträge von Privatnoten und von Wechseln müssen auf das Doppelte der Summen lauten, die nötig wären, wenn sich das Preisniveau nicht verdoppelt hätte. Ebenso muß eine Gesellschaft, die Obligationen für neue Projekte ausgibt, solche in größerem Maßstabe ausgeben. Die emittierten Obligationen hingegen können bei Veränderungen im Preisniveau nicht in dieser Weise angepaßt werden. Während der Zeit ihrer Emission und Fälligkeit können ihre Preise nur geringfügig variieren. Die Tatsache, daß der Nominalwert dieser Obligationen in Geld ausgedrückt ist, setzt ihrem Preise sehr enge Grenzen [1]). Wenn infolge einer Verdoppelung in der Quantität des Geldes, der in Geld be-

[1]) Siehe den Artikel von Walter S. Logan über die „*Duty of Gold*" in *The Gold Supply and Prosperity*, herausgegeben von Byron W. Holt, New York (The Moody Corporation), 1907, S. 106. Siehe auch Ricardo, „*Essay on the High Price of Bullion*", Works, 2. Aufl. London (Murray), 1852, S. 287.

messene Kapitalwert und Gewinn einer Eisenbahngesellschaft auch verdoppelt würde, kann der Obligationsinhaber deswegen für seine Obligation nicht mehr Geld beanspruchen. Der Wert der Obligation wird von der Bilanz und vom Gewinn der Eisenbahn nicht sonderlich berührt, solange diese ausreichen, um den Wert der Obligation zu verbürgen. Die Obligation ist ein Übereinkommen, bestimmte Summen zu bestimmten Zeiten zu zahlen. Sie repräsentiert einen beschränkten, aus dem Eisenbahnertrag abgeleiteten Geldwert. Die einzige Art und Weise, in der der Geldpreis einer Obligation oder einer verkäuflichen Schuld überhaupt variieren kann, wird durch Schwankungen des Zinsfußes und durch Veränderungen im Grade der Zahlungsgewißheit veranlaßt. Nur soweit diese Punkte durch die Veränderungen des Geldvolumens berührt werden, wird der Wert von Obligationen beeinflußt. So haben wir gesehen, daß eine Inflation während ihrer Dauer den Zins erhöht [1]). Sie erniedrigt daher während einer Übergangsperiode den Preis der Obligationen [2]). Wenn ferner gewaltige Veränderungen im Preisniveau die Anzahl der Zahlungseinstellungen vermehren oder vermindern, so wirken diese hierdurch auf den Grad der Zahlungsgewißheit und infolgedessen auf den Wert der Obligationen ein. Doch ist eine derartige Einwirkung auf die Preise solcher in Geld ausgedrückter Wertpapiere von geringerer Bedeutung, als die gewöhnliche Wirkung einer künstlichen Preissteigerung oder eines Preissturzes auf die jeweilige Preislage und auch ganz verschiedenen Charakters.

Die Haupteigentümlichkeit dieser Eigentumsformen liegt demnach in der Tatsache, daß sie in *Geld* ausgedrückt und daher gezwungen sind, sich in gewissen besonderen Beziehungen zum Gelde zu halten. Da sie auf Kontrakte gegründet sind, deren Geldbedingungen während eines gegebenen Zeitraumes nicht verändert werden dürfen, sind sie der gleichen Einwirkung wie anderes Eigentum nicht ausgesetzt. Das Vorhandensein solcher Kontrakte stellt eines der Hauptargumente für ein Umlaufsmittelsystem dar, bei dem die Ungewißheiten der Kaufkraft auf ein Minimum reduziert sind. Eine unbeständige Geldwährung wirkt störend auf die Kontrakte ein und entmutigt deren Abschluß.

Je länger die Zeitdauer des Kontraktes, desto größer ist die Nichtanpassungsfähigkeit an Preisänderung. Eine Obligation auf fünfzig Jahre bedeutet gewöhnlich verhältnismäßige Preisbeständigkeit für ein halbes

[1]) Siehe oben Kapitel IV, § 1.

[2]) Siehe den Artikel von Robert Goodbody, „*More Gold means Higher Time" Money and Lower Bond Prices*" in *The Gold Supply and Prosperity*, herausgegeben von Byron W. Holt, New York (The Moody Corporation) 1907, S. 163 und weiter unten.

Jahrhundert. Erst am Schlusse dieser Zeit können, wenn eine Preissteigerung eingetreten ist, zum Einkauf von Gütern *de novo* ausgegebene Obligationen in entsprechend größerer Anzahl oder zu entsprechend größerem Nennwert emittiert werden. Ein Wechsel auf dreißig Tage hingegen, der sich im Preise nicht viel verändern kann, wird nach Ablauf eines Monats annulliert. Die relative Preisbeständigkeit ist daher von kürzerer Dauer.

Eine spezielle Klasse von Gütern, deren Preise nicht wie andere Preise bedeutend schwanken können, stellen jene besonderen Waren dar, die ganz oder zum größten Teil aus Geldmetall bestehen. Daher variieren die Preise für das in der Zahnheilkunde benötigte Gold, für goldene Ringe und Ornamente, goldene Taschenuhren, goldgefaßte Augengläser, vergoldete Bilderrahmen usw. in einem Lande mit Goldwährung nicht in gleichem Maße wie die anderen Preise, sondern viel weniger. Je mehr der Preis des Artikels vom Golde, als einem seiner Rohmaterialien, abhängt, desto geringer sind die Schwankungen.

Aus der Tatsache, daß aus Gold verfertigte Artikel auf diese Weise im Werte mehr oder weniger von der Goldwährung abhängen, folgt ferner, daß die Preise der Ersatzstoffe solcher Artikel die Tendenz haben, weniger zu variieren als die Preise im allgemeinen. In diesen Substituten sind silberne Taschenuhren, silberne Ornamente und verschiedene andere Juwelierwaren inbegriffen, ohne Rücksicht darauf, ob sie Gold enthalten oder nicht. Es ist ein Grundprinzip des Verhältnisses der einzelnen Preise zueinander, daß sich die Preise der Substitute gleichmäßig mit den durch sie ersetzten Waren bewegen. Im Falle vollkommenen Ersatzes müssen die Preise stets gleich sein oder in einem festen Verhältnisse zueinander stehen [1]).

Die übrigen Posten unserer Aufstellung bedürfen keines Kommentars. Die unvollkommene Anpassungsfähigkeit der durch das Gesetz und den Brauch festgesetzten Preise und die vollkommene Anpassungsfähigkeit der Großhandelpreise von Waren und die von Aktien sind jedermann bekannt.

§ 2.

Die Tatsache, daß Löhne, Gehälter, der Preis von Gold in anderer als in Geldform usw. und besonders die Preise von Obligationen und anderen Wertpapieren gleichen Wesens sich nicht im Verhältnis zu den Schwankungen des Geldbestandes verändern können, bedeutet also, daß sich die Preise

---

[1]) Siehe Irving Fisher, „*Mathematical Investigations in the Theory of Value and Prices*“, *Transactions of the Connecticut Academy of Arts and Sciences*, 1892, S. 66 und weiter.

anderer Dinge wie Waren im allgemeinen und Aktien, viel mehr als dem Verhältnis entsprechen würde, verändern müssen. Diese Überempfindlichkeit gegen die Einwirkung des Umlaufsmittelbestandes (oder der Umlaufsgeschwindigkeit oder aber des Geschäftsvolumens) besteht besonders für Aktien. Würde der Geldwert einer Eisenbahn verdoppelt, so hätte dies, da der Geldwert der Obligationen nicht merklich steigen könnte, zur Folge, daß der Geldwert der Aktie sich mehr als zu verdoppeln hat. Aktien sind Anteile an greifbarem Reichtum, dessen Wert in Geld Schwankungen unterworfen ist. Da der Geldpreis von Obligationen verhältnismäßig unelastisch ist, so schwankt der der Aktien mehr als der Preis dieses Reichtums im ganzen genommen. Der Grund ist darin zu suchen, daß diese Wertpapiere nicht nur die allgemeine Bewegung verspüren, die von allen anpassungsfähigen Elementen empfunden wird, sondern daß sie auch noch einer speziellen Anpassung unterworfen sind, um die starre Nichtanpassungsfähigkeit der mit ihnen verbundenen Obligationen auszugleichen.

Um dies zu illustrieren, wollen wir die rechte Seite der Verkehrsgleichung als aus folgenden Elementen bestehend annehmen:

Verschiedene anpassungsfähige Elemente, z. B. Waren, im Werte von.....	$ 95,000,000
Fünftausend Aktienscheine zu $ 1000 per Aktie im Gesamtwert von......	$ 5,000,000
Fünftausend Obligationen zu $ 1000 per Stück, denen derselbe Reichtum zugrunde liegt, im Werte von insgesamt........................	$ 5,000,000
Verschiedene nichtanpassungsfähige Elemente, wie etwa andere Obligationen, Noten, Staatsgehälter, staatliche Abgaben, Gold für die Zahnärzte usw. im Werte von insgesamt	$ 20,000,000
	$ 125,000,000

Nehmen wir an, daß, ohne irgendwelche Veränderung in den Geschwindigkeiten des Geldumlaufes oder im Geschäftsvolumen, eine Zunahme von 40% im Bestande der Umlaufsmittel eintritt. Der Gesamtwert der ausgetauschten Güter muß sich dann von $ 125,000,000 auf $ 175,000,000 erhöhen. Setzen wir nun den Fall, daß die beiden letzten Posten absolut anpassungsunfähig sind; alsdann kann kein Bruchteil der Erhöhung um $ 50,000,000 durch eine Veränderung in diesen Posten erfolgen, die Summen bleiben nach wie vor $ 5,000,000 und $ 20,000,000 oder zusammengenommen $ 25,000,000. Infolgedessen müssen die ersten beiden Posten um das Ganze der $ 50,000,000 steigen, und zwar von $ 100,000,000 auf $ 150,000,000 oder um 50%. Um diese Erhöhung von $ 50,000,000 auf die ersten beiden, also auf die anpassungsfähigen Posten zu verteilen, wollen wir weiter annehmen, daß die gesamten $ 10,000,000, die den Wert des tatsächlichen Reichtums repräsentieren, der zur einen Hälfte aus Aktien und zur anderen Hälfte aus

Obligationen besteht, in demselben Verhältnis steigen wie die $ 95,000,000, die den Wert der anpassungsfähigen Elemente darstellen. Offenbar steigt nun das Ganze (alle drei Posten umfassend) von $ 105,000,000 auf $ 155,000,000, was eine Zunahme von 47,6% ergibt. Dies ist demnach der gemeinschaftliche Prozentsatz, der sich unserer Annahme gemäß gleichmäßig auf den ersten Posten und die Kombination des zweiten und dritten Postens bezieht. Hinsichtlich des ersteren ergibt dies eine Zunahme von $ 95,000,000 auf $ 140,200,000 und mit bezug auf den letzteren eine solche von $ 10,000,000 auf $ 14,800,000. Da aber die Hälfte des Eigentums aus Obligationen besteht, die sich nicht erhöhen können, so muß die ganze Erhöhung und zwar die Summe von 4,800,000 den Aktien allein zukommen. Diese steigen infolgedessen von $ 5,000,000 auf $ 9,800,000, was eine Erhöhung von 96% bedeutet. Die vier Posten verändern sich sodann folgendermaßen:

Der erste Posten steigt im Werte von $ 95,000,000 auf $ 140,200,000 oder um 47,6 %.
Der zweite Posten von $ 5,000,000 auf $ 9,800,000 oder um 96%.
Der dritte und vierte Posten weisen keinerlei Veränderung auf.
Alle zusammen steigen von $ 125,000,000 auf $ 175,000,000 oder um 40%.

Neben der Dispersion der Preisveränderungen, die durch die Tatsache hervorgerufen werden, daß manche Preise bereitwilliger als andere auf die Veränderungen der die Preisniveaus bestimmenden Faktoren *G*, *G'*, *U*, *U'* und in den *Q* reagieren, wird eine weitere Zerstreuung der Preise durch die Tatsache bewirkt, daß die speziellen Kräfte von Angebot und Nachfrage bei jedem einzelnen Preise in Tätigkeit sind und Schwankungen in ihrem Verhältnis zueinander verursachen. Obwohl diese Kräfte, wie wir früher nachdrücklich hervorgehoben haben, nicht notwendigerweise auf das allgemeine Preisniveau einwirken, so beeinflussen sie doch die Anzahl und die Ausdehnung individueller Abweichungen über und unter diesem allgemeinen Niveau. Jeder individuelle Preis hat seine eigene Schwankung.

Unter den speziellen Faktoren, die sich durch Angebot und Nachfrage geltend machen, sind Veränderungen im Zinsfuß besonders zu erwähnen. Eine Schwankung des Zinsfußes, gleichviel ob sie Geldveränderungen zuzuschreiben ist oder nicht, wird dazu führen, die Preise der verschiedenen Artikel in verschiedenen Richtungen oder in verschiedenem Grade zu variieren. Der Preis aller Güter, deren Nutzung in ferner Zukunft bevorsteht, hängt vom Zinsfuß ab. Als maßgebendes Beispiel sind Obligationen und andere Wertpapiere anzuführen. Ein anderes gutes Beispiel bilden Grund und Boden. In dem Falle, wo es sich um landwirtschaftliche Grundstücke handelt, die einen stetigen Pachtzins abwerfen, verursacht eine Herabsetzung des Zinsfußes eine Wertzunahme im umgekehrten Verhältnis. Wenn der Zins von 5% auf 4% fällt, so erhöht sich der Wert im Verhältnis 4 zu 5. Wenn die Nutzungen oder Dienstleistungen sich nicht gleichmäßig auf jedes Jahr verteilen, sondern auf ferne Zeiten aufgespart werden, so kann der Preis gegen eine Veränderung im Zinsfuß noch immer empfindlich sein. Im Falle von Ländereien, die zur Forstkultur verwandt werden, und deren Bestände in einem halben Jahrhundert gefällt werden sollen, ist der Wert äußerst empfindlich. Ein Fallen im Zinsfuß von 5% auf 4% verursacht ein Steigen im Werte der Ländereien nicht im Verhältnisse von 4 zu 5, sondern beinahe von 4 zu 7 [1]). Bergwerksgrundstücke oder Steinbrüche hingegen mit nur beschränkter Lebensdauer sind weniger empfindlich. Dasselbe gilt auch von Wohnungsstätten, Maschinerie, Inventarstücken und anderen haltbaren oder nicht unzerstörbaren Gegenständen und so weiter die Stufenleiter hinab, bis wir auf leicht verderbliche und vergängliche Waren kommen, wie z. B. Nahrungsmittel und Kleidungsstücke, die von den Veränderungen im Zinsfuß nur indirekt beeinflußt werden.

Es ist also klar, daß sich die Preise stetig *im Verhältnis zueinander* verändern müssen, was auch immer mit ihrem allgemeinen Niveau geschieht. Es ist ebenso nutzlos, auf eine gleichförmige Preisbewegung zu rechnen, wie eine gleichförmige Bewegung aller Bienen in einem Schwarm zu erwarten. Und ebenso vergeblich ist es, die Existenz einer *allgemeinen* Preisbewegung zu verleugnen, weil sich die Einzelpreise nicht in gleicher Weise bewegen, wie die allgemeine Bewegung eines Bienenschwarms zu verleugnen, weil die einzelnen Bienen verschiedene Bewegungen haben.

§ 3.

Den Veränderungen in einem einzelnen Preis entsprechend, gibt es Veränderungen in der *Quantität* der gegebenen Ware, die zu diesem Preise ausgetauscht wird. Mit anderen Worten: Sobald sich ein p verändert, verändert sich das mit ihm in Verbindung stehende Q ebenfalls, und zwar deshalb, weil gewöhnlich jeder auf den Preis einer Ware ausgeübte Einfluß auch ihre Konsumtion berührt. Veränderungen in Angebot oder Nachfrage oder in beiden bewirken Veränderungen in der ausgetauschten Quantität. Noch anders ausgedrückt: Der Schnittpunkt der Angebot- und

---

[1]) Aus Zahlen, die den Waldertrag von Weimutskiefern in New Hampshire darstellen, *New Hampshire Forestry Commission Report*, 1905—1906, S. 246. Siehe F. R. Fairchild, „*Taxation of Timberland*“, *Report of the National Conservation Commission*, 60. Kongreß, 2. Session, Senatsdokument 676, Bd. II, S. 624.

Nachfragekurve kann sich ebensowohl in wagrechter wie in senkrechter Richtung bewegen.

Durch diese Änderung der Q tritt eine neue Verwicklung ein. In mehreren unserer vorhergehenden Erörterungen haben wir, was theoretisch zulässig ist, angenommen, daß, während wir die Veränderungen in den p untersuchen, die durch Veränderungen des Bestandes der Umlaufsmittel oder der Umlaufsgeschwindigkeiten veranlaßt wurden, alle Q unverändert blieben. Praktisch bietet sich aber zu einem solchen Studium niemals eine Gelegenheit. Andererseits nahmen wir, um die Wirkung einer Veränderung im „Geschäftsvolumen" auf das Preisniveau auseinanderzusetzen, einen Fall an, in dem sich alle Q gleichmäßig veränderten. Eine solche Hypothese kann aber nicht nur in der Praxis unmöglich ausgeführt werden, sondern sie ist auch in der Theorie schwer denkbar aus dem Grunde, weil, wie wir soeben gesehen haben, jedes Q einem p entspricht. Wenn wir die Wirkung einer Veränderung im Geschäftsvolumen auf das Preisniveau darlegen, können wir nicht annehmen, daß sich alle Q gleichmäßig nach der einen und alle p gleichmäßig nach der anderen Richtung verändern. Wenn sich die erste Gruppe gleichmäßig verändert, so kann sich die zweite nicht gleichmäßig verändern. Eine Verdoppelung in den Quantitäten aller verkauften Waren oder (was beinahe dasselbe ist) eine Verdoppelung der konsumierten Quantitäten würde deren relativen subjektiven Nutzwert und daher ihre bezüglichen Preise verändern. Die Verdoppelung einer Quantität Salz könnte dessen subjektiven Grenznutzen auf Null herabdrücken, während eine Verdoppelung der Quantität von Rosen deren subjektiven Grenznutzen überhaupt kaum erniedrigen könnte [1]).

Wir sehen also, daß es beinahe zwecklos ist, von gleichmäßigen Veränderungen in den Preisen (p) oder von gleichmäßigen Veränderungen in den ausgetauschten Quantitäten (Q) zu sprechen. Anstatt solche Veränderungen aufzustellen, müssen wir nun zu dem Problem schreiten, eine geeignete Methode zu finden, diese beiden Gruppen von Veränderungen zu erforschen. Wir müssen zwei Größen formulieren: das *Preisniveau* und das *Handelsvolumen.* Dieses Problem ist äußerst schwierig, weil wir in der Bemessung von Veränderungen im Preisniveau auf die eine oder andere Weise die Quantitäten (die Q) als Gewichte in unserem Verfahren der Durchschnittsbildung zu benützen haben werden. Wir finden nun, daß nicht nur die Preise, deren Durchschnitt wir suchen, ungemein veränderlich sind, sondern auch, daß die Gewichte, durch die wir den Durchschnitt zu konstruieren versuchen, ebenfalls veränderlich sind.

---

[1]) Vgl. Jevons, *Theory of Political Economy*, London (Macmillan), 1888, S. 155—156.

Es ist daher erforderlich, in der Verkehrsgleichung die rechte Seite ΣpQ in die Form PH umzuwandeln, in welcher H das Handelsvolumen bemißt und P eine „Indexnummer" ist, die das Preisniveau ausdrückt, auf dem dieser Handel durchgeführt wird. Diese Größen — Preisniveau (P) und Handelsvolumen (H) — bedürfen nur einer genaueren Formulierung und ganz besonders ist es P, das von nun an der Brennpunkt unserer Untersuchung wird.

Wie wir im nächsten Kapitel erklären werden, gibt es eine große Anzahl Mittel und Wege, Indexnummern der Preise und des Handelsvolumens auszudenken und zu formulieren. Wir erwähnen hier nur die einfachste. Man stelle sich H als die Summe aller Q und P als den Durchschnitt aller p vor. Diese Methode ist praktisch anwendbar nur unter der Voraussetzung, daß passende Maßeinheiten gewählt werden. Man bedenke, daß die verschiedenen Q in verschiedenen Einheiten bemessen werden. Der Verkauf von Kohle geschieht per Tonne, Zucker per Pfund, Weizen per Scheffel usw. Wenn wir nun diese Tonnen, Pfunde, Scheffel usw. zusammenaddieren und diese Gesamtsumme soundso viele „Einheiten" von Waren nennen, so erhalten wir eine sehr willkürliche Summierung. Es ist zum Beispiel ein großer Unterschied, ob wir die Kohle per Tonne oder per Zentner bemessen. Das System wird weniger willkürlich, wenn wir als Einheit zur Bemessung von irgendwelchen Gütern nicht die Einheit benützen, in der sie gewöhnlich verkauft werden, sondern den Betrag, der einen „Dollarwert" in einem bestimmten Jahre, das wir das Basisjahr nennen wollen, darstellt. Im Basisjahre ist dann jeder Preis ein Dollar, und der Durchschnitt aller Preise in diesem Jahre ist daher auch ein Dollar. Für jedes andere Jahr ist der Durchschnittspreis (d. h. der Durchschnitt der Preise der neugewählten Einheiten, die im Basisjahr einen Dollar wert waren) die das Preisniveau darstellende Indexnummer, während die Anzahl solcher Einheiten das Handelsvolumen vorstellt.

Die Verkehrsgleichung nimmt nun die Form

$$GU + G'U' = PH$$

an, und ihr rechtes Glied ist das Produkt der Indexnummer (P) der Preise, multipliziert mit dem Handelsvolumen (H).

§ 4.

Wir haben in diesem Kapitel gesehen, daß die Preise sich nicht in vollkommenem Einklang bewegen und tatsächlich nicht bewegen können. Der Gründe für diese Dispersion ihrer Bewegungen gibt es in der Hauptsache drei: 1. Viele Preise werden durch vorhergehenden Kontrakt, durch gesetzliche Bestimmung oder durch den Brauch in ihrer Bewegung gehemmt. 2. Einige Preise stehen zum Geldmetalle in enger Beziehung. 3. Jeder einzelne Preis ist unter der Einwirkung von dessen besonderem Angebot und Nachfrage speziellen Schwankungen unterworfen. In den Preisbewegungen existiert indessen ein Ausgleich in dem Sinne, daß das Versagen einer Gruppe von Preisen, sich jeglicher Einwirkung auf das Preisniveau anzupassen, eine entsprechend größere Veränderung in anderen Preisen notwendig macht.

Die verkauften Quantitäten variieren in gleicher Weise, und deren Variationen sind mit denen der Preise fest verknüpft.

Um die *allgemeine* Preisbewegung in einer einzigen Zahl auszudrücken, wird eine Indexnummer (P) konstruiert, und um die allgemeine Handelsbewegung in einer einzigen Zahl auszudrücken, wird eine Indexnummer des Handels (H) konstruiert. Die Natur dieser Indexnummern bildet den Gegenstand des nächsten Kapitels.

X. Kapitel.

Die besten Indexnummern der Kaufkraft.

§ 1.

Im vorigen Kapitel wurde die Notwendigkeit der Indexnummern (P) erklärt und auf eine besondere Form von Indexnummer hingewiesen. Diese besondere Form erfüllt, wie im II. Kapitel und dessen Anhang gezeigt worden war, gewisse Bedingungen (der Verhältnismäßigkeit des Preisniveaus zur Geldquantität usw.), die die Verkehrsgleichung $GU + G'U' = PH$ stellt. Im vorliegenden Kapitel wird diese Indexnummer mit anderen verglichen und der allgemeine Zweck der Indexnummern erörtert, wobei auch solche Zwecke inbegriffen sind, die zur Verkehrsgleichung nur wenig direkte Beziehung haben.

Die Vergleichung der Indexnummern kann geschehen: 1. hinsichtlich ihrer Form, eines Begriffes, unter den die Methoden des Wägens und die Bestimmung der „Basis“preise fallen; 2. mit Hinsicht auf die Auswahl der einzuschließenden Elemente. In diesem Abschnitte soll die Formfrage in Erörterung gezogen werden.

Es gibt eine unendlich große Anzahl möglicher Formen von Indexnummern. In bezug auf Kompliziertheit, Leichtigkeit der Berechnung und Übereinstimmung mit anderen Symptomen sind diese Indexnummern ungemein verschieden. Es sollen hier einige der einfachsten Formen angeführt werden. Ihre für viele Fälle nur dogmatische Erörterung kann nur in aller Kürze geschehen. Ausführliche Beweise und Erörterungen sind im mathematischen Anhang enthalten [1]).

Wenn der Durchschnittspreis eines Pfundes Zucker im Jahre 1900 6 Cent und im Jahre 1910 8 Cent betrug, so muß das Verhältnis des Preises von 1910 zu dem von 1900 $^8/_6$ oder $133^1/_3$ % gewesen sein. Wenn sich der Durchschnittspreis der Kohle per Tonne in derselben Zeitperiode von $ 4 zu $ 6 verändert hat, so war das entsprechende Verhältnis für Kohle $^6/_4$ oder 150 %. Wenn hingegen der Preis einer gegebenen Qualität von Tuch von 10 Cent auf 8 Cent per Yard gefallen ist, so muß das Verhältnis für das Tuch $^8/_{10}$ oder 80 % gewesen sein. *P* ist der Durchschnitt sämtlicher drei Preisverhältnisse und zwar ein Durchschnitt von $133^1/_3$ %, 150 %, 80 % usw. Spezifiziert wäre der einfache *arithmetische* Durchschnitt dieser drei Verhältnisse $\frac{133^1/_3\,\% + 150\,\% + 80\,\%}{3}$ oder 121 %.

Der einfache *geometrische* Durchschnitt wäre dann $\sqrt[3]{133^1/_3 \times 150 \times 80}$ oder 117 %.

Dies sind Beispiele einfacher oder ungewogener Durchschnitte. Da jedoch gewogene Durchschnitte in der Theorie viele und in der Praxis einige Vorteile haben, so wollen wir sie in reifliche Erwägung ziehen.

Es gibt zahlreiche Methoden des Wägens [2]) und der Durchschnittsbildung. Vom theoretischen Standpunkte ist keine davon vollkommen zufriedenstellend. Wir müssen die auswählen, die vom praktischen Standpunkte am zweckmäßigsten erscheint. Die Wirkung einer Veränderung des Bestandes der Umlaufsmittel oder der Zirkulationsgeschwindigkeit auf sämtliche Preisreihen ist kompliziert und kann selbst in der Theorie ebensowenig in eine Zahl, die alle Preisveränderungen darstellt, zusammengefaßt

[1]) Siehe den Anhang zu diesem (X.) Kapitel, §§ 1—8, wo 44 Typen von Indexnummern verglichen werden.

[2]) Eine Prüfung der verschiedenen Vorschläge in bezug auf Art und Weise gibt Walsh, *The Measurement of General Exchange Value*, New York und London (Macmillan) 1901; Edgeworth, „*Report on Best Methods of Ascertaining and Measuring Variations in the Value of the Monetary Standard*"; *Report of the British Association for the Advancement of Science for 1887*, S. 247—301; dgl. für 1888, S. 181—209; dgl. für 1889, S. 133—164. Nitti, *La misura delle variazioni di valore della moneta*, 624 S.; ebenso den Anhang zu (diesem) Kapitel X.

werden, wie eine Linse konstruiert werden kann, die alle Lichtstrahlen, die sie von einem gegebenen Punkte erreichen, in einem Brennpunkte vereinigt. Obgleich wir aber in der Wissenschaft der Optik erfahren, daß eine vollkommene Linse theoretisch unmöglich ist, so können Linsen nichtsdestoweniger für praktische Zwecke beinahe so vollkommen hergestellt werden, daß es der Mühe wert ist, sie zu studieren und zu konstruieren. Während es nun also theoretisch unmöglich ist, eine Indexnummer P zu finden, die allen Anforderungen Genüge leistet [1]), so ist es dennoch möglich, Indexnummern zu konstruieren, die für praktische Zwecke so wertvolle Ergebnisse liefern, daß es von großem Vorteil ist, dem Studium und der Konstruktion von Indexnummern volle Aufmerksamkeit zu widmen.

Die im IX. Kapitel erwähnte Indexnummer kann in folgender Weise aufgebaut werden: Nehmen wir an, daß das Jahr 1910 die unserer Verkehrsgleichung $GU + G'U' = \Sigma pQ = PH$ zugrunde zu legende Zeitperiode ist. Wir wählen nun ein anderes Jahr (sagen wir 1900) und nennen es das „Basis"-Jahr. Darunter ist zu verstehen, daß die Preise von 1910 als ein Prozentsatz der Preise der Verkehrsgleichung für 1900 auszudrücken sind.

Ferner suchen wir nach einem Ausdruck für den Handel (oder H). Wie im Anhang zu diesem Kapitel erklärt wurde, umfaßt jede Form einer Indexnummer für Preise, P, eine korrelate Indexform für den Handel, H, und umgekehrt. Der Bequemlichkeit halber wählen wir H zuerst. Wir bemerken, daß der Handel (oder H) nicht der Wert von Transaktionen ist, der zu den *wirklichen* Preisen des Jahres 1910 bemessen wird, denn dieser Wert ist PH oder ΣpQ, das heißt, er ist die ganze rechte Seite der Gleichung. Der Handel (H) selbst muß vom Preisniveau (P) getrennt werden; man denke sich ihn als den Wert, den die gesamten Transaktionen *gehabt hätten*, wenn die tatsächlich verkauften Quantitäten zu den *Basispreisen* verkauft worden wären. Er ist also die Summe einer Anzahl von Ausdrücken, von denen jeder Ausdruck das Produkt aus der Quantität oder Q, berechnet für das Jahr 1910 und dem Preise oder p ist, der dem Basisjahre 1900 zukommt. Algebraisch ist es $p_0Q + p'_0Q' + p''_0Q'' +$ usw., oder kürzer Σp_0Q, womit die Preise vom Jahre 1910 einfach als p, p', p'' usw. und die des Basisjahres 1900 als p_0, p'_0, p''_0 usw. ausgedrückt sind.

---

[1]) Vgl. Mill, *Political Economy*, III. Buch, Kap. XV; Sidgwick, *Principles of Political Economy*, I. Buch, Kap. II; „*Report of Committee on Value of Monetary Standard*", *Report of the British Association for the Advancement of Science*, 1887; Wesley C. Mitchell, *Gold, Prices, and Wages under the Greenback Standard*, Berkeley, 1908 (University of California Press), S. 19; und den Anhang zu diesem (X.) Kapitel.

Nachdem wir diesen idealen Wert (H) definiert haben, kommen wir nun zur Bestimmung von P als dem Verhältnis des wirklichen Wertes der Transaktionen des Jahres 1910 (ΣpQ) zu diesem idealen Werte ($\Sigma p_0 Q$). Vollständiger ausgedrückt ist P das Verhältnis des wirklichen Wertes (des Wertes des Handels des Jahres 1910 zu den Preisen des Jahres 1910) zu dem idealen Werte (dem Wert des Handels des Jahres 1910 zu den Preisen des Jahres 1900). In Wirklichkeit ist dieses Verhältnis ein gewogener arithmetischer Durchschnitt der Preisverhältnisse [1]). Diese Methode ist begrifflich sowie in der mathematischen Ausdrucksweise sehr einfach [2]) und scheint, wenigstens theoretisch, die beste Form von P oder der Indexnummer der Preise zu liefern. Die soeben beschriebene besondere Form von P (nämlich $\Sigma pQ \div \Sigma p_0 Q$) entspricht somit der besonderen Form des H (nämlich $\Sigma p_0 Q$) und ist von derselben abhängig. H kann eine *Handels*-Indexnummer genannt werden und wir können die besondere Form von H (nämlich $\Sigma p_0 Q$) als die beste Indexform oder als das Handelsbarometer betrachten.

Eine andere Methode zur Veranschaulichung derselben Form einer Preis-Indexnummer ist die am Schlusse des vorigen Kapitels angeführte und zwar wie folgt: Wir stellen uns vor, daß alle Güterarten in einer neuen physikalischen Einheit zu bemessen sind — nämlich dem Quantum, welches im Basisjahre (1900) einen Dollar wert war — und benützen diese Einheit für jedes andere Jahr (z. B. 1910). Als Einheit für Zucker nehmen wir anstelle des Pfundes irgendein Zucker-Quantum, das im Jahre 1900 den Wert eines Dollars hatte. Im Basisjahre 1900 betrug der Preis des Zuckers daher \$ 1, der natürlich der Preis aller anderen Dinge war. Wenn nun in einem anderen Jahre (z. B. 1910) der Preis des Zuckers in den Ausdrücken der neuen Einheit (der Menge nämlich, die im Jahre 1900 den Wert eines Dollars hatte), \$ 1,25 ist, so ersehen wir, daß der Preis um 25 % gestiegen ist. Auf diese Weise kann P einfach als ein Durchschnitts-*Preis* statt als eine Durchschnitts-*Preisrelation* (*price ratio*) und H als die Gesamtanzahl der neuen Einheiten der verkauften Güter aller Art definiert werden. Die rechte Seite der Gleichung ist nun einfach das Produkt der Gesamtanzahl der verkauften Einheiten multipliziert mit deren Durchschnittspreis.

Die beiden gegebenen Definitionen von P, (nämlich das Verhältnis der wirklichen zu den idealen Werten und der Durchschnittspreis des Jahres 1910 aller Gütereinheiten, berechnet zum Werte der Quanta, die

[1]) Siehe den Anhang zu (diesem) Kapitel X, enthaltend eine Tabelle und die Erörterung von 44 Mustertypen von Indexnummern.

[2]) Es ist Formel 11 der großen Tabelle im Anhang zu diesem (X.) Kapitel.

11*

einen Dollar wert waren im Jahre 1900), sind gegenseitig auswechselbar. Ebenso sind beide Definitionen von *H* (ideale Werte der im Jahre 1910 stattgehabten Transaktionen zu den Preisen des Jahres 1900 und Gesamtanzahl der im Jahre 1910 verkauften Einheiten, deren jede im Jahre 1900 den Wert eines Dollars hatte) gegenseitig auswechselbar. Zur Definition von *P* und *H* gibt es, ohne deren Bedeutung zu verändern, noch andere Mittel und Wege. „*P* ist daher der gewogene arithmetische Durchschnitt der Verhältnisse der Güterpreise des Jahres 1910 zu denen des Jahres 1900, wenn diese Verhältnisse den Werten der im Jahre 1910 ausgetauschten Güter gemäß gewogen und zu den Preisen von 1900 berechnet sind." Welche dieser Definitionen wir auch immer vorziehen mögen, das System der Indexnummern ist dasselbe und hat Vorteile über die meisten anderen Systeme. Vor allem setzt es uns in den Stand, ohne Einschränkung sagen zu können, daß, wenn die verkauften Quantitäten unverändert bleiben, sodaß *H* sich nicht verändert, *P* direkt wie die linke Seite der Verkehrsgleichung variieren muß [1]).

Als eine der besten Preis-Indexnummern wählen wir also den Durchschnittspreis der verkauften Güter, den wir seinerseits in Einheiten, die einen Dollar im Basisjahre wert waren, bemessen. Mit anderen Worten: wir wählen das Verhältnis des Wertes der Verkäufe zu den tatsächlichen Preisen zum Werte derselben Verkäufe, wenn sie zu Basispreisen gemacht worden wären: Noch anders ausgedrückt: wir wählen den gewogenen arithmetischen Durchschnitt aller Preisverhältnisse, von denen jedes Verhältnis den verkauften Werten gemäß gewogen und zu Basispreisen berechnet ist.

Wir haben nun noch die Auswahl der Basis zu erörtern. Nicht nur absolut, sondern auch relativ bedeutet es für obige Indexnummern einen großen Unterschied, ob zum Beispiel das Basisjahr 1900 oder 1860 ist.

Mit Ausnahme der Indexnummern von Jevons, die aus geometrischen Durchschnitten bestehen, gibt es wenige Indexnummern, die nicht etwas darunter gelitten haben, daß ihre Basis von den Jahren, für die die Vergleiche am nötigsten sind, fernliegt. Wie Marshall behauptet und Flux nachdrücklich hervorgehoben hat, scheint das beste Basisjahr das vorhergehende Jahr zu sein.

Anstatt also ein festgesetztes Basisjahr zu gebrauchen, für das alle Preise 100 % genannt werden und in Bezeichnungen zu denen alle anderen Preise in Prozentsätzen ausgedrückt sind, kann jedes Jahr als Basis für

---

[1]) Siehe den Anhang zum II. Kapitel sowie denjenigen zu diesem (X.) Kapitel und zwar §§ 5, 6 und 7.

das folgende Jahr genommen werden. Auf diese Weise erhalten wir eine Kette von Indexnummern, von denen jede Nummer, statt mit einem gemeinsamen Basisjahre, mit dem vorhergehenden Jahre in Verbindung steht.

Der große Vorteil dieses Kettensystems besteht darin, daß es für die Fälle den besten Vergleich liefert, in denen ein Vergleich am nützlichsten und notwendigsten ist. Mit großem Interesse sehen wir alljährlich der Indexnummer von Sauerbeck entgegen, um sie mit der Nummer des vorhergehenden Jahres, weniger aber, um sie mit anderen Jahren zu vergleichen. Die Nummer, wie sie tatsächlich konstruiert wird, ist aber etwas ganz anderes. Sie gibt uns als beste und genaueste Vergleichung das Verhältnis zwischen dem laufenden Jahre und den Jahren 1867—1877. Diese Vergleichung ist für jedermann nur von geringem oder gar keinem Interesse. Was diejenigen, die diese Statistiken benützen, in Wirklichkeit tun, ist, zwei Vergleiche zu vergleichen. Es wird ein Vergleich der Indexnummern 1909 und 1910 (jede in den Ausdrücken von 1867—1877 berechnet) vorgenommen. Dagegen würde ein direkter Vergleich zwischen 1909 und 1910 ein ganz anderes und wertvolleres Resultat ergeben. Eine gemeinsame Basis zu benützen, bedeutet dasselbe, wie die Berechnung der relativen Größe zweier Männer durch die Abmessung ihrer Höhe vom Boden, anstatt die beiden Männer Rücken an Rücken zu stellen und die Höhendifferenz ihrer Scheitelpunkte direkt zu messen. Eine direkte Vergleichung ist genauer, obgleich in dem Falle der Größenmessung der beiden Männer theoretisch beide Methoden übereinstimmen. Was die Preisniveaus anbelangt, so geben bei einer Verschiebung der Basis selbst theoretisch leider nur wenige Indexnummern folgerichtige Resultate [1]). Und auch diese wenigen versagen, wenn sie anderen und ebenso wichtigen Proben unterworfen werden.

Man kann sagen, daß der Hauptvorzug des aufeinanderfolgenden Basis- oder Kettensystems die Leichtigkeit ist, mit der neue Waren aufgenommen und veraltete Waren ausgeschaltet und veränderten Bedingungen entsprechend die Wägungen angepaßt werden können. Ein feststehendes Basissystem bleibt im wahrsten Sinne des Wortes sehr bald hinter seiner Zeit zurück.

§ 2.

Unsere nächste Frage ist: Welche Preise sollen zur Konstruktion einer Indexnummer gewählt werden? Die Antwort darauf hängt zum großen Teil vom *Zwecke* der Indexnummer ab. Bisher haben wir nur einen Zweck davon erörtert, und zwar, wie den Anforderungen der Verkehrsgleichung am

[1]) Siehe den Anhang zu diesem (X.) Kapitel, § 5, Probe 7.

besten entsprochen werden kann. Die Indexnummern können aber für viele andere Zwecke benützt werden, wovon die zwei hauptsächlichsten die Bemessung des *Kapitals* und die des *Einkommens* sind. Jeder der drei angeführten Zwecke (Tausch, Kapital und Einkommen) kann, je nachdem der gewünschte Vergleich sich auf *Plätze* oder *Zeiten* bezieht, in Unterklassen eingeteilt werden. Die Indexnummern können daher für die Vergleiche einzelner *Plätze* in bezug auf ihren Güteraustausch, ihres Kapitals oder ihres Einkommens benützt werden. Wenn zum Beispiel das Britische Handelsministerium [1]) die Lebenskosten in verschiedenen Städten Englands, Deutschlands und der Vereinigten Staaten vergleichen will, so geschieht die Vergleichung unter Bezugnahme auf die Preise des Lebensunterhalts (oder des Einkommens) der Arbeiterklassen.

Wir haben also mindestens sechs große Klassen von Zwecken, für welche die Indexnummern angewandt werden können, nämlich: zu einem Vergleiche der Preise der ausgetauschten Güter, der Kapitalgüter und der Einkommengüter an verschiedenen Orten und zu einem Vergleiche derselben drei Gütergruppen zu verschiedenen Zeiten.

In jedem der sechs Fälle werden die Güterpreise und die Güterquantitäten miteinander vereinigt, sodaß die Indexnummer (P) für die einen die Indexnummer (H) für die anderen in sich schließt. (H wird hier im allgemeinen Sinne eines Indexes von Güterquantitäten benützt, gleichviel ob, wie bisher, ausgetauschte Güter gemeint sind, oder Kapitalgüter oder Einkommengüter.)

Offenbar müssen wir, je nachdem wir einen der sechs Vergleiche anstellen, einen großen Unterschied in der Auswahl der zu vergleichenden Preise machen. Nehmen wir zum Beispiel an, daß wir Veränderungen im allgemeinen Preisniveau der Kapitalgüter [2]) — Eisenbahnen, Schiffe, Grundstücke usw. — und ebenso die relativen Veränderungen in den Quantitäten dieser Güter messen wollen. Die Preise einiger Kapitalarten können gestiegen und anderer gefallen sein; die einen wiederum können in höherem Maße als andere gestiegen sein. Wie bemessen wir nun die allgemeine Veränderung in den Preisen der Kapitalgüter? Ebenso kann die Quantität der einen Kapitalarten, z. B. der Eisenbahnen, rascher zugenommen haben, als die anderer Arten, z. B. von Segelschiffen. Wieder andere Kapitalarten können abgenommen haben. Auf welche Weise wird nun fest-

---

[1]) Siehe den *Report* (an das Parlament) *of an Enquiry by the Board of Trade into Working Class Rents, Housing and Retail Prices*, London (Darling), 1908 und 1909.

[2]) Dies ist eine Anregung von Nicholson, *Journal of the Royal Statistical Society*, März 1887.

gestellt, ob sich das Kapital im allgemeinen erhöht hat und um wieviel? Es kann angenommen werden, daß diese beiden Probleme (der Kapitalpreise und der Kapitalquantitäten) in der Bemessung der Durchschnittsveränderung des Preises derselben Kapitalquantität und der bei den gleichen Preisen beobachteten Durchschnittsveränderung der Kapitalquantität bestehen.

Für jeden der beiden Indices sollten (da wir nur *Kapital* und nicht Einkommen oder anders bezeichnete Güter, seien es Vorräte oder Güterbewegungen erörtern) sich die Indexnummern nicht auf allgemeine Preise und Quantitäten, sondern nur auf Preise und Quantitäten der Kapitalgüter beziehen. Die Preise und Quantitäten aller Arbeitsleistungen sollten also wegbleiben. Die Benutzung von Kapital und der für diese gezahlte Zins, zum Beispiel die für Wohnung gezahlte Miete, sollte ebenfalls weggelassen werden. Nur das Kapital als Schaffer von Werten, nicht aber die durch dieses gelieferten Nutzleistungen sollten inbegriffen sein. Wir können zunächst den Preisindex und sodann den Quantitätsindex dadurch erhalten, daß wir den Kapitalwert eines Jahres durch den Preisindex dividieren; oder wir können auch in der umgekehrten Weise vorgehen[1]). Wenn wir Indexnummern von Kapitalpreisen und Kapitalquantitäten berechnen, wählen wir für unsere Aufstellung natürlich solche Artikel, welche *als Kapital* von Bedeutung sind und bewerten sie demgemäß.

Um diese allgemeine Veränderung in den Kapitalpreisen zu bestimmen, müssen wir jede Relation dem Werte des besonderen Kapitals gemäß wägen, auf den sich diese Relation bezieht. In diesem Falle müßte jedes Verhältnis *nicht* den jährlichen *Verkäufen*, sondern dem existierenden *Kapital* gemäß gewogen werden. Es ist klar, daß der Unterschied zwischen diesen beiden Methoden der Bewertung ein großer sein kann. So besteht ein bedeutender Teil alles existierenden Kapitals aus Boden, doch bilden *Verkäufe* von Grundbesitz einen relativ unbedeutenden Teil aller Verkäufe. Nahrungsmittelprodukte hingegen tragen wenig zum Kapital und viel zum Austausch bei. Infolgedessen würden die Preise und Quantitäten von Nahrungsmittelprodukten in Kapitalindexnummern nicht figurieren, dagegen in den auf die Verkehrsgleichung bezüglichen Indexnummern eine große Rolle spielen.

Nehmen wir ferner an, daß der Zweck der Preis-Indexnummern in einer Bemessung der Quantitäten sowie der Preise des *Einkommens* und nicht der Elemente des Kapitals besteht. In diesem Falle wird die Liste der Artikel und deren Bewertung von der eines *Kapital*-Index ganz verschieden sein.

---

[1]) Giffen nimmt in seinem *Growth of Capital*, London (Bell & Sons), 1899, S. 50—54, Korrekturen von Preisveränderungen vor, ohne indessen den Versuch zu machen, eine spezielle Indexnummer für Kapital zu konstruieren.

Wenn es sich um das Einkommen von Arbeitern handelt, haben wir es mit Preisindexnummern von Gütern zu tun, die in Arbeiterbudgets auftreten und mit den Indexnummern der Quantitäten dieser Güter. Die erste zeigt die Lebenskosten eines Arbeiters oder die Kaufkraft des Dollars dieses Arbeiters. Die zweite gibt seinen „Reallohn" oder seine „Konsumtion" an. In diesem Falle wird nicht ein Vergleich von Vermögensbeständen zu zwei gegebenen Zeitpunkten, sondern ein Vergleich von Güterströmen während zweier Zeitperioden bezweckt. Eine Methode zur Erlangung einer Indexnummer wirklicher Löhne besteht darin, die Nominal- oder *Geld*löhne unter Benützung der Indexnummer der Preise solcher Güter zu korrigieren, für welche Löhne ausgegeben werden. Wenn also die Geldlöhne für 1908 das doppelte derer für 1900 sind, die Geldpreise der Bedürfnisse und Lebensannehmlichkeiten sich aber ebenfalls verdoppelt haben, so bleiben die Reallöhne unverändert.

Es ist klar, daß die in dem Falle der Quantitäten und der Preise der Arbeiterlebenskosten benützten Indexnummern nicht dieselben sind, wie die für die Kapitalberechnungen gebrauchten Indexnummern. Jedes einzelne Gut sollte in der Indexnummer die Wichtigkeit haben, die von deren Bedeutsamkeit in den Arbeiterbudgets abhängt. In diesem Falle bedeuten die Güter Ströme, während in dem des Kapitals die der Betrachtung unterzogenen Güter Vorräte waren. Bei einer Vergleichung von Kapital müssen sich die Indexnummern auf das Kapital und bei einer solchen des Einkommens müssen sie sich auf das Einkommen beziehen [1]).

§ 3.

Der wichtigste Zweck der Indexnummern besteht vielleicht in ihrer Anwendung als Basis für Darlehenskontrakte. Es ist wünschenswert, so-

[1]) Sir George Shuckburgh Evelyn, Bart., F. R. S. und A. S. machte im Jahre 1798 in einem Artikel in den *Philosophical Transactions of the Royal Society of London*, Bd. LXXXVIII, S. 133 bis 182, betitelt „*An Account of Some Endeavors to Ascertain a Standard of Weight and Measure*" einen der ersten Versuche, eine Reihe von Indexnummern, die die allgemeine Preisveränderung kennzeichnen sollten, zu konstruieren.

Bischof Wm. Fleetwood warf im Jahre 1707 im *Chronicon Preciosum*; *or an Account of English Money, the Price of Corn and Other Commodities for the Last 600 Years, ch. VI.* die Frage auf, ob der Inhaber eines in den Jahren 1440 und 1460 gestifteten Stipendiums, das nur Personen offen stand, die einen Grundbesitz von geringerem Werte als £ 5 pro Jahr haben, mit Recht beschwören kann, daß sein Eigentum weniger als £ 5 beträgt, wenn er £ 6 besitzt, da jedenfalls der Geldwert mittlerweile bedeutend im Werte gesunken ist.

Der Gedanke, eine Indexnummer oder eine Maßtafel des Geldwertes zu benützen, wurde später von Joseph Lowe in *The Present State of England in regard to Agri-*

wohl die zu diesem Zwecke passendste besondere Form und Bewertung, als auch die beste Auswahl der einzuschließenden Preise zu bestimmen.

Eine Indexnummer, die zum Zweck der Bemessung der Erhöhung oder der Erniedrigung des Wertes von Darlehen — oder den sogenannten „aufgeschobenen Zahlungsverbindlichkeiten“ — dient, gehört offenbar eher der *Zeit*- als der *Orts*gruppe von Vergleichungen an. Zu welcher der drei Untergruppen (Austausch, Kapital oder Einkommen) sie im eigentlichsten Sinne gehören, wenn dies überhaupt der Fall ist, ist zuerst nicht klar ersichtlich. Bevor wir aber die beste Indexnummer für die zwischen Entlehner und Darleiher abgeschlossenen Kontrakte ausfindig machen, müssen wir zuvor zu einer Meinung darüber gelangen, welche Basis für Darlehenskontrakte als die ideale zu betrachten ist.

Zunächst muß bemerkt werden, daß es sich, obwohl es bei einer Veränderung im Preisniveau Gewinn und Verlust gibt, nicht notwendig damit eine „Ungerechtigkeit“ einhergeht. So ist ein Mann, der 1000 Dollar borgt und sich kontraktlich verpflichtet, diese am Ende von fünf Jahren mit 40 Dollar Zinsen zurückzuzahlen, wenn die Preise mittlerweile um das doppelte gestiegen sind, entschieden im Vorteil. Obwohl er zweifellos dieselbe Anzahl von *Dollar* zu zahlen hat, braucht er nur ungefähr halb soviel von seinem Warenlager zu verkaufen, wie er erwartete. Im Grunde genommen zahlt er nur die Hälfte der geliehenen wirklichen Kaufkraft zurück. Der Darleiher hingegen hat durch die Veränderung verloren.

Der Kontrakt war jedoch vollkommen recht und billig. Jeder Teil wußte oder sollte gewußt haben, daß sich das Preisniveau verändern kann, und übernahm das Risiko. Es lag hier ebensowenig ein Betrug vor, wie wenn Weizen auf künftige Lieferung zu einem gewissen Preise gekauft worden ist und der Markt eine unerwartete Wendung nimmt; oder wenn eine Versicherungsgesellschaft vorzeitig ein „Risiko“ verliert.

Tatsächlich wäre es im allgemeinen an sich ungerecht, wenn eine Regierung durch Gesetzgebung versuchen wollte, den Gewinner seines Profits zu berauben [1]). Von Rechts wegen können die verlierenden Parteien, um sich

---

culture and Finance, London 1822 (siehe S. 261—291, Anhang S. 89—101) vorgebracht und später von G. Poulett Scrope in seinen *Principles of Political Economy . . . applied to the present State of Britain*, London 1833, S. 405—408 aufgestellt, obgleich, wie wir gesehen haben, die Idee einer Indexnummer auf ein viel früheres Jahr zurückdatiert. Siehe Correa Moylan Walsh, *The Measurement of General Exchange Value*, New York and London (Macmillan), 1901; Bibliographie, S. 555.

[1]) Vgl. Irving Fisher, „*Appreciation and Interest*“, Teil 3, *Publications of the American Economic Association*, 1896.

vor Verlusten, deren Risiko sie selbst auf sich nahmen, zu schützen, *nach* Abschluß von Kontrakten nicht ihre Zuflucht zur Gesetzgebung nehmen.

Die Unbilligkeit eines solchen Vorgehens tritt umso klarer zutage, wenn man in Betracht zieht, daß, wenn eine Veränderung im Preisniveau überhaupt erwartet wird, einer solchen vermittelst einer Anpassung der Zinsrate [1]) häufig Genüge geleistet wird. Wenn das Preisniveau steigt, so wird der Nominalzinsfuß wahrscheinlich etwas höher sein, wodurch der Darleiher für den Verlust eines Teiles seines Darlehens einigermaßen entschädigt wird, während bei einem Fallen des Preisniveaus der Entlehner Aussicht hat, für seinen Verlust durch einen niedrigeren Nominalzinsfuß teilweise entschädigt zu werden. Es wäre ungerechtfertigt, wenn die eine oder die andere Partei bei der Regierung ihren Einfluß geltend machen wollte, um die Verbindlichkeiten bereits eingegangener Kontrakte abzuschwächen [2]). Es ist indessen gesunde Wirtschaftspolitik, das Element des Risikos so bald wie möglich im *Voraus* zu verringern, sodaß *künftige* Kontrakte von allen Parteien auf möglichst sicherer Basis abgeschlossen werden können. Das Ideal auf dem Gebiete der Zeitkontrakte zwischen Entleiher und Darleiher besteht darin, daß weder Schuldner noch Gläubiger, wenn sie durch unvorhergesehene Veränderungen getäuscht worden sind, irgendwelchen Schaden leiden. Die Erfahrung lehrt, daß der Zinsfuß sich nur selten den Veränderungen im Preisniveau vollkommen anpaßt, weil diese Veränderungen nur zum Teil vorausgesehen werden können. Es sollte daher darnach getrachtet werden, die Währung so sicher oder so zuverlässig als möglich zu gestalten. Das bedeutet, praktisch gesprochen, daß sie so wertbeständig als nur irgend möglich zu gestalten ist.

Bei einem idealen Wertmaßstab würde die Preisindexnummer fortgesetzt 100 % registrieren [3]). Solange aber eine absolut stabile Währung nicht vor-

---

[1]) Irving Fisher, *Rate of Interest*, Kapitel XIV.

[2]) Vgl. Irving Fisher, *Appreciation and Interest*, Teil 3, § 4. *Publications of the American Economic Association*, 1896.

[3]) Es ist vorgebracht worden, daß der ideale Wertmaßstab so beschaffen sein sollte, daß er nicht objektive, sondern subjektive Preise auf gleicher Höhe hält, damit eine Schuld in der gegebenen Menge von „Arbeit" oder „Nützlichkeit" zurückgezahlt werden könne. Aber abgesehen von den praktischen Schwierigkeiten, solche subjektive Größen zu bemessen, — die unüberwindlicher Natur sind und daher ihre Erörterung rein akademisch erscheinen lassen — gibt es noch wichtigere theoretische Einwendungen auf Grund der Tatsache, daß die Werteinheit sich bei einigen Personen erhöhen und bei anderen erniedrigen würde, je nachdem diese reicher oder ärmer werden; daß ferner diese Veränderungen bei Abschluß von Darlehenkontrakten vorauszusehen, ja in der Tat die treibenden Ursachen solcher Kontrakte sind. Siehe §4 unten und Irving Fisher, „*Appreciation and Interest*", XII. Kapitel §2, loc. cit.

handen ist und nicht aufgestellt werden kann, ist die Indexnummer selbst ein möglicher Maßstab für langfristige Kontrakte. Man nennt sie den „Tafelmaßstab", da sie von einer Preistafel abhängt. Wenn sich z. B. ein Mann 1000 Dollar borgt zu einer Zeit, da die Indexnummer 100 beträgt, so kann er sich damit einverstanden erklären, nicht dieselben Dollars, sondern dieselbe allgemeine Kaufkraft samt den Zinsen zurückzuzahlen. Wenn nun zur Zeit der Rückzahlung die Indexnummer die Zahl 150 erreicht hat, könnte man unter der Hauptsumme der Schuld 1500 Dollar verstehen, da diese die geliehene Kaufkraft repräsentieren. Wäre hingegen das Preisniveau auf 80 gefallen, so würde sich das geliehene Kapital automatisch auf nur 800 Dollar belaufen. Beide Parteien würden auf diese Weise gegen Schwankungen im Werte des Geldes geschützt. Dieselbe Berichtigung bezöge sich auf die Zinszahlungen, von welchen jede einzelne der Indexnummer gemäß angepaßt würde, die zur Zeit der Bezahlung gilt.

Wir sind nun in der Lage, die Frage zu erörtern, welche Güter es sind, deren Preise bei einer Indexnummer inbegriffen sein sollen, um den Zwecken der Bemessung von Veränderungen in Darlehenskontrakten zu dienen.

Wenn alle Güter zueinander dieselben Preisrelationen beibehielten, so wäre es gleichgiltig, ob ein Darlehenskontrakt in den Ausdrücken der einen oder der anderen Indexnummer lautet, oder ob er in Ausdrücken von so und soviel Weizen, Tonnen Kohle oder Pfund Zucker abgeschlossen würde. Da die Preise aber *nicht* in ein- und demselben, sondern in verschiedenen Verhältnissen variieren, ist eine Indexnummer, die das *allgemeine Niveau* der Preise bemißt, notwendig. Wenn die Rückzahlung in der gleichwertigen Kaufkraft (plus Zinsen) für eine bestimmte Güterart geleistet wird, so kann dies entweder eine höhere oder geringere als gleichwertige Kaufkraft für andere Arten von Gütern bedeuten. Je nach der Güterart, die der eine oder der andere Teil als Produzent herstellt oder als Konsument zu verbrauchen vorzieht, ist daher der eine oder der andere der verlierende Teil. Selbst wenn jede vertragschließende Partei ausmachen könnte, die Kaufkraft in dem Quantum der Güterarten, die für sie am meisten Interesse haben, im gleichen Werte zu dem was sie geliehen oder geborgt hat, einschließlich Zinsen zu empfangen oder zurückzuzahlen, so würde das spekulative Element, das für den einen Gewinn und für den anderen Verlust bedeutet, wohl vermindert, keineswegs aber gänzlich beseitigt [1]).

Nehmen wir zum Beispiel an, daß ein Darleiher die Kaufkraft über ein Quantum von Gütern solcher Gattung, die er zu benützen beabsichtigte, im

[1]) Vgl. Kinley, *Money*, New York (Macmillan), 1904, S. 267.

gleichen Werte zu dem, was er ausgeliehen hatte, plus Zinsen zurückempfängt [1]). Nehmen wir ferner an, daß während der Zeit des Darleihens diese Güter im Verhältnis zu anderen Gütern im Werte steigen. Dann gewinnt der Darleiher wirklich, da er nunmehr im Austausch gegen Güter, die zu benützen sein ursprünglicher Zweck war, mehr andere Güter erhalten kann — ein Schritt, zu dem er nun veranlaßt wird, was unter anderen Umständen nicht der Fall sein würde. Für den Entlehner indessen könnte das Steigen im Werte der Güter, auf deren Basis die Rückzahlung vereinbart wurde, im Verhältnis zu den Gütern, mit deren Produktion er sich beschäftigt, als verlustbringend betrachtet werden. Die *nämliche* Kaufkraft für die Güter, auf deren Basis er Zahlung zu leisten hat, bedeutet in einem solchen Falle eine *größere* Kaufkraft für die Güter, mit deren Produktion er sich beschäftigt.

Es ist klar, daß keine Art von Gütern als annehmbarer Wertmaßstab dienen kann. Eine Indexnummer, welche als Wertmaß für aufgeschobene Zahlungen dienen soll, muß eine breite Basis haben.

Wären alle Entleiher und Darleiher nur als Konsumenten interessiert, — würden die Darleiher um darleihen zu können, auf die unmittelbare Konsumtion in dem Gedanken verzichten, bei der Rückzahlung mehr zu verbrauchen und die Entleiher sich darauf einrichten, unverzüglich mehr zu konsumieren in der Absicht, später weniger zu verbrauchen — so würde sich eine ganz zufriedenstellende Indexnummer für jedes Einzelwesen als unmöglich erweisen. Die Güter, für die sich der Darleiher in einem gegebenen Falle interessiert, könnten für den Entleiher nicht von der größten Bedeutung sein. Es könnte nur ein annähernder Durchschnitt getroffen und eine Indexnummer gefunden werden, die von allen Parteien in ihren Kontrakten benutzt werden kann. Dieser Durchschnitt würde zweifellos ein solcher sein, in dem jede Preisrelation der Totalkonsumtion der Güter gemäß gewogen würde, auf die sie sich bezöge, gemäß der totalen Konsumtion aller Entleiher und aller Darleiher in dem betreffenden Lande.

Die Sache ist indessen noch komplizierter, denn viele Entleiher und Darleiher sind weniger an der Konsumtion als an der Kapitalanlage interessiert [2]). Die Wahl ist ebensowohl zwischen Darlehen und anderer Kapitalsanlage, als zwischen Darlehen und Konsumtion zu treffen. In gleicher Weise kann der Entleiher ebensogut borgen, um Geld anzulegen, als um zu konsumieren und er kann vorziehen, das Geld zur Rückzahlung durch Verminderung der

---

[1]) Das Argument des letzten Teiles dieses Abschnittes ist im wesentlichen dasselbe wie das einer Schrift von Harry G. Brown im *Quarterly Journal of Economics*, August 1909, betitelt: „*A Problem in Deferred Payments and the Tabular Standard*".

[2]) Vgl. Kemmerer, *Quarterly Journal of Economics*, August 1909.

Kapitalsanlage, als durch Verminderung der Konsumtion aufzunehmen. Mit anderen Worten: Entleiher und Darleiher können mehr an Ankäufen von Fabriken, Eisenbahnen, Bodenwerten, dauerhaften Häusern usw., die während langer Jahre Dienstleistungen ergeben, interessiert sein, als am Einkauf von reichlicherer und besserer Nahrung, besserer Wohnung und Vergnügungen, die unmittelbare Befriedigung gewähren. Es wäre daher unlogisch, wenn wir unsere Indexnummer für Zeitkontrakte einzig und allein auf Dienstleistungen und Güter des unmittelbaren Verbrauchs gründen wollten. Obgleich die praktischen Unterschiede nur gering sein mögen, so sind sie zum wenigsten in der Theorie von Bedeutung.

Wir wollen nun annehmen, daß jede Preisrelation durch den Wert (zu Normalpreisen) der während einer gegebenen Periode genossenen Dienstleistungen rasch konsumierbarer Güter zu bemessen und daß die Preise von Anlagekapitalien außer Acht gelassen werden. Weiter wollen wir den Fall setzen, daß, bevor die Zeit der Rückzahlung herankommt, die Zinsrate gestiegen ist. Bei einem höheren Zins ist der Wert von Land, von Eisenbahnen und anderem dauernden Kapital niedriger, weil deren Wert von zukünftigem Einkommen oder zukünftigen Dienstleistungen abhängt und diese nun zu einer höheren Zinsrate bewertet werden [1]). Durch die Rückzahlung der gleichen Kaufkraft für verbrauchbare Güter und Dienstleistungen zahlt der Entleiher eine viel höhere Kaufkraft für Objekte wie Land, Häuser und Fabriken, d. h. eine viel höhere Kaufkraft für *zukünftiges* Einkommen zurück, als er geborgt hat. Der Darleiher empfängt daher eine größere Kaufkraft für diese dauernden Kapitalposten zurück, als er ausgeliehen hat, wenngleich er keine größere Kaufkraft (mit Ausnahme des Zinses) für sofort konsumierbare Güter und Dienstleistungen zurückbekommt. Er erhält keine größere Verfügungsgewalt über ein gegenwärtiges Einkommen, dagegen eine Kaufkraft für einen größeren Betrag des zeitlich hinausgeschobenen Einkommens zurück. Hätte er von allem Anfang an, anstatt auszuleihen, Kapital in Land angelegt, so hätte ihn das Steigen des Zinses mit demselben *Betrag*, aber mit geringerem Wert an Land belassen. So aber erhält er die Kaufkraft für einen *größeren* Betrag und *denselben* Wert von Land zurück. Ein Zufall hat veranlaßt, daß der Darleiher besser daran ist, als er erwartete und zwar steht er sich besser, als dies der Fall gewesen wäre, wenn er, anstatt auszuleihen, Kapital angelegt hätte.

---

[1]) Über die Wirkung einer Änderung des Zinsfußes auf die Preise siehe Irving Fisher, *Nature of Capital and Income*, New York (Macmillan), 1906, S. 227 und *Rate of Interest*, New York (Macmillan), 1907, S. 226 und 227.

Wenn hingegen der Zinsfuß fällt, so zieht der Entleiher den Nutzen, und der Darleiher wird geschädigt. Der Wert von Land und von anderem Eigentum, dessen Einkommen sich die in ferne Zukunft erstreckt, würde im Vergleich zum Werte der Lebensmittel, der Wohnung usw. steigen. Der Wert eines Hauses ist der diskontierte Wert seiner zukünftigen Rente oder seiner Nutzleistung durch Gewährung von Obdach. Wenn der Zinsfuß fällt, erhöht sich der Wert des Hauses im Vergleich zu dem früheren jährlichen Ertragswert. Den nämlichen wie den geliehenen Betrag der Kaufkraft für *Wohnung* zurückzahlen, heißt, weniger als denselben Betrag der Kaufkraft für *Häuser* zurückgeben. Der Entleiher hat einen Nutzen, insofern er bei der Rückzahlung zur Verkürzung von Kapitalanlagen zu schreiten hat, da er wohl eine ebensogroße Ausgabekraft, aber doch eine geringere Anlagekraft zurückzahlt. Er braucht daher seine Kapitalanlagen in Land und Maschinerie nicht um ganz soviel einzuschränken, als er es sonst tun müßte. Der Darleiher hingegen wird in demselben Grade geschädigt. Wenn er dauerndes Kapital anzulegen wünscht, z. B. in einem Bureaugebäude, einem Bergwerk oder in Eisenbahnanteilscheinen, so kann er mit dem zurückgezahlten Darlehen nicht soviel kaufen, wie er mit derselben Summe zur Zeit der Anleihe hätte kaufen können. Hätte der Darleiher das Fallen des Zinses vorausgesehen, so würde er die Anleihe wohl abgelehnt und statt dessen Kapital angelegt haben. Anstelle des Anleihezinses hätte er dann eine Einnahme aus seiner Kapitalanlage und einen Kapitalzuwachs gehabt, aus dem er zukünftiges Einkommen hätte ziehen können. Die Wirkung des Sinkens des Zinses wäre dann nicht eine Erniedrigung der Erträge seiner Kapitalanlage, sondern eine Erhöhung des kapitalisierten Wertes der Kapitalsanlage gewesen.

Während demnach eine auf Dienstleistungen und auf weniger dauerhafte Waren gegründete Indexnummer für Zeitkontrakte geeignet sein mag, die von einem Entleiher abgeschlossen sind, der sich eine augenblickliche Konsumtion zu leisten beabsichtigt, und einem Darleiher, der im Sinne hat, die Konsumtion bis zur Rückzahlung der Anleihe aufzuschieben, so zeigt es sich, daß eine solche Indexnummer für Kontrakte, bei denen der eine oder der andere Teil an einer langfristigen Kapitalanlage Interesse hat, *nicht* völlig geeignet ist.

Anstatt also unsere Indexnummer auf konsumierbare Güter und auf während einer Zeitperiode genossene Dienstleistungen zu gründen, sollten wir sie lieber zum Teil auf diese und zum Teil auf den Betrag des dauernden Kapitals gründen. Jeder Entleiher und jeder Darleiher kann den Wunsch haben, seinen Einkommenstrom *zeitlich* verschieden zu verteilen [1]). Der

[1]) *Rate of Interest*, S. 121—125.

eine will ein größeres Einkommen in der Zukunft haben und legt zu diesem Zwecke Kapital an, der andere hingegen zieht ein großes Einkommen in kürzester Zeit vor und will kein Kapital anlegen. Der eine Darleiher hat also ein Interesse daran, von dem dauernden Kapital soviel, wie er geliehen hat, zurückzuerhalten, und dem anderen Darleiher ist daran gelegen, eine ebensogroße Kaufkraft für Dienstleistungen und konsumierbare Güter, wie er ausgeliehen hat, zurückzuerhalten.

Nichtsdestoweniger werden nun von Personen, die sich in bezug auf die Verwendungsabsichten ihres Geldes gänzlich unterscheiden, Anleihekontrakte miteinander abgeschlossen. Selbst wenn für jedes Paar eine unabhängige und speziell bewertete Indexnummer benutzt werden könnte, wäre eine so gewonnene Einheit nicht für beide Teile in gleicher Weise passend. Und doch kann ein und dieselbe Schuld nicht in zwei verschiedenen Bemessungseinheiten bezahlt werden. Eine absolute Gleichstellung kann daher nicht in Frage kommen. Wir können wohl die Übel einer schwankenden Geldwährung abschwächen, vermögen aber bei Zeitkontrakten das Element der Spekulation nicht gänzlich beseitigen.

Obgleich verschiedene Personen und verschiedene Klassen für spezielle Kontrakte verschiedene Währungen ausbedingen können, so würde für die große Masse der Geschäftskontrakte, in denen es sich um aufgeschobene Zahlungen handelt, eine einzige Reihe von Indexnummern, die von allen Klassen gebrauchte und gekaufte Artikel einschließen und auch Dienstleistungen umfassen würde, wahrscheinlich ratsam gefunden werden. Diese Indexnummer würde für Kontrakte zwischen den verschiedenen Klassen und Individuen mit verschiedenartigen Konsumtionsgewohnheiten am passendsten sein; ebenso für die Berechnung der Geldzahlungen an Inhaber von Obligationen, die an das gesamte Publikum verkaufte Wertpapiere sind.

Ohne den Versuch zu machen, solche Indexnummern zu konstruieren, die besondere Personen und besondere Klassen jeweilen als Norm nehmen könnten, wollen wir bloß die Bildung einer solchen allgemeinen Indexnummer untersuchen. Wie hervorgehoben worden ist, muß eine solche alle Güter und Dienstleistungen umfassen. In welchem Verhältnisse sollen diese aber „gewogen" werden? Wie können wir bei der Bildung des Indexes entscheiden, welches Gewicht dem *Bestand* des dauernden Kapitals und welches Gewicht dem *Strome* der Güter sowie der Dienstleistungen während einer Zeitperiode — ihrem Zuströmen an die einzelnen Personen, das die Konsumtion widerspiegelt — gegeben werden soll? Diese beiden Dinge sind inkommensurabel. Sollen wir den Eisenbahnen des Landes die gleiche Bedeutung einräumen wie dem Konsum an Zucker während eines Monats oder eines Jahres?

§ 4.

Das beste und praktischste Mittel, diese gordischen Knoten zu lösen, ist vielleicht das in der Erklärung von P in unserer Verkehrsgleichung angewandte, nämlich eine Indexnummer, in der jeder Artikel und jede Dienstleistung deren Werte gemäß gewogen wird, zu dem sie in dem Jahr, dessen Preisniveau gefunden werden soll, zu Basispreisen *ausgetauscht* wird [1]). Hierdurch werden für unmittelbare Konsumtion gekaufte Güter in die Bewertung eingeschlossen, wie dies auch bei allen dauernden Kapitalgütern der Fall ist, die während der Zeitperiode, die die Indexnummer in sich begreift, ausgetauscht wurden. Was in derart bemessenen Kontrakten zurückgezahlt wird, ist dieselbe *allgemeine Kaufkraft*. Diese umfaßt die Kaufkraft über alle gekauften und käuflichen Gegenstände, einschließlich Boden, Wertpapiere, Arbeit und andere Dienstleistungen wie solche von Körperschaften und Waren.

Betreffs der Richtigkeit des Einschlusses von Dienstleistungen menschlicher Wesen oder der sogenannten „Arbeit“ hat es lebhafte Diskussionen gegeben. In einer Hinsicht erklärt sich die Frage selbst, da nämlich deren Ein- oder Ausschluß auf der Basis der *Stückarbeit* nur geringen oder gar keinen Einfluß auf das Resultat hat.

Es ist zur Genüge bekannt, daß die Löhne entweder „per Stück“ oder „nach Zeit“ bemessen werden können. In jedem der beiden Fälle treten sie in die allgemeine Indexnummer, die das Preisniveau ausdrückt, ein und wirken auf diese ein, doch ist der Einfluß in beiden Fällen ein verschiedener. Wenn wir Arbeitsstunden als Basis nehmen und die per Stunde oder per Tag gezahlten Löhne bemessen, dann finden wir wahrscheinlich, daß in einer Periode des gewerblichen Aufschwungs die Geldlöhne steigen, während die Güterpreise fallen, oder daß die Geldlöhne rascher steigen als die Güterpreise oder langsamer fallen. Wenn aber die Löhne per Stück bemessen werden, so finden wir in den Resultaten weniger Inkonsequenz. Wenn die Güter schneller zunehmen als das Umlaufsmittel, sodaß die Preise einem

[1]) H. S. Foxwell ist in bezug auf die beste Norm für aufgeschobene Zahlungen bei einer etwas anderen Beweisführung zu demselben Schlusse gekommen. Siehe die Bemerkungen von F. Y. Edgeworth (als Sekretär des *Committee on Variations of the Monetary Standard*). *Report of the British Association for the Advancement of Science für 1889*, S. 134 bis 139.

Fallen zuneigen, so werden die Stücklöhne eine sinkende Tendenz annehmen, und zwar durchschnittlich in fast gleichem Verhältnis. Da die Fortschritte der Produktionstechnik den Ertrag per Arbeitsstunde d. h. der Stückarbeit erhöhen, so kann der Preis per Stück sinken.

Die beiden Bemessungsmethoden, welche diese verschiedenen Ergebnisse für die Preis-Indizes liefern, ergeben im Handelsvolumen entgegengesetzte Abweichungen. Bei fortschreitender Technik erhöht sich der Umfang der Stückarbeit schneller als der der Zeitarbeit.

Betrachtet man die Indexnummer als Maßziffer für aufgeschobene Zahlungen, so beruht der Wunsch, für die Stücklöhne analoge Bewegungen wie für die Warenpreise anzunehmen, größtenteils auf der Schwierigkeit und der daraus folgenden praktischen Unmöglichkeit, die auf Arbeitszeit basierten Löhne einzuschließen. Auf der Stücklohnbasis liefern Veränderungen der Geldpreise anderer Güter einen annähernden Maßstab der Veränderungen in den Geldpreisen der Arbeit.

Wer Zeitkontrakte auf der Basis einer solchen Indexnummer abschließt, weiß, daß er Kaufkraft über dieselben Güterquantitäten, deren Kaufkraft er leihweise erhalten oder vergeben hat, zurückzahlen oder zurückerhalten wird. Diese Form einer Indexnummer ist eine objektive Norm der Güter.

Wenn eine Indexnummer von Zeitlöhnen allein (unter Ausschluß jedweder Güter) zu konstruieren wäre, so würden die Schuldner eine gleichwertige Kaufkraft über Arbeitsstunden zurückzahlen und die Gläubiger eine solche empfangen. Wenn sowohl Zeitlöhne wie Güterpreise eingeschlossen werden, so geht das Problem dahin, wieviel Gewicht jedem der beiden zu geben ist. Kemmerer bewertet die Löhne (aus einem Total von 100 %) zu 3 %. Jedenfalls würde ihr Einfluß nicht besonders fühlbar und, wenn wir Stücklöhne nehmen, überhaupt nicht wahrnehmbar sein, d. h. es hat nicht viel zu bedeuten, ob hierbei Löhne inbegriffen sind oder nicht. Da wir tatsächlich keinerlei Statistik relativer Stücklöhne haben und nur über wenig zuverlässige Statistiken für Zeitlöhne verfügen, so ist es im allgemeinen ebensogut, die Löhne ganz wegzulassen.

Dieses Verfahren hat noch einen anderen Vorteil. Es ist klar, daß in eine Indexnummer, die als Basis für aufgeschobene Zahlungen für Lohnarbeiter dienen soll, die Löhne nicht aufgenommen werden sollten. Ein Lohnempfänger beurteilt seine Kaufkraft nicht nach der Menge der Arbeit, die er kaufen kann [1]).

In diesem Zusammenhange wollen wir die Aufmerksamkeit noch auf

---

[1]) Vgl. Edgeworth, in Palgrave's *Dictionary of Political Economy*, „Index Numbers".

einen anderen Maßstab der Kaufkraft des Geldes lenken, der zuweilen zur Angleichung von Kontrakten vorgeschlagen worden ist. Es ist dies der Maßstab des Nutzens. Demgemäß würde jede Person einen Grenznutzen gleichen Wertes wie das, was sie geliehen oder geborgt hat, empfangen oder zurückzahlen. Der Grenznutzen der nämlichen Güter ist aber für die einzelnen Personen ein anderer; er ist ferner für ein und dieselbe Person in verschiedenen Lebensabschnitten verschieden. Ein solcher Maßstab kann daher praktisch nicht angewendet werden.

Ein Preis ist ein objektives, der Bemessung zugängliches Moment, das für alle Menschen ein und dasselbe ist. Die Grenznutzen hingegen haben für verschiedene Personen ungleichen Wert und variieren individuell verschieden; sie zu bemessen ist unmöglich. Die Kaufkraft des Geldes in objektivem Sinne ist daher eine ermittelbare Größe mit einer für alle Menschen gemeinsamen Bedeutung. Allerdings ist es richtig, daß der Grenznutzen des Geldes eine fundamentale Größe ist, und daß er in gewissem Grade von der Kaufkraft des Geldes abhängt. Aber er hängt auch von dem Einkommen eines jeden Menschen ab. Die Grenznutzen des Geldes variieren direkt mit der Kaufkraft des Geldes, *wenn* sich alle Preise und *alle Geldeinkommen* in demselben Verhältnis verändern oder wenn sich (wenigstens ungefähr) die Einkommen im Verhältnis der Durchschnittspreisveränderung verändern. Theoretisch sollte sich dieses feste Verhältnis zwischen Grenznutzen und Kaufkraft bestätigen müssen, wenn (angenommen, daß die Depositen in gleicher Weise variieren und daß die Umlaufsgeschwindigkeiten und das Handelsvolumen unverändert bleiben) die Quantität des Geldes variiert, nachdem die Übergangsperioden vorüber sind. Tatsächlich variieren aber alle diese Elemente, und zwar in ungleicher Weise. Die Geldeinkommen wachsen manchmal rascher und oft langsamer als die Preise. Das Resultat ist, daß die Veränderungen in der Kaufkraft des Geldes den Veränderungen in den Grenznutzen des Geldes nicht entsprechen.

Während der Zeit, in der ein Kontrakt läuft, kann die menschliche Gesellschaft mehr oder weniger wohlhabend werden. Man sollte denken, daß diese Tatsache das Verhältnis des zurückgezahlten Betrages zu dem geliehenen Betrage beeinflußt. Es ist die Forderung gestellt worden, daß die Wohltaten des Fortschrittes zwischen dem Entleiher und dem Darleiher gleichmäßig verteilt werden sollten [1]).

[1]) Siehe z. B. die Schrift von J. B. Clark „*The Gold Standard in Recent Theory*", *Political Science Quarterly*, September 1895. Vgl. hiermit „*The Standard of Deferred Payments*" von Edward A. Roß, *Annals of the American Academy of Political and Social Science*, November 1892; Lucius S. Merriam „*The Theory of Final Utility in its Relation*

Während aber Leihkontrakte im Hinblick auf die Grenznutzen abgeschlossen werden, sind wir der Ansicht, daß auf Veränderungen im Einkommen zurückzuführende Variationen im subjektiven Geldwerte in die Berichtigungen eines Zahlungsmittelsystems nicht nur nicht aufgenommen werden können, sondern auch nicht aufgenommen werden dürfen; sie sollten sich auf Veränderungen in der objektiven Kaufkraft beschränken. Einen Maßstab objektiver Kaufkraft zu erlangen, ist auf jeden Fall ein Schritt, der vernünftigerweise zuerst getan werden sollte, bevor ein weiterer Schritt in Erwägung gezogen werden kann. Das Suchen nach einem Maßstabe aufgeschobener Zahlungen, der automatisch die richtige Verteilung der „Segnungen des Fortschrittes" vorsieht, scheint ein ebenso aussichtsloses Streben zu sein wie das Suchen nach dem Stein der Weisen. Da die Nützlichkeit statistisch nicht bemessen werden kann, können auch die Verbesserungen in der Nützlichkeit, die zur Wiederverteilung der „Segnungen des Fortschrittes" nötig sind, nicht bemessen werden. Durch das Fehlen statistischer Bemessung kann irgendeine ausführbare Verbesserung nicht in Frage kommen. Die Aufstellung des „Nützlichkeitsmaßstabes" ist daher undurchführbar, selbst wenn die Theorie eines solchen Maßstabes haltbar wäre.

Ähnliche Theorien für eine vollkommene Norm aufgeschobener Zahlungen gehen von dem Gedanken aus, daß ein Dollar immer mit dem gleichen Quantum von *Arbeit* erworben werden sollte. Da der Grenznutzen und der Grenzarbeitsaufwand unter normalen Verhältnissen gleich sind, ist in gewissem Sinne der Arbeitsmaßstab mit dem Maßstabe des Grenznutzens identisch. In welchem Sinne die „Arbeit" aber immer definiert werden mag, sie stellt eine schwer faßbare Größe dar, die als eine meßbare Basis für Statistiken der Kaufkraft ganz unbrauchbar ist. Anscheinend kann die Arbeit in Ausdrücken der *Zeit* bemessen werden und auf der Grundlage der „Arbeit eines Tages" ist sie auch als eine geeignete Einheit zur Bemessung aufgeschobener Zahlungen vorgeschlagen worden. Doch selbst die „Arbeit eines Tages" ist keine genügend definierte Einheit, in der mit ziemlicher Genauigkeit die Kaufkraft des Geldes bemessen werden kann. Die Tagesarbeit differiert in Bezug auf die Zahl der Stunden, die Intensität und die Unannehmlichkeit der Arbeit ebenso wie in bezug auf die Qualität der ausgeführten Arbeit, gleichviel ob sie körperlicher oder geistiger Natur ist. Eine Größe, deren Bemessung so viele theoretische Schwierigkeiten bietet, kann niemals als eine praktische Norm für aufgeschobene Zahlungen dienen.

to Money and the Standard of Deferred Payments" ebendaselbst, Januar 1893; Frank Fetter „*The Exploitation of Theories of Value in the Discussion of the Standard of Deferred Payments*", ebenda, Mai 1895.

Wir sehen also, daß der Versuch, einen Nützlichkeits- oder Arbeitsmaßstab aufzustellen, zu hohe Ansprüche stellt, um ausführbar zu sein[1]). Wir sollten uns damit zufrieden geben, in dem Maßstab aufgeschobener Zahlungen das Maximum erreichbarer Vervollkommnung zu erzielen, ohne daran zu denken, eine ideale Verteilung der „Segnungen des Fortschrittes" sicherzustellen.

Unser Problem wird auch vereinfacht, wenn wir im Auge behalten, daß unser Ideal in erster Reihe nicht in der *Beständigkeit*, sondern vielmehr in der *Zuverlässigkeit* des Dollars besteht. Schwankungen, die vorauszusehen sind und auf die Rücksicht genommen werden kann, verursachen keinen Schaden. Man kann wohl erwarten, daß jedermann das Risiko für die Veränderungen trägt, die in seinem eigenen Vermögen, in der Nützlichkeit und Arbeit sowie vielleicht auch selbst in weitem Umfange infolge der allgemeineren Wirkungen der Erfindungen und des Fortschrittes eintreten können. Auf jeden Fall sollte niemand erwarten, daß er durch die Beschaffenheit der Geldeinheit gegen jeden Windstoß gesichert ist.

Die Art und Weise, in der jede Person derartige von ihr vorauszusehende zukünftige Veränderungen berücksichtigt, besteht in der Anpassung der Höhe von Anleihen, die sie gibt oder aufnimmt, und des Zinsfußes dieser Anleihen. Wenn das Durchschnittseinkommen steigt, so kann der Entleiher eine größere Rückzahlung erschwingen, und der Darleiher kann sodann mehr erhalten, während bei einem Fallen des Durchschnittseinkommens der gezahlte Betrag geringer sein sollte. Tatsache ist, daß dies die Tendenzen in Fällen sind, in denen das Steigen oder Fallen des Durchschnittseinkommens vorauszusehen ist. Wenn sich das Durchschnittseinkommen erhöht, so ist der Darleiher weniger darauf bedacht, sein gegenwärtiges und verhältnismäßig dürftiges Einkommen zu erschöpfen, um sein zukünftiges Einkommen zu erhöhen, das er wahrscheinlich ohnehin zunehmen sieht. Eine zunehmende Prosperität (unter der nicht eine *große*, sondern eine *wachsende* Prosperität zu verstehen ist) hat also die Tendenz, das Angebot für Anleihen einzuschränken. Gleichzeitig ist sie auf eine Erhöhung der Nachfrage gerichtet, wodurch der Zins erhöht wird. Umgekehrt trägt ein abnehmendes Durchschnittseinkommen zu einer Erniedrigung des Zinses bei [2]).

Alle die vorstehenden Tatsachen treten nur dann ein, wenn das Steigen oder das Fallen des Einkommens vorausgesehen wird; wenn dies nicht der

---

[1]) Vgl. Charles A. Conant, *The Principles of Money and Banking*, Bd. II, Kap. VII.

[2]) *Rate of Interest*, S. 95—98 und 304—306. Diese Stellung wird von Correa Moylan Walsh in *The Fundamental Problem in Monetary Science* genommen, New York (Macmillan), 1903, S. 345, Fußnote.

Fall ist, können sie keinen nennenswerten Einfluß auf die Zinsrate ausüben. Je unerwarteter sich derartige Veränderungen einstellen, nachdem Anleihenkontrakte eingegangen worden sind, ohne Rücksicht auf diese zu nehmen, desto spekulativer sind die Anleihekontrakte. Wenn die Einkommen fallen, so ist der Darleiher im Vorteil im Vergleich zum Entleiher, weil er einen höheren Zins erzielt, als er erhalten hätte, wäre die Veränderung vorauszusehen gewesen. Die Hauptlast der Veränderung hat dann der Entleiher zu tragen. Wenn dagegen die Einkommen ein unerwartetes Steigen erfahren, so ist die Sachlage gerade umgekehrt; der ganze Gewinn geht auf den Entleiher über. Die normale Wirkung einer fortgesetzten Ausdehnung des Einkommens besteht in einer Erhöhung des Zinsfußes.

Bei dem vorliegenden Problem handelt es sich jedoch nicht darum, die Interessen der Schuldner und Gläubiger gegen alle möglichen Elemente der Veränderung zu schützen, sondern nur gegen solche, die rein monetärer Natur sind. Industrielle Veränderungen bilden eine Klasse für sich, und es muß den kontraktschließenden Parteien überlassen bleiben, ihr Interesse selbst wahrzunehmen. Uns ist nur daran gelegen, ihnen eine stabile oder zuverlässige Geldwährung zu verschaffen. Eine sichere Geldwährung kann weder eine Bürgschaft gegen Erdbeben bieten, noch die gleichmäßige Verteilung der Prosperität sichern. Aber sie kann die durch Veränderungen in der Beziehung des Geldwertes zu anderen Gütern erlittenen Verluste abschwächen.

Die Statistik der Nominal- oder Geldzinsraten und der virtuellen oder Warenzinsraten beweisen, daß die letzteren in viel höherem Grade Schwankungen unterworfen sind, als die ersteren [1]). Dieses Fehlen eines Ausgleichs hat nachteilige Folgen. Vor allen Dingen steht dieser Tatbestand einer normalen Verteilung des Reichtums und des Einkommens im Wege. Bei steigendem Preisniveau erhält der Darleiher, da sich während einer längeren Zeit der Nominalzins nicht genügend erhöht, um einen Ausgleich zu schaffen, ein geringeres Quantum von Reichtum oder Dienstleistungen zurück, als er billigerweise erwarten konnte. Die Gläubiger verlieren und die Schuldner gewinnen. Man beachte auch, daß alle Personen mit verhältnismäßig festem Geldgehalt bei dieser Preissteigerung verlieren. Wenn hingegen das Preisniveau fällt, haben die Gläubiger und Personen mit relativ festem Einkommen auf Kosten der Schuldner den Gewinn. In beiden Fällen erfährt die Verteilung des Reichtums aus rein monetären Ursachen eine Veränderung, und diese Veränderung kann dadurch abgewendet werden, daß der Maßstab der aufgeschobenen Zahlungen stabiler gestaltet wird.

[1]) *Rate of Interest*, Kapitel XIV.

§ 5.

Wir kommen somit auf die Schlußfolgerung zurück, daß im allgemeinen die beste Indexnummer als Maßstab für aufgeschobene Zahlungen im Geschäftsleben diejenige ist, die wir für die Angabe der Preisveränderungen aller abgeschlossenen Geschäfte als die beste gefunden haben. Mit anderen Worten: die Indexnummer ist das P auf der rechten Seite der Verkehrsgleichung [1]).

Natürlich ist es gänzlich unmöglich, Angaben für jede Art von Austausch zu erhalten, was sich auch keineswegs als ratsam erweisen würde. Nur Angaben für solche Artikel, die in bestimmten Verkehrstypen gehandelt werden und die lange Jahre hindurch Gebrauchsartikel bleiben, sind aufzutreiben und von genügender Bedeutung, um in die Indexnummer eingeschlossen zu werden. Bei diesen Spezifikationen ist Grundbesitz nicht inbegriffen und zu einem gewissen Grade sind auch Löhne, Detailpreise und Wertpapiere ausgeschlossen, und es bleibt auf diese Weise in der Liste der Güter tatsächlich nichts übrig als die Engrospreise der einzuschließenden Waren, deren Preise in eine Indexnummer zusammenzusetzen sind. Diese Einschränkungen sind jedoch nicht von solcher Bedeutung, wie man annehmen könnte. Die Gesamtumsätze von Grundstücken in New York City (Manhattan und Bronx) im Jahre 1909 (das sich durch große Aktivität auszeichnete), die durch veranschlagte Abschätzung (wahrscheinlich zu $^4/_5$ der Marktbewertung) bemessen wurden, betrugen nur $ 620,000,000. Im Vergleich zu den 104 Milliarden Bank-Clearing-Umsätzen der New York City ist diese Summe ziemlich bedeutungslos. Dabei stellen die Umsätze von Grundstücken in New York wahrscheinlich einen höheren Prozentsatz der Gesamttransaktionen dar, als dies in den Vereinigten Staaten der Fall ist [2]). Wir können also mit einiger Sicherheit sagen, daß sich die Grundbesitzumsätze in den Vereinigten Staaten nur auf einen Bruchteil eines Prozentes der Gesamtumsätze belaufen. Was den Umsatz

---

[1]) Dies ist tatsächlich dieselbe Folgerung, zu der Walsh in seinem *The Fundamental Problem in Monetary Science* gelangte und in der der Verfasser nach einer gründlichen und kritischen Durchsicht der Literatur über den Gegenstand den Schluß zieht, daß die in dem Maßstab für aufgeschobene Zahlungen erforderliche Art von Stabilität die „Stabilität des Tauschwertes" ist.

[2]) Auf jeden Fall befindet man sich stark unter dem Eindruck, daß die Umsätze von Grundbesitz in New York „aktiver" sind, als in den meisten anderen Städten und zwar auf Grund der raschen Veränderung im Charakter der örtlichen Lage, die auf die Enge der Insel Manhattan und infolgedessen auf das rasche Wachsen nach einer Richtung (nördlich) zurückzuführen ist, sowie daß im allgemeinen die Städte einen größeren Handel in Grundbesitz aufweisen als das Land, und zwar nicht nur absolut, sondern auch im Verhältnis zu anderen Handelszweigen.

in Wertpapieren anlangt, so gelangt Kemmerer auf Grund von Transaktionen der New Yorker Effektenbörse zu dem Schlusse, daß ungefähr 8 % der Gesamtumsätze des Landes in der Übertragung von Wertpapieren bestehen [1]). Wie bereits bemerkt, veranschlagt Kemmerer die Löhne auf ungefähr 3 % [2]). In bezug auf die relative Bedeutung der Detailpreise im Vergleich mit den Engrospreisen besitzen wir einige von Kinley für die *Monetary Commission* [3]) aufgestellte Zahlen. Auf dieser Basis und auf Grund der Tatsache, daß Engros- und Detailpreise in ihren Bewegungen ziemlich übereinstimmen [4]), können wir die Detailpreise überhaupt weglassen. Zwar ist es richtig, daß die Detailpreise gewöhnlich hinter den Engrospreisen zurückbleiben, doch ist es mehr ein scheinbares als tatsächliches Zurückbleiben. Bei einer raschen Preissteigerung, wie sie gegenwärtig vorhanden ist, gehen, nach Aussage Sachverständiger, die diesbezügliche Statistiken gesammelt haben, die Detailhändler der Notwendigkeit, ihre Kunden vor häufige und rasche Erhöhungen der Preise zu stellen, dadurch aus dem Wege, daß sie unveränderte Preise ansetzen, aber an Stelle der Erhöhung eine minderwertige Qualität oder in einigen Fällen kleinere Laibe oder Packungen verkaufen.

Allerdings ist es richtig, daß die Engrostransaktionen nur einen Bruchteil der gesamten Transaktionen bilden; sie belaufen sich vielleicht nur auf ein Fünftel [5]). Nichtsdestoweniger sind die Engrospreise *typischer*, als irgendwelche anderen Preise. Sie sind in hohem Grade typisch für Preise der Produzenten, die den Engrospreisen vorausgehen, und für Detailpreise, die den genannten folgen. Sie sind typisch für viele große und oft schwer zu beschreibende Gruppen, die zusammengefaßt die Gesamtumsätze bilden, z. B. diejenigen, welche in Kinleys Bericht an die *Monetary Commission* unter dem Titel „andere Depositen" klassifiziert sind und welche Hotelrechnungen, Honorare der liberalen Berufe usw. sowie Löhne umfassen.

---

[1]) *Money and Prices*, 2. Aufl., New York (Holt), 1909, S. 138.

[2]) Ebenda, S. 138.

[3]) *Credit Instruments*, 1910, 61. Kongreß, 2. Session, Senatdokument 399, S. 69, 73, 134 und 136. Die Schrift gibt an, daß der Engroshandel ungefähr doppelt soviel Austauscharbeit erfordert als der Detailhandel.

[4]) Die vom Arbeitsamt bezüglich der Detailpreise angestellten Untersuchungen scheinen eine allgemeine Übereinstimmung zwischen den Bewegungen der Detail- und Engrospreise anzuzeigen, wie auch tatsächlich erwartet werden kann.

[5]) Siehe die im *Report of National Monetary Commission on Credit Instruments* zu einem Ganzen vereinigten Summen, die durch Engroskaufleute und andere Handeltreibende in den Banken deponiert sind. Wenn diese auch keine genaue Vergleichung gewähren, so gestatten sie doch eine ungefähre Mutmaßung.

Unter den Posten, für die Engrospreise nicht besonders typisch sind, befinden sich Transaktionen in Wertpapieren (spekulativer und anderer Art), Eisenbahn- und Transportgebühren sowie Versicherungsprämien. In letzter Zeit sind die Preise von Aktien schneller gestiegen als die Engrospreise, während die Transport- und die Versicherungsgebühren nicht so rasch in die Höhe gingen. Die von Kemmerer und mir selbst (in Kapitel XII) angestellten Versuche, die Durchschnittsengrospreise *und* die Preise der Aktien sowie der Löhne zu verbinden, ergeben Resultate, die nur wenig von den auf Engrospreise gegründeten abweichen. Vom praktischen Standpunkt sind die Warenengrospreise die einzigen bis jetzt hinreichend als typisch zu betrachtenden Preise, und der Gebrauch der Güter zu diesen Preisen ist während einer längeren Zeitperiode allein genügend konstant, um ihre Verwendung für die Gewinnung der Indexnummer zweckdienlich erscheinen zu lassen.

Wir dürfen nicht nur annehmen, daß die Engrospreise ungefähr alle Preise repräsentieren, sondern wir dürfen auch und das mit größerer Zuversicht, unsere Statistik für Engrospreise auf eine verhältnismäßig kleine Anzahl beschränken. Edgeworth und andere haben sowohl praktisch wie theoretisch bewiesen, daß eine große Anzahl von Artikeln nutzlos ist und sogar nachteilig sein kann. Die von „The Economist" angewandten 22 Warengattungen gewähren eine Indexnummer von großem Werte; jene 45 von Sauerbeck haben uns einen wertvollen Maßstab geliefert, und die im Aldrich Report benutzten 200 und mehr Warengattungen, sowie die Bulletins des Arbeitsamtes der Vereinigten Staaten sind sicher zahlreich genug, wenn nicht allzu zahlreich, um eine ganz genaue Preisindexnummer zu geben.

Die seitens des „*Committee of the British Association for the Advancement of Science*" gemachten Vorschläge gingen dahin, daß die Indexnummer sechs Gruppen umfassen solle, die siebenundzwanzig Klassen von Artikeln enthalten, und daß die Preise in abgerundeten Zahlen, die annähernd den relativen Aufwand eines Gemeinwesens an diesen Gegenständen repräsentieren, gewogen werden sollten. Die Gruppen und die Klassen sowie deren Bewertung waren die folgenden[1]):

Brot- und Hülsenfrüchte (Weizen 5, Gerste 5, Hafer 5, Kartoffeln, Reis usw. 5)	20
Fleisch- und Molkereiwaren (Fleisch 10, Fisch 2½, Käse, Butter, Milch 7½)	20
Genußmittel (Zucker 2½, Tee 2½, Bier 9, Spirituosen 2½, Wein 1, Tabak 2½)	20
Kleidung (Baumwolle 2½, Wolle 2½, Seide 2½, Leder 2½)	10
Mineralien (Kohle 10, Eisen 5, Kupfer 2½, Blei, Zink, Zinn usw. 2½)	20
Verschiedene Waren (Bauholz 3, Petroleum 1, Indigo 1, Flachs und Leinsamen 3, Palmöl 1, Kautschuk 1)	10

[1]) Siehe den Report des Komitees im *Report of the British Association for the Advancement of Science* für das Jahr 1888, S. 186.

Dieser Bericht wurde nach reiflichster Überlegung von einem außerordentlich kompetenten Komitee erstattet, das aus folgenden Mitgliedern bestand: S. Bourne, F. Y. Edgeworth (Sekretär), H. S. Foxwell, Robert Giffen, Alfred Marshall, J. B. Martin, J. S. Nicholson, R. H. Inglis Palgrave und H. Sidgewick. Der Bericht gibt auch eine genaue technische Beschreibung der Artikel, deren Preisnotierungen zu benutzen sind (z. B. von rohem Eisen, dem sogenannten „Scotch pig iron") und ebenso den Preistarif oder die anderen Quellen für Preisnotierungen (beispielsweise für Weizen das „Gazette average").

Dieser Vorschlag des britischen Komitees könnte, mit einigen geringfügigen Änderungen, für amerikanische Zahlen verwendbar gemacht werden. Wir haben in Amerika eine ganze Anzahl von Indexnummern von Engrospreisen, von denen die Nachstehenden die wichtigsten sind: 1. die von Roland P. Falkner im Aldrich Senate Report verzeichneten Indexnummern, welche die Zeitperiode von 1840 bis 1891 umfassen und mit dem Jahre 1860 beginnend 223 Warengattungen enthielten. Die Resultate wurden auf zweierlei Art gegeben, und zwar sowohl gewogen, wobei das Abwägen dem relativen, in diesen Artikeln gemachten Aufwande oder den von Arbeitern benutzten gleichartigen Gegenständen gemäß vorgenommen wurde, und auch ungewogen. 2. die vom Arbeitsamt der Vereinigten Staaten für 251 bis 261 Warengattungen gelieferten Indexnummern, deren Aufzeichnung mit dem Jahre 1890 begann und, wie man allgemein annimmt, jedes Jahr veröffentlicht werden soll. 3. Die Indexnummern von Dun vom Jahre 1860 bis 1906, die vor kurzem von Dr. J. P. Norton für Gibson fortgesetzt wurden, und 4. seit dem Jahre 1895 Bradstreets Indexnummern für 96 Warengattungen.

Es ist unnötig, auf eine ausführliche Kritik dieser Indexnummern einzugehen. Im großen ganzen scheinen sie zu viele Warenarten zu enthalten und sind außerdem auf dem nicht einwandfreien System der festen Basis aufgebaut. Es würde von großem Vorteil sein, wenn wir uns in Amerika für ein System entschließen könnten, das nicht nur allgemein maßgebend wäre, sondern auch die Ergebnisse wenigstens einmal im Jahr und zwar pünktlich lieferte.

Für praktische Zwecke ist der „*Medianwert*" eine der besten Indexnummern. Er kann in einem geringen Bruchteil der erforderlichen Zeit, die die Berechnung der theoretisch genaueren Indexnummern erheischt, aufgestellt werden und bewährt sich glänzend bei den vielen Proben, auf die eine gute Indexnummer gestellt wird. Sie hat (vermittelst der „Quartilen Grade") auch den Vorteil, die Tendenz zur Dispersion der Preise (von jedem Jahre als Basis für das nächste Jahr) vom Medianwerte nach beiden Seiten leicht darzustellen. Der Medianwert sollte in abgerundeten Ziffern gewogen werden, und zwar analog dem bereits erörterten Abwägen für die mehr theoretisch vollkommene Indexnummer [1]). Der Medianwert einer statistischen Reihe ist dasjenige ihrer Glieder, dem in der Reihe ebensoviele Nummern vorangehen wie folgen. Wenn die Zahl der Posten in der Reihe eine ungerade Zahl Glieder enthält, dann ist der Medianwert die Mitte der der Größe nach geordneten Zahlenreihe. Wenn die Zahl der Posten eine gerade ist, so fällt der Medianwert zwischen zwei Glieder. Wenn diese gleich sind, ist der Medianwert mit beiden identisch; wenn sie ungleich sind, liegt der Medianwert zwischen denselben und kann als ihr einfacher arithmetischer, geometrischer oder als irgendein anderer Durchschnitt gewonnen werden. Tatsächlich liegen die beiden Mittelposten fast unvermeidlich so nahe beisammen, daß es keine nennenswerte Bedeutung hat, welche Methode zur Durchschnittsbildung der beiden Mittelposten adoptiert wird. Die Methode, die Posten, von denen ein Medianwert berechnet wird, zu *wiegen*, besteht darin, daß jeder Posten soviel mal gezählt wird, wie deren Gewicht anzeigt. Als Beispiel zu dieser Darstellung mag dienen, daß der Medianwert der Nummern 3, 4, 4, 5, 6, 6, 7 der Größe nach geordnet 5 und der Medianwert von 3, 4, 4, 5, 6, 6 gleich $4\frac{1}{2}$ ist.

Betrügen die mit den letztgenannten Nummern zu verbindenden Gewichte

für	Nummer	3	Gewicht	1
"	"	4	"	2
"	"	4	"	3
"	"	5	"	4
"	"	6	"	2
"	"	6	"	1

so ist der Medianwert in folgender Weise zu finden:

Zahlenreihe	3,	4, 4,	4, 4, 4,	5, 5, 5, 5,	6, 6,	6
die Gewichte sind	1	2	3	4	2	1

Der Medianwert dieser Nummern ist 5. Die mit den drei erwähnten Medianwerten in Übereinstimmung befindlichen entsprechenden arithmetischen Durchschnitte (5, $4^1/_2$ und 5) sind: 5, 4,67 und 4,69.

Tatsächlich ist es nicht nötig, die Posten genau der Größe nach zu ordnen. Die leicht zu erkennenden niedrigen Posten können sofort den leicht zu erkennenden hohen gegenübergestellt werden, und nur die wenigen

[1]) Siehe den Anhang zu diesem Kapitel X, § 8.

übrigen in der Mitte liegenden Posten sind genau in Ordnung zu bringen. Die nahe der Mitte liegenden Posten, die gewöhnlich beinahe oder gänzlich gleich sind, machen die Auswahl des Medianwerts äußerst leicht.

Um den Medianwert für eine Preisindexnummer zu benutzen, haben wir zuerst unsere *Preisrelationen* zu ordnen und sodann den Medianwert zu wählen.

§ 6.

Wir haben gesucht, in diesem Kapitel nachzuweisen, daß das auf Basispreise aufgebaute Verhältnis der wirklichen Werte zu idealen Werten eine ausgezeichnete Form der Preisindexnummer ist, und daß die zur Konstruktion von Indexnummern eingeführten Elemente den verschiedenen Zwecken gemäß, für die sie bestimmt sind, differieren. Wenn Kapital bemessen werden soll, so sollten die Preise für Nutzleistungen nicht inbegriffen werden, sondern nur die Preise der verschiedenen, zu irgendeinem Zeitpunkte bestehenden Reichtumsartikel. Wenn der Zweck verfolgt wird, die Mittel zur Bemessung der Reallöhne zu erlangen, so sollte man nur solche Gegenstände aufnehmen, die von Arbeitern gekauft werden; ihre Aufnahme sollte zu den während einer gegebenen Zeitperiode gekauften Werten erfolgen und diese Werte zu Standardpreisen bemessen werden.

Die Frage eines gerechten Ausgleiches zwischen Entleiher und Darleiher, in der es sich um die Aufstellung der besten Indexnummer als Maßstab für aufgeschobene Zahlungen handelt, wurde gleichfalls in Erwägung gezogen. Es wurde erklärt, daß es keineswegs eine Verletzung des Gerechtigkeitsgefühls bedeutet, wenn auf Grund der Schwankungen in der Geldwährung der eine durch den Verlust des anderen gewinnt, denn der Kontrakt, in dem unter normalen Umständen jeder Teil, eines möglichen Gewinnes willen, jedes Risiko eines Verlustes übernahm, ist freiwillig eingegangen worden. Weiter wurde einerseits ausgeführt, daß es unrecht wäre, wenn einer Person, die das Risiko eines Verlustes übernahm, durch gesetzliche Verordnung der Gewinn weggenommen würde. Nichtsdestoweniger wurde aber andererseits Nachdruck darauf gelegt, daß es wünschenswert ist, ein Mittel zu finden, durch das für die Zukunft abgeschlossene Kontrakte weniger spekulativ gemacht werden.

Es wurde mit Nachdruck erklärt, daß es nicht zu der Funktion einer Indexnummer allgemeiner Preise gehöre, das wirkliche Einkommen vor einem Steigen oder einem Fallen zu bewahren. Die Funktion einer solchen Indexnummer ist, die Veränderung im Niveau der Preise zu bemessen, damit in Kontrakten, bei denen es sich um aufgeschobene Zahlungen handelt, insoweit Geld in Betracht kommt, das Element des Risikos ausgeschlossen werde. Ohne die Norm einer Indexnummer sind solche Kontrakte in hohem Grade spekulativ. Die Anpassung des Zinsfußes gewährt einigermaßen eine Entschädigung für die Schwankungen im Geldwerte, doch nicht in hinreichender Weise. Diese Schwankungen wirken auf die Verteilung des Reichtums unter die verschiedenen Personen und die verschiedenen Klassen ein und führen Krisen und Geschäftsdepressionen herbei. Es ist sehr zu wünschen, daß für die Zeitkontrakte eine Basis gefunden wird, welche diesen Übeln abhilft. Es wurde angenommen, daß eine in die Verkehrsgleichung eingeführte Indexnummer, die das Preisniveau ausdrückt, als eine solche Basis eingeführt werden könnte. Als Ideal wurde ein Zustand hingestellt, bei dem weder der Schuldner noch der Gläubiger benachteiligt wird, wenn sie in ihren Erwartungen durch Veränderungen im Niveau der Preise aller gekauften und verkauften Güter getäuscht werden. Es muß also ein System gefunden werden, bei dem die tatsächlichen Ergebnisse des Vertrages den erwarteten Ergebnissen in fast allen Fällen nahegebracht werden.

Es wurde dargelegt, daß es für die verschiedenen Personen und die verschiedenen Klassen von Interesse ist, für ihre Zeitkontrakte Indexnummern zu besitzen, die auf etwas verschiedene Weise aufgebaut wurden, und zwar aus dem Grunde, weil die einzelnen Personen an der Konsumtion verschiedener Warengattungen interessiert sind, und weil sie größere oder kleinere Teilbeträge ihres Verdienstes anzulegen beabsichtigen. Aber für allgemeine Zwecke und als bester Kompromiß, den Bedürfnissen der verschiedenen Klassen zu entsprechen, wurde eine Indexnummer vorgeschlagen, die auf die Preise aller während einer gegebenen Periode *ausgetauschten* Güter gegründet ist. Zugleich aber wurde hervorgehoben, daß die verschiedenen Formen der Indexnummern, die Anerkennung gefunden haben, tatsächlich zu denselben Resultaten führen.

Schließlich wurde dargelegt, daß der Medianwert für ungefähre und doch zuverlässige Berechnungen Vorteile über alle anderen Formen von Indexnummern aufweist.

XI. Kapitel.

Statistischer Nachweis. Allgemeiner historischer Rückblick.

§ 1.

Da weder das Preisniveau noch die Quantität des in Umlauf befindlichen Geldes in der Praxis genau bewertet werden können, und da das erstere neben der Geldmenge noch von anderen Faktoren abhängt — nämlich von der Quantität des zirkulierenden Kredits, von der Umlaufsgeschwindigkeit

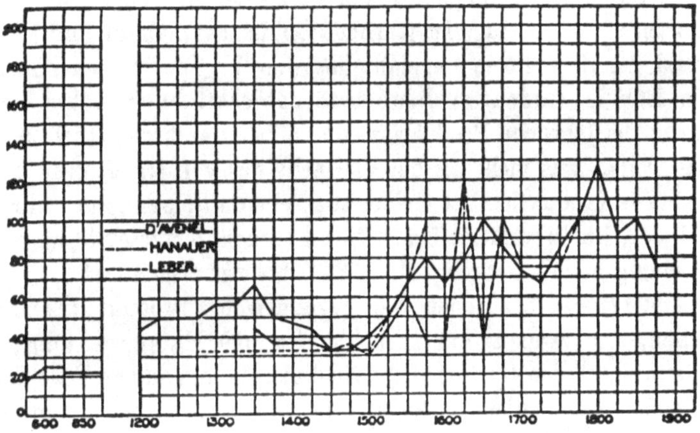

Fig. 10.

dieses Kredits sowie des Geldes und weiter von dem Geschäftsumfang — so wäre es sinnwidrig, eine genaue Übereinstimmung der Schwankungen der Quantität des zirkulierenden Geldes mit denen des Preisniveaus zu erwarten. Ebenso sinnwidrig ist es, zu folgern, wie dies vielfach geschehen ist, daß das Fehlen einer genauen statistischen Übereinstimmung das Nichtvorhandensein *irgendwelchen* Einflusses der Geldquantität auf das Preisniveau beweise. Wenn sich die Menge des Geldes stark und schnell verändert, so ist dennoch die Wirkung dieser Ursache auf die Preise gewöhnlich von genügender Bedeutung, um bemerkbar zu sein.

Wie Figur 10 [1]) zeigt, ist die allgemeine Bewegung der Preise gewöhn-

[1]) Dieses Diagramm zeigt die Veränderungen im Preisniveau, wie sie in Aupetits *Essai sur la théorie générale de la monnaie*, Paris (Guillaumin), 1901, S. 245, nach den voneinander unabhängigen Schätzungen von D'Avenel, Hanauer und Leber gegeben sind.

lich nach aufwärts gerichtet. Diesem Diagramm gemäß sind die Preise jetzt ungefähr fünfmal so hoch wie vor tausend Jahren und zwei- bis dreimal so hoch wie in der Zeit zwischen 1200 und 1500 n. Chr. [1]). Von dem letztgenannten Zeitpunkt ab oder kurz nach der Entdeckung Amerikas sind die Preise fast beständig gestiegen.

Der Entdeckung Amerikas folgte im Jahre 1519 die Besitzergreifung Mexikos durch Cortez und zwanzig Jahre später die Eroberung von Peru durch Pizarro. Von diesen Eroberungen und der darauffolgenden Entwicklung der Edelmetallproduktion in der Neuen Welt datiert der ungeheure Aufschwung des Gold- und besonders des Silberbergbaus während des sechzehnten Jahrhunderts. Von der Entdeckung Amerikas bis zu der Zeit, in der ihre Nachwirkungen fühlbar zu werden begannen, oder genauer bis zum Jahre 1544, betrug der jährliche Goldertrag nahezu fünf Millionen Dollar und der des Silbers ungefähr dasselbe [2]). Die reichen Minen von Potosi in Bolivia wurden im Jahre 1546 entdeckt. Vom Jahre 1545 bis 1560 betrug die jährliche Produktion von Silber durchschnittlich achtzehn Millionen Dollar, was mehr als das Vierfache des vorhergehenden Betrages bedeutet. Die Produktion des Goldes stieg ebenfalls, wenn auch nur in geringem Maße. Die Produktion beider Metalle wuchs fortgesetzt (mit geringer Unterbrechung in den Jahren 1811—1840) bis zur Gegenwart.

Diese Bergwerke der Neuen Welt begannen ihre Produkte über Europa zu ergießen, und zwar zuerst nach Spanien, der Haupteigentümerin der Minen, dann durch den Handel in die Niederlande und andere Teile Europas und schließlich in den Orient — dieses große „Aufnahmereservoir von Silber". Wie Cliffe Leslie [3]) dargelegt hat, stiegen die Preise zunächst in Spanien, hierauf in den Niederlanden und dann in anderen Gebieten.

Aber obwohl die neue Zufuhr von Edelmetallen sich nur ganz allmählich

---

[1]) Diese Zahlen wurden durch Ergänzung derer von D'Avenel, Hanauer und Leber durch die von Jevons und Sauerbeck für das 19. Jahrhundert gefunden. Ohne diese Ergänzung ist das Steigen der Preise zehnmal größer in den letzten tausend Jahren und vier- bis sechsmal größer in dem Zeitraum von 1200—1500.

[2]) Diese und die folgenden Zahlen sind „*The World's Production of Gold and Silver from 1493—1905*", von J. D. Magee im *Journal of Political Economy*, Januar 1910, S. 50 ff. entnommen. Bis zum Jahre 1885 sind Magees Zahlen auf jene von Soetbeer gegründet und seit diesem Zeitpunkte auf die Berichte des Direktors der Münze der Vereinigten Staaten. Betreffs Soetbeers Zahlen siehe Adolf Soetbeer, *Edelmetallproduktion und Wertverhältnis zwischen Gold und Silber seit der Entdeckung Amerikas bis zur Gegenwart*, Gotha (Justus Perthes), 1879, S. 107. Diese und andere Zahlen sind auch in den *Materialien* des nämlichen Verfassers gegeben, sowie in L. L. Price, *Money and its Relation to Prices*, London (Sonnenschein), 1900, New York (Scribner) S. 82 ff. aufgeführt und besprochen.

[3]) *Essays in Political Economy*, 2. Aufl., Nr. 19.

über Europa verbreitete und die Preissteigerung infolgedessen in einigen Gebieten verzögert wurde, so unterliegt es doch keinem Zweifel, daß die Preise stiegen, und daß diese Steigerung von Bedeutung war. Von der Entdeckung Amerikas an bis zum Anfang des 19. Jahrhunderts betrug das Steigen mehrere hundert Prozent. Dieses Ansteigen ereignete sich gleichzeitig mit einer Zunahme des Bestandes an Edelmetallen, weil die Erzeugung den Verbrauch überholte.

Wenngleich das Ansteigen der Gesamtproduktion der Edelmetalle bis zum Jahre 1810 andauerte, so wurde doch das Verhältnis der jährlichen Produktion zu dem vorhandenen Bestande allmählich geringer. Diesem Nachlassen in der Produktion entsprechend und wahrscheinlich dadurch veranlaßt, hielt das Steigen der Preise nicht mit derselben Geschwindigkeit wie am Anfang an. Mit der fortschreitenden Entwicklung der Handelsbeziehungen zum Osten fand ein zunehmender Bruchteil der neuen Angebote ihren Weg dorthin. Das schnellste Steigen erfolgte während des sechzehnten Jahrhunderts.

§ 2.

Offenbar bestehen die Geldmetallbestände stets und in jedem Lande aus der Differenz zwischen dem Gesamtprodukt und der Größe des Konsums sowie des Nettoexportes. Jacob [1]) hat zu verschiedenen Zeitpunkten ungefähre Schätzungen des Bestandes in Europa vorgenommen. In nachstehender Tabelle wird ein Vergleich der abgeschätzten Metallbestände in Europa mit den abgeschätzten Preisniveaus gezogen:

Geld und Preise.

Abgeschätztes Produkt, Konsumtion und Bestand der Edelmetalle in Europa, ausgedrückt in Millionen Dollar und Preisniveaus [2]).

Jahr	Produkt	Konsumtion und Export	Bestand	Preise
1500........			170	35
	670	290		
1600........			550	75
	1640	740		
1700........			1450	90
	4280	3880		
1800........			1850	100
	13 000	8960		
1900........			5890	125 (?)

[1]) William Jacob, F. R. S., *An Historical Inquiry into the Production and Consumption of the Precious Metals*, 2 Bde., London (Murray) 1931; II. Bd. S. 63. Siehe auch Price, *Money and its Relation to Prices*, S. 78.

[2]) Die Schätzungen des Produktes und des Bestandes sind die von Jacob und Soet-

Bei der ungeheuren Zunahme des Edelmetallbestandes ist es nicht zu verwundern, daß ein Steigen der Preise eintrat!

Wir sahen, daß eine allgemeine Zunahme erstens in den Beständen der Geldmetalle und zweitens im Preisniveau eintrat, und daß die größte Zunahme in beiden Fällen im sechzehnten Jahrhundert erfolgte. Ferner haben wir gefunden, daß die Preise nicht so rasch stiegen wie die Menge des Geldes. Auf Grund des erhöhten Geschäftsumfanges war diese verhältnismäßige Verlangsamung der Preissteigerung zu erwarten. Wir wissen, daß diese Erhöhung durch die Zunahme der Bevölkerung und durch die gewerblichen Fortschritte — besonders in den Handelsgewerben — und durch die Entwicklung der Transportverhältnisse herbeigeführt worden ist. Die Veränderungen in der Umlaufsgeschwindigkeit des Geldes sind uns völlig unbekannt.

§ 3.

Die während des letzten Jahrhunderts mit größerer Sorgfalt aufgezeichneten Preisbewegungen weisen ein vielfaches Steigen und Fallen auf.

---

beer (a. a. O.) sowie Del Mar in *History of the Precious Metals*, New York (Cambridge Encyclopaedia Co.), 1902, S. 449. Die jeweilige Preislage (mit Ausnahme dessen vom Jahre 1900) ist ermittelt als Durchschnitt der Angaben von Vicomte D'Avenel, *Histoire Economique de la Propriété des Salaires et des Denrées*, I. Bd., S. 27 und 32, Leber und Hanauer (siehe A. Aupetit, *Essai sur la théorie générale de la monnaie*, Paris (Guillaumin), 1901, S. 245); jede der drei Schätzungen wurde für das letzte Viertel des achtzehnten Jahrhunderts oder vielmehr von 1770—1790 auf 100 Prozent reduziert. In jedem Falle stellt die angegebene Zahl den Durchschnitt der von den drei Autoritäten gefundenen Zahlen für das vorangehende und folgende Vierteljahrhundert dar. Als ein Kompromiß zwischen sehr widerstreitenden Forschungsergebnissen ist für das Jahr 1900 die Zahl 125 gegeben. Leber, Hanauer und D'Avenel stimmen in ihren Feststellungen ziemlich überein, und D'Avenel (1890 bis 1894) fand das „gegenwärtige" Preisniveau in Frankreich doppelt so hoch, als es in den Jahren 1776 bis 1790 gewesen war (S. 32), was die erforderte Zahl 200 ergibt. Die in *Investigations in Currency and Finance*, London (Macmillan), 1884, S. 144, durch Jevons für die Jahre von 1782 bis 1818 für England aufgestellten Zahlen hingegen in Verbindung mit denjenigen Sauerbecks in *Course of Average Prices in England*, London (King), 1908, vom Jahre 1818 bis zur Gegenwart, zeigen ein tatsächliches Fallen der Preise an, wobei sich für 1900, auf der oben erwähnten Basis, eine Ziffer zwischen 75 und 80 ergibt. Die englischen Zahlen sind viel vollständiger als die Zahlen des Kontinents von D'Avenel, Leber und Hanauer, weshalb ihnen auch mehr Gewicht beigemessen wird, und die Zahl 125 scheint einen angemessenen ungefähren Durchschnitt für Europa darzustellen. Die großen Abweichungen der einzelnen Zahlen voneinander lassen aber diese und jede andere Zahl, die man wählen mag, als äußerst ungewiß erscheinen.

Am vollständigsten sind die in Figur 11[1]) dargestellten statistischen Angaben für England (von Sauerbeck). Bekanntlich erlitten die englischen Preise durch die Ausgabe von uneinlösbarem Papiergeld während der Napoleonischen Kriege eine künstliche Steigerung. Diese Periode der Papierwährung erstreckte sich vom Jahre 1801 bis 1820. Die Preise in Papiergeld waren jedoch nur unbedeutend höher als die Preise in Gold und die Hauptpreisbewegungen wurden (außer in wenigen Jahren) durch das Vorhandensein der Papierwährung nur in geringem Grade beeinflußt. Die Hauptperioden der Preisbewegungen in England seit dem Jahre 1789 können in folgender Weise dargestellt werden:

Die Preise stiegen vom Jahre 1789—1809, der Geldbestand nahm zu.

Die Preise fielen vom Jahre 1809—1849, der Geldbestand blieb stationär.

Die Preise stiegen vom Jahre 1849—1873, der Geldbestand nahm zu.

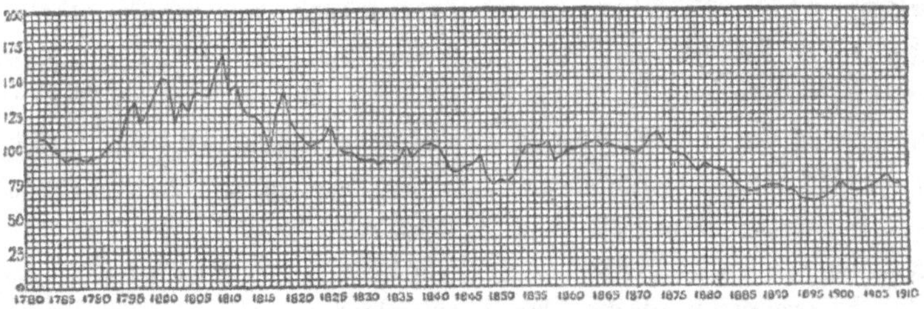

Fig. 11.

Die Preise fielen vom Jahre 1873—1896, der Geldbestand nahm nur wenig zu.

Die Preise stiegen vom Jahre 1896 bis zur Gegenwart, der Geldbestand nahm zu.

In jedem dieser fünf Fälle ist die Bewegung im Bestand der Geldmetalle in Europa laut der Tabelle von Del Mar angeführt[2]).

[1]) Die Zahlen sind verschiedenen Heften des *Journal of the Royal Statistical Society* entnommen. Sauerbeck hat während vieler Jahre seine Indexziffer in der Märzausgabe dieser Zeitschrift veröffentlicht.

[2]) *History of the Precious Metalls*, S. 449. Die von Del Mar gelieferten Angaben sind auf die Schätzungen von King, Humbolt, Jacob, Tooke, Newmarch, McCulloch und auf seine eigenen gegründet. Die Angaben beziehen sich etwa auf das Ende der oben angegebenen Perioden der Preisbewegungen. Die folgenden Zahlen bilden eine kurze Zusammenfassung der Del Marschen Angaben in bezug auf die Edelmetall-Bestände (in Milliarden Dollars ausgedrückt):

Die einzige Periode, die auf den ersten Blick nicht mit dem Ergebnis übereinstimmt, das erwartet werden kann, wenn unsere Theorie vom Einflusse des Geldbestandes auf das Preisniveau zutrifft, ist die Periode von 1873 bis 1896. Von den anderen vier Perioden weisen drei eine Preissteigerung mit zunehmenden Geldbeständen auf. Die vierte ist eine Periode, während der die Bestände stationär blieben. Da das Handelsvolumen zweifellos zunahm, war natürlicherweise ein Fallen der Preise zu erwarten.

Die Ausnahmeperiode der Jahre 1873 bis 1896, in der ein Sinken der Preise zu verzeichnen war, ist wahrscheinlich durch die Zunahme im Handelsvolumen und die schrittweise Demonetisierung des Silbers in den verschiedenen Ländern zu erklären.

Angesichts der Unvollständigkeit des zugrunde liegenden Materials ist der vorstehende Parallelismus zwischen den Geldbeständen und den Preisen bemerkenswert [1]. Es fehlen in der Tabelle nicht nur genaue statistische Angaben über das Handelsvolumen sowie über die Umlaufsgeschwindigkeit, sondern auch zahlenmäßige Belege über den Bestand an Banknoten, Staatspapieren und auf Depositen beruhenden Umlaufsmitteln. Bekannt ist uns jedoch, daß das moderne Bankwesen, das vor der französischen Revolution überhaupt kaum zu einer Entwicklung gelangt war, sich während des neunzehnten Jahrhunderts schnell entfaltete. Ebenso wissen wir, daß sich das Bankwesen und die Depositenumlaufsmittel während der in der Tabelle verzeichneten dritten Periode (1849—1873) rascher entwickelte, als in der vierten Periode (1873—1896) [2], eine Tatsache, die einigermaßen zu einer Erklärung des verschiedenen Verlaufes der Preisbewegungen dieser beiden Zeitabschnitte beiträgt.

§ 4.

Der Verlauf der Preisbewegungen während des neunzehnten Jahrhunderts kann demgemäß durch die folgenden auf hoher Wahrscheinlichkeit beruhenden Darlegungen zusammengefaßt werden:

1776	1,4	1870	3,6
1808	1,9	1876	3,7
1838	1,3	1893	3,7
1850	2,0	1896	4,5

[1]) Vgl. Albert Aupetit, *Essai sur la théorie générale de la monnaie.* Paris (Guillaumin), 1901, S. 271—285.

[2]) Siehe Mulhall, *Dictionary of Statistics*, unter „Banks".

1. Von 1789 bis 1809 fand ein rasches Steigen der Preise statt. In dieser Zeit bewegte sich die von Jevons aufgestellte Indexziffer von 85 bei Goldwährungspreisen auf 157, oder in Papierwährung ausgedrückt, auf 161 [1]). Das heißt, es trat tatsächlich innerhalb zwanzig Jahren eine Verdoppelung der Preise ein. Diese Steigerung war die Folge der Zunahme der Gold- und Silberbestände, die wiederum der starken Produktion dieser Metalle zuzuschreiben war, die im Vergleich zu den vorherigen und nachherigen Perioden zu jener Zeit herrschte. Besonders groß war die Silbererzeugung [2]). Die Napoleonischen Kriege, die den Wohlstand untergruben und störend auf den Handel einwirkten, machten sich wohl in gleicher Weise geltend [3]).

2. Von 1809 bis 1849 fielen die Preise. Der Jevons'schen Bemessung nach sanken sie von 157 in Goldwährung oder 161 in Papierwährung auf 64. Das heißt, es trat innerhalb vierzig Jahren ein Fallen der Preise um mehr als die Hälfte, oder genauer, bis zu zwei Fünftel ein. Aller Wahrscheinlichkeit nach wurde dieses Fallen der Preise durch den Stillstand in der Produktion der Edelmetalle veranlaßt, der zur Folge hatte, daß die angesammelten Bestände mit dem Geschäftsvolumen nicht gleichen Schritt hielten; tatsächlich blieben die Gesamtbestände stationär, während der Umfang der Geschäfte zunahm. Selbst die Entwicklung des Banknotenwesens genügte nicht, um der steigenden Zunahme des Geschäftumfanges zu entsprechen. Interessant ist die Beobachtung, daß diese Periode des Sinkens der Preise durch ein nach dem Jahre 1833 eintretendes zeitweiliges Steigen unterbrochen wurde, das sich Jevons nicht zu erklären vermochte. Anscheinend war dieses Steigen dem von Rußland einströmenden Golde zuzuschreiben, da ja zu jener Zeit (im Jahre 1830) in Sibirien Goldfunde gemacht wurden [4]).

3. Von 1849 bis 1873 war (jedoch mit zwei großen Unterbrechungen) ein Steigen der Preise zu verzeichnen. Den von Sauerbeck ergänzten Jevonsschen Zahlen gemäß [5]) stiegen die Preise von 64 auf 86 und nach den Sauerbeckschen Zahlen allein von 74 auf 111. Demnach stiegen die Preise in

---

[1]) Jevons, *Investigations in Currency and Finance*, London (Macmillan), 1884 S. 144.

[2]) Siehe Magee, „*World's Production of Gold and Silver*", *Journal of Political Economy*, Januar 1910, S. 54, 56.

[3]) Siehe Harrison H. Brace, *Gold Production and Future Prices*, New York (Bankers' Publishing Co.) 1910, S. 16 und 17.

[4]) Price, *Money and its Relation to Prices*, S. 112.

[5]) Dieses Steigen wird gefunden, indem man zu Jevons' Tabelle, die mit 1856 schließt, eine mutmaßliche Zahl (86) für 1873 hinzufügt, die im selben Verhältnis zu der Zahl (78) für 1865 ausgerechnet ist, in der Sauerbecks Ziffer (111) für das Jahr 1873 zu seiner Ziffer (101) für 1865 steht.

24 Jahren nach der einen Berechnungsweise um ein Drittel und nach der anderen um die Hälfte. Mutmaßlich war diese Steigerung auf den Goldinflationismus, der den berühmten Goldentdeckungen in Kalifornien im Jahre 1849 und in Australien in den Jahren 1851—1852 folgte, zurückzuführen. Die gleichzeitige rasche Entwicklung des Bankwesens trug trotz der andauernden Zunahme des Handels zum gleichen Ergebnis bei.

4. Von 1873 bis 1896 trat ein Preisfall ein, der wahrscheinlich in dem Nachlassen der Goldproduktion seinen Grund hatte. Außerdem war dieses Fallen dem Umstand zuzuschreiben, daß Nationen, die sich zuvor auf einer Silberbasis befanden, zur Goldwährung übergingen und so Gold dem Weltvorrat entnehmen mußten; ein weiterer Grund des Fallens der Preise lag in dem Aufhören der Ausbreitung des Silbergeldes, und zwar infolge der Schließung der Münzstätten für dieses Metall, und schließlich trat noch die Abnahme in der Entwicklung des Bankwesens und das andauernde Anwachsen des Handels hinzu [1]).

Während des andauernden Fallens der Preise von 1873 bis 1896 nahm ein Land nach dem anderen die Goldwährung an. Wie bereits erwähnt, ging Deutschland in den Jahren 1871—1873 zur Goldwährung über und trug auf diese Weise dazu bei, die Aufrechterhaltung des Bimetallismus durch die Lateinische Union unmöglich zu machen. Die Skandinavische Münzunion nahm die Goldwährung im Jahre 1873 an. Von diesem Zeitpunkte ab bis zum Jahre 1878 hoben die Länder der Lateinischen Union die freie Ausprägung von Silber auf und gelangten tatsächlich auf eine Goldbasis. Für die Vereinigten Staaten bedeutete die Gesetzgebung von 1873, daß unter eventueller Wiederaufnahme der Barzahlung (die im Jahre 1879 tatsächlich stattfand) das Währungssystem dieses Landes auf eine Goldbasis gestellt werden sollte, wenn auch daselbst, mit Ausnahme des Kleingeldes, seit mehreren Jahrzehnten kein bedeutendes

---

[1]) Es steht nicht so, als hätte die linke Seite der Gleichung keine Erhöhung aufgewiesen, aber sie nahm nicht so rasch wie der Handel zu; aus diesem Grund fielen die Preise. Laughlin glaubt Mills Behauptung über den Haufen zu werfen, daß der Kredit auf gleiche Weise wie das Geld die Preise beeinflußt (eine Zunahme des Kredits erhöht die Preise, wenn die anderen Faktoren gleichbleiben), indem er sich auf die Tatsache eines enormen Anwachsens der Depositenumlaufsmittel in dieser Periode beruft, das die Preise weder erhöht, noch ihr Fallen verhindert habe. Wenn aber der Handel noch schneller zunahm (und Laughlin gibt selbst eine Zunahme im Handel zu, wenngleich er in Abrede stellt, daß dies eine zufriedenstellende Erklärung ist), dann steht ein Fallen der Preise nicht im Gegensatz zu Mills Theorie, sondern mit ihr im Einklang. Siehe Laughlin, *The Principles of Money*, New York (Scribner), 1903, S. 319 und 320.

Quantum Silber geprägt worden war. Die Goldwährung wurde in den Niederlanden in den Jahren 1875—1876, in Ägypten im Jahre 1885, in Österreich im Jahre 1892, in Indien im Jahre 1893, in Chile im Jahre 1895, in Venezuela und Costa Rica im Jahre 1896, in Rußland, Japan und Peru im Jahre 1897, in Ecuador im Jahre 1899 und in Mexiko im Jahre 1905 virtuell angenommen. Tatsächlich haben nunmehr fast alle Länder von Bedeutung endgültig die Goldwährung angenommen.

Die vorgenannten Zahlen beziehen sich nur auf „Goldländer". Im Jahre 1873 fielen jedoch die Gold- und Silberländer sozusagen auseinander. Es ist daher von Interesse, zu untersuchen, ob die Bewegung der Preise in den Ländern mit Goldwährung der in den Ländern mit Silberwährung parallel- oder entgegenlief. Wie zu erwarten, ist das letztere der Fall. Durch die Demonetisierung des Silbers in Goldwährungsländern wurde ein größeres Quantum dieses Metalles den Silberwährungsländern zur Verfügung gestellt. Wir finden, daß die Preise demgemäß in Indien von 107 im Jahre 1873 auf 140 im Jahre 1896 [1]), in Japan von 104 im Jahre 1873 auf 133 im Jahre 1896 [2]) und in China von 100 im Jahre 1874 auf 109 im Jahre 1893 [3]) stiegen. Wenngleich diese Zahlen nicht so zuverlässig und typisch sind, wie die Zahlen für die Goldwährungsländer, so stimmen sie doch in der Feststellung einer Preissteigerung überein. Wie hoch sich die Steigerung belief, ist auf verschiedene Weise angegeben; sie schwankt zwischen 10 und 35 Prozent. Nachstehende Tabelle stellt den Gegensatz zwischen den Gold- und Silberländern dar, und zwar von 1873—1876 und 1890—1893. Das Schlußjahr ist das der Schließung der indischen Münzstätte für Silber [4]).

---

[1]) F. J. Atkinson, „*Silver Prices in India*", *Journal of the Royal Statistical Society*, März 1897, S. 92. Die Zahlen für 1893, 1894, 1895 und 1896 erfuhren eine Minderung, da die indische Münzstätte im Jahre 1893 dem Silber verschlossen wurde.

[2]) Die Zahlen für die Jahre 1873 bis 1893 sind den *Japanese Monetary Reports* vom Jahre 1895 entnommen und von Mr. Sakata von der Yale Universität für mich übersetzt worden. Die Zahlen für 1894, 1895 und 1896 stammen ebenfalls aus offiziellen japanischen Quellen und wurden von japanischen Studenten beschafft.

[3]) Aus dem in obiger Anmerkung erwähnten Bericht.

[4]) Die Zahlen der indischen Preise sind zu dürftig und zu lokaler Natur, um von solchem Werte wie die entsprechenden Indexnummern für Europa und Amerika zu sein. Vgl. die in J. Barr Robertsons Artikel (1903) zitierten Zahlen, *Report of Commission on International Exchange*, 58. Kongreß, 2. Session, House of Representatives Dokument 144, Washington, 1903, S. 357—378.

Preise in Gold- und Silberwährungsländern [1]).

	Gold	Silber
1873—1876	100	100
1890—1893	78	117

Es ist zu ersehen, daß die Goldpreise um etwas mehr als 20 Prozent gefallen und die Silberpreise um etwas weniger als 20 Prozent gestiegen sind [2]).

Wenn es möglich gewesen wäre, Mittel zu ersinnen, durch die die Gold- und Silberpreisbewegung einheitlich geregelt worden wäre, (z. B. durch einen die ganze Welt umfassenden Bimetallismus), so wären die Preise in den Goldwährungsländern nicht in solchem Maße gefallen und in den Silberwährungsländern nicht so stark gestiegen (wenn es überhaupt zu einem Steigen gekommen wäre!); höchst wahrscheinlich wäre in den Goldländern nur ein unbedeutendes Fallen zu verzeichnen gewesen — aller Vermutung nach um 10 Prozent bis zu den Jahren 1890—1893 und etwas mehr bis 1896. Der Grund liegt darin, daß die Bargeldvorräte in den Silberländern weniger als die Hälfte der in den Goldländern vorhandenen betrug [3]) (mit Einschluß der Länder, die infolge von Silberüberflutung zur „hinkenden Goldwährung" übergegangen sind), sodaß, wenn ein gegebenes Quantum Silber vom Silber-Orient auf den Gold-Okzident übertragen worden wäre, die Wirkung auf die orientalischen Preise ungefähr zweimal so stark wie auf die okzidentalen Preise gewesen wäre.

Der Übergang Indiens von der Silber- auf die Goldseite hat ungefähr neun Zehntel [4]) des Bargeldvorrates (Gold- und überwertetes Silber) in der Goldkolonne gelassen. Mit anderen Worten: Die Welt befindet sich nun tatsächlich auf einer Goldbasis. Die Folgewirkung war, daß die indischen Preise sich statt in entgegengesetzter nunmehr in der gleichen Richtung wie die europäischen Preise [5]) bewegten.

5. Vom Jahre 1896 bis zur Gegenwart sind die Preise auf Grund der

---

[1]) Irving Fisher, „*Prices in Silver Countries*", *Yale Review*, Mai 1897, S. 79. Die Indexnummern für die Goldländer beruhen auf denjenigen von Sauerbeck für England, Soetbeer, Heintz und Conrad für Deutschland und Falkner (Aldrich Report) für die Vereinigten Staaten. Die Indexnummern für Silberländer sind von Atkinson für Indien und dem Bericht der obenerwähnten *Japanese Currency Commission* entnommen.

[2]) Nebenbei bemerken wir, daß diese Abweichung zwischen den beiden Preisarten etwas größer ist, als die Abweichung zwischen dem Gold und Silber selbst.

[3]) Siehe Muhleman, *Monetary Systems of the World*, New York (Nicoll), 1897, S. 177.

[4]) Siehe Muhleman, *Monetary Systems of the World*, New York (Nicoll), 1897, S. 177.

[5]) Siehe J. B. Robertson, „*Variations in Indian Price Levels since 1861 expressed in Index Numbers*", *Department of Commerce and Industry* (Government of India).

außerordentlichen Erhöhung der Goldproduktion und der andauernden Zunahme der Geldmedia aller Art gestiegen. Das südafrikanische Gold in Verbindung mit dem Golde der reichen Minen von Cripple Creek sowie anderer Teile des Rocky Mountain Plateaus, das durch das Gold aus dem Klondike-Bezirk noch Verstärkungen erfuhr, verursacht und bewirkt noch immer eine Wiederholung des gleichen Phänomens, wie es vor einem halben Jahrhundert zutage trat.

Daß ein entschiedenes Steigen der Preise stattgefunden hat, ist aus allen Indexnummern klar ersichtlich. Die hier folgende Tabelle gibt eine Aufstellung der Zahlen des *Economist*, von Sauerbeck, Dun, den Berichten des Arbeitsamtes und von Bradstreet:

Englische Indexziffern			Amerikanische Indexziffern		
Ende Dez.	Economist	Sauerbeck	Dun	Arbeitsamt	Bradstreet
1896	1950	61	74	90	59
1897	1890	62	72	90	61
1898	1918	64	77	93	66
1899	2145	68	85	102	72
1900	2126	75	91	111	79
1901	1948	70	91	109	76
1902	2003	69	102	113	79
1903	2197	69	99	114	79
1904	2136	70	97	113	79
1905	2342	72	98	116	81
1906	2499	77	105	123	84
1907	2310	80		130	89
1908	2197	73		123	80
1909	2373	74		127	85

Die im Vergleich zu dem niedrigen Niveau von 1896 hoch erscheinenden Punkte von 1900 und 1907 müssen wenigstens zum Teil auf eine Expansion der Kreditgewährungen zurückgeführt werden. Der passendste Vergleich (unter Nichtberücksichtigung der Wirkungen außergewöhnlicher Veränderungen des Kredits) ist vielleicht der der Jahre 1896, 1903 und 1909 miteinander. Der Beweis, daß in der ganzen Welt ein Steigen der Preise stattgefunden hat, ist nicht nur aus den Indexnummern zu ersehen, die ohnehin nur für eine beschränkte Anzahl von Ländern zu Gebote stehen, sondern auch aus dem allgemeinen Eindruck auf die Konsumenten sowie aus speziellen Berichten und Untersuchungen [1]).

---

[1]) Siehe den *Report of the Select Committee on Wages and Prices of Commodities*, Senatsbericht 912, 61. Kongreß, 2. Session, 1910.

Eine ausführlichere Erörterung der Verhältnisse in den Vereinigten Staaten während der Jahre 1896—1909 folgt im nächsten Kapitel.

§ 5.

Die Geschichte der Preise ist im wesentlichen die Geschichte eines Wettlaufes zwischen der Zunahme der Austauschmedia (*G* und *G'*) und der Zunahme des Handels (*H*) gewesen, während sich (nach unserer Annahme) die Umlaufsgeschwindigkeiten in viel geringerem Maße veränderten. Da uns über die Veränderungen in der Entwicklung des Handels nur wenig bekannt ist, wollen wir versuchsweise ein beständiges Wachsen annehmen und den Variationen der Zirkulationsmittel unsere Hauptaufmerksamkeit widmen. Zuweilen wurde der Handel von den Zirkulationsmitteln überflügelt, was ein Steigen der Preise zur Folge hatte. Zweifellos ereignete sich dies in den unter 1, 3 und 5 aufgeführten der vorher erörterten fünf Zeitperioden. Andrerseits blieben zuweilen die Zirkulationsmittel hinter dem Handel zurück, worauf die Preise fielen. Dies muß in den unter Nummer 2 und 4 angeführten Perioden der Fall gewesen sein.

Es ist von Bedeutung, an dieser Stelle Nachdruck auf die in einem vorhergehenden Kapitel erwähnte Tatsache zu legen, daß nämlich der Zusammenbruch des Bimetallismus und die sich daraus ergebende Spaltung der Welt in einen Gold- und einen Silberabteil jeden der beiden Teile in bezug auf die Schwankungen der Produktion der Edelmetalle empfindlicher als zuvor gemacht hat. Die gegenwärtige Goldflut kann sich nur über den Goldabteil der Welt und nicht über den ganzen Erdkreis ausbreiten, wie dies tatsächlich unmittelbar nach dem Jahre 1849 mit dem Kalifornischen Golde der Fall war. Im bimetallistischen Frankreich wurde zu jener Zeit das Silber durch Gold verdrängt und nach dem Oriente abgeleitet. Der Orient gewährte auf diese Weise den bimetallistischen Ländern Unterstützung, indem er das Silber aufnahm und für das Gold Raum schaffte; dadurch wurde wiederum durch die bimetallistischen Länder den Goldländern Erleichterung verschafft.

Seit dem Jahre 1873 ist also das Goldreservoir von Europa und Amerika von dem Silberreservoir des Ostens getrennt worden, woraus sich ergab, daß das Niveau des europäischen und amerikanischen Reservoirs gegen einen Mangel wie gegen einen Überfluß an Gold empfindlicher wurde. Das Resultat war, daß sowohl das Fallen der Preise von 1873 bis 1896 als auch ihr gegenwärtiges Steigen verschärft wurde, obgleich die spätere Wirkung durch die vorhergehende Ausdehnung der Goldwährung abgeschwächt ist.

§ 6.

Voraussichtlich werden auch künftig die Preise weiter steigen, und zwar wegen der andauernden Zunahme der Goldzufuhr, denn heutzutage wird in einem Jahre soviel Gold produziert, als während des ganzen 16. Jahrhunderts gewonnen wurde.

Eine äußerst sorgfältige Prüfung der gegenwärtigen Verhältnisse im Goldbergbau ergibt, daß wir mit Bestimmtheit auf eine Fortdauer der Goldinflation während einer Generation oder noch länger rechnen können. „Wenigstens für dreißig Jahre haben wir eine Ausbeute in Gold zu erwarten, die höher oder zum mindesten ebenso hoch ist wie die der letzten Jahre [1]).“ Dieses Gold wird aus den Vereinigten Staaten, aus Alaska, Mexiko, Transvaal und anderen Teilen Afrikas und Australiens sowie später aus Kolumbien, Bolivien, Chile, den Ural-Provinzen, Sibirien und Korea kommen. Man bedenke, daß es nicht die jährliche Produktion sondern die *Vorräte* an Gold sind, die auf das Preisniveau einwirken, und daß diese höchstwahrscheinlich noch während vieler Jahre anwachsen werden, nachdem die Produktion bereits abzunehmen begonnen hat — tatsächlich solange, wie sich die Produktion über der Konsumtion hält.

Das Anschwellen eines Sees hält noch lange an, nachdem das Hochwasser, durch das er gespeist wird, sein Maximum erreicht hat. So wird die Zunahme der Goldvorräte noch fortdauern, wenn die jährliche Goldproduktion schon lange zuzunehmen aufgehört hat. Ob das Steigen der Preise andauern wird oder nicht, hängt davon ab, ob die Zunahme des Goldes und der auf Gold gegründeten Zirkulationsmittel das Anwachsen des Handels fortgesetzt übersteigt. Es ist das Verhältnis des Goldes zum Handel, das hauptsächlich auf die Preise einwirkt. Selbst wenn die Vorräte an Gold während vieler Jahre zunehmen sollten, ist es möglich, daß ein Steigen der Preise nicht stattfindet, denn der Handel kann noch rascher zunehmen. Wenn die jährlichen Goldzunahmen zu den Gesamtvorräten sich gleich bleiben und infolgedessen die Vorräte stetig zunehmen, so wird das *Verhältnis* der sich gleichbleibenden Jahreszunahmen zu den zunehmenden Vorräten offenbar abnehmen, wodurch die Zunahme in den Vorräten einen andauernd abnehmenden Einfluß auf das Steigen der Preise hat [2]).

---

[1]) L. de Launay, *The World's Gold*, Englische Übersetzung, New York (Putnam), 1908, S. 227.

[2]) Vgl. Jevons, *Investigations in Currency and Finance*, London (Macmillan), 1884, S. 64, 65 und 66; ebenso Harrison H. Brace, *Gold Production and Future Prices*, New York (Bankers' Publishing Co.), 1910, S. 113.

Es ist schwer, das künftige Wachsen des Handels vorauszusehen, und es ist daher unmöglich, zu sagen, wielange die Goldexpansion der Handelsexpansion überlegen bleiben wird. Daß jedoch der Handel für viele Jahre vom Golde überholt wird, ist zu erwarten aus dem Grunde, weil keine unmittelbare Aussicht auf einen Rückgang des prozentualen Wachstums der Goldbestände noch auf eine Zunahme des prozentualen Wachstums des Handels besteht. Die Bergwerksingenieure berichten nicht allein von unermeßlichen ausbeutungsfähigen Goldlagern in entlegenen Gegenden (z. B. eines solchen im Werte einer vollen Milliarde Dollar in einer Gegend Kolumbiens allein), sondern jeder Ausblick in die Zukunft deutet mit Bestimmtheit auf eine mögliche und höchstwahrscheinliche Verbilligung der Goldgewinnung. Bei Anwendung des Zyanitverfahrens lohnt sich die Ausbeutung von Bergbauen mit geringhaltigen Erzen. Wenn wir die Phantasie unserer Zeit ein wenig vorauseilen lassen, können wir auch in Zukunft mit ähnlichen technischen Fortschritten rechnen, durch die noch geringhaltigere Erze bearbeitet werden können, und möglicherweise auch die See gezwungen werden kann, ihr Gold auszuliefern. Gleich der Oberfläche der Kontinente enthalten die Gewässer der Ozeane *viel tausendmal* größere Mengen dieses kostbaren Metalles, als all das Gold, das in der ganzen Weltgeschichte bis jetzt gewonnen worden ist. Es ist zu hoffen, daß die Kenntnis, wie dieser verborgene Schatz zu heben ist, nie erlangt werden wird. Denn wenn Erfinder und Goldminenbesitzer hierdurch auch reich würden, so kann man sich doch kaum eine schlimmere volkswirtschaftliche Kalamität ausdenken, als die sich daraus ergebende Entwertung. Es könnte aber auch sein, daß die Nationen der Welt nur durch eine solche Kalamität zum Bewußtsein der Notwendigkeit gebracht werden könnten, sich von den Metallwährungen ganz und gar freizumachen.

§ 7.

Wir haben nun die Geschichte der Preisbewegungen seit der Entdeckung Amerikas kurz zusammengefaßt und ihre Beziehung zu den Vorräten an Edelmetallen dargelegt. Wie aber in vorhergehenden Kapiteln hervorgehoben worden ist, umfassen die Edelmetalle nicht alle Formen der Umlaufsmittel. Papiergeld und Bankdepositen haben während des neunzehnten Jahrhunderts einen großen Raum in den Währungssystemen eingenommen.

Es ist nicht unsere Absicht, auf eine vollständige Untersuchung der Wirkungen des Papiergeldes auf die Preise einzugehen. Das einzige, was wir tun können, ist eine kurze Darlegung besonders schlagender Fälle starker Inflation und Kontraktion des Papiergeldwesens. Dieses sind alles Fälle von nicht einlösbarem Papiergeld. Sobald es einlösbar ist, wird durch dieses Moment die Möglichkeit seiner Vermehrung eingeschränkt und, was noch wichtiger ist, die Wirkung seiner Vermehrung auf einen so großen Flächenraum verteilt, daß nur eine ganz geringe Einwirkung auf die Preise wahrnehmbar ist. Diese Verteilung wird bewirkt durch die Ausfuhr von Metallgeld aus dem Lande, in dem die Papierausgabe erfolgt. Wenngleich das Papier selbst nicht exportiert werden kann, so verdrängt es doch das Gold und Silber, was bezüglich der Einwirkung auf die Preise auf dasselbe hinausläuft.

Wenn jedoch das Papiergeld nicht einlösbar ist, so besteht, nachdem das Metallgeld aus der Zirkulation verbannt worden ist (sei es durch die Ausfuhr, durch Einschmelzen oder durch Thesaurieren zur Vermeidung einer verhängnisvollen Krisis), keinerlei Möglichkeit einer derartigen weiteren Ausbreitung. Die Einwirkungen auf die Preise sind dann gänzlich lokaler Natur und äußern sich daher viel merklicher [1]).

Die Folge davon ist, daß die schlagendsten Beispiele eines Preisinflationismus solche Fälle sind, bei denen es sich um uneinlösbares Papiergeld handelt. Oft wird das Steigen der Preise noch beschleunigt durch die allmähliche Substituierung anderen und besseren Geldes oder durch die Rückkehr zum Tauschhandel, der die Sphäre, in der das Papier benutzt wird, noch weiter einschränkt und so den Überfluß an Papiergeld innerhalb dieser Sphäre noch verstärkt. Dort, wo das Papiergeld aus irgendeinem Grunde scheel angesehen wird, — sei es, weil die versprochene Einlösung auf ungewisse Zeit aufgeschoben wurde, sei es aus dem bloßen Grunde, weil es im Werte sinkt oder aus irgendeiner anderen Ursache Einbuße erleidet — bleibt sein Umlaufskreis beschränkt [2]). Gläubiger und Geschäftsleute suchen die Annahme solchen Papiergeldes nach Möglichkeit zu vermeiden, indem sie entweder im voraus kontraktliche Bestimmungen über die Einlösung oder Bezahlung treffen, zum Tauschhandel Zuflucht nehmen, zweierlei Preisgruppen aufstellen, eine in Papiergeld und die andere in irgendeiner anderen Geldart, oder durch offene Verweigerung der Annahme. Zu guter Letzt kann es vorkommen, daß das Papier überhaupt aufhört benutzt zu werden. In diesem Falle sinkt der Wert immer weiter

---

[1]) Siehe Ricardo, *Essay on the „High Price of Bullion"*, Works, 2. Aufl., London (Murray), 1852, S. 278.

[2]) Siehe Francis A. Walker, *Money*, New York (Holt), 1878, S. 199. Vgl. Joseph French Johnson, *Money and Currency*, Boston (Ginn), 1906, S. 269.

herab und die Preise steigen infolgedessen (soweit sie noch in Papier ausgedrückt sind) ins Maßlose.

Wie sich die Situation auch immer gestalten mag, die Verkehrsgleichung bestätigt sich nach wie vor, obwohl sie an Bedeutung verliert, weil unter H, das tatsächlich den ganzen Handel umfassen sollte, nunmehr nur jener verschwindende, noch mittelst Papiergeld durchzuführende Teil des Handels zu verstehen ist.

Der Wert uneinlösbaren Papiergeldes ist daher äußerst prekär. Wenn es — aus irgendwelcher Ursache — einmal zu fallen begonnen hat, besteht die Gefahr eines weiteren Sinkens, und zwar nicht nur der stets bestehenden Versuchung wegen, zu weiteren Emissionen zu greifen, sondern auch infolge des steigenden Mißtrauens des Publikums gegen das Papiergeld, das früher oder später seinen Gebrauch einschränkt [1]). In vielen Fällen gelingt es, dem nicht einlösbaren Papiergelde eine genügende Akzeptabilität zu bewahren, um ihm ein virtuelles Monopol als Austauschmedium zu sichern.

Obwohl vom theoretischen Standpunkte nicht einlösbares Papiergeld die billigste und am leichtesten regulierbare Umlaufsmittelform sein mag, und obwohl es in gewissen Fällen während einer beträchtlichen Zeit ein stabiles Umlaufsmittel geblieben ist, so lehren die Erfahrungen der Geschichte doch nachdrücklich, daß nicht einlösbares Papiergeld Währungsmanöver, Geschäftsmißtrauen, spekulative Geschäftsverhältnisse und alle sich hieraus ergebenden Übelstände zur Folge hat.

§ 8.

Eine der ältesten Anwendungen des Papiergeldes ist die von John Law, der im Jahre 1716 in Frankreich eine Emissionsbank errichtete. Zwei Jahre später (4. Dezember 1718) wurde die Bank vom Staate übernommen. Schlaue Geschäftsleute erwarben sehr bald für Noten Bargeld und, obgleich der Export von Metallgeld gesetzlich untersagt war, exportierten sie dieses insgeheim. Am 27. Mai 1720, also schon vier Jahre nach ihrer Gründung, stellte die Bank die Bareinlösung ein. Bis November genannten Jahres fiel das Papier auf ein Zehntel seines Nominalwertes und wurde sodann ganz wertlos.

Klassisch ist die Geschichte der während der französischen Revolution

---

[1]) Vgl. die Erwähnung dieses Einflusses auf die Entwertung im Bullion Report III.

ausgegebenen Assignaten [1]). Im Dezember 1789 erfolgte die erste Ausgabe dieser Geldanweisungen in Höhe von vierhundert Millionen Franken, deren Wert ausdrücklich durch den der Nation gehörenden Grundbesitz als gedeckt gelten sollte. Die Noten gelangten im April 1790 zur Ausgabe und trugen 3 Prozent Zinsen. Dem ursprünglichen Projekte zufolge waren alle für Landeigentum in Zahlung empfangenen Assignaten zu verbrennen. Aber die ursprünglichen Absichten scheint man bei der Ausgabe von Papiergeld nie verwirklichen zu können. Statt dessen wurden hundert Millionen in Form kleiner Noten aufs neue ausgegeben. Die Preise begannen alsbald zu steigen. Im Juni des Jahres 1791 erfolgte eine weitere Ausgabe von sechshundert Millionen, worauf sofort ein Disagio in Höhe von 8 bis 10 Prozent zu verzeichnen war. Binnen kurzer Zeit verschwand das Metallgeld. Im Dezember 1791 wurden weitere dreihundert Millionen Franken verausgabt. Februar 1792 standen die Assignaten über 30 Prozent unter Pari. Im darauffolgenden April erschien ein Dekret zur Ausgabe von weiteren dreihundert Millionen, der im Juli eine Ausgabe in der Höhe des gleichen Betrages hinzugefügt wurde. Beinahe alle Preise waren sehr hoch; die Löhne hingegen scheinen auf dem Niveau von 1788 geblieben zu sein. Mit dem 14. Dezember 1792 waren dreitausendvierhundert Millionen Franken in Assignaten ausgegeben worden, von denen sechshundert Millionen verbrannt und zweitausend achthundert Millionen in Zirkulation belassen wurden. Zur Festsetzung von Maximalpreisen erlassene Gesetze wurden umgangen. Im Jahre 1796 erreichten die insgesamt ausgegebenen Geldanweisungen die Summe von fünfundvierzig Milliarden Franken, von denen sechsunddreißig Milliarden zirkulierten. Im Februar dieses Jahres betrug der Wert eines Gold-Louisdors von 25 Franken 7200 Franken in Assignaten und letztere galten $^1/_{288}$ ihres Pariwertes. Hierauf wurde eine neue Art Papiergeld, die sogenannten Mandate, ausgegeben, die aber alsbald auf 5 Prozent ihres Nominalwertes fielen. Zuletzt wurden die Mandate, die sich auf fünfundzwanzighundert Millionen beliefen, sowie die sechsunddreißig Milliarden Assignaten vom Publikum zurückgewiesen und somit vollständig wertlos.

§ 9.

Die Erschütterungen Englands durch die Ausgabe uneinlösbaren Papiergelds waren weniger heftiger Natur. Unter dem Drucke der Napoleonischen

---

[1]) Über die folgenden Tatsachen siehe Andrew D. White, *Paper Money Inflation in France*, Economic Tracts, Nr. VII, Nr. 3 der Serie, 1882.

Kriege war die Bank von England im Jahre 1797 genötigt, Barzahlungen der Noten einzustellen. Hierdurch wurde die Kraft, die eine zu starke Ausgabe von Banknoten automatisch einschränkte, gelähmt. Im Jahre 1821 nahm die Bank die Barauszahlungen wieder auf. Während eines großen Teils der dazwischenliegenden Periode standen die in Papiergeld ausgedrückten Preise sehr hoch. Die folgende Tabelle von Jevons zeigt die relativen Preise in Noten und Bargeld von 1801 bis 1820[1]).

Jahr	Goldwährung	Papierwährung
1801........	140	153
1802........	110	119
1803........	125	128
1804........	119	122
1805	132	136
1806........	130	133
1807........	129	132
1808........	145	149
1809........	157	161
1810........	142	164
1811........	136	147
1812........	121	148
1813........	115	149
1814........	114	153
1815........	109	132
1816........	91	109
1817........	117	120
1818........	132	135
1819........	112	117
1820........	103	106

Die Ursachen der Preissteigerung wurden in dem berühmten „Bullion Report“ untersucht. Man gelangte allgemein zu der Schlußfolgerung, daß, wenn das lokale Umlaufsmittel eines Landes nicht mehr in Gold einlösbar ist und gleichzeitig zu irgendeiner Zeit im Übermaß ausgegeben würde, ein „Steigen des Gold-Marktpreises über dessen Münzpreis“ stattfände. Dieser Notenüberschuß kann nicht nach anderen Ländern exportiert werden und, da er nicht in Bargeld einlösbar ist, braucht er nicht notwendig an die Stelle, die ihn ausgegeben hat, zurückzufließen; er bleibt in Zirkulation und wird allmählich durch die Steigerung aller Warenpreise aufgebraucht. Eine Zunahme in der Quantität des lokalen Umlaufsmittels

[1]) *Investigations in Currency and Finance*, London (Macmillan), 1884, S. 144.

eines Landes erhöht die Preise in diesem Lande genau in derselben Weise, wie eine Zunahme des Gesamtangebotes von Edelmetallen die Preise in der ganzen Welt erhöht. Infolge der Zunahme der Quantität wird der Wert eines gegebenen Teiles dieses zirkulierenden Mediums im Austausch gegen andere Waren erniedrigt. Mit anderen Worten: die Geldpreise aller anderen Waren — die Preise des Barrenmetalles wie die aller übrigen Waren — werden erhöht. Es ist dies eine ausgezeichnete Darlegung der Theorie des uneinlöslichen Papiergeldes, sofern sich die Ausgabe dieses Geldes innerhalb der Schranken der allgemeinen Verkehrsbedürfnisse hält. Von einer teilweisen oder gänzlichen Aufgabe seiner Benutzung infolge seiner Wertlosigkeit wird keinerlei Erwähnung getan. Dies beruht wohl auf der Tatsache, daß die Papiergeldwirtschaft in England niemals ein so kritisches Stadium erreichte, wie dies zweifellos in vielen Fällen in Frankreich, Österreich, Amerika und anderen Staaten der Fall gewesen ist.

§ 10.

Lehrreich sind die Erfahrungen, die Österreich mit dem Papiergelde gemacht hat [1]). Gleich vielen europäischen Banken, wurde die Österreichische Bank von der Regierung als ein Instrument zur Vermittlung von Anleihen benützt. Dies geschah durch die der Bank erteilte Erlaubnis, große Summen in Noten auszugeben. Die Feldzüge mit Napoleon erforderten große Geldmittel, und während dieser Kriege mußte die Notenausgabe bedeutend erhöht werden. Im Jahre 1796 betrug die Notenausgabe 47,000,000 Gulden, 1800 erreichte sie die Höhe von 200,000,000 und im Jahre 1806 die Summe von 449,000,000 Gulden. Die Banknoten standen bedeutend unter Pari. Im Jahre 1810 fielen sie nach und nach auf $^1/_5$, $^1/_8$ und ungefähr $^1/_{11}$ ihres Pariwertes. Eine im Jahre 1811 erlassene Proklamation bewertete sie rückhaltlos auf ein Fünftel ihres Nominalwertes und ordnete ihre Auswechslung gegen Einlösungsnoten zu diesem Satze an. Diese Ersatznoten zirkulierten unter dem Namen „Wiener Bankozettel", die sodann das österreichische gesetzliche Umlaufsmittel wurden. Aber selbst diese Neuemission fiel im Mai 1812 auf $^1/_{216}$ und im Juni desselben Jahres auf $^1/_{338}$ ihres Nominalwertes, während die Banknoten auf 1690 zu 100 in Silber standen. Hierauf wurden unter einem anderen Namen neue Notenausgaben hinzugefügt, bis im Jahre 1816 das insgesamt ausgegebene Papiergeld über 638,000,000 Gulden

---

[1]) Siehe W. G. Sumner, *History of American Currency*, New York (Holt), 1874, Kapitel III.

betrug und die Preise natürlich ungeheuer in die Höhe getrieben waren. Zur Einziehung des Papiergeldes wurde im Jahre 1816 die österreichische Nationalbank gegründet. Das Quantum des zirkulierenden Papiers wurde sodann von Zeit zu Zeit reduziert, wobei es jedoch nicht ohne gelegentliche Rückfälle ablief. Gegenwärtig (1913) besitzt Österreich kein Papiergeld, das nicht Pariwert hat.

§ 11.

Auch eine Anzahl amerikanischer Kolonien hat im Papiergeldwesen Erfahrungen gemacht. Eine der gegen England erhobenen Beschwerden bestand im Verbot der Ausgabe von Papiergeld durch das englische Parlament! In fast allen Fällen [1]) war eine zu starke Ausgabe und Entwertung zu verzeichnen. Dies trifft zum Beispiel für Massachusetts zu, woselbst zur Deckung der Kosten für die Feldzüge gegen Kanada [2]) Papiergeld ausgegeben wurde, und in Rhode Island, einem Land, das unter dem Papiergelde vielleicht mehr litt als irgend ein anderes. Die hier folgende Tabelle enthält dem Rechnungsbuch von Thomas Hazard entnommene Zahlen für Rhode Island [3]) (die Posten und Anmerkungen erstrecken sich vom Jahre 1750 bis 1785), die die Höhe sowie die Veränderlichkeit der Preise anzeigen [4]).

1755. Heu £ 20 per Ladung.

Korn per Scheffel		Butter per Pfund	
1751	25 s.	1751	7 s.
1758	50 s.	1760	16 s.
1762	100 s.		

Wolle per Pfund		Kartoffeln per Scheffel	
1752	8 s.	1750	10 s.
1756	12 s.	1753	20 s.
1759	28 s.	1774	35 s.
1768	32 s.		

Während der Revolution machten wir auch eine nationale Erfahrung mit Kontinentalpapiergeld, das zu der schlimmen und noch immer geläufigen abfälligen Redensart „das ist keinen Kontinentalen wert" (not worth a continental) Veranlassung gab. Fast vom Augenblick der Ausgabe an

[1]) Pennsylvanien scheint eine Ausnahme gebildet zu haben.

[2]) W. G. Sumner, *History of American Currency*, 1. Kapitel.

[3]) Ebenda.

[4]) Rowland Hazard, *Sundry prices taken from Ye Account Book of Thomas Hazard, son of Robt.* Wakefield, R.I. (Times Print), 1892.

begann seine Entwertung (1755), und schließlich bekannte selbst der Kongreß, daß dieses Geld auf $^1/_{40}$ des Nominalwertes zurückgegangen sei [1]). Sämtliche Preise standen natürlich fürchterlich hoch. Selbst das neue, für die alten Emissionen zum Satze eines Dollars für vierzig Dollar [2]) ausgegebene Tenorpapier nahm rasch im Werte ab. Zu jener Zeit war ein Scheffel Weizen fünfundsiebzig Dollar, ein Pfund Kaffee vier Dollar und ein Pfund Zucker drei Dollar wert [3]). Es ist interessant, die Beobachtung zu machen, daß in diesem Falle die Entwertung, die eigentlich nur durch eine zu starke Ausgabe hervorgebracht worden war, anscheinend weit darüber hinaus verschärft wurde durch Mißtrauen gegen das Geld und durch Weigerung, es im Handelsverkehr anzunehmen. Vor allen Dingen waren verschiedene Kreise abgeneigt, das Geld anzunehmen und, je mehr das Vertrauen schwand, desto mehr stieg die Zahl derer, die die Annahme des Geldes ablehnten. Häufig trat der Tauschhandel an die Stelle des Geldverkehrs [4]).

Zweifellos war die Entwertung um so größer, als das aus den verschiedenen Kolonien kommende Papiergeld dazu beitrug, die Zirkulation zu überschwemmen, indem es mit dem vom Kongreß bewilligten Gelde konkurrierte und dessen Zirkulationssphäre einschränkte.

§ 12.

Die Wirkungen waren so unheilvoll, daß der Verfassung der Vereinigten Staaten eine Verordnung einverleibt wurde, die den Staaten die Ausgabe von Kreditscheinen („bills of credit") untersagte. Während des Bürgerkrieges war aber wiederum die Versuchung groß, zur Gewinnung von Zahlungsmitteln zu dieser leichten Methode Zuflucht zu nehmen, und die Bundesregierung selbst gab Noten der Vereinigten Staaten, die sogenannten „Greenbacks", aus. Die Barzahlungen waren von den Banken bereits eingestellt worden, und für Gold wurde ein kleines Agio in Banknoten gezahlt [5]).

Während des Krieges wurden von Zeit zu Zeit solche „Greenbacks" ausgegeben, die, jemehr ihre Umlaufsmenge zunahm und je nachdem ein Erfolg oder ein Mißerfolg der Unionsarmeen auf das Vertrauen zu dem

---

1) Siehe Albert S. Bolles, *Financial History of the United States*, I. Bd., von 1774 bis 1789, New York (Appleton), 1879, S. 135.

2) Ebenda, S. 137 und 138.

3) Ebenda, S. 141.

4) Ebenda, IX. Kap.

5) Davis Rich Dewey, *Financial History of the United States*, New York (Longmans), 3. Aufl., § 29.

Papiergelde einwirkte, eine mehr oder weniger starke Entwertung erlebten. Die ausgegebenen Summen betrugen: $ 150,000,000 auf Grund des Gesetzes vom 25. Februar 1862, $ 150,000,000 auf Grund desjenigen vom 11. Juli 1862 und $ 150,000,000, die durch die Gesetze vom 17. Januar und 3. März 1863 bewilligt wurden. Außer den „Greenbacks", die in keinem Falle zu geringerem Betrage als einem Dollar ausgegeben wurden, erfolgte auch die Ausgabe eines Umlaufsmittels in Bruchteilen eines Dollars und von zinstragenden Noten, mit kurzer Umlaufszeit; beide Geldsorten erhielten Zwangskurs [1]). Nachstehende Tabelle zeigt an, wie die Preise stiegen [2]):

Preisindexnummern während der „Greenback"-Entwertung.

Jahr	Preis des Goldes [3]) in Greenbacks	Indexnummern der Preise in nördlichen Ländern (1860=100)			
		Falkner [4])		Dun [7]) in Papier	Mitchell [7]) Mittelzahl in Papier
		in Gold [5])	in Papier [6])		
1861	100	94	94	89	96
1863	144	91	132	150	134
1865	163	107	232	169	158
1867	138	123	166	164	150
1869	136	112	152	143	158
1871	112	123	136	132	130
1873	114	115	129	124	130
1875	115	115	129	117	121
1877	105	107	114	95	100
1879	100	95	95	85	85

Es ist behauptet worden, daß die während der „Greenback"-Entwertung erfolgte Preissteigerung nicht ihrer *Massenausgabe*, sondern dem seitens des

[1]) Ein kurzer Bericht über die „Greenbacks" bei Dewey, *Financial History of the United States*, Kapitel XII. Die vollständigste Darstellung bei Wesley Clair Mitchell, *A History of the Greenbacks*, Chicago (University of Chicago Press), 1903, zu finden.

[2]) Aldrich, *Senate Report on Wholesale Prices and Wages*, 52. Kongreß, 2. Session, Tabelle 24, S. 93.

[3]) Durchschnitt von Notierungen im Januar, April, Juli und Oktober, von Wesley Clair Mitchell, *Gold Prices and Wages under the Greenback Standard*, Berkeley (University Press), März 1908.

[4]) Gewogener arithmetischer Durchschnitt von Preisangaben 68,60 Prozent des Totalaufwandes umfassend.

[5]) *Aldrich Report*, S. 100.

[6]) Ebenda, S. 93.

[7]) Von Wesley Clair Mitchell, ebenda, S. 59.

Publikums gegen diese „Greenbacks" empfundenen Mißtrauen zuzuschreiben war. In Wahrheit sind wohl beide Ursachen wirksam gewesen. Dieses Mißtrauen, das die Sphäre der „Greenbacks" ganz wesentlich einschränkte, lag klar zutage. Kalifornien, ja tatsächlich alle Gegenden westlich der Rocky Mountains machten gewaltige Anstrengungen, das Kursieren der „Greenbacks" zu verhindern, was auch zum großen Teil von Erfolg begleitet war. Selbstverständlich konnten ferner in den Südstaaten die „Greenbacks" nicht kursieren. Durch diese Beschränkungen allein wurde ihr Umlauf von einer im Jahre 1860 aus 31 Millionen bestehenden Gesamtbevölkerung auf eine Bevölkerung von ungefähr 20 Millionen, also auf weniger als zwei Drittel der Gesamtbevölkerung eingeschränkt. Das Handelsvolumen, für das die „Greenbacks" benutzt wurden, muß daher in hohem Grade reduziert worden sein. Der Gesamtbetrag der während des Krieges kursierenden Umlaufsmittel ist mit Gewißheit nicht bekannt, doch sind die zuverlässigsten Abschätzungen der verschiedenen Formen von Umlaufsmitteln wohl die von Mitchell [1]). Obwohl er bescheidenerweise den Leser warnt, Berechnungsversuche der Summen anzustellen, so können die von ihm gegebenen Ergebnisse doch als einigermaßen wertvoll betrachtet werden. Unter Weglassung des Geldes im Schatzamte und der zinstragenden Geldformen, deren langsame Zirkulation bekannt war, waren die Gesamtbeträge die folgenden:

Jahr	Ungefähr abgeschätzter Umlauf in den (loyalistischen) Nord-Staaten und solchen, die auf ihrer Seite standen [2])	Durchschnittspreise aller Artikel [3]) je nach ihrer Bedeutung und 68,60 % des Gesamtaufwandes umfassend
1860	433	100
1861	490	94
1862	360	104
1863	677	132
1864	708	172
1865	774	232
1866	759	188

Wenn wir die Unzuverlässigkeit der für die Umlaufsmittel gegebenen Zahlen [4]) und den in bezug auf die anderen Größen in der Verkehrsgleichung

[1]) Wesley C. Mitchell, *History of the Greenbacks*, Chicago (University of Chicago Press), 1903, S. 179.

[2]) loc. cit. S. 179.

[3]) Aldrich, *Report on Wholesale Prices*.

[4]) So ist z. B. die große Reduktion im Jahre 1862 auf die Voraussetzung zurückzuführen, daß außer in Kalifornien tatsächlich das ganze Gold aus der Zirkulation gezogen

bestehenden Mangel an Material in Berücksichtigung ziehen, so ergibt sich hier eine ungefähre Übereinstimmung zwischen dem Volumen der Umlaufsmittel und dem Preisniveau.

§ 13.

Es darf nicht vergessen werden, daß das Vertrauen, mit dem wir es zu tun haben, nicht vornehmlich in einem Vertrauen zur Einlösung, sondern in einem Vertrauen zum Papiergelde besteht, d. h. zur Kaufkraft des letzteren. Dieses Vertrauen kann auf der Erwartung baldiger Bareinlösung oder auf anderen Umständen beruhen, besonders aber auf der Erwartung weiterer Ausgaben oder Einlösungen. Den Wert der „Greenbacks" erkläre ich mir in kurzem folgendermaßen:

Das Einlösungsgesetz vom Jahre 1875 kündigte an, daß die Regierung der Vereinigten Staaten beabsichtige, die „Greenbacks" am und nach dem 1. Januar 1879 einzulösen. Jeder „Greenback", der auf diese Weise dem diskontierten Werte eines am 1. Januar 1879 fälligen Dollars gleichkam, stieg, je näher diese Zeit heranrückte, stetig dem Pariwerte entgegen. Eine Anzahl davon wurde aus der Zirkulation gezogen, um sie während des Steigens festzuhalten. Einerseits konnte der Wert eines „Greenbackdollars" nicht viel geringer sein als dieser diskontierte Wert des für das Jahr 1879 versprochenen Golddollars, sonst würden die Spekulanten die „Greenbacks" gänzlich zurückgezogen haben. Unter der bestimmten Voraussetzung, daß die Regierung das gegebene Versprechen erfüllen würde, hätte sich dies auch verlohnt. Anderseits konnte der Wert der „Greenbacks" angesichts des Überflusses, der an Papiergeld im Verkehr herrschte, nicht *größer* sein als der besagte diskontierte Wert, weil die Spekulanten in diesem Falle alles Papiergeld in die Zirkulation wiedereingeführt haben würden, zumal die in Aussicht stehende Steigerung zu gering war, um die Zinsen, die durch die Nichtanlage verloren gingen, einzubringen. Auf diese Weise funktionierte die Spekulation als ein Regulator der Quantität des Geldes.

---

wurde. Begründeter ist wohl die Annahme, daß es nur zum Teil eingezogen wurde. Ein großes Quantum davon mag thesauriert worden sein, um es für den Export oder zur Einschmelzung bereit zu halten. Wenn dies der Fall war, so kursierte es höchstwahrscheinlich bis zu einem gewissen Umfange. Die „Schatzbildung" besteht in einem längeren Zurückbehalten des Geldes in ein- und denselben Händen, womit jedoch eine vollständige Einstellung des Austausches nicht verbunden sein muß. Zu jener Zeit bildete das Gold eine wertvolle Form von Bank-„Reserven". Wenn es auch nicht zur Bezahlung von Sichtforderungen verwendet wurde, so stellte es doch ein sehr liquides Aktivum dar, das rasch realisiert werden konnte.

So warf das Steigen des Wertes der „Greenbacks“, wie dies bei herannahenden Ereignissen gewöhnlich der Fall ist, seine Schatten voraus. Dieses Steigen war „im voraus diskontiert“. Es ist richtig, daß hier die endgültige Ursache der Zunahme im Werte des Papiergeldes in dem Vertrauen auf die Einlösung bestand; in den durch dieses Vertrauen verursachten Ausgleichungen ist jedoch eine Reduzierung der Quantität des in Umlauf befindlichen Geldes inbegriffen. Wie die Verkehrsgleichung deutlich zeigt, würde die Zunahme im Werte ohne eine solche Ausgleichung unmöglich sein. Wir müssen aber beachten, daß, wenn der Preis der Umlaufsmittel *bereits* genügend hoch ist, er durch die Aussicht auf eine künftige Einlösung nicht weiter erhöht werden kann. Es hätte geschehen können, daß der Wert der Umlaufsmittel sich schon über dem diskontierten Pariwerte befand, der zu der für die Einlösung festgesetzten Zeit versprochen wurde. In einem solchen Falle bedarf es keinerlei Spekulation oder einer unmittelbaren Wertsteigerung, bis die Zeit der Bareinlösung nahe genug rückt, um sich selbst fühlbar zu machen. Sobald aber die Regierung während des Krieges die weitere Ausgabe eines bereits im Werte gesunkenen Papierumlaufsmittels ankündigte, kam das Publikum durch Freigabe von bisher thesaurierten und verfügbaren Edelmetallvorräten und Beständen seiner weiteren Entwertung zuvor; mit anderen Worten: das Publikum beschleunigte den Umlauf des Geldes. Jedermann beeilte sich, sein Geld auszugeben, bevor eine Preissteigerung eintreten würde, und gerade diese Handlungsweise beschleunigte das Eintreten dieser Preissteigerung.

Die Bekanntgabe von Niederlagen der verbündeten Armeen im Kriege wirkte in derselben Richtung, insofern sie für die weitere Ausgabe von „Greenbacks“ das Signal gaben, während sich die Ankündigungen von Siegen nach der entgegengesetzten Richtung hin geltend machten und als Vorzeichen zu einer voraussichtlichen Einlösung betrachtet wurden.

Wenn eine Geldwertsteigerung vorausgesehen wird, so ist unter den Geldbesitzern die Tendenz zur Thesaurierung oder Zurückhaltung des Geldes wahrzunehmen und unter den Besitzern von Gütern das Bestreben, diese schnellstens zu verkaufen. Die Wirkung ist diese, daß durch Erniedrigung der Umlaufsgeschwindigkeit und Erhöhung des Handelsvolumens die Preise herabgesetzt werden. Wenn im Gegenteil ein Sinken im Geldwerte vorausgesehen wird, so ist unter den Geldbesitzern die Tendenz zu einer raschen Ausgabe und unter den Güterbesitzern der Hang, die Güter für ein Steigen zurückzuhalten, zu beobachten, woraus sich ergibt, daß durch Erhöhung der Umlaufsgeschwindigkeit und Verringerung des Handelsvolumens die Preise erhöht werden. Mit anderen Worten: Die Erwartung eines künftigen

Steigens oder Fallens der Preise verursacht ein sofortiges Steigen oder Fallen der Preise.

Diese Vorahnungen folgen jedem Anzeichen und jedem Gerücht so pünktlich auf dem Fuße, daß oberflächliche Beobachter das Steigen und Fallen der „Greenbacks" direkt und allein als mit der erwarteten Einlösung in Beziehung stehend und ohne irgendwelche Verbindung zur Quantität betrachtet haben. Diese Beobachter übersehen die wirklichen Triebfedern des Mechanismus; sie sehen nicht, daß diese wenn auch raschen Wirkungen unbedeutend und begrenzt sind. Sie stellen die einfachen Anpassungen der im IV. Kapitel beschriebenen Übergangsperioden dar. Aus der Tatsache, daß die Verluste in Chickamauga an einem einzigen Tage ein Fallen der „Greenbacks" um 4 Prozent verursachten, den Schluß zu ziehen, daß deren Wert in keinerlei Beziehung zu ihrem Volumen stehe, wäre ein großer Fehler. Dieses Fallen bedeutete eine geringe Beschleunigung in der Umlaufsgeschwindigkeit und eine geringe Verzögerung des Handelsvolumens. Unter gewöhnlichen Umständen kann aber die Umlaufsgeschwindigkeit nur wenig beschleunigt werden, während das dauernde und vollkommene Darniederliegen des Handels nur durch einen vollständigen Zusammenbruch der Wirtschaftsordnung verursacht werden kann.

§ 14.

In den südlichen Staaten ist es „selbst annähernd unmöglich, zu konstatieren, wieviel konföderierte Schatzanweisungen zu irgendeiner Zeit ausständig waren" [1]. Schwab hat jedoch den Wert des Goldes in konföderierter Währung und Indexnummern von Preisen in den Südstaaten gegeben. Er zieht folgenden Schluß [2]:

„Diese Bewegung der Goldprämie entspricht ungefähr dem Betrage der in den einzelnen Perioden ausstehenden Noten der Regierung. Die nach dem August des Jahres 1862, während der letzten Monate des Jahres 1863 und während der letzten Monate des Krieges verhältnismäßig rasche Erhöhung der Notenausgabe spiegelt sich in der in diesen drei Zeiträumen erfolgten raschen Erhöhung der Goldprämie wider. Als zu Beginn des Jahres 1863 der Betrag der ausstehenden Noten stationär blieb, rückte während dieser Monate die Goldprämie etwas langsamer vor, die Abnahme

---

[1]) J. C. Schwab, *Confederate States of America*, 1861—1865, New York (Scribner), 1901, S. 165.

[2]) loc. cit. S. 167—169.

der während der ersten Hälfte des Jahres 1864 ausstehenden Noten gelangt dagegen deutlich in einem zeitweiligen Sinken der Prämie zum Ausdruck.

„In den Nordstaaten ließ der Kurs der Goldprämie während des Bürgerkrieges das Quantum der zu irgendeiner Zeit ausstehenden Noten nur ganz undeutlich erkennen. Die Prämie stieg sehr rasch, oder, mit anderen Worten, die Noten sanken sehr rasch im Werte zu Beginn des Jahres 1863; während des zweiten Viertels dieses Jahres erholten sie sich wieder, sanken nach dem August 1863 von neuem, bis sie im Sommer 1864 ihren niedrigsten Punkt erreichten, worauf sie während der letzten Monate des Krieges wiederum stiegen [1]). Der Wert der ‚Greenbacks' war eher das Barometer der öffentlichen Stimmung in bezug auf den Ausgang des Krieges, als der Maßstab ihres im Umlauf befindlichen Quantums, denn nach dem Juli des Jahres 1863 und sicherlich nach dem Juli des folgenden Jahres wies dieses keine wesentliche Erhöhung auf. Tatsächlich lief während des Krieges der Goldwert der ‚Greenbacks' der Nordstaaten mit dem Goldwerte der Schuldscheine dieser Staaten ziemlich parallel. Dies gilt auch von den konföderierten Schuldscheinen und Schatzanweisungen. Offenbar wurden diese beiden Parallelschwankungen durch die Schwankungen des Zutrauens zu dem Kredit der beiden betreffenden Regierungen verursacht.

„Eine sowohl auf den einfachen als auch den gewogenen Durchschnitt gegründete allgemeine Indexziffer kann für jeden der beiden Teile konstruiert werden. Die Kurven, die diese zwei Zahlenreihen darstellen, laufen nicht parallel, sondern konvergieren und divergieren während der verschiedenen Perioden des Krieges; die Kurven nähern sich dann, wenn die Ereignisse auf militärischem, politischem oder finanziellem Gebiete die Südstaaten entmutigten, und dadurch in den Nordstaaten die Zuversicht einer baldigen Beendigung des Krieges verstärkten. Dagegen wichen sie zu solchen Zeiten voneinander ab, wenn die Wechselfälle der Verbündeten oder Ereignisse auf einem anderen Felde wie auf dem Kriegsschauplatze den Südstaaten neue Hoffnung machte und auf beiden Seiten zu der Meinung führte, daß der Krieg sich weiter in die Länge ziehen würde [2])."

Wir sehen also, daß eine übermäßige Notenausgabe nicht nur infolge erhöhter Quantität, sondern auch infolge schwindenden Vertrauens ein

---

[1]) J. C. Schwab, *Confederate States of America*, 1861—1865, New York (Scribner), 1901, Tabelle auf S. 167.

[2]) J. C. Schwab, loc. cit. S. 179.

Steigen der Preise verursacht [1]), ein Umstand, der auf die Sphäre, in der das Geld zur Verwendung kommt, einwirkt und infolgedessen auf das mittelst des Geldes bewältigte Handelsvolumen einen Einfluß ausübt und dessen Umlaufsgeschwindigkeit beschleunigt.

§ 15.

Wir haben historische Beispiele von den Wirkungen, die Veränderungen in den Edelmetallen und im Papiergelde auf die Preise ausüben, gegeben. Es bleibt uns noch übrig, historische Beispiele von den Wirkungen, die Veränderungen in den Depositenumlaufsmitteln auf die Preise ausüben, näher zu betrachten. Die durch Veränderungen der Depositenumlaufsmittel veranlaßten Preisbewegungen schließen gewöhnlich jene Kulminationen ein, die als Krisen und Depressionen bezeichnet werden.

Die Wirtschaftsgeschichte des letzten Jahrhunderts ist durch eine ganze Reihe von Krisen gekennzeichnet. Juglar gibt in seiner Beschreibung als Vorzeichen einer nahenden Krise die Merkmale großen Wohlstandes, der Unternehmungslust sowie Spekulationen aller Art, ferner das Steigen der Preise, Arbeitsnachfrage, steigende Löhne, das Streben, schnell reich zu werden, erhöhten Luxus und einen übermäßigen Aufwand an [2]).

Nach Juglars Begriffsbestimmung bedeutet eine Krise ein Aufhalten der Preissteigerung. Zu höheren als den bereits erreichten Preisen können keine Käufer mehr gefunden werden. Wer eingekauft hat und mit Vorteil zu verkaufen hofft, kann seine Güter nicht mehr anbringen [3]).

Unsere vorige Untersuchung hat uns gezeigt, daß vor dem Eintreten einer Krise, wenn die Preise bereits anziehen, eine große Zunahme der Bankdepositen wahrzunehmen ist, und daß diese, da sie ein Zirkulationsmedium sind, das Steigen beschleunigen.

---

[1]) Vgl. Wesley Clair Mitchell, *History of the Greenbacks*, S. 208 und 210. Ebenso Francis A. Walker, *Political Economy*, 3. Aufl., New York (Holt), 1888, S. 164.

[2]) Clément Juglar, *Des Crises Commerciales et de leur Retour Périodique en France, en Angleterre et aux États-Unis*, 2. Aufl., Paris (Guillaumin), 1889, S. 4 und 5. Siehe auch die Übersetzung des Werkes, die sich mit den Vereinigten Staaten beschäftigt, von De Courcy W. Thom: *A Brief History of Panics in the United States*, New York (Putnam), 1893, S. 7 bis 10. Juglar irrt sich, wenn er hinzufügt, daß der Zinsfuß bei steigenden Preisen *fällt*. Die Tatsachen beweisen, daß er steigt, wenn auch nicht genug, um der übermäßigen Kreditgewährung Einhalt zu tun. Siehe Irving Fisher, *The Rate of Interest*, XIV. Kapitel.

[3]) Juglar, loc. cit., S. 14.

Es ist hervorgehoben worden, daß bei unseren internationalen Handelsbeziehungen das aus der Ausdehnung der Depositen resultierende Steigen der Preise ebenfalls international zu sein pflegt. Selbst wenn sich in einigen Ländern die Depositen nicht ausdehnen sollten, so würde nichtsdestoweniger ein Steigen im Preisniveau eintreten. Auch würde selbst in einem Lande von beträchtlicher Größe die Ausdehnung der Depositen dadurch, daß sie daselbst die Preise erhöht, den Export von Gold verursachen. Auf diese Weise würden sich die Geldzulieferungen in anderen Ländern erhöhen und die Preise ebenfalls ein Steigen erfahren. Hierdurch würde die Ausdehnung der Depositen in diesen anderen Ländern angespornt und ein weiteres Steigen herbeigeführt. Selbst wenn also die Ausdehnung des Kredits in den hauptsächlichsten Handelsländern nicht zu ein- und derselben Zeit begonnen hätte, so würde sich der Anfang in einem Lande den anderen Ländern rasch mitteilen. Aus demselben Grunde würde das Anhalten des Steigens der Preise und der Beginn ihres Sinkens in fast allen hauptsächlichen Ländern zu ungefähr derselben Zeit eintreten. In der Tat finden wir, daß dies auch der Fall ist. Juglar hat eine Tabelle aufgestellt, die die Krisen in England, Frankreich und in den Vereinigten Staaten vom Jahre 1800 bis 1882 veranschaulicht [1]. Unter Hinzufügung der Daten späterer Krisen gestaltet sich die Tabelle folgenderweise:

Frankreich	England	Vereinigte Staaten
1804	1803	
1810	1810	
1813—1814	1815	1814
1818	1818	1818
1825	1825	1826
1830	1830	
1836—1839	1836—1839	1837—1839
1847	1847	1848
1857	1857	1857
1864	1864—1866	1864
1873	1873	1873
1882	1882	1884
1889—1890	1890—1891	1890—1891
		1893
1907	1907	1907

[1]) Juglar, loc. cit. Tabelle am Schlusse; Thoms Übersetzung bringt die Tabelle bis zum Jahre 1891, S. 19.

§ 16.

Ein Studium der Tabellen von Juglar oder Thom zeigt, daß sich der Banknoten- und Depositengeldumlauf im allgemeinen vor einer Krise erhöht und zur Zeit der Krise sein Maximum erreicht. Die Indexziffern der Preise zeigen allgemein dieselbe Richtung.

In gleicher Weise beweist die in den Vereinigten Staaten in den Jahren 1837 bis 1839 stattgehabte Krise[1]), daß der Umlauf von Banknoten der Einzelstaatenbanken jedes Jahr stieg, und zwar von 61 Millionen im Jahre 1830 auf 149 Millionen im Jahre 1837, und im nächsten Jahre auf 116 Millionen fiel; daß die individuellen Depositen jährlich von 55 Millionen im Jahre 1830 auf 127 Millionen im Jahre 1837 stiegen und im nächsten Jahre auf 84 Millionen sanken; ferner, daß sich vom Jahre 1844 bis 1848, also während des Zeitraumes der nächsten Krise, der Umlauf von 75 auf 128 Millionen erhöhte, im darauffolgenden Jahre auf 114 Millionen zurückging und daß die Depositen von 84 auf 103 Millionen stiegen, worauf sie auf 91 Millionen zurückgingen; daß während der nächsten Krise in den Jahren 1851 bis 1857 der Umlauf von 155 auf 214 Millionen stieg, im darauf folgenden Jahre auf 155 sank und daß sich die Depositen von 128 auf 230 Millionen vermehrten und im nächsten Jahre auf 185 Millionen sanken. Diese Tatsachen, nämlich daß während der Krisen von 1837, 1846 und 1857 Preise und Depositen stiegen, ihren Höhepunkt erreichten und dann wieder fielen, sind durch die von Sumner gegebenen Zahlen für den auf den Kopf der Bevölkerung berechneten Umlauf und Depositenbestand bestätigt worden[2]). Diese Zahlen veranschaulichen die charakteristische plötzliche Unterbrechung der Aufwärtsbewegung in den Jahren der Krise, und zwar mäßiger in der leichteren Krisis des Jahres 1846 und scharf hervortretend in den mehr ausgesprochenen Krisen der Jahre 1837 und 1857. Ähnliche Phänomene zeigten sich bei der nächsten Krise der Jahre 1863—1864. Die nach dieser Zeit gegebenen hauptsächlichsten Statistiken betreffen die Nationalbanken, und diese zeigen analoge Ergebnisse. Vom Jahre 1868 bis 1873 stieg der Umlauf der Nationalbanknoten von 295 auf 341 Millionen und begann hierauf wieder zu sinken, während in derselben Periode die Depositen von 532 auf 656 Millionen stiegen

---

[1]) Siehe Thom, Tabellen folgend nach S. 18.

[2]) *History of Banking in the United States*, I. Bd. der *History of Banking in all Nations*, New York (Journal of Commerce), 1896, S. 456. Die Zahlen sind dem 37. Kongreß, 3. Session, 5 Ex., 210, entnommen.

und sodann sanken. Ähnliche, wenn auch weniger markierte Bewegungen traten in den schwächeren Krisen der Jahre 1884 und 1890 ein, die Thom als letzte in seine Tabelle aufgenommen hat. Die im Jahre 1893 stattgefundene Krise nimmt eine Ausnahmestellung ein und beschränkte sich größtenteils auf die Vereinigten Staaten; diese Krise war in der Hauptsache eine Folge der Zweifel an der Stabilität der Goldwährung und bezog sich weniger auf den Geldumlauf und die Ausdehnung der Depositen [1]). Während, wie in den Jahren 1873, 1884 und 1907, das Verhältnis der Depositen zu den Reserven in dem typischen Spekulationszyklus sich allmählich zugunsten der ersteren verschiebt, bis es gerade vor der Krisis seinen Höhepunkt erreicht, war dies im Jahre 1893 nicht der Fall. Das Depositenquantum der Nationalbanken war allerdings im Jahre 1892 größer als das der Jahre 1890 oder 1891, nicht aber im Verhältnis zu den Reserven, wenngleich möglicherweise die Zunahme in den Reserven, die der leichten Krise von 1890—1891 folgte, für diese Tatsache verantwortlich zu machen ist. Ebenso richtig ist es, daß das Verhältnis der Depositen zu den Reserven der Nationalbanken im Jahre 1893 ein schlechtes war, doch bot nicht die Ausdehnung der Depositen die Veranlassung hierzu — denn die Depositen nahmen während dieses Jahres ab —, sondern es war dies auf den Run auf die Banken und die konsequente Erschöpfung ihrer Reserven zurückzuführen [2]). Die Krise des Jahres 1907 hingegen war, gleich der des Jahres 1857, eine typische Krise der Ausdehnung der Umlaufsmittel. Die Begleitumstände dieser Krisen werden im nächsten Kapitel eingehender erörtert.

Dieselbe Tendenz des Geld- und Notenumlaufs und des Depositenbestandes, beim Eintreten oder Herannahen einer Krise das Maximum ihrer Ausdehnung zu erreichen und unmittelbar darauf zurückzugehen, ist in Frankreich ziemlich gut illustriert worden [3]).

---

[1]) Lauck, *Causes of the Panic of 1893*, Boston (Houghton, Mifflin), 1907, S. 118. O. M. W. Sprague bemerkt in „History of Crises under the National Banking System“, *National Monetary Commission Report*, Senatsdokument 538 (61. Kongreß, 2. Session), daß bei den Runs auf die Banken keine spezielle Nachfrage nach Gold zutage trat, und neigt der Ansicht zu, daß der Einfluß der Ausdehnung in den Umlaufsmitteln übertrieben worden ist.

[2]) Betreffs eines statistischen Vergleiches dieser Verhältnisse mit typischen Krisen siehe den Artikel von Harry G. Brown, „Typical Commercial Crises *versus* a Money Panic“, Yale Review, August 1910.

[3]) Juglar, a. a. O. Tabellen nach S. 339 und Karte am Schluß. Juglar nennt die

Bei der Bank von England finden wir im allgemeinen den gleichen Zusammenhang zwischen Krisen, Umlauf und Privatdepositen [1]).

§ 17.

Abgesehen davon, daß Geld- und Depositenumlaufsmittel (*G* und *G'*) zur Zeit einer Krise regelmäßig auf ein Maximum steigen, geht auch deren Umlaufsgeschwindigkeit, soweit uns die Statistik erkennen läßt, durch denselben Entwicklungsgang. Pierre des Essars hat dies für die Umlaufsgeschwindigkeit der Depositen über allen Zweifel dargetan [2]).

Für die Vereinigten Staaten besitzen wir kaum eine Statistik über die Umlaufsgeschwindigkeit der Depositen, doch zeigt die zweier Banken in New Haven und einer in Indianapolis, die ich für die letzten Jahre erlangte, ein Maximum im Krisisjahre 1907.

Nach einer Krisis tritt eine Abnahme von *G*, *G'*, *U* und *U'* ein. Die Bankreserven nehmen zu, und dies verursacht eine Abnahme von *G*.

Da sowohl die Umlaufsmittel als auch deren Geschwindigkeit vor einer Krise zunehmen, zur Zeit der Krise ihren Höhepunkt erreichen und nach der Krise fallen, so ist es nicht verwunderlich, wenn die Preise denselben Verlauf nehmen. Daß dies geschieht, ist die eigentliche Bedeutung einer Krise. Wie bereits erwähnt, erklärt Juglar in der Tat eine Krisis als das Aufhalten einer Preissteigerung. Die Preisindexnummern zeigen das Steigen, den Höhepunkt und das plötzliche Fallen beinahe aller Krisisjahre an, für die Preisstatistiken vorhanden sind [3]).

Die nachstehenden Zahlen sollen ein Bild der Krisis des Jahres 1907 in den Vereinigten Staaten geben und damit den Gipfelpunkt eines typischen Kreditzyklus illustrieren:

Krisis des Jahres 1873 in Frankreich eher eine politische als eine Handelskrisis. Die Statistiken des Geld- und Notenumlaufes und der Depositen sowie deren Umlaufsgeschwindigkeit, die Pierre des Essars geliefert hat, ergeben für das Jahr 1873 ihren Höhepunkt und gehen unmittelbar darauf zurück.

[1]) Juglar, a. a. O., Tabellen nach S. 291.

[2]) „*La vitesse de la circulation*", *Journal de la Société de Statistique de Paris*, April 1895, S. 148. Des Essars findet bei Betrachtung der dreizehn Krisisjahre und der zwölf „Liquidations"-Jahre in Frankreich von 1810 bis 1892, daß *ohne Ausnahme* die Umlaufsgeschwindigkeit von Depositen der Bank von Frankreich in den Krisisjahren ihr Maximum und in den Liquidationsjahren ihr Minimum erreicht.

[3]) Die ausführlichen Zahlen sind aus dem Anhang zum nächsten Kapitel (Kapitel XII) zu ersehen.

Jahr	Depositen[1]) der Nationalbanken (in Milliarden)	Reserven[1]) der Nationalbanken (in Millionen)	Verhältnis[1]) der Depositen der Nationalbanken zu ihren Reserven	Clearings[2]) (Abrechnungsverkehr) (in Milliarden)	$G'U'$[2]) (in Milliarden)	Indexnummer[3]) der Preise, P (Jan.)	Jährliches prozentuales[3]) Steigen der Preise	Zinsfuß[4]) New York Primawechsel, fällig nach 60 Tagen, mit zwei Unterschriften	Virtueller[4]) Zins
1904	3.31	658	5.0	113	228	113.2	0.7	4.2	3.5
1905	3.78	649	5.8	144	279	114.0	5.3	4.3	—1.0
1906	4.06	651	6.2	160	315	120.0	6.6	5.7	—0.9
1907	4.32	692	6.2	145	323	127.9	—1.7	6.4	8.1
1908	4.38	849	5.1	132	294	125.7	—	4.4	—

In der ersten Kolonne bemerken wir eine stetige und rasche Zunahme in den Depositen der Nationalbanken bis einschließlich zum Krisisjahr. Obgleich für das Jahr 1908 keine Abnahme der Depositen zu verzeichnen ist, so bleiben sie doch, mit denen des vorhergehenden Jahres verglichen, beinahe stationär. Die für Reserven aufgestellte zweite Kolonne zeigt, wie zu erwarten ist, eine große Zunahme in dem der Krisis folgenden Jahre, nachdem sich die Banken gegen die Abnahme des Geschäftsvertrauens gesichert haben. Wir finden alsdann (dritte Kolonne) eine Zunahme der Depositen im Verhältnis zu den Reserven, wobei in den Jahren 1906 und 1907 die größte Spannung erreicht wurde, nicht etwa infolge einer Erschöpfung der Reserven —, sie erweiterten sich im Gegenteil in diesen Jahren —, sondern weil sich die Depositen noch rascher ausdehnten. Wenn die im IV. Kapitel aufgestellte Theorie zutrifft, so ist es genau genommen dieses hohe Verhältnis der Depositen zu den Reserven, eine Folge des Zurückbleibens

---

[1]) Die Zahlen für Depositen und Reserven der Nationalbanken sind die in den *Reports of the Comptroller of the Currency* angeführten und stellen den Stand der Banken zur Zeit ihres dritten Jahresberichtes an den Comptroller dar (gewöhnlich um den 1. Juli). Die Kolonne, die die Verhältnisse angibt, erklärt sich von selbst.

[2]) Die Zahlen für die *Clearings* sind der *Financial Review* für 1910, S. 33, entnommen. Die für $G'U'$ sind von den Zahlen für Clearings gebildet, und zwar mittels der in § 5 des Anhanges zum XII. Kapitel erklärten Methode.

[3]) Die Indexnummern der Preise sind die des Arbeitsamtes (*Bureau of Labor*) (Bulletin 81, März 1909) und beziehen sich auf den Januar der in Rede stehenden Jahre. Die unter dem Titel „Jährliches prozentuales Steigen der Preise" aufgeführte nächste Kolonne zeigt das Steigen vom Januar des betreffenden Jahres bis zum nächsten Januar an.

[4]) Die Zahlen für die Zinsraten sind dem Anhang meines Buches *The Rate of Interest*, S. 418, entnommen. Diese sind auf Grund von Angaben der *Financial Review* für den Verlauf der Jahres 1908 berechnet. Das prozentuale Steigen der Preise wird vom Geldzins subtrahiert, und das hierdurch erlangte Resultat ist der virtuelle Zins.

der Zins- hinter der Preissteigerung, das die Banken nötigte, ihre Diskontraten zu erhöhen und damit einer weiteren Ausdehnung des Kredites Einhalt zu tun. Dann kam die Krise und die kurze nachfolgende Depression. Die nächste, den Titel „Clearings" tragende Kolonne, zeigt das Volumen der Schecktransaktionen, d. h. die Zirkulation der Depositenumlaufsmittel an. Da ein ziemlich konstanter Bruchteil der Schecks durch die verschiedenen Clearinghäuser des Landes beglichen wird, so kann der Abrechnungsverkehr einigermaßen als ein Kriterium von $G'U'$ betrachtet werden. Die fünfte Kolonne wurde aus der vierten und von anderen Angaben abgeleitet und als Schätzung von $G'U'$ betrachtet. Diese zwei Kolonnen weisen im Verlaufe des Jahres 1906 ein Steigen auf, beginnen jedoch mit dem Herbste des Jahres 1907 (da sie sich auf das ganze Jahr und nicht auf einen Zeitpunkt in der Mitte des Jahres beziehen) die Wirkungen des plötzlichen Zusammenbruches des Kredites zu zeigen, sodaß ihr Anwachsen in diesem Jahre und mehr noch im darauffolgenden aufgehalten wurde. Wir sollten also ein Steigen der Preise, das im Jahre 1907 seinen Höhepunkt erreicht und im Jahre 1908 nachläßt, erwarten und finden dies auch in der sechsten Kolonne. Kolonne sieben zeigt das Steigen während jedes einzelnen Jahres in Prozenten ausgedrückt. So ist die Indexnummer oder P für Januar 1904 113,2 und für Januar 1905 114,0. Das Steigen beträgt daher etwas weniger als 1 Prozent. Das Minuszeichen bedeutet ein Fallen. Die achte Kolonne stellt den Zinsfuß dar und zeigt, wie zu erwarten steht, ein Steigen, das im Jahre 1907 seinen Höhepunkt erreicht. Der virtuelle Zins — d. h. der in Waren ausgedrückte Zins — war während der dem Jahre 1907 unmittelbar vorausgehenden Jahre außerordentlich niedrig, weil die Preise so rasch stiegen. Dies ist in Kolonne neun angegeben, in der der nominelle (in Geld bemessene) Zins mit dem Steigen oder mit dem Fallen der Preise in Einklang gebracht ist, um den Zins seiner wirklichen Kaufkraft gemäß bemessen zu können. Als der Höhepunkt des Entwicklungsganges im Jahre 1907 erreicht wurde und ein Sinken der Preise einsetzte, finden wir ein plötzliches Anziehen des virtuellen Zinsfußes. Kein Wunder, daß borgende Unternehmer es oft schwer fanden, mit ihren Mitteln auszukommen.

Die Tatsachen der zyklischen Kreditentfaltung bestätigen also vollständig die bereits in früheren Kapiteln gegebene Analyse und zeigen an, daß die Preise mit den Umlaufsmitteln und deren Geschwindigkeit steigen oder fallen. Für diejenigen, die bezweifeln, ob die Ausdehnung der Depositenumlaufsmittel die Preise erhöht, oder ob das Steigen der Preise Depositenumlaufsmittel erzeugt, soll hinzugefügt werden, daß sowohl Tatsachen als auch die

Theorie beweisen, daß die Preissteigerung eine Wirkung der Depositen-umlaufsmittel ist. Miss England hat zum Beispiel gezeigt, daß sich Anleihen und Depositen ausdehnen, bevor die Preise steigen und daß, wenngleich die Preise oft fallen, bevor Anleihen und Depositen abnehmen, diese anomale Reihenfolge der Ereignisse durch das nach einer Krise folgende Wiederaufblühen des Handels zu erklären ist [1]).

Es ist in diesem Kapitel keinerlei Versuch gemacht worden, alle Phänomene oder auch nur alle typischen Krisenphänomene zu untersuchen. Wir haben es hier nur insofern mit Krisen zu tun, als sie in Verbindung mit den Umlaufsmitteln stehen. Unser Interesse betrifft vor allem die in der Verkehrsgleichung enthaltenen Größen, besonders auf G, G' und U', denn dies sind die unmittelbaren Elemente, deren Veränderungen auf das Preisniveau einwirken und es zum Steigen und zum Fallen veranlassen.

§ 18.

Dieses Kapitel war einem historischen Studium der Veränderungen der Quantität der Umlaufsmittel und der Wirkungen dieser Veränderungen auf die Preise gewidmet. Wir haben gesehen, daß im großen Ganzen Zunahmen im Geldbetrage die Tendenz hatten, die Preise während der letzten tausend Jahre von Jahrhundert zu Jahrhundert und ganz besonders seit der Entdeckung Amerikas zu erhöhen. Die Veränderungen im letzten Jahrhundert, oder genauer von 1789 bis 1909, die fünf Perioden abwechselnd steigender und fallender Preise umfassen, sind etwas ausführlicher behandelt worden. Wir haben nachgewiesen, daß diese Preisbewegungen mit den Veränderungen in der Geldquantität und im Geschäftsvolumen zu verbinden sind. Die Perioden von 1789 bis 1809, von 1849 bis 1873 und von 1896 bis 1909 waren Perioden steigender Preise und großer Zunahmen der Geldzufuhr. Aller Wahrscheinlichkeit nach fielen die Preise in der Periode 1809 bis 1849 auf Grund einer Abnahme in der Gold- und Silberproduktion sowie einer andauernden Geschäftszunahme; nachher in den Jahren zwischen 1873 und 1896 fielen die Preise in den Goldwährungsländern, obgleich die Weltvorräte der Edelmetalle sich langsam vermehrten, weil zum zunehmenden Geschäftsvolumen noch ein wilder Wettbewerb unter den Nationen kam, die Goldwährung einzuführen und die Silberprägung einzustellen oder einzuschränken.

---

[1]) Minnie Throop England, „*Statistical Inquiry into the Influence of Credit upon the Level of Prices*“, *University Studies* (University of Nebraska), 1907.

Wir haben die in letzter Zeit andauernde Zunahme der Goldproduktion beobachtet und Gründe gefunden, die zu prophezeien gestatten, daß die Goldproduktion in Zukunft andauern und wahrscheinlich noch einige Zeit die Fortdauer des gegenwärtigen Steigens der Preise zur Folge haben wird.

Ferner haben wir einige der hauptsächlichsten Beispiele einer übermäßigen Ausgabe von Papiergeld beschrieben und bewiesen, daß die Angaben über den Umlauf und die Preisveränderungen die in vorigen Kapiteln dargelegten Prinzipien in allgemeiner Weise rechtfertigen. Die Erfahrungen, die Frankreich während der französischen Revolution, England während der Napoleonischen Kriege, Österreich, die amerikanischen Kolonien, die Vereinigten Staaten und die konföderierten Staaten mit Papiergeld gemacht haben, sind einer kurzen Betrachtung unterzogen worden. Wir haben bemerkt, daß in diesen wie auch in anderen Fällen die Preise von der Geldquantität, der Umlaufsgeschwindigkeit des Geldes und dem Geschäftsvolumen abhängig waren. Ebenso sahen wir, daß die scheinbaren Ausnahmen, die einem Mangel an Vertrauen zum Papiergeld zuzuschreiben sind, keine wirklichen Ausnahmen darstellen, weil sich der Mangel an Vertrauen durch die Größen in der Verkehrsgleichung ausdrückt. Mißtrauen erhöht die Umlaufsgeschwindigkeit und verringert das durch das Geld bewältigte Handelsvolumen. Es ist ferner bewiesen worden, daß die allgemeine Wirkung von Emissionen von uneinlösbaren Papiergeld, die, ungeachtet aller gegenteiligen Zusicherungen, fast immer in großen Quantitäten erfolgen, in einem Steigen der Preise bestand.

Endlich hat unser Studium des Depositenumlaufs und der Krisen eine weitere Illustration ermöglicht. Einer typischen Krise vorausgehend, ist im allgemeinen die Tendenz einer Zunahme der Depositen und ebenso auch ihrer Umlaufsgeschwindigkeit zu beobachten, während die Preise das Bestreben einer Steigerung zeigen. Nach der Krise kommt eine Abnahme der Bankdepositen und deren Umlaufsgeschwindigkeit, eine Zunahme der Bankreserven mit einer entsprechenden Tendenz, das in Umlauf befindliche Geld zu vermindern, sowie ein Fallen der Preise zum Vorschein. In den Jahren der Hauptkrisen fanden diese Vorgänge gleichzeitig in verschiedenen Ländern statt.

XII. Kapitel.

Statistiken der letzten Jahre.

§ 1.

Das letzte Kapitel war einer kurzen Betrachtung über Preisbewegungen und deren Ursachen gewidmet, soweit die zur Verfügung stehenden dürftigen Angaben eine auch nur den Versuch einer Auslegung möglich machten. Von dieser teleskopischen Betrachtung der Vergangenheit wenden wir uns nun einer mikroskopischen Untersuchung der Gegenwart zu. Wir beschränken uns daher auf ein Studium der Ereignisse in den Vereinigten Staaten während der letzten drei Jahrzehnte. Beim Studium des vorigen Kapitels fanden wir die historischen Tatsachen in Übereinstimmung mit den bereits in der Verkehrsgleichung *a priori* dargelegten Prinzipien. Doch waren diese geschichtlichen Tatsachen zu allgemeiner und unbestimmter Natur, um die quantitative Befriedigung der Verkehrsgleichung zu gestatten. Für die letzten Jahrzehnte hingegen finden wir viel ausführlichere Angaben vor. Wir werden sehen, daß die Verkehrsgleichung, für die bereits der Beweis *a priori* erbracht wurde, auch durch Statistiken der Gegenwart bewiesen werden kann, d. h. wenigstens innerhalb der Fehlergrenzen, denen Statistiken in der Regel unterworfen sind.

Einen guten Anfang eines solchen Studiums bildet die schon oft erwähnte Pionierarbeit von Professor Kemmerer. Er hat die Hauptgrößen der Verkehrsgleichung ungefähr abgeschätzt [1]) und gefunden, daß diese mit den Bedingungen, die die Verkehrsgleichung vorschreibt, in allgemeiner Beziehung übereinstimmt. Mit dem Jahre 1879 (dem Jahre der Wiedereinführung der Goldwährung) beginnend und mit dem Jahre 1908 endigend hat Genannter den gesamten Geld- und Scheckumlauf (den wir GU und $G'U'$ genannt haben) und das Handelsvolumen (H) abgeschätzt und aus diesen Größen berechnet [2]), welches das von diesen Faktoren, d. h. $\frac{GU + G'U'}{H}$, bestimmte Preisniveau sein sollte. Kemmerer vergleicht sodann diese berechnete Größe, die er den

---

[1]) *Money and Credit Instruments in their Relation to General Prices*, New York (Holt), 1909, II. Teil.

[2]) In bezug auf weitere Einzelheiten über die von Kemmerer angestellten Berechnungen verweisen wir den Leser auf sein Buch. Eine gedrängte Übersicht und Kritik sind in § 1 des Anhanges zu diesem (XII.) Kapitel gegeben.

„relativen Umlauf des Geldes“ nennt, mit den tatsächlichen Zahlen für Preisniveaus, wie sie in den Statistiken der Indexnummern gegeben sind.

Meiner Meinung nach ist Kemmerers Berechnung der erste ernstliche Versuch, der je gemacht wurde, die sogenannte „Quantitätstheorie“ des Geldes statistisch zu prüfen. Die Resultate zeigen eine Übereinstimmung, die in Anbetracht des außerordentlich skizzenhaften und fragmentarischen Charakters der verwendeten Angaben sehr überraschend ist.

Die meisten anderen Autoren, die die Quantitätstheorie statistisch zu prüfen versuchten, scheinen von dem Wunsche beseelt gewesen zu sein, sie keiner unparteiischen Prüfung zu unterziehen, sondern sie zu widerlegen. Sie haben sorgfältig vermieden, noch andere Faktoren außer Geld und

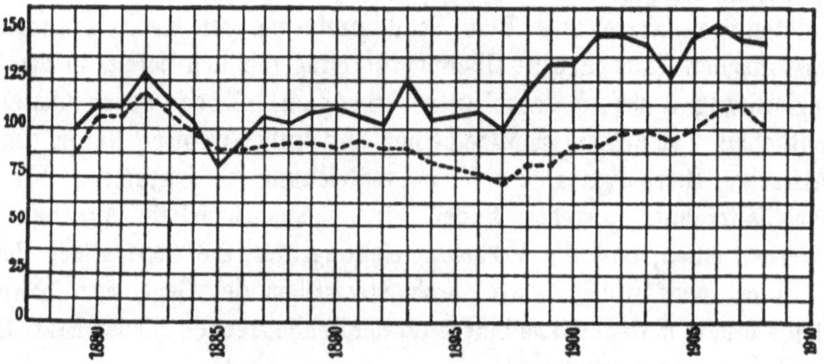

——— relative Zirkulation, ... allgemeine Preise.

Fig. 12.

Preise in Anschlag zu bringen. Man braucht sich nicht darüber zu verwundern, daß sie nur eine geringe statistische Wechselbeziehung zwischen diesen beiden Faktoren finden [1]). Der Vorzug der Arbeit von Kemmerer besteht darin, daß er außer dem Gelde auch anderen Faktoren gebührende Aufmerksamkeit schenkt.

Der Hauptfehler in seiner Untersuchung ist, daß er die Zahl 47 als Umlaufsgeschwindigkeit des Geldes annimmt. Wie wir sehen werden, ist der richtige Wert genauer 18 bis 20. Doch ist das Volumen der Geldzahlungen, selbst mit Kemmerers übertriebener Zahl für die Geschwindigkeit, wenn sie mit Scheckzahlungen verglichen wird, so gering, daß diese Schwäche seine Schlußvergleiche nicht besonders beeinflußt. Auf mein Ersuchen hat Prof. Kemmerer seine Kurven auf der Basis von 18 statt 47 als der Umlaufs-

[1]) Siehe z. B. Miss S. M. Hardy, „*The Quantity of Money and Prices, 1860—1891. An Inductive Study.*“ *Journal of Political Economy*, Bd. III, S. 145—168.

geschwindigkeit des Geldes nochmals berechnet. Die Resultate sind in Figur 12 wiedergegeben. Wenn diese mit den in Kemmerers Buch enthaltenen verglichen werden, sieht man, daß der Unterschied nur ein geringer ist. Es ist interessant zu beobachten, daß, wenn ein ganz genauer Vergleich angestellt wird, die Wahl der Zahl 18 als Schätzung der Geschwindigkeit eine etwas bessere Übereinstimmung zwischen den beiden Kurven gibt, als sie die Zahl 47 liefert.

Als „Korrelationskoeffizienten" zwischen Kemmerers Resultaten für *P*, von denen sich das eine direkt aus den Statistiken ergab und das andere indirekt aus den andern Faktoren der Verkehrsgleichung berechnet wurde, fand Professor Persons [1]) vom Dartmouth College nur 0,23 (oder 23 Prozent vollkommener Korrelation) mit einem wahrscheinlichen Irrtum von 0,13. Nach Persons Ausspruch ist dies ein sehr niedriger Grad der Korrelation.

Indessen ist Persons Methode, die Übereinstimmung vermittelst eines Korrelationskoeffizienten zu prüfen, eigentlich nicht auf zwei Kurven anwendbar, die *zeitlich* wechselnde Größen darstellen. Denn diese Methode läßt tatsächlich einen ganz wesentlichen Faktor unbeachtet: ihre *Zeitfolge*. Ein Vergleich von Jahr zu Jahr ist ratsamer. Wenn wir die Kurven der Preise und der „relativen Zirkulation" betrachten [2]), sehen wir auf den ersten Blick, daß fast alle aufeinanderfolgenden Veränderungen in der Richtung der einen Kurve von entsprechenden Veränderungen in der der anderen Kurve begleitet sind. In der Tat finden wir von 28 möglichen Fällen solchen Zusammentreffens als tatsächliche Zahlen 16 Fälle von Übereinstimmung in den Veränderungen der Richtung, 9 Fälle von Nichtübereinstimmung und 3 Fälle neutraler Art (d. h. Fälle, die keinen Wechsel in der Richtung der einen der beiden Kurven zeigten).

Die obengenannten Zahlen beziehen sich auf die Kurven in Kemmerers Buche. Die späteren Kurven, die die Zahl 18 anstatt 47 für Geldgeschwindigkeit verwenden, zeigen ungefähr dieselben Resultate, indem 16 Fälle von Übereinstimmung, 8 Fälle von Nichtübereinstimmung und 4 Fälle neutraler Art zu verzeichnen sind. Die Übereinstimmung zwischen Preisen und „relativer Zirkulation" ist hier nur sehr wenig größer als vorher. In beiden Diagrammgruppen sind die Übereinstimmungen nicht nur viel zahlreicher, sondern auch ausgesprochener als die Nichtübereinstimmungen.

Schließlich scheinen einige der Nichtübereinstimmungen in Wirklichkeit Übereinstimmungen zu sein, insofern sie durch eine Verschiebung um

---

[1]) „*Quantity Theory as tested by Kemmerer*", *Quarterly Journal of Economics*, Februar 1908, S. 287.

[2]) Kemmerer, *op. cit.* S. 149.

ein Jahr nach vorwärts unseren Blicken entzogen sind. Daher sind die Senkungen der „relativen Zirkulation“ der Jahre 1899, 1900 und 1901, obgleich sie alle als Fälle von Nichtübereinstimmung gezählt werden, den Senkungen der „allgemeinen Preise“ der Jahre 1900, 1901 und 1902 auffallend ähnlich. Aus der Tatsache, daß die Statistiken teilweise für Kalenderjahre und teilweise für Finanzjahre gelten, ist, wie Professor Kemmerer bemerkt, mit einer solchen Verschiebung der Übereinstimmung um ein Jahr zu rechnen.

§ 2.

Ich will nun versuchen, eine so genaue statistische Schätzung der Größen in der Verkehrsgleichung für die Jahre 1896 bis 1909 vorzunehmen, wie die verfügbaren Angaben es erlauben. Die Periode 1896 bis 1909 ist hauptsächlich deshalb gewählt worden, weil ihre zwei Endjahre die einzigen bekannten Daten gewähren, die eine Schätzung der Umlaufsgeschwindigkeit des Geldes und der Bankdepositen ermöglichen.

Wir wollen nun die Größen in der Reihenfolge G, G', U, U', H, P einer näheren Betrachtung unterziehen. Für jede der Größen sind die in Anwendung kommenden Zahlen neu.

G. Nachstehende Tabelle gibt den abgeschätzten Betrag des in Umlauf befindlichen Geldes in den Vereinigten Staaten wieder. Hierunter verstehen wir die außerhalb des Bundesschatzamtes und der Depositen- und Diskontbanken (nationaler, staatlicher, privater und Trust-Gesellschaften) befindliche Geldmenge (Münzen und Papier). Der Bestand im Schatzamt ist nicht inbegriffen, und zwar aus dem Grunde, weil er Vorräte darstellt, die sich nicht in dem Sinne — oder auf jeden Fall nicht in dem Maße — den Zahlungsbedürfnissen anpassen, wie die Bestände in den Betriebskassen der Kaufleute und in den Taschen des Publikums. Die Bankreserven sind deshalb ausgeschlossen, weil sie, wie wir erklärt haben, für Bankgeschäfte und nicht zu Handelszwecken benutzt werden.

Abgeschätztes und in Umlauf befindliches Geld (G) in den Vereinigten Staaten (in Milliarden Dollar).

1896	0,87	1903	1,38
1897	0,88	1904	1,37
1898	0,96	1905	1,45
1899	1,03	1906	1,59
1900	1,17	1907	1,63
1901	1,22	1908	1,63
1902	1,26	1909	1,63.

Diese Tabelle beruht auf amtlichen Schätzungen des Geldes in den Vereinigten Staaten, die das in den Banken und im Bundesschatzamt befindliche Geld einschließen. Diese offiziellen Zahlen werden dann mittelst der in letzter Zeit vorgenommenen Revisionen der Abschätzungen des Goldes in den Vereinigten Staaten berichtigt, sowie durch Abzug der Geldsummen im Bundesschatzamt und in Banken, die Berichte liefern, und in solchen, die keine liefern [1]). Die Resultate weichen einigermaßen von den offiziellen Zahlen für das sogenannte „in Umlauf befindliche Geld" ab, wobei der Hauptgrund der Verschiedenheit ist, daß diese amtlichen Zahlen das Geld in den Banken einschließen. Die hier angeführten Zahlen sind wahrscheinlich annähernd richtig; die Fehlergrenze kann meiner Meinung nach auf 2 bis 3 Prozent geschätzt werden.

Die Tabelle zeigt, daß während eines Zeitraumes von dreizehn Jahren zwischen 1896 und 1909 das in Umlauf befindliche Geld sich beinahe verdoppelt hat und daß seine Zunahme eine fast ununterbrochene gewesen ist.

G'. Die folgenden für G' gegebenen Zahlen sind Abschätzungen *individueller Depositen, die dem Scheckverkehr unterworfen sind.*

Individuelle, dem Scheckverkehr unterworfene Depositen (G') [2])
(*in Milliarden Dollar*).

1896	2,68	1903	5,70
1897	2,80	1904	5,80
1898	3,19	1905	6,54
1899	3,90	1906	6,84
1900	4,40	1907	7,13
1901	5,13	1908	6,60
1902	5,43	1909	6,75

Diese Ziffern haben die amtlichen Zahlen für „individuelle Depositen" zur Grundlage, sind aber viel niedriger als diese, weil die amtlichen Zahlen Depositen in Sparkassen und andere dem Scheckverkehr nicht unterworfene Depositen einschließen, sowie auch infolge verschiedener anderer unbedeutender Ursachen. Die hier gegebenen Schätzungen stellen den ersten Versuch dar, eine Reihe von Zahlen für die dem Scheckverkehr unterworfenen Bankdepositen in den Vereinigten Staaten zu geben. Es ist dies durch die gütige

[1]) Einzelheiten über die Konstruktion der Tabelle enthält § 2 des Anhanges zu diesem (XII.) Kapitel.

[2]) Bezügl. der Methode zur Abschätzung dieser Zahlen siehe § 3 des Anhanges zu diesem (XII.) Kapitel.

Mitwirkung der *National Monetary Commission* und deren Sachverständigen A. Piatt Andrew ermöglicht worden [1]).

Diese Zahlen geben daher die tatsächlichen *Depositenumlaufsmittel* in den Vereinigten Staaten wieder. Sie zeigen ein enormes Anwachsen der Bankdepositenumlaufsmittel. In einem Zeitraum von dreizehn Jahren (vom Anfang bis zum Ende der Tabelle) haben sich diese nahezu verdreifacht. Überdies zeigt jedes Jahr einen Fortschritt gegen das vorhergehende, mit Ausnahme des der Krise von 1907 folgenden Jahres 1908.

§ 3.

Nachdem wir G und G', die Zirkulationsmittel, gefunden haben, kommen wir nun zur Feststellung von U und U', deren Umlaufsgeschwindigkeit. Es wird zweckmäßig sein, die letztere zuerst in Erörterung zu ziehen.

Die Umlaufsgeschwindigkeit der Bankdepositen findet man, wenn man den gesamten Scheckumlauf ($G'U'$) durch die Bankdepositen (G') dividiert. Der Divisor G' wurde bereits gefunden. Was den Dividenden $G'U'$ anbelangt, so sind dies tatsächlich die gesamten in einem Jahre gezogenen Schecks, denn wir können vernünftigerweise annehmen, daß im Durchschnitt jeder Scheck einmal und nur einmal gegen Güter zirkuliert [2]).

Dank den Bemühungen des Professors Kinley von der Universität von Illinois haben wir für zwei Jahre, und zwar für 1896 und 1909, umfangreiche und einzigartige Angaben, die ursprünglich für den Zweck einer Berechnung des Verhältnisses von Geldtransaktionen zu Schecktransaktionen in den Vereinigten Staaten gesammelt waren, d. h. des Verhältnisses von GU zu $G'U'$. Wir werden sehen, daß diese Angaben in Verbindung mit anderen amtlichen Statistiken selbst für etwas Bedeutenderes als die Berechnung dieses Verhältnisses verwendet werden können, denn sie setzen uns in den Stand, die Größen U und U' für die erwähnten beiden Jahre mit ziemlicher Genauigkeit zu berechnen. Bei dieser Gelegenheit werden wir finden, daß es mit Hilfe dieser Größen möglich ist, genauer als in den obenerwähnten Nachforschungen gerade die Größe herauszuarbeiten, für die diese Untersuchungen unternommen wurden, nämlich das Verhältnis von Geldtransaktionen zu den Kredittransaktionen.

Wir wollen zunächst $G'U'$ abschätzen.

$G'U'$. Professor Kinleys spezielle Untersuchung für das Jahr 1896 zeigt,

---

[1]) Bezügl. Einzelheiten siehe § 3 des Anhanges zu diesem (XII.) Kapitel.

[2]) Vgl. Kemmerer, *op. cit.*, S. 114.

daß sich an dem ersten „dem 1. Juli 1896 folgenden Abrechnungstage" der Wert der deponierten Schecks auf ungefähr $ 468,000,000 belief. Wenn wir annehmen könnten, daß dieser Tag ein Durchschnittstag des Jahres war, so brauchten wir, um die Scheckdepositen eines ganzen Jahres zu erlangen, diese einfach mit der Anzahl der Abrechnungstage im Jahre 1896, die 305 betrug, zu multiplizieren [1]). Nun ist aber zufällig der erste Juli für Scheckdepositen ein außergewöhnlich lebhafter Tag. Wie durch die Clearings der New Yorker Abrechnungsbörse angezeigt wird, kommen wir unter Berücksichtigung dieser Tatsache zu dem Schlusse, daß die gesamten Jahresdepositen an Schecks im Jahre 1896 ungefähr 97 Milliarden betrugen, wobei man mit einem möglichen Irrtum von vielleicht 5 oder 6 Prozent rechnen kann [2]). Nach ähnlichen Berechnungen für 1909 beziffert sich der gesamte Scheckumsatz dieses Jahres auf 364 Milliarden [3]). Wir haben also die Werte des gesamten Scheckverkehrs ($G'U'$) in den beiden Jahren 1896 und 1909 und finden, daß sie 97 bzw. 364 Milliarden betragen, die innerhalb dreizehn Jahren ein gewaltiges Anwachsen bezeugen. Es sind dann noch die Zahlen für die dazwischenliegenden Jahre einzuschalten. Leider haben wir für den zwischen diesen beiden Jahren liegenden Zeitraum keinerlei Angaben wie die von Kinley für 1896 und 1909. Wir können jedoch in den Clearinghausumsätzen ein ausgezeichnetes Barometer finden — ein Barometer, das zum Teil von den Clearings in New York, noch mehr aber von denen außerhalb dieser Stadt abhängig ist. Obgleich die Clearings in New York weitgehendste Beachtung verdienen, so wird doch allgemein anerkannt, daß deren relative Bedeutung in den Gesamtabrechnungen übertrieben wird [4]).

Was die Frage betrifft: „Welche relative Bedeutung sollte den Verrechnungen in New York bzw. den auswärtigen Verrechnungen gegeben werden, um das beste Barometer der Schecktransaktionen für das ganze Land zu erhalten?", so kommen wir zu dem Schluß, daß man ein gutes Barometer des Scheckumsatzes für die Vereinigten Staaten dadurch erhält, indem man die auswärtigen Clearings mit fünf multipliziert und das Resultat zu den New Yorker Abrechnungen addiert [5]).

---

[1]) Diese Multiplikation ergibt $ 143,000,000,000; diese Zahl benutzt Professor Kemmerer (op. cit., S. 110—111).

[2]) Die zur Erlangung dieses Resultates angewandte Methode ist in § 4 des Anhanges zu diesem (XII.) Kapitel beschrieben.

[3]) Siehe § 4 des Anhanges zu diesem (XII.) Kapitel.

[4]) Siehe z. B. die im *Financial Review for 1910*, S. 33 und in Babsons *Business Barometers* (Wellesley Hills, Mass.) 1910, S. 188 über diese Clearings gemachten Bemerkungen.

[5]) Siehe § 5 des Anhanges zu diesem (XII.) Kapitel.

Mittelst dieses Barometers des Scheckumsatzes, bestehend aus Verrechnungen von New York, vermehrt um den fünffachen Betrag der auswärtigen Clearings, und mittelst unserer Kenntnis des tatsächlichen Scheckverkehrs von 1896 und 1909 können wir bequem von diesem „Barometer" eine Schätzung des tatsächlichen Scheckverkehrs ableiten. Das Ergebnis gestaltet sich sodann folgendermaßen:

Abgeschätzte Schecktransaktionen ($G'U'$) (*in Milliarden Dollar*) *1896—1909* [1]).

1896	97	1903	223
1897	106	1904	233
1898	127	1905	282
1899	166	1906	320
1900	165	1907	320
1901	208	1908	300
1902	222	1909	364

Der wahrscheinliche Irrtum in den Jahren zwischen 1896 und 1909 kann auf ungefähr 5 bis 10 Prozent angesetzt werden.

U'. Nachdem wir Schätzungen von $G'U'$ und vorher Schätzungen von G' erlangt haben, ist es sehr leicht, durch einfache Division U' zu erhalten. Die Ergebnisse sind:

Durch Schecks abgeschätzte Umlaufsgeschwindigkeit (U') *der dem Scheckverkehr unterworfenen Depositen.*

1896	36	1903	39
1897	38	1904	40
1898	40	1905	43
1899	43	1906	47
1900	37	1907	45
1901	41	1908	46
1902	41	1909	54

Es kann sich bei diesen Zahlen ebenfalls um einen Irrtum von ungefähr 5 bis 10 Prozent handeln, der für 1896 und 1909 am geringsten und um die Mitte dieser Zeitperiode am größten ist.

Wir ersehen hieraus, daß sich die Umlaufsgeschwindigkeit in dreizehn Jahren um 50 Prozent erhöht hat, und daß sie von Jahr zu Jahr großen Veränderungen unterworfen war. In den Jahren 1899 und 1906 erreichte sie ihren Höhepunkt, worauf unmittelbar die Krisen folgten. Diese Resultate stimmen mit denen von Pierre des Essars für die Umsatzraten von Depositen

[1]) Siehe § 5 des Anhanges zu diesem (XII.) Kapitel.

in den bereits erwähnten festländischen Banken überein mit Ausnahme des Umstandes, daß der Genannte den Höhepunkt eher im Krisisjahr selbst, als im vorhergehenden Jahr findet. Es ist zu beachten, daß die Zahl für 1909 bei weitem die höchste in der Tabelle ist. Ob sie das Vorzeichen einer herannahenden Krise ist, wird die Zeit lehren [1]).

§ 4.

GU. Unsere nächste Untersuchung gilt der Umlaufsgeschwindigkeit des Geldes. Ihre Berechnung bietet große Schwierigkeiten — und zwar Schwierigkeiten, die in der Tat gewöhnlich als unüberwindlich betrachtet worden sind. Dieser Meinung wird durch Jevons [2]) treffend Ausdruck gegeben. Er schreibt:

> „Nie habe ich gefunden, daß in irgendeinem Lande der Versuch gemacht worden ist, die Durchschnittsschnelligkeit des Umlaufes zu bestimmen, und ebensowenig bin ich imstande gewesen, irgendwelche Mittel und Wege zu finden, einer Untersuchung der Frage näherzukommen, es sei denn auf umgekehrtem Wege. Wenn wir den Betrag des vollzogenen Gesamtaustauschs und das Quantum der verwendeten Umlaufsmittel kennen, so könnten wir durch Division die Durchschnittszahl erhalten, die angibt, wievielmal die Umlaufsmittel umgesetzt wurden; wie bereits erklärt, fehlen aber alle Angaben."

Wie wir jedoch sehen werden, sind die zur Ermittelung des „Betrages des vollzogenen Gesamtaustauschs" geeigneten Angaben oder *GU* nunmehr vorhanden. Tatsächlich ist dieser Betrag dem gesamten in den Banken deponierten Gelde gleich, vermehrt um die Gesamtsumme der zur Auszahlung gelangten Geldlöhne und einen kleinen, Verschiedenes umfassenden Posten. Aus *GU* und *G* ist es natürlich leicht, durch Division *U* zu erlangen.

Die Formel zur Erlangung von *GU* ist ebenso einfach, wie sie auf den ersten Blick mysteriös zu sein scheint. Die Haupteigentümlichkeit der Methode, die sich in dieser Formel ausdrückt, und das charakteristische Merkmal, das sie für praktischen Gebrauch verwendbar erscheinen läßt, besteht darin, daß sie Bankberichte und andere ermittelbare Statistiken als ein Mittel zur Auffindung des Gesamtwertes der Geldtransaktionen benutzt. Die Methode beruht auf dem Gedanken, daß das in Umlauf be-

---

[1]) Seit Abfassung dieser Zeilen ist die Welt Zeuge einer unbedeutenden Krisis gewesen, die sich wenigstens insoweit bemerkbar machte, als es schwierig war, Anleihen zu erhalten, als die Aufwärtsbewegung der Preise Ende 1913 und Anfang 1914 aufhörte.

[2]) *Money and the Mechanism of Exchange* (London), S. 336.

findliche Geld und das Geld in den Banken nicht zwei unabhängige Reservoire sind, sondern daß beständig ein Zufluß aus dem einen in das andere erfolgt und daß man aus dem Ein- und Ausgang des Geldes bei den Banken, der ja registriert wird, die außerhalb der Banken stattfindende Zirkulation ermitteln kann.

Es liegt klar auf der Hand, wie der Bankbericht lauten würde, wenn ein jeder aus der Bank gezogene Dollar einmal und nur einmal zirkulierte, bevor seine Wiedereinzahlung erfolgt. Unter solchen Umständen wäre der jährliche Strom des Geldumlaufes der jährlichen Geldentnahme aus den Banken vor dem Umlauf, wie den jährlichen Einzahlungen in die Banken nach dem Umlauf völlig gleich.

Da wir eine Aufzeichnung der ersten und der letzten der drei Stufen haben, nämlich der Entnahme und der Einlagen, so besitzen wir die Mittel, um das Zwischenglied, den Austausch des Geldes für Güter kennen zu lernen. Der gewöhnliche Umlauf des Geldes — ausgenommen die Fälle, in denen es mehr als einmal zwischen Entnahme und Wiedereinlage von Hand zu Hand geht — ist gleich dem durch die Banken fließenden Geldstrome.

Die vollständigen Tatsachen sind indes nicht so einfach, und zwar aus dem Grunde, weil das den Banken entnommene Geld oft mehr als einmal in Umlauf gesetzt wird. Gleichwohl folgen die Komplikationen dieser Bewegung bestimmten Gesetzen. Sie zerstören nicht den Wert der Bankberichte, sondern erschweren nur etwas ihre Ausnützung. Es ist nun unsere Absicht, zu beweisen 1. daß in der Tat viel von dem außerhalb der Banken befindlichen Gelde nur einmal zirkuliert (wie in dem soeben erwähnten hypothetischen Falle); 2. daß das Geld, wenn es zur Auszahlung von Löhnen dient, gewöhnlich zweimal in Umlauf ist, und 3., daß es nur selten drei- oder mehrmals zirkuliert, bevor es seinen Kreislauf zurück in die Banken vollendet.

Unter dieser Behauptung ist zu verstehen, daß das Geld gleich den Schecks im allgemeinen nur einmal außerhalb der Banken zirkuliert; daß es aber, wenn es durch die Hände von Nichtdeponenten geht (worunter in Wirklichkeit Lohnempfänger zu verstehen sind) einmal mehr zirkuliert, und auf diese Weise zu dem Volumen des gewöhnlichen Geldumlaufes, das, wie wir gesehen haben, dem Strome des durch die Banken gehenden Geldes gleich ist, das Volumen der Lohnzahlungen hinzufügt.

Wir machen uns vom Umlauf des Geldes in der modernen Gesellschaft ein falsches Bild, wenn wir ihn uns als eine stetige Aufeinanderfolge von Übertragungen von Person zu Person denken. Wenn es eine solche Aufeinanderfolge wäre, so läge sie, wie Jevons sagt, außerhalb des Bereiches der Statistiken. Wir können uns aber ein richtigeres Bild machen, wenn wir uns die Banken als die Heimat des Geldes und dessen Umlauf als zeitweiligen Abstecher aus diesem Orte denken. Wenn diese Darstellung richtig ist, unterscheidet sich der Umlauf des Geldes nur wenig von dem der Schecks. Jeder vollzieht eine oder höchstens einige Transaktionen außerhalb der Bank und kehrt dann in diese zurück, um seinen Kreislauf zu melden.

Wie aus dem Anhang zu ersehen, belief sich das gesamte im Jahre 1896 in den Banken deponierte Geld auf nahezu 10 Milliarden Dollar [1]) und der Gesamtaufwand der Nichtdeponenten auf nahezu 6 Milliarden, von denen 4½ Milliarden den Aufwand der Lohnempfänger ausmachten; der restliche Posten in der Formel für den Umlauf betrug weniger als eine Milliarde, was einen Gesamtumlauf von ungefähr 16 Milliarden ergibt.

Die entsprechenden Zahlen für das Jahr 1909 sind: Deponiertes Geld: 21 Milliarden; Ausgaben der Nichtdeponenten: 13 Milliarden; der verbleibende Rest ungefähr 1 Milliarde, was alles in allem 35 Milliarden ergibt.

Die folgende Tabelle stellt eine kurze Zusammenfassung dieser Ergebnisse in Milliarden Dollars dar [2]):

	1896	1909
1. Posten (das in den Banken eingezahlte Geld)	10 —	21
2. Posten (Aufwand der „Nicht-Einleger")	6 —	13
Restposten	1 —	1
Total	16 +	35

U. Um die Umlaufsgeschwindigkeit zu erlangen, muß der Gesamtumlauf *GU* (16 Milliarden für das Jahr 1896, oder genauer 16,2 Milliarden) durch den im Jahre 1896 zirkulierenden Geldbetrag *G* dividiert werden. Diese Summe wird auf $ 870,000,000 geschätzt. Die Geschwindigkeit ist daher 16,200,000,000 ÷ 870,000,000 = 18,6, oder ungefähr 19 mal für ein Jahr. Mit anderen Worten: das Geld wurde im Durchschnitt ungefähr 365 ÷ 19 gehalten, was 19 oder 20 Tage beträgt. Wenn ich auf einen meinem Ermessen nach hier vorgekommenen Irrtum hinreichend Rücksicht genommen habe, so handelt es sich höchstens um zwei oder drei Tage. Für das Jahr

[1]) Bezüglich einer ausführlicheren Darlegung der Methode zur Abschätzung der Umlaufsgeschwindigkeit des Geldes und ihrer statistischen Anwendung siehe § 6 des Anhanges zu diesem (XII.) Kapitel, der mit Revisionen und Zusätzen in einem von mir im Dezember 1909 im *Journal of the Royal Statistical Society* veröffentlichten Artikel über „A New Method of estimating the Velocity of Circulation of Money" besteht. In den dem Anhang (§§ 7 und 8) einverleibten Zusätzen sind die statistischen Einzelheiten der Berechnungen für die Vereinigten Staaten enthalten.

[2]) Zwecks Einzelheiten in bezug auf die Zahlen in dieser Tabelle siehe § 7 des Anhanges zu diesem (XII.) Kapitel.

1909 wurde die Umlaufsgeschwindigkeit geschätzt als der Gesamtumlauf (35,1 Milliarden), dividiert durch das in Umlauf befindliche Geld (1,63 Milliarden), was 21,5 + ergibt; d. h. ungefähr 22 mal im Jahr, oder einmal in 17 Tagen. Wir schließen, daß die Umlaufsgeschwindigkeit des Geldes im Jahre 1896 und die Geschwindigkeit im Jahre 1909 ungefähr 19 — beziehungsweise 22 mal betrug, wobei mit einem mutmaßlichen Irrtum, der im Jahre 1896 auf 2 und im Jahre 1909 auf nicht mehr als 1 zu beurteilen ist, gerechnet werden kann.

Diese Ergebnisse würden dem Gelde einen langsameren Umlauf zuweisen, als die meisten der vorgenommenen Schätzungen oder Annahmen. Wir dürfen aber nicht vergessen, daß Leute wie Nationalökonomen, die am meisten befähigt sind, über den Umlauf des Geldes nachzudenken, einen raschen Geldumsatz haben. Sie bewohnen gewöhnlich die Stadt und gehören zu den relativ Wohlhabenden, die, wie wir wissen, ihr Bargeld nicht lange müssig liegen lassen. Arbeiter, besonders die sparsamen, sowie solche Personen, die monatlich bezahlt werden, halten ihr Geld oft mehrere Wochen an der Hand, ohne es auszugeben. Landwirte und andere in wenig bevölkerten Distrikten lebende Leute behalten es selbst für Monate. Aller Wahrscheinlichkeit nach ist die Umlaufsgeschwindigkeit des Geldes unter den verschiedenen Klassen und Ortsverhältnissen grundverschieden.

Wir können nun die Jahre 1896 und 1909 in bezug auf das in Umlauf befindliche Geld, die Depositenumlaufsmittel, deren Geschwindigkeit und ihren Gesamtumlauf wie folgt vergleichen:

1.	2.	3.	4.	5.	6.	7.	8.
	G	G'	U	U'	GU	$G'U'$	$GU+G'U'$
1896	0,87	2,68	19	36	16	97	113
1909	1,63	6,75	22	54	35	364	399

Unsere nächste Aufgabe ist, zwischen die Zahlen 19 (im Jahre 1896) und 22 (im Jahre 1909) für U weitere Schätzungen einzuschalten. Die Resultate sind in nachstehender Tabelle veranschaulicht:

Schätzungen von U, von 1896—1909 [1]).

1896	19	1903	21
1897	19	1904	21
1898	20	1905	22
1899	22	1906	22
1900	20	1907	21
1901	22	1908	20
1902	22	1909	22.

[1]) Bezüglich der Methode zur Berechnung dieser Tabelle siehe § 8 des Anhanges zu diesem (XII.) Kapitel.

§ 5.

Wir haben nun unsere statistische Übersicht der Größen G, G', U, U' auf der linken Seite der Verkehrsgleichung beendet, und es bleiben nur noch die zwei Größen P und H auf der rechten Seite der Gleichung übrig.

Wir wollen uns zunächst mit H beschäftigen. Die Resultate unserer Berechnungen sind in nachstehender Tabelle gegeben, die das Handelsvolumen in Milliarden Dollar, zu den Preisen des Jahres 1909 veranschlagt, ausdrückt:

Abgeschätztes Handelsvolumen
(in Milliarden Dollar zu den Preisen des Jahres 1909).

1896	209	1903	335
1897	239	1904	324
1898	260	1905	378
1899	273	1906	396
1900	275	1907	412
1901	311	1908	381
1902	304	1909	399

Die Tabelle ist in der Weise berechnet worden, daß der Durchschnitt der Indexnummern der *Mengen* (nicht der Werte) für verschiedene Umsatzgebiete genommen wurde. Die den Handel darstellenden Zahlen haben als Grundlage die Angaben für 44 Artikel des Binnenhandels, 23 Import- und 25 Exportartikel, Aktienumsätze, Eisenbahnfrachttransporte und durch die Postverwaltung beförderte Briefe. Die endgültigen Zahlen sind so eingerichtet, daß die für das Jahr 1909 sich ergebende Zahl 399 beträgt, die den tatsächlichen Geldwert der in diesem Jahre durchgeführten Geschäfte gleichkommt, wie er auf der anderen Seite der Gleichung (d. h. $GU + G'U'$) dargestellt wird. In ihren gegenseitigen Beziehungen sind die Zahlen für H von der anderen Seite der Gleichung unabhängig [1]).

Der einzige übrigbleibende Faktor in der Verkehrsgleichung ist P, die Indexnummer der Preise. Theoretisch könnte diese aus den bereits abgeschätzten fünf anderen Größen berechnet werden, vorausgesetzt, daß wir uns hinsichtlich der absoluten Richtigkeit auf unsere sämtlichen *vorhergehenden* Berechnungen verlassen können. Doch ist es möglich, daß in all den Größen G, G', U, U' und H Irrtümer vorgekommen sind, und wenn dies wirklich der Fall ist, so würden diese Irrtümer in verstärkendem Maße in

[1]) Bezüglich der genauen Methode zum Aufbau dieser Tabelle (die notwendigerweise mit großer Mühe verbunden ist) siehe § 9 des Anhanges zu diesem (XII.) Kapitel.

P zum Vorschein gelangen. Es ist daher wichtig, einen derart indirekt berechneten Wert von P durch eine direkt berechnete Statistik zu berichtigen. Wenn wir dies tun, so sind wir in der Lage, das direkt und das indirekt berechnete P miteinander zu vergleichen. Auf ebensolche Weise können wir, wenn uns daran gelegen ist, die direkt und indirekt berechneten Werte von G, G', U, U' und H vergleichen. Wir wollen uns auf die Vergleichung der beiden Werte von P beschränken, da es, wie wir gesehen haben, P ist, das in Wirklichkeit von den fünf anderen Faktoren in der Verkehrsgleichung abhängt. Die Werte von P (einschließlich der Preise für Waren, für Wertpapiere und für geleistete Arbeit), direkt nach den Ziffern für 1909, die gleich 100 gesetzt werden, sind folgende:

Indexnummern allgemeiner Preise.

1896	63	1903	87
1897	64	1904	85
1898	66	1905	91
1899	74	1906	96
1900	80	1907	97
1901	84	1908	92
1902	89	1909	100

Diese Tabelle ist auf die Zahlen des Arbeitsamtes für Engrospreise gegründet. Sie differiert nur unbedeutend mit den Zahlen des Arbeitsamtes infolge der Tatsache, daß wir hier Preise von Wertpapieren und Löhnen einschließen [1]).

Schließlich sollen noch diese eigentlichen Statistiken für P mit dem indirekt aus den anderen Größen der Verkehrsgleichung berechneten P verglichen werden. Diese Berechnung und Vergleichung wird im folgenden Abschnitt behandelt.

§ 6.

Wir haben nun die sechs Größen der Verkehrsgleichung für die vierzehn Jahre von 1896—1909 unabhängig voneinander berechnet. Wir wissen aber, wie schon früher bemerkt, daß diese sechs Größen durch die Verkehrsgleichung in gegenseitiger Beziehung stehen. Es ist nun die Frage, ob die so berechneten Größen die Verkehrsgleichung tatsächlich annähernd erfüllen.

Ein Weg zur Untersuchung dieser Frage ist der von Kemmerer eingeschlagene; nämlich eine Vergleichung der Statistiken für einen der Fak-

---

[1]) Bezüglich der Methode für die Konstruktion dieser Tabelle siehe § 10 des Anhanges zu diesem (XII.) Kapitel.

toren (sagen wir P), wie oben direkt berechnet, mit dem, was eine indirekte Berechnung aus den fünf anderen Größen der Verkehrsgleichung ergeben würde. Folgende Tabelle zeigt den Wert von P, wie er auf diese zwei Arten erlangt worden ist:

Direkt und indirekt berechnete Preisindexnummern.

	Direkt (P)	Indirekt $\frac{(GU+G'U')}{H}$
1896	63	54
1897	64	52
1898	66	56
1899	74	69
1900	80	68
1901	84	76
1902	89	82
1903	87	75
1904	85	81
1905	91	83
1906	97	90
1907	97	86
1908	92	87
1909	100	100

Die zwischen den beiden Zahlengruppen bestehende Übereinstimmung wird in Figur 13 ersichtlich.

Die durch die obere und untere Kurve angedeuteten beiden Werte stimmen auffallend miteinander überein [1]). Die Genauigkeit ihrer Übereinstmmung kann auf verschiedene Weise ausgedrückt werden. Die eine Methode besteht in der Aufzählung der Übereinstimmungen und Nichtübereinstmmungen in ihren Richtungsveränderungen oder Krümmungen. Von 12 Wendungen in jeder Kurve stimmen die beiden sechsmal überein, dreimal stimmen sie nicht überein und dreimal sind sie neutral. Die andere, von Pearson angewandte Methode besteht in der Berechnung eines sogenannten „Korelationskoeffizienten" (wie er sich ausdrückt). Letzterer zeigt eine Übereinstimmung von 97 Prozent Vollkommenheit im Vergleich mit 23 Prozent, die Professor Persons von Dartmouth für Kemmerers Zahlen [2]) für 1879--1901 fand. Doch, wie bereits erklärt, ist ein Korrelations-

[1]) Die dazwischenliegende Kurve wird später erklärt.

[2]) „*Quantity Theory as tested by Kemmerer*", *Quarterly Journal of Economics*, 1907–1908, S. 287.

koeffizient für zeitlich einander folgende Phänomene leicht irreführend. Wenn in dem Falle der Zahlen von Kemmerer der Koeffizient 0,23 eine Unterschätzung des Parallelismus zwischen seinen Kurven war, so überschätzt der Koeffizient 0,97 den Parallelismus zwischen den meinen. Diese

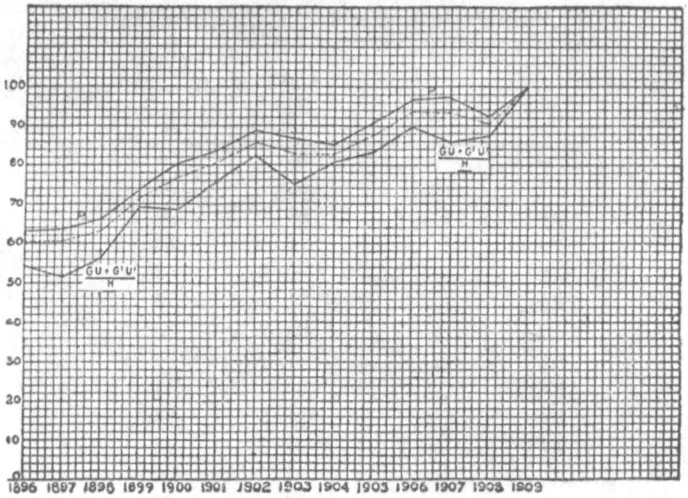

Obere fortlaufende Linie: P ursprünglich.

Untere fortlaufende Linie: $\frac{GU + G'U'}{H}$ ursprünglich.

Punktierte Linie: P und $\frac{GU + G'U'}{H}$ berichtigt.

Fig. 13.

Überschätzung kann sich stets sehr leicht ergeben, wenn die beiden zu vergleichenden Kurven rasch auf- oder absteigen [1]).

Die geeignetste Methode, einen Korrelationskoeffizienten für aufein-

[1]) Persons findet z. B. einen Koeffizienten von 0,98 für die Korrelation zwischen Kemmerers Zahlen für Bankreserven und das in Umlauf befindliche Geld einschließlich der Bankreserven, obwohl die beiden Größen keine sehr große Übereinstimmung in Schwankungen aufeinanderfolgender Jahre zeigen, sondern nur eine allgemeine Übereinstimmung in der Tatsache, daß beide schnell ansteigen. Der Koeffizient für Kemmerers Zahlen für P wird viel höher sein, wenn statt der mit dem Jahre 1879 beginnenden Periode, die viele Jahre enthält, in denen sich die Preise nicht merklich verändern, die Periode genommen wird, die zur selben Zeit wie meine eigenen Zahlen beginnt, nämlich im Jahre 1896. Der Korrelationskoeffizient für Kemmerers Zahlen von 1896—1908 ist 83 Prozent, was einen viel höheren Prozentsatz ergibt als den, welchen Persons mit der vom Jahre 1879 beginnenden Periode erlangte.

anderfolgende Angaben anzuwenden, scheint die zu sein, daß der Koeffizient nicht für die rohen Zahlen, sondern für ihre Verhältnisse von Jahr zu Jahr berechnet wird. Mit anderen Worten: wir setzen in die Tabelle die Verhältnisse von P eines jeden Jahres und vergleichen sie mit dem P des vorhergehenden Jahres und von $\frac{GU+G'U'}{H}$ eines jeden Jahres mit $\frac{GU+G'U'}{H}$ des Vorjahres. Sollten die zwei Verhältnisgruppen gleichzeitig steigen oder fallen, so wiesen die Kurven einen nahen Parallelismus oder eine Übereinstimmung in ihren aufeinanderfolgenden Veränderungen in der Richtung auf. Tatsächlich zeigen die Resultate dieser Methode einen Korrelationskoeffizienten von 57 Prozent (oder $0{,}57 \pm 0{,}10$, mit einem mutmaßlichen Irrtum von 0,10). Diese Zahl 57 Prozent ist ein mäßig hoher Korrelationskoeffizient [1]). Wir können daher den Schluß ziehen, daß die „Quantitätstheorie" durch einen hohen Grad von Korrelation statistisch bestätigt wird [2]).

Es muß betont werden, daß die soeben gegebenen Korrelationskoeffizienten das Preisniveau mit dem vergleichen, was es den Statistiken der *fünf* Größen gemäß sein sollte, von denen es nach der sogenannten Quantitätstheorie abhängig ist. Wenn anstatt dieser fünf Größen nur *eine* Größe genommen würde, wäre die Korrelation eine geringere. Zieht man also das Verhältnis von Jahr zu Jahr, so beträgt z. B. der Korrelationskoeffizient von 1896 bis 1909 für Geld, G, und Preise, P, 43 Prozent (oder $0{,}43 \pm 0{,}13$) [3]). Selbst dies ist ein verhältnismäßig hoher Grad der Korrelation.

Wenn die Gegner der „Quantitätstheorie" dadurch, daß sie den Mangel

---

[1]) Niemand wird z. B. in Abrede stellen, daß die Länge und die Breite von Nüssen in großer Korrelation zueinander stehen. Der Koeffizient ihrer Korrelation ist 57 Prozent. Die Korrelation der Körperlänge eines Menschen und seinem Gesichtsumfang kann bis 35 Prozent betragen.

[2]) Bei dieser Gelegenheit soll hier der relative Korrelationsgrad der Zahlen Kemmerers und meiner eigenen einer Vergleichung unterzogen werden. Wir nehmen zu diesem Zwecke den zwischen den Jahren 1896—1908 liegenden Zeitraum, der für beide Untersuchungen die längste Periode bedeutet. Für meine Zahlen beträgt der Koeffizient dieser Jahre 54 Prozent (oder $0{,}54 \pm 0{,}11$); wohingegen sich der für die Zahlen Kemmerers auf 37 Prozent (oder $0{,}37 \pm 0{,}14$) beläuft. Beide Zahlen wurden mittelst der Methode der Vergleichung der Relationen von Jahr zu Jahr erlangt. Bei der Methode der Anwendung absoluter Zahlen beträgt meine Korrelation 95 Prozent und die Kemmerers 83 Prozent.

[3]) Bei einer direkten Vergleichung von G mit P beträgt der Korrelationskoeffizient für 1896—1909 97 Prozent.

einer statistischen Übereinstimmung zwischen den beiden Faktoren geltend machen und jedwede Beziehung zwischen Geld und Preisen in Abrede stellen, damit bloß sagen wollen, daß sich außer dem Gelde auch die anderen Faktoren G', U, U' oder H von Zeit zu Zeit verändern und daß infolgedessen in Wirklichkeit das Preisniveau mit der Quantität des Geldes nicht genau übereinstimmend variiert, so ist diese ihre Behauptung allerdings zutreffend. Aber dieser Einwurf ist von ebenso geringer wissenschaftlicher Tragweite wie die Behauptung, daß der Druck der Atmosphäre nicht in genauem Verhältnis zu ihrer Dichtigkeit von einem Tag zum anderen variiert. Wir wissen, daß der Druck eines Gases bei konstanter Temperatur direkt wie dessen Dichtigkeit wechselt, daß aber tatsächlich die Temperatur selten konstant ist. Wer versuchen wollte, die wissenschaftliche Gültigkeit des Boyleschen Gesetzes von solcher Basis aus zu bestreiten, verriete nur seine Unkenntnis der wirklichen Bedeutung eines wissenschaftlichen Gesetzes. Und wenn er die Behauptung durch Aufzeichnung täglicher, den barometrischen Druck und die atmosphärische Dichtigkeit darstellender Kurven allen Ernstes „statistisch widerlegen" wollte, würde er sich wissenschaftlichem Spott aussetzen.

Ein jeder, der wirklich die Meinung vertritt, daß das Preisniveau einzig und allein von der Quantität des Geldes abhängt, sollte gewiß eines besseren belehrt werden. Die wahre Bedeutung der Sache besteht aber darin, daß die ökonomische Forschung die Existenz eines *Gesetzes* der direkten Proportion zwischen der Quantität des Geldes und dem Preisniveau würdigen sollte, eines Gesetzes, das in der Wirtschaftstheorie des Geldes ebenso wahr, ebenso wichtig und fundamental ist, wie das Boylesche Gesetz direkter Proportion zwischen Dichtigkeit und Druck in der physikalischen Theorie der Gase wahr, wichtig und fundamental ist. Meiner Meinung nach ist die so häufige Nichterfassung der Existenz dieses Gesetzes zum großen Teil dem Mangel eines klaren Begriffes der involvierten Größen zuzuschreiben. G und P scheinen die einzigen Größen zu sein, die von vielen die Sache Studierenden wirklich verstanden werden. G', U, U' und H werden nur selten erörtert, wenn überhaupt erwähnt. Aber erst, wenn der Gegenstand durch Zahlen, die die tatsächlichen Depositenumlaufsmittel, die Umlaufsgeschwindigkeit und das Handelsvolumen bewerten, auf eine statistische Grundlage gestellt ist, wird man zugeben, daß diese Größen eine wahre Existenz und Bedeutung haben.

Doch sollte die Quantitätstheorie für jedermann mit unparteiischem Urteil auch ohne eine solche Kontrolle hinreichend sichergestellt erscheinen. Der beste Beweis für sie muß stets *a priori* sein, d. h. nicht in dem Sinne, wie er in der Beweisführung abstrakter mathematischer Behauptungen zur Anwendung kommt, aber in dem gleichen Sinne, wie es der Beweis für das Boylesche Gesetz ist. So ist durch Induktion bekannt, daß der Druck eines eingeschlossenen Gases durch das Bombardement der umgebenden Wände durch seine Moleküle veranlaßt wird. Ebenso ist durch Induktion bekannt, daß der Druck im Verhältnis zur Häufigkeit des Anpralles stehen muß, vorausgesetzt, daß die Geschwindigkeit der Moleküle eine beständige ist. Und schließlich ist bekannt, daß die Frequenz des Anstoßes mit der Anzahl der Moleküle, d. h. mit der Dichtigkeit des Gases im Verhältnis stehen muß und daß Beständigkeit in der Geschwindigkeit Beständigkeit in der Temperatur bedeutet. Es folgt daraus, daß bei konstanter Temperatur der Druck im Verhältnis zur Dichtigkeit steht. Aus der induktiv gewonnenen Kenntnis der individuellen Druckkräfte des aus Molekülen bestehenden Gases können wir also *deduktiv* den allgemeinen Druck eines Gases begründen.

In ähnlicher Weise können wir — wie bei den Molekülen — aus der induktiv gewonnenen Kenntnis des individuellen Austauschs, der den Gesamtaustausch der menschlichen Gesellschaft zusammensetzt, deduktiv die allgemeine Verkehrsgleichung begründen.

Glücklicherweise können wir genau so, wie das Boylesche Gesetz sowohl deduktiv als auch induktiv aufgestellt worden ist, nun erklären, daß die Verkehrsgleichung sowohl deduktiv, als auch induktiv hinreichend aufgestellt worden ist.

Wie bereits früher bemerkt, kann die Aufstellung der Verkehrsgleichung nicht die vollständige Aufstellung der Quantitätstheorie des Geldes bedeuten, denn die Gleichung gewährt keinerlei Aufklärung, welche Faktoren Ursachen und welche Wirkungen sind. Diese Frage ist jedoch im VIII. Kapitel beantwortet worden.

§ 7.

Wer an einen *Apriori*-Beweis der Verkehrsgleichung glaubt, sollte unter der wahren Bedeutung der bemerkenswerten Übereinstimmung in unseren statistischen Resultaten nicht verstehen, daß die Gleichung durch die Zahlen, sondern die Zahlen durch die Gleichung bestätigt werden. Allerdings sind in unserer induktiven Beweisführung Verschiedenheiten aufzuweisen, doch liegen diese samt und sonders richtig innerhalb der Fehlergrenzen der Messung. Die Abweichungen beweisen, daß bei den Zahlen geringfügige Irrtümer unterlaufen sind, denn sonst würden sie mit dem durch die Verkehrsgleichung vorgeschriebenen Verhältnis genau übereinstimmen.

Unsere nächste Aufgabe ist nun, die Abweichungen zu prüfen und, soweit angängig, die vorkommenden Irrtümer festzustellen. Der Grad der totalen gegenseitigen Abweichung zwischen den unabhängig berechneten Größen wird am besten durch den Grad der Ungleichheit zwischen den berechneten Werten von $GU + G'U'$ und PH ausgedrückt, die gleich sein *sollten*. Das heißt, PH dividiert durch $GU + G'U'$ sollte stets gleich eins sein. Die tatsächliche Division ergibt die in nachstehender Tabelle unter der mit „Ursprünglich" betitelten Kolonne aufgeführten Zahlen. Die andere Kolonne soll sofort erklärt werden.

Ursprünglich und reduziert berechnetes Verhältnis von PH zu GU + G'U'.

1.	2.	3.
	Ursprünglich	Reduziert
1896	1,17	1,06
1897	1,24	1,13
1898	1,18	1,07
1899	1,06	0,95
1900	1,17	1,06
1901	1,11	1,00
1902	1,08	0,97
1903	1,16	1,05
1904	1,06	0,95
1905	1,09	0,98
1906	1,08	0,97
1907	1,13	1,02
1908	1,05	0,94
1909	1,00	0,89

Die Zahlen der zweiten Kolonne zeigen, daß die aus PH berechneten Werte stets größer sind, als die von $GU + G'U'$ berechneten, und daß der Überschuß zwischen 24 Prozent und 0 variiert und einen Durchschnitt von 11 Prozent aufweist.

Diese Abweichungen zwischen PH und $GU + G'U'$ können jedoch durch bloße Veränderung der verwendeten Basispreise verringert werden. Bisher haben wir das Preisniveau des Jahres 1909 als Basis genommen. Da aber die Indexnummern nur eine relative Bedeutung haben, so steht es uns frei, irgendeine andere Zahlengruppe zu wählen, vorausgesetzt, daß dieselben *relativen* Größen beibehalten werden. Diesem Vorrechte gemäß wollen wir nun sämtliche Zahlen für *P* um 11 Prozent, den Durchschnitt der ursprünglichen Verschiedenheiten, reduzieren. Das Resultat ist, daß *PH* um 11 Prozent erniedrigt und die Reihe der in der zweiten Kolonne angegebenen Abweichungen auf (annähernd) die der dritten Kolonne abgeändert wird. Diese Zahlen variieren zwischen 13 Prozent über und 11 Prozent unter eins. Die Irrtümer sind ganz geringfügig — tatsächlich viel geringer als angesichts des unvollständigen und unzu-

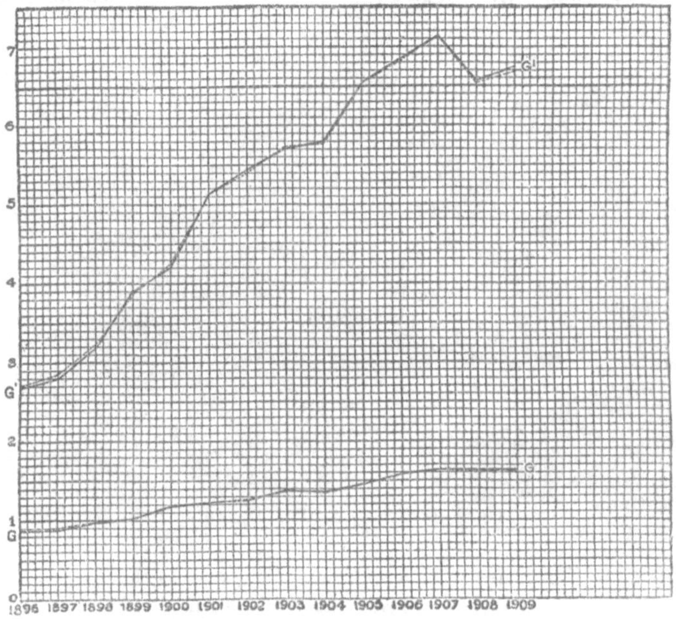

Fortlaufende Linien: *G* und *G'* ursprünglich.
Punktierte Linien: *G* und *G'* berichtigt.
Fig. 14.

verlässigen Charakters gewisser uns zur Verfügung stehender Angaben erwartet werden kann.

Es ist nun die Frage: Wo liegt die Schuld für die durch die vorhandenen geringen Abweichungen angezeigten Irrtümer? Ist *G*, *G'*, *U*, *U'*, *P* oder *H* für diese verantwortlich zu machen? Wie können wir die von uns berechneten Zahlen berichtigen? Nach allgemeinem Grundsatze ist zu schließen, daß die kleinsten Korrekturen die richtigsten sind. Die geringfügigsten Korrekturen bedeuten eine *gegenseitige* Ausgleichung der sechs Faktoren untereinander, wobei jede Adjustierung eine die vorhandene Abweichung verringernde Richtung verfolgt. In diesem Sinne wird jedem Faktor, so wie er berechnet ist, ein gewisser Wert zugeschrieben und ihm ein Einfluß auf die Berichtigung der anderen Faktoren gegeben, wodurch jeder Faktor nur einer äußerst geringen Abänderung bedarf. Die Änderungen in den verschiedenen Faktoren werden im Verhältnis zu ihrer relativen vermutlichen Irrtumstendenz gemacht.

Die Resultate sind in Figur 14, 15, 16 und in der bereits erwähnten Figur 13 veranschaulicht. Jede Figur bezieht sich auf einen der Faktoren

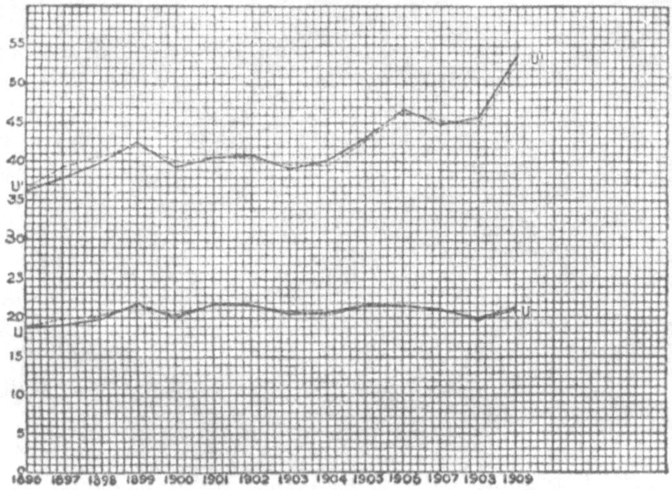

Fortlaufende Linien: U und U' ursprünglich.
Punktierte Linien: U und U' berichtigt.

Fig. 15.

der Verkehrsgleichung, wie sie ursprünglich berechnet und schließlich berichtigt wurden (punktierte Linien). Auf diese Weise ausgeglichen, stimmen die Faktoren mit dem Erfordernis der Verkehrsgleichung überein [1]).

Aus Figur 14 ersehen wir, daß die in den Zahlen für G und G' gemachten Abänderungen so unbedeutend sind, daß sie beinahe nicht beachtet zu werden brauchen; sie betragen gewöhnlich viel weniger als 1 Prozent. Die in Figur 15 angegebenen Abänderungen von U und U' sind zwar etwas größer, doch ebenfalls von geringer Bedeutung und betragen gewöhnlich weniger

---

[1]) Bezüglich der Berichtigungsmethode siehe § 11 des Anhanges zu diesem (XII.) Kapitel.

als 2 Prozent. Die in Figur 16 veranschaulichten Abänderungen in H sind, wenngleich größer als die vorhergehenden, nichtsdestoweniger so unbedeutend und gleichförmig, daß sie einen fast vollkommenen Parallelismus zwischen der ursprünglichen und der abgeänderten Kurve ergeben. Die Differenzen überschreiten selten 10 Prozent. Die in P vorgenommenen Abänderungen wurden bereits in Figur 13 gegeben, in der die obere Kurve die ursprünglichen und die punktierte oder mittlere Kurve die abgeänderten Zahlen für P darstellt. Auch hier ist ein äußerst naher Parallelismus zwischen den ursprünglichen und den abgeänderten Kurven klar ersichtlich. Die Differenzen übersteigen selten 3 Prozent.

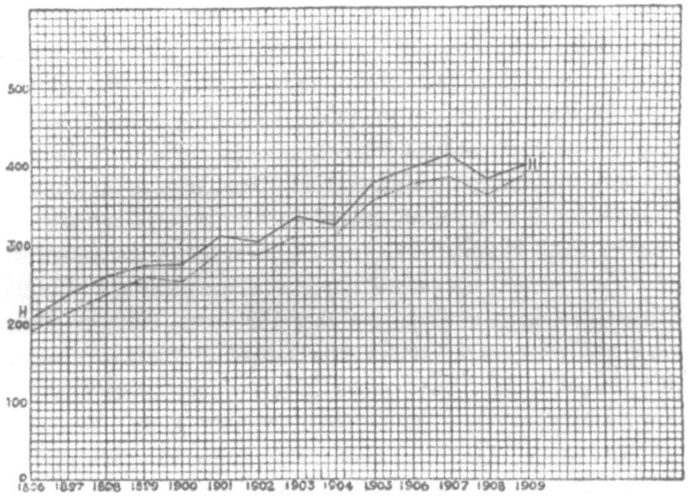

Fortlaufende Linie: H ursprünglich.
Punktierte Linie: H berichtigt.
Fig. 16.

Gewiß könnte auch der anspruchsvollste Kritiker keine größere Folgerichtigkeit der Resultate und Übereinstimmung mit der Theorie der Verkehrsgleichung verlangen, als diese Statistiken zeigen. Die Berichtigungen, die für notwendig erachtet wurden, um die in der zuerst berechneten Weise erlangten sechs Zahlen in vollkommene Übereinstimmung zu bringen, sind geringer, als der mutmaßliche Irrtum in diesen Zahlen selbst. Ich hatte — kurz vor meiner Kenntnis, wie sehr die Schlußresultate harmonieren — gewisse ungefähre Abschätzungen der wahrscheinlichen Irrtümer vorgenommen, die im Anhang vermerkt wurden. Der mutmaßliche Irrtum von

G kann auf 2 bis 3 Prozent geschätzt werden, von G' ebenfalls auf 2 bis 3 Prozent, von U, U', P und H auf je 5 bis 10 Prozent. Mit anderen Worten: Unsere statistischen Angaben wurden für nur ungefähr und annähernd gehalten. Der schließlich nötige „statistische Ausgleich", um die Zahlen miteinander in Einklang zu bringen, überstieg, wie wir gesehen haben, selten 2 Prozent, und zwar: weniger als 1 Prozent für G und G', weniger als 2 Prozent für U und U', weniger als 3 Prozent für P und weniger als 10 Prozent für H. Wir schließen hieraus, daß die Zahlen besser zueinander passen, als bei ihrem uns bekannten Mangel an Präzision erwartet werden konnte.

Die Berichtigungen, die wir den verschiedenen Faktoren angedeihen ließen, sind so unerheblich, daß eine besondere Erklärung derselben gewagt wäre. Die Irrtümer, die sie mutmaßlich darstellen, können auf die verschiedensten Quellen zurückgeführt werden, z. B. auf den wachsenden Anteil der Banküberträgung zum Unterschied von den gewöhnlichen Schecktransaktionen in den Gesamtumsätzen des New Yorker Clearinghauses, oder auf Irrtümer oder Ungleichheiten in den Statistiken des Getreidehandels usw.; ferner auf Über- oder Unterschätzungen der besonderen, von normalen Verhältnissen abweichenden Tage im Jahre 1896 und 1909, an denen die in den Banken geführten Statistiken über die Depositen gesammelt wurden, und schließlich auf eventueller Über- und Unterschätzung nichtgemeldeter Depositen und des in den Vereinigten Staaten vorhandenen Goldes, der Lohnzahlungen, und auf eine Anzahl anderer untergeordneter, wenn auch nur auf Vermutungen gegründeter Elemente in unseren Berechnungen.

Die soeben erwähnten Fehlerquellen wurden in der Reihenfolge ihrer mutmaßlichen Bedeutsamkeit aufgeführt. Es ist bezeichnend, daß die Jahre 1896 bis 1898, für die die unvollkommensten Angaben für H vorliegen, sowie die Jahre 1900, 1903 und 1907, welche Jahre der Krise bzw. drohender Krise bedeuten, die größten Abweichungen aufweisen.

§ 8.

Nachdem in den sechs Größen der Verkehrsgleichung die obengenannten gegenseitigen Berichtigungen vorgenommen worden sind, erhalten wir die nachstehenden, in den punktierten Kurven dargestellten Zahlen, die unsere Schlußtabelle der Werte für G, G', U, U', P und H konstituieren:

Endgültig berichtigte Werte der Elemente in der Verkehrsgleichung.

(Die Ziffern der Jahre 1910—1912 siehe S. 415.)

	G	G'	U	U'	P	H	GU	$G'U'$	GU $G'U'$ u. PH
1896	0,88	2,71	18,8	36,6	60,3	191	16	99	115
1897	0,90	2,86	19,9	39,4	60,4	215	18	112	130
1898	0,97	3,22	20,2	40,6	63,2	237	20—	131—	150
1899	1,03	3,88	21,5	42,0	71,6	259	22	163	185
1900	1,18	4,44	20,4	38,3	76,5	253	24	170	194
1901	1,22	5,13	21,8	40,6	80,5	291	27	208	235
1902	1,25	5,40	21,6	40,5	85,7	287	27	219	246
1903	1,39	5,73	20,9	39,7	82,6	310	29	227	256
1904	1,36	5,77	20,4	39,6	82,6	310	28	228	256
1905	1,45	6,54	21,6	42,7	87,7	355	31+	279+	311
1906	1,58	6,81	21,5	46,3	93,2	375	34	315	349
1907	1,63	7,13	21,3	45,3	93,2	384	35	323	358
1908	1,62	6,57	19,7	44,8	90,3	361	32	294	326
1909	1,61	6,68	21,1	52,8	100,0	387	34	353	387
1910	1,69	7,23	21,0	52,7	104,0	399	34	381	415
1911	1,64	7,78	21,0	49,9	102,2	413	34	388	422
1912	1,71	8,17	22,0	53,4	105,3	450	38	436	474

Von dieser Tabelle, die die Vorzüge unabhängiger Berechnung der Faktoren G, G', U, U', P und H mit den Berichtigungen vereinigt, die für jeden einzelnen Faktor nötig waren, um ihn mit den anderen Faktoren übereinstimmend zu gestalten, kann man behaupten, daß sie in bezug auf diese Größen die bestmöglichen Daten liefert.

Diese Zahlen oder die punktierten Kurven in den vorhergehenden Diagrammen zeigen, daß sich das in Umlauf befindliche Geld (G) in dreizehn Jahren beinahe verdoppelt hat, daß seine Umlaufsgeschwindigkeit (U) um nur 10 Prozent zunahm, daß sich die Depositenumlaufsmittel beinahe verdreifachten, daß ihre Umlaufsgeschwindigkeit (U') eine Zunahme von 50 Prozent aufweist, ferner, daß sich das Handelsvolumen verdoppelte und daß die Preise um zwei Drittel gestiegen sind.

Diese Resultate sind nicht überraschend, sondern, meiner Meinung nach, genau so wie wir sie erwarten konnten. Nichtsdestoweniger sind die Ergebnisse fast sämtlich neu. Die Zahlen für das in Umlauf befindliche Geld (G) unterscheiden sich nicht wesentlich von den in amtlichen Dokumenten gegebenen und von den von Kemmerer gebrauchten Zahlen. In gleicher Weise sind die Zahlen für die Preisindexnummern in der Hauptsache auf die seitens des Arbeitsamtes der Vereinigten Staaten veröffentlichten Indexnummern für Engrospreise gegründet und diesen sehr ähnlich. Die Statistiken für das Handelsvolumen sind samt und sonders neu konstruiert worden und differieren einigermaßen von den durch Kemmerer aufgestellten Statistiken, die ihre einzigen Vorläufer sind. Die Statistiken für die dem Scheckverkehr unterworfenen Depositen (G') werden hier zum erstenmal veröffentlicht. Die Statistiken der Umlaufsgeschwindigkeit der Bankdepositen (U') sind, mit Ausnahme der über die Tätigkeit von Bankabrechnungen in europäischen Banken, die ersten ihrer Art. Und schließlich sind die Statistiken der Umlaufsgeschwindigkeit des Geldes (U) in ihrer Art neu.

Mit diesem Zahlenmaterial sind wir in der Lage, uns ein ziemlich korrektes statistisches Bild des Zirkulationssystems in den Vereinigten Staaten zu machen. Den Aufzeichnungen vom Jahre 1909 gemäß beträgt das in tatsächlichem Umlauf befindliche Geld (G) 1,6 Milliarden Dollar oder \$ 18 pro Kopf der Bevölkerung (bedeutend weniger als die für den Umlauf mit \$ 35 gegebene amtliche Zahl); die Umlaufsgeschwindigkeit des Geldes (U) beträgt einundzwanzigmal per Jahr. Die Depositenumlaufsmittel (G') betragen 6,7 Milliarden oder \$ 74 per Kopf, d. h. den vierfachen Betrag des Geldes; die Umlaufsgeschwindigkeit dieser Depositen beträgt dreiundfünfzigmal per Jahr, d. h. das Zweieinhalbfache der des Geldes. Der Gesamtumlauf des Geldes oder die damit erledigten Zahlungen (GU) belaufen sich auf 34 Milliarden per Jahr. Der Umlauf der dem Scheckverkehr unterworfenen Depositen oder der durch Scheck vorgenommenen Zahlungen ($G'U'$) beläuft sich auf 353 Milliarden, d. h. zehnmal mehr oder nahezu eine Milliarde pro Tag. Die zu gegenwärtigen Preisen durchgeführten Geschäfte ($GU + G'U'$ oder PH) ergeben somit die enorme Gesamtsumme von 387 Milliarden oder mehr als eine Milliarde pro Tag. Die Höhe dieses Aggregates wird sicherlich viele Leser in Erstaunen setzen. Durch den Mangel an tatsächlichen Statistiken haben wir uns von der kolossalen Ausdehnung unseres Handels kaum eine Vorstellung machen können. Außer den Statistikern haben wohl wenige Personen daran gedacht, daß unser Import- und Exporthandel, die in unseren politischen Wahnbildern einen so großen Raum einnehmen, im Vergleich zu dem Innenhandel zur äußersten Bedeutungslosigkeit herabsinken. Der gesamte Export und Import beläuft sich nur auf armselige 3 Milliarden im Vergleich zu dem gesamten nationalen Handel von 387 Milliarden.

Wir sind nun in der Lage, die ganze in der letzten Tabelle gegebene Zahlengruppe durch eine mechanische Illustration, wie solche bereits in früheren Kapiteln zur Anwendung kamen, zur Darstellung zu bringen.

Das durch einen Geldbeutel versinnbildlichte Gewicht  stellt G, das in den Vereinigten Staaten in Zirkulation befindliche Geld (d. h. alles außerhalb des Schatzamtes der Vereinigten Staaten und der Banken befindliche Geld) dar. Es beläuft sich gewöhnlich auf 1—2 Milliarden Dollar ($ in Billions).

Das Hebelarmverhältnis dieses Geldbeutels oder seine Entfernung vom Drehpunkte der Wage repräsentiert U, die Umlaufsgeschwindigkeit des Geldes. Das Geld wird gewöhnlich zirka 20 mal im Jahr umgesetzt.

Das durch ein Bankdepositenbuch versinnbildlichte Gewicht  veranschaulicht G', die Bankdepositen, gegen die Schecks gezogen werden (gewöhnlich 3—8 Milliarden Dollar) ($ in Billions).

Das Hebelarmverhältnis dieses Bankdepositenbuches stellt U', die Umlaufsgeschwindigkeit („Lebhaftigkeit“) dieser Depositen dar. Die Depositen werden gewöhnlich 40—50 mal im Jahr umgesetzt.

Das durch eine mit Spezereiwaren gefüllte Wagschale  versinnbildlichte Gewicht veranschaulicht H, das in „Einheiten“ (Units) ausgedrückte Handelsvolumen, wobei jede „Einheit“ (Unit) die Quantität bedeutet, die im Jahre 1909 für $ 1 gekauft werden konnte.

Das Hebelarmverhältnis dieser Wagschale stellt P, d. h. die als Prozentsatz der Preise vom Jahre 1909 bemessene Indexnummer der Preise dar.

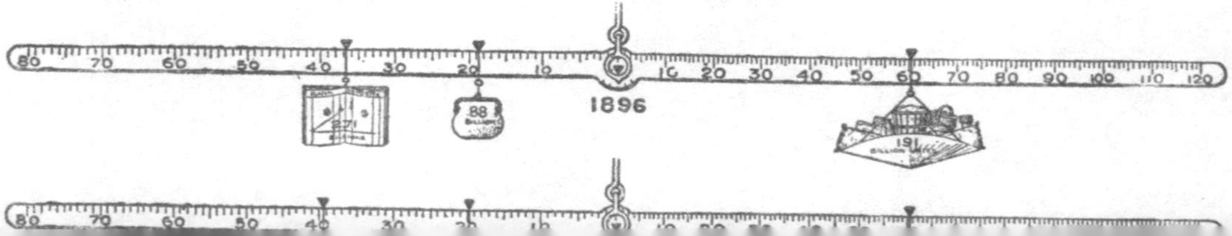

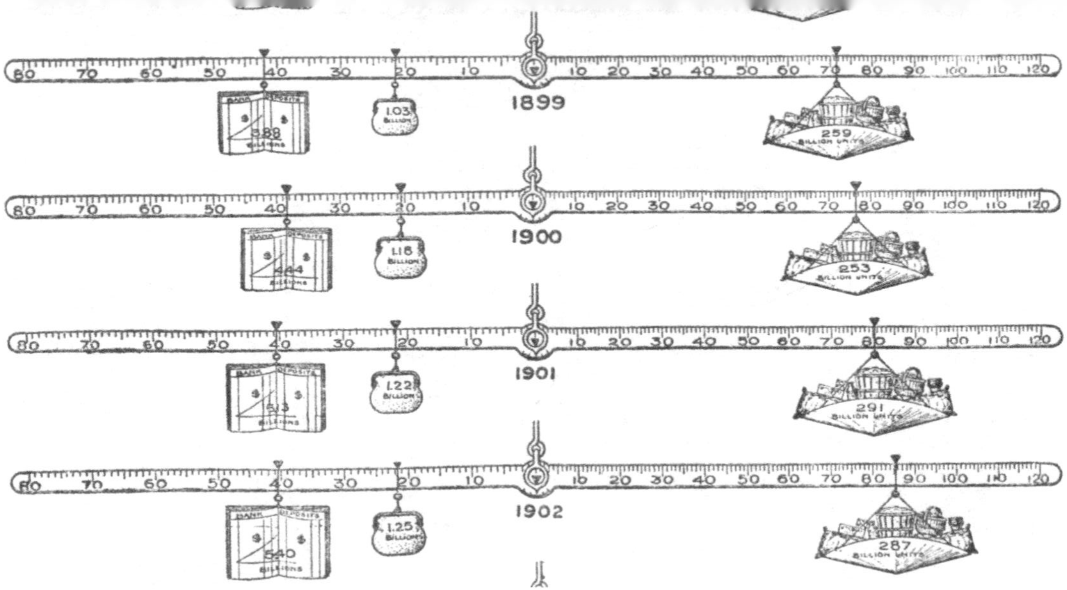

1899
BANK DEPOSITS
3.88 BILLIONS
1.03 BILLION
259 BILLION UNITS
1900
BANK DEPOSITS
4.44 BILLIONS
1.18 BILLION
253 BILLION UNITS
1901
BANK DEPOSITS
5.13 BILLIONS
1.22 BILLION
291 BILLION UNITS
1902
BANK DEPOSITS
5.40 BILLIONS
1.25 BILLION
287 BILLION UNITS

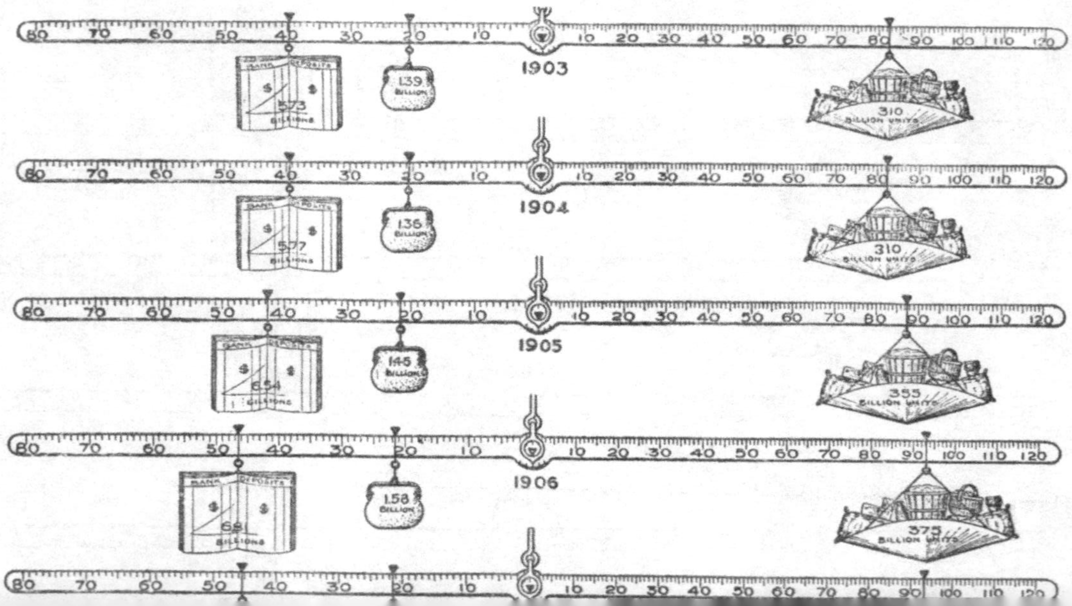
1903
1.39 BILLION
5.73 BILLIONS
310 BILLION UNITS
1904
1.36 BILLION
5.77 BILLIONS
310 BILLION UNITS
1905
1.45 BILLION
6.54 BILLIONS
355 BILLION UNITS
1906
1.58 BILLION
6.81 BILLIONS
375 BILLION UNITS

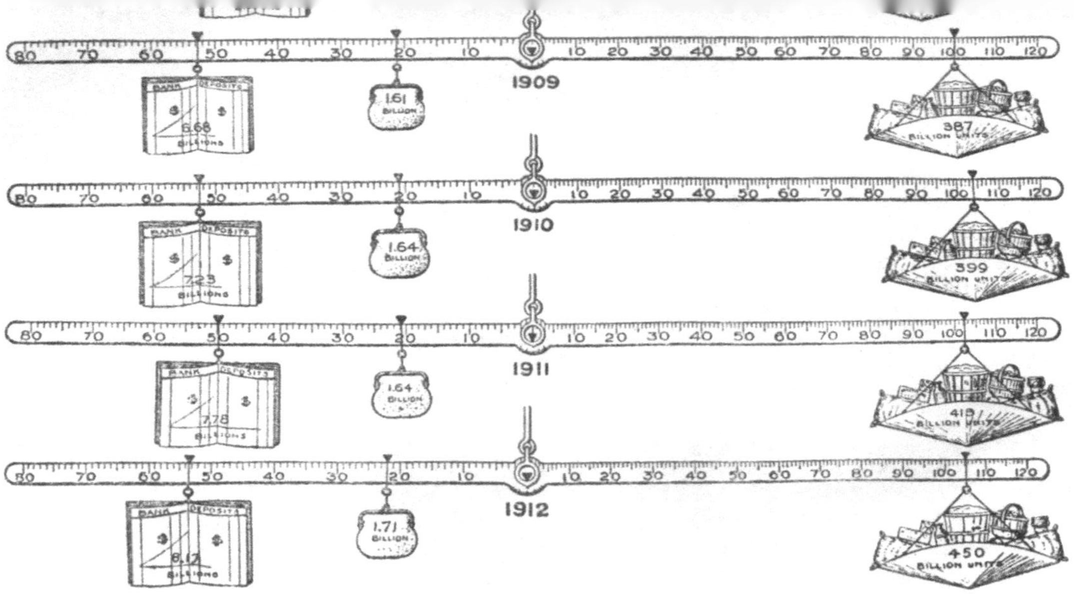

1909
BANK DEPOSITS
6.68 BILLIONS
1.61 BILLION
387 BILLION UNITS
1910
BANK DEPOSITS
7.23 BILLIONS
1.64 BILLION
399 BILLION UNITS
1911
BANK DEPOSITS
7.78 BILLIONS
1.64 BILLION
1912
BANK DEPOSITS
8.12 BILLIONS
1.71 BILLION
450 BILLION UNITS

Dies ist in Figur 17 geschehen, die auf den ersten Blick den Verlauf aller sechs Größen für einen Zeitraum von vierzehn Jahren veranschaulicht und im ganzen 84 statistische Zahlen aufweist. Mittelst dieses Schaubildes kann man sich von dem Ansteigen der Preise, das während dieser vierzehn Jahre vor sich ging, eine Vorstellung machen (Verlängerung des rechten Armes) und gleichzeitig die Veränderungen in allen fünf Faktoren ersehen, von denen diese Preiserhöhung abhängt. Alle hier dargestellten 6 Größen enthalten natürlich die bezüglichen *Berichtigungen*, so daß sie gegenseitig miteinander übereinstimmen und die beiden Seiten der Wage sich im Gleichgewichte befinden. Das stetige Anwachsen des in Umlauf befindlichen Geldes wird durch die zunehmende Größe des angehängten Geldbeutels angezeigt; das ähnliche, jedoch raschere Anwachsen der dem Scheckverkehr unterworfenen Depositen wird durch die Zunahme in dem Umfang des Bankbuches veranschaulicht; die geringere Zunahme der Umlaufsgeschwindigkeit dieser beiden Austauschmittel wird durch die Verlängerung der beiden Arme zur Linken des Drehpunktes der Wage angezeigt. Durch das Zusammenwirken sämtlicher vier Faktoren wurde ein Steigen der Preise herbeigeführt. Der einzige Faktor, der dem Steigen Widerstand leistete, ist die Zunahme im Handel, die durch die zunehmende Größe der zur Rechten hängenden Wagschale veranschaulicht wird und die einer Reduzierung der Preise zustrebte.

Wir haben hier ein vollständiges quantitatives Bild der Ursachen, die während der letzten vierzehn Jahre auf das Preisniveau einwirkten, oder jedenfalls aller *unmittelbaren* Ursachen, denn es liegen, wie wir gesehen haben, hinter den fünf unmittelbaren Ursachen eine große Anzahl vorhergehender Ursachen.

Welches sind nun, kurz zusammengefaßt, die geschichtlichen Tatsachen? Es sind folgende: Die Preise sind vom Jahre 1896 bis 1909 um ungefähr zwei Drittel gestiegen. Dies geschah *trotz* der Verdoppelung im Handelsvolumen und *infolge* 1. einer Verdoppelung des Geldes, 2. einer Verdreifachung der Depositen und 3. und 4. leichten Wachstums der Umlaufsgeschwindigkeiten.

§ 9.

In bezug auf die wichtigsten Ursachen, die während der letzten Jahre ein Steigen der Preise hervorriefen, hat es lebhafte Erörterungen gegeben. Es ist daher von Interesse, die vier unmittelbaren Ursachen, die, wie uns bekannt, während der Periode 1896 bis 1909 auf eine Erhöhung der Preise gerichtet waren, einer Vergleichung zu unterziehen. Die einfachste und beste

Methode besteht vielleicht darin, daß man das tatsächliche Steigen der Preise mit dem vergleicht, *wie es gewesen wäre*, wenn eine der Ursachen dieses Steigens nicht vorhanden gewesen wäre. Das heißt, wir wollen die Bedeutung eines jeden der preissteigernden Faktoren prüfen, indem wir die Frage beantworten: Wie gestalten sich die Preise, wenn dieser oder jener Faktor vertreten ist oder nicht? Wie wir sehen werden, ist das Anwachsen des Geldes die bei weitem wichtigste Ursache. Das Anwachsen der Depositen ist von geringerer Bedeutung, als es auf den ersten Blick zu sein scheint. Wenn die Depositen als vom Gelde unabhängig anzusehen wären, wäre ihre Vermehrung als die wichtigste Ursache zu betrachten. Doch sind die Depositen nicht unabhängig. Wir wissen, daß unter normalen Umständen die Depositen mit dem in Umlauf befindlichen Gelde steigen oder fallen. Wenn also die Depositen genau ebenso schnell und nicht schneller wie das Geld zugenommen hätten, so wäre die ganze Zunahme dem Gelde allein beizumessen. In diesem Falle wäre keinerlei Anteil an der Preissteigerung einer Zunahme in den Depositen zuzuschreiben, denn außer der durch die Zunahme im Gelde veranlaßten Preiserhöhung hätte es keine solche gegeben. Die Zunahme in den dem Scheckverkehr unterworfenen Depositen kann nur insoweit als von der Zunahme des Geldes unabhängig betrachtet werden, als sich die Depositen *im Verhältnisse* zum Gelde vermehrt haben. Wir haben gesehen, daß unter normalen Umständen eine bloße Zunahme des Geldes aus sich selbst heraus eine verhältnismäßige Zunahme der Depositen hervorrufen würde; daher sollte nur die *un*verhältnismäßige Zunahme in den Depositen von der im Gelde getrennt als eine Ursache des Steigens der Preise betrachtet werden. Die richtige Methode, die Depositen als eine Ursache für sich zu betrachten, scheint darin zu bestehen, daß diese relativ zum Gelde berechnet werden. Das heißt, nicht G', sondern $\frac{G'}{G}$ ist die in Betracht zu ziehende Größe [1]).

Als die einzigen Ursachen des während der Periode 1896 bis 1909 stattgefundenen Steigens der Preise können wir daher die folgenden vier betrachten:

1. Die Zunahme des in Umlauf befindlichen Geldes, d. i. die Zunahme in G.
2. Die Zunahme in den relativen Depositen, d. h. die Zunahme in $\frac{G'}{G}$.

---

[1]) Siehe § 1 des Anhanges zum III. Kapitel, in dem diese Größe (*relative* Depositen) behandelt und durch den Buchstaben k dargestellt ist.

3. Die Zunahme in der Umlaufsgeschwindigkeit des Geldes, d. h. die Zunahme in U.

4. Die Zunahme in der Umlaufsgeschwindigkeit der Depositen, d. h. die Zunahme in U'.

Der das Preisniveau bestimmende fünfte Faktor, nämlich H, hatte, wie uns bekannt, die Tendenz zu einer *Herabsetzung* der Preise.

Wir gehen nun dazu über, festzustellen, welches die *gesonderten* Wirkungen dieser vier preiserhöhenden und der einen preiserniedrigenden Ursache auf die Preise sein würden. Wir wollen also wissen, wie sich das Preisniveau im Jahre 1909 unter folgenden fünf Umständen *hätte gestalten müssen*:

1. Wenn das Quantum des in Umlauf befindlichen Geldes (G) seit dem Jahre 1896 nicht erhöht worden wäre,

2. wenn in den relativen Depositen $\frac{G'}{G}$ seit 1896 keine Vermehrung eingetreten wäre,

3. wenn sich die Umlaufsgeschwindigkeit des Geldes (U) seit 1896 nicht erhöht hätte,

4. wenn in der Umlaufsgeschwindigkeit der Depositen (U') seit dem Jahre 1896 keine Erhöhung zu verzeichnen gewesen wäre,

5. wenn das Handelsvolumen seit 1896 nicht zugenommen hätte, wobei wir in jedem Falle annehmen, daß alle anderen vier Faktoren genau in derselben Weise zugenommen haben, wie dies wirklich geschehen ist. Wir haben bisher das tatsächliche Preisniveau des Jahres 1909 als 100 Prozent genommen und wollen es auch weiter beibehalten, indem wir auf dieser Basis darstellen, welches das Preisniveau unter jeder einzelnen der vorgenannten fünf Hypothesen *gewesen wäre.* Wir kommen zu den folgenden Resultaten [1]):

Hätte keine Zunahme stattgefunden

1. des Geldes (G), so wäre das Preisniveau vom Jahre 1909 55 anstatt 100 gewesen,

---

[1]) Die erforderlichen Berechnungen sind ebenso klar ersichtlich wie einfach. Sie bestehen darin, daß an Stelle aller Faktoren auf der rechten Seite der Gleichung

$$P = \frac{GU + G'U'}{H} = \frac{GU + G\left\{\frac{G'}{G}\right\}U}{H}$$

außer einem einzigen die bereits für 1909 erlangten Statistiken gesetzt werden und an Stelle des übrigbleibenden einen Faktors die für 1896 gegebene Zahl. Dieser übrigbleibende eine Faktor ist für die erste Hypothese G, für die zweite G'/G, für die dritte U, für die vierte U' und für die fünfte H.

2. der relativen Depositen $\frac{(G')}{(G)}$, wäre das Preisniveau von 1909 77 anstatt 100 gewesen;

3. der Umlaufsgeschwindigkeit des Geldes (U), wäre das Preisniveau von 1909 99 anstatt 100 gewesen;

4. der Umlaufsgeschwindigkeit der Depositen (U'), wäre das Preisniveau von 1909 72 anstatt 100 gewesen;

5. des Handelsvolumens (H), wäre das Preisniveau von 1909 206 anstatt 100 gewesen.

Mit anderen Worten: Fehlte das Anwachsen

1. des Geldes (G), dann wären die Preise um 45 Prozent niedriger gewesen;

2. der relativen Depositen $\frac{(G')}{(G)}$, dann wären die Preise 23 Prozent niedriger gewesen;

3. der Umlaufsgeschwindigkeit des Geldes (U), dann wären die Preise um 1 Prozent niedriger gewesen;

4. der Umlaufsgeschwindigkeit der Depositen (U'), dann wären die Preise 28 Prozent niedriger gewesen;

5. des Handelsvolumens (H), dann wären die Preise um 106 Prozent höher gewesen.

Die vier preissteigernden Ursachen können daher in der folgenden Reihenfolge ihrer relativen Bedeutung aufgestellt werden:

Ohne Anwachsen von U wären die Preise um 1 Prozent niedriger gewesen, als sie es waren.

Ohne Anwachsen von $\frac{G'}{G}$ wären die Preise um 23 Prozent niedriger gewesen, als sie es waren.

Ohne Anwachsen von U' wären die Preise um 28 Prozent niedriger gewesen, als sie es waren.

Ohne Anwachsen von G wären die Preise um 45 Prozent niedriger gewesen, als sie es waren.

Wir ziehen daher den Schluß, daß die Zunahme in der Umlaufsgeschwindigkeit des Geldes ein unbedeutender Faktor im Steigen der Preise war, ferner, daß das relative Anwachsen der Depositen und deren Geschwindigkeit bedeutende Faktoren waren und daß in der Zunahme des Geldes der wichtigste Faktor zu erblicken ist. Den vorstehenden Zahlen gemäß hat die Zunahme des Geldes als preissteigernder Faktor ziemlich genau die doppelte Bedeutung wie die der relativen Depositen und eine etwas über 50 Prozent höhere Bedeutung, als die ihrer Umlaufsgeschwindigkeit.

§ 10.

In Wirklichkeit ist aber die volle Wirkung der Zunahme in der Quantität des Geldes sogar größer, als diese Zahlen anzeigen, denn wir haben die Wirkung nicht inbegriffen, die durch das Überfließen des Geldes nach Europa verursacht wurde, das wiederum in der großen Zunahme an Bankdepositen in Amerika seinen Grund hatte. Daß dieses Überfließen in Anschlag zu bringen ist, liegt auf der Hand, und zwar insofern, als sich die anderen drei preissteigernden Faktoren dadurch, daß sie das Geld hinausdrängten und sich dessen Platzes bemächtigten, einen übertriebenen Anschein von Bedeutung gegeben haben. Mit anderen Worten: Die Zunahme im Gelde war größer, als aus den Zahlen der Vereinigten Staaten ersichtlich ist, und zwar um das Quantum, das in fremde Länder überfloß. Die Vereinigten Staaten nehmen auf dem Weltmarkte nur einen kleinen Raum ein, und das Preisniveau dieses Landes wird zum großen Teil durch das Weltpreisniveau bestimmt. Was auch immer die Preise in einem Lande erhöht, hat die Tendenz, die Preise auch in anderen Ländern zu erhöhen, und das einzig richtige Verfahren, um die relative Bedeutung der preissteigernden Ursachen zu bewerten, besteht letzten Endes darin, daß man die Welt als ein Ganzes betrachtet. Wenn die für die Vereinigten Staaten ausgearbeiteten Statistiken für die ganze Welt typisch wären, so wäre die sich ergebende Abschätzung der relativen Bedeutung der vier preissteigernden Ursachen für die ganze Welt gültig. Doch liegt ein gewichtiger Grund zu der Annahme vor, daß das Wachsen der Depositen und ihrer Geschwindigkeit bei dem Steigen der Preise in den Vereinigten Staaten eine viel größere Rolle gespielt hat, als sonstwo. Dieser Grund besteht in der Tatsache, daß sich das Bankwesen in Frankreich und in den meisten anderen Ländern noch im Anfangsstadium befindet. Dieses Bankwesen ist so belanglos, daß, selbst wenn es in jenen Ländern gewaltige Fortschritte machen sollte, bei dem Steigen der Preise noch immer als ein relativ unwesentlicher Faktor figurieren würde. Menschheitlich gesprochen können wir also sicher sein, daß das Steigen der Preise außerhalb der Vereinigten Staaten sogar in höherem Grade dem Anwachsen des Geldes (Gold) zuzuschreiben ist, als in den Vereinigten Staaten.

Wir können also mit großer Zuverlässigkeit schließen, daß in der Hauptsache die Zunahme in den Goldbeständen der Welt für das Steigen der Weltpreise verantwortlich zu machen ist. Aus dem Gesagten geht wohl hervor, warum in den letzten drei Jahren keine tatsächliche Zunahme in der Quantität des in den Vereinigten Staaten in Umlauf befindlichen Geldes zu verzeichnen war. Es wurde hinausgedrängt oder durch die ungewöhnlich große

Zunahme in den amerikanischen Depositen und ihrer Umlaufsgeschwindigkeit am Zunehmen verhindert.

Außer den Weltpreisbewegungen gibt es aber auch speziell lokale Preisbewegungen. Alles was störend auf den Handel einwirkt, wie dies mit dem Zolltarif der Fall ist, hat die Tendenz, das Steigen der Preise ungleich zu gestalten. Es bleibt uns daher noch die Frage bezüglich der *speziellen* Einwirkungen auf das amerikanische Preisniveau z. B. der des Zolltarifs, der seine Wirkung durch G geltend macht.

Wie bereits in einem früheren Kapitel erwähnt, hat ein zum Gesetz erhobener Schutzzolltarif die Wirkung, daß durch die zeitweilige Schaffung einer „günstigen" Handelsbilanz das Preisniveau des „geschützten" Landes erhöht und auf diese Weise der Import des Geldmetalles angespornt und sein Export gelähmt wird. Sobald als das einheimische Preisniveau im Verhältnis zu den ausländischen Preisniveaus genügend erhöht worden ist, um das Gleichgewicht des Handels wieder herzustellen und der relativen Anhäufung des Goldes in dem geschützten Lande Einhalt gebieten zu können, hört diese Einwirkung auf. Mit Ausnahme des Umstandes, daß der Tarif störend auf den Handel einwirkt und dadurch das einheimische Preisniveau verhindert, sich den ausländischen Preisniveaus anzupassen, läßt sodann der Zolltarif nach, auf das Preisniveau einzuwirken. Dieses *störende* Einwirken kann in jeder Richtung sich geltend machen, d. h. das einheimische Preisniveau wird von den ausländischen Preisniveaus *unabhängiger* gemacht, als es bei einem freien Handel der Fall wäre. Das geschützte Land wird durch den Zolltarif lediglich *isoliert*.

Während der von uns in Untersuchung gezogenen Periode 1896—1909 sind im Zolltarifsgesetze zwei Veränderungen vorgenommen worden, wovon die eine im Jahre 1897 und die andere im Jahre 1909 stattfand. Die erste Änderung stellte eine Erhöhung der im Jahre 1894 aufgestellten Zollsätze dar. Das Gesetz vom Jahre 1897 muß also auf eine Einschränkung des Imports und auf die Erhöhung der Preise gerichtet gewesen sein. Wenn in der hier erörterten Zeitperiode die amerikanischen Preise schneller gestiegen sind, als die Preise anderer Länder, wie z. B. Englands, so scheint die Annahme gerechtfertigt, daß ein Anteil an diesem weiteren Steigen dem amerikanischen Zolltarifsystem zuzuschreiben ist.

Wir kommen endlich zum Zolltarif vom Jahre 1909. Dieses Gesetz ist noch so neu, daß ein großer Einfluß bis jetzt kaum wahrnehmbar sein konnte, selbst wenn man annehmen wollte, daß sich diese Einwirkung schon zur Zeit des Entwurfes des Gesetzes, also bereits zu Beginn des Jahres 1909, fühlbar machte. Über die Frage, ob die Revision des Tarifs nach aufwärts oder abwärts ging, ist ein erbitterter politischer Streit geführt worden. Nach der vielleicht besten und vorurteilsfreiesten Meinung ging die Revision leicht nach aufwärts und bedeutete in der Hauptsache bloß eine Neuordnung, bei der die einen Abgaben erhöht und die anderen erniedrigt wurden. Diese von Taussig, Willis und anderen gezogenen Schlüsse sind auf ein intensives Studium der Zolltarifverzeichnisse gegründet.

Eine Durchsicht der Statistiken über die Verkehrsgleichung stimmt mit diesen Schlußfolgerungen völlig überein. Diese Folgerichtigkeit mag zunächst nicht recht einleuchtend erscheinen. Im Gegenteil, jeder, der behauptet, daß die Zölle eine bedeutende Erhöhung erfahren haben, kann auf die Tatsache hinweisen, daß die amerikanischen Preise seit dem Zolltarifgesetze rascher gestiegen sind, als die englischen Preise [1]), während diejenigen, die an der Meinung festhalten, daß die Revision auf eine Verminderung der Zollsätze gerichtet war, auf die Zunahme im amerikanischen Warenimport und die Zunahme im Goldexport dieses Landes verweisen können. Diese dem Anscheine nach nicht übereinstimmenden Tatsachen sind jedoch vereinbar.

Die amerikanischen Statistiken zeigen, daß die Bankdepositen und deren Umlaufsgeschwindigkeit im Jahre 1909 im Vergleich zum Jahre 1908 eine ganz gewaltige Zunahme erfahren haben. Die Folge davon wäre eine Erhöhung der amerikanischen Preise, ein Verdrängen des Goldes und ein Aufhalten der Zunahme des in den Vereinigten Staaten in Umlauf befindlichen Geldes (einer Zunahme, die sonst eintreten würde), ferner die Ermutigung zu einem der Zunahme im Gelde entsprechenden Import von Waren. Die Tatsachen stimmen mit diesen bekannten Tendenzen genau überein. Die Preise in den Vereinigten Staaten sind nun höher gestiegen als in England, die Zunahme in der Quantität des in Umlauf befindlichen Geldes ist zurückgegangen, der Export von Gold und der Import von Waren erhöhten sich. Wir können uns also alle diese Tatsachen erklären, ohne dabei das Zolltarifgesetz als das störende Element anzunehmen [2]).

[1]) Über das Jahr 1909 hinaus stehen uns nur amerikanische Zahlen zur Verfügung. Die Zahlen des *Bulletin of the United States Bureau of Labor* weisen vom Januar 1909 bis März 1910 ein ununterbrochenes Steigen der Preise auf. In der zwischen diesen Daten liegenden Zeit stiegen die Indexnummern für Engrospreise von 124,0 auf 133,8. Eine treffliche Vergleichung der Zahlen Englands und Amerikas enthält der *Report of the* (Massachusetts) *Commission on the Cost of Living*, Boston 1910, S. 26 und 56.

[2]) Wenn wir nun auch, um gerecht zu sein, den Zolltarif nicht dessen überführen können, das amerikanische Preisniveau in den letzten Jahren erhöht zu haben, so ist es allerdings richtig, daß *eine Herabsetzung des Zolltarifs ganz gewaltig zu einer Erniedrigung dieses Niveaus beitragen würde*, denn, wie uns klar geworden ist, funktioniert ein Zolltarif

Es würde uns zuweit vom Wege abführen, wenn wir alle anderen Faktoren, die mehr oder weniger für die Erhöhung der Preise verantwortlich gemacht worden sind, erörtern wollten. Wir haben bereits klargelegt, daß keiner von ihnen einen Einfluß auf die Preise ausüben könnte, es sei denn durch die Erhöhung der Quantität des in Umlauf befindlichen Geldes, der relativen Depositen oder deren Umlaufsgeschwindigkeit, oder aber durch eine Verminderung des Handels. Da sich der Handel ganz bedeutend erhöht hat, braucht von dieser letzten Möglichkeit keinerlei Notiz genommen zu werden.

Was die Ursachen anbelangt, durch die das Geld, die Depositen und deren Geschwindigkeit erhöht worden sind, so erscheinen die folgenden als die wichtigsten:

1. Die Hauptursache der Zunahme des Geldes lag in der Erhöhung der Goldproduktion. Die Banknoten haben etwas mehr als das Geld zugenommen, im großen Ganzen aber mit dem anderen in Umlauf befindlichen Gelde ziemlich gleichen Schritt gehalten.

2. Der Hauptgrund der relativen Zunahme in den Bankdepositen ist wohl in den Ursachen zu erblicken, die eine Ausdehnung des Bankwesens zur Folge hatten, was besonders in den Südstaaten der Fall war. Die neuen Bankgesetze, die zur Gründung kleiner Banken aufmuntern, mögen zu dieser Ausdehnung beigetragen haben.

3. Die Hauptursache der Zunahme in der Umlaufsgeschwindigkeit und besonders der der Bankdepositen scheint auf die Konzentration der Bevölkerung in den Städten zurückzuführen zu sein. Wir haben gesehen, daß, je größer die Stadt ist, die Bankdepositen eine desto größere Umlaufsgeschwindigkeit aufweisen.

§ 11.

Wir haben in allen Teilen dieses Buches das Ziel verfolgt, die *allgemeine* Kaufkraft des Geldes, nicht aber dessen Kaufkraft für besondere Güter oder Güterklassen, auseinanderzusetzen. Das Problem der steigenden „Lebenskosten“ ist zum Teil ein *allgemeines* Problem der Kaufkraft des Geldes und zum Teil ein *spezielles* Problem der Preise von Nahrungs- und Kleidungsmitteln sowie anderer zum „Lebensunterhalt“ gehörigen Kosten. Mit dem speziellen Problem haben wir hier nichts zu tun. Nun sind aber die speziellen Veränderungen in den Lebenskosten im Vergleich zu der allge-

---

wie ein Damm, und zwar insofern, als er das hohe, durch die ursprüngliche Auferlegung der Abgaben angewachsene Niveau aufrecht erhält.

meinen Veränderung in den Preisen ganz unbedeutend. Dies bestätigt sich auf jeden Fall bei den Engrospreisen der Nahrungsmittel. Vom Januar 1909 bis März 1910 stieg die Indexnummer dieser letzteren von 122,6 auf 130,9, während sich die allgemeinen Engrospreise von 124,0 auf 133,8 erhöhten; d. h. die Spezialpreise der Nahrungsmittel stiegen ziemlich gleichförmig mit der allgemeinen Preisaufwärtsbewegung. Wenn hierin ein Unterschied zu verzeichnen ist, so beruht er darauf, daß die Spezialpreise etwas weniger stiegen, als die allgemeinen Preise. Die „allgemeinen Preise“, auf welche wir uns hier beziehen, sind nur Engrospreise, in die die Preise für geleistete Arbeit oder für Wertpapiere nicht inbegriffen sind. Nach den bereits gegebenen Statistiken bis zum Jahre 1909 und den seit diesem Jahre veröffentlichten Marktberichten zu urteilen, würde jedoch der Einschluß dieser Elemente das Resultat nicht wesentlich verändern.

Wir schließen hieraus, daß das „Steigen in den Lebenskosten“ weder eine *spezielle* Bewegung der Nahrungsmittelpreise, noch mutmaßlich anderer besonderer Preise ist, sondern, daß es nur einen Teil der allgemeinen Preisbewegung bildet. Die Lebenskosten werden mit der allgemein steigenden Flut der Preise aller Art mitgeschwemmt. Sie zeigen wenig oder gar keine spezielle Veränderung in Angebot und Nachfrage spezieller Güterklassen, sondern reflektieren einfach auf das Fallen in der allgemeinen Kaufkraft des Geldes. Diese Bemerkungen beziehen sich nicht nur auf die mit Januar 1909 beginnenden Monate, sondern auch schon auf die des Jahres 1908. Von Jahre 1908 nach rückwärts bewegen sich die Nahrungsmittelpreise im Vergleich zu den allgemeinen Preisen etwas unregelmäßig, im großen Ganzen halten sie aber vom Jahre 1897 bis 1909 nahezu gleichen Schritt.

Nachstehende Tabelle gibt einige interessante Nebenprodukte unseres Studiums der Zeitperiode 1896 bis 1909:

1.	2.	3.	4.	5.
	$\frac{G'}{G}$	Virtuelle Umlaufs-geschwindig-keit	$\frac{GU}{GU + G'U'}$	$\frac{G'U'}{GU + G'U'}$
1896..........	3,1	80	0,14	0,86
1897..........	3,2	84	0,14	0,86
1898..........	3,3	89	0,13	0,87
1899..........	3,8	103	0,12	0,88
1900..........	3,6	99	0,12	0,88
1901..........	4,2	114	0,11	0,89
1902..........	4,3	115	0,11	0,89
1903..........	4,1	113	0,11	0,89

1.	2.	3.	4.	5.
	$\frac{G'}{G}$	Virtuelle Umlaufs-geschwindig-keit	$\frac{GU}{GU + G'U'}$	$\frac{G'U'}{GU + G'U'}$
1904..........	4,2	107	0,11	0,89
1905	4,5	125	0,10	0,90
1906..........	4,3	132	0,10	0,90
1907..........	4,4	129	0,10	0,90
1908..........	4,0	107	0,10	0,90
1909..........	4,1	124	0,09	0,91
1910 (s. S. 415)	4,4	134	0,08	0,92
1911 „ „ „	4,7	131	0,08	0,92
1912 „ „ „	4,8	144	0,08	0,92

Aus der zweiten Kolonne entnehmen wir, daß die Depositen (G') nicht nur absolut, sondern auch relativ zum Gelde (G) zugenommen und das in Umlauf befindliche Geld von einem Geringen über das Dreifache bis zu einem Geringen über das Vierfache verändert haben. Mit Ausnahme einer einzigen Zahl war die für das Panikjahr 1907 gegebene Ziffer die höchste von allen, und das im darauffolgenden Jahre stattgefundene Sinken bedeutet das stärkste Fallen in der ganzen Tabelle.

Die dritte Kolonne zeigt die „virtuelle" Umlaufsgeschwindigkeit des Geldes, die die Idee zur Grundlage hat, daß die gesamte Austauscharbeit, und zwar auch die durch Schecks vollzogene, indirekt tatsächlich die Arbeit des Geldes war. Diese Umlaufsgeschwindigkeit ist einfach der Quotient aus der insgesamt ausgeführten Austauscharbeit, dividiert durch das gesamte in Umlauf *und in den Banken* befindliche Geld.

Wir bemerken, daß diese virtuelle Umlaufsgeschwindigkeit des Geldes oder seine Fähigkeit, den Austausch zustande zu bringen, um ungefähr 50 Prozent zugenommen hat. Allerdings ist dieses Wachsen in der Geschwindigkeit dann und wann durch ein plötzliches Fallen unterbrochen worden, doch war dieses mit Ausnahme des dem Krisisjahre 1907 folgenden Jahres stets von geringer Bedeutung.

Die vierte und die fünfte Kolonne bringen die Lösung der so lebhaft diskutierten Frage der relativen Bedeutung der durch Scheck ($G'U'$) und der durch Geld (GU) vollzogenen Transaktionen — einer Frage, der viele Autoren über diesen Gegenstand, einschließlich Kinley, große Aufmerksamkeit geschenkt haben. Wir finden, daß im Jahre 1896 ungefähr 14 Prozent und im Jahre 1909 ungefähr 9 Prozent der in den Vereinigten Staaten durchgeführten Geschäfte mittelst Geld vollzogen worden sind. Mit anderen Worten:

Im Jahre 1896 wurden ungefähr 86 Prozent und im Jahre 1909 ungefähr 91 Prozent der gesamten Austauscharbeit durch Schecks ausgeführt [1]).

Diese Zahlen bieten wohl die erste ziemlich genaue Festsetzung der relativen Bedeutung von Scheck- und Geldtransaktionen. Sie bestätigen die Überzeugung [2]), daß die Rolle, die die Schecks in den Umsätzen des Landes spielen, substantiell an Bedeutung zugenommen hat. Der obwaltende Eindruck, daß sie neun Zehntel aller Transaktionen bilden, ist ebenfalls als richtig erkannt worden.

XIII. Kapitel.

Das Problem, die Kaufkraft stabiler zu gestalten.

§ 1.

Wir haben gesehen, daß die Kaufkraft des Geldes (oder deren reziproker Wert, das Preisniveau) ausschließlich von fünf Faktoren abhängt, nämlich: von der Quantität des in Umlauf befindlichen Geldes, von dessen Umlaufsgeschwindigkeit, von der Quantität der dem Scheckverkehr unterworfenen Depositen, von deren Umlaufsgeschwindigkeit und vom Handelsvolumen. Eine jede dieser fünf Größen hängt von einer Anzahl tieferliegender Ursachen ab, die aber mit Ausnahme der nachstehenden nicht voneinander abhängig sind:

1. Die dem Scheckverkehr unterworfenen Depositen hängen von dem in Umlauf befindlichen Gelde ab; unter normalen Umständen variieren diese beiden Faktoren in derselben Richtung.

2. Bei einer Erhöhung des Handelsvolumens hat auch die Umlaufsgeschwindigkeit des Geldes und der Depositen die Tendenz zu steigen.

3. Zwei oder mehr der fünf Faktoren können von einer gemeinsamen Ursache oder gemeinsamen Ursachen abhängen, und daher *indirekt* zueinander in Beziehung stehen. Ein und dieselbe Erfindung kann so sowohl in der Geschwindigkeit des Geldes als auch in der Geschwindigkeit der Depositen, ebenso im Gelde wie im Handel oder ebenso in den Depositen

---

[1]) Bezüglich einer Erörterung dieser Zahlen siehe § 12 des Anhanges zu diesem (XII.) Kapitel, woselbst Vergleichungen mit Kinleys Resultaten vorgenommen wurden.

[2]) Siehe z. B. Cannon über Clearing-Häuser unter den *Reports of the Monetary Commission* 1910.

wie in deren Geschwindigkeit eine Erhöhung herbeiführen. Bei der Betrachtung geschichtlicher Tatsachen haben wir gesehen, daß eine zunehmende Bevölkerungsdichte eine Zunahme in allen fünf Faktoren bewirkt.

4. Während der Übergangsperioden finden in allen sechs Größen gewisse zeitweilige Störungen und Schwankungen statt, die in Krisen und Depressionen ihren höchsten Grad erreichen. Unter normalen Verhältnissen ist das Preisniveau in der Verkehrsgleichung Wirkung und nicht Ursache, doch üben seine Schwankungen während solcher Übergangsperioden zeitweilig auf die anderen fünf Faktoren und besonders auf die Depositen eine Gegenwirkung aus. Ein Steigen erzeugt daher zeitweilig ein weiteres Steigen, während ein Fallen zeitweise in der entgegengesetzten Richtung wirkt.

Das Preisniveau ist also das Resultat der erwähnten fünf großen Ursachen, das sich unter normalen Umständen direkt mit der Quantität des Geldes verändert (und mit den Depositen, die unter normalen Verhältnissen mit der Geldquantität übereinstimmend variieren), vorausgesetzt, daß die Umlaufsgeschwindigkeiten und das Handelsvolumen unverändert bleiben und daß sich das Depositenbankwesen in einem Entwicklungsstadium befindet. Dies ist eines der Haupttheoreme in bezug auf das Preisniveau oder dessen reziproken Wert, die Kaufkraft des Geldes. Es konstituiert die sogenannte Quantitätstheorie des Geldes. Das qualifizierende Adverb „unter normalen Umständen" ist deshalb in der Formulierung eingeschaltet, damit den Übergangsperioden oder den Kreditzyklen Rechnung getragen wird. Tatsächlich stellt dieser Lehrsatz eine präzise gesetzmäßige Proportionalität dar, das in der Wissenschaft der Nationalökonomie ebenso korrekt und grundlegend ist, wie in der Physik das Proportionsgesetz zwischen dem Druck und der Dichte von Gasen unter der Annahme, daß die Temperatur unverändert bleibt. Allerdings ist es richtig, daß die Geschwindigkeiten und der Handel in der Praxis selten unverändert bleiben, wie es ja auch selten vorkommt, daß die Temperatur unverändert bleibt. Aber was auch immer mit den in Frage kommenden Elementen geschehen möge, die in der Quantitätstheorie vertretene *Tendenz* bewahrheitet sich genau so, wie sich die *Tendenz*, die in der Dichtigkeitstheorie vertreten wird, bewahrheitet, ohne Rücksicht darauf, wie sich die Temperatur auch immer gestaltet. Nur wer die wirkliche Bedeutung eines wissenschaftlichen Gesetzes nicht erfaßt, ist außerstande, die Wichtigkeit und Bedeutung des Quantitätsgesetzes des Geldes zu erkennen. Unter einem wissenschaftlichen Gesetze ist nicht eine auf Statistiken oder geschichtliche Tatsachen gegründete Formulierung zu verstehen, sondern eine Formulierung dessen, was sich unter gegebenen Bedingungen bewährt. Statistiken und geschichtliche Tatsachen können nur dann zur Erläuterung und zum Nachweis von Gesetzen benützt werden, wenn in geeigneter Weise auf veränderte Bedingungen Rücksicht genommen wird. Im Studium dieser Materie, wobei wir die letzten zehn Jahrhunderte nur flüchtig, die letzten einundeinhalb Jahrzehnte dagegen eingehend behandelten, haben wir die Berücksichtigung solcher veränderter Bedingungen verfolgt, und überall fanden wir die Tatsachen in Übereinstimmung mit den früher formulierten Grundsätzen.

Das vom praktischen Gesichtspunkte durch dieses historische und statistische Studium enthüllte und äußerst bedenkliche Moment besteht in der Unbeständigkeit und Unzuverlässigkeit der Kaufkraft des Geldes. Wir finden, daß diese Kaufkraft auf zweifache Weise Gegenstand großer Schwankungen ist: erstens schwingt sie mit den Übergangsperioden auf und nieder, wodurch bestimmte Kreditzyklen entstehen, und zweitens unterliegt diese Kaufkraft, den in der einen oder der anderen Richtung auftretenden industriellen Wechselfällen gemäß, säkularen Veränderungen. Der erstgenannte Übergang steht mit den Banksystemen in Verbindung, während der letztere überwiegend von der Zu- oder Abnahme des Geldmetalles abhängt.

Der Abschwächung dieser beiden Übel dient eine bessere Kenntnis der voraussichtlichen Preisniveaus. Wie wir gesehen haben, liegen die tatsächlichen Übel wechselnder Preisniveaus nicht in diesen Veränderungen an sich, sondern in der Tatsache, daß sie gewöhnlich unerwartet auftreten. Es ist gesagt worden, daß vorhergewarnt sein gleichbedeutend ist mit gerüstet sein, und daß eine voraussichtliche Veränderung in den Preisniveaus beim Zinsfuß in einer die Übel der Veränderung neutralisierenden Weise in Anschlag gebracht werden kann. Wenn wir auch nicht erwarten dürfen, daß unsere Kenntnis der Zukunft jemals vollkommen genug sein wird, um das Ideal zu erreichen, jede Preisschwankung durch entsprechende Berichtigungen im Zinsfuß ausgleichen zu können, so bringt uns nichtsdestoweniger jede Bereicherung unseres Wissens diesem fernen Ideal etwas näher. Glücklicherweise macht diese zunehmende Kenntnis immer raschere Fortschritte. Der volkswirtschaftliche Horizont wird von den Herausgebern der Handelsjournale heutzutage ebenso genau untersucht, wie die Wetterprognosen den naturwissenschaftlichen Horizont aufhellen, und jedes Anzeichen eines Wechsels im Wetter der Volkswirtschaft wird aufgezeichnet und gedeutet. Eine gewisse Firma hat während der letzten Jahre einen statistischen Dienst eingerichtet, der unter dem ausgesprochenen Zweck, Paniken vorzubeugen, den Bankiers, Handeltreibenden, Zwischenhändlern und Kaufleuten Verzeichnisse oder „Geschäftsbarometer“ und darauf gegründete Voraussagen liefert. Doch ist wohl gerade in Hinsicht auf den grundlegenden Mechanismus, auf dem solche Voraussagen beruhen, unbedingt eine größere Ausbreitung des Wissens nötig. Das Gebiet theoretischer Kenntnisse eines Geschäftsmannes ist ein äußerst beschränktes. Er ist sogar geneigt, solcher Kenntnis mit Argwohn oder gar mit Verachtung zu begegnen. Die Folgen solcher Beschränktheit sind oft verhängnisvoll, wie dies z. B. der Fall war, als der Finanzminister Chase auf Anraten der New Yorker Geschäftsleute die „Greenbacks" ausgab, oder als das übel beratene Gesetz betreffs der Schließung des „Gold Room" erlassen wurde. Auch ist eine so fatale Situation, wie sie durch den Bürgerkrieg herbeigeführt und durch das beschränkte Wissen der Geschäftsleute eine verderbliche Gegenwirkung ausgeübt wurde, nicht allzu ungewöhnlich. Tagtäglich wird der Geschäftsmann durch den Mangel an Verständnis der die Kaufkraft des Geldes regulierenden Prinzipien in Verlegenheit gebracht und in dem Verhältnis wie ihm das Verständnis dieser Grundsätze mangelt, ist er Irrtümern in der Beurteilung der bevorstehenden Lage ausgesetzt. Das seitens der Geschäftsleute gegen die Veränderlichkeit des Zinsfußes und besonders gegen dessen Steigen gefaßte Vorurteil bildet ein Hindernis der raschen Anpassung dieses Zinsfußes, das zu einer Verschlimmerung der viel nachteiligeren Veränderlichkeit im Niveau der Preise und dessen reziproken Wertes, der Kaufkraft des Geldes führt. Tatsächlich hat es der Geschäftsmann niemals als einen Teil der Vorbereitung zu seinem Berufe betrachtet, sich mit den allgemeinen Grundsätzen des Geldwesens und des Zinsfußes vertraut zu machen. Er ist der Meinung, sein Wirkungskreis beschränke sich darauf, über ein technisches Wissen über die Natur der Güter zu verfügen, mit denen er sich zu beschäftigen hat. Der mit Zucker handelnde Kaufmann unterrichtet sich über Zucker, der Getreidehändler über Getreide, der Grundstücksverkäufer in bezug auf Grundstücke. Wohl keinem von ihnen fällt es ein, daß er eine Kenntnis der Goldwährung benötigt. Und doch hängt eine der beiden Bedingungen eines jeden Geschäftsabschlusses vom Golde ab. Ich bin der festen Überzeugung, daß eine vollkommene Kenntnis der Verkehrsgleichung, des Verhältnisses des Geldes zu den Depositen, der Kreditzyklen und des Zinsfußes den Geschäftsleuten in Zukunft zuteil werden muß und daß ein Studium dieser Materie durch Abschwächung der in Krisen und Depressionen zum Ausdruck kommenden Übel ihnen reiche Früchte tragen wird.

§ 2.

Doch wenn auch von einer größeren Vorkenntnis der Veränderungen in den Preisen viel erwartet werden kann, so ist ein Abschwächen der Preisveränderungen selbst noch viel wünschenswerter. Es sind verschiedene Methoden vorgeschlagen worden, einem Verändern der Preise vorzubeugen und es sollen zunächst diejenigen Erwägung finden, die insbesondere bei säkularen Preisveränderungen anzuwenden sind und hierauf jene, die insonderheit mehr für die Preisveränderungen passen, die mit den Kreditzyklen zusammenhängen. Die säkularen Preisveränderungen sind, wie wir gesehen haben, in der Hauptsache auf die Veränderungen im Gelde und im Handel zurückzuführen. Schon seit Jahrhunderten vollzieht sich ein Wettlauf zwischen Geldmenge und Handelsvolumen, was auch noch für kommende Jahrhunderte zu erwarten steht. Von den Resultaten dieses Wettlaufes hängt gewissermaßen das Wohl und Wehe eines jeden Geschäftsmannes ab. Durch eine Reihe historischer Ereignisse, die mit dem Geeignetsein dieses oder jenes Metalles als *stabile* Währung in nur geringer oder gar keiner Verbindung stehen, ist die Handelswelt mehr und mehr der Goldwährung in die Hände geliefert worden. Es ist nicht zuviel gesagt, daß, soweit die Frage monetärer Stabilität in Betracht kommt, wir geradeso zufällig auf die Goldwährung gekommen sind, wie wir von der früher gebräuchlichen Kutsche auf die gegenwärtige Eisenbahnspurweite gekommen sind, und gerade so wie wir durch den Zufall zehn Finger zu haben, auf das Dezimalzahlensystem verfielen, ohne irgendwelche Beziehung zu der Frage numerischer Annehmlichkeit, in der ihm andere Rechensysteme überlegen sein würden. Seitdem wir nun eine Goldwährung angenommen haben, ist es beinahe ebenso schwer, eine andere an ihre Stelle zu setzen, wie wenn man die russische Eisenbahnspurweite oder das Duodezimalzahlensystem einführen wollte. Und die Tatsache, daß die Goldwährungsfrage heutzutage so sehr eine internationale Frage ist, gestaltet sie um so schwieriger. Gleichwohl, wie der Geologe Professor Shaler gesagt hat, „ist es wahrscheinlich, daß innerhalb weniger Jahrzehnte zur Bemessung von Werten einige andere Mittel werden ausfindig gemacht werden, als die aus alten Zeiten stammenden Methoden, diese Werte gegen eine Substanz abzuwägen, deren Angebot ein übermäßiges ist“ [1]).

Ich will nicht versuchen, eine unmittelbare Lösung dieses großen Weltproblems, für Gold einen Ersatz zu finden, vorzuschlagen. Bevor ein solches Goldersatzmittel gefunden werden kann, sind weitgehende Untersuchungen und eine Belehrung des Publikums erforderlich. Hier wird nur der Zweck verfolgt, auf die Notwendigkeit einer Nachforschung und Aufklärung hinzuweisen, sowie auf die Prüfung bereits vorgeschlagener Lösungen aufmerk-

---

[1]) *Man and the Earth*, New York (Duffield), 1906, S. 62.

sam zu machen. Ganz versuchsweise soll nur eine Anregung gegeben sein, die für den Fall, daß durch eine umfassende Kenntnis, bessere Statistiken und eine bessere Regierung in späteren Jahren die Zeit der Reife kommt, in Erwägung gezogen werden könnte.

Ein Vorschlag besteht in der Wiederaufnahme des Bimetallismus, der bereits im VII. Kapitel erörtert worden ist. Doch hatten wir es dort hauptsächlich mit dem „Mechanismus der Doppelwährung" und nicht mit deren Einwirkung auf die Preisniveaus zu tun. Wir wollen nun auf die Aussage der Verteidiger einer bimetallistischen Währung eingehen, von denen behauptet wird, daß letztere die Tendenz habe, die Preise stabil zu gestalten [1]). Wenn die Umlaufsmittel von Gold- und Silberwährungsländern miteinander verbunden werden, so hat der Bimetallismus, solange er in betriebsfähiger Ordnung verbleibt, wie wir gesehen haben, die Wirkung, jede Veränderung eines einzelnen Metalles über das vereinigte Gebiet der Gold-, Silber- und Doppelwährungsländer auszubreiten. Wenn Schwankungen in beiden Metallen gleichzeitig stattfinden, so können sie sich in entgegengesetzter Richtung bewegen und sich gegenseitig mehr oder weniger vollständig neutralisieren, während eine kombinierte Wirkung, selbst wenn sich beide Metalle in ein und derselben Richtung bewegen sollten, auf die ganze unter dem Bimetallismus vereinigte Welt nicht größer wäre, als die Wirkung, die auf beide Hälften der unter Silber- bzw. Goldmonometallismus befindlichen Welt ausgeübt würde. Selbst wenn der Bimetallismus sein Währungsgebiet nicht erweiterte, so könnte er doch Geldschwankungen abschwächen. Eine Weltgoldwährung würde sich also unbeständiger als der Bimetallismus erweisen [2]). Wenn sich aber das Quantum des einen zur Münzprägung verwendeten Metalles schneller oder langsamer als der Handel erhöht, während das Quantum des anderen Metalles ein konstantes Verhältnis zum Handel beibehält, dann hat die Benützung beider Metalle eine geringere Stabilität zur Folge als die, die sich aus dem weniger veränderlichen der beiden Metalle ergibt, wenngleich diese Stabilität etwas größer wäre als die, die aus der Verwendung des mehr veränderlichen Metalles resultiert.

Zwei wertveränderliche, durch den Bimetallismus vereinigte Metalle kann man mit zwei betrunkenen, miteinander Arm in Arm gehenden Männern vergleichen. Zusammen gehen sie etwas weniger wackelig als jeder für sich, doch würde, wenn einer zufällig weit nüchterner wäre als der andere, diesem

---

[1]) Siehe Jevons, *Investigations in Currency and Finance*, London (Macmillan), 1884, S. 331—333.

[2]) Vgl. F. Y. Edgeworth, „Thoughts on Monetary Reform", (British) *Economic Journal*, September 1895, S. 449.

Nüchterneren der Heimweg durch das Arminarmgehen stärker erschwert werden [1]).

Die in der Fußnote aufgeführte Tabelle zeigt, daß im siebzehnten und neunzehnten Jahrhunderte Gold und Silber ungefähr gleich unbeständig waren. Im achtzehnten Jahrhundert war Gold das beständigere Metall. In der ersten Hälfte des neunzehnten Jahrhunderts hingegen war das Silber beständiger, während vom Jahre 1851—1890 Gold beständiger war. Seit dieser Zeit ist das Silber beständiger. Im großen Ganzen besteht im Verhalten der beiden Metalle kein großer Unterschied.

Der Bimetallismus würde sich also, selbst wenn er aufrecht erhalten werden könnte, nur als ein unwesentliches Abhilfsmittel gegen Schwankungen im Preisniveau erweisen und außerdem besteht nach wie vor der bereits früher erwähnte Einwand, daß das System zusammenbrechen kann. In dem betreffenden Kapitel ist gesagt worden, daß die Möglichkeit vorhanden ist, das eine Metall könne zuweilen in solcher Reichhaltigkeit produziert werden, daß es das Geldreservoir vollständig füllt und das andere Metall gänzlich aus der Zirkulation treibt, ohne Rücksicht darauf, welches das Verhältnis ist, zu dem beide Metalle zu zirkulieren haben. Es kann lange dauern, ehe es zu einem solchen Resultate kommt, doch kann auf sein schließliches Eintreten mit Sicherheit gerechnet werden.

Es erübrigt, noch einen wichtigeren Einwand aufzuführen. Da der Bimetallismus in der Form wie er gewöhnlich vorgeschlagen wird, den Wert des einen der beiden Metalle bedeutend überwertet, so könnte seine Annahme zunächst die große Wirkung haben, daß die Preise sich nicht stabil, sondern

---

[1]) Die Veränderlichkeit in der Gold- und Silberproduktion ist von einem meiner Studenten, Mr. Morgan Porter, berechnet worden. Aus der Durchschnittsproduktion für jede einzelne der genannten Perioden berechnete er folgende Variationen der Durchschnittsprozentsätze:

		Gold	Silber
		%	%
1601—1701	5 Perioden, jede 20 Jahre umfassend	7,8	7,7
1701—1800	5 Perioden, jede 20 Jahre umfassend	15,6	27,4
1801—1900	5 Perioden, jede 20 Jahre umfassend	69,0	67,0
1801—1850	5 Perioden, jede 10 Jahre umfassend	52,4	22,3
1851—1885	7 Perioden, jede 5 Jahre umfassend	8,1	40,8
1886—1890	5 Perioden, jede 1 Jahr umfassend	5,9	10,5
1891—1895	5 Perioden, jede 1 Jahr umfassend	13,3	6,3
1896—1900	5 Perioden, jede 1 Jahr umfassend	12,3	3,4
1901—1905	5 Perioden, jede 1 Jahr umfassend	10,7	1,9

labil gestalten und die Beziehungen zwischen Gläubiger und Schuldner über den Haufen geworfen werden. Wenn auch der Bimetallismus nicht notwendig eine beträchtliche Überwertung des einen Metalles bedingt, so ist sie doch stets das Moment gewesen, durch welches der Bimetallismus politisch populär gemacht wurde. Daher war der Bimetallismus, wie er während der letzten zwanzig oder dreißig Jahre in den Vereinigten Staaten befürwortet wurde, eine Währung, durch die das Silber eine ganz bedeutende Überwertung erführe. Diesem Bimetallismus zufolge hätten 16 Unzen Silber als das Äquivalent einer Unze Gold zu zirkulieren, während in einem großen Teil dieses Zeitraumes tatsächlich 30 oder 35 Unzen Silber erforderlich waren, um den gleichen Wert einer Unze Gold zu repräsentieren. Eine solche Silberüberwertung würde dahin führen, daß Silber aus Mexiko, Indien, China und anderen Silberwährungsländern importiert, größere Quantitäten dieses Metalles produziert und in den Vereinigten Staaten zur Prägung kommen würden, worauf das Umlaufsmittel auf diese Weise in hohem Grade und ganz plötzlich im Werte sinken müßte. Dieser Vorschlag wurde im Jahre 1896 während der Kampagne für „freies Silber" durch eine Karikatur ins Lächerliche gezogen, die die Vereinigten Staaten als Schiff darstellte, das durch die Niagarafälle segelnd unterhalb der Fälle glatt dahinfährt — wenn es nur die Erschütterung des Falles überlebt!

Der Bimetallismus ist in bezug auf die Stabilität einer Geldwährung das einzige System, das jemals politisches Gewicht besessen hat. Die Popularität dieses Systems liegt viel weniger in seiner Fähigkeit, die Währung zuguterletzt stabil zu gestalten, als in seiner Kraft, sie sofort aus dem Gleichgewicht zu bringen.

Wir gehen nun dazu über, die Systeme zu erörtern, die niemals das Stadium praktischer Vorschläge erreichten, sondern noch gänzlich akademisch geblieben sind. In erster Reihe ist hier der Polymetallismus zu nennen, der eine Verallgemeinerung des Bimetallismus bedeutet. Bei der Theorie des Bimetallismus wird die Zirkulation zweier Metalle nebeneinander ins Auge gefaßt, während die des Polymetallismus auf ein gleichzeitiges Zirkulieren von mehr als zwei Metallen ausgeht. Solange als mehrere Metalle zugleich in der Zirkulation erhalten werden können, schwankt das Preisniveau weniger als wenn nur ein Metall zur Verwendung kommt. Doch gelten alle gegen den Bimetallismus erhobenen theoretischen Einwände auch für den Polymetallismus. Das eine Metall würde wohl alle anderen Metalle aus dem Lande hinausdrängen, oder — wenn der Polymetallismus international ist — in die gewerblichen Verwendungsgebiete.

§ 3.

In der Erkenntnis der überzeugenden Kraft der gegen den Bimetallismus (und Polymetallismus) erhobenen Argumente schlug Professor Marshall an deren Stelle ein System vor, das man Symmetallismus genannt hat. Unter dem symmetallischen System könnten zwei oder mehrere Metalle in ein und demselben Münzstück oder zu miteinander „fest verbundenen Barrenstücken" physisch verbunden werden. Offenbar könnte ein beliebiges Verhältnis zur Anwendung kommen und hierbei könnte keines der beiden Edelmetalle das andere aus der Zirkulation treiben. Der Wert der zusammengesetzten Münze würde aus dem Betrage der Werte ihrer beiden Bestandteile bestehen und deren Wertschwankungen würden das Mittel der Schwankungen ihrer Bestandteile bilden [1]).

Es sind noch einige andere Vorschläge einer Vereinigung der Metalle aufgetaucht. Darunter befinden sich die „verbundenen Metallsysteme" von Stokes und Hertzka, die Abarten des Bimetallismus sind, aber anstatt eines festgesetzten ein veränderliches Verhältnis haben. Ein anderer von Walras [2]) vertretener Vorschlag besteht in der Goldwährung mit einem „Silberregulator", der schlechtweg die hinkende Währung vorstellt, wie sie nun in den Vereinigten Staaten, Frankreich und Indien herrscht, nur mit Ausnahme des Umstandes, daß die Quantität des in Umlauf befindlichen Silbers, anstatt eine festgesetzte zu sein, von der Regierung dergestalt systematisch gehandhabt wird, daß den Preisen Stabilität gesichert wird. All diese Systeme wie der Symmetallismus und Bimetallismus stellen Reformen dar, die bestenfalls nur teilweise Abhilfe schaffen. Im Walrasschen Vorschlage zum Beispiel könnte es gegebenen Falles zur Aufrechterhaltung der Preise erforderlich sein, daß das Quantum des Silbers auf Null herabgesetzt wird, worauf eine weitere Regulierung dann nicht mehr möglich wäre, oder es könnte sich als notwendig erweisen, das Silber derart zu erhöhen, daß alles Gold verbannt wird. Das System wäre dann keine Goldwährung mehr, sondern es würde zu einer nicht einlösbaren Silberwährung werden. Das Schlimmste aber ist, daß jedes dieser vorgeschlagenen Abhilfsmittel der Gefahr unkluger und unehrlicher politischer Manipulationen ausgesetzt wäre.

---

[1]) Siehe F. Y. Edgeworth, „*Thoughts on Monetary Reform*", (British) *Economic Journal*, September 1895, S. 448.

[2]) „*Monnaie d'or avec billon d'argent régulateur*", *Revue de droit international*, Dezember 1884; Nachdruck in *Etudes d'Economie politique appliquée*, Lausanne (Rouge), 1898, S. 3—19.

Allerdings könnte das Preisniveau seitens der Regierung durch eine lediglich zu diesem Zweck gesetzlich angeordnete Regulierung der Geldzulieferung fast absolut stabil erhalten werden. Ein anscheinend einfaches Mittel, dahin zu gelangen, besteht in der Ausgabe uneinlöslichen Papiergeldes, das mit der Zunahme des Handelsverkehrs in ein solches Verhältnis gebracht würde, daß das Gesamtquantum der in Zirkulation befindlichen Umlaufsmittel, multipliziert mit seiner Schnelligkeit, mit den Gesamtgeschäften zu der einen Zeit dasselbe Verhältnis einhielte, wie zu jeder anderen Zeit. Wenn das Vertrauen der Bürger bewahrt bliebe und dieses Verhältnis aufrecht erhalten würde, so bedürfte das Problem keiner weiteren Lösung.

Traurige Erfahrungen haben aber gelehrt, daß uneinlösbares Papiergeld, wenn es auch theoretisch imstande ist, die Preise stabil zu erhalten, in der Praxis so gehandhabt werden kann, daß es gerade Preisschwankungen herbeiführt. In fast jedem Lande gibt es eine aus Schuldnern und schuldnerähnlichen Klassen bestehende Partei, die eine Herabsetzung des Geldes begünstigt. Daher ist jederzeit eine Bewegung möglich, die dahin zielt, ein zur Aufrechterhaltung der Stabilität dienendes System in einfachen Inflationismus umzukehren. Sobald eine Regierung über ein Papierumlaufsmittel Gewalt hat, das zum Golde oder zum Silber in keinerlei Beziehung steht, wird immer ein Vorwand zu einer zu starken Ausgabe von Papiergeld zu befürchten sein.

Wenn es in Friedenszeiten auch gelingt, dem beharrlichen Drängen nach Inflation Widerstand zu leisten, so ist es doch zweifelhaft, ob dies auch in Kriegszeiten der Fall sein würde. Zur Zeit eines Krieges können viele plausible Motive geltend gemacht werden, namentlich der dringende Bedarf für Staatszwecke. Die Lehren der Geschichte unseres eigenen Landes sind in dieser Hinsicht keineswegs beruhigend. Es ist daher ganz natürlich, daß solche Systeme sich einen schlechten Ruf erworben haben. Tatsächlich ist er so schlecht gewesen, daß von vielen Seiten impulsiv der Schluß gezogen wurde, die „Quantitätstheorie“, an die man zur Ermöglichung der Preismanipulationen seitens der Regierung appellierte, sei in ihren Grundlagen ungesund. Die Erfahrung hat jedoch gelehrt, daß das befürchtete Übel sich nicht immer zu verwirklichen braucht.

Eine andere Methode, wie die Regierung das Preisniveau theoretisch stabiler gestalten könnte, besteht darin, daß das Bargeld auf ein Edelmetall, z. B. auf Gold, beschränkt, und die Quantität dieses Metalles im Umlaufsmittel durch das System einer Münzgebühr reguliert wird. Wenn also die Goldlieferungen aus den Minen zunehmen und das Gold die Tendenz zeigt im Werte zu sinken, dann könnte der Wert der Goldmünze durch Zahlung einer Münzgebühr, deren Höhe je nach Erfordernis festgesetzt werden kann, aufrecht erhalten werden. Je billiger das Barrengold wird, desto höher müßte diese Gebühr sein. Sie müßte sich in einem solchen Verhältnis erhöhen, daß das Umlaufsmittel mit dem Geschäftsvolumen in gleichem Verhältnis bleibt und das Preisniveau auf diese Weise stabil erhalten wird. Wenn sich die jährliche Produktion des Goldes später verringert und das Gold infolgedessen wieder im Werte steigt, dann könnte die Stabilität durch umgekehrte Politik, d. h. durch ein allmähliches Herabsetzen der Münzgebühr aufrecht erhalten werden, wodurch eine Erhöhung im Werte des Umlaufsmittels verhindert würde. Der regulierenden Behörde wäre, wie dies im Walrasschen System der Fall ist, nach dieser Richtung insofern eine Grenze zu setzen, daß die Münzgebühr niemals auf weniger als auf Null herabgesetzt werden dürfte. Materiell kann das Geld nie billiger werden als das Metall, aus dem es besteht, da auch nur die geringste Tendenz in dieser Richtung zur Folge hätte, daß die Münzen exportiert oder in Barrenmetall eingeschmolzen würden. In einer Periode steigender Preise würde die Regulierung keinerlei Schwierigkeit bereiten, in einer Zeit fallender Preise hingegen würde sie ganz unmöglich sein[1]).

Ein weiterer Plan besteht in einer einlösbaren Papierwährung, bei der das Papier auf Verlangen einzulösen ist, jedoch nicht gegen ein erforderliches Gewicht an Gold oder an Goldmünze, sondern gegen dessen erforderliche Kaufkraft. Unter einem solchen System wäre das Papiergeld mit ebensoviel Gold einzulösen, wie dessen erforderliche Kaufkraft beansprucht. Auf diese Weise würde der für einen Papierdollar zu beanspruchende Goldbetrag mit dem Betrage der gekauften Waren per Unze Gold umgekehrt variieren, und die Gesamtkaufkraft des Dollars bliebe also immer dieselbe. Der Umstand, daß ein Papierdollar immer in der Höhe seiner Kaufkraft einlösbar wäre, würde das Preisniveau theoretisch unveränderlich gestalten. Der Zufluß des in Zirkulation befindlichen Geldes würde automatisch reguliert werden. Sollte das Geld die Tendenz zeigen, sich so schnell zu vermehren, daß seine Kaufkraft beeinträchtigt würde, so würden die Noten zur Einlösung in Gold präsentiert werden, denn unter dem angenommenen Über-

[1]) Über die Wirkung eines gesetzlichen Verbotes des Exportes von Münzen vgl. Kemmerer, *Money and Credit Instruments in their Relation to General Prices*, 2. Aufl., New York (Holt), 1909, S. 39 Anm. Vgl. Kemmerer, „*The Establishment of the Gold Exchange Standard in the Philippines*“, in the *Quarterly Journal of Economics*, Bd. XIX, 600—605 (August 1905); *Second Annual Report of the Chief of the Division of Currency*, etc., 14, 15, 21—28; „*A Gold Standard for the Straits*“, II, in *Political Science Quarterly*, Bd. XXI, S. 665—677 (Dezember 1906).

einkommen hätte das zu gebende Gold immer dieselbe Kaufkraft. Wenn jedoch das Geld die Tendenz zu einem Knappwerden zeigen und somit im Werte steigen sollte, dann würde der Goldbetrag, dessen Kaufkraft sich nicht verändert hat, in Noten umgetauscht werden.

Allerdings wäre dieses System, ebenso wie jedes einfache Papiergeldsystem, Mißbrauch ausgesetzt, doch wiese es zwei praktische Vorteile auf. Da das System auf einer Metallbasis beruht, würde es mehr Vertrauen einflößen als ein reines Papiergeldsystem, und böte dabei weniger Vorwand zu dessen Mißbrauch und weniger Gelegenheit zu einer Hintergehung des Publikums. Jeder Wechsel im Gewichte des Golddollars wäre definitiv meßbar und dem Publikum gegenüber zu rechtfertigen. Eine Herabsetzung des Gewichtes, das durch ein Fallen der Preise nicht völlig begründet ist, würde ein nicht mißzuverstehendes Bekenntnis der Geldentwertung bedeuten.

§ 4.

Das nächste in Erwägung zu ziehende System ist von Professor Marshall und vom *Committee of the British Association*[1]) vertreten worden. Dem Wesen nach bedeutet es eine Wiederbelebung der von Lowe[2]), Scrope[3]), Jevons[4]) und anderen vorgeschlagenen und viel besprochenen Tabellarwährung (Tabular standard), einer Währung, die von spezieller Gesetzgebung relativ unabhängig ist. Sie setzt die Annahme eines zunächst nur dispositiv wirkenden Gesetzes voraus, durch das erlaubt wird, daß vertragsmäßige Zahlungen in Indexnummern der Preise stipuliert werden. Ein solches Gesetz wäre zwar *nicht unumgänglich nötig*, doch würde es dazu dienen, die Aufmerksamkeit auf die Indexmethode zu lenken. Das Geld des Landes käme nach wie vor als ein Austauschmittel und als Bemessung von Werten zur Verwendung, nicht aber als eine Währung für später fällige Zahlungen. Diese Währung für später fällige Zahlungen würde, so oft man von dem Gesetz Gebrauch machte, in der Indexnummer der allgemeinen Preise bestehen und die Kontrakte, die Zahlungen zu späteren

---

[1]) Siehe den *Report of the British Association for the Advancement of Science*, 1890, S. 488, der den Entwurf eines zu diesem Zwecke vorgeschlagenen Parlamentsgesetzes enthält.

[2]) *Present State of England in regard to Agriculture, Trade, and Finance.* London 1822.

[3]) *Principles of Political Economy*, London, 1833, S. 406.

[4]) *Investigations in Currency and Finance*, London (Macmillan), 1884, S. 122; ebenso *Money and the Mechanism of Exchange*, London (Kegan Paul), 1893, Kap. XXV.

Terminen bezwecken, könnten nach Belieben entweder auf den Austausch einer gegebenen Kaufkraft oder auf einen bestimmten, direkt mit der Indexnummer variierenden Geldbetrag lauten. Um eine solche Änderung leichter zu gestalten, wäre es angebracht, wenn die Regierung ein autorisiertes Indexnummersystem einsetzte, doch brauchte die Tätigkeit der Regierung nur bis zu diesem Punkte zu gehen, tatsächlich wäre es nicht einmal bis hierher notwendig. Es würde sich nicht mehr darum handeln, das Preisniveau absolut stabil zu erhalten. Gold und Silber oder beide Metalle zusammen hätten das Bargeld zu liefern und dessen Wert würde sich folgerichtig dem Metall entsprechend verändern, aus dem es besteht. Die auf Indexnummern gegründeten Kontrakte würden hierbei nicht berührt, weil sie in Gestalt von Indexnummern abgeschlossen sind. Zweifelsohne begegnete dieses System großer Opposition [1]), würde aber in gewissen Kreisen lebhaften Beifall finden [2]). Denen, die „von ihren Einkommen leben", würde es zum Beispiel lieber sein, die Garantie einer stabilen Kaufkraft zu haben. Eine Witwe, ein Vormund oder andere, die Geld auf lange Zeit anlegen, würden Wertpapiere, die eine regelmäßige jährliche Kaufkraft haben, solchen vorziehen, die eine gegebene Geldsumme von nur ungewissem Werte verbürgen. Einige Präzedenzfälle in der Form dieses neuen Systems sind, wenn auch nur andeutungsweise, bereits vorhanden. In England wurden die „Durchschnittszehnten" nach dem jeweiligen Werte des Getreides festgesetzt, so daß der Zehnte in Wirklichkeit so und soviel Getreide und nicht so und soviel Geld vorstellte. Einen ähnlichen Zweck verfolgten während mehr als zwei Jahrhunderte die schottischen „*Fiars*"-Preise, die den Preis des Getreides auf der Basis festsetzten, zu der auf Getreide abgeschlossene Pachtsummen in Geld zahlbar sein würden [3]).

Wie bereits erwähnt, wäre es nicht durchaus notwendig, daß die Regierung zum Zwecke eines solchen Systems gesetzliche Maßnahmen trifft. Den Anfang zur Verwirklichung dieses Systems für einen „tabellarischen Wertregulator" könnten jederzeit Privatkontrahenten machen, wobei einige bereits allgemein bekannte Indexnummern wie die von Sauerbeck oder die seitens des Arbeitsamtes der Vereinigten Staaten aufgestellten Indexnummern als Norm dienen könnten. Sollten die Kontrahenten im großen ganzen mit dem Ergebnis eines solchen Versuches zufrieden sein, dann würden

[1]) Vgl. Francis Walker, *Money*, New York (Holt), 1891, S. 157—163.

[2]) Siehe Joseph French Johnson, *Money and Currency*, Boston (Ginn), 1906, S. 175.

[3]) Siehe Edgeworth, *Reports of the British Association for the Advancement of Science for 1888*, S. 182.

weitere Personen oder Parteien ihrem Beispiel folgen. Zunächst wären die Kontrakte so auszulegen, als ob sie auf Geld lauteten, es sei denn, daß andere Bestimmungen getroffen wären. Bei Kontrakten, die auf die Indexnummern lauten würden, wäre demnach eine besondere Klausel erforderlich. Wenn aber diese letztere Form von Kontrakten populär werden sollte, so wäre ein Gesetz zu schaffen, das die Indexnummer allgemein als Norm aufstellt und zwar mit Ausnahme solcher Fälle, bei denen Zahlung nach einer anderen Norm vorgesehen wurde.

Es ist zu beachten, daß ein solcher Brauch, so allgemein er auch immer werden könnte, die Erwünschtheit eines elastischen Umlaufsmittels, das den jahreszeitlichen Schwankungen des Verkehrs entspricht, nicht beseitigen würde. So sind die jahreszeitlichen Anpassungen der Löhne und vieler anderer Preise nicht leicht vorzunehmen. Durch Brauch und Sitte werden Normen aufgestellt, die sich in den aufeinanderfolgenden Jahreszeiten behaupten. Da das Geschäft in der einen Jahreszeit lebhafter ist als in der anderen, würde ein Element der Spannung auftreten, wenn nicht auch eine Erweiterung des Kredites stattfindet. Ein elastisches Banksystem, das die Krediterweiterung erleichtert, würde daher ein Desideratum bleiben.

Mit dem System, Kontrakte in Bedingungen des Preisniveaus abzuschließen, wird nicht direkt die Verhütung von Schwankungen im Preisniveau beabsichtigt. Der Zweck besteht vielmehr darin zu verhüten, daß durch diese Schwankungen im Geschäftsleben ein spekulatives Element Platz greift. Als Nebenresultat des Systems würde sich jedoch zeigen, daß die Schwankungen im Preisniveau etwas nachlassen aus dem Grunde, weil die Kreditzyklen keinen Ansporn mehr erhielten. Die Aufnahme von Anleihen, die in abnormer Weise bald ermutigt und bald entmutigt wird, würde aufhören. Die Schwankungen im Kredit würden sich sonach vermindern und das Preisniveau bliebe von solchen Veränderungen verhältnismäßig unberührt[1]). Selbst wenn Paniken auftreten, die von einem starken Sinken der Preise begleitet sind, so könnten sich diese nicht so ernst gestalten, wie dies jetzt der Fall ist. Gegenwärtig müssen Anleihen in Geldpreissätzen beglichen werden, ohne Rücksicht darauf, ob dieses Geld zur Zeit der Liquidation mehr (oder weniger) kauft als zu der Zeit, da die Anleihe geschah, und ohne Rücksicht darauf, ob der Entleiher mehr (oder weniger) Waren verkaufen muß, um den gegebenen Betrag aufzutreiben. Wenn die Preise gefallen sind, ist er gezwungen, auf *derselben* Basis in Geldpreissätzen und

---

[1]) Siehe Jevons, *Money and the Mechanism of Exchange*, London (Kegan Paul), 1893, S. 333.

einen *viel höheren* Wert in Güterpreissätzen zu zahlen, als wenn die Preise auf einer höheren Stufe ständen. Hieraus resultieren oft Zahlungseinstellungen, eine Verminderung der Kreditumlaufsmittel und ernste Depression. Bei Bezahlung in Kaufkraft wäre die Sachlage eine ganz andere. Das Fallen der Preise würde weder den Entleiher schädigen noch dem Darleiher Gewinn bringen.

Es hat den Anschein, als ob die „Tabellarwährung" („tabular standard") im großen ganzen wirklich vorzüglich sei[1]). Sicherlich könnte der Versuch mit einem zunächst „dispositiven" Gesetze materiell keinen Schaden bringen. Doch ist die Tabellarwährung ganz ernstlichen, wenn nicht gar völlig verhängnisvollen Einwendungen unterworfen. Vor allen Dingen würde die mit dem System verbundene Notwendigkeit, das Geld in die Tabellarwährung umzusetzen, das Publikum nicht in genügender Weise anziehen, um zur vollständigen Annahme seitens der Regierung zu führen. Ferner könnten während der Übergangszeit von dem alten zum neuen System eine Reihe der Übel, die durch das letztere beseitigt werden sollen, eine Verschlimmerung erfahren, was von dessen weiterer Ausbreitung eher abschrecken, als sie fördern würde. Selbst wenn ein Land das System in ganzem Umfange annähme, so würde es sich kommerziell isolieren, was die Unannehmlichkeit einer unsicheren internationalen Austauschrate zur Folge hätte. Ein ähnlicher Nachteil träte zutage, wenn das System in einem Lande nur teilweise angenommen würde. Der Geschäftsmann zieht natürlich stets ein gleichförmiges Rechnungssystem zwei sich einander befehdenden Systemen vor. Er würde sich über ein derartiges doppeltes Rechnungssystem genau so beschweren, wie er sich stets über das im internationalen Handel zwischen den Gold- und Silberwährungsländern bestehende doppelte Rechnungssystem beschwert hat. Der Gewinn eines Geschäftsmannes stellt einen schmalen Spielraum zwischen Einnahmen und Ausgaben dar. Wenn sowohl Einnahmen wie Ausgaben in der Tabellarwährung berechnet werden könnten, so wiese sein Gewinn eine größere Stabilität auf, als wenn Einnahmen und Ausgaben in Geld berechnet werden. Wenn aber einige seiner Ausgaben wie Zinsen und Löhne auf einer Tabellarbasis zu zahlen wären, während seine Einnahmen auf eine Goldbasis gegründet sind, so würde sein Gewinn viel größeren Schwankungen unterworfen sein, als wenn beide Seiten oder alle Posten der Abrechnung auf Gold lauteten. Tatsächlich würde eine leichte Abweichung in den beiden Währungen seinen erwarteten Gewinn

[1]) Siehe J. Allen Smith, „*The Multiple Money Standard*", *Annals of the American Academy of Political and Social Science*, März 1896.

genau so in Verlust umwandeln, wie der Gewinn des Importeurs oder des Exporteurs von Gütern zwischen China und den Vereinigten Staaten durch eine geringe Veränderung in den Wechselkursen vernichtet werden kann. Selbst wenn diese Währung Schwankungen unterworfen ist, wird der Geschäftsmann in jedem der beiden Fälle vorziehen, auf beiden Seiten des Rechnungsbuches ein und dieselbe Währung zu haben, als zwei verschiedene Währungsarten, von denen nur eine Schwankungen ausgesetzt ist. Sein Gewinn hängt mehr vom Parallelismus zwischen den beiden Seiten seiner Abrechnung ab, als von der Stabilität der einen oder der anderen Währung. In Indien, in den Philippinen, in Mexiko, in den Straits Settlements, Siam und Panama wurde, um den Übeln zu entgehen, die das Vorhandensein zweier Währungen nach sich zieht, nach langwierigen Debatten und Versuchen die jetzige Golddevisenwährung angenommen.

§ 5.

Die Erwähnung der Golddevisenwährung bringt uns zu einem Vorschlage, der hier versuchsweise gegeben sein soll, und von dem anzunehmen ist, daß er eines Tages als ratsam und ausführbar erachtet wird. Dieser Plan vereinigt die Tabellarwährung mit den Grundsätzen der Golddevisenwährung.

Wir haben die Golddevisenwährung bereits kurz beschrieben und auf andere ausführlichere Informationsquellen hierüber hingewiesen. Wenn auch der Sinn der Golddevisenwährung darin besteht, ein System teilweiser oder völliger Einlösung der einheimischen Münze in Gold darzustellen, so ist doch in dem Lande selbst, in dem das System in Kraft ist, Gold nicht unumgänglich notwendig. So wechselt die Regierung in den Philippinen die Silberpesos auch nicht in Gold um, wenn das Gold für den Export nach New York gebraucht wird. Statt dessen unterhält die Regierung eine Goldreserve in New York und „löst" die Filipino Pesos nur in einer Tratte auf dieses Gold ein. Da die Tratte nach New York gesandt werden kann, so dient sie zur Einlösung des Goldes für den Export. Im Verkaufspreis ist eine Wechselprämie inbegriffen, die dem gewöhnlichen über den „Goldpunkt" hinaus festgesetzten Zuschlag entspricht, d. h. die Regierung bringt bei dem Filipino auf das nach New York gehende Gold das Äquivalent der Fracht, der Versicherung und anderer Auslagen in Anrechnung.

Es liegt auf der Hand, daß das Golddevisensystem nur nominell ein Einlösungssystem ist. Tatsächlich ist es ein System, das das Silberumlaufsmittel derart handhabt, daß sein Wert von dem Pariwert des Goldes niemals mehr als um die gewöhnlichen zwischen Goldwährungsländern üblichen Wechselprämien abweicht. Diese Manipulation besteht darin, daß das Umlaufsmittel vermindert wird, wenn der Wechselkurs einen gewissen Punkt über Pari erreicht und daß der Geldumlauf eine Erweiterung erfährt, wenn der Wechselkurs auf einen gewissen Punkt unter Pari zu stehen kommt. Die Verminderung des Umlaufsmittels wird durch den Verkauf von Auslandswechseln und die Absperrung des hierfür erhaltenen Kurantgeldes gesichert, während die Erweiterung des Umlaufsmittels durch dessen Freigabe in die Zirkulation oder, falls notwendig, durch das Prägen weiterer Umlaufsmittel erlangt wird.

Der erfolgreiche Betrieb dieses Systems wird durch eine Überwertung des Metallgehaltes des Silberumlaufsmittels nicht nur nicht beeinflußt, sondern die Überwertung ist sogar erforderlich. Tatsächlich fand man es in den Philippinen nötig, das Gewicht der Silberpesos von 374 Gran auf 247 Gran herabzusetzen, um deren Verschwinden zu verhüten. Ohne einen Spielraum zwischen dem Münz- und dem Barrenwerte des Pesos würde die Kraft, die die Zirkulation der Pesos reguliert, nur nach einer Richtung hin wirken, nämlich in der einer Kontraktion; mit einem solchen Spielraum aber ist die Fähigkeit sowohl zu einer Erweiterung als auch einer Kontraktion gegeben.

Sobald das System einmal eingebürgert wäre, würde es mit demselben Erfolge arbeiten, wenn das Gewicht der Silbermünzen noch weiter reduziert oder gar durch ein Papierumlaufsmittel ersetzt würde. Hieraus ist zu ersehen, daß die Golddevisenwährung im Grunde genommen tatsächlich dieselbe Währung ist, die jetzt (1913) in Österreich für das Papiergeld in Betrieb ist. In diesem Lande ist das Papiergeld faktisch uneinlöslich, es wird aber durch den Verkauf von Devisen auf London auf dem Pariwerte gehalten.

Vermittelst dieses Planes, durch den der Barrengehalt der Münzen unter deren Werte als Münze gehalten wird, kommt nicht nur das Einschmelzen, der Export und das konsequente Verlorengehen einer Kontrolle ihrer Quantität und ihres Wertes in Wegfall, sondern der Plan besitzt auch den Vorteil der Ökonomie. Tatsächlich wurden die bei der Reduzierung des Gewichtes auf den Philippinen gemachten Ersparnisse als Mittel zur Deckung der Kosten für die Unterhaltung der Goldreserve und der anderen Ausgaben verwendet, die zur Einführung und Inbetriebsetzung des Systems erforderlich waren.

Anfangs wurde die Golddevisenwährung mit großem Argwohn aufgenommen und ihre Verteidiger wagten es kaum, der Währung einen größeren Wert als den eines praktischen Notbehelfs beizulegen, der, wie dies ja auch der Fall war, ohne Gewaltsamkeit die Mittel an die Hand gab, den Übergang von dem bestehenden System zur Goldwährung oder die Einführung ungewohnter Münzen leichter zu gestalten.

Die Ergebnisse waren jedoch so günstig, daß man sich fragen darf, ob diejenigen, die das rein devisenpolitisch wirksame System der Golddevisenwährung ersannen, nicht besser beraten waren, als sie selbst es zu sein glaubten. Während dieses System oberflächlich betrachtet eine starke Ähnlichkeit mit Vorgängen, die auf die künstliche Schaffung einer Überfülle von Umlaufsmittel hinzielen, aufweist, ist mit ihm doch nur wenig oder gar nicht das Odium oder das Mißtrauen verknüpft, dem jene Manöver ausgesetzt sind. Die Obliegenheiten zur Aufrechterhaltung des Goldwechselparis sind so einfach und das System ist so unfehlbar gewissenhaft durchgeführt worden, daß selbst jene, die es anfangs mit aller Energie bekämpften, nunmehr veranlaßt zu sein scheinen, ihm unbedingtes Vertrauen zu schenken. In der Tat ist wohl unter allen erdenklichen Umständen kein Grund zur Befürchtung eines Mißbrauches des Systems vorhanden.

Wenn hier nun also wirklich eine neue Verwaltungsmethode eingeführt worden ist, der in dem Vollzuge ihrer Regulierungsfunktionen dasselbe Zutrauen entgegengebracht werden kann, wie der Tätigkeit eines Münzamtes, so steht eigentlich nichts im Wege, das System noch weiter auszudehnen. Wir wissen, daß das Wechselpari, das für die Golddevisenwährung angenommen wurde, durchaus arbiträr ist, woraus ersichtlich ist, daß dieses Pari abgeändert werden kann. Das Wechselpari zwischen dem englischen und dem indischen Währungssystem beträgt 16 d per Rupie. Dieses Pari könnte mit Leichtigkeit auf 15 d oder 17 d und allmählich nach aufwärts oder nach abwärts abgeändert werden. Falls wünschenswert, könnte bei derartigen Veränderungen des Goldaustauschparis das Umlaufsmittel der Länder, die gegenwärtig eine Golddevisenwährung haben, mit einer Tabellarwährung auf Pari gehalten werden. Wenn es also für vorteilhaft erachtet wird, die genaue Verschiebung der Goldwährung durch Indexnummern zu bemessen, so könnte eine entsprechende Verschiebung des Wechselparis oder des Rupiepreises in Gold bewirkt werden.

Nach dem gegenwärtigen Stande des Systems wird die Münzenprägung so gehandhabt, daß sie auf gleichem Wert mit dem Gold gehalten wird, d. h. die geprägten Münzen folgen den Schwankungen der Goldwährung, wohin diese auch immer führen mögen. Wir wohnen also dem Schauspiele bei, daß Indien und andere Länder, die zuvor eine Silberwährung hatten, sich nun den Goldwährungsländern sozusagen an die Rockschöße hängen und dieser erratischen Währung folgen, wohin diese auch immer führt, obgleich es durch eben denselben Mechanismus in ihrer Macht steht, ihren Kurs stabil zu erhalten.

Ich würde indessen keinen Augenblick daran denken, die Anregung zu geben, diese Länder zu veranlassen, ihr Wechselpari mit den Goldwährungsländern aufzugeben. Obgleich sich zugunsten eines solchen Verfahrens viel sagen ließe, so würde dies einen großen Schritt nach rückwärts bedeuten und zwar insofern, als dadurch die erwähnten Ungewißheiten internationalen Austausches wieder auftauchen würden. Das Erforderliche besteht darin, die gesamte zivilisierte Welt zu veranlassen, das zu tun, was nun in der Macht der Golddevisenländer steht, nämlich mit einer Tabellarwährung gleichen Schritt zu halten. Es liegt eine gewisse Anomalie in der Tatsache, daß diese Golddevisenwährungsländer über eine Macht verfügen, ihr Preisniveau zu regulieren, die die Goldwährungsländer selbst nicht besitzen. Infolge ihres gegenwärtigen Systems sind die letzteren den Zufällen der Goldproduktion und der Metallurgie preisgegeben, während die ersteren das Wechselpari mit den Goldwährungsländern nach Belieben innehalten oder verändern können.

Offenbar könnten aber die Goldwährungsländer genau dasselbe tun, was die Silberwährungsländer getan haben, d. h. sie könnten das System einer Golddevisenwährung dadurch einführen, daß sie ihre Münzstätten dem Golde verschlössen und, falls erforderlich, das Gewicht der Goldmünzen reduzierten (obwohl dies bei der nun vor sich gehenden Entwertung des Goldes wohl nicht nötig wäre) und eine Devisenwährung einsetzten, in derselben Weise wie die Philippinen und die erwähnten anderen Länder nunmehr ihr Golddevisensystem betreiben.

Um dies klarzumachen, wollen wir zunächst annehmen, ein Land, sagen wir Österreich, wolle die Goldwährung beibehalten, während England, Deutschland, Frankreich, die Vereinigten Staaten und die bedeutendsten anderen Länder der Welt ihre Münzstätten dem freien Prägen von Gold verschließen. Diese Länder könnten dann mit Österreich eine Golddevisenwährung mit einem (variierenden) Wechselpari aufrecht erhalten. Durch eine von Zeit zu Zeit vorzunehmende entsprechende Änderung des Wechselparis könnte die ganze Handelswelt, Österreich ausgenommen, die Kaufkraft des Geldes stabil erhalten und deren Schwankungen mit dem Golde verhindern. Das Verhältnis, in dem Indien nun zu England steht, wäre dann von Indien und von England Österreich gegenüber einzuhalten. Doch wäre es gar nicht einmal notwendig, daß sich ein Land wie Österreich kommerziell isoliert. Wenn das System in Betrieb gesetzt wird, sollten alle Länder, die an der Sache genügendes Interesse haben, um einen Staatsvertrag einzugehen, beteiligt sein. Damit aber Österreich seine eigenen Interessen nicht opfert, wenn es als Goldwährungsland zu den Bedingungen dient, unter denen alle anderen Länder der Welt gemeinsam ihre Wechselparis adjustieren müßten, könnte es seine Umlaufsmittel durch den Ein- und Verkauf von Gold selbst adjustieren. Mit anderen Worten: genau dieselben Prinzipien, durch die die Währungsmittel in Indien oder in den Philippinen vermittelst des Ein- und Verkaufes von im Ausland auf Gold gezogenen Devisen reguliert werden, könnten den Ein- und Verkauf des Goldes im Inlande selbst direkter bewirken. Österreich würde sich deshalb hierzu vorzüglich eignen, weil das System, mittelst dessen es sein uneinlösliches Papiergeld zu einem festen Pari mit Gold aufrechterhalten hat, in diesem Lande der Hauptsache nach schon lange in Betrieb ist. Sollte es zu entsprechenden Vertragsunterhandlungen kommen, so könnte sich Österreich zur Aufrechterhaltung eines Paris verpflichten und zwar nicht eines Paris mit einem festgesetzten Goldgewicht, sondern mit einem solchen Goldgewicht, das eine festgesetzte Kaufkraft hat und dies könnte durch den Ein- und Verkauf von Gold zu diesen adjustierten Preisen geschehen, indem es Barrengold für Kronen verkauft, wenn das Umlaufsmittel vermindert werden, und Barrengold für Kronen kauft, wenn es eine Erweiterung erfahren soll. Alle anderen Länder könnten durch solche Methoden, wie die, durch welche zum Beispiel Indien jetzt sein Pari mit England aufrecht erhält, ihr Pari mit Österreich oder gegeneinander aufrechterhalten für den Fall, daß genau dasselbe Verfahren, wie es für Österreich vorgeschlagen wurde, nicht vorgezogen wird. Tatsächlich ist die Methode, das Pari durch den Verkauf von Wechseln auf andere Länder aufrecht zu erhalten oder dies durch den Austausch von Umlaufsmitteln für irgendeine Ware, z. B. für Gold zu bewerkstelligen, im Grunde genommen fast ein und dasselbe.

Zur richtigen Durchführung eines solchen internationalen Systems sind drei getrennte Funktionen erforderlich: 1. die Funktion, das Wechselpari mit der österreichischen Kronenmünze aufrecht zu erhalten, was durch Bureaus für den Auslandswechselverkehr auszuführen wäre und zwar in genau derselben Weise, wie dies jetzt in den Philippinen unter dem Golddevisensystem geschieht; 2. die ähnliche Funktion, das Umlaufsmittel in wenigstens einem Lande zu regulieren (beispielsweise in Österreich), was mit Hilfe eines Bureaus zur Regulierung der Umlaufsmittel durch den Ein- und Verkauf von Gold nach Wahl des Publikums und zu einem amtlichen

Preise zu geschehen hätte; dieser Preis würde der Entscheidung des (unter 3. erwähnten) Statistischen Amtes gemäß von Zeit zu Zeit festgesetzt werden; 3. die Funktion, diesen amtlichen Goldpreis dem Preisniveau gemäß festzusetzen. Es könnte ein internationales Statistisches Amt, sagen wir im Haag, eingerichtet werden, wo dies von Beamten in ganz mechanischer Weise zu vollziehen wäre. Die Obliegenheiten dieses Bureaus würden in der Ermittelung der Preisindexnummern bestehen, was in der üblichen Weise geschehen könnte, und sodann würde der Marktpreis des Goldes durch diese Indexnummer zu dividieren sein.

Wenn zum Beispiel nach Ablauf eines Jahres, nachdem das System in Betrieb gesetzt wurde, das Statistische Bureau findet, daß die Preise um 1 % gestiegen sind, so würde dieses Bureau zur Neutralisierung dieses Steigens eine offizielle Erklärung an das Bureau, das die Umlaufsmittel reguliert, abgeben, die den offiziellen Goldpreis substantiell um ein Prozent niedriger stellt als der herrschende Marktpreis beträgt. Das Publikum wird sodann zu diesem billigen Preise von der Regierung Barrengold kaufen und dagegen Kurantgeld abtreten. Das Umlaufsmittel wird dadurch vermindert und die allgemeinen Preise werden fallen, bis Gold nicht mehr verlangt oder bis ein neuer offizieller Goldpreis deklariert wird. Sollte der nächste amtliche Goldpreis über dem Marktpreis zu stehen kommen, so hätte die Regierung Gold einzukaufen und auf diese Weise einen Teil der früher eingezogenen Umlaufsmittel wieder auszugeben oder, falls es erforderlich wäre, eine Neuausgabe von Kurantgeld vorzunehmen.

In dem vorstehend entworfenen Vorschlag wird ein einziger Goldpreis aufgestellt, zu dem die Regierung zu kaufen oder zu verkaufen bereit sein muß. Es wäre indessen praktisch von großem Vorteil, wenn *zwei Preise* aufgestellt würden, die voneinander etwas differieren und zwar dergestalt, daß der höhere für den Verkauf und der niedrigere für den Einkauf gilt. Die Idee eines Preis*paares* rührt von Ricardo her [1]). Wie wir gesehen haben, wird dieser Modus auch in der Golddevisenwährung analog den „Goldpunkten" angewandt. Obgleich das österreichische Papierumlaufsmittel gewöhnlich als uneinlösbar gilt, so wird es doch durch ein ähnliches Abkommen auf gleichem Werte mit dem Gold gehalten. Unter diesem Abkommen ist die Österreichisch-Ungarische Bank stets bereit, Gold zum Preise von 3278 Kronen [2]) per Kilo zu kaufen und Golddevisen auf London zu einer etwas höheren Rate zu verkaufen.

[1]) *Proposals for an Economical and Secure Currency*, 2. Aufl., London (Murray), 1816, S. 26.

[2]) Siehe L. V. Mises, „*The foreign exchange policy of the Austro-Hungarian Bank*", *Economic Journal*, Juni 1909, S. 201.

Aus dem Vorstehenden ist ersichtlich, daß der hier vorgeschlagene Plan in den Umlaufsmitteln der Welt keinerlei Umwälzung hervorrufen würde. Der Vorschlag erfordert nicht viel mehr als bereits vorhandene, getrennte Funktionen zu einem betriebsfähigen Ganzen zu vereinigen. Nach diesem Plane wäre 1. eine Berechnung der Indexnummern vorzunehmen, wie dies gegenwärtig durch das amerikanische Arbeitsamt geschieht; 2. der Ein- und Verkauf von Wechseln zu besorgen, wie dies gegenwärtig die Regierung auf den Philippinen tut; 3. wäre der Ein- und Verkauf von Gold zu bewirken, wie es gegenwärtig in Österreich der Fall ist und 4. die periodische Wiederanpassung der Goldparis vorzunehmen (was nur bedeuten würde, mehr als einmal das zu tun, was in Indien, in den Philippinen, in Mexiko, den Straits Settlements, Siam und Panama geschah, als dort das jetzige System eingeführt wurde). Die Wiederanpassung des Pariwertes ist der einzige hinzugekommene Punkt, und dieser sollte nicht mit der Begründung verurteilt werden, daß er Wertschwankungen verursache, denn gerade durch diese Wiederanpassung wird bezweckt, die Schwankungen, unter denen wir jetzt zu leiden haben, zu verhindern. Weder diese periodische Wiederanpassung noch irgendein anderer hervortretender Punkt des Planes würde eine Veränderung im Zirkulationsmedium erfordern. Jede Nation würde das altbewährte und gewohnte Kurantgeld, sei es Gold, Silber oder Papier, nach wie vor verwenden. Der Alltagsmensch würde von einer Veränderung nichts merken.

Die Kosten zur Unterhaltung des Golddevisensystems haben sich nur als gering erwiesen; die Kosten einer Durchführung des hier vorgeschlagenen Systems stehen, wie es sich auch immer gestalten möge, in keinem Vergleich zu den Vorteilen, die es der gesamten zivilisierten Welt bringen würde.

Nebenbei würde das System den Vorteil haben, die schon oft vorgeschlagene Adjustierung der relativen Werte verschiedener Münzen mit Leichtigkeit vorzunehmen und zwar insofern als natürlich die erste Adjustierung der Pariwerte das Pfund Sterling mit fünf Dollar, den Rubel mit fünfzig Cent, den japanischen Yen mit fünfzig Cent, den holländischen Gulden mit vierzig Cent, die Mark mit fünfundzwanzig Cent, den Franken mit zwanzig Cent, die österreichische Krone mit zwanzig Cent und die portugiesische Krone mit zehn Cent gleichwertig gestalten würde.

Durch den Plan wie er hier entworfen wurde, wird die Regulierung der Umlaufsmittel der Welt durch den Ein- und Verkauf von Gold ins Auge gefaßt, doch könnte selbstverständlich an Stelle des Goldes Silber oder eine andere Ware zur Verwendung kommen. Je weniger veränderlich der Artikel im Verhältnis zu den Waren im allgemeinen ist, desto weniger werden Wiederanpassungen nötig und desto lebhafter wird der seitens der Regierung zu vollziehende Ein- und Verkauf dieses Artikels sein.

Der Einwendungen, die gegen dieses System erhoben werden können, gibt es ohne Zweifel viele, doch sind diese wohl nicht so bedeutungsvoll als die Einwendungen, die bereits gegen die Annahme der Golddevisenwährung geltend gemacht wurden und die durch den Lauf der Ereignisse eine zufriedenstellende Lösung ergaben. Wenn durch ein internationales Abkommen Österreich verpflichtet würde, die Krone als idealen Pariwert mit Waren in Übereinstimmung mit einer Indexnummer aufrecht zu erhalten, so hat es tatsächlich den Anschein, als ob darin keine größere Gefahr zu erblicken ist, als wenn diesem Lande, wie dies gegenwärtig der Fall ist, das Vertrauen geschenkt wird, das Wechselpari mit London stabil zu unterhalten, ebenso wie der Regierung in Indien, in Mexiko, in den Straits Settlements, in Siam, Panama oder in den Philippinen gestattet ist, ihr überwertetes Silber zum Pariwerte mit Gold aufrecht zu erhalten. Die Funktionen, um die es sich hier handelt, sind rein mechanischer, die erforderlichen Verrichtungen spezifischer Natur. Vergehen gegen eine strikte Erfüllung des Gesetzes oder Vertrages würden augenblicklich wahrgenommen und je nach der internationalen Bedeutung und Tragweite des Verstoßes der Schuldige zur Verantwortung gezogen und bestraft werden. Der Vorschlag erheischt und gestattet keinerlei von dem Gutdünken irgendeines Beamten abhängiges Herumexperimentieren an der Währung. Der Beamte, der die Regulierung vornimmt, tut dies lediglich durch Ein- und Verkauf von Gold zu den spezifischen Preisen, die von anderen Personen festgesetzt wurden und hat je nach dem Gutdünken des Publikums zu kaufen oder zu verkaufen. Er würde keine größere Selbständigkeit haben als ein Börsenmakler, der bestimmt wird zu Preisen einzukaufen oder zu verkaufen, die von seinen Kunden spezifiziert wurden, oder als sein Prototyp, der derzeitige Beamte in den Philippinen, der das Ein- und Verkaufen von Auslandswechseln zu besorgen hat. Die Gefahr eines Mißbrauches oder einer Unterschlagung im Statistischen Bureau, dessen Arbeit auf veröffentlichte Marktpreise gegründet ist und die notwendigerweise offen verrichtet werden muß, bedarf wohl keiner Erörterung.

Die Verwirklichung des Vorschlages würde nicht nur die Möglichkeit des Mißbrauches durch einzelne Beamte beseitigen, sondern auch gegen die Gefahr einer inflationistischen Gesetzgebung alle Sicherheit bieten. Keine einzige Nation könnte durch derartige Maßnahmen ihr Geldquantum erhöhen, ohne das internationale Abkommen zu verletzen und sich demgemäß zu isolieren, während es ganz undenkbar ist, daß alle zivilisierten Staaten der Welt willkürlich und gleichzeitig die Torheit einer inflationistischen Gesetzgebung begehen könnten.

Bevor aber irgendwie eine Kontrolle des Preisniveaus unternommen werden kann, muß das Publikum die Notwendigkeit einer solchen zu würdigen lernen. Solange man sich aber sogar in den Reihen der Geschäftsleute selbst nicht einmal voll und ganz bewußt ist, daß man tagtäglich mit Veränderungen im Werte des Geldes spielt und sich über diese Tatsache in glückseliger Unwissenheit befindet, solange wird man kein Verlangen zeigen, diese Veränderungen zu verhindern. Und doch bildet die Geschäftswelt die Partei, um deren Interessen es sich in erster Linie handelt, und der erste wichtige Schritt in dem Reformverfahren muß darin bestehen, den Geschäftsleuten die Wohltaten einer stabilen Kaufkraft begreiflich zu machen [1]). Solange dies nicht geschehen ist, sind irgendwelche politischen Vorschläge als verfrüht zu betrachten.

§ 6.

Zu Beginn dieses Kapitels haben wir die Grundsätze, die die Kaufkraft des Geldes bestimmen und die mit ihnen verbundenen praktischen Probleme einer Durchsicht unterzogen. Hierauf wurden die möglichen Methoden erörtert, durch die die Übel der Veränderlichkeit in der Kaufkraft vermieden werden könnten. Unter diesen Methoden wurde eine erhöhte spezifische Kenntnis der Bedingungen wie auch eine allgemeine Kenntnis der Prinzipien als eine der wichtigsten und ausführbarsten Bedingungen erachtet. Sodann wurden die Behauptungen, daß der Bimetallismus und der Polymetallismus

[1]) In einer kürzlich herausgegebenen populären Flugschrift von A. C. Lake, betitelt *Currency Reform the Paramount Issue*, Memphis (28 N. Front St.), Tenn., wird der Vorschlag gemacht, die freie Ausprägung von Gold einzustellen. Während ich dies schreibe, erhalte ich über die nun auch in außerakademischen Kreisen Platz greifende Idee, daß das Gold eine unbeständige Währung sei, weiteres Beweismaterial. Das rasche Steigen in den Lebenskosten hat die Aufmerksamkeit der Zeitschriften und Tagespresse natürlich auf diesen Gegenstand gelenkt. Thomas Alva Edison prophezeit in einer kürzlich stattgehabten Unterredung einen weiteren Sturz im Wert des Goldes durch die Entdeckung billiger Methoden, aus gewissen Tonlagern im Süden ungeheure Goldmengen herauszuziehen, — eine Entdeckung, die mit Gewißheit früher oder später gemacht werden wird. Er macht die treffende Bemerkung: „Ist es nicht absurd, eine Substanz als Wertregulator zu haben, deren eigentlicher Zweck ist, Bilderrahmen zu vergolden und Zähne zu plombieren?" Mr. Carnegie stipuliert in seiner letzten Schenkung von zehn Millionen Dollar für die Carnegie Institution in Washington, daß ein gewisser Teil des Einkommens als Tilgungsfond gegen die „abnehmende Kaufkraft des Geldes" in Reserve gestellt wird. Dies ist bedeutungsvoll als einer der ersten Fälle, daß ein Geschäftsmann in praktischer Weise die Unbeständigkeit des Goldes erkannt hat.

als Mittel zur Aufrechterhaltung eines stabilen Preisniveaus dienen, in Erwägung gezogen. Es zeigte sich, daß ein System, durch das zwei oder mehrere Metalle aufs unbestimmte zu einem übereingekommenen Verhältnis in Zirkulation gehalten werden, keinerlei Garantie gewährt, und es wurde darauf hingewiesen, daß, selbst wenn dies der Fall wäre, ein eventueller Vorteil in bezug auf die Stabilität der Preise wohl nur von geringer Bedeutung sein würde. Der letztere Einwand wurde auch gegen den Symmetallismus, also gegen den Vorschlag, mehr als ein Edelmetall in jeder Währungsmünze zu vereinigen, und ebenso auch gegen das System der „verbundenen Metallplatten" erhoben, usw.

Es wurden sodann mehrere Methoden in Erwägung gezogen, mittelst deren die Regierung die Quantität des Geldes im Verhältnis zum Verkehrsbedürfnis derart regulieren könnte, daß das Preisniveau stabil erhalten wird. Zu diesem Zwecke wurde die Methode aufgeführt, uneinlösbares Papiergeld als Währungsgeld zu ernennen und dessen Quantität zu regulieren. Eine andere Methode ging dahin, den Zufluß des Metallgeldes durch eine variierende Münzgebühr zu regulieren. Ein noch anderes Verfahren bestand in der Ausgabe von Papiergeld, das auf Verlangen in Gold einzulösen ist, was jedoch nicht in dem festgesetzten Betrage des Grundedelmetalles, sondern in einem veränderlichen Betrage zu geschehen hätte, dessen Höhe so festgesetzt wird, daß das Preisniveau unverändert bleibt. Und schließlich wurde der Plan des Verfassers, der die Golddevisenwährung in Verbindung mit einer Tabellarwährung vorschlägt, in reifliche Erwägung gezogen.

Es wurde die Anregung gegeben, daß der erste Schritt in dieser notwendigen Reform darin bestehen müsse, das Publikum und insbesondere die Geschäftswelt zu bewegen, das Problem der Wertbeständigkeit des Geldes zu studieren und sich zu überzeugen, daß gegenwärtig Kontrakte in Geld ebenso wahrhaftige Spekulationsgeschäfte sind, wie Warentermingeschäfte, und daß sie in der Tat nur eine Spielart des Terminhandels bedeuten.

Ist die notwendige Aufklärung einmal im Gange, dann wird es an der Zeit sein, Vorschläge zur Regulierung der Kaufkraft des Geldes im Lichte der öffentlichen und wirtschaftlichen Lage der Zeit zu erstatten. Aber alles dies ist Sache der Zukunft. Für den Augenblick scheint nichts so notwendig zu sein, als das Problem und die Grundzüge seiner Lösung zu formulieren und der Hoffnung Raum zu geben, daß das, was heute eine akademische Frage ist, zu gegebener Zeit zu den wichtigsten Entscheidungen drängen möge[1]).

---

[1]) Eine ausführlichere Erklärung des vorstehend beschriebenen Vorschlages der „Wertstabilisierung des Dollars" findet der Leser auf S. 416 ff.

Anhang zum II. Kapitel.

§ 1 (zum II. Kapitel, § 3).

Der Begriff eines Mittelwertes.

In der Theorie wie in der Praxis sind Mittelwerte von so großer Bedeutung, daß es angezeigt erscheint, eine kurze Darlegung ihrer Grundbegriffe hier einzuschalten, um so mehr, als den Lesern volkswirtschaftlicher Werke so wenig über diesen Gegenstand zu Gebote steht[1]).

Es gibt zahlreiche Arten von Mittelwerten. Von diesen sind besonders die arithmetischen, geometrischen und harmonischen Mittel zu nennen, von denen es wieder viele verschiedene Varietäten gibt. Das *einfache arithmetische* Mittel einer bestimmten Reihe von Gliedern wird gefunden, indem man die Summe der Einzelwerte durch deren Anzahl dividiert. Nehmen wir z. B. an, daß der Durchschnitt von 2 und 8 gefunden werden soll. Er beträgt unzweifelhaft $\frac{(2+8)}{2} = \frac{10}{2} = 5$. Dieser Mittelwert wird tatsächlich am häufigsten verwendet.

Das *einfache geometrische* Mittel erhält man, wenn man alle Glieder miteinander multipliziert und aus dem Produkt diejenige Wurzel zieht, die der Anzahl der Glieder entspricht. Der geometrische Durchschnitt von 2 und 8 beträgt demnach $\sqrt{2 \times 8}$ oder 4.

Das *einfache harmonische* Mittel einer beliebigen Anzahl von Gliedern ist der reziproke Wert des arithmetischen Mittels ihrer reziproken Werte. Für 2 und 8 beträgt es demnach $\frac{1}{\frac{\frac{1}{2}+\frac{1}{8}}{2}}$ oder $3\frac{1}{5}$.

Das *gewogene arithmetische* Mittel ist eine Modifikation des einfachen arithmetischen Mittels. Setzen wir den Fall, daß die mittlere Höhe von zwei Baumgruppen gefunden werden soll, von denen die eine Gruppe aus hohen und die andere aus niedrigen Bäumen besteht. Die Höhe der einen Gruppe beträgt 8 und die der anderen 2 Meter. Das *einfache* arithmetische Mittel ist, wie wir gesehen haben, 5. Dieses Mittel behandelt aber beide Gruppen als gleichbedeutend. Wir wollen aber annehmen, daß die Zweimetergruppe aus zwanzig und die Achtmetergruppe aus zehn Bäumen be-

---

[1]) Eine eingehende Erörterung erfährt dieser Gegenstand in Dr. Franz Žižeks „*Die statistischen Mittelwerte*", Leipzig (Duncker & Humblot), 1908, wo weitere Verweisungen zu finden sind (S. 2).

steht, und daß wir einen Durchschnitt der beiden Höhen zu suchen haben, die jedem *Baume* die gleiche Bedeutung gibt. Die Gruppe der zwanzig niedrigen Bäume erhält hierbei die doppelte Bedeutung gegenüber der aus den zehn hohen Bäumen bestehenden Gruppe. Wir geben jedem Baume die gleiche Bedeutung, wenn wir das einfache arithmetische Mittel der dreißig Bäume nehmen. Dieses *einfache* Mittel von *dreißig* Bäumen ist dann der *gewogene* Durchschnitt der *beiden* Baumgruppen. Er wird gefunden, wenn die sämtlichen Höhen addiert (zwanzig Höhen von zwei Metern und zehn Höhen von acht Metern) und durch die Zahl der Bäume $(20 + 10)$ dividiert werden. Das heißt, die mittlere Höhe beträgt $\frac{20 \times 2 + 10 \times 8}{20 + 10} = 4$ (als Durchschnitt der *beiden Gruppen* betrachtet, anstatt desjenigen der dreißig Bäume), und dies ist das gewogene arithmetische Mittel von 2 und 8; darin ist die 2 zwanzigmal und die 8 zehnmal gewogen. Das gewogene Mittel der beiden Gruppen bedeutet das einfache Mittel der dreißig Bäume. Mit anderen Worten: wenn wir die verschiedenen Glieder, deren Durchschnitt ermittelt werden soll, „wiegen", so wird jedes dieser Glieder nicht mehr einmal gezählt, sondern so, als ob das eine (sagen wir) zwanzig und das andere (sagen wir) zehn bedeuten würde, wobei die Zahl, die angibt, wie oft ein Glied gezählt wird, dessen „Gewicht" bildet. Auf dieselbe Weise können wir den gewogenen geometrischen und den gewogenen harmonischen Durchschnitt bestimmen. Wenn wir das nämliche Beispiel der Bäume anwenden, so finden wir die Ergebnisse $\sqrt[30]{2^{20} \cdot 8^{10}}$ bzw. 3.175 und $\frac{1}{\frac{20(\frac{1}{2}) + 10(\frac{1}{8})}{30}}$ oder $2\frac{2}{3}$.

Das gleiche Ergebnis würden wir erhalten haben, wenn wir (statt 20 und 10) 2 und 1 als Gewichte genommen hätten.

Da es so viele verschiedene Arten von Durchschnitten gibt, müssen wir uns die Frage vorlegen: Welche Bedeutung hat ein Durchschnitt oder Mittelwert im allgemeinen? Die Antwort lautet: Jeder Durchschnitt einer Anzahl von Gliedern muß durch eine mathematische Regel erlangt werden, und zwar so, daß deren Durchschnitt auf eine Reihe *gleichbedeutender* Glieder angewandt, mit jedem einzelnen dieser Glieder gleichbedeutend ist. Eine jede Regel ist zur Berechnung von Durchschnitten zulässig, die diese Bedingungen erfüllt (nämlich die Bedingung, daß der Durchschnitt gleichbedeutender Glieder mit jedem einzelnen Gliede gleichbedeutend sein muß). Bekanntlich ist das einfache arithmetische Mittel A, von a, b und c, $A = \frac{a + b + c}{3}$. Daß diese Formel der geforderten Probe entspricht, liegt auf der Hand. Wenn A an Stelle jeder der drei Größen a, b und c in $\frac{a+b+c}{3}$ gesetzt wird, so erhalten wir $\frac{A+A+A}{3}$, ein Ergebnis, das, wie wir sehen, gleich A ist; die Probe bestätigt sich also.

Wir wollen ferner annehmen, daß G das geometrische Mittel von a, b und c ist, so daß $G = \sqrt[3]{abc}$. Diese Formel stimmt mit der Begriffsbestimmung eines Durchschnittes ebenfalls überein, da $G = \sqrt[3]{GGG}$.

Der harmonische Durchschnitt (den wir H nennen wollen) von a, b und c ist in ähnlicher Weise $H = \frac{1}{\frac{\frac{1}{a}+\frac{1}{b}+\frac{1}{c}}{3}}$. Auch dies stimmt, weil

$$H = \frac{1}{\frac{\frac{1}{H}+\frac{1}{H}+\frac{1}{H}}{3}}.$$

Für einen gewogenen arithmetischen Durchschnitt A_g von a, b und c, dessen Gewichte α, β, γ sind, haben wir die Formel $A_g = \frac{\alpha a + \beta b + \gamma c}{\alpha + \beta + \gamma}$, welche mit unserer Probe übereinstimmt, da unzweifelhaft

$$A = \frac{\alpha A_g + \beta A_g + \gamma A_g}{\alpha + \beta + \gamma}.$$

Durch die Anwendung dieser allgemeinen Regel können wir nach Belieben zahllose Arten von Durchschnitten ermitteln. Nur ist es notwendig, eine jede Formel zweimal zu schreiben, einmal unter Benutzung der Glieder, deren Durchschnitte gefunden werden sollen, und das andere Mal statt dessen unter Benutzung des geforderten Durchschnittes, worauf die Gleichung der beiden Formeln aufgestellt werden kann. Nehmen wir z. B. die komplizierte Formel $\frac{(a + a^2 + Ka^3)\left(b + \frac{3}{ab}\right)}{c + \sqrt[3]{bc}}$. Diese kann zur Erlangung einer neuen Art von Durchschnitten (x) von a, b und c angewandt werden, einfach durch Ausgleichung derselben mit der ähnlichen Form $\frac{(x + x^2 + Kx^3)\left(x + \frac{3}{x^2}\right)}{x + \sqrt[3]{x^2}}$.

Daß x, wie wir durch diese Gleichung gefunden haben, mit unserer Begriffsbestimmung eines Durchschnittes übereinstimmt, ist klar ersichtlich, da durch die Einsetzung von x für a, b und c, die Richtigkeit der Gleichung klar vor Augen liegt, was uns lehrt, daß x der vorgeschlagene neue Durchschnitt der gleichbedeutenden Glieder x ist.

Ein besonderer Fall der Begriffsbestimmung, welcher hervorgehoben werden muß, ist der, in welchem zwei oder mehrere Durchschnitte (die nicht notwendigerweise von derselben Art sein müssen) zueinander in Beziehung stehen. Wenn wir wissen, daß B ein Mittelwert von $b_1, b_2, b_3, \ldots$ ist, so brauchen wir, wenn A ein Mittelwert von $a_1, a_2, a_3, \ldots$ werden soll, nur eine derartige Formel zu haben, daß, wenn $a_1 = a_2 = a_3 \ldots$ und zugleich $b_1 = b_2 = b_3$ (jede der Größen muß durch Hypothese B gleich sein), auch A jeder der Größen a_1, a_2, a_3 usw. gleich sein muß. Viele ähnliche Beispiele von Mittelwertpaaren wie A und B sind in Kapitel X gegeben (über die Konstruktion von Indexziffern). Ein einfaches Beispiel ist das folgende:

Lassen wir $nAB = a_1b_1 + a_2b_2 + a_3b_3 + \ldots$ und B das arithmetische Mittel sein $= \frac{b_1 + b_2 + b_3 + \cdots}{n}$ (n ist die Zahl der Glieder). Dann ist A eine (neue) Art Mittelwert von a_1, a_2, a_3; denn durch den Ersatz von A für $a_1, a_2, a_3, \ldots$ und B für b_1, b_2, b_3 in der Gleichung $nAB = a_1b_1 + \cdots$ ist die Gleichung befriedigt.

§ 2 (zum II. Kapitel, § 5).

Der Begriff „Umlaufsgeschwindigkeit".

Die Umlaufsgeschwindigkeit des Geldes ist als das Verhältnis des aufgewendeten Geldes zu dem durchschnittlich verfügbaren Gelde, d. h. als die Umsatzrate, definiert worden. Eine Umsatzrate unterscheidet sich von der populären Vorstellung von „Geschwindigkeit". Volkstümlich versteht man unter Geschwindigkeit, wievielmal Geld durchschnittlich aus der Hand der einen Person in die einer anderen übergeht, wogegen wir in Geschwindigkeit die Durchschnittszahl der Münzen erblicken, die durch *eines Mannes* Hand gehen, dividiert durch den in seinem Besitze befindlichen Durchschnittsbetrag. Der Unterschied zwischen diesen beiden Begriffen ist dem zweier Methoden, die Geschwindigkeit eines Eisenbahnzuges zu ermitteln, sehr ähnlich. Die eine Methode ist, dem Zuge eine gewisse Anzahl von Meilen zu folgen und festzustellen, wieviel Zeit er braucht, um diese Meilen zurückzulegen. Die andere Methode besteht darin, von einem gewissen Punkte neben dem Geleise aus die Zeit festzustellen, die ein Zug von gegebener Länge zum Vorbeifahren an dieser Stelle benötigt. Das Folgen des Zuges von Ort zu Ort entspricht dem Folgen einer Münze von Person zu Person, während das Beobachten der Vorbeifahrt des Zuges an einem Punkte mit dem Beobachten der Umsatzrate des Geldbeutels einer Person verglichen werden kann. Wir können diese zwei Methoden als die „Münzenübertragungsmethode" und die „Personenumsatzmethode" unterscheiden. Beide Methoden ergeben, wenn richtig angewandt, dasselbe Resultat. Bei der Münzenübertragungsmethode wird jedoch gewöhnlich ein wichtiger Unterschied übersehen, nämlich der Unterschied zwischen dem Brutto- und Nettoumlauf des Geldes. Was wir haben wollen, ist die Rate, zu der Geld für den *Einkauf von Gütern* verwendet wird und nicht die „Umwechslung in kleinere Münzsorten". Das Ergebnis ist der Unterschied zwischen der Anzahl der Male, die jedes Geldstück seinen Besitzer *gegen* Güter, und der Anzahl der Male, die es seinen Besitzer *mit* Gütern wechselt. Wenn eine Zehndollarnote für den Einkauf von Waren umgesetzt und $ 2 „herausgegeben" werden, so kann das wirkliche, für Güter ausgegebene Geld weder mit $ 12, der Bruttogeldübertragung, noch mit $ 10, dem gegen Güter umgesetzten Bruttobetrage, gemessen werden, sondern nur mit $ 8, dem für Güter gezahlten Nettobetrage. Wollen wir bei der Münzenübertragungsmethode die durchschnittliche Umlaufsgeschwindigkeit zweier Geldstücke ermitteln, sagen wir von einem Dollar und einem Zehncentstücke, so müssen wir nicht nur die *Netto*umsatzrate jeder Münze finden, sondern auch die Verschiedenheit der Kaufkraft der beiden Münzen erwägen. Nehmen wir an, daß der Dollar während eines Jahres 115 mal gegen Güter und 15 mal mit Gütern ausgegeben wird, so daß seine Nettoumlaufsgeschwindigkeit 115 — 15 oder 100 ist. Wenn wir nun die Geschwindigkeit des Zehncentstückes mit 290 — 90 oder 200 annehmen, so muß bei der Durchschnittsgeschwindigkeit der beiden Münzen ihr verschieden hoher Wert irgendwie berücksichtigt werden. Ein Dollar ist das Äquivalent von zehn Zehncentstücken. Um den tatsächlichen Durchschnitt, das heißt den Durchschnitt des von beiden geleisteten *Dienstes* zu erhalten, ist also seine Umlaufsgeschwindigkeit zehnfach zu „wiegen". Die Nettozirkulationsrate von 100 für den Dollar ist gleichwertig der Nettoumlaufsgeschwindigkeit von 100 für jedes einzelne der *zehn* Zehncentstücke. Daraus folgt, daß die Durchschnittsgeschwindigkeit der beiden Münzen $\frac{10 \times 100 + 200}{11}$ ist, ein Ergebnis, das der Geschwindigkeit des Dollars viel näher kommt als der des Zehncentstückes. Werden diese beiden Sicherheitsmaßregeln gegen Irrtümer bei der Münzenübertragungsmethode angewandt, so ist leicht zu ersehen, daß diese dasselbe Resultat ergibt, wie die Personenumsatzmethode [1]).

Es gibt jedoch noch eine Größe, die im Zusammenhang mit der Geschwindigkeit des Geldumlaufes zu berücksichtigen ist. Sie kann die *Durchschnittsumsatzzeit* genannt werden, d. h. der Durchschnittsbetrag der Zeit, die gebraucht wird, um alles gegebene Geld einmal umzusetzen. Dies ist der „reziproke Wert" der Geschwindigkeit. Wenn Geld zwanzigmal im Jahre von Hand zu Hand geht, so ist es durchschnittlich einmal in $\frac{1}{20}$ eines Jahres oder einmal in etwas über 18 Tagen umgesetzt worden. Dies ist seine *Durchschnittsumsatzzeit.* Wenn die Durchschnittsumlaufsgeschwindigkeit oder Umsatzrate vierzigmal im Jahre erfolgt, dann ist die Durchschnittsumsatzzeit $\frac{1}{40}$ eines Jahres oder ungefähr neun Tage. Oder wir wollen anstatt alles gegebene Geld direkt in Erwägung zu ziehen, nur einen Teil davon betrachten. Wenn ein Mann im Durchschnitt jeden Tag $ 10 in seiner Tasche hat und täglich durchschnittlich $ 1 ausgibt, so setzt er offenbar jeden Tag $\frac{1}{10}$ seines Geldes um. Da jeden Tag $\frac{1}{10}$ seines durchschnittlichen Bestandes umgesetzt wird, so vollzieht sich der Umsatz seines gesamten Bestandes $36^1/_2$ mal im Jahre oder einmal in 10 Tagen; die Umsatzzeit beträgt somit 10 Tage. Wenn nun dieser Mann eine Brieftasche mit einem Stoße von 10 Eindollarnoten besäße und jeden Tag, sobald er die oberste für seine Ausgaben herausgenommen hätte, eine andere zu unterst hinzufügte, so würde offenbar eine jede dieser Noten gerade zehn Tage in seinen Händen verbleiben, bis sie in diesem Stoße die Wanderung von unten bis oben gemacht hätte.

§ 3 (zum II. Kapitel, § 5).

Anordnung der p, Q und pQ.

Nehmen wir an, daß das Jahr in eine unbestimmte Anzahl von Zeitperioden oder Zeitpunkten eingeteilt ist und daß die Preise und Quantitäten, die sich auf jene aufeinander folgenden Perioden beziehen, durch die Bezeichnungen 1, 2, 3 usw. auf der linken Seite der Buchstaben p und q unterschieden sind, ferner daß wir mit einem Gemeinwesen von unbestimmter Personenzahl in Verkehr stehen, das durch Bezeichnungen auf der rechten Seite der Buchstaben unterschieden ist. Die Quantität einer besonderen Gattung von Gütern, eingekauft von Person Nr. 1 an Zeitpunkt Nr. 3, wird demnach mit ${}_3q_1$ und der Verkaufspreis mit ${}_3p_1$ dargestellt. Das ganze

[1]) Mathematische Darlegung siehe § 5 dieses Anhanges.

System der Quantitäten und Preise ist durch die beiden folgenden Anordnungen dargestellt:

Personen	Perioden 1	2	3...	Total	Personen	Perioden 1	2	3...	Durchschnitt
1	${}_1q_1$	${}_2q_1$	${}_3q_1$	Q_1	1	${}_1p_1$	${}_2p_1$	${}_3p_1$	p_1
2	${}_1q_2$	${}_2q_2$	${}_3q_2$	Q_2	2	${}_1p_2$	${}_2p_2$	${}_3p_2$	p_2
3	${}_1q_3$	${}_2q_3$	${}_3q_3$	Q_3	3	${}_1p_3$	${}_2p_3$	${}_3p_3$	p_3
—	—	—	—	—	—	—	—	—	—
—	—	—	—	—	—	—	—	—	—
Total	${}_1Q$	${}_2Q$	${}_3Q$	Q	Durchschn.	${}_1p$	${}_2p$	${}_3p\ldots$	p

Wir haben soeben die Bedeutung der Buchstaben in den Innenspalten dieser Anordnungen erklärt. Die Buchstaben in den Außenspalten bedeuten: Q_1 die von Person 1 gekaufte Gesamtquantität, d. h. die Summe $({}_1q_1 + {}_2q_1 + {}_3q_1 + \cdots)$ aller von ihr in den verschiedenen Zeitperioden gekauften Quantitäten. Die gleiche Definition gilt für Q_2, Q_3 usw. ${}_1Q$ ist die an Zeitpunkt 1 gekaufte Gesamtquantität, d. h. die Summe $({}_1q_1 + {}_1q_2 + {}_1q_3 + \cdots)$ aller an diesem Zeitpunkte von den verschiedenen Personen eingekauften Quantitäten. Die gleiche Definition gilt auch für ${}_2Q$, ${}_3Q$, $\cdots$ Endlich ist Q (wie im Texte) die Gesamtsumme der von allen Personen zu allen Zeitperioden gekauften Quantitäten. Offensichtlich ist

$$\begin{aligned} Q &= {}_1Q + {}_2Q + {}_3Q + \cdots \\ &= Q_1 + Q_2 + Q_3 + \cdots \\ &= {}_1q_1 + {}_2q_1 + \text{usw.} + {}_1q_2 + {}_2q_2 + \text{usw.} \cdots + \text{usw.} \end{aligned}$$

Die gleiche Definition gilt auch für die in den Außenspalten der p-Anordnung befindlichen Buchstaben, doch sind hier die Beziehungen zu den Buchstaben in den Innenspalten der Anordnung Durchschnitte anstatt Summen. Wir können die Form dieser Durchschnitte am besten von einer dritten oder Zwischenanordnung für pQ ableiten, die die Geldwerte der Einkäufe anzeigt.

Diese letztgenannte Anordnung ist:

Personen	Perioden 1	2	3	Total
1	${}_1p_1\ {}_1q_1$	${}_2p_1\ {}_2q_1$	${}_3p_1\ {}_3q_1$	$p_1\ Q_1$
2	${}_1p_2\ {}_1q_2$	${}_2p_2\ {}_2q_2$	${}_3p_2\ {}_3q_2$	$p_2\ Q_2$
3	${}_1p_3\ {}_1q_3$	${}_2p_3\ {}_2q_3$	${}_3p_3\ {}_3q_3$	$p_3\ Q_3$
Total	${}_1p\ {}_1Q$	${}_2p\ {}_2Q$	${}_3p\ {}_3Q$	$p\ Q$

Offenbar müssen in dieser Anordnung dieselben Beziehungen gelten, wie in der Q-Anordnung. Das heißt, pQ, die ganze für eine gegebene Ware von allen Personen in dem Gemeinwesen während aller Perioden des Jahres verausgabte Summe, muß gleich sein 1. der Summe der darüber befindlichen Kolonne, 2. der Summe der Reihe zu ihrer Linken und 3. der Summe der Glieder in den Innenspalten der Anordnung. Mit anderen Worten: sie muß gleich sein 1. der Summe der von den vielen verschiedenen Personen ausgegebenen Gesamtjahresbeträge, 2. der Summe der in dem Gemeinwesen zu den verschiedenen Perioden des Jahres ausgegebenen Gesamtbeträge und 3. der Summe der Einkäufe aller Personen in allen Zeitperioden.

Die Beschaffenheit der p-Anordnung ist nun durch die Q- und die pQ-Anordnung bestimmt. Sie muß nämlich derart sein, daß sie die soeben beschriebene Summierung für die pQ-Anordnung gestattet. Das heißt, jeder der Durchschnittspreise (wie z. B. p_1) muß mit dem Inhalt folgender Formel übereinstimmen:

$$p_1 Q_1 = {}_1p_1\,{}_1q_1 + {}_2p_1\,{}_2q_1 + \cdots,$$

das heißt

$$p_1 = \frac{{}_1p_1\,{}_1q_1 + {}_2p_1\,{}_2q_1}{Q_1} + \cdots$$
$$= \frac{{}_1p_1\,{}_1q_1 + {}_2p_1\,{}_2q_1 + \cdots}{{}_1q_1 + {}_2q_1 + \cdots}.$$

Daher ist p ein gewogener Durchschnitt von ${}_1p_1$, ${}_2p_1$ usw., wobei die Gewichte ${}_1q_1$, ${}_2q_1$ usw. sind. Das heißt, der von Person Nr. 1 gezahlte Durchschnittspreis ist das gewogene arithmetische Mittel der von ihr zu den verschiedenen Zeitpunkten des Jahres gezahlten Preise, wobei die gekauften Quantitäten die Gewichte darstellen. Der gleiche Grundsatz bewährt sich auch für alle anderen Personen.

In ähnlicher Weise kann der Durchschnittspreis, ${}_1p$, wie folgt angezeigt werden:

$${}_1p = \frac{{}_1p_1\,{}_1q_1 + {}_1p_2\,{}_1q_2 + \cdots}{{}_1Q\,(= {}_1q_1 + {}_1q_2 + \cdots)}.$$

Das heißt: der Durchschnittspreis in der Periode Nr. 1 ist das gewogene arithmetische Mittel aller von verschiedenen Personen an Zeitpunkt Nr. 1 bezahlten Preise; die Gewichte sind die von jeder Person gekauften Quantitäten. Die gleichen Grundsätze bestehen auch für alle anderen Zeitpunkte.

Endlich ist der Durchschnittspreis p in der unteren rechten Ecke der p-Anordnung entweder $p = \frac{p_1 Q_1 + p_2 Q_2 + \cdots}{Q\,(=Q_1 + Q_2 + \cdots)}$ (das heißt, p ist ein gewogenes arithmetisches Mittel von p_1, p_2 usw., dessen Gewichte Q_1, Q_2 usw. sind), oder (indem wir die Reihe anstatt der Kolonne benützen) p ist das gleiche gewogene arithmetische Mittel von ${}_1p$, ${}_2p$ usw. und die Gewichte dabei ${}_1Q$, ${}_2Q$ usw.; oder es kann schließlich jeder dieser beiden Ausdrücke für p, verbunden mit dem vorhergehenden Ausdrucke für p_1, p_2 usw. oder mit dem für ${}_1p$, ${}_2p$ usw. dazu benützt werden, um zu beweisen, daß p ein gewogenes arithmetisches Mittel aller p innerhalb der Anordnung ist, dessen Gewichte die entsprechenden q sind. Kurz, der Preis jeder Ware für das Jahr ist sein Durchschnitt zu allen Zeiten und für alle Einkäufe im Jahre, den eingekauften Quantitäten gemäß gewogen.

Dieser Grundsatz umfaßt die Methode zur Erlangung von Durchschnittspreisen an verschiedenen Plätzen. So ist der Durchschnittspreis des Zuckers in den Vereinigten Staaten für das Jahr 1909 das gewogene arithmetische Mittel aller Verkaufspreise aller Personen in den Vereinigten Staaten und zu allen Zeitpunkten während des Jahres; die gekauften Quantitäten sind die Gewichte. Wenn daher große örtliche oder zeitliche Veränderungen im Preise eintreten, ist es von Bedeutung, das Hauptgewicht auf die größten Einkäufe zu legen.

Was bezüglich der Q- und p-Anordnungen gesagt worden ist, bezieht sich nur auf eine Ware. Doch gelten dieselben Grundsätze für jede Ware, für die sich getrennte Anordnungen sowohl in Übereinstimmung mit jeder Totalquantität Q, Q', Q'' usw. als auch mit jedem Durchschnittspreis p, p', p'' usw. aufstellen lassen.

§ 4 (zum II. Kapitel, § 5).

Anordnung der a, g und U.

Im vorhergehenden Abschnitt haben wir gesehen, daß eine „Anordnung" der p, pQ und Q für jede Ware besteht. Dies gilt für die rechte Seite der Verkehrsgleichung. Ähnliche Anordnungen bestehen für die linke Seite.

Wenn wir, wie zuvor, ein Gemeinwesen mit einer beliebigen Anzahl von Personen, durch Bezeichnungen rechts unterschieden, annehmen, und das Jahr in Zeitpunkte durch Bezeichnungen links unterschieden einteilen, so können wir den Betrag des am ersten Zeitpunkte durch die erste Person ausgegebenen Geldes mit ${}_1a_1$, den Durchschnittsbetrag des Geldes, den diese Person an diesem Zeitpunkte in Händen hat, mit ${}_1g_1$ und die Umlaufsgeschwindigkeit an diesem Zeitpunkte (zum Jahressatze berechnet) mit ${}_1U_1$ bezeichnen. Die Ausgabe an dem Zeitpunkte ist ${}_1a_1$, und dessen Rate per Jahr ist ${}_1n_1\,{}_1a_1$ bei einer Anzahl von n Zeitpunkten im Jahre, so daß also die Umlaufsgeschwindigkeit oder die Umsatzrate ${}_1U_1$ per Jahr $n\,\frac{{}_1a_1}{{}_1g_1}$ beträgt. Auf ähnliche Weise kann man die ausgegebenen und vorrätig gehaltenen Beträge und die Umlaufsgeschwindigkeit für jedes Mitglied des Gemeinwesens während jedem Zeitpunkt im Jahre ausdrücken, wie aus den folgenden drei Anordnungen (in den Innenspalten) ersichtlich ist.

In der ersten Tabelle finden wir auf der ersten Linie rechts A_1, die von der ersten Person ausgegebene Summe, d. h. die Summe von ${}_1a_1$, ${}_2a_1$, ${}_3a_1$ . . . auf der ersten Linie, die die von dieser Person an aufeinanderfolgenden Zeitpunkten während des Jahres ausgegebenen Beträge darstellt. Ebenso ist A_2 die von der zweiten und A_3 die von der dritten Person während des Jahres ausgegebene Summe. ${}_1A$ am Fuße der ersten Kolonne ist der von allen Personen am ersten Zeitpunkte ausgegebene Betrag, d. h. es ist die Summe aller Beträge in der darüber befindlichen Kolonne; ebenso ist ${}_2A$ der

Aufgewendeter Betrag					Geldvorrat				
Personen	Perioden			Total	Personen	Perioden			Durchschnitt
	1	2	3 . . .			1	2	3 . . .	
1	${}_1a_1$	${}_2a_1$	${}_3a_1\ldots$	A_1	1	${}_1g_1$	${}_2g_1$	${}_3g_1\ldots$	g_1
2	${}_1a_2$	${}_2a_2$	${}_3a_2\ldots$	A_2	2	${}_1g_2$	${}_2g_2$	${}_3g_2\ldots$	g_2
3	${}_1a_3$	${}_2a_3$	${}_3a_3\ldots$	A_3	3	${}_1g_3$	${}_2g_3$	${}_3g_3\ldots$	g_3
—	—	—	—	—	—	—	—	—	—
—	—	—	—	—	—	—	—	—	—
Total	${}_1A$	${}_2A$	${}_3A\ldots$	A	Total	${}_1G$	${}_2G$	${}_3G\ldots$	G

Umlaufsgeschwindigkeit

Personen	Perioden			Durchschnitt
	1	2	3	
1	$n\,\frac{{}_1a_1}{{}_1g_1} = {}_1U_1$	$n\,\frac{{}_2a_1}{{}_2g_1} = {}_2U_1$	$n\,\frac{{}_3a_1}{{}_3g_1} = {}_3U_1$	$\frac{A_1}{g_1} = U_1$
2	$n\,\frac{{}_1a_2}{{}_1g_2} = {}_1U_2$	$n\,\frac{{}_2a_2}{{}_2g_2} = {}_2U_2$	$n\,\frac{{}_3a_2}{{}_3g_2} = {}_3U_2$	$\frac{A_2}{g_2} = U_2$
3	$n\,\frac{{}_1a_3}{{}_1g_3} = {}_1U_3$	$n\,\frac{{}_2a_3}{{}_2g_3} = {}_2U_3$	$n\,\frac{{}_3a_3}{{}_3g_3} = {}_3U_3$	$\frac{A_3}{g_3} = U_3$
Durchschn.	$n\,\frac{{}_1A}{{}_1G} = {}_1U$	$n\,\frac{{}_2A}{{}_2G} = {}_2U$	$n\,\frac{{}_3A}{{}_3G} = {}_3U$	$\frac{A}{G} = U$

von allen Personen am zweiten Zeitpunkte ausgegebene Betrag, ${}_3A$ der am dritten Zeitpunkte ausgegebene, usw. Endlich ist A in der unteren rechten Ecke, wie schon im Texte angewandt, die von *allen* Personen zu *allen* Zeitpunkten des Jahres ausgegebene Gesamtsumme. Offensichtlich kann A durch Addition der Reihe zu seiner Linken oder durch Addition der darüber befindlichen Kolonne erhalten werden. Es ist auch die Summe aller Elemente in den Innenspalten, d. h. $A = \Sigma_1 A = \Sigma A_1 = \Sigma_1 a_1$.

G in der unteren rechten Ecke der zweiten Tabelle ist die Summe der von den verschiedenen Mitgliedern des Gemeinwesens während eines Jahres zur Verfügung gehaltenen Durchschnittsbeträge, d. h. es ist die Summe der Elemente in der darüber befindlichen Kolonne, g_1, g_2, g_3 usw., von denen jedes durch Hypothese ein einfacher Durchschnitt der Reihe zu seiner Linken ist.

Oder aber, G ist ein einfacher Durchschnitt der Reihe zu seiner Linken, ${}_1G$, ${}_2G$, ${}_3G$ usw., die Durchschnittsbeträge des Geldes in dem Gemeinwesen an den aufeinanderfolgenden Zeitpunkten des Jahres; jeder dieser Durchschnitte ist wieder die Summe der darüber befindlichen Kolonne, d. h. $G = \Sigma g_1 = \frac{\Sigma_1 G}{n}$. Daher ist G sowohl die Summe der Durchschnitte als auch der Durchschnitt der Summen. Daß beide Zahlen einander gleich sind, ergibt sich, wenn beide in Gliedern der Elementarquantitäten ${}_1g_1$ vermittelst der Gleichung

$$g_1 = \frac{{}_1g_1 + {}_2g_1 + {}_3g_1 + \cdots}{n} \quad \text{usw.}$$

und die Gleichung ${}_1G = {}_1g_1 + {}_1g_2 + {}_1g_3 + \cdots$ ausgedrückt werden. Es ist natürlich leicht, auch G direkt in Gliedern von ${}_1g_1$ usw. in den Innenspalten auszudrücken. So ausgedrückt ist es $\frac{\Sigma_1 g_1}{n}$.

Die dritte Tabelle (die der Geschwindigkeiten) ist von den ersten beiden abgeleitet. Wie soeben erklärt, ist ${}_1U_1$ die Umlaufsgeschwindigkeit (als *Jahres*satz betrachtet) für die erste Person in dem Gemeinwesen zum ersten Zeitpunkte.

Es sind nun noch die Verhältnisse der Elemente in der U-Tabelle darzulegen.

Offensichtlich ist
$$\begin{aligned} U &= \frac{A}{G} \\ &= \frac{A_1 + A_2 + \cdots}{g_1 + g_2 + \cdots} \\ (1) \qquad &= \frac{g_1 U_1 + g_2 U_2 + \cdots}{g_1 + g_2 + \cdots}. \end{aligned}$$

Formel (1) zeigt, daß U ein gewogener Durchschnitt der jährlichen Umlaufsgeschwindigkeit des Geldes der verschiedenen Personen ist, daß die Geschwindigkeit des Geldes jeder Person für das ganze Jahr gemessen und ihrem durchschnittlichen vorrätigen Geldbetrag gemäß gewogen ist.

Einer ähnlichen, doch etwas verschiedenen Anordnung folgend, haben wir

$$U = \frac{A}{G}$$

$$= \frac{{}_1A + {}_2A + \cdots}{\frac{{}_1G + {}_2G + \cdots}{n}}$$

$$= n\,\frac{{}_1A + {}_2A + \cdots}{{}_1G + {}_2G + \cdots}$$

$$= n\,\frac{{}_1G\,\frac{{}_1A}{{}_1G} + {}_2G\,\frac{{}_2A}{{}_2G} + \cdots}{{}_1G + {}_2G + \cdots}$$

$$= \frac{{}_1G\left(n\,\frac{{}_1A}{{}_1G}\right) + {}_2G\left(n\,\frac{{}_2A}{{}_2G}\right) + \cdots}{{}_1G + {}_2G + \cdots}$$

$$(2) \qquad = \frac{{}_1G\,{}_1U + {}_2G\,{}_2U + \cdots}{{}_1G + {}_2G + \cdots}.$$

Formel (2) zeigt, daß U ebenfalls der gewogene Durchschnitt der Jahresgeschwindigkeit der aufeinanderfolgenden Zeitpunkte ist, in die das Jahr eingeteilt wird; die Geschwindigkeit jedes Zeitpunktes gilt für das ganze Gemeinwesen und wird ihrem in Umlauf befindlichen Durchschnittsbetrag des Geldes gemäß gewogen.

Formel (1) zeigt also U in Gliedern der darüber befindlichen Kolonne, während Formel (2) U in Gliedern der Reihe zu seiner Linken darstellt. Um die Größen ${}_1U$, ${}_2U$, ${}_3U$ usw. in Gliedern der darüber befindlichen Kolonne auszudrücken, kann eine ähnliche Formel wie (1) konstruiert werden, während eine ähnliche Formel wie (2) konstruiert werden kann, um eine jede der Größen U_1, U_2, U_3 usw. in Gliedern der Reihe zu ihrer Linken auszudrücken. Das heißt, die Geschwindigkeit in dem ganzen Gemeinwesen zu irgendeinem Zeitpunkte ist eine spezifische Form des Durchschnitts der Geschwindigkeit des Geldes der verschiedenen Personen an diesem Zeitpunkte, und die Umlaufsgeschwindigkeit des Geldes von irgendeiner Person für das ganze Jahr ist eine spezifische Form des Durchschnittes der Geschwindigkeiten zu verschiedenen Zeitpunkten für diese Person.

Endlich kann U nicht nur als Durchschnitt seiner Kolonne und Reihe, wie es bei den Formeln (1) und (2) der Fall ist, sondern auch als Durchschnitt der Größen in den Innenspalten der Tabelle, ausgedrückt werden. Dieses letzte Resultat kann auf verschiedene Art erlangt werden; das direkteste Verfahren ist kurz wie folgt: Wir wissen, daß A die Summe der Innenspalten der ersten oder A-Tabelle ist, das heißt, $A = \Sigma_1 a_1$ und daß G gleich ist $\frac{1}{n} \Sigma_1 g_1$. Daher haben wir

$$\begin{aligned} U &= \frac{A}{G} \\ &= \frac{\Sigma_1 a_1}{\frac{1}{n} \Sigma_1 g_1} \\ &= n \frac{\Sigma \left({}_1g_1 \frac{{}_1a_1}{{}_1g_1} \right)}{\Sigma_1 g_1} \\ &= \frac{\Sigma_1 g_1 \, {}_1U_1}{\Sigma_1 g_1}. \end{aligned}$$

Das heißt, U ist das gewogene arithmetische Mittel der den verschiedenen Personen zu verschiedenen Zeitpunkten zukommenden Jahresgeschwindigkeit, wobei jede Geschwindigkeit durch den an diesem Zeitpunkte vorrätigen Geldbetrag gewogen wurde. Der Mathematiker wird bemerken, daß eine alternative Behandlung das Resultat im Ausdruck eines *harmonischen* Durchschnittes ableitet.

§ 5 (zum II. Kapitel, § 5).

Der Münzenübertragungsbegriff der Geschwindigkeit und der Begriff Umsatzzeit.

Wir wenden uns nun dem Münzenübertragungsbegriff der Umlaufsgeschwindigkeit zu. Um zu zeigen, was für eine Art des Durchschnitts der Umlaufsgeschwindigkeit individueller Münzen oder besser individueller Geldstücke U im allgemeinen ist, wollen wir die Werte der einzelnen, im Gemeinwesen im Umlauf befindlichen Geldstücke mit den Buchstaben a, b, c, d usw., und deren *Netto*umlaufsgeschwindigkeit (die Zahl, wieviel mal sie *gegen* Güter, *vermindert* um die Zahl, wieviel mal sie *mit* Gütern oder in „kleinere Münzsorten" ausgetauscht wurden) mit h, i, j, k usw. bezeichnen. Den ausgegebenen Gesamtbetrag, A, bezeichnen wir dann mit $ha + ib +$

$jc + kd + \cdots$, und den Geldbetrag in dem Gemeinwesen, G, mit $a + b + c + d$. Wir haben also

$$\frac{A}{G} = \frac{ha + ib + jc + kd \cdots}{a + b + c + d + \cdots}.$$

Das heißt, $\frac{A}{G}$ ist ein gewogener Durchschnitt der Nettoumlaufsgeschwindigkeit der verschiedenen Geldstücke, wobei die Geschwindigkeit jedes Geldstückes seinem Wert gemäß gewogen ist. Aber $\frac{A}{G}$ ist auch U, das, wie wir bereits gesehen haben, die Umlaufsgeschwindigkeit im Sinne des „Personen-Umsatzes" darstellt.

Es ist also klar, daß die Münzenübertragungsmethode der Durchschnittsberechnung dasselbe ergibt, wie die Personenumsatzmethode, wenn alle Geldstücke in dem Gemeinwesen inbegriffen sind.

Wir kommen nun zu dem Begriff „Umsatzzeit". Wenn die Umlaufsgeschwindigkeit mit U dargestellt wird, so stellt $\frac{1}{U}$ die Umsatzzeit dar. Ähnlich sind die reziproken Werte von ${}_1U$, ${}_2U$, ..., U_1, U_2, ..., ${}_1U_1$, ${}_1U_2$, ..., ${}_2U_1$, ..., entsprechende Umsatzzeiten. Wenn wir W für den reziproken Wert von U benützen und die geeigneten Bezeichnungen anwenden, so können wir analog der vorhergehenden Anordnung der U auch eine solche für die W aufstellen und beweisen, daß W ein Durchschnitt von W_1, W_2, oder von ${}_1W$, ${}_2W$, ... oder von ${}_1W_1$, ${}_1W_2$, ..., ${}_2W_1$, ... ist.

Alle diese Durchschnitte sind jedoch *harmonische* Durchschnitte. Um dies zu verstehen, brauchen wir uns nur ins Gedächtnis zurückzurufen, daß U bereits als gewogener Durchschnitt der einfachen U analysiert [1]), und daß W als der reziproke Wert von U festgesetzt worden ist. Das heißt, W ist der reziproke Wert des gewogenen Durchschnittes der einfachen U. Die einfachen W sind aber reziproke Werte der einfachen U. Mit anderen Worten: W ist der reziproke Wert des gewogenen arithmetischen Mittels der reziproken Werte der einfachen W. Der Definition gemäß wird aus W ein gewogener *harmonischer* Durchschnitt dieser elementaren Größen.

§ 6 (zum II. Kapitel, § 5).

Algebraische Darlegung der Verkehrsgleichung.

Es ist klar, daß die Verkehrsgleichung, $GU = \Sigma pQ$, von einfachen Gleichungen abgeleitet ist, die die Gleichwertigkeit des Einkaufsgeldes mit

---

[1]) In § 4 dieses Anhanges.

den gekauften Gütern ausdrücken. Das durch irgendeine Person an einem bestimmten Zeitpunkte ausgegebene Geld ist durch den bloßen Begriff Preis gleich den Mengen aller an diesem Zeitpunkte von dieser Person gekauften Waren, multipliziert mit den Preisen, d. h.

$$ {}_1a_1 = {}_1p_1\,{}_1q_1 + {}_1p_1'\,{}_1q_1' + {}_1p_1''\,{}_1q_1'' + \cdots. $$

Von dieser und ähnlichen Gleichungen für jede Person des Gemeinwesens und für jeden Zeitpunkt des Jahres erhalten wir durch einfaches Addieren die Summe der a, die wir A nennen, als linke Seite der Gleichung, und die Summe aller pq als rechte Seite. Wir haben schon im Texte gesehen, wie die linke Seite A (durch Multiplizieren und Dividieren durch G) in GU verwandelt werden kann, und wir haben soeben gefunden (§ 3 dieses Anhanges), wie die Summe aller Glieder, die sich auf irgendeine, auf der rechten Seite dargestellte Ware bezieht, durch ähnliche einfache algebraische Operationen in ein Glied der Form pQ umgewandelt werden kann, so daß sich die ganze Summe ΣpQ gestaltet. Das Resultat ist also: $GU = \Sigma pQ$. Diese Schlußfolgerung konstituiert daher den Beweis der Richtigkeit dieser Formel, die auf die einfache elementare Wahrheit gegründet ist, daß bei jedem Austausch das ausgegebene Geld der gekauften Quantität, multipliziert mit dem Verkaufspreise, gleich ist.

§ 7 (zum II. Kapitel, § 5).

P muß eine spezifische Form des Durchschnittes sein, um sich direkt wie G und U und umgekehrt wie die Q zu verändern.

Wir nehmen an, daß U und die Q unverändert bleiben, während sich G in G_0 und p, p', p'' usw. in p_0, p_0', p_0'', usw. verändert. (Die Kennziffern „0" beziehen sich auf ein Jahr, welches wir zum Unterschiede von dem ursprünglichen Jahre das Basisjahr nennen.) Wir haben dann für die betreffenden zwei Jahre die beiden Gleichungen:

$$ GU = pQ + p'Q' + \cdots $$
$$ G_0U = p_0Q + p_0'Q' + \cdots, $$

aus denen wir durch Division

$$ \frac{G}{Go} = \frac{pQ + p'\,Q' + \cdots}{p_0\,Q + p_0'\,Q' + \cdots} = \frac{\left(\frac{p}{p_0}\right) p_0Q + \left(\frac{p'}{p_0'}\right) p_0'Q' + \cdots}{p_0\,Q + p_0'Q'' + \cdots} $$

erhalten. Offensichtlich ist der letzte Ausdruck ein gewogener arithmetischer Durchschnitt von $\left(\frac{p}{p_0}\right)$, $\left(\frac{p'}{p'_0}\right)$ usw., in dem p_0Q, p'_0Q' usw. die Gewichte sind. Wir folgern, daß, wenn die Umlaufsgeschwindigkeit und die Menge der ausgetauschten Güter unverändert bleiben, während sich die Geldmenge in einem gegebenen Verhältnis verändert, so werden sich die Preise „im Durchschnitt" in demselben Verhältnis verändern, wobei der Durchschnitt als ein *gewogenes arithmetisches Mittel* genau bestimmt ist, in dem die *Gewichte die Werte* der verkauften Güter zu den Preisen des *Basisjahres* berechnet sind. Das Verhältnis kann demnach auch wie folgt geschrieben werden:

$$\frac{G}{G_0} = \frac{pQ + p'\,Q' + \cdots}{p_0\,Q + p'\,Q' + \cdots} = \frac{1}{\dfrac{p_0\,Q + p'_0\,Q' + \cdots}{pQ + p'\,Q' + \cdots}}$$

$$= \frac{1}{\dfrac{\left(\frac{p_0}{p}\right) pQ + \left(\frac{p'_0}{p'}\right) p'\,Q' + \cdots}{pQ + p'\,Q' + \cdots}};$$

ein *gewogenes harmonisches* Mittel von $\frac{p}{p_0}$, $\frac{p'}{p'_0}$ usw. darstellend, in dem die Gewichte pQ, $p'Q'$ usw. sind, d. h. es sind nicht die Werte des Basisjahres, sondern die des ursprünglichen Jahres.

Wenn G und die Q unverändert bleiben, während sich U in U_1 verändert, so kann das Verhältnis $\frac{U}{U_1}$ natürlich genau nach oben erwähnter Formel ausgedrückt werden.

Wenn die Q unverändert bleiben, während sich sowohl G als auch U verändert, so ist das Verhältnis $\frac{GU}{G_1U_1}$ offenbar durch dieselbe Formel auszudrücken.

Dieselben Formeln lassen sich weiter auch anwenden, wenn G und U unverändert bleiben, während sich alle Q *in einem gegebenen Verhältnis* verändern, oder wenn sich alle Q *in einem gegebenen Verhältnis* in Verbindung mit irgendeiner Veränderung in G oder U, oder in beiden ändern. Kurz, die Formeln sind in allen Fällen einer Veränderung vollkommen anwendbar, mit Ausnahme derer, wo die Q sich *relativ* zueinander verändern.

Es soll noch bemerkt werden, daß vorerwähnte Formeln diejenigen sind, welche später als Formeln (11) erörtert werden und in der großen Formeltabelle im Anhange zu Kapitel X erscheinen.

Anhang zum III. Kapitel.

§ 1 (zum III. Kapitel, § 2).

Anordnung der *k* und *r*.

Angenommen, k sei das Verhältnis der Depositen zu dem im Umlauf befindlichen Gelde $\left(\frac{G'}{G}\right)$, das durchschnittlich vom Publikum mit Vorliebe zurückbehalten wird; dann ist k aus den gleichen Verhältnissen für die verschiedenen Personen und Geschäftsfirmen des Gemeinwesens in den aufeinanderfolgenden Zeitpunkten des Jahres ableitbar, und wir können deshalb eine der vorhergehenden analoge Anordnung von nachstehender Form aufstellen:

Personen	Zeitperioden		Durchschnitt
	1	2	
1	${}_1k_1$	${}_2k_1$	k_1
2	${}_1k_2$	${}_2k_2$	k_2
—	—	—	—
—	—	—	—
Durchschnitt	${}_1k$	${}_2k$	k

Jeder in den Außenspalten befindliche Buchstabe ist entweder ein gewogener arithmetischer Durchschnitt der Reihe zu seiner Linken oder der über ihm befindlichen Kolonne. k (in der unteren rechten Ecke) ist beides und auch noch der gewogene arithmetische Durchschnitt aller Elemente in den Innenspalten (die Gewichte sind in allen Fällen die Beträge des in Umlauf befindlichen Geldes, die die Nenner der in der Anordnung dargestellten Verhältnisse sind). Dieselben Proportionen bleiben gültig, wenn „harmonisch“ an die Stelle von „arithmetisch“ gesetzt wird (vorausgesetzt, daß die Gewichte von Nennern in Zähler der Verhältnisse, nämlich der Depositen, umgewandelt werden). Diese Lehrsätze können denen in § 7 des Anhanges zum II. Kapitel entsprechend, leicht bewiesen werden, wenn wir uns ins Gedächtnis zurückrufen, daß $k = \frac{G'}{G}$ ist.

Ähnlich können wir r für das Jahresdurchschnittsverhältnis aller Bankreserven (γ) zu den Depositen (G') setzen. Dieses Verhältnis $\left(r, \text{ oder } \frac{\gamma}{G'}\right)$ ist in eine Anordnung auflösbar, die die Verhältnisse für verschiedene Banken zu verschiedenen Zeitpunkten ausdrücken, nämlich:

Personen	Zeitperioden 1	Zeitperioden 2	Durchschnitt
1	${}_1r_1$	${}_2r_1$	r_1
2	${}_1r_2$	${}_2r_2$	r_2
—	—	—	—
—	—	—	—
Durchschnitt	${}_1r$	${}_2r$	r

Hier ist jedes Element in den Außenspalten ein gewogener arithmetischer (oder harmonischer) Durchschnitt der Glieder in der Reihe zu seiner Linken oder der darüber befindlichen Kolonne, während r beides und auch noch ein gewogener arithmetischer (oder harmonischer) Durchschnitt aller inneren Glieder ist, wobei die Gewichte (für den arithmetischen Durchschnitt) in jedem Falle die Depositen, oder (für den harmonischen Durchschnitt) in jedem Falle das Geld sind. Die gesamten Umlaufsmittel des Gemeinwesens betragen $\gamma + G + G'$, obzwar nur $G + G'$ tatsächlich in Umlauf sind.

§ 2 (zum III. Kapitel, § 4).

Algebraische Darlegung der Verkehrsgleichung mit Einschluß der Depositenumlaufsmittel.

Das durch Person 1 an Zeitpunkt 1 für Güter ausgegebene Geld ist ${}_1a_1$ und ihre Scheckausgabe ist ${}_1a_1'$. Ihre Gesamtausgabe für Güter in Geld und Schecks ist daher ${}_1a_1 + {}_1a_1' = {}_1p_1\,{}_1q_1 + {}_1p_1'\,{}_1q_1' + \cdots$.

Durch Addition aller derartigen Gleichungen für alle Personen in dem Gemeinwesen und für alle Zeitpunkte des Jahres erhalten wir die Gleichung

$$A + A' = \Sigma pQ$$

und somit

$$GU + G'U' = \Sigma pQ,$$

da nach Definition

$$U = \frac{A}{G} \text{ und } U' = \frac{A'}{G'} \text{ ist.}$$

Anhang zum V. Kapitel.

§ 1 (zum V. Kapitel, § 5).

Wirkung des Zeitkredits auf die Verkehrsgleichung.

Es ist wichtig zu beachten, daß das System des Buchkredites zwar indirekt einen großen Einfluß auf die Preise ausübt, in der Verkehrsgleichung aber nicht wie der Umlauf oder der Bankkredit in Erscheinung tritt. Wir können in die Erörterung des Buchkredites ohne weiteres jene Fälle des Kredites einschließen, wo die Aufzeichnung der Schuld nicht einfach in den Büchern der einen der beiden Parteien erfolgt, sondern in denen eine bestimmte Aufzeichnung in Form eines Schuldscheines besteht, den der Käufer dem Verkäufer einhändigt. In beiden Fällen werden die Güter mit dem *Versprechen* gekauft, sie zu einem späteren Zeitpunkte zu bezahlen; in dem einen Falle ist das Versprechen klar ausgedrückt, in dem anderen Falle stillschweigend angenommen.

Ein solcher Austausch von Gütern gegen spätere Bezahlung kann in zwei aufeinanderfolgende Austausche zerlegt werden. Der erste findet zu Beginn statt, wenn der Kredit für die Güter gegeben wird. Der Käufer erwirbt dann die Güter im Austausche gegen das Zahlungsversprechen. Der zweite Austausch geschieht am Ende des Geschäftes, wenn die Schuld abgetragen wird. Man kann also sagen, der ursprüngliche Käufer *kauft* dann seinen Buchkredit oder Schuldschein mit Geld *zurück*. Ungleich dem Bankkredit, erspart somit der Zeitkredit nicht *direkt* den Gebrauch des Geldes. Seine unmittelbare Wirkung besteht in der bloßen Aufschiebung dieses Gebrauches [1]), da, um den gegebenen Kredit aus der Welt zu schaffen, soviel Geld oder Schecks ausgegeben werden müssen, wie wenn sofort bares Geld gezahlt worden wäre. Dr. Andrew, gegenwärtiger Untersekretär des Schatzamtes, zeigt, daß, wenn Zeitkredit schneller abgeschlossen als aufgehoben wird, die Preise steigende Tendenz annehmen, daß aber, sobald die Bezahlung dieser Schulden in gleichem Tempo erfolgt, wie sie gemacht werden, die Preise auf ihr altes Niveau zurückgehen [2]). Das *Übermaß* eingegangener Schulden über getilgte Schulden wirkt in derselben Weise, wie das Angebot von ebensoviel Geld oder Bankdepositen für Güter.

Um zu zeigen, wie diese den Buchkredit betreffenden Erwägungen auf die Verkehrsgleichung einwirken, wollen wir die Gewährung aller Buch-

---

[1]) Siehe A. Piatt Andrew, „*Credit and the Value of Money*", *Proceedings Seventeenth Annual Meeting, American Economic Association*, Dezember 1904.

[2]) loc. cit.

kredite und anderer Zeitanleihen durch den Buchstaben A'' und ihre Tilgung durch A''' bezeichnen. Die linke Seite unserer Verkehrsgleichung — oder der Gesamtbetrag der Geldzahlungen, Scheckzahlungen, Buch- und Wechselschulden für die im Laufe des Jahres gekauften Güter — ist dann $GU + G'U' + A''$; und die rechte Seite, die 1. den Wert der gekauften Güter und 2. die während des Jahres fälligen und getilgten, mit Geld oder Schecks bezahlten Schulden umfaßt, wird durch $\Sigma pQ + A'''$ dargestellt. Wenn wir A''' der Bequemlichkeit halber umstellen, so kann die Verkehrsgleichung nun $GU + G'U' + A'' - A''' = \Sigma pQ$ geschrieben werden. Da A'' annähernd A''' gleich ist, so heben sich diese gleichen und entgegengesetzten Glieder beinahe auf, d. h. $A'' - A'''$ wird Null, und die Gleichung wird dann in Wirklichkeit wieder $GU + G'U' = \Sigma pQ$.

Bevor wir dieses Thema verlassen, mag noch erwähnt werden, daß der Buchkredit durch Einführung von Gegenforderungen das Steigen der Preise begünstigt und so den Umfang des Handels, der durch Geld oder Schecks ausgeführt werden muß, vermindert. So kauft der Landmann auf Abrechnung im Dorfladen, indem er dann und wann landwirtschaftliche Produkte ebenfalls auf Abrechnung dort verkauft. Die Abrechnung erfolgt in langen Zwischenräumen, wobei nur der sich ergebende Unterschied in Geld gezahlt wird[1]). Wie im Texte dieses Kapitels gesagt worden ist, trägt der Buchkredit natürlich auch dazu bei, die Geschwindigkeit zu erhöhen[2]).

Anhang zum VI. Kapitel.

§ 1 (zum VI. Kapitel, § 1).

Die durch den internationalen Handel erforderliche Modifikation der Verkehrsgleichung.

Wir haben bereits gesehen, daß es zwei Verkehrsgleichungen gibt, eine für Einkäufe und die andere für Verkäufe. In einem geschlossenen Gemeinwesen sind beide notwendigerweise identisch, denn jeder Einkauf durch ein Mitglied des Gemeinwesens ist gleichzeitig ein Verkauf durch ein anderes Mitglied. Dagegen sind die Gleichungen in einem Gemeinwesen mit internationalem Handel etwas verschieden. Wie in diesem Buche ausgeführt, bezieht sich die Verkehrsgleichung auf den *Aufwand* von Geld für den

---

[1]) loc. cit. S. 10.

[2]) Kapitel V, § 4.

Einkauf von Gütern und nicht auf den *Eingang* von Geld für den Verkauf von Gütern. Diese Verkehrsgleichung war in ihrem letzten Grade der Ausarbeitung

$$GU + G'U' + A'' - A''' = \Sigma pQ,$$

wo die Buchstaben die ihnen früher gegebene Bedeutung haben; A'' bezieht sich auf die in dem gegebenen Zeitraum gemachten Schulden in Buchkonten und die bei Einkäufen von Gütern verwendeten Schuldscheine, und A''' bezieht sich auf die Tilgung solcher Schulden während desselben Zeitraumes. Da GU aus A und $G'U'$ aus A' entwickelt wurde, so kann die Gleichung wie folgt geschrieben werden:

$$A + A' + A'' - A''' = \Sigma p_g Q_g,$$

wobei die Buchstaben A auf der Geldseite der Gleichung verwendet sind, um auszudrücken, daß das Geld *ausgegebenes* Geld ist, und die Kennziffern g auf der Warenseite, um anzuzeigen, daß die Güter *gekaufte* Güter sind. Wenn wir in gleicher Weise E nehmen, um *eingegangene* Gelder, und die Kennziffer v, um *verkaufte* Güter auszudrücken, so stellt folgende Gleichung den Eingang des Geldes usw. im Austausch für verkaufte Güter dar:

$$E + E' + E'' - E''' = \Sigma p_v Q_v.$$

Wenn kein auswärtiger Handel vorhanden ist, dann sind die einzelnen Größen in diesen beiden Gleichungen offensichtlich auf jeder Seite gleichbedeutend. Ist aber ein auswärtiger Handel da, so kann jede Gleichung in eine solche aufgelöst werden, in der der Binnenhandel und der Außenhandel unterschieden sind. So können in der ersten Gleichung, die sich auf die Ausgaben bezieht, A, A' usw. durch $D + F$, $D' + F'$ usw. ersetzt werden, wo die D auf die *einheimischen* Käufe und die F auf das *auswärts* verausgabte Geld Bezug haben. Auf der anderen Seite der Gleichung kann $\Sigma p_g Q_g$ durch $\Sigma p_d Q_d + \Sigma p_i Q_i$ ersetzt werden, wobei die Kennziffern d sich auf die im Inlande gekauften Güter beziehen, und die Kennziffern i auf die *Einfuhren*. Die Gleichung erhält dann die Form:

$$(D + D' + D'' - D''') + (F + F' + F'' - F''') = \Sigma p_d Q_d + \Sigma p_i Q_i,$$

die wir der Kürze halber $\Sigma D + \Sigma F = \Sigma p_d Q_d + \Sigma p_i Q_i$ schreiben wollen. In ähnlicher Weise kann dann die Gleichung für die Verkäufe,

$$\Sigma D + \Sigma I = \Sigma p_d Q_d + \Sigma p_f Q_f$$

geschrieben werden. Das heißt, der Nettobetrag der einheimischen Eingänge (an Geld, Bank- und Buchkredit), vermehrt um die Zahlungen für die eingeführten Güter, ist gleich der Summe des Wertes der im Inlande verkauften Güter, vermehrt um den Wert der aus dem Lande ausgeführten Güter. Die letzten beiden Gleichungen, von denen sich die eine auf Einkäufe und die andere auf Verkäufe bezieht, können addiert werden, um in einer gemeinsamen Gleichung den Gesamthandel auszudrücken, an dem das gegebene Gemeinwesen beteiligt ist, d. h. die Gesamtverkäufe und Einkäufe innerhalb, und die Verkäufe und Einkäufe außerhalb desselben. Die zusammengesetzte Gleichung ist dann

$$2\Sigma D + \Sigma F + \Sigma I = 2\Sigma p_d Q_d + \Sigma p_i Q_i + \Sigma p_f Q_f.$$

Hier ist der inländische Handel zweimal gezählt, weil jeder Warenumsatz als Verkauf wie auch als Einkauf vorkommt. Dies drückt die Verkehrsgleichung für den Gesamthandel (in- und ausländisch) aus, an dem das betreffende Land beteiligt ist. Wenn wir, anstatt zu addieren, eine Gleichung von der anderen subtrahieren, so erhalten wir

$$\Sigma F - \Sigma I = \Sigma p_i Q_i - \Sigma p_f Q_f,$$

was die Gleichung der *Handelsbilanz* in ihrer gewöhnlichsten Form darstellt, die den Kredit wie auch das Geld in Betracht zieht. So hängt der Geldstrom von oder zu einer Nation von dieser letzten Gleichung ab.

Die rechte Seite der vorletzten Gleichung hängt von drei Preisgruppen ab, — den einheimischen Preisen (den p_d), den Preisen der Güter, die in das Land eingeführt werden (den p_i), und den Preisen der ausgeführten Güter (den p_f).

Wenn zum Beispiel die p_d außerordentlich hoch sind, so ist die natürliche Folge ein Ansporn, Güter hereinzuschaffen (Q_i), und eine Entmutigung, Güter hinauszusenden (Q_f), was dazu beitragen wird, die rechte Seite der Gleichung groß zu gestalten und folglich auch die linke Seite zu vergrößern. Mit anderen Worten, es entsteht eine sogenannte ungünstige Handelsbilanz, wobei die Zahlungsmittel die Tendenz annehmen, stärker hinauszugehen als hereinzukommen; das heißt, es wird ein Abströmen von Geld (angezeigt durch F), oder eine Übertragung von Bankkrediten ins Ausland stattfinden (F'), oder ein Belasten der Auslandsbücher (O''), oder eine Verminderung in der Tilgung bestehender Buchkonten (F'''), oder es werden entgegengesetzte Veränderungen in I, I', I'', I''' stattfinden, oder endlich eine Vereinigung der beiden Tendenzen, während zeitweilig Schwankungen zwischen diesen verschiedenen Größen eintreten. Auf die Dauer und letzten Endes beziehen sich die Veränderungen hauptsächlich auf die tatsächliche Ausfuhr und Einfuhr von Geld, d. h. sie betreffen die nicht mit (′) bezeichneten Größen F und I.

In einem großen Lande wie in den Vereinigten Staaten ist der auswärtige Handel im Vergleich zum Binnenhandel so unbedeutend, daß er kaum eine Beachtung verdient. Wie wir im XII. Kapitel sehen werden, ist der Außenhandel der Vereinigten Staaten nur ein Bruchteil eines Prozentes des Binnenhandels. Und weil sich die Ausfuhr- und Einfuhrseite der verschiedenen Größen (F, I, Q_f und Q_i) beinahe aufheben, so beläuft sich die auf jeder Seite der Verkehrsgleichung verbleibende Reinbilanz selten auf mehr als ein Achtel eines Prozentes des einheimischen Handels der Vereinigten Staaten.

Nach Schätzungen der Schuldverhältnisse wie derjenigen von Holmes ist der Unterschied $A'' - A'''$ zwischen den jährlich gemachten und bezahlten Schulden fast ebenso unbedeutend. Wir können auf jeden Fall mit Sicherheit sagen, daß, soweit die Vereinigten Staaten in Betracht kommen, die Zusätze zu unserer Verkehrsgleichung, die in diesem und dem vorhergehenden Abschnitt behandelt wurden, nur unnütze Komplikationen sind. Wir können deshalb die Gleichung $GU + G'U' = \Sigma pQ$ tatsächlich als eine genaue Form der Gleichung ansehen.

Anhang zum VII. Kapitel.

§ 1 (zum VII. Kapitel, § 2).

Geldsurrogate ungleich anderen Ersatzmitteln.

Eine viel umstrittene Frage ist die Annahme, daß die Preisbestimmung zweier als Zahlungsmittel verwendeter Waren analog der zweier beliebiger anderer Waren sei. Es ist jedoch klar, daß sich zwei Geldformen von einem aufs Geratewohl gewählten Warenpaar als *Substitut* unterscheiden[1]). Zwei passende Ersatzmittel werden vom Konsumenten als eine einzige Ware betrachtet. Diese Vereinigung zweier Waren zu einem einheitlichen Ganzen

[1]) Ersatzmittel rein im Sinne des Greshamschen Gesetzes, daß das billigere an die Stelle des teureren tritt. Es stellt nicht in Abrede, daß die Metalle für die verschiedenen Geldzwecke eine verschiedene Bevorzugung erfahren. Wir können Gold und Silber nicht mit unabhängigen Waren wie „Kupfer und Weizen" oder „Rindfleisch und Schuhe" vergleichen, sondern nur mit Ersatzmittelpaaren oder Quasisubstituten, wie zum Beispiel Eisen und Stahl, Baumwolle und Schafwolle, Hafer und Mais, Melasse und chinesisches Zuckerrohr, Rohr- und Rübenzucker, indischen und Dakotaweizen.

vermindert die Zahl der Vorbedingungen für die Nachfrage, doch läßt sie keine Unbestimmtheit in dem Problem aufkommen, da die fehlenden Bedingungen sofort durch ein *festgesetztes Substitutionsverhältnis* ersetzt werden. Wenn daher zehn Pfund Rohrzucker demselben Zwecke dienen wie elf Pfund Rübenzucker, so ist deren festgesetztes Substitutionsverhältnis zehn zu elf; oder wenn ein Scheffel indischer Weizen durch einen Scheffel Dakotaweizen ersetzt werden kann, ist das Substitutionsverhältnis gleich Eins. In diesen Fällen ist das festgesetzte Verhältnis auf die relative Fähigkeit der beiden Waren gegründet, ein allgemeines Bedürfnis des Menschen zu befriedigen, und geht ihren Preisen unbedingt voraus. Zehn Pfund Rohrzucker können so lange elf Pfund Rübenzucker ersetzen, wie der menschliche Geschmack kein anderes Verhältnis festsetzt. Indischer und Dakotaweizen besitzen denselben subjektiven Nutzwert, weil sie zum menschlichen Geschmack in dem gleichen Verhältnis stehen. Keine Veränderung der Marktlage, keine Preisveränderung könnte einen Konsumenten veranlassen, einen Scheffel indischen Weizen als gleichwertig mit zwei Scheffeln Dakotaweizen zu betrachten. Das Substitutionsverhältnis wird durch die Natur bestimmt und diese wiederum bestimmt das Preisverhältnis.

Geld ist der einzige Fall, in dem es kein festgesetztes Substitutionsverhältnis gibt. Zu einer Zeit können zehn Unzen Silber als Gegenwert einer Unze Gold zirkulieren, zu einer anderen dagegen zwanzig. Weder menschliche Vorliebe noch irgendeine Notwendigkeit wird das hindern. Wir haben es hier weder mit relativer Versüßungskraft, noch relativer Nährkraft, oder mit irgendeiner anderen Fähigkeit zur Befriedigung von Bedürfnissen, sowie mit keiner den Metallen innewohnenden und von ihren Preisen unabhängigen Qualifikation zu tun. Es handelt sich vielmehr um die relative *Kaufkraft* allein. Wir rechnen nicht mit dem Nutzwert des Metalles selbst, sondern mit den Waren, die es kaufen kann. Wir weisen dem Zucker oder dem Weizen subjektiven Nutzwert oder Nutzbarkeit zu, bevor wir deren Preise kennen, doch müssen wir uns zuerst nach dem relativen Zirkulationswert des Goldes und des Silbers erkundigen, bevor wir wissen können, wie hoch die beiden Metalle einzuschätzen sind. Für uns ist das Substitutionsverhältnis mit dem Preisverhältnis identisch und es kann daher auf die Festsetzung dieses Verhältnisses keinen Einfluß ausüben. *Der Fall, Geld in zweierlei Form, ist einzig in seiner Art. Beide Geldformen sind Substitute, haben aber kein natürliches Substitutionsverhältnis*, und hängen von der Bevorzugung seitens des Konsumenten ab.

Auf vorstehende Betrachtungen wird aus dem Grunde besonderer Nachdruck gelegt, weil sie von Autoren übersehen werden, die der Meinung sind, ein gesetzlich festgelegtes Verhältnis sei nur dem bereits bestimmten System von Angebot und Nachfrage auferlegt, und die damit beweisen wollen, daß ein solches Verhältnis von vornherein versagen muß. Dies ist eine Lieblingsanalogie der Verfechter des Monometallismus. Sie ist unrichtig, doch bedingt diese Unrichtigkeit nicht notwendigerweise die Unrichtigkeit der seitens der Anhänger des Monometallismus gezogenen allgemeinen Schlüsse. Gold und Silber, oder zwei beliebige andere zu Geldzwecken dienende Waren, haben keinerlei Analogie mit zwei gewöhnlichen, einander nicht verwandten Artikeln; sie haben selbst mit zwei Substituten keine vollkommene Analogie, da für den Konsumenten bei zwei Geldarten kein natürliches Substitutionsverhältnis besteht. Es scheint daher die Möglichkeit für ein künstliches Verhältnis gegeben zu sein. Wir werden jedoch sehen, daß einem künstlichen Verhältnis Grenzen gezogen sind, über die hinaus es versagen muß.

§ 2 (zum VII. Kapitel, § 2).

Grenzen der Verhältnisse, innerhalb deren der Bimetallismus möglich ist.

Eine Veränderung des Verhältnisses wird durch eine Rekonstruktion unserer Reservoire in neue Einheiten veranschaulicht, doch können wir ohne die Mühe einer Umgestaltung unseres Schaubildes, wie es gegeben ist, die Grenzverhältnisse darstellen, innerhalb deren der Bimetallismus möglich ist. Gesetzt den Fall, daß der Film in Figur 7b zuerst nach seiner äußersten rechten Grenze und dann nach seiner äußersten linken Grenze getrieben und daß in jedem Falle dauerndes Gleichgewicht erlangt wird. In dem einen Falle gibt es ein Agio auf Gold, in dem anderen ein Agio auf Silber. Diese Agios bezeichnen die Abweichungen von dem gegebenen Verhältnis, die ohne den Bimetallismus zu zerstören möglich sind. Nehmen wir also an, daß das gesetzliche Verhältnis des Silbers zum Golde und das, zu dem das Schaubild konstruiert wurde, 32 zu 1 betrug und daß, wenn sich der Film nach der linken Grenze bewegt, der Abstand des Goldniveaus unter 00 um $^7/_8$ größer ist als der Abstand des Silberniveaus, während er an der rechten Grenze $^5/_4$ beträgt. Somit kann das Verhältnis 32 zu 1 zwischen den Faktoren $^7/_8$ von 32 zu 1 und $^5/_4$ von 32 zu 1 verändert werden und der Bimetallismus würde sich zu jedem Verhältnis zwischen $32 \times {}^7/_8$ zu 1 und $32 \times {}^5/_4$ zu 1, d. h. zwischen 28 zu 1 und 40 zu 1 bewähren. Ein Verhältnis unter 28 zu 1, wie das berühmte 16 zu 1, würde den Goldmonometallismus schließlich in Silbermonometallismus umwandeln, in der entgegengesetzten Richtung hingegen unwirksam sein. Ein Verhältnis über 40 zu 1, etwa wie 50 zu 1, würde schließlich Silbermonometallismus in Goldmonometallismus umkehren. Ein Verhältnis zwischen den beiden Extremen würde weder den einen noch den anderen Monometallismus, sondern den Bimetallismus zur Folge haben. Die statistische Bestimmung dieser Grenzen ist natürlich ein Problem, das die heutige Wissenschaft nicht lösen kann. Die Zahlen 28 und 40 gelten nicht als Mutmaßung, sondern dienen lediglich zur Erläuterung.

Anhang zum VIII. Kapitel.

§ 1 (zum VIII. Kapitel, § 6).

Umsatzstatistik an der Yale-Universität.

Die Umsatzrate des Geldes verändert sich mit dem Betrage des Geldes, das bei einem gegebenen Preisniveau verausgabt wird. Mit anderen Worten, sie verändert sich mit dem Handelsvolumen des Einzelwesens. Die Umsatzstatistiken unter den Studenten der Yale-Universität bilden zwei Abteilungen; die erste oder frühere zeigt eine Durchschnittsgeschwindigkeit oder Umsatzrate von 34 für das Jahr, die zweite oder spätere, eine solche von 66. Der Unterschied ist wahrscheinlich teilweise den höheren Ausgaben der zweiten Studentengruppe zuzuschreiben, aller Vermutung nach wurde derselbe jedoch hauptsächlich durch ungenaue Angaben der ersten Abteilung herbeigeführt. Jeder Student der ersten Gruppe wurde einfach aufgefordert, eine ungefähre Schätzung seiner jährlichen Geldausgaben und seines durchschnittlich zur Verfügung gehaltenen Geldes vorzunehmen. Der Quotient aus der Division der ersten Zahl durch die zweite ergab seine Umsatzrate. Solche Schätzungen wurden von 128 Studenten geliefert. Die durchschnittliche Jahresausgabe in Bargeld betrug $ 514 und der Durchschnittsbetrag des zur Verfügung gehaltenen Geldes $ 15, was den Quotienten 34 als Durchschnittsumsatzrate für das Jahr ergab. Diese Schätzungen, die in der Hauptsache nicht viel mehr als bloße Vermutungen darstellen, mögen das Ziel weit verfehlt haben. Um eine genauere Schätzung zu erhalten, wurde eine zweite Serie aufgestellt. Die sich freiwillig Meldenden wurden aufgefordert, während eines Monats über die täglichen Geldausgaben genau Rechnung zu führen und den Bestand am Beginn und zu Ende eines jeden Tages zu notieren. Diesen Statistiken war zu entnehmen, daß die Durchschnittsjahresrate der Ausgaben der 113 Personen, die diese neuen Zahlen lieferten, $ 660, und die durchschnittliche Barschaft fast genau $ 10 betrug, was als Quotienten 66 mal im Jahre ergab. Die ungefähren Schätzungen, deren Durchschnitt 34 war, sind im Vergleich zu den genauen Aufzeichnungen, deren Durchschnitt 66 war, von so geringer Bedeutung, daß wir den allgemeinen Durchschnitt mit 60, der unter 66 nächsten runden Zahl festsetzen können. Außer den Studenten wurden noch von fünf anderen Personen statistische Aufzeichnungen gemacht. Die eine war Stenographin, deren Ausgaben während eines Monats die Jahresrate von $ 435 ergab und deren durchschnittliche Barschaft $ 7,86 betrug, was eine Umsatzrate von 55 mal per Jahr ergab. Die zweite Person, ein junger Bibliothekar, der während sechs Monaten über seine Barausgaben sorgfältig Rechnung führte, erlangte eine Jahresrate von $ 854 mit einem durchschnittlichen Bargeldsaldo von $ 10.41 und einer Rate von 82 mal per Jahr. Der dritte war ein Rechtsanwalt, der seine Rechnungen, die sich jährlich auf etwa $ 4000 beliefen, in bar zu bezahlen pflegte, und der seinen durchschnittlichen Barsaldo auf $ 175 schätzte, welche Zahl er bis auf etwa $ 15 als korrekt erachtete. Die auf Grund von 4000, dividiert durch 175, berechnete Umlaufsgeschwindigkeit ergibt 23 mal per Jahr. Die weiteren beiden Aufzeichnungen wurden von Professoren geliefert. Die sorgfältige Rechnungsführung des einen ergab, daß er sein Bargeld 37 mal und sein Bankkonto 52 mal im Jahre umsetzte, während der andere die Umsatzrate seines Bargeldes auf ungefähr 175 und die seiner Bankdepositen auf 25 schätzte.

Von den insgesamt 246 Personen, deren Aufzeichnungen gesammelt wurden, hatten nur 116 sorgfältig Rechnung geführt. Mit Ausnahme von dreien waren alle 116 Personen Studenten. Die Annahme, daß die niedrigere Umsatzgeschwindigkeit der ersten Reihe nicht ausschließlich ihren Grund in irrtümlichen Schätzungen hat, sondern zum Teil eine Folge der niedrigeren Ausgaben dieser Gruppe darstellt, ist auf die Tatsache gegründet, daß wir zwischen dem aufgewendeten Geldbetrage und der Umsatzrate innerhalb jeder Gruppe ein bestimmtes Verhältnis finden. Wenn wir also die 113 Studenten, die sorgfältig Rechnung führten, in zwei Gruppen sondern, deren eine sich aus allen denen zusammensetzt, die weniger als $ 50 im Monate verausgabten, und die andere aus denen, die $ 50 und mehr ausgaben, so erhalten wir folgende Zahlen:

	Anzahl der Fälle	Durchschnittsjahresrate der Ausgaben	Durchschnitts-Kassenbestand	Umlaufsgeschwindigkeit
Ausgaben von weniger als $ 600 per Jahr	72	$ 367	$ 8.60	43
Ausgaben von $ 600 und mehr per Jahr	41	1175	12.70	93

Wir sehen hier, daß der wohlhabendere Mann im Durchschnitt dreimal so große Ausgaben hat, wie der ärmere, daß er aber nur 50 v. H. mehr Bargeld bei sich führt. Folglich war die Geschwindigkeit des Reicheren 93 gegen 43 für den Ärmeren oder mehr als das Doppelte. Das fortschreitende Verhältnis zwischen Ausgabe und Umsatzrate ist aus untenstehender Darstellung der 113 Fälle, die nach den Ausgaben in fünf Gruppen angeordnet sind, zu ersehen.

	Anzahl der Fälle	Durchschnitts-Ausgabe	Umlaufsgeschwindigkeit
Jährliche Ausgabe von weniger als $ 300 .	22	179	17
Jährliche Ausgabe über $ 300 und unter $ 600	50	450	59
Jährliche Ausgabe über $ 600 und unter $ 900	19	781	61
Jährliche Ausgabe über $ 900 und unter $ 1200	10	1012	96
Jährliche Ausgabe über $ 1200	12	1936	137

Die Anzahl der Fälle ist gering, doch die Ergebnisse sind gleichmäßig folgerichtig. Sie zeigen, daß Geschwindigkeit und Ausgabe in direkter Korrelation stehen. Selbst die Abteilung der ungefähren Schätzungen zeigt dasselbe Allgemeinverhältnis. Wenn wir die Ausgaben ebenso einteilen, so finden wir, daß die Geschwindigkeiten 22, 30, 44, 88 und 32 sind. Eine einzige Ausnahme bildet hier die letzte Zahl, die, da sie den Durchschnitt von nur fünf Personen darstellt, von geringer Bedeutung ist. Wir können daher wenigstens mit einiger Bestimmtheit den Schluß ziehen, daß bei einem gegebenen Preisniveau die Umsatzrate um so höher ist, je größer die Ausgaben sind. Mit anderen Worten: Personen, die absolut ihr Geld schneller ausgeben als andere, geben es auch im Verhältnis zu dem zur

Verfügung gehaltenen Gelde schneller aus. Obwohl der von den Reichen zur Verfügung gehaltene Geldbetrag absolut größer ist als derjenige der Armen, so ist er doch relativ zu den Ausgaben geringer.

Dieses Gesetz zunehmender Geschwindigkeit bei zunehmenden Ausgaben stimmt mit der allgemeinen Tatsache überein, daß, je größer der Umfang eines Geschäftsbetriebes ist, eine desto größere Ersparnis erzielt wird. Kleine Kaufläden müssen im Verhältnis zu ihrem Geschäftsumfange ein größeres Warenlager führen, als große Läden. Ebenso haben kleine Banken im Verhältnis zu ihrem Geschäftsumsatz größere Reserven zu halten. Edgeworth hat die Tatsache mathematisch bewiesen, daß, je größer die Bank ist, desto kleiner im Verhältnis die nötigen Reserven zu sein brauchen. Es ist daher nicht befremdlich, daß der kleine Käufer es für richtig hält, einen verhältnismäßig größeren Geldvorrat bei sich zu führen als der große Käufer.

Das Material ist zu dürftig, um ein genaues quantitatives Verhältnis zwischen Geschwindigkeit und Ausgabe festzusetzen. Es beweist, daß mit der Erhöhung der Ausgaben die Geschwindigkeit zunimmt. Darüber hinaus können wir aber nichts Sicheres feststellen. Die Tatsachen scheinen jedoch zu dem Schlusse zu führen, daß die Geschwindigkeit in einem geringeren Verhältnis zunimmt als die Ausgaben.

§ 2 (zum VIII. Kapitel, § 8).

Gegenüberstellung von vier Warengattungen.

Wir nehmen hierzu vier Arten von Waren und wählen der Bequemlichkeit wegen Wein, Zucker, Rindfleisch und Salz. Setzen wir nun den Fall, daß eine Herabsetzung des Preises der vier Waren auf den Verkauf jeder einzelnen eine verschiedene Wirkung hat. Demgemäß werden wir als Folge einer Reduzierung des Preises der vier Waren vier mögliche Wirkungen auf das allgemeine Preisniveau feststellen können.

Erstens Wein. Dieser wird als eine Ware solcher Natur betrachtet, daß eine Herabsetzung seines Preises von einer *mehr* als proportionalen Zunahme im Verkaufe begleitet sein wird. Der Gesamtbetrag des für Wein ausgegebenen Geldes wird sich sonach erhöhen. Dies läßt einen geringeren Betrag zum Einkauf der anderen Waren übrig. Infolgedessen müssen auch die Preise der anderen Waren, wie der des Weines selbst, fallen.

Als nächstes folgt Zucker. Dieser ist eine Ware, von der angenommen wird, daß ein Sinken des Zuckerpreises eine *genau* proportionale Zunahme im Verkaufe zur Folge hat, so daß der Gesamtbetrag des für Zucker aufgewandten Geldes unverändert bleibt. Unter diesen Umständen wird das für andere Dinge auszugebende Geld weder zunehmen noch abnehmen und die anderen Preise werden keinerlei Veränderung erfahren; das allgemeine Preisniveau hingegen, mit Einschluß des Zuckerpreises, wird etwas sinken, weil das Fallen des Preises einer Ware, während andere sich nicht verändern, ein gewisses Fallen im Durchschnitt hervorrufen muß.

Unsere dritte Ware ist Rindfleisch. Dies stellt ein sogenanntes „Lebensbedürfnis" dar. Wir nehmen an, daß eine Herabsetzung seines Preises von einer Zunahme in der Konsumtion begleitet ist, die jedoch nicht hinreicht, um all das Geld, das früher dafür ausgegeben wurde, gänzlich aufgehen zu lassen. Der gesamte Aufwand an Rindfleisch wird daher verringert und infolgedessen eine gewisse, für andere Waren auszugebende Geldsumme frei, deren Preise somit im allgemeinen etwas in die Höhe gehen werden. Die Endwirkung wird jedoch ein infinitesimales *Sinken* der allgemeinen Preise, einschließlich des Rindfleischpreises sein; denn insoweit, als auf Grund der Zunahme in den Verkäufen von Rindfleisch, *ohne irgendwelche Erhöhung des Gesamtbetrages des verausgabten Geldes*, eine Zunahme der insgesamt verkauften Güter stattfindet, muß ein Fallen der Durchschnittspreise eintreten [1]).

Zuletzt das Salz. Dieses wird als ein „unentbehrlicher Bedarfsartikel" angesehen, so daß eine Herabsetzung des Preises seinen Absatz in keiner Weise beeinflussen würde. Die Folge davon ist, daß das allgemeine Preisniveau unberührt bleibt, da das Fallen des Salzpreises durch ein ausgleichendes Steigen der anderen Preise genau aufgewogen wird und das Gesamthandelsvolumen keine Veränderung erfährt.

Wir sehen also, daß der Grad des Fallens im Preisniveau, das durch das Sinken eines einzelnen Preises veranlaßt wurde, je nach den Umständen hoch, niedrig oder gleich Null sein kann.

Bei diesen vier Beispielen wurde angenommen, daß das Sinken eines Einzelpreises in einer Veränderung der *Angebot*kurve oder Warenquantitäten-Schedul seinen Ursprung hatte. Wenn das Fallen im Preise einer Ware in einer Veränderung der *Nachfrage*kurve oder Quantitäten-Schedul seinen Ursprung hat, so findet meist ein *Steigen* in den anderen Preisen und im

[1]) Die mathematische Notwendigkeit dieses Ergebnisses ist aus den Formeln im Anhange zum X. Kapitel zu ersehen, woselbst die rechte Seite der Verkehrsgleichung in das Produkt zweier Faktoren, in das Handelsvolumen (H) und das Preisniveau (P), umgewandelt wurde. Wenn deren Produkt gleich bleibt, so muß eine, wenn auch geringe Zunahme des Handelsvolumens, eine Herabsetzung des Preisniveaus bewirken.

allgemeinen Preisniveau statt, denn es wird dann von dieser Ware weniger und zu einem niedrigeren Preise gekauft und somit weniger Geld für diese Ware und mehr für andere Waren ausgegeben, deren Preis höher ist. Da die Verminderung im Betrage der gekauften Ware im allgemeinen eine Verminderung des Handelsvolumens mit sich bringt, so wird das allgemeine Preisniveau eine Steigerung erfahren [1]).

Anhang zum X. Kapitel.

§ 1.

Jede Form der Indexziffer für Preise umfaßt eine korrelative Form der Indexziffer für Quantitäten.

Wir haben gesehen, daß die Anzahl möglicher Durchschnittsformen eine unbegrenzte ist. Da eine Indexziffer, wie P_1, ein Durchschnitt ist, so folgt daraus, daß es eine unbegrenzte Anzahl möglicher Indexzifferformen gibt. In der zwischen S. 346 und 347 angefügten Tabelle sind vierundvierzig der einfachsten und wichtigsten Formen gegeben. In dieser Tabelle bezieht sich die Bezeichnung „1" auf irgendein bestimmtes Jahr, welches wir der Bequemlichkeit wegen das „Jahr 1" nennen wollen, während sich die Bezeichnung „0" in gleicher Weise auf das „Jahr 0" bezieht, das wir das „Basis"-Jahr nennen. Die Überschriften der Kolonnen in der Tabelle geben die Formel für die Indexziffer P_1 für das Jahr 1 relativ zum Basisjahr 0 an. Durch Einsetzung von „2" für „1" kann jede Formel so gestaltet werden, daß sie auf ein zweites Jahr, 2, relativ zum Basisjahr 0 betrachtet, Bezug hat. Wenn wir gleicherweise „3", „4" usw. für „1" einsetzen, so haben wir eine ganze Reihe von Indexziffern, P_1, P_2, P_3, P_4 usw. für verschiedene Jahre, die alle auf das gleiche Basisjahr 0 Bezug haben. Da die Formeln alle gleich sind und sich nur in der Bezeichnung unterscheiden, so ist es nicht nötig, mit den Ausdrücken von P_2, P_3 usw. in den Überschriften unnütz Raum einzunehmen. Infolgedessen ist in jeder Kolonnenüberschrift nur die Formel für P_1 angegeben.

---

[1]) Siehe Irving Fisher, „Mathematical Investigations in the Theory of Value and Prices", *Transactions of the Connecticut Academy of Arts and Sciences*, 1892, S. 51.

Aus dem gleichen Grunde wurden auch die Formeln für H_1 usw., welche zu jenen für P_1 in Korrelation stehen, in den Kolonnenüberschriften weggelassen. Jede Preisindexform, P_1, die auf die Verkehrsgleichung anwendbar ist, bringt einen korrelativen Handelsindex, H_1, mit sich, und zwar so, daß das Produkt beider gleich ist $\Sigma p_1 Q_1$, der rechten Seite der Verkehrsgleichung.

Aus $$P_1 H_1 = \Sigma p_1 Q_1$$

folgt $$H_1 = \frac{\Sigma p_1 Q_1}{P_1}.$$

Es ergibt sich also aus einer gegebenen Formel für P_1 auch die entsprechende Formel für H_1. Ist zum Beispiel P_1 ein einfacher arithmetischer Durchschnitt von $\frac{p_1}{p_0}, \frac{p_1'}{p_0'}, \frac{p_1''}{p_0''} \ldots \frac{p_1^{(n)}}{p_0^{(n)}}$, d. h. ist $P_1 = \frac{1}{n} \Sigma \frac{p_1}{p_0}$ (Formel 3 in der Tabelle) — wobei n die Anzahl der Waren bedeutet, deren Preisverhältnisse gegeben sind —, so erhalten wir die korrelative Formel für H_1

$$H_1 = \frac{\Sigma p_1 Q_1}{P_1} = \frac{\Sigma p_1 Q_1}{\frac{1}{n} \Sigma \frac{p_1}{p_0}}.$$

Andrerseits, wenn P_1 der geometrische Durchschnitt

$$\sqrt[n]{\frac{p_1}{p_0} \cdot \frac{p_1'}{p_0'} \cdot \frac{p_1''}{p_0''} \ldots \frac{p_1^{(n)}}{p_0^{(n)}}}$$

ist (Formel 7 in der Tabelle), so ergibt sich für H_1 die korrelative Form

$$\frac{\Sigma p_1 Q_1}{\sqrt[n]{\frac{p_1}{p_0} \cdot \frac{p_1}{p_0'} \ldots}}.$$

Umgekehrt gehört zu jeder Formel für H_1 eine entsprechende korrelative Formel für P_1.

Denn aus $$P_1 H_1 = \Sigma p_1 Q_1$$

folgt $$P_1 = \frac{\Sigma p_1 Q_1}{H_1}.$$

Vermittelst dieser Gleichung ergibt sich aus jeder gegebenen Formel für H_1 auch eine entsprechende Formel für P_1.

Die bereits gegebenen Beispiele von P_1 (dem arithmetischen und geometrischen Durchschnitt) zeigen, wie man die korrelative Formel für H_1 erhält. Wenn wir von diesen etwas komplizierten Formeln für H_1 nach rückwärts rechnen, so können wir nacheinander die arithmetischen und geometrischen Durchschnitte als korrelative Formeln für P_1 ableiten.

Als drittes Beispiel, das die Ableitung der Formel für P_1 von einer gegebenen Formel für H_1 erläutert, wollen wir H_1 als $\Sigma p_0 Q_1$ definieren. Folglich ist

$$P_1 = \frac{\Sigma p_1 Q_1}{H_1} = \frac{\Sigma p_1 Q_1}{\Sigma p_0 Q_1}$$

(Formel 11 in der Tabelle).

Wir können also annehmen, daß zu jeder Kolonnenüberschrift, wenngleich sie nur die Formel für P_1 angibt, auch eine entsprechende Formel für H_1 gehört, d. h. P_1 und H_1 kommen in korrelativen Paaren vor. P_1 und H_1 sind so beschaffen, daß, wenn eines von beiden (sagen wir P_1) unabhängig von der Gleichung $\Sigma p_1 Q_1 = P_1 H_1$ gegeben ist, das andere dann vermittelst dieser Gleichung bestimmt werden kann.

Die zwei Größen P_1 und H_1 sind jedoch nicht vollkommen symmetrisch. Zwischen ihnen besteht der wichtige Unterschied, daß P_1 eine unbenannte, H_1 dagegen eine benannte Zahl ist, die in Dollar und Cent ausgedrückt werden kann.

Die p und Q treten nun zwar symmetrisch in der Formel $\Sigma p_1 Q_1$ auf. Ersetzen wir aber diese Formel durch $P_1 H_1$, so wird es offenbar, daß der erste Faktor P_1 die p in einer etwas verschiedenen Weise darstellt wie der zweite Faktor, H_1, die Q. P_1 ist eine reine Zahl, ein Durchschnitt reiner Zahlen — der Verhältnisse zwischen den p und den Basispreisen p_0 —, wogegen H_1, das gleich $\frac{\Sigma p_1 Q_1}{P_1}$ ist, eine benannte Zahl ist, ein Wert, der durch Division des Wertes $\Sigma p_1 Q_1$ durch die reine Zahl P_1 gefunden wird.

Während also die p und Q in der ursprünglichen Formel $\Sigma p_1 Q_1$ symmetrisch vorkommen, behandelt sie der Prozeß, durch den wir $\Sigma p_1 Q_1$ in $P_1 H_1$ verwandeln, unsymmetrisch. Doch können wir offenbar die Asymmetrie in ihrer Behandlung aufheben; denn anstatt $\Sigma p_1 Q_1$ gleich $P_1 H_1$ zu setzen, können wir es gleich $W_1 \mathfrak{Q}_1$ setzen, wobei $\mathfrak{Q}_1$ nun ein *Quantitäts-Index* ist. das heißt, ein Durchschnitt der Verhältnisse zwischen den Q_1 und den Q_0 oder Basisquantitäten (d. h. ein Durchschnitt von $\frac{Q_1}{Q_0} \cdot \frac{Q'_1}{Q'_0} \cdot \frac{Q''_1}{Q''_0} \ldots$); und W, das daher $\frac{\Sigma p_1 Q_1}{\mathfrak{Q}_1}$ ist, ist der „Aggregatwert", d. h. der *Wert*, der durch Division des Wertes $\Sigma p_1 Q_1$ durch die reine Zahl $\mathfrak{Q}_1$ erhalten wird. Wenn hier die Form $\mathfrak{Q}_1$ unabhängig von der Gleichung $\Sigma p_1 Q_1 = W_1 \mathfrak{Q}_1$ gegeben ist, so wird die Form W_1 vermittelst dieser Gleichung bestimmt, und umgekehrt.

So können wir $\Sigma p_1 Q_1$ in $P_1 H_1$ und ebenso in $W_1 \mathfrak{Q}_1$ verwandeln. Im ersten Falle sind die p durch ein Verhältnis P_1 dargestellt, im zweiten Falle durch einen Wert W_1; im ersten Falle sind die Q durch einen Wert H_1 dargestellt, im zweiten Falle durch ein Verhältnis $\mathfrak{Q}_1$. Die Asymmetrie bei jeder der beiden Formeln $P_1 H_1$ und $W \mathfrak{Q}_1$ ist umgekehrt wie bei der andern.

Endlich können wir, wenn wir wollen, die p sowohl als auch die Q *in gleicher Weise* behandeln, durch die Gleichstellung von $\Sigma p_1 Q_1$ mit $(\Sigma p_0 Q_0) P_1 \mathfrak{Q}_1$, wobei beide, P_1 und $\mathfrak{Q}_1$, Indexziffern für die p_1, beziehungsweise die Q_1, sind. Das heißt, P_1 und $\mathfrak{Q}_1$ sind (wie wir beweisen werden) *Durchschnitte* von Preisverhältnissen wie $\frac{p_1}{p_0}$, bzw. Quantitätsverhältnissen wie $\frac{Q_1}{Q_0}$. Man kann sagen, daß die Gleichung $\Sigma p_1 Q_1 = (\Sigma p_0 Q_0) P_1 \mathfrak{Q}_1$ jeden der beiden Durchschnitte (P_1 und $\mathfrak{Q}_1$) durch den andern ausdrückt. Einer von beiden muß also unabhängig von der Gleichung bestimmt werden.

So gibt es also drei Möglichkeiten verschiedener Auflösungen für $\Sigma p_1 Q_1$, nämlich:

$$\Sigma p_1 Q_1 = P_1 H_1 = W_1 \mathfrak{Q}_1 = (\Sigma p_0 Q_0) P_1 \mathfrak{Q}_1.$$

Dividiert man die dritte Form durch $\Sigma p_0 Q_0$, so ergibt sich

$$\text{(1)} \qquad \frac{\Sigma p_1 Q_1}{\Sigma p_0 Q_0} = P_1 \mathfrak{Q}_1.$$

Wird nun entweder P_1 oder $\mathfrak{Q}_1$ nach Art einer Durchschnittsdefinition bestimmt, und erhält man die andere Größe durch obige Gleichung, so wollen wir beweisen, daß auch letztere notwendigerweise eine Form annehmen muß, die einer Durchschnittsdefinition gleichkommt. Wir haben zu beweisen, daß, wenn $\mathfrak{Q}_1$ als Durchschnitt von $\frac{Q_1}{Q_0}, \frac{Q_1'}{Q_0} \cdots$ angenommen wird, die korrelative, von (1) abgeleitete Formel für P_1, nämlich:

$$\text{(2)} \qquad P_1 = \frac{\frac{\Sigma p_1 Q_1}{\Sigma p_0 Q_0}}{\mathfrak{Q}_1} = \frac{\frac{\Sigma p_1 Q_1}{\Sigma p_0 Q_0}}{\left(\text{Dchschn.}\ \frac{Q_1}{Q_0}, \frac{Q_1'}{Q_0'} \cdots\right)},$$

ein Durchschnitt von $\frac{p_1}{p_0}, \frac{p_1'}{p_0'} \cdots$ ist. Es ist daher nur nachzuweisen (gemäß der allgemeinen, im Anhang zum II. Kapitel gegebenen Definition eines Durchschnittes), daß Formel (2) gleich k sein muß, wenn

$$\frac{p_1}{p_0} = \frac{p_1'}{p_0'} = \cdots = k$$

(und wenn gleichzeitig

$$\frac{Q_1}{Q_0} = \frac{Q_1'}{Q_0'} = \cdots = k').$$

Wir setzen also voraus:

$$\frac{p_1}{p_0} = \frac{p_1'}{p_0'} \cdots = k,$$

dann ist

$$p_1 = kp_0;\ p_1' = kp_0';\ \cdots.$$

Ferner setzen wir voraus, daß:

$$\frac{Q_1}{Q_0} = \frac{Q_1'}{Q_0'} = \cdots = k',$$

dann ist

$$Q_1 = k' Q_0;\ Q_1' = k' Q'_1;\ \cdots.$$

Also ist

$$\Sigma p_1 Q_1 = \Sigma(kp_0 \times k' Q_0) = kk'\ \Sigma p_0 Q_0.$$

Nun ist bekanntlich

$$\frac{Q_1}{Q_0} = \frac{Q_1'}{Q_0'} = \cdots = k',$$

folglich ist

$$\left(\text{Drchschn. } \frac{Q_1}{Q_0},\ \frac{Q_0'}{Q_1'} \cdots\right) = k'$$

nach der Definition eines Durchschnittes.

Daher kann die Formel (2) nun wie folgt geschrieben werden:

$$\frac{\dfrac{kk'\ \Sigma p_0\, Q_0}{\Sigma p_0\, Q_0}}{k'},$$

was offensichtlich gleich k ist.

Nach der Definition ist daher die Formel (2) ein Durchschnitt von $\frac{p_1}{p_0}, \frac{p_1'}{p_0'} \cdots$. Durch die gleiche Folgerung können wir umgekehrt nachweisen, daß

$$\frac{\frac{\Sigma p_1 Q_1}{\Sigma p_0 Q_0}}{\left(\text{Dchschn. } \frac{p_1}{p_0}, \frac{p_1'}{p_0} \cdots\right)}$$

ein regelrechter Durchschnitt von $\frac{Q_1}{Q_0}, \frac{Q_1'}{Q_0'} \cdots$ ist. Wir schließen daraus, daß, wenn entweder P_1 oder $\mathfrak{Q}_1$ in der Formel $P_1 \mathfrak{Q}_1 = \frac{\Sigma p_1 Q_1}{\Sigma p_0 Q_0}$ ein Durchschnitt der p- bzw. Q-Verhältnisse ist, folglich auch das andere ein Durchschnitt der Q- bzw. p-Verhältnisse sein muß.

§ 2.

Die Indexziffern für Preise kommen ebenso wie die Indexziffern für Quantitäten in antithetischen Paaren vor.

Wir haben gesehen, daß sich aus jeder gegebenen speziellen Durchschnittsform für P_1 eine korrelative Form für $\mathfrak{Q}_1$ ergibt, und umgekehrt. Wenn also P_1 der einfache arithmetische Durchschnitt $\frac{1}{n} \Sigma \frac{p_1}{p_0}$ ist, so ist dann

$$\mathfrak{Q}_1 = \frac{\frac{\Sigma p_1 Q_1}{\Sigma p_0 Q_0}}{\frac{1}{n} \Sigma \frac{p_1}{p_0}}.$$

Wenn wir dagegen von $\mathfrak{Q}_1$ als dem einfachen arithmetischen Durchschnitte $\frac{1}{n} \Sigma \frac{Q_1}{Q_0}$ ausgehen, so entdecken wir in seinem Korrelat eine neue Formel für P_1, nämlich: $\frac{\frac{\Sigma p_1 Q_1}{\Sigma p_0 Q_0}}{\frac{1}{n} \Sigma \frac{Q_1}{Q_0}}$. Auf diese Weise führt jede für P_1 gegebene Formel zu einer anderen Formel für P_1, die deren Antithese genannt werden kann. Diese zweite Formel für P_1 ist in ihrer Form mit der zur ersten Formel für P_1 in Korrelation stehenden Formel für $\mathfrak{Q}_1$ identisch und unterscheidet sich von derselben nur durch eine Vertauschung der p_1 und Q_1.

Die vier Formeln und deren Beziehungen sind klar ersichtlich, wenn man sie, wie in folgendem Beispiel, in Form eines Vierecks anordnet.

$$P_1 = \frac{\Sigma \frac{p_1}{p_0}}{n} \quad \text{antithetisch zu} \quad P_1 = \frac{\frac{\Sigma p_1 Q_1}{\Sigma p_0 Q_0}}{\frac{1}{n} \Sigma \frac{Q_1}{Q_0}}$$

korrelativ zu korrelativ zu

$$\mathfrak{Q}_1 = \frac{\frac{\Sigma p_1 Q_1}{\Sigma p_0 Q_0}}{\frac{1}{n} \Sigma \frac{p_1}{p_0}} \quad \text{antithetisch zu} \quad \mathfrak{Q}_1 = \frac{\Sigma \frac{Q_1}{Q_0}}{n}.$$

Das Formelpaar in der linken, senkrechten Kolonne drückt korrelative Formeln aus, die eine für P_1 und die andere für $\mathfrak{Q}_1$. In der diesen beiden diagonal gegenüberliegenden Formel wurden die p und Q miteinander vertauscht. Bei dem so gebildeten rechten Paare ist offensichtlich jede Formel auch ein *Korrelat* der anderen und jede ist die *Antithese* der in derselben wagerechten Linie zu ihrer Linken stehenden Formel. Da jede Formel P_1 eine antithetische Formel für P_1 bedingt, so haben wir hier ein Mittel, aus alten Formeln neue zu bilden, und auch gewisse unvermutete Verwandtschaften zwischen bereits in Anwendung befindlichen Formeln aufzufinden.

In der nach Seite 346 folgenden Tabelle der Indexziffern für P_1 stehen die antithetischen Formeln in jedem Falle nebeneinander und sind durch eine Klammer verbunden. Beide zusammen stellen, wie oben, immer die obere Hälfte eines Vierecks dar. Die weggelassene untere Hälfte, die die korrelativen Formen für $\mathfrak{Q}_1$ gibt, kann in jedem Falle leicht ergänzt werden: um indessen Raum zu sparen, enthält jede Kolonnenüberschrift in der Tabelle nur die Formel für P_1 unter Weglassung des Korrelats für $\mathfrak{Q}_1$ sowie der entsprechenden Formeln für H_1 und W_1. Die Formel für $\mathfrak{Q}_1$ kann, wie gesagt, durch Vertauschung der p und Q der in den benachbarten (antithetischen) Kolonnen gegebenen Formel leicht geschrieben werden; die für H_1 wird durch Division von $\Sigma p_1 Q_1$ durch P_1 gefunden; die für W_1 durch Division von $\Sigma p_1 Q_1$ durch $\mathfrak{Q}_1$. Tatsächlich dienen P_1 und W_1 demselben Zwecke, nämlich zur Angabe von Preisveränderungen; ebenso haben $\mathfrak{Q}_1$ und H_1 den Zweck, Quantitätsveränderungen anzuzeigen. Während einer Reihe von Jahren werden die Ziffern für P_1 und W_1 proportional sein, mit dem einzigen Unterschiede, daß P_1 Prozente darstellt, wobei die Zahl für das Ausgangsjahr 100 Prozent ist; während W_1 in Dollar ausgedrückt wurde und die Zahl für das Ausgangsjahr repräsentiert den tatsächlichen Umsatz $\Sigma p_0 Q_0$ in diesem Jahre. In gleicher Weise unterscheiden sich $\mathfrak{Q}_1$ und H_1

nur dadurch, daß erstere in Prozenten und letztere in Dollar ausgedrückt sind, wobei die Basisziffer 100 Prozent respektive $\Sigma p_0 Q_0$ Dollar ist.

§ 3.

Allgemeine Bedeutung der p und Q.

Wir wollen hier einmal innehalten und darauf hinweisen, daß die ganze vorliegende Erörterung lediglich die Form einer Indexziffer der p und Q betrifft ohne jedwede Bezugnahme auf die Bedeutung, die diesen p und Q beizulegen ist. Diese Bedeutung kann sich auf viel weitgehendere Probleme beziehen, als einfach auf die Preise und Mengen in der Verkehrsgleichung. So z. B. kann eine Preisindexziffer mit Bezug auf die Kaufkraft des Lohnes eines Arbeiters konstruiert werden. In diesem Falle kann die vorherige Formel, nämlich $\Sigma p_1 Q_1$ zur Anwendung kommen, die Glieder haben aber dann eine verschiedene Bedeutung. Die p beziehen sich nun auf die Preise der Güter, die in den Arbeiterbudgets vorkommen, und die Q auf die Mengen der Güter, die unter den Konsum eines Arbeiters fallen. In diesem Falle zeigt der Preisindex P das Preisniveau des Arbeiter-Konsums an, und der Index H bedeutet einen Index der *Reallöhne* der Arbeiter. Jedwede besondere Form eines Preisindexes bedingt nun auch eine besondere entsprechende Form eines Reallohnindexes.

Wenn wir andrerseits die Kapitalstatistiken studieren, wie die in Giffens *Growth of Capital*, so haben wir $\Sigma p Q$ als Kapitalwert, wobei die p die Preise der verschiedenen Kapitalarten und die Q deren Quantitäten sind. Für jede spezielle Form der Preisindexziffer P, die das Preisniveau des Kapitals darstellt, gibt es einen korrelativen speziellen *Kapital*index, der zum Unterschiede von seinem bloßen Geldwerte das tatsächliche „Wachsen des Kapitals" anzeigt. Ein derartiger Index scheint selten angewendet worden zu sein [1]). Doch ist es offenbar ratsam, zwischen einer scheinbaren, durch eine künstliche Preissteigerung hervorgerufene Kapitalzunahme und einer natürlichen Kapitalzunahme, wie sie durch einen wie hier vorgeschlagenen Index angezeigt würde, einen Unterschied zu machen.

---

[1]) Siehe Giffen, *Growth of Capital*, London (George Bell & Sons) 1889, S. 50—54, woselbst Veränderungen im Preisniveau berücksichtigt und Indexziffern aus dem *Economist* von Sauerbeck und von Soetbeer angeführt wurden. Professor J. S. Nicholson befürwortete eine solche Kapitalnorm im *Journal of the Royal Statistical Association*, März 1887, S. 152 ff. Diese Methode wurde von Edgeworth im *Report of the British Association*, 1887, S. 276 erörtert.

Wir sehen also, daß dort, wo immer Preise und Quantitäten vereinigt wurden, zur Konstruktion korrelativer Indexzifferpaare die erforderlichen Bedingungen gegeben sind, wobei sich der eine Index jeden Paares auf Preise und der andere auf Quantitäten bezieht.

Der Einfachheit wegen werden wir aber nach wie vor die Größe H und nicht Q anwenden und dieselbe einen „Handelsindex" nennen.

§ 4.

Übersicht über die 44 Formeln als Kolonnenköpfe der Tabelle.

Wir wollen nun die Formeln der Tabelle ausgewählter Indexziffern einer kurzen Betrachtung unterziehen. Jede Formel mit gerader Zahl wird am besten als von der Formel mit ungerader Zahl zu ihrer Linken als deren Antithese ableitbar betrachtet. Die ungeraden Formeln sind diejenigen, welche ohne Bezug auf den Durchschnitt der Q direkt für die p konstruiert wurden; die geraden Formeln wurden unter Bezugnahme auf einen für die Q zuerst angenommenen Durchschnitt indirekt konstruiert. Die letzteren sind das, was Walsh mit dem Namen „doppelt wiegend" bezeichnete.

Formel (1) ist lediglich das Verhältnis der Preissummen. Sie kann auch als das Verhältnis der Preisdurchschnitte der beiden in Betracht kommenden Jahre angesehen werden, wie durch die Schreibweise $\dfrac{\frac{\Sigma p_1}{n}}{\frac{\Sigma p_0}{n}}$ klar ersichtlich ist, wobei n die Zahl der angewandten Waren darstellt.

Diese Formel wurde im Jahre 1738 von Dutot [1]) und kürzlich von Bradstreet [2]) gebraucht, welch letzterer sie praktisch anwandte.

Obgleich die Formel ein Verhältnis von Durchschnitts*preisen* darstellt, so kann sie auch auf die Form eines gewogenen arithmetischen Durchschnittes der *Preisverhältnisse* $\frac{p_1}{p_0}$, $\frac{p_1'}{p_0'}$, $\frac{p_1''}{p_0''}$ usw. gebracht werden, wie folgende Umwandlung zeigt:

---

[1]) Siehe Walsh, *Measurement of General Exchange Value*, New York (Macmillan), 1901, S. 534, 553.

[2]) *Bradstreet's Journal* aus dem Jahre 1895.

$$\frac{\Sigma p_1}{\Sigma p_0} = \frac{p_1 + p_1' + p_1'' + \cdots}{p_0 + p_0' + p_0'' + \cdots}$$
$$= \frac{p_0\left(\frac{p_1}{p_0}\right) + p_0'\left(\frac{p_1'}{p_0'}\right) + p_0''\left(\frac{p_1''}{p_0''}\right) + \cdots}{p_0 + p_0' + p_0'' + \cdots}.$$

In dieser letzten Form ist die Formel offenbar der gewogene arithmetische Durchschnitt der eingeklammerten Proportionen mit den Preisen p_0, p_0', p_0'', ... des Jahres 0 als Gewichte. Eine Veränderung der Mengeneinheiten der verschiedenen Güter würde auch eine solche dieser Preise nach sich ziehen; eine Abänderung der Unzen in Pfunde würde die den Preis ausdrückende Zahl mit sechzehn multiplizieren. Jede derartige Änderung eines Preises wie z. B. der p_0 würde auch die relative Bedeutung der „Gewichte" p_0, p_0' usw. gänzlich ändern. Infolgedessen ist dieses System des Wiegens, wie Walsh erklärte, ein ganz willkürliches oder zufälliges[1]).

Dieselbe Formel ist, wie aus folgender Umwandlung zu ersehen ist, auch ein harmonischer Durchschnitt:

$$\frac{\Sigma p_1}{\Sigma p_0} = \frac{p_1 + p_1' + \cdots}{p_0 + p_0' + \cdots}$$
$$= \frac{p_1 + p_1' + \cdots}{p_1\left(\frac{p_0}{p_1}\right) + p_1'\left(\frac{p_0'}{p_1'}\right) + \cdots}$$
$$= \frac{1}{\frac{p_1\left(\frac{p_0}{p_1}\right) + p_1'\left(\frac{p_0'}{p_1'}\right) + \cdots}{p_1 + p_1' + \cdots}}.$$

Offensichtlich ist die letzte Formel der reziproke Wert eines gewogenen arithmetischen Durchschnittes der in Klammern stehenden Preisverhältnisse. Diese Preisverhältnisse sind aber die reziproken Werte von $\left(\frac{p_1}{p_0}\right)$, $\left(\frac{p_1'}{p_0'}\right)$, $\left(\frac{p_1''}{p_0''}\right)$ usw. Mit anderen Worten: die Formel ist der reziproke Wert eines gewogenen arithmetischen Durchschnittes der reziproken Werte der Verhältnisse $\frac{p_1}{p_0}$ usw. Sie ist daher der gewogene *harmonische* Durchschnitt der Verhältnisse $\frac{p_1}{p_0}$ usw., und die Gewichte sind p_1, p_1' usw. oder die Preise des Jahres 1.

---

[1]) Walsh, *Measurement* usw., S. 81 und 82.

Kurz, die Formel (1) ist sowohl ein arithmetischer als auch ein harmonischer Durchschnitt von $\frac{p_1}{p_0}, \frac{p'_1}{p'_0}$ usw., wobei im ersten Falle die Glieder des Nenners und im zweiten die des Zählers die Gewichte sind.

Obwohl, wie wir gesehen haben, Formel (1) der Tabelle vornehmlich ein *Verhältnis von Preisdurchschnitten* darstellt, so kann sie doch als ein *Durchschnitt von Preisverhältnissen* mit willkürlicher Wägung betrachtet werden.

Umgekehrt können wir nach Belieben jeden Durchschnitt der Verhältnisse als ein Verhältnis von Durchschnitten betrachten, wenn wir zur Messung von Waren willkürliche Einheiten annehmen. Es ist klar ersichtlich, daß, wenn die Maßeinheit in irgendeinem Verhältnis erhöht wird, die den Preis ausdrückende Zahl in umgekehrtem Verhältnis eine Erniedrigung erfährt. Wenn wir daher die Maßeinheit einer Ware, deren Preis zuerst durch p_1 ausgedrückt ist, mittels Division durch p_0 ändern, so wird aus diesem Preise $\frac{p_1}{p_0}$. Auf diese Weise kann $\frac{p_1}{p_0}$ sowohl als Preis als auch als Preisverhältnis angesehen werden. Folglich kann ein Durchschnitt von $\frac{p_1}{p_0}, \frac{p'_1}{p'_0}, \frac{p''_1}{p''_0}$ usw., als Durchschnitt von *Preisen* betrachtet werden. Als neue Einheit einer Ware gilt dann, an Stelle eines Pfundes, Yards usw. *die Warenquantität, welche ein Dollar im Ausgangsjahre kaufen würde.* Bei dieser Einheit ist der Preis im Ausgangsjahre gleich Eins, denn wenn wir den Preis p_0 der ursprünglichen Einheit durch den Faktor p_0 dividieren, so erhalten wir Eins.

Von nun an werden wir jedoch alle Indexziffern als Durchschnitte von Preisverhältnissen behandeln.

Interessant ist die Feststellung, daß die Antithese von Dutots oder Bradstreets Formel (Nr. 2), die mittels Division des Bruches $\frac{\Sigma p_1 Q_1}{\Sigma p_0 Q_0}$ durch die korrelative Formel für $\mathfrak{Q}_1$, nämlich durch $\frac{\Sigma Q_1}{\Sigma Q_0}$, gefunden wird, sich als diejenige erweist, welche von Drobisch [1]) und früher von Sir Rawson-

[1]) Siehe M. W. Drobisch, „Über Mittelgrößen und die Anwendbarkeit derselben auf die Berechnung des Steigens und Sinkens des Geldwertes" (*Berichte über die Verhandlungen der Königlich sächsischen Gesellschaft der Wissenschaften zu Leipzig*; *Mathematisch-physische Klasse*, Band XXIII, 1871, S. 25—48). Dgl. „Über die Berechnung der Veränderungen der Warenpreise und des Geldwertes" (*Jahrbücher für Nationalökonomie und Statistik*, 1871, Band XVI, S. 143—156); und „Über einige Einwürfe gegen die in diesen Jahrbüchern veröffentlichte neue Methode, die Veränderungen der Warenpreise und des Geldwertes zu berechnen" (*loc. cit.*, 1871, Band XVI, S. 416—427). Siehe auch Walsh, *op. cit.*, S. 97—99, woselbst die Berechnungsmethode erklärt wurde.

Rawson [1]) vertreten wurde.

Formel (3) [2]) ist offensichtlich der bekannte, einfache arithmetische Durchschnitt

$$\frac{\Sigma\left(\frac{p_1}{p_0}\right)}{n} \text{ oder } \frac{\frac{p_1}{p_0}+\frac{p_1'}{p_0'}+\cdots+\frac{p_1^{(n)}}{p_0^{(n)}}}{n}.$$

Formel (4), die Antithese von Formel (3), gibt als Durchschnitts-Preisverhältnis das Verhältnis der Gesamtwerte $\Sigma p_1 Q_1/\Sigma p_0 Q_0$, die zur Abänderung der Q mittels Division durch das arithmetische Durchschnittsverhältnis der Q berichtigt wurde.

Künftighin werden wir die Formeln mit geraden Zahlen, die Antithesen der vorhergehenden ungeraden Formeln darstellen, übergehen und sie nur dann erwähnen, wenn ein besonderer Grund hierzu vorliegt.

Formeln (5), (7) [3]) und (9) [4]) stellen das gewöhnliche harmonische und geometrische Mittel sowie den gewöhnlichen Medianwert dar. Wir sehen, daß die Antithese von (7), nämlich (8), einer der von Nicholson und Walsh vorgeschlagenen Werte ist [5]).

Formel (11) [6]) ähnelt der von Bradstreet, nur mit dem Unterschiede, daß die Einführung der Q als Multiplikatoren ein willkürliches Wägen nicht zuläßt, denn ungleich den Gewichten p_0 usw., werden die Gewichte $p_0 Q_1$ usw. durch eine Änderung der Maßeinheiten für Waren nicht beeinflußt. Ob nun ein Artikel in Pfunden oder Unzen gemessen wird, übt auf

[1]) Siehe Edgeworth, *Report of the British Association for the Advancement of Science*, 1889, S. 152. Sir Rawson-Rawsons Vorschlag, wie ihn Edgeworth eingehend dargestellt hat, ging dahin, den Wert der Ausfuhr (oder Einfuhr) durch das Ladegewicht der Ausfuhr (oder Importpreise) zu dividieren und das Ergebnis als eine Indexziffer für die Exportpreise (oder Einfuhr) anzusehen. Der Vorschlag ist nicht aus theoretischen Gründen, sondern praktischer Berechnungserleichterung wegen gemacht worden. Edgeworth verglich die Ergebnisse von Rawsons ungefährer, aber zuverlässiger Methode mit Giffens genauerer Methode, indem er die tatsächlichen Zahlen für das Jahr 1886 mit denen für 1885 verglich und eine wesentliche Übereinstimmung fand.

[2]) Betr. Darlegung der Geschichte dieser Formel von Carli bis zur Gegenwart siehe Walsh, *op. cit.* S. 534.

[3]) Siehe Jevons, *Investigations in Currency and Finance*, London (Macmillan), 1884; Edgeworth, *Reports British Association*, 1887, 1888, 1889; Walsh, *op. cit.* S. 229 ff.

[4]) Siehe Edgeworth, *Reports British Association*, 1887, 1888, 1889, besonders 1888, S. 206 ff.

[5]) Walsh, *op. cit.*, S. 548.

[6]) Über Formel 11 und 12 gibt es eine umfangreiche Literatur. Siehe Walsh, *op. cit.*, S. 191 ff. und 539 ff.

den Wert einer gegebenen Menge keinerlei Einfluß aus. Folgende Umformung zeigt, daß die Formel ein gewogenes arithmetisches Mittel ist:

$$\frac{\Sigma p_1 Q_1}{\Sigma p_0 Q_1} = \frac{p_1 Q_1 + p_1' Q_1' + \cdots}{p_0 Q_1 + p_0' Q_1' + \cdots}$$

$$= \frac{p_0 Q_1 \left(\frac{p_1}{p_0}\right) + p_0' Q_1' \left(\frac{p_1'}{p_0'}\right) + \cdots}{p_0 Q_1 + p_0' Q_1' + \cdots}.$$

Die letzte Formel ist offenbar ein gewogener arithmetischer Durchschnitt der Preisverhältnisse in den Klammern; und deren Gewichte sind $p_0 Q_1$, $p_0' Q_1'$ usw., d. h. es sind die *Werte* der Quantitäten des Jahres 1, berechnet zu den Preisen des Jahres 0.

Dieselbe Formel ist aber auch ein harmonischer Durchschnitt, was ersichtlich wird, wenn, wie dies bei Formel (1) geschah, anstatt des Zählers der Nenner umgeformt wird. Sie ist ein gewogener harmonischer Durchschnitt, dessen Gewichte $p_1 Q_1$, $p_1' Q_1'$ usw., oder die Werte des Jahres 1 sind.

Kurz, Formel (11) oder $\frac{\Sigma p_1 Q_1}{\Sigma p_0 Q_1}$ ist, wie Formel (1), sowohl ein gewogener arithmetischer als auch ein gewogener harmonischer Durchschnitt von $\frac{p_1}{p_0}$, $\frac{p_1'}{p_0'}$, $\frac{p_1''}{p_0''}$ usw., doch sind die Gewichte in beiden Fällen verschieden.

Formel (11) besitzt die interessante Eigenart, daß ihre Antithese (12) dieselbe Form hat, nur mit dem Unterschiede, daß die Q nunmehr mit dem Index 0 anstatt mit 1 bezeichnet sind. Eine ähnliche Folgerung zeigt, daß diese Formel (12) ebenfalls sowohl ein arithmetischer als auch ein harmonischer Durchschnitt ist, der je nach den Gliedern seines Nenners bzw. Zählers gewogen wurde.

Diese beiden Formeln (11) und (12) scheinen bei den Autoren über Indexziffern sehr beliebt zu sein. Da die Mängel der einen Formel in gewissen Fällen keinesfalls Mängel der anderen sind, so wurden viele Versuche gemacht, sie in eine einzige zu verschmelzen. So ist zum Beispiel Nr. (13)[1]) deren einfacher arithmetischer Durchschnitt. Die Antithese von (13), nämlich (14), erweist sich als einfacher harmonischer Durchschnitt von (11) und (12). Die Formel (15) ist der einfache geometrische Durchschnitt von (11) und (12) und ist mit ihrer eigenen Antithese (16) identisch. Die Formel (17), (19), (21) und (23) stellen weitere Versuche einer Vereinigung der Formeln

---

[1]) Literaturnachweis über diese und viele andere der übrigen Formeln der Tabelle (Kolonne 13—44) siehe Walsh, *Measurement of General Exchange-Value*, S. 386 bis 388.

(11) und (12) dar, jedoch nicht durch Berechnung deren Durchschnitts, wie es bei (13) und (15) der Fall war, sondern durch Berechnung des Durchschnitts ihrer Koeffizienten Q_1 und Q_0, Q'_1 und Q'_0 usw. Zwei ihrer Antithesen, nämlich (18) und (22), erweisen sich als die von Walsh und (24) als die von Julius Lehr vorgeschlagenen Formeln [1]).

Wir haben gesehen, daß die Formeln (11) und (12) als arithmetische Durchschnitte betrachtet, folgende Gewichte besitzen:

Nr. 11: $p_0 Q_1$, $p'_0 Q'_1$, $p''_0 Q''_1$ usw.
und Nr. 12: $p_0 Q_0$, $p'_0 Q'_0$, $p''_0 Q''_0$ usw.

Wir nehmen sodann die Gewichte

$p_1 Q_1$, $p'_1 Q'_1$, $p''_1 Q''_1$ usw. für Nr. (25)
und $p_1 Q_0$, $p'_1 Q'_0$, $p''_1 Q''_0$ usw. für Nr. (27)

und ergänzen auf diese Weise die vier Permutationen der Indexzahlen 01, 00, 11 und 10. Nummer (29) stellt einen gewogenen arithmetischen Durchschnitt dar, dessen Gewichte nicht vom Produkt der Preise und der Quantitäten des Grundjahres (1), sondern aus anderen Erwägungen abgeleitet sind. Als Beispiel hierfür gilt die in einigen Tabellen des „Aldrich Report" [2]) angewendete Methode, nach welcher der Prozentsatz der Konsumtion verschiedener Art in den Arbeiterbudgets die Gewichte sind und zwar ohne Bezugnahme auf das Basisjahr oder auf ein anderes bestimmtes Jahr.

Die Formeln (31) und (33) sind gewogene harmonische Mittel, in denen die Gewichte anstatt

$p_1 Q_1$ usw., wie in (11),
oder $p_1 Q_0$ usw., wie in (12),
$p_0 Q_1$ usw. für (31)
und $p_0 Q_0$ usw. für (33) sind.

Somit wurden hier dieselben Permutationen der Indexzahlen für harmonische Durchschnitte durchgeführt, wie dies vorher für arithmetische Durchschnitte geschah. Wir sehen also, daß die ungeraden Formeln von (11) bis einschließlich (33) lediglich arithmetische oder harmonische Durchschnitte von $\frac{p_1}{p_0}$ usw. oder aber Durchschnitte oder Mischungen solcher Durchschnitte sind.

[1]) Beiträge zur Statistik der Preise, Frankfurt a. M., 1885, (Methode S. 11 und S. 37—42). Erklärung der Methode in Walshs *Measurement of General Exchange-Value* S. 386—388.

[2]) *Report on Wholesale Prices*, Senatsbericht 1394, 2. Session, 52. Kongreß, 1893.

Die Formeln (35), (37), (39), (41) repräsentieren verschiedene Formen gewogener geometrischer Durchschnitte jener Preisverhältnisse mit folgenden Gewichten:

p_1Q_1 usw. für (35),
p_0Q_0 usw. für (37),
p_1Q_0 usw. für (39),
p_0Q_1 usw. für (41).

Nummer (43) ist das Verhältnis des gewogenen geometrischen Durchschnittes der Preise in den Jahren 1 und 0, wobei die Gewichte für das Jahr 1 p_1Q_1 usw. und für das Jahr 0 p_0Q_0 usw. sind.

Aus all dem Gesagten ist zu ersehen, daß sämtliche 44 für die Tabelle ausgewählten Formeln auf einige einfache Grundsätze der Durchschnittsbildung aufgebaut wurden. Die meisten davon sind arithmetische, harmonische oder geometrische Durchschnitte oder deren Kombinationen. Es erübrigt sich zu erwähnen, daß zahlreiche andere und kompliziertere Formen konstruiert werden können.

§ 5.

Übersicht über die als Titel der Tabellenreihen figurierenden acht Proben.

Nachdem wir nun die Überschriften der senkrechten Kolonnen der Tabelle durchgenommen haben, kommen wir zur Erörterung der am Anfang der wagerechten Reihen stehenden Titelworte. Letztere repräsentieren acht Indexzifferproben. Die ersten sechs Proben sind in Paare geordnet, wobei die ungeraden auf die Preise und die geraden auf die Quantitäten Bezug haben.

Acht Proben für eine gute Indexziffer.

Die acht Proben haben den Zweck, neben den bisher beim Studium der Indexziffern angewandten noch weitere Proben zu umfassen. Es sind dies die folgenden:

1. Probe der Proportionalität in bezug auf die Preise.
2. Probe der Proportionalität in bezug auf die Handelsziffern.
3. Probe der Bestimmbarkeit in bezug auf die Preise.
4. Probe der Bestimmbarkeit in bezug auf die Handelsziffern.
5. Probe des Ausschlusses oder Einschlusses in bezug auf die Preise.
6. Probe des Ausschlusses oder Einschlusses in bezug auf die Handelsziffern.

7. Probe der Veränderung der Basis bei den Preisen und bei den Handelsziffern.
8. Probe der Veränderung der Maßeinheit sowohl in bezug auf die Preise als auch auf die Handelsziffern.

Wir wollen zunächst jede dieser Proben allgemein definieren und sie dann durch tatsächliche Anwendung veranschaulichen.

1. *Probe der Proportionalität in bezug auf die Preise.* Eine Formel für den Preisindex muß so beschaffen sein, daß der Preisindex mit allen individuellen Preisverhältnissen übereinstimmt, wenn letztere untereinander sämtlich übereinstimmen. Wenn also der Preis eines jeden Gegenstandes im Jahre 1910 um 10 Prozent höher ist als im Jahre 1909, so muß die Indexziffer um zehn Prozent höher ausfallen.

2. *Probe der Proportionalität in bezug auf die Handelsziffern.* Ebenso muß die korrelative Formel für den Handelsindex derart sein, daß der Handelsindex mit allen individuellen Handelsverhältnissen übereinstimmt, wenn letztere untereinander sämtlich übereinstimmen.

3. *Probe der Bestimmbarkeit in bezug auf die Preise.* Ein Preisindex darf nicht mit Null, unendlich oder unbestimmt ausfallen, wenn ein Einzelpreis Null wird. Wenn beispielsweise im Jahre 1910 irgendeine Ware den Markt überfüllte und „Freigut" wurde, so darf deswegen die Indexziffer für 1910 nicht mit Null wiedergegeben werden.

4. *Probe der Bestimmbarkeit in bezug auf die Handelsziffern.* Der korrelative Handelsindex darf nicht mit Null, unendlich oder unbestimmt ausfallen, wenn eine einzelne Quantität zu Null wird. Wenn also im Jahre 1910 irgendeine Ware vollständig außer Gebrauch kam, so daß deren ausgetauschte Menge gleich Null lautete, dann darf diese Tatsache den Handelsindex für 1910 nicht unbestimmbar machen.

5. *Probe des Ausschlusses oder Einschlusses in bezug auf die Preise.* Ein Preisindex muß vom Ausschluß oder Einschluß eines Preisverhältnisses, das mit dem Index übereinstimmt, unberührt bleiben. Wenn also der Preisindex einer gewissen Anzahl von Gütern, ausschließlich des Zuckers, im Jahre 1910, im Vergleich zum Jahr 1900 auf 105 lautete und der Preis des Zuckers selbst im Jahre 1910 im Vergleich zum Jahr 1900 ebenfalls 105 betrug, dann darf der Einschluß des Zuckers in die Berechnung der Indexziffer den Index 105 nicht verändern.

6. *Probe des Ausschlusses oder Einschlusses in bezug auf die Handelsziffern.* Der korrelative Handelsindex darf vom Ausschluß oder Einschluß eines Quantitätsverhältnisses, das mit dem Index übereinstimmt, nicht berührt werden.

7. *Probe der Veränderung der Basis.* Die Verhältnisse zwischen verschiedenen Preisindizes (und daher, wie wir sehen werden, auch die Verhältnisse zwischen den korrelativen Handelsindizes) dürfen von einer Umkehrung oder Veränderung der Basis nicht berührt werden. Wenn also die Indexziffer für 1910, auf der Basis von 1860 berechnet, das Doppelte der Ziffer für 1900 ist, so muß sie auch, auf der Basis von 1870 berechnet, doppelt so hoch bleiben.

8. *Probe der Veränderung der Maßeinheit.* Die Verhältnisse zwischen verschiedenen Preisindizes (und daher, wie wir sehen werden, auch die Verhältnisse zwischen den korrelativen Handelsindizes) müssen bei einer Veränderung der Maßeinheit unbeeinflußt bleiben. Wenn also die Indexziffer für 1910, falls die Kohlenmenge nach Tonnen ausgedrückt wird, das Doppelte der Ziffer von 1900 ist, so muß dieselbe auch das Doppelte bleiben, falls die Kohlenmenge nach Pfunden ausgedrückt wird.

Die Aufstellung der Probe 7 und 8 bezieht sich in jedem Falle sowohl auf die Preise als auch auf die Quantitäten. Beide Fälle bedeuten, daß das, was sich bei den Preisindizes bestätigt, sich auch bei den Handelsindizes bestätigen muß, und *vice versa.* Um dieses reziproke Verhältnis der Probe 7 (Veränderung der Basis) nachzuweisen, wollen wir den Preisindex für das Jahr 1 im Ausdruck des Jahres 0, anstatt wie bisher mit P_1, mit $P_{1,0}$ bezeichnen — wobei das Grundjahr eine spezielle Benennung erhält — und wir wollen dann die Jahre 1 und 2 miteinander vergleichen, indem wir zuerst das Jahr 0 und dann (sagen wir) das Jahr 8 als Basis benutzen. Wenn die Probe der Basisveränderung bei den P erfüllt ist, d. h. wenn $\frac{P_{1,0}}{P_{2,0}} = \frac{P_{1,8}}{P_{2,8}}$, so haben wir noch zu beweisen, daß das diesbezügliche Verhältnis auch bei den H zutrifft, nämlich daß

$$\frac{H_{1,0}}{H_{2,0}} = \frac{H_{1,8}}{H_{2,8}} \text{ ist.}$$

Bekanntlich ist

$$H_{1,0} = \frac{\Sigma p_1 Q_1}{P_{1,0}}, \tag{1}$$

$$H_{2,0} = \frac{\Sigma p_2 Q_2}{P_{2,0}}, \tag{2}$$

$$H_{1,8} = \frac{\Sigma p_1 Q_1}{P_{1,8}}, \tag{3}$$

$$H_{2,8} = \frac{\Sigma p_2 Q_2}{P_{2,8}}. \tag{4}$$

Dividieren wir (1) durch (2) und (3) durch (4), so erhalten wir die Quotienten

$$\frac{H_{1,0}}{H_{2,0}} = \left(\frac{\Sigma p_1 Q_1}{\Sigma p_2 Q_2}\right) \left(\frac{P_{2,0}}{P_{1,0}}\right)$$

und

$$\frac{H_{1,8}}{H_{2,8}} = \left(\frac{\Sigma p_1 Q_1}{\Sigma p_2 Q_2}\right) \left(\frac{P_{2,8}}{P_{1,8}}\right).$$

Vergleichen wir die rechten Seiten dieser Gleichungen, so finden wir, daß die "Σ"-Verhältnisse in beiden Fällen miteinander identisch sind, und wir wissen, daß die P-Verhältnisse durch Hypothese gleich sind. Folglich sind die ganzen rechten Seiten der beiden Gleichungen und somit auch die linken Seiten ebenfalls gleich, was zu beweisen war. Die umgekehrte Schlußfolgerung liegt ebenfalls klar auf der Hand.

Der Probe der Veränderung der Basis gleich, kann auch die Probe der Veränderung der Maßeinheit, nämlich Nr. 8, nicht für Preise gelten, ohne gleichzeitig auch auf die Quantitäten anwendbar zu sein und *vice versa*. Zur Beweisführung nehmen wir die Gleichung $H = \frac{\Sigma pQ}{P}$. Offenbar bleibt der Zähler der rechten Seite dieser Gleichung von einer Veränderung der Einheit unberührt. Wenn z. B. Kohle anstatt in Tonnen in Unzen gemessen und somit die Zahl (sagen wir die Q), die deren Quantität darstellt, ganz bedeutend erhöht würde, so würde dies den Wert ($p\,Q$) nicht beeinflussen, da die Zahl (p), die den Preis darstellt, demgemäß erniedrigt wird. Wenn daher der Nenner (P) der diesbezüglichen Probe entspricht, d. h. wenn derselbe bei einer Veränderung der Einheit ebenfalls unbeeinflußt bleibt, so muß auch der Quotient (H) unberührt bleiben. Das heißt, wenn die Probe der Maßeinheitsveränderung für P entspricht, so muß dieselbe auch für H entsprechen. Da sich dies auch auf die umgekehrte Schlußfolgerung bezieht, so ist die Behauptung bewiesen.

Die ersten sechs Proben sind abwechselnd in Preisen und in Quantitäten ausgedrückt. Wir machen nun darauf aufmerksam, daß die sich auf die Preise beziehenden Proben auch für die Quantitäten von Bedeutung sind und daß die sich auf Quantitäten beziehenden Proben auch für die Preise Bedeutung haben. Das heißt: alle Proben sind sowohl für Preise als auch für Quantitäten von Bedeutung.

Um auf diese wichtige Tatsache Nachdruck zu legen, wollen wir die Bedeutung jeder Probe für die Kategorie der Preise feststellen. Da diese Bedeutung bei den Proben 1, 3, 5, 7 und 8 in der Darlegung der Probe offensichtlich zum Ausdruck kommt, so haben wir dies nur noch bei den Proben 2, 4 und 6 darzustellen.

Probe 2 sagt uns, daß, wenn alle Handelsverhältnisse übereinstimmen, auch deren Index mit letzteren übereinstimmen muß, d. h. wenn

$$\frac{Q_1}{Q_2} = \frac{Q_1'}{Q_2'} = \frac{Q_1''}{Q_2''} = \cdots = k,$$

dann ist auch

$$\frac{H_1}{H_2} = k.$$

Es handelt sich nun um die Frage, welche Folge für die p zutrifft, wenn wir vorstehende Bedingung als bei den Q zutreffend annehmen. Die Antwort ist offensichtlich:

$$\frac{P_1}{P_2} = \frac{\frac{\Sigma p_1 Q_1}{H_1}}{\frac{\Sigma p_2 Q_2}{H_2}} = \frac{\Sigma p_1 Q_1}{\Sigma p_2 Q_2} : \frac{H_1}{H_2} = \frac{k \Sigma p_1 Q_2}{\Sigma p_2 Q_2} : k$$

(erhalten durch Substitution von kQ_2 für Q_1, von kQ_2' für Q_1 usw. und kH_2 für H_1)

$$= \frac{\Sigma p_1 Q_2}{\Sigma p_2 Q_2} = \frac{\Sigma p_1 Q_1}{\Sigma p_2 Q_1}.$$

Die letzte Form ist von der vorletzten abgeleitet, und zwar durch Multiplikation des Zählers und des Nenners mit k und durch Substituierung von Q_1 für $k Q_2$, Q_1' für $k Q_2'$ usw.

Die resultierenden beiden Formeln für $\frac{P_1}{P_2}$ stellen Probe Nr. 2 in den Bedingungen dar, denen sich die *Preise* anpassen müssen. Man wird in diesen Formeln diejenigen erkennen, welche in § 7 des Anhanges zum II. Kapitel zur Erörterung gelangten und deren Bedeutung daselbst erklärt wurde. Es wurde dort gezeigt, daß jedwede Veränderung in G oder in U oder eine *gleichmäßige* Veränderung in allen Q oder irgendeine Kombination dieser Veränderungen durch die Verkehrsgleichung auf das Preisniveau in der Weise einwirkt, wie es in nachstehender Formel ausgedrückt ist:

$$\frac{P_1}{P_2} = \frac{\Sigma p_1 Q_1}{\Sigma p_2 Q_1} = \frac{\Sigma p_1 Q_2}{\Sigma p_2 Q_2}.$$

So schreibt die Verkehrsgleichung Probe Nr. 2 selbst vor, denn nach den grundlegenden Theoremen, die die Verkehrsgleichung uns lehrt, variieren die Preise direkt wie G und U sowie umgekehrt wie die Q und die einzigen Formen von Indexziffern, die diese Veränderungen getreu widerspiegeln, d. h. die direkt mit G und umgekehrt mit den Q variieren (wenn wir annehmen, daß alle Q übereinstimmend variieren), sind die Indexzifferformen, welche mit Probe Nr. 2 übereinstimmen. Jede andere Form einer Indexziffer könnte, wenn G (und G') sich um 50 Prozent erhöhte und in den U oder Q keinerlei Veränderung eintritt, ein Steigen von 49 oder 51 Prozent verzeichnen. Das heißt: keine andere Form einer Indexziffer berechtigt uns zu der Aussage, daß sich bei einer Veränderung der Geldmengen, während die Umlaufsgeschwindigkeit und die Q unverändert bleiben, die Preisindexziffer proportional verändert. Keine andere Form befähigt uns zur Feststellung des entsprechenden Theorems in bezug auf die Wirkung einer Veränderung in der Umlaufsgeschwindigkeit oder einer (gleichförmigen) Veränderung in den Q. Dies sind aber die grundlegenden Theoreme. Dem wahren Begriff einer Indexziffer gemäß muß dieselbe an Stelle der divergierenden Einzelveränderungen treten und uns in den Stand setzen, aus deren proportionalen Veränderungen dieselben Theoreme abzuleiten, die sich bewähren, wenn sämtliche Preise sich in gleicher Weise verändern.

Probe Nr. 2 ist daher von so grundlegender Bedeutung, daß es sich lohnt, einen Augenblick innezuhalten und sie wörtlich zu wiederholen. Um die Ideen zu fixieren, denken wir uns zwei Jahre, sagen wir 1900 und 1910 und nehmen an, daß die Menge jeder im Jahre 1910 verkauften Warengattung, sagen wir, genau doppelt so groß ist wie die im Jahre 1900 verkaufte Quantität. Die einzig richtige Indexziffer, die das Preisniveau des Jahres 1910 (Jahr 1) im Vergleich zum Preisniveau des Jahres 1900 (Jahr 0) anzeigt, ist sodann $\frac{\Sigma p_1 Q_1}{\Sigma p_0 Q_1}$, das Verhältnis des Gesamtwertes der im Jahre 1910 verkauften Güter zu dem, was dieser Wert bei den Preisen des Jahres 1900 gewesen wäre, oder was auf dasselbe hinausläuft, sie ist $\frac{\Sigma p_1 Q_0}{\Sigma p_0 Q_0}$, das Verhältnis von dem, was der Gesamtwert der im Jahre 1900 zu den Preisen des Jahres 1910 verkauften Güter gewesen wäre zu dem, was es tatsächlich zu den Preisen des Jahres 1900 war.

Von den 44 Formeln der Tabelle lassen sich, bei gleichmäßiger Veränderung der Q, nur die folgenden auf die erforderliche Formel zurückführen: Nr. (2) von Drobisch, (4), (6), (8), (10), (11), (28), (30), (34), (38) und (40). Mit Ausnahme der Formel 11 haben alle anderen gerade Indizes. Verschiedene andere reduzieren sich auf die beanspruchte Formel, vorausgesetzt, daß eines der Vergleichsjahre das Grundjahr ist.

Die Formeln der Tabelle, die der Probe Nr. 2 überhaupt nicht entsprechen, würden uns in bezug auf $GU + G'U' = PH$ nicht einmal die

Aussage gestatten, daß *H* bei einem Gleichbleiben aller *Q* konstant bleibt und daß *P* wie die andere Seite der Gleichung variieren wird. Für diese Formeln versagt *H* als zuverlässiger Index der *Q*, denn jedweder Fehler nach der einen Richtung zieht einen entsprechenden Fehler in *P* nach der entgegengesetzten Richtung nach sich.

Probe 2 erscheint daher in gewisser Hinsicht die wichtigste aller acht Proben für Preise zu sein, obgleich sie ursprünglich nicht in Preisen, sondern in Quantitäten aufgestellt war. Sie ist die einzige Probe, die die Art des erforderlichen *Wägens* angibt. Während diese Probe jede noch so sehr abweichende Einzelveränderung in Preisen gestattet, schreibt sie ganz genau die Bedingungen vor, die uns zu der Erklärung berechtigen, daß eine Veränderung in *G* oder in den beiden *U* oder in allen *Q* in einem gegebenen Verhältnis auf die Preise „im Durchschnitt" in demselben Verhältnis einwirkt (auf *G* und *U* natürlich direkt und auf die *Q* indirekt).

Tatsächlich gibt Probe 2 die wahre Form einer Preisindexziffer an, wie sie die Verkehrsgleichung unter allen möglichen Umständen — *ausgenommen* wenn die *Q* in ungleichem Verhältnis variieren — vorschreibt. Sie zeigt auch die erforderlichen richtigen Gewichte an. Man kann sagen, daß diese Gewichte wechselseitig entweder von den Q_1 oder von den Q_0 abhängen. Die von den Q_1 ausgehende Formel ist Formel Nr. 11, die von den Q_0 ausgehende ist Formel Nr. 12. Wenn die Q_1 und Q_0 proportional sind, wird jede der beiden Formeln vollkommen befriedigen, und wenn dies nicht der Fall ist, so kann deren Abweichung nicht nennenswert sein. Wenn sich aber die *Q* ungleich verändern, dann scheint es eine zufriedenstellende Formel *nicht* zu geben. Unter diesen Umständen stehen die beiden Gewichtssysteme, das eine in Q_1 und das andere in Q_0 ausgedrückt, in Widerspruch. Wie aber Edgeworth [1]) bewiesen hat, ist dieser Widerspruch nur ein geringer. In der Tat sind die Gewichte zur Festsetzung einer Preisindexziffer von viel geringerer Bedeutung als die Preise selbst.

Die Erörterung der Probe 2 wird in § 7, woselbst die verschiedenen Formen von Indexziffern einem Vergleich unterzogen werden, nochmals aufgenommen.

---

[1]) *Report of the British Association for the Advancement of Science*, für das Jahr 1887, S. 288—292, und für 1888, S. 197—198, 200, 202, 203 und 206. Edgeworth legt in dem von ihm angeführten Falle dar, daß ein „Irrtum" in den *Gewichten* bei der sich ergebenden Indexziffer nur ein Zwanzigstel beträgt, während ein „Irrtum" in den *Preisen* selbst bei der sich daraus ergebenden Indexziffer einen vier- oder fünfmal so großen „Irrtum" verursacht.

Algebraisch dargestellte Proben für den allgemeinen Fall zweier beliebiger Jahre, verglichen hinsichtlich der Preise und der Handelsziffern.

(In dem speziellen Falle, wo das eine der beiden Jahre ein Grundjahr ist, setze man „0“ an Stelle von „2“.)

	Gegeben	Die Probe erfordert, daß (in bezug auf die p)	(in bezug auf die Q)
Probe 1 Proportionalität der p	$\frac{p_1}{p_2}=\frac{p'_1}{p'_2}=\dots=k$	$\frac{P_1}{P_2}=k$	$\frac{H_1}{H_2}=\frac{\Sigma p_1 Q_1}{\Sigma p_1 Q_2}=\frac{\Sigma p_2 Q_1}{\Sigma p_2 Q_2}$
Probe 2 Proportionalität der Q	$\frac{Q_1}{Q_2}=\frac{Q'_1}{Q'_2}=\dots=k$	$\frac{P_1}{P_2}=\frac{\Sigma p_1 Q_1}{\Sigma p_2 Q_1}=\frac{\Sigma p_1 Q_2}{\Sigma p_2 Q_2}$	$\frac{H_1}{H_2}=k$
Probe 3 Bestimmbarkeit der p	$p_1=0$ oder $p_2=0$ usw.	P_1 und P_2 eindeutig bestimmt und weder Null noch unendlich	H_1 und H_2 bestimmt und weder Null noch unendlich
Probe 4 Bestimmbarkeit der Q	$Q_1=0$ oder $Q_2=0$ usw.	P_1 und P_2 eindeutig bestimmt und weder Null noch unendlich	H_1 und H_2 bestimmt und weder Null noch unendlich
Probe 5 Durch Ausschluß oder Einschluß der p	$\frac{p_1}{p_2}=\frac{P_1}{P_2}=k$	$\frac{P'_1}{P_2}=k$ (Buchstaben mit dem Zeichen ′ bedeuten Ausschluß der p_1, p_2, Q_1 und Q_2; Buchstaben ohne das Zeichen Einschluß dieser Faktoren)	$\frac{H'_1}{H'_2}=\frac{\Sigma p'_1 Q'_1}{\Sigma p'_2 Q'_2}\div\frac{P_1}{P_2}$ (Buchstaben mit dem Strich ′ bedeuten Ausschluß der p_1, p_2, Q_1 und Q_2; Buchstaben ohne den Strich Einschluß dieser Faktoren)
Probe 6 Durch Ausschluß oder Einschluß der Q	$\frac{Q_1}{Q_2}=\frac{H_1}{H_2}=k$	$\frac{P'_1}{P'_2}=\frac{\Sigma p'_1 Q'_1}{\Sigma p'_2 Q'_2}\div\frac{H_1}{H_2}$ Das Vorhandensein und Fehlen des Striches bedeutet hier dasselbe wie oben	$\frac{H'_1}{H'_2}=k$ Das Vorhandensein und Fehlen des Striches bedeutet hier dasselbe wie oben
Probe 7 Durch Veränderung der Basis	Änderung der Basis von „0“ zu „8“ verändert: $P_{1,0}$ in $P_{1,8}$ $P_{2,0}$ in $P_{2,8}$ $H_{1,0}$ in $H_{1,8}$ $H_{2,0}$ in $H_{2,8}$	$\frac{P_{1,0}}{P_{2,0}}=\frac{P_{1,8}}{P_{2,8}}$	$\frac{H_{1,0}}{H_{2,0}}=\frac{H_{1,8}}{H_{2,8}}$
Probe 8 Durch Veränderung der Maßeinheiten	Q_1 und p_1 in umgekehrtem Verhältnis verändert	$\frac{P_1}{P_2}$ unverändert	$\frac{H_1}{H_2}$ unverändert.

Probe 4 beweist, daß, wenn eine individuelle *Quantität* auf Null zu stehen kommt, die Quantität oder der Handelsindex dieserhalb nicht mit Null, unendlich oder unbestimmt wiedergegeben werden darf. Doch je nachdem der Index auf Null, unendlich oder unbestimmt zu stehen kommt oder nicht, ist auch der Preisindex auf Null, unendlich oder unbestimmt zu registrieren. Dies geht aus dem Verhältnis $P_1 = \frac{\Sigma p_1 Q_1}{H_1}$ klar hervor. Probe 4 besitzt daher in bezug auf Preise eine ähnliche Bedeutung wie die, welche ihr in bezug auf die Quantitäten beigemessen wird.

Die Preisbedeutung der Probe 6 ist komplizierter und anscheinend ohne Belang. Sie ist in der erläuternden Tabelle auf Seite 337 aufgeführt. In der Tabelle der 44 Indexziffern wurde die „Punktzahl" der Probe 6 in Klammern gesetzt um anzuzeigen, daß dieselbe keine besondere Preisbedeutung besitzt und daher in den Gesamtsummen ausgelassen werden kann.

Mutatis mutandis hat jede in Preisen ausgedrückte Probe (1, 3, 5) auch für die Quantitäten Bedeutung.

Die vorerwähnte Tabelle auf Seite 337 stellt algebraisch ausgedrückt Hypothese und Schlußfolgerung jeder der acht Proben sowohl in bezug auf Preise als auch auf Quantitäten dar.

§ 6.

Der innere Teil der Tabelle; Kolonne 11 im besonderen.

Wir haben nun die Überschriften der Vertikal- und Horizontalreihen der Tabelle in aller Kürze durchgenommen. Die Beziehungen zueinander sind dem Innern der Tabelle zu entnehmen. Der Zweck der Tabelle ist, den Grad der Übereinstimmung der 44 verschiedenen Formeln für P (und deren Korrelate für H) mit den acht Proben zu zeigen. Ungeachtet allen mathematischen Scharfsinnes, den die zahlreichen Autoren über die Berechnung von Indexziffern aufgewandt haben, wird doch keine bekannte und offenbar auch keine mögliche Formel alle acht Proben erfüllen.

Bei jeder Probe nehmen wir drei mögliche Grade der Übereinstimmung wahr. Sie kann durch jede spezielle Formel in drei Graden der Übereinstimmung oder Nichtübereinstimmung erfüllt werden, nämlich: 1. vollständig, 2. teilweise oder 3. überhaupt nicht. Diese drei Grade sind in der großen Tabelle durch die Ziffern 1, $\frac{1}{2}$ und 0 angezeigt. Die *vollkommene* Erfüllung einer Probe geschieht durch Indexziffern für *zwei beliebige* Jahre (wie z. B. Jahr 1 und 2). Eine Probe wird *teilweise* erfüllt, wenn dies durch

Indexziffern für zwei Jahre geschieht, *von denen eines das Basisjahr* (Jahr 0) *ist.* Auf diese Weise bezieht sich erstere auf jeden allgemeinen, und letztere auf jeden besonderen Fall. Da das Allgemeine das Spezielle in sich schließt, wird die Probe, wenn sie im allgemeinen erfüllt wurde, auch im besonderen Falle erfüllt; umgekehrt braucht dies nicht immer der Fall zu sein. Wenn aber die Probe in dem besonderen Falle *nicht* erfüllt wird, so wird sie auch im allgemeinen Falle nicht erfüllt; im umgekehrten Falle braucht dies nicht immer zuzutreffen. Kurz, eine bejahende Antwort auf die Frage vollständiger Übereinstimmung bedingt eine bejahende Antwort auf die Frage teilweiser Übereinstimmung und eine verneinende Antwort auf die Frage teilweiser Übereinstimmung bringt auch eine verneinende Antwort auf die Frage vollständiger Übereinstimmung mit sich. Diese beiden Regeln ersparen bei der Ausarbeitung der Zahlen in der Tabelle viel Arbeit.

Unsere nächste Aufgabe besteht in der Erläuterung der acht Proben durch Anwendung derselben auf eine besondere Formel für P_1 und die korrelative Formel für H_1. Zu dieser Erklärung wählen wir das in der Tabelle mit Nummer (11) bezeichnete Formelpaar, nämlich $P_1 = \frac{\Sigma p_1 Q_1}{\Sigma p_0 Q_1}$ und $H_1 = \Sigma p_0 Q_1$, und suchen nun zu ergründen, inwieweit dieses Formelpaar mit den acht Proben übereinstimmt.

Probe 1. *Proportionalität der Preise.* Wir beginnen mit „dem besonderen Falle", bei dem eines der beiden Vergleichsjahre das Basisjahr ist. Konkret ausgedrückt bedeutet diese Probe, daß, wenn alle Preise für das Jahr 1 eine gegebene Zahl von Malen (k-Mal) die Preise für das Basisjahr 0 sind, die Indexziffer für das Jahr 1 (im Ausdruck des Jahres 0) dieselbe Zahl k sein muß.

Algebraisch ausgedrückt lautet die Probe am besten folgendermaßen:

Wenn
$$\frac{p_1}{p_0} = \frac{p_1'}{p_0'} = \frac{p_1''}{p_0''} = \cdots = k$$
ist, d. h. wenn
$$p_1 = kp_0;\ p_1' = kp_0';\ p_1'' = kp_0'' \cdots$$
ist, wobei k das gegebene konstante Preisverhältnis bedeutet, so sollte auch
$$\frac{P_1}{P_0} = k$$
sein, das heißt (da $P_0 = 1$) $\quad P_1 = k.$

Diese Probe kann leicht auf unser gegebenes Formelpaar angewendet werden.

Die Formeln für das Jahr 1 sind: $P_1 = \frac{\Sigma p_1 Q_1}{\Sigma p_0 Q_1}$; $H_1 = \Sigma p_0 Q_1$.

Die Formeln für das Jahr 0 sind: $P_0 = \frac{\Sigma p_0 Q_0}{\Sigma p_0 Q_0} (= 1)$; $H_0 = \Sigma p_0 Q_0$. Demgemäß ist

$$P_1 = \frac{\Sigma p_1 Q_1}{\Sigma p_0 Q_1} = \frac{p_1 Q_1 + p_1' Q_1' + \cdots}{\Sigma p_0 Q_1}$$

$$= \frac{(k p_0) Q_1 + (k p_0') Q_1' + \cdots}{\Sigma p_0 Q_1} = \frac{k (p_0 Q_1 + p_0' Q_1' + \cdots)}{\Sigma p_0 Q_1}$$

$$= \frac{k \, \Sigma p_0 Q_1}{\Sigma p_0 Q_1} = k.$$

Probe 1 wird also für den besonderen Fall, in welchem eines der Jahre das Basisjahr ist, erfüllt.

Wie wir aber bemerkten, folgt daraus keineswegs, daß die Probe *im allgemeinen* erfüllt wird. Für den „allgemeinen Fall" zweier beliebiger Jahre kann die Probe wie folgt aufgestellt werden: Wenn der Preis jedes Gutes für das Jahr 1 k-mal der Preis desselben Gutes für das Jahr 2 ist, dann muß die Indexziffer für das Jahr 1 (im Ausdruck des Jahres 0), ebenfalls k-mal die Indexziffer für das Jahr 2 (im Ausdruck des Jahres 0) sein. Wenn dies zutreffen soll, verlangt die Probe für den allgemeinen Fall, daß, wenn

$$\frac{p_1}{p_2} = \frac{p_1'}{p_2'} = \frac{p_1''}{p_2''} = \cdots = k \text{ ist,}$$

d. h. wenn $p_1 = k p_2$, $p_1' = k p_2'$, $p_1'' = k p_2''$ usw., ist,

dann muß $\frac{P_1}{P_2} = k$ sein.

Wie aus folgendem zu ersehen ist, wird aber diese allgemeine Probe nicht erfüllt:

$$\frac{P_1}{P_2} = \frac{\dfrac{\Sigma p_1 Q_1}{\Sigma p_0 Q_1}}{\dfrac{\Sigma p_2 Q_2}{\Sigma p_0 Q_2}} = \frac{\dfrac{k \Sigma p_2 Q_1}{\Sigma p_0 Q_1}}{\dfrac{\Sigma p_2 Q_2}{\Sigma p_0 Q_2}}.$$

Wenn sich diese letzte Formel auf k reduzieren soll, so müßte $\frac{\Sigma p_2 Q_1}{\Sigma p_0 Q_1}$ gleich $\frac{\Sigma p_2 Q_2}{\Sigma p_0 Q_2}$ sein. Dies kann aber nicht immer als richtig angenommen werden. Wenn diese Gleichheit bei einem besonderen Werte von (sagen wir) Q_2 gerade zutrifft, so würde dieselbe offenbar durch die geringste Abweichung von diesem Werte aufgehoben werden. Wenn sich z. B. Q_2 verändert, so würde dies auf die linke Seite $\frac{\Sigma p_2 Q_1}{\Sigma p_0 Q_1}$ der angenommenen Gleichheit keinen Einfluß haben, doch würden sich die ersten Glieder im Zähler und Nenner der rechten Seite ändern. Folglich würde der rechte

Bruch $\frac{\Sigma p_2 Q_2}{\Sigma p_0 Q_2}$ beeinflußt werden, ausgenommen wenn das Verhältnis des ersten Gliedes $\frac{p_2 Q_2}{p_0 Q_2}$ zufällig gleich $\frac{\Sigma p_2 Q_2}{\Sigma p_0 Q_2}$ wäre, in welchem Falle dann nach einem bekannten Proportionsprinzip (dem Grundsatze der „Komposition und Division") die Größe der Glieder $p_2 Q_2$ und $p_0 Q_2$ unwesentlich sein würde.

Die erste Probe wird deshalb nicht für den allgemeinen, sondern nur für den besonderen Fall erfüllt, in dem eines der beiden Vergleichsjahre das Basisjahr ist. Unserem früheren Brauch gemäß geben wir daher der Formel 11 die Ziffer $\frac{1}{2}$, womit deren Grad der Übereinstimmung mit Probe 2 dargestellt wird.

Probe 2. *Proportionalität in bezug auf die Handelsziffern.* Diese für den *allgemeinen* Fall dargestellte Probe bedeutet: Wenn die Quantitäten aller im Jahre 1 verkauften Güter k-mal die Quantitäten der entsprechenden im Jahre 2 verkauften Güter sind, so muß die Indexziffer des Handels für das Jahr 1 (im Ausdruck des Jahres 0) ebenfalls k-mal die Indexziffer für das Jahr 2 (im Ausdruck des Jahres 0) sein.

Das heißt, wenn $\frac{Q_1}{Q_2} = \frac{Q_1'}{Q_2'} = \frac{Q_1''}{Q_2''} \cdots = k$ ist,

so muß $\frac{H_1}{H_2} = k$ sein.

Wir werden finden, daß diese Probe im allgemeinen Falle und daher auch im besonderen Falle erfüllt wird.

Offenbar ist $$\frac{H_1}{H_2} = \frac{\Sigma p_0 Q_1}{\Sigma p_0 Q_2} = \frac{k \Sigma p_0 Q_2}{\Sigma p_0 Q_2} = k,$$

was zu beweisen war. Probe 2 ist somit vollständig erfüllt, und der Formel in der Tabelle wurde demgemäß Wert „1" zuerkannt.

Probe 3. *Bestimmbarkeit in bezug auf die Preise.* Diese Probe wird ebenfalls vollständig erfüllt.

Sollten in der Formel für P_1, nämlich $\frac{\Sigma p_1 Q_1}{\Sigma p_0 Q_1}$, einige, aber nicht alle Preise, z. B. p_1, oder eine der Quantitäten, z. B. Q_1, gleich Null werden, so ist es klar, daß obige Formel noch immer bestimmbar ist und zwischen Null und unendlich liegt. Es werden lediglich einige der zahlreichen Glieder im Zähler verschwinden, während alle anderen Glieder bestehen bleiben.

Da derselbe Schluß auch für P_2 anwendbar ist, so folgt daraus, daß $\frac{P_2}{P_1}$ auch bestimmbar sein muß, weil es der Quotient zweier endlichen Zahlen ist, die weder Null noch unbestimmbar sind. Probe 3 wird daher vollständig erfüllt.

Probe 4. *Bestimmbarkeit des Handels.* Die der dritten analoge vierte Probe erklärt, daß der Handelsindex nicht mit unbestimmt, Null oder unendlich wiedergegeben werden muß, wenn ein oder mehrere Preise Null werden. Die Formel für H_1 lautet stets $\frac{\Sigma p_1 Q_1}{P_1}$. Da nun weder der Zähler noch der Nenner dieses Bruches durch das Verschwinden einiger, doch nicht aller p oder Q Null, unendlich oder unbestimmbar wird, so muß der Quotient gleichfalls weder Null, noch unendlich und unbestimmbar sein. Auch Probe 4 wird somit vollständig erfüllt [1]).

Probe 5. *Ausschluß oder Einschluß der Preise.* Gesetzt den Fall, daß wir 100 spezifizierte Waren haben. Wenn das allgemeine Preisniveau eines Jahres k-mal das eines anderen Jahres ist, und wenn ein Gut, dessen Preis in dem einen Jahre k-mal der Preis des anderen Jahres ist, aus den 100 Gütern ausgeschieden wird, so daß also nur noch 99 übrig bleiben, so muß das Verhältnis des Preisniveaus der beiden Jahre unverändert bleiben.

Diese Probe ist schwer zu erfüllen, und die Formel, von der hier die Rede ist, erfüllt sie nur teilweise, das heißt, nur wenn eines der beiden Vergleichsjahre das Basisjahr ist.

Wenn $\frac{\Sigma p_1 Q_1}{\Sigma p_0 Q_1} = k$ ist, wobei k ein gegebenes Verhältnis ist, und wenn auch $\frac{p_1}{p_0} = k$ ist, dann haben wir zu beweisen, daß $\frac{\Sigma p_1 Q_1'}{\Sigma p_0' Q_1'} = k$, da natürlich $\Sigma p_1' Q_1' = p_1' Q_1' + p_1'' Q_1'' + \cdots$ ist, während $\Sigma p_1 Q_1 = p_1 Q_1 + p_1' Q_1' + p_1'' Q_1'' + \cdots$ ist, so ist $\Sigma p_1' Q_1' = \Sigma p_1 Q_1 - p_1 Q_1$.

[1]) Es hat den Anschein, als ob die einfachen Proben der Bestimmbarkeit durch jede beliebige Formel erfüllt werden könnten, was jedoch nicht der Fall ist. (Wenn dies zuträfe, so würde die in der der Probe 4 gegenüberliegenden letzten Kolonne gegebene Gesamt-„Punktzahl“ nicht 31, sondern 44 lauten.) Der einfache geometrische Durchschnitt (Formel 7) stimmt also mit Probe 3 der Preisbestimmbarkeit nicht überein. Der einfache geometrische Durchschnitt für „n“ Waren ist $P_1 = \sqrt[n]{\frac{p_1}{p_0} \cdot \frac{p_1'}{p_0'} \cdots}$. Wenn p_1 Null wird, so wird offenbar der Wert des ganzen Ausdruckes Null. Wenn wir also zur Festsetzung der Preisniveaus vom geometrischen Mittel abhängig wären, so würde, wenn von irgendeiner Ware zeitweilig ein so großer Überfluß vorhanden wäre, daß ihre Preise für einen einzigen Augenblick verschwinden, die Indexziffer, die das gesamte Preisniveau darstellt, für diesen Augenblick auf Null sinken. Eine Durchschnittsform, die in einem extremen Falle so widersinnig ist, *nähert* sich dem Widersinn, bevor das Extrem erreicht ist. So wirken niedrige Preise, auch wenn sie nicht buchstäblich gleich Null sind, unverhältnismäßig auf den geometrischen Durchschnitt ein.

Nun wissen wir, daß $\frac{p_1}{p_0} = k$, auch $\frac{p_1 Q_1}{p_0 Q_1} = k$ ist. Und da $\frac{\Sigma p_1 Q_1}{\Sigma p_0 Q_1} = k$ ist, so folgt nach dem Proportionsprinzip („Komposition und Division"), daß

$$\frac{\Sigma p_1 Q_1 - p_1 Q_1}{\Sigma p_0 Q_1 - p_0 Q_1} = k,$$

das heißt, daß $\frac{\Sigma p_1' Q_1'}{\Sigma p_0' Q_1'} = k$, was zu beweisen war.

Wird die fehlende Ware wieder aufgenommen, so bleibt das Verhältnis natürlich ungestört, so daß sich die Regel sowohl für den Einschluß als auch für den Ausschluß derselben anwenden läßt. Probe 5 wird daher für den besonderen Fall erfüllt.

Betrachten wir aber den allgemeinen Fall für Preisverhältnisse zweier Jahre, von denen weder das eine noch das andere das Basisjahr ist, dann wird die Probe nicht erfüllt.

Das heißt, wenn $\frac{\frac{\Sigma p_1 Q_1}{\Sigma p_0 Q_1}}{\frac{\Sigma p_2 Q_2}{\Sigma p_0 Q_2}} = k$ ist, und auch $\frac{p_1}{p_2} = k$ ist, dann wird $\frac{\frac{\Sigma p_1' Q_1'}{\Sigma p_0' Q_1'}}{\frac{\Sigma p_2' Q_2'}{\Sigma p_0' Q_2'}}$ im allgemeinen nicht gleich k sein. Denn wenn dieser Ausdruck zufällig einmal gleich k wäre, so würde eine geringe Veränderung in einem Basisjahrpreise, wie z. B. in p_0', die Gleichheit stören, wenn die Veränderung in p_0' die Nenner des Zählers und Nenners des letzten Ausdruckes in demselben Verhältnis berührt. Dies hätte zu bedeuten, daß das Verhältnis $\frac{\Sigma p_0' Q_1'}{\Sigma p_0' Q_2'}$ von einer Veränderung in p_0' unberührt bliebe, was umgekehrt (nach dem oben angeführten Lehrsatze) zu der Annahme berechtigen würde, daß

$$\frac{p_0' Q_1'}{p_0' Q_2'} = \frac{\Sigma p_0' Q_1'}{\Sigma p_0' Q_2'} \text{ sei.}$$

Das ist durchaus nicht immer richtig, da sicherlich leicht Werte für (sagen wir) Q_1' angenommen werden können, die dies widerlegen. So würde eine Verdoppelung der Q_1' wohl die linke, aber nicht die rechte Seite verdoppeln. Unsere Formel wird daher der Probe 5 nur teilweise gerecht und es kann ihr somit als Grad der Übereinstimmung mit Probe 5 nur die Note $\frac{1}{2}$ zugesprochen werden.

Probe 6. *Ausschluß oder Einschluß der Handelsziffern.* Wenn die Indexziffern für den Handel in einem gegebenen Verhältnis zueinander stehen, so darf der Einschluß oder Ausschluß eines gegebenen Gutes, dessen Quantitäten in demselben Verhältnis stehen, dieses Verhältnis nicht stören. Diese Probe wird von unserer Formel vollständig erfüllt.

Wenn $\frac{Q_1}{Q_2} = k$ und $\frac{H_1}{H_2} = \frac{\Sigma p_0 Q_1}{\Sigma p_0 Q_2} = k$ ist, dann fordert die Probe, daß $\frac{\Sigma p'_0 Q'_1}{\Sigma p'_0 Q'_2} = k$ sei.

Diese Probe wird erfüllt, denn aus $\frac{Q_1}{Q_2} = k$ folgt, daß $\frac{p_0 Q_1}{p_0 Q_2} = k$ ist. Vereinigt man diesen Ausdruck mit $\frac{\Sigma p_0 Q_1}{\Sigma p_0 Q_2} = k$, so erhält man nach dem Grundsatz der Proportion („Komposition und Division") $\frac{\Sigma p_0 Q_1 - p_0 Q_1}{\Sigma p_0 Q_2 - p_0 Q_2} = k$.

Das heißt $\frac{\Sigma p'_0 Q'_1}{\Sigma p'_0 Q'_2} = k$, was zu beweisen war.

Probe 7. *Veränderung der Basis.* Diese Probe wird selbst in dem besonderen Falle unserer Formel nicht erfüllt. Hierunter ist der Fall *umgekehrter* Basis, z. B. derjenigen zwischen Jahr 1 und 0 zu verstehen.

Um unser Bezeichnungssystem nicht zu ändern und um Verwechslungen vorzubeugen, wollen wir die Kennziffer 0, die das ursprüngliche Basisjahr angab, benutzen, um dieses selbe Jahr anzuzeigen, selbst wenn es für den Augenblick nicht als Basisjahr betrachtet wird, und in derselben Weise wollen wir die Kennziffer 1 benutzen, um das Jahr 1 anzuzeigen, auch wenn es für den Augenblick als Basisjahr angenommen wird.

Nach der Formel, die wir zu prüfen haben, ist das Preisindexverhältnis für das Jahr 1 mit Jahr 0 als Basis verglichen $\frac{\Sigma p_1 Q_1}{\Sigma p_0 Q_1}$. Aus analogischen Gründen geht klar hervor, daß das Preisindexverhältnis für das Jahr 0, im Vergleich zu dem als Basis betrachteten Jahre 1 $\frac{\Sigma p_0 Q_0}{\Sigma p_1 Q_0}$ ist. Wenn diese beiden Ausdrücke reziproke Werte sind, dann muß $\frac{\Sigma p_1 Q_1}{\Sigma p_0 Q_1}$ gleich $\frac{\Sigma p_1 Q_0}{\Sigma p_0 Q_0}$ sein. Da zwischen den Q_0 und den Q_1 keinerlei Verhältnis zu bestehen braucht, so kann dies offenbar nicht immer richtig sein. Sollte sich die Gleichung zufällig für eine besondere Gruppe von Q_0 und Q_1 bewahrheiten, so würde selbst die geringste Veränderung eines einzigen Buchstabens, sagen wir Q_0 oder Q_1, unzweifelhaft das Verhältnis stören. Die Probe wird somit nicht einmal für den besonderen Fall einer Umkehrung der Basis zweier Jahre erfüllt, und die Formel muß daher mit „0" bezeichnet werden, womit das vollständige Versagen einer Übereinstimmung mit der Probe 7 ausgedrückt wird.

Probe 8. *Veränderung der Maßeinheiten.* Würde zum Beispiel bei der Preisangabe die Einheit der Kohle von Tonnen in Pfunde umgewandelt, so dürfte die Indexziffer dadurch nicht berührt werden. Es wird sich zeigen, daß Formel (11) dieser Probe entspricht.

Offenbar würde jede bei irgendwelchen Gütern (deren Preise p_1, p_1', p_1'' und deren entsprechende Quantitäten Q_1, Q_1' und Q_1'' sind) vorgenommene Veränderung der Einheit, wie z. B. von Tonnen auf Pfunde, sämtliche Q 2000 mal erhöhen, sämtliche p hingegen in reziprokem Verhältnis um $\left(\frac{1}{2000}\right)$ reduzieren. Die Produkte $p_1 Q_1$, $p_1' Q_1'$ und $p_1'' Q_1''$ bleiben infolgedessen unberührt. Die Summe der Produkte, die den Zähler und Nenner der rechten Seite der Gleichung

$$\frac{P_1}{P_2} = \frac{\dfrac{\Sigma p_1 Q_1}{\Sigma p_0 Q_1}}{\dfrac{\Sigma p_2 Q_2}{\Sigma p_0 Q_2}}$$

konstituieren, bleibt daher ebenfalls unberührt. Und auch auf das Verhältnis der Indexziffern $\frac{P_1}{P_2}$ kann dies keinerlei Wirkung ausüben. Der Probe wird also vollkommen Genüge geleistet [1]).

---

[1]) Es hat den Anschein, als ob jede Indexziffer dieser Einheitsveränderungs-Probe entsprechen würde. Von den 44 Formeln ist dies bei 40 Formeln der Fall. Aber die vielleicht einfachste aller Indexziffern, nämlich Bradstreets $P_1 = \frac{\Sigma p_1}{\Sigma p_0}$, versagt in dieser Hinsicht.

Es liegt auf der Hand, daß dort, wo eine Veränderung der Einheit in irgendeiner Ware, deren Preise p_1 und p_0 sind, besteht, sowohl der Zähler als auch der Nenner davon berührt werden, jedoch nicht in demselben Verhältnis, ausgenommen, wenn es sich gerade trifft, daß

$$\frac{p_1}{p_0} = \frac{\Sigma p_1}{\Sigma p_0} \text{ ist.}$$

Die Indexziffer hängt infolgedessen von der Maßeinheit ab. Eine solche Indexziffer ist gänzlich willkürlich und könnte bei geeigneter Handhabung der Maßeinheiten jedweder Ware angepaßt werden. Je größer die Einheit einer verwendeten Ware ist, desto höher ist der Preis, der in die Formel aufgenommen wird, und desto mehr wirkt diese Ware auf das Resultat ein.

Bradstreet benutzt 96 der gebräuchlichsten Waren und bemißt dieselben samt und sonders dem Pfunde nach. Das Resultat ist, daß das Silber zum Beispiel hoch über dem Eisen steht und zu mehreren Dollars per Pfund in der Liste figuriert, während Eisen nur mit einigen Cents erscheint.

§ 7.

Vergleich der 44 Formeln.

Wir sind nun am Schlusse unserer Beweisführung, in welcher die Übereinstimmung eines — der in der Tabelle aufgeführten 44 Paare — Indexzifferpaares für Preise und Handel geprüft und in bezug auf die acht Proben klassifiziert wurde. Ähnliche Schlüsse ergeben sich für die übrigen 43 Formeln der Tabelle. Um Raum zu sparen, wurde von einer weiteren Darlegung Abstand genommen. Der mathematische Leser kann, wenn ihm daran gelegen ist, die tabellarisierten Resultate prüfen. Auch kann er das Verhältnis prüfen, aus dem hervorgeht, daß die Zahl jeder Kolonne der ungeraden Proben derjenigen der benachbarten antithetischen Kolonne der geraden Proben entspricht. Infolge dieses Verhältnisses ist die Summe jeder Kolonne der ungeraden Proben gleich der Summe in den antithetischen Kolonnen der geraden Proben. In der Tat ist die Tabelle reich an Übereinstimmungen und mannigfachen Verhältnissen.

Die Totalsummen liefern uns ein Mittel zum Vergleich des Wertes der verschiedenen Indexziffern. Diese Summen sollen, soweit dies möglich ist, zum Ausdruck bringen, inwieweit die Formeln geeignet sind, als Indexziffern für Preisniveaus zu dienen. Die Punktzahl der Probe 6 muß daher bei den Gesamtsummen weggelassen werden, da diese Probe in bezug auf *Preise* keinen Wert hat. Will man die Punkte der korrelativen Indexziffern der Quantitäten oder des Handels vergleichen, so muß die Punktzahl der Probe 6 mit aufgenommen werden. Dann ist aber Probe 5 wegzulassen.

Die beste Note wäre demnach *sieben*. Die höchste Punktzahl (Note) in der Tabelle ist $5\frac{1}{2}$, die niedrigste 2.

Es wäre natürlich widersinnig, wollte man den Wert der Indexziffern lediglich nach deren Punktzahl vergleichen. Diese Punktzahl ist eine mehr oder weniger willkürliche und alle sieben Proben haben hierbei die gleiche Bedeutung. Doch gewährt dieselbe wenigstens einen Einblick in die Ver-

---

Wenn Radium, das in den letzten Jahren $ 8 000 000 die Unze kostete, inbegriffen wäre, würde es unbedingt die ganze Gruppe beherrschen, und wir würden zu dem aller Vernunft widersprechenden Resultat gelangen, daß, weil der Preis des Radiums für eine Unze von einigen Millionen auf einige Hunderttausend Dollar gefallen ist, das allgemeine Preisniveau, trotz des allgemeinen Eindruckes steigender Preise, um ein vielfaches gefallen sein muß! Eine Indexziffer dieser Art wird von Walsh treffend als eine mit zufälliger oder willkürlicher Wägung bezeichnet.

Nummer der Probe	Tabelle von Indexziffern für Preise und deren Übereinstimmung mit gewissen Proben		
	Benennung der Probe		Inhalt der Probe
1	Proportionalität	Für p	Ein *Preisindex* muß mit den *Preisverhältnissen* übereinstimmen, wenn letztere untereinander übereinstimmen [1]).
2		Für Q	Ein *Handelsindex* muß mit den *Handelsverhältnissen* übereinstimmen, wenn letztere untereinander übereinstimmen [2]).
3	Bestimmbarkeit	Für p	Ein *Preisindex* (und folglich auch der korrelative Handelsindex) darf durch einen *Einzelpreis*, der Null wird, nicht Null, unendlich oder unbestimmt werden.
4		Für Q	Ein *Handelsindex* (und folglich auch der korrelative Preisindex) darf durch eine einzelne Quantität, die Null wird, nicht Null, unendlich oder unbestimmt werden.
5	Durch Ausschluß oder Einschluß	Für p	Weder der Ausschluß noch der Einschluß eines *Preisverhältnisses*, das mit dem Index übereinstimmt, darf auf den *Preisindex* Einfluß haben.
6		Für Q	Weder der Ausschluß noch der Einschluß eines *Handelsverhältnisses*, das mit dem Index übereinstimmt, darf auf den *Handelsindex* Einfluß haben [3]).
7	Durch Veränderung der Basis	Für p und für Q	Die Verhältnisse zwischen verschiedenen *Preisindizes* (und daher auch die zwischen den *Handelsindizes*) dürfen von einer Umkehrung oder Veränderung der Basis nicht berührt werden.
8	Durch Veränderung der Maßeinheit	Für p und für Q	Die Verhältnisse zwischen verschiedenen *Preisindizes* (und daher auch die zwischen den *Handelsindizes*) dürfen von einer Veränderung der Maßeinheit nicht berührt werden.
	Gesamtnote für Preisindexziffern (die vollkommenste Note — Probe 6 ist weggelassen — beträgt 7).		

[1]) Folglich muß der korrelative Handelsindex dem Verhältnis der Handels*werte* der beiden Vergleichsjahre gleich sein, wobei diese Werte zu den Preisen eines der beiden Jahre berechnet sind. [2]) Folglich muß der korrelative Preisindex dem Verhältnis der Handels*werte* der beiden Vergleichsjahre gleich sein, wobei diese Werte für die Quantitäten eines der beiden Jahre berechnet sind. [3]) Um anzuzeigen, daß die Zahlen in dieser Reihe keine *Preis*bedeutung haben, wurden dieselben in Klammern gesetzt. Siehe § 5, S. 337 und 338.

3	4	5	6	7	8
Einfach arithmetisch $\frac{\Sigma \frac{p_1}{p_0}}{n}$ Carli Evelyn Economist Sauerbeck Soetbeer	$\frac{\frac{\Sigma p_1\ Q_1}{\Sigma p_0\ Q_0}}{\frac{\Sigma \frac{Q_1}{Q_0}}{n}}$	Einfach harmonisch $\frac{n}{\Sigma \frac{p_0}{p_1}}$	$\frac{\frac{\Sigma p_1\ Q_1}{\Sigma p_0\ Q_0}}{\frac{n}{\Sigma \frac{Q_0}{Q_1}}}$	Einfach geometrisch $\sqrt[n]{\frac{p_1}{p_0} \cdot \frac{p'_1}{p'_0} \cdots}$ Jevons Westergaard	$\frac{\frac{\Sigma p_1\ Q_1}{\Sigma p_0\ Q_0}}{\sqrt[n]{\frac{Q_1}{Q_0} \cdot \frac{Q'_1}{Q_0} \cdots}}$ Nicholson Walsh
1	0	1	0	1	0
0	1	0	1	0	1
0	1	0	1	0	1
1	0	1	0	1	0
1	0	1	0	1	0
(0)	(1)	(0)	(1)	(0)	(1)
0	0	0	0	1	1
1	1	1	1	1	1
4	3	4	3	5	4

9	10	11	12	13	14
Mittelwert von $\frac{p_1}{p_0}, \frac{p'_1}{p'_0} \dots$ Edgeworth	$\frac{\frac{\Sigma p_1 Q_1}{\Sigma p_0 Q_0}}{\text{Mittelwert von } \frac{Q_1}{Q_0}, \frac{Q'_1}{Q'_0} \dots}$	Gewogen arithmetisch (Nenner bilden Gewichte) oder gewogen harmonisch (Zähler bilden Gewichte) $\frac{\Sigma p_1 Q_1}{\Sigma p_0 Q_1}$ Scrope Sidgwick Sauerbeck Giffen	$\frac{\Sigma p_1 Q_0}{\Sigma p_0 Q_0}$	Durchschnitt der beiden vorhergehe[n] (11 und 12) $\frac{\frac{\Sigma p_1 Q_1}{\Sigma p_0 Q_1} + \frac{\Sigma p_1 Q_0}{\Sigma p_0 Q_0}}{2}$ Sidgwick Drobisch	$\frac{2}{\frac{\Sigma p_0 Q_0}{\Sigma p_1 Q_0} + \frac{\Sigma p_0 Q_1}{\Sigma p_1 Q_1}}$
1	0	½	1	½	½
0	1	1	½	½	½
1	1	1	1	1	1
1	1	1	1	1	1
½*	0	½	1	0	0
(0)	(½)	(1)	(½)	(0)	(0)
½**	½	0	0	0	0
1	1	1	1	1	1
5	4½	5	5½	4	4

*) Im Falle des *Ausschlusses* wird die Probe nur unter der Voraussetzung erfüllt (wenn die Anzahl der Glieder zu[…] ist), daß auch das mittlere Glied dem mittleren Gliede der beiden benachbarten Glieder *gleich* ist, oder (wenn di[…] Glieder zuerst gerade ist) unter der Voraussetzung, daß die beiden mittleren Glieder gleich sind. Unter gewöhnliche[…] werden diese Bedingungen, wenigstens annähernd, tatsächlich erfüllt. Im Falle des Einschlusses bedarf es keines de[…] behaltes. **) Vorausgesetzt, daß die Zahl der Glieder ungerade ist. Wenn die Zahl der Glieder gerade ist, so w[…] nur unter der Voraussetzung erfüllt, daß wir das *geometrische* Mittel der angrenzenden mittleren Glieder als Medianwe[…]

17	18	19	20	21	22
Zusammensetzungen derselben beiden Formeln					
$\frac{\left(\frac{Q_1+Q_0}{2}\right)}{{}_0\,\frac{Q_1+Q_0}{2}}$ dgeworth Marshall	$\frac{\frac{\Sigma p_1\,Q_1}{\Sigma p_0\,Q_0}}{\frac{\Sigma\left(\frac{p_1+p_0}{2}\right)Q_1}{\Sigma\left(\frac{p_1+p_0}{2}\right)Q_0}}$ Walsh	$\frac{\Sigma p_1\left(\frac{2}{\frac{1}{Q_1}+\frac{1}{Q_0}}\right)}{\Sigma p_0\left(\frac{2}{\frac{1}{Q_1}+\frac{1}{Q_0}}\right)}$	$\frac{\frac{\Sigma p_1\,Q_1}{\Sigma p_0\,Q_0}}{\frac{\Sigma\left(\frac{2}{\frac{1}{p_1}+\frac{1}{p_0}}\right)Q_1}{\Sigma\left(\frac{2}{\frac{1}{p_1}+\frac{1}{p_0}}\right)Q_0}}$	$\frac{\Sigma p_1\sqrt{Q_0\,Q_1}}{\Sigma p_0\sqrt{Q_0\,Q_1}}$ Scrope und Walsh	$\frac{\frac{\Sigma p_1\,Q_1}{\Sigma p_0\,Q_0}}{\frac{\Sigma\sqrt{p_0\,p_1\,Q_1}}{\Sigma\sqrt{p_0\,p_1\,Q_0}}}$ Walsh
½	½	½	0	½	½
½	½	0	½	½	½
1	1	1	1	1	1
1	1	1	1	1	1
½	0	½	0	½	0
(0)	(½)	(0)	(½)	(0)	(½)
½	½	½	½	½	½
1	1	1	1	1	1
5	4½	4½	4	5	4½

23	24	25	26	27	28
		Die ungeraden Formeln sind andere gewogene arithmetische Durchschnitte			
$\frac{\Sigma\left(\frac{p_1 Q_1 + p_0 Q_0}{p_1 + p_0}\right) p_1}{\Sigma\left(\frac{p_1 Q_1 + p_0 Q_0}{p_1 + p_0}\right) p_0}$	$\frac{\frac{\Sigma p_1 Q_1}{\Sigma p_0 Q_0}}{\frac{\Sigma\left(\frac{p_1 Q_1 + p_0 Q_0}{Q_1 + Q_0}\right) Q_1}{\Sigma\left(\frac{p_1 Q_1 + p_0 Q_0}{Q_1 + Q_0}\right) Q_0}}$ Lehr	$\frac{\Sigma\left(\frac{p_1}{p_0}\right) p_1 Q_1}{\Sigma p_1 Q_1}$ Palgrave	$\frac{\left(\frac{\Sigma p_1 Q_1}{\Sigma p_0 Q_0}\right)^2}{\Sigma (p_1 Q_1)\left(\frac{Q_1}{Q_0}\right)}$	$\frac{\Sigma\left(\frac{p_1}{p_0}\right)(p_1 Q_0)}{\Sigma p_1 Q_0}$	$\frac{\frac{\Sigma p_1 Q_1}{\Sigma p_0 Q_0}}{\frac{\Sigma (p_1 Q_0)\left(\frac{Q_1}{Q_0}\right)}{\Sigma p_0 Q_1}}$
½	0	½	0	1	0
0	½	0	½	0	1
1	1	0	1	0	1
1	1	1	0	1	0
½	0	½	0	½	0
(0)	(½)	(0)	(½)	(0)	(½)
½	½	0	0	0	0
1	1	1	1	1	1
4½	4	3	3½	3½	4

31	32	33	34	35	36
Die ungeraden Formeln sind andere gewogene harmonische Durchschnitte				Die ungeraden Formeln sind gewogene	
$\frac{\Sigma p_0 Q_1}{\Sigma \left(\frac{p_0}{p_1}\right)(p_0 Q_1)}$	$\frac{\frac{\Sigma p_1 Q_1}{\Sigma p_0 Q_0}}{\frac{\Sigma p_1 Q_0}{\Sigma p_1 Q_0 \left(\frac{Q_0}{Q_1}\right)}}$	$\frac{\Sigma p_0 Q_0}{\Sigma \left(\frac{p_0}{p_1}\right)(p_0 Q_0)}$	$\frac{\frac{\Sigma p_1 Q_1}{\Sigma p_0 Q_0}}{\frac{\Sigma p_0 Q_0}{\Sigma (p_0 Q_0) \frac{Q_0}{Q_1}}}$	$\sqrt[\Sigma p_1 Q_1]{\left(\frac{p_1}{p_0}\right)^{p_1 Q_1} \cdots}$	$\frac{\frac{\Sigma p_1 Q_1}{\Sigma p_0 Q_0}}{\sqrt[\Sigma p_1 Q_1]{\left(\frac{Q_1}{Q_0}\right)^{p_1 Q_1} \cdots}}$
½	0	1	0	½	0
0	½	0	1	0	½
0	1	0	1	0	1
1	0	1	0	1	0
½	0	½	0	½	0
(0)	(½)	(0)	(½)	(0)	(½)
0	0	0	0	0	0
1	1	1	1	1	1
3	2½	3½	3	3	2½

37	38	39	40
…wogene geometrische Durchschnitte		Gewogene geometrische Durchsch…	
$\sqrt[\Sigma p_0 Q_0]{\left(\frac{p_1}{p_0}\right)^{p_0 Q_0} \cdots}$	$\frac{\frac{\Sigma p_1 Q_1}{\Sigma p_0 Q_0}}{\sqrt[\Sigma p_0 Q_0]{\left(\frac{Q_1}{Q_0}\right)^{p_0 Q_0} \cdots}}$	$\sqrt[\Sigma p_1 Q_0]{\left(\frac{p_1}{p_0}\right)^{p_1 Q_0} \cdots}$	$\frac{\frac{\Sigma p_1 Q_1}{\Sigma p_0 Q_0}}{\sqrt[\Sigma p_0 Q_1]{\left(\frac{Q_1}{Q_0}\right) \cdots}}$
1	0	1	0
0	1	0	1
0	1	0	1
1	0	1	0
1	0	½	0
(0)	(1)	(0)	(½)
0	0	0	0
1	1	1	1
4	3	3½	3

	42	43	44	
…e geometrische Durchschnitte		Gewogene geometrische Durchschnitte		Total
…$)^{p_0 Q_1 \cdots}$	$\dfrac{\frac{\Sigma p_1 Q_1}{\Sigma p_0 Q_0}}{\sqrt[\Sigma p_1 Q_0]{\left(\frac{Q_1}{Q_0}\right)^{p_1 Q_0} \cdots}}$	$\dfrac{\sqrt[\Sigma p_1 Q_1]{p_1^{p_1 Q_1} \cdots}}{\sqrt[\Sigma p_0 Q_0]{p_0^{p_0 Q_0} \cdots}}$	$\dfrac{\frac{\Sigma p_1 Q_1}{\Sigma p_0 Q_0}}{\frac{\sqrt[\Sigma p_1 Q_1]{Q_1^{p_1 Q_1} \cdots}}{\sqrt[\Sigma p_0 Q_0]{Q_0^{p_0 Q_0} \cdots}}}$	
	0	0	0	18½
	½	0	0	18½
	1	0	1	31
	0	1	0	31
	0	0	0	13½
)	(½)	(0)	(0)	(13½)
	0	1	1	12
	1	0	0	40
	2½	2	2	166½

gleichs-Kennziffern der 44 Formeln. Bemerkenswert ist, daß die einfachsten Formeln eine hohe und die kompliziertesten im allgemeinen eine niedrige Note erhalten. So haben z. B. Formel 1 (Dutot), 7 (einfach geometrisch), 9 (mittel), 11 und 12 (Scrope) die Punktzahlen 5 und $5\frac{1}{2}$. Alle anderen, welche die Ziffer 5 erreichen, sind eine „Zusammensetzung" der Formeln 11 und 12. Die einfache arithmetische (3) und einfache harmonische Formel (5) haben die Punktzahl 4, was ziemlich hoch ist. Die komplizierteren Formeln, die ziemlich hohe Punktzahlen haben, sind in mehreren Fällen Zusammensetzungen, Durchschnitte oder Antithesen der einfachen Formeln 11 und 12.

Bei obigen Vergleichen werden die anderen sieben Proben als gleichbedeutend betrachtet. Sie sind aber nicht von gleicher Bedeutung. Da die Meinungen in bezug auf die genaue relative Bedeutung der verschiedenen Proben höchst wahrscheinlich auseinandergehen, so wollen wir sie nicht zu „wiegen" versuchen. Zur Entscheidung der für uns wichtigsten Frage, welche der 44 Indexziffern den Proben am vollkommensten entsprechen, dürfte sich dies auch erübrigen. Im Vergleich zu den übrigen Proben hat Probe 3 und 4 wohl nur geringe praktische Bedeutung. Der Probe 2 muß dagegen die Hauptbedeutung zuerkannt werden, und zwar aus den in § 5 dieses Anhanges und im II. Kapitel angegebenen Gründen. Um die besten Indexziffern der Preise auszuwählen, wollen wir zunächst die 18 Formeln vom Mitbewerb ausschließen, welche bei Probe 2 mit „0" bezeichnet sind. Es bleiben uns sodann noch die auf der nächsten Seite wiedergegebenen Formeln, welche wir in zwei Gruppen einteilen.

Wenn wir dann von den mit Probe 2 vollkommen übereinstimmenden Formeln mit Ausnahme derjenigen, welche eine Punktzahl von $4\frac{1}{2}$ und darüber haben, alle anderen Formeln ausschließen, so bleiben uns nur noch die Formeln 10 und 11. Von den Formeln, die Probe 2 nur *teilweise* erfüllen, können wir alle diejenigen eliminieren, welche in den Gesamtpunkten die Zahl $4\frac{1}{2}$ nicht *überschreiten*, denn obwohl die Formeln, welche $4\frac{1}{2}$ erreichen, eine ebensohohe Punktzahl haben, so sind sie doch, wenn alle Proben als gleichbedeutend betrachtet werden, insofern minderwertiger, als sie die wichtigste der Proben, Probe 2, nicht vollständig erfüllen. Wenn wir die Sache auf andere Weise ausdrücken wollen, so können wir auch sagen, daß, wenn Probe 2 schwerer als die anderen Proben zu wiegen wäre, so würden die Punktzahlen der mit Probe 2 nur *zur Hälfte* übereinstimmenden Formeln, welche nun eine ebenso hohe Punktzahl haben als die Formeln, welche mit dieser Probe *völlig* übereinstimmen, versagen und daher aus dem Mitbewerbe der Formeln 10 und 11 der ersten Kolonne ausscheiden.

Punktzahl der Formeln, welche bei Probe 2 nicht völlig versagen (unter Weglassung der Probe 6).

Formeln, die Probe 2 vollständig erfüllen		Formeln, die Probe 2 teilweise erfüllen	
Formel	Punktzahl	Formel	Punktzahl
2	4	12	$5\frac{1}{2}$
4	3	13	4
6	3	14	4
8	4	15	$4\frac{1}{2}$
10	$4\frac{1}{2}$	16	$4\frac{1}{2}$
11	5	17	5
28	4	18	$4\frac{1}{2}$
30	3	20	4
34	3	21	5
38	3	22	$4\frac{1}{2}$
		24	4
		26	$3\frac{1}{2}$
		32	$2\frac{1}{2}$
		36	$2\frac{1}{2}$
		42	$2\frac{1}{2}$

Wenn wir also von der zweiten Kolonne alle Formeln mit einer Punktzahl von $4\frac{1}{2}$ oder weniger eliminieren, so bleiben uns als einzige Mitbewerber der Formeln 10 und 11 die Formeln 12, 17 und 21 mit den Punktzahlen $5\frac{1}{2}$, 5 und 5 übrig. Unsere besten Formeln sollten sich somit unter den Nummern 10, 11, 12, 17 und 21 befinden. Wir wollen daher diese fünf übrigen Formeln, die sämtlich mit den Proben 3, 4 und 8 übereinstimmen, einer sorgfältigen Prüfung unterziehen. Nachstehende Tabelle stellt eine in anderer Beziehung vorgenommene Vergleichung der fünf Formeln dar:

	10	11	12	17	21
Probe 1 . . .	0	$\frac{1}{2}$	1	$\frac{1}{2}$	$\frac{1}{2}$
Probe 2 . . .	1	1	$\frac{1}{2}$	$\frac{1}{2}$	$\frac{1}{2}$
Probe 5 . . .	0	$\frac{1}{2}$	1	$\frac{1}{2}$	$\frac{1}{2}$
Probe 7 . . .	$\frac{1}{2}$	0	0	$\frac{1}{2}$	$\frac{1}{2}$
Zusammen . .	$1\frac{1}{2}$	2	$2\frac{1}{2}$	2	2

Die Formeln 17 und 21 haben in jedem Falle identische Punktzahlen und können daher als *gleichwertig* bezeichnet werden.

Wenn wir die Formel 11 mit 17 (oder 21) vergleichen, so sehen wir, daß 11 in bezug auf die wichtige Probe 2 die Formel 17 (oder 21) übertrifft und daß in bezug auf Probe 7 Formel 17 (oder 21) voransteht. Da der Probe 2 eine größere Bedeutung beigemessen wird, so können wir der Formel 11 der Formel 17 (oder 21) gegenüber ruhig den Vorzug geben. Die Formeln 17 und 21 werden daher vom Mitbewerb ausgeschlossen.

Es bleiben uns nun noch die Formeln 10, 11 und 12. Wenn wir 10 mit 11 vergleichen, bemerken wir, daß 10 bei Probe 7 im Vorteil ist, während Formel 11 bei Probe 1 und 5 voransteht. Wenn wir uns hier ein vergleichendes Urteil erlauben dürfen, so möchten wir sagen, daß die Überlegenheit der einen Probe 7 durch die Überlegenheit der beiden Proben 1 und 5 mehr als aufgehoben wird. Formel 10 wird daher eliminiert.

Es bleiben uns jetzt nur noch die beiden Formeln 11 und 12. Zwischen diesen gibt es keinen großen Unterschied. Während, wenn alle Proben als gleichbedeutend angesehen werden, Formel 12 eine höhere Punktzahl aufweist, so wird dieselbe doch von Formel 11 in der wichtigsten Probe, in Probe 2, übertroffen, weshalb wir ihr denn auch den Vorzug geben.

Unserem Urteil nach geht daher Formel 11 in dem Punktzahlenwettstreit als Siegerin hervor. Sie hat auch den Vorteil, eine der einfachsten Formeln zu sein, die als korrelative Formel für H die einfachste aller Formeln für H, nämlich $H_1 = \Sigma p_0 Q_1$, besitzt.

Nichtmathematisch ausgedrückt bedeutet das Formelpaar 11, daß *das Preisniveau eines beliebigen Jahres gefunden wird, indem man den Gesamtwert der in diesem Jahre verkauften Quantitäten durch den Wert, den diese Quantitäten zu den Preisen des Basisjahres gehabt hätten*, dividiert, und daß der Handelsindex eines Jahres einfach der Wert der in diesem Jahre verkauften und zu den Preisen des Basisjahres berechneten Quantitäten ist.

Wenn wir die Formel 11 auf die Verkehrsgleichung anwenden, so haben wir:

$$(1) \qquad GU + G'U' = \Sigma p_1 Q_1$$

$$(2) \qquad = P_1 H_1$$

$$(3) \qquad = \left(\frac{\Sigma p_1 Q_1}{\Sigma p_0 Q_1}\right) \Sigma p_0 Q_1 .$$

Wir wollen nun nochmals die Vorzüge dieser Formel 11 in Hinsicht auf die Probe 2 hervorheben. Durch die oben angeführte Verkehrsgleichung soll dargelegt werden, wie Veränderungen in G, G', U, U' oder in den Q auf die Preise einwirken. Aus der ursprünglichen Form (1) dieser Gleichung geht klar hervor, daß eine proportionale Veränderung in G und G' (wenn die U und Q unverändert bleiben) auf sämtliche p_1 in genau demselben Verhältnis einwirkt, oder daß einige Preise mehr und andere genügend weniger als in diesem Verhältnis erhöht werden, um einen Ausgleich zu schaffen, nach welchem die Verkehrsgleichung bewahrt bleibt. Das allgemeine Preis*niveau* verändert sich daher gewissermaßen genau mit G und G'. Form (3) setzt uns in die Lage, diese Proportionalität durch Formulierung des Preisniveaus in dem Bruch $\frac{\Sigma p_1 Q_1}{\Sigma p_0 Q_1}$ auszudrücken. Letzterer variiert direkt mit den G.

In genau derselben Weise können wir feststellen, daß eine gleichmäßige Veränderung in den beiden U oder irgendeine Veränderung auf der linken Seite der Gleichung als Ganzes auf die Preise in genau dem gleichen Verhältnis einwirkt (wenn die Q_1 als konstant angenommen werden). Wir können auch sagen, daß eine *gleichmäßige* Veränderung in den Q_1 auf die Größe H_1 in genau demselben und auf P_1 in genau dem umgekehrten Verhältnis einwirkt (unter der Annahme, daß die linke Seite der Gleichung unverändert bleibt). Wenn wir Formel 11 benutzen, um das Durchschnitts-Preisverhältnis auszudrücken, so können wir (so lange sich die Q_1 gleichmäßig oder überhaupt nicht verändern) tatsächlich in allen Fällen konstatieren, daß die Preise „im Durchschnitt" genau wie die linke Seite der Gleichung und umgekehrt wie die Q_1 steigen oder fallen.

Wie bereits bemerkt, sind dies die grundlegenden Theoreme, welche die Verkehrsgleichung vertritt. Die Beschränkung hinsichtlich der gleichmäßigen Veränderung der Q_1 möchten wir gern beseitigt wissen. Als vollkommen betrachten wir diejenige Indexziffer (soweit sie der Verkehrsgleichung Genüge leistet), bei der wir, ohne die Beschränkung gleichmäßiger Veränderung der Q_1, das obenerwähnte Proportionstheorem anwenden können, so daß bei den Q an die Stelle der gleichmäßigen Veränderung eine *Durchschnitts*veränderung gesetzt werden kann. Die Tabelle weist keinen solchen Index auf und jeder derartige Index erscheint unmöglich. Tatsächlich ist aber dieser Schluß ohne Belang, denn für uns kommen weit mehr die Preise als die Quantitäten in Betracht, da letztere nur insofern von Bedeutung sind, als sie für die Preisindizes die Gewichte liefern. Wie wir bereits bemerkt haben, hat Edgeworth nachgewiesen, daß selbst eine große Variation im Wiegen verhältnismäßig von geringer praktischer Bedeutung ist.

Die Hauptverwendung der Indexziffern besteht im Vergleich *aufeinanderfolgender* und nicht weit auseinanderliegender Jahre. Es liegt uns weniger an einem Vergleich der Preise der Jahre 1909 und 1910 mit denen des Jahres 1873, als an einem Vergleich derselben miteinander. In der Tat benutzen wir das Jahr 1873 als Basisjahr hauptsächlich, um zwei andere Jahre miteinander vergleichen zu können. Doch nur wenige Indexziffern, die einen zuverlässigen Vergleich zwischen dem einen und dem anderen Jahr als Basisjahr gewähren, erlauben einen richtigen Vergleich zwischen zwei Jahren, von denen jedes den Ausdruck eines dritten Jahres zur Basis hat. Es sind dies die wenigen Indexziffern, welche der Basisveränderungsprobe 7 vollkommen entsprechen[1]). Die einzigen Formeln, welche diesen Anforderungen genügen, sind die in der Tabelle mit 1, 2, 7, 8, 43 und 44 numerierten Formeln, denen samt und sonders aus anderen Gründen ernstliche Bedenken entgegenstehen. 1 und 2 sind ganz willkürliche Formeln, da die Wägung „aufs Geratewohl" vorgenommen wurde; die Formeln 43 und 44 haben die niedrigste Punktzahl in der Tabelle; Formel 7 besitzt kein Wägesystem und Formel 8 wird Null, wenn eine einzelne Quantität, wie Q, aus den Jahresverkäufen verschwinden würde.

Man könnte daher die Frage aufwerfen, weshalb wir, wie dies stets der Fall war, unsere Indexziffern auf eine feste Basis und auf Grund der Bedingungen hin konstruieren, zu denen wir zwei gegebene Jahre *indirekt* vergleichen. Warum können wir die Vergleichung nicht *direkt* vornehmen? Mit Ausnahme der Formeln, welche der Formel 7 entsprechen, führt ein indirekter Vergleich in allen Fällen zu einem Irrtum. In allen diesen Fällen kann eine indirekte Vergleichung natürlich kein besseres Resultat als eine direkte Vergleichung ergeben, während in allen anderen Fällen ein direkter Vergleich besser ist.

Es erscheint daher ratsam, jedes Jahr mit dem nachfolgenden zu vergleichen, oder, mit anderen Worten, jedes Jahr als Basis des nächsten Jahres zu nehmen. Dieses Verfahren, das auch von Marshall, Edgeworth und Flux empfohlen wurde [2]), ist der Schwierigkeit ungleichmäßiger Verände-

[1]) Daß dieser Probe am schwersten Genüge zu leisten ist, geht aus der Tatsache hervor, daß die in der letzten Kolonne für Probe 7 gegebene Gesamt-„Punktzahl" die niedrigste der ganzen Kolonne ist. Sie beträgt bei einer möglichen Punktzahl von 44 nur 12. Die nächstschwierige Probe ist Nr. 5 (oder 6), deren Gesamt-„Punktzahl" $13^1/_2$ ausmacht.

Die einfachste der zu erfüllenden Proben ist Nr. 8, deren Gesamtpunktzahl 40 von 44 beträgt; die nächstleichteste ist Probe 3 (und 4) mit der Zahl 31 von 44.

[2]) „*Modes of constructing Index Numbers*", *Quarterly Journal of Economics*, August 1907, S. 613—631.

rungen in den Q in hohem Maße gewachsen, denn die bei aufeinanderfolgenden Jahren vorkommenden Ungleichheiten sind verhältnismäßig gering.

Derartige auf der Basis von 100 Prozent für das vorhergehende Jahr konstruierte *aufeinanderfolgende* Indexziffern ergeben, wenn sie miteinander multipliziert werden, eine *Kette* von Indexziffern, welche, jeder gewöhnlichen Reihenfolge gleich, die Schwankungen von Jahr zu Jahr anzeigen und zu einem Vergleich der Nachbarjahre viel geeigneter sind.

Wir wollen nun die Vorzüge der Indexziffern einer nochmaligen vergleichenden Prüfung unterziehen, und zwar unter der Voraussetzung, daß sie nur für aufeinanderfolgende Jahre, das heißt, zum Vergleich eines jeden Jahres mit dem vorhergehenden Jahre als Basis zu verwenden sind. In diesem Falle brauchen wir zwischen einer „teilweisen" und einer „vollständigen" Erfüllung der Proben keinen Unterschied zu machen. Wir können somit für jedes „$\frac{1}{2}$" die Zahl „1" ansetzen. Wenn wir nun, wie zuvor, alle Formeln, welche Probe 2 nicht erfüllen, weglassen, so kommen wir zu folgenden Resultaten:

Formel	Punktzahl	Formel	Punktzahl
2	4	20	5
4	3	21	7
6	3	22	6
8	4	24	5
10	$4\frac{1}{2}$	26	4
11	6	28	4
12	6	30	3
13	5	32	3
14	5	34	3
15	6	36	3
16	6	38	3
17	7	40	3
18	6	42	3
19	6		

Wir sehen, daß Formel 11 und 12 die gleiche Punktzahl 6 aufweist, während deren Durchschnitt 15 (und 16) und deren Zusammensetzung 18 sowie auch 22 dieselbe Punktzahl haben, daß aber die Formeln 17 und 21, die Zusammensetzungen von 11 und 12 sind, die vollkommene Punktzahl 7 besitzen. Bei jeder dieser beiden Formeln wird als Gewicht der Durchschnitt der in den Formeln 11 und 12 verwendeten Gewichte genommen. Theoretisch finden wir also zwei Formeln, welche, soweit es sich um Vergleiche der Preise von Jahr zu Jahr handelt, bei allen Proben vollkommen stimmen.

Wo es sich also um große Genauigkeit handelt, und wo für die nötigen mühsamen Berechnungen reichliche Hilfsmittel vorhanden sind, empfehlen wir die Verwendung der Formel 17 oder 21. Dies setzt voraus, daß Statistiken für die *Q* erhältlich sind, was jedoch gewöhnlich nicht der Fall ist.

Bis jetzt ziehen wir daher den Schluß, daß 1. Formel 11 theoretisch die beste ist, wenn jedes Jahr auf Grund einer gemeinschaftlichen Basis ausgedrückt wird; 2. daß (auch theoretisch) die Formeln 17 und 21 etwas höherwertiger sind, wenn jedes Jahr auf Basis des vorhergehenden Jahres dargestellt wird, und daß diese beiden *alle* Garantien für Vergleichungen von Jahr zu Jahr erfüllen.

§ 8.

Gründe der Bevorzugung des Medianwerts für praktische Zwecke.

Für die Praxis haben jedoch die Formeln 17 und 21 der Formel 11 gegenüber (oder 12, was bei Vergleichen von Jahr zu Jahr auf dasselbe herauskommt) nur einen geringen, vielleicht gar keinen Vorteil, 1. weil das Wägen von geringer Bedeutung ist; 2. weil das vollkommenere, bei den Formeln 17 und 21 angewandte Wägen sich von dem der Formeln 11 und 12 selten wesentlich unterscheidet, denn jeder Gewinn in der Genauigkeit würde wahrscheinlich geringer sein als die Irrtümer beim Messen der *Q*, die man niemals genau kennt; 3. weil die Methoden von 17 und 21 in der Praxis viel mühsamer sind. In der Hauptsache müssen wir ja doch auf die Praxis Rücksicht nehmen, ausgenommen da, wo die große Arbeit und die für die Berechnung aufgewandten Kosten keine Rolle spielen. Wenn wir die Verdienste der verschiedenen Formeln in *praktischer* Hinsicht untersuchen, so werden wir meines Erachtens alle Formeln mit Ausnahme von 9 und 11 verwerfen und zu dem Schlusse kommen, daß die beste Indexziffer der *gewogene Medianwert* ist. In bezug auf leichte Berechnung hat er nicht seinesgleichen. Die Punktzahl des Medianwerts in der Tabelle (Formel 9) ist hoch, wenn sie auch der Probe 2 nicht entspricht. Mit Ausnahme dieser Probe erfüllt der Medianwert ganz oder teilweise jede andere Probe. Er hat daher selbst in theoretischer Hinsicht einiges Verdienst.

Bei dieser Gelegenheit möchten wir einen charakteristischen Zug des Medianwerts erwähnen, den ich eigentlich als Fehler betrachten möchte. Edgeworth legt besonderen Wert auf die Tatsache, daß eine *Dispersion* der Preise *nach oben* stets oder gewöhnlich die *Dispersion* der Preise *nach unten* überbietet. Der ersteren ist keine Grenze gesetzt, während letztere durch Null begrenzt wird. Statistische Prüfungen zeigen diese Asymmetrie der Streuung in klarer Weise[1]). Aus dieser Tatsache ist die Behauptung hergeleitet worden, daß der beste Durchschnitt der sei, bei dem große Abweichungen nach oben nicht mehr zählen, als kleine Abweichungen nach unten. Diese Bedingung, ob gut oder schlecht, wird von arithmetischen Durchschnitten nicht erfüllt, wohl aber vom geometrischen Durchschnitt und von der Mediane[2]), die dem geometrischen Durchschnitte gewöhnlich dicht folgt. Edgeworth behauptet, daß der Medianwert die anderen Formeln übertrifft, wenn die Veränderlichkeit der verschiedenen Elemente, deren Durchschnitt genommen wird, ganz verschieden ist[3]).

Edgeworth schließt, daß „nach dem gegenwärtigen Stande unseres Wissens und für die gegebenen Zwecke die Mediane die richtige Formel ist"[4]).

Was die Methoden des Wägens anbelangt, so zeigt eine theoretische Erörterung in bezug auf Probe 2, daß das Wiegen auf Grund der in dem einen oder andern Vergleichsjahre verkauften Werte vorgenommen werden sollte.

Es ist leicht zu beweisen, daß ein System des Wägens des Medianwerts durch gegebene Gewichte, das heißt, nicht nur durch einmaliges, sondern mehrmaliges Zählen jedes Preisverhältnisses (die Anzahl des Zählens ist das Gewicht), die relativen Erfüllungen der Proben, wie dies beim einfachen Medianwert 9, der einzigen Mediane in der Tabelle, der Fall ist, nicht beeinflußt. Edgeworth hat nachgewiesen, daß für alle praktischen Zwecke ein ganz ungefähres System des Wägens genügt[5]). Ob nun das Wägen nach

---

[1]) Siehe Edgeworth, *„First Report on Monetary Standard"*, *Report of the British Association for the Advancement of Science*, 1887, S. 284—855.

[2]) Edgeworth, ebendaselbst, S. 284—286. Jedoch sollte vom Standpunkte der Preisverhältnisse zum Umlaufsmittel eine große Abweichung nach oben mehr zählen, als eine kleine Abweichung nach unten, weil sie mehr Umlaufsmittel erfordert. Wie wir schon gesehen haben, ist der ungünstig beurteilte arithmetische Durchschnitt in der Tat genau der für die Verkehrsgleichung erforderliche Durchschnitt. Siehe § 6 des Anhanges zum II. Kapitel und § 7 dieses Anhanges. Bezüglich der Asymmetrie der Preisdispersion siehe Mitchell, *Gold, Prices, and Wages under the Greenback Standard*, Berkeley (University of California Press) 1908, und die Besprechung dieses Werkes von Edgeworth, *Journal of the Royal Economic Society*, Dezember 1908, S. 578—582, und H. G. Brown, *Yale Review*, Mai 1909, S. 99—101.

[3]) Edgeworth, *Report usw.*, 1887, S. 291, und *„On the Choice of Means"*, *Philosophical Magazine*, September 1887; siehe auch *Report of the British Association for the Advancement of Science*, 1889, S. 156—161, und *Journal of the Royal Statistical Society*, Juni 1888.

[4]) Ebendaselbst S. 191

[5]) Siehe *Report of the British Association for the Advancement of Science*, 1888, S. 208 bis 211. Edgeworth vergleicht verschiedene Mittel von 21 Artikeln der Jahre 1885 und

den Werten $p_0 Q_0$ usw. oder $p_1 Q_1$ usw. oder $p_0 Q_1$ usw. oder $p_1 Q_0$ usw. vorgenommen wird, ist praktisch gewöhnlich ohne Bedeutung. Wenn wir also theoretische Rücksichten den praktischen unterordnen, so scheint das geeignete Verfahren darin zu bestehen, gewisse Konstanten zu wählen, die einfache ganze Zahlen, und den Werten, mit denen wir es in den von uns betrachteten Jahren zu tun hatten, so nahe als möglich sind. Diese Gewichte brauchen nicht jedes Jahr geändert zu werden, sollten jedoch eine Änderung erfahren, wenn sich die Werte $(p_1 Q_1)$ bedeutend verändern.

Im Falle, daß sowohl eine Quantitäts- oder Handelsindexziffer ($\mathfrak{Q}_1$ oder H_1) als auch eine Preisindexziffer (P_1) gewünscht werden, können wir den Medianwert gleichfalls als die Form für $\mathfrak{Q}_1$ wählen. Mit anderen Worten: die Indizes für die p und die $\mathfrak{Q}$ werden am besten unabhängig voneinander gewählt. Freilich verwerfen wir dadurch jede absolute gegenseitige Übereinstimmung zwischen den beiden, wir sprechen aber jetzt von praktischen und nicht von theoretischen Rücksichten.

Einer der großen praktischen Vorteile des Medianwerts ist seine Verwendung in Verbindung mit „Quartilen" oder „Dezilen", um sowohl die *Dispersion* als auch die Durchschnitte darzustellen. Dieses Verfahren zur Darstellung der Dispersion von einem Mittelwert aus ermöglicht eine leichtere Berechnung und auch ein tieferes Eingehen auf eventuell gewünschte Einzelheiten, als das Karl Pearsonsche Verfahren der „Normalabweichung" von einem arithmetischen Mittel.

Die *praktische* Schlußfolgerung ist daher, daß der gewogene Medianwert den Zwecken eines praktischen Preis- und Quantitätenbarometers ebensogut, wenn nicht besser, entspricht als theoretisch höherwertige Formeln.

Doch ungeachtet der besonderen Einfachheit und Leichtigkeit der Berechnung, die den Medianwert auszeichnet, und trotz Edgeworths starker Bekräftigung kommt derselbe fast nie zur Anwendung, wenn er überhaupt bekannt ist. Wesley C. Mitchell[1]) hat die Mediane in ausgedehnterem

1873, wovon eines von dem Komitee, dessen Mitglied er war, empfohlen ist. Dieses Mittel wurde bereits im Texte des X. Kapitels, § 5 erwähnt.

[1]) *Gold, Prices, and Wages under the Greenback Standard*, Veröffentlichung der Universität von Kalifornien. Mitchells Verwendung von Dezilen ist jedoch von geringem Werte, da er eine gemeinschaftliche Basis, nämlich das Jahr 1860 verwendet, so daß seine Zahlen für jedes folgende Jahr die Dispersion dieses Jahres im *Verhältnis* zum Jahre 1860 geben. Die Kenntnis der Dispersion der Preise in den Jahren 1909 oder 1910 im Vergleich zum Jahre 1860 ist so gut wie von gar keiner Bedeutung und liefert auch keinen Aufschluß darüber, ob sich die Preise gleichförmig veränderten, oder ob sie sich vom Jahre 1909 bis 1910 weit zerstreuten. Was wir wissen sollten, ist die

Maße als irgendein anderer zur Bestimmung von Preisindizes benützt. Professor Davis R. Dewey verwandte sie in seinem Spezialberichte über diesen Gegenstand für Löhne.

§ 9.

Kurze zusammenfassende Übersicht.

Die Schlußfolgerungen dieses Anhanges können kurz wie folgt dargestellt werden:

1. Jede Summe der Produkte je zweier Faktoren, z. B. ΣpQ, kann in eine der drei Formen verwandelt werden: 1. PH, wo P der Durchschnitt der Verhältnisse der p zu einem als Basis angenommenen p_0 und H der Quotient $\frac{\Sigma pQ}{P}$ ist; 2. $W\mathfrak{Q}$, wobei $\mathfrak{Q}$ der Durchschnitt der Verhältnisse der Q zu einem als Basis angenommenen Q_0 und W der Quotient $\frac{\Sigma pQ}{\mathfrak{Q}}$ ist; 3. $P\mathfrak{Q}\Sigma p_0 Q_0$.

2. Von den vorstehenden drei Formeln ist nur die letzte in dem Sinne symmetrisch, daß die p und Q gleich behandelt werden.

3. P und H (oder P und $\mathfrak{Q}$) werden als *korrelativ* betrachtet, und jede besondere Formel für dieses oder jenes umfaßt eine besondere korrelative Formel für das andere.

4. Zwei korrelative Formeln für P und $\mathfrak{Q}$ sind einander im allgemeinen ganz unähnlich. Wenn gleiche Formeln für P und $\mathfrak{Q}$ konstruiert werden, so bildet das Korrelat von $\mathfrak{Q}$ eine neue Formel für P, die als der ursprünglichen Formel für P antithetisch angesehen wird, und *vice versa*.

5. Es gibt eine unbegrenzte Anzahl von Formeln für P, von denen 44 in der Tabelle angegeben sind, und es bestehen wenigstens 8 wichtige Proben, mit denen jede Formel in einem der drei folgenden Grade übereinstimmt: 1. *ganz* oder für das Verhältnis P_1 zu P_2, von denen jedes im Verhältnis zu einem dritten Jahre als Basis steht; 2. *teilweise* oder für das Verhältnis P_1 zu Eins, und 3. *überhaupt nicht*.

6. Die acht Proben betreffen die *Proportionalität* der Preise oder Quantitäten (1 und 2); die *Bestimmbarkeit* der Preise oder Quantitäten (3 und 4); den *Ausschluß* oder *Einschluß* von Preisen und Quantitäten (5 und 6); die Veränderung der Basis für Preise und Quantitäten (7), und die Veränderung der Einheiten für Preise und Quantitäten (8).

Preisdispersion von Jahr zu Jahr, und dies kann dadurch erfolgen, wenn man drei radiale Linien von 1909 nach 1910 zieht, deren mittlere die Bewegung der Mediane anzeigt, während die beiden anderen die Bewegungen der zwei benachbarten Quartilen angeben.

7. Die Proben gruppieren sich ihrerseits in Paare, und zwar bezieht sich von jedem Paare die eine auf die p in derselben Weise wie die andere auf die Q; doch hat jede Probe sowohl für die p als auch für die Q Bedeutung.

8. Die Formeln ordnen sich selbst zu antithetischen Paaren.

9. Von 4 beliebigen benachbarten Abteilungen in der Tabelle, die sich auf zwei korrelative Reihen (Proben) und zwei antithetische Kolonnen (Formeln) beziehen, haben die Diagonalen die gleichen „Punktzahlen".

10. Keine uns bekannte Form der Indexziffer P stimmt vollkommen mit allen acht Proben überein, wenn ein gemeinschaftliches Basisjahr verwendet wird, doch stimmen mehrere gut überein, die Formel Nr. 11, $\frac{\Sigma p_1 Q_1}{\Sigma p_0 Q_1}$, am besten.

11. Wenn wir aber mit Vergleichen von Jahr zu Jahr zufrieden sind, und auf Vergleiche in Ausdrücken eines dritten Jahres verzichten, so haben wir zwei Formeln, die vollkommen übereinstimmen, nämlich die Formeln 17 und 21.

12. Praktisch ist aber die Formel 11 höherwertig als die Formeln 17 und 21, und Formel 9 (die Mediane) ist, wenn sie richtig gewogen wird, der Formel 11 überlegen.

13. Für praktische Zwecke ist daher der Medianwert (samt seinen beiden benachbarten Quartilen) zu empfehlen, und zwar mit einem einfachen Gewichtssystem (ganzen Zahlen), das auf Ausgaben basiert und von Zeit zu Zeit geändert wird, um bessere Vergleiche von Jahr zu Jahr anstellen zu können; es sei denn, daß die Kosten und die Mühe der Berechnung keine Rolle spielen.

Anhang zum XII. Kapitel.

§ 1 (zum XII. Kapitel, § 1).

Kemmerers Berechnungen.

Kemmerer nimmt in seinem Buche *Money and Prices* (S. 99) die Abschätzung des in Zirkulation befindlichen Geldes (G) vor, indem er von dem Gelde, wie es vom *Comptroller of the Currency* für die Vereinigten Staaten abgeschätzt wird, zwei Posten, und zwar das im Schatzamt der Vereinigten Staaten und das in den Banken befindliche (gemeldete und abgeschätzte)

Geld, in Abzug bringt. Er schätzt sodann die Umlaufsgeschwindigkeit des Geldes auf 47 mal im Jahr und nimmt mangels irgendwelchen Materials, nach dem deren Veränderungen beurteilt werden könnten, an, daß die Umlaufsgeschwindigkeit konstant bleibt. Zur Zahl 47 gelangt er auf folgende Weise: Er schätzt den Betrag der Schecktransaktionen für das Jahr 1896 auf 143 Milliarden (S. 111 seines Buches). Diese Veranschlagung ist auf Zahlen gegründet, die einer von Kinley im Jahre 1896 auf Veranlassung des *Comptrollers of the Currency* gemachten Untersuchung entnommen sind. Kinley nimmt unter Bezug auf seine schätzungsweise Annahme, daß Schecktransaktionen *wenigstens* dreimal Geldtransaktionen sind, den dritten Teil von 143 Milliarden, also 47.7 Milliarden, als die Summe der Geldtransaktionen an. Er schätzt den Betrag des in Zirkulation befindlichen Geldes für das Jahr 1896 auf 1.025 Milliarden, dividiert 47.7 durch 1.025 und kommt (S. 114) auf eine Umlaufsgeschwindigkeit des Geldes von 47 mal im Jahr. Wie wir sehen werden, ist diese Zahl höchstwahrscheinlich beinahe dreimal zu hoch gegriffen; der Irrtum ist wohl darauf zurückzuführen, daß Kemmerer nicht der Ansicht Kinleys ist, die seitens des letzteren vorgenommene Abschätzung des Prozentsatzes der Scheckzirkulation vom Jahre 1896 sei ein „zuverlässiges Minimum", sondern die entgegengesetzte Meinung vertritt, sie sei vielmehr ein zuverlässiges Maximum. Wir wollen nun die Gründe angeben, die zu der Annahme führen, daß Kinley mit seiner Schlußfolgerung, die Schätzung der Schecktransaktionen auf drei Viertel der Gesamttransaktionen sei ein „zuverlässiges Minimum", recht hatte. Die Berechnungen, die wir nun folgen lassen, beweisen, daß eher neun Zehntel als drei Viertel die wahrscheinliche Zahl ist.

Wie bereits erwähnt, schätzt Kemmerer die Schecktransaktionen (die wir $G'U'$ nannten) im Jahre 1896 auf 143 Milliarden. Die Schecktransaktionen der anderen Jahre, für die kein entsprechendes Material vorhanden ist, werden von ihm so geschätzt, daß die Bankclearings stets 35 % davon betragen (S. 118 seines Buches). Er macht keinerlei Versuch, G' (die Bankdepositen) und U' (deren Umlaufsgeschwindigkeit) getrennt abzuschätzen. Kemmerer schätzt das Handelsvolumen (H) *relativ* (d. h. er schätzt das, was wir im Anhang zum X. Kapitel $\mathfrak{Q}$ genannt haben). Dies sind eingestandenermaßen die ungefährsten aller seiner Schätzungen. Er trachtet möglichst viele Indikatoren für das Anwachsen des Handels zu erhalten (S. 130), ohne besondere Rücksicht darauf zu nehmen, ob sie passen oder nicht. Seine Indikatoren, fünfzehn an der Zahl, sind die folgenden: Bevölkerung, ein- und ausgehende Schiffsladungen, Export und Import von Waren (Werte), Einkommen der Reichspost, Bruttogewinne aus dem Betriebe der Eisenbahnen in den Vereinigten Staaten, durch die Eisenbahnen beförderte Frachten, Bruttoeingänge der Western Union Telegraphengesellschaft, Verbrauch an Roheisen, bituminöse Kohle, Weizen, Korn, Baumwolle, Schafwolle, Weine, Liköre und den Marktwert gemeldeter Verkäufe an der New Yorker Effektenbörse. Jede dieser Zahlengruppen wird von Kemmerer durch Indexnummern ausgedrückt und deren einfacher Durchschnitt als die Handelsindexnummer für jedes in Frage stehende Jahr genommen.

Allerdings ist sich Kemmerer völlig bewußt gewesen, daß viele dieser Zahlen mehr oder weniger gewichtigen Einwänden ausgesetzt sind. Bei einer Veränderung des auf den Kopf berechneten Handels kann die Bevölkerung nur einen sehr dürftigen Handelsindex bieten. Werte eignen sich nur dann, wenn Beständigkeit der Preise vorausgesetzt werden kann, was bei den Einnahmen der Post und der Telegraphengesellschaften nur teilweise, beim Import und Export, bei den Einnahmen der Eisenbahnen und bei Wertpapieren überhaupt nie der Fall sein kann.

Nachdem Kemmerer auf diese Weise die verschiedenen Elemente, nämlich $GU + G'U'$ und H, die die Preisniveaus theoretisch bestimmen, für 1879—1908 festgestellt hat, rechnet er aus ihnen die Indexnummer der Preise heraus. Diese aus den anderen Größen der Verkehrsgleichung berechnete Indexnummer nennt er „relative Zirkulation". Die Zahlen relativer Zirkulation (virtuell nach der Formel $P = (GU + G'U') \div H$) werden von ihm sodann mit den tatsächlichen Statistiken der Preisniveaus verglichen. Diese direkt berechneten Preisindexnummern nimmt er als Durchschnitt der Indexnummern für Engrospreise (Zahlen von Commons und vom Arbeitsamt, S. 137), für Löhne (dem Bericht des Arbeitsamtes, S. 137, und der *Industrial Commission* entnommen), sowie für Preise von Eisenbahnaktien (Industrial Commission und Wall Street Journal), die er folgendermaßen wiegt: Löhne 3 Prozent, Aktien 8 Prozent, Engroswaren 89 Prozent.

Die durch Kurven (S. 149) dargestellten beiden Zahlengruppen — „relative Zirkulation" und „allgemeine Preise" — zeigen eine allgemeine Übereinstimmung.

§ 2 (zum XII. Kapitel, § 2).

Methode zur Berechnung von *G*.

Die Abschätzungen von G oder des in den Vereinigten Staaten in Umlauf befindlichen Geldes sind auf die Berichte des *Comptrollers of the Currency* gegründet. Die Berechnungen sind in nachstehender Tabelle veranschaulicht:

Geld in den Vereinigten Staaten usw. (in Milliarden Dollar).

(1) Jahr	(2) Geld in den Vereinigten Staaten (Offizielle Schätzung)	(3) Geld in den Vereinigten Staaten (Berichtigte Schätzung)	(4) Geld im Schatzamt der Vereinigten Staaten	(5) In den Banken befindliches (gemeldetes) Geld	(6) Ungemeldetes Geld in den Banken, geschätzt in Prozenten des gemeldeten Geldes	(7) In den Banken befindliches Geld (Berichtigte Schätzung)	(8) In Zirkulation befindliches Geld; Kolonne (4) und (7) von (3) ausgeschlossen
1896	1.80	1.74	0.29	0.53	8.4 %	0.58	0.87
1897	1.91	1.83	0.27	0.63	8.4 %	0.68	0.88
1898	2.07	1.94	0.24	0.69	7.7 %	0.74	0.96
1899	2.19	2.09	0.29	0.72	6.7 %	0.77	1.03
1900	2.34	2.25	0.28	0.75	6.4 %	0.80	1.17
1901	2.48	2.37	0.31	0.79	5.4 %	0.84	1.22
1902	2.56	2.45	0.31	0.84	5.3 %	0.88	1.26
1903	2.68	2.59	0.32	0.85	5.2 %	0.89	1.38
1904	2.80	2.68	0.28	0.98	4.5 %	1.03	1.37
1905	2.88	2.77	0.29	0.99	3.9 %	1.03	1.45
1906	3.07	2.97	0.33	1.01	3.4 %	1.05	1.59
1907	3.12	3.12	0.34	1.11	4.2 %	1.15	1.63
1908	3.38	3.38	0.34	1.36	3.8 %	1.41	1.63
1909	3.41	3.41	0.30	1.44	2.8 %	1.48	1.63

Die Zahlen der zweiten Kolonne (2) stellen das Geld dar, das sich den offiziellen Abschätzungen des Direktors der Münzstätte gemäß Mitte eines jeden Kalenderjahres in den Vereinigten Staaten befindet. Infolge der von Maurice L. Muhleman angestellten Untersuchungen wurden diese offiziellen Schätzungen im Jahre 1907 durch Subtraktion eines auf $ 135 000 000 geschätzten Irrtums von dem Golde berichtigt, das, wie man glaubte, in den Vereinigten Staaten vorhanden war. Die Berichtigungen der Münzstätte wurden jedoch nur am *Schlusse* der Kalenderjahre vorgenommen [1]). Um die Berichtigungen auf die *Mitte* eines gegebenen Kalenderjahres anzuwenden, wurde der Durchschnitt der für das Gold in den Vereinigten Staaten berichtigten Zahlen zu Anfang und zu Ende des Jahres genommen. Der so erlangte Durchschnitt wurde als die berichtigte Zahl des Goldes für die Jahresmitte genommen. Diese berichtigte Zahl wurde sodann mit der offiziellen für die Mitte des Jahres gegebenen Zahl des Goldes verglichen

[1]) Siehe den *Report of the Director of the Mint*, 1907, S. 87.

und die Differenz als Berichtigung für dieses Datum angenommen. Diese Berichtigung wurde dann von den Zahlen des in der zweiten Kolonne (2) gegebenen Geldes der Vereinigten Staaten abgezogen. So erhalten wir die Zahlen der dritten Kolonne (3). Ganz unabhängige Berichtigungen wurden von Muhleman für die Mitte der Jahre 1896 bis einschließlich 1900 vorgenommen. Sie sind unbedeutender als die Berichtigungen, die aus den oben gegebenen Zahlen der Münzstätte berechnet wurden; die Differenz in den aufeinanderfolgenden Jahren beträgt 0.05, 0.03, 0.00, 0.03 und 0.05. Die vierte und fünfte Kolonne, (4) (5) unserer Tabelle, geben das Geld im Bundesschatzamt und das in den Banken *gemeldete* Geld an, wie es in den Jahresberichten des *Comptrollers of the Currency* festgestellt wurde. Die sechste Kolonne (6) bringt den abgeschätzten Prozentsatz des nichtgemeldeten Geldes. Diese Schätzung wird durch die Annahme erlangt, daß die nichtgemeldeten Reserven zu den gemeldeten Reserven in demselben Verhältnis stehen wie die nichtgemeldeten Depositen zu den gemeldeten Depositen; die Verhältnisse der letzteren werden aus der im nächsten Abschnitt (§ 3) dieses Anhanges gegebenen Tabelle berechnet.

Wenn wir diesen abgeschätzten Prozentsatz berechnen und die hierbei erlangte Berichtigung zu dem Gelde der berichtenden Banken hinzuzählen (Kolonne 5), so erhalten wir die Gesamtschätzung des in den Banken befindlichen Geldes (Kolonne 7). Wenn von dem berichtigten Gelde in den Vereinigten Staaten (wie in Kolonne 3 angegeben) die Summe des im Schatzamt befindlichen Geldes (Kolonne 4) und des abgeschätzten Geldes in den Banken (Kolonne 7) subtrahiert wird, erhalten wir die Zahlen der achten Kolonne (8). Diese Schätzungen des in nicht berichtenden Banken befindlichen Geldes sind allerdings gewissen Irrtümern unterworfen, doch würde selbst ein Irrtum von 50 Prozent in einer ihrer bedeutendsten Schätzungen die letzte Kolonne um nicht viel mehr als 2 Prozent beeinflussen. Eine bedeutendere Quelle des Irrtums entspringt aber höchstwahrscheinlich aus den Zahlen der zweiten Kolonne (2), die von hypothetischen Schätzungen des Goldes in den Vereinigten Staaten abhängt. Muhleman schreibt mir, daß die von der Münzstätte vorgenommenen Berichtigungen seiner Meinung nach nicht ausreichend sind. Durch die in diesem Bureau gemachten und hier angenommenen Berichtigungen verändern sich mehrere der Zahlen der achten Kolonne sogar um 10 Prozent. Die bei diesen Berichtigungen unterlaufenen Irrtümer sind aller Wahrscheinlichkeit nach viel geringer als 10 Prozent. Es wären noch weitere Irrtumsquellen zu verzeichnen, doch können, wenn alle diese Dinge in Anschlag gebracht werden, die Ergebnisse aller Vermutung nach im allgemeinen als zuverlässig gelten und wohl nur einem

Irrtum von höchstens 2 bis 3 Prozent unterworfen sein. Bei gewöhnlichen Statistiken kann ein solches Resultat als ziemlich richtig angesehen werden.

§ 3 (zum XII. Kapitel, § 2).

Methode zur Berechnung von G'.

Die Berechnungen zur Erlangung von G' oder der individuellen, dem Scheckverkehr unterworfenen Depositen sind in der Tabelle auf Seite 363 wiedergegeben.

Die in der zweiten Kolonne (2) aufgeführten Zahlen stellen die „individuellen Depositen" dar, wie sie den Jahresberichten des *Comptrollers of the Currency* entnommen wurden (siehe den Bericht für das Jahr 1909, S. 64 bis 66). Bei den Jahren 1896—1899 wurden die Depositen von Kreditgesellschaften und Sparkassen, die nicht in die Klasse der individuellen Depositen gehören, einer Berichtigung unterzogen. Vor dem Jahre 1900 schlossen viele Banken derartige Depositen von Bankiers in die individuellen Depositen ein. Sie sollten aber abgezogen werden, da solche von anderen Banken herrührenden Depositen im allgemeinen in einer Bank nicht für Handelszwecke sondern für Bankgeschäfte benützt werden. Diese von den Zahlen der zweiten Kolonne abzuziehenden Depositen sind in der dritten Kolonne (3) gegeben.

Die Zahlen der dritten Kolonne sind Schätzungen, die die Tatsache zur Grundlage haben, daß die Depositen von Sparkassen und Kreditgesellschaften in den Nationalbanken (wenn immer ein Vergleich möglich ist, z. B. von 1900—1908) den Depositen der Einzelstaatenbanken in den Nationalbanken annähernd gleich sind. Da die Zahlen der Einzelstaatenbanken für 1896—1899 zur Verfügung stehen, so nahm man diese an Stelle der fehlenden Kredit- und Sparkassenzahlen. Eine zur Zeit der Drucklegung der ersten Auflage dieses Buches stattgehabte Beratung mit dem *Comptroller of the Currency* hat den Verfasser davon überzeugt, daß diese Berichtigungen zu hoch gegriffen sind und daß es besser gewesen wäre, sie gänzlich wegzulassen. Um zahlreiche Abänderungen in den Druckplatten zu vermeiden, wurden sie jedoch beibehalten. Glücklicherweise ist, wie aus S. 415 hervorgeht, der bestehen bleibende Irrtum gering.

Nachdem wir von der zweiten Kolonne die Berichtigung der dritten Kolonne in Abzug gebracht haben, ist unsere nächste Aufgabe, zu der hierhieraus resultierenden Zahl die Berichtigung der vierten Kolonne, nämlich die Schätzung der nichtgemeldeten Depositen, hinzuzuzählen.

Die Zahlen nicht berichtender Banken für 1900 und 1902—1909 stellen

Individuelle, dem Scheckverkehr unterworfene Depositen (in Milliarden Dollar).

(1) Jahr	(2) Individuelle Depositen	(3) Unrichtig eingeordnete Depositen von Kreditgesellschaften und Sparkassen in Nationalbanken	(4) Abgeschätzte ungemeldete Depositen	(5) Depositen in den Sparkassen	(6) „Schecks für Clearing“	(7) Kolonne (2) — (3) + (4) — (5) — (6) Berichtigte individuelle Depositen	(8) Dem Scheckverkehr unterworfene Depositen der Kolonne (7) in Prozenten	(9) Kolonne (7) × (8) Individuelle, dem Scheckverkehr unterworfene Depositen
1896	4.95	.16	.40	1.91	.11	3.17	85	2.68
1897	5.10	.21	.41	1.94	.11	3.25	86	2.80
1898	5.69	.25	.42	2.07	.16	3.63	88	3.19
1899	6.77	.33	.44	2.23	.27	4.38	89	3.90
1900	7.24		.45	2.45	.18	5.06	87	4.40
1901	8.46		.46	2.60	.36	5.96	86	5.13
1902	9.10		.48	2.75	.36	6.47	84	5.43
1903	9.55		.50	2.93	.25	6.87	83	5.70
1904	10.00		.45	3.06	.23	7.16	81	5.80
1905	11.35		.44	3.26	.36	8.17	80	6.54
1906	12.22		.41	3.48	.40	8.75	78	6.84
1907	13.10		.55	3.69	.33	9.63	74	7.13
1908	12.78		.49	3.66	.29	9.30	71	6.60
1909	14.01		.39	3.91	.38	10.11	67	6.75

die offiziellen Schätzungen des *Comptrollers of the Currency* dar. (Die für 1900 und 1902 gegebenen Zahlen sind in den Tabellen des Comptrollers unter der Rubrik „Nur gemeldetes Kapital“ anstatt „nichtgemeldetes“ eingetragen, doch wurde mir in diesem Bureau versichert, diese Unterscheidung hätte nichts zu bedeuten.) Die für 1901 aufgestellte Zahl wurde zwischen die der Jahre 1900 und 1902 eingeschaltet. Die Zahl für 1896 bildet eine mit Hilfe zweier Voraussetzungen vorgenommene Abschätzung. Erstens wurde angenommen, daß in diesem Jahre die ungemeldeten Depositen im Verhältnis zu allen anderen Depositen einen größeren Umfang erreichten, als es im Jahre 1903 der Fall war, insofern als aus der Tabelle ersichtlich ist, daß der Prozentsatz der fehlenden Depositen um so größer ist, je weiter wir in den Jahren zurückgehen. Dies bedeutet, daß die Berichtigung 0.28 übersteigt. Die zweite Annahme bestand darin, daß die Berichtigung eine weniger *absolute* als in späteren Jahren sein sollte, und zwar aus dem Grunde, weil damals die Summe der Gesamtdepositen eine viel geringere war als späterhin und weil die offiziellen Ziffern der vierten Kolonne (4), d. h. die für 1900 und 1902—1909 gegebenen Zahlen, zeigen, daß sie, wenn wir in der Zeit nach rückwärts gehen, eine leichte Tendenz aufweisen, im absoluten Betrage weniger anzuwachsen. (Die größte Ausnahme macht das Jahr 1909, und zwar insofern, als die spezielle Untersuchung vom 28. April einen ungewöhnlichen Grad von Genauigkeit aufwies.) Unter Berücksichtigung dieses Umstandes würde sich die Berichtigung auf weniger als 0.50 belaufen. Als ungefähres Mittel zwischen 0.28 und 0.50 wählen wir daher 0.40. Ein hierbei vorkommender Irrtum kann die Schlußkolonne nicht viel mehr als um 3 oder 4 Prozent beeinflussen. Für die Jahre 1897—1899 wurden die Berichtigungen eingeschaltet.

Die fünfte Kolonne (5) enthält eine Berichtigung, die von dem erhaltenen Resultate abzuziehen ist, nämlich die Depositen in den Sparkassen. Es liegt in der Natur der Sache, daß diese Depositen zwar nicht als Zirkulationsmittel benutzt, aber trotzdem in die offiziellen „individuellen Depositen" der zweiten Kolonne aufgenommen werden. Außer den gemeldeten Zahlen enthält der hier gegebene Posten für das Jahr 1909 einen weiteren Posten von 0.20 (d. h. $ 200 000 000), die die Spareinlagen der „state banks" in Illinois darstellen. Dieser Posten wurde einfach deshalb eingereiht, um die Zahlen für 1909 mit den Zahlen der vorhergehenden Jahre, in denen dieser Posten stets enthalten war, vergleichbar zu machen (siehe den Bericht des Comptrollers vom Jahre 1909, S. 43—44).

Die nächste Kolonne (6) enthält einen anderen, wenn auch nur kleinen Posten, nämlich „Schecks für Clearing", der ebenfalls von dem Vorhergehenden abzuziehen ist. Im allgemeinen sind diese Schecks, die von den Personen, welche sie erhielten, zwar deponiert wurden, die aber die Bank, von der sie stammen, noch nicht wieder erreicht haben, und daher den Personen, die sie gezogen haben, noch nicht angerechnet werden konnten. Jedermann, er sei denn ein Schwindler oder ein Dummkopf, wird, sobald er einen Scheck gezogen hat, dessen Betrag (sagen wir $ 100) von seinem Depositensaldo in Abzug bringen und ihn nicht noch einmal ziehen. Eine solche Person — sagen wir Smith — betrachtet die $ 100 als seinem Trassaten — sagen wir Jones — übertragen und sieht sie ebensowenig für ihm (Smith) gehörig an, wie er eine ausgezahlte Bargeldsumme noch für seinen Besitz halten würde. Aber es braucht Zeit, bevor die Bank, bei der Smith gezogen hat, von der Übertragung des Depositums von Smith auf Jones unterrichtet ist. Die Bankbücher führen in der Zwischenzeit diese $ 100 noch unter Smiths Depositen. Die Gesamtzahl der Depositen wird durch den Einschluß der $ 100 in Smiths Konto nicht gestört, vorausgesetzt, daß die Summe nicht auch in Jones' Konto aufgenommen wurde. Wenn aber Jones den Scheck in seiner Bank deponiert, fügt dessen Bank $ 100 zu Jones'

Konto hinzu, *bevor Smiths Bank die Summe von dessen Konto abziehen kann.* Das heißt, die $ 100 werden zeitweilig als beiden gehörend gerechnet. Wenn beide Seiten dieser Übertragung gleichzeitig gemeldet würden, könnte es kein doppeltes Inrechnungstellen geben. Bis aber der Scheck Smiths Bank erreicht, ist die einzige Aufzeichnung des Abzuges, der an Smiths Konto vorgenommen werden sollte, unter den „Schecks für Clearing" zu finden, die wir folglich in unserer Statistik in Abzug bringen müssen.

Diese Ziffern können indessen nur schätzungsweise aufgestellt werden. Nur für den 28. April 1909 sind sie für *alle* Banken gegeben; die Zahlen sind die des Spezialberichtes der bereits erwähnten *Monetary Commission.* Von diesem Betrage stammen vier Fünftel aus den Nationalbanken; und da die Nationalbanken über ihren Austausch mit den Clearinghäusern jährlich berichten, nehmen wir an, daß der Gesamtbetrag eines Jahres fünf Viertel der von den Nationalbanken gemeldeten Summe beträgt (siehe den Bericht des Comptrollers vom Jahre 1908, S. 514—522). Die ganze Berichtigung ist so gering, daß ein eventueller Irrtum in diesem angenommenen Verhältnis für das Endresultat ganz belanglos ist.

Die siebente Kolonne (7) wurde gewonnen durch Anwendung der oben besprochenen Korrekturen auf Kolonne 2 — nämlich durch Abzug der Posten der dritten Kolonne, durch Addition derer der vierten Kolonne und durch schließlichen Abzug der Zahlen der fünften und sechsten Kolonne.

Aber auch jetzt haben wir noch nicht den gewünschten Posten, die Depositenumlaufsmittel oder die dem Scheckverkehr unterworfenen Depositen erlangt. Die abgeschätzten reinen individuellen Depositen schließen nicht nur Kontokorrente sondern Depositenzertifikate und andere Depositen ein, die mehr als Kapitalanlage als als Austauschmedia betrachtet werden. Der erste veröffentlichte Versuch, die wahren, *dem Scheckverkehr unterworfenen Depositen* zu geben, wurde von der *National Monetary Commission* gemacht. In deren wertvollem Spezialbericht, wie dem vom 28. April 1909, der vom *Comptroller of the Currency* hergestellt worden war, sind die scheckfähigen Depositen mit 6.94 Milliarden angegeben [1]). Dieser Ziffer 6.94 muß ein Betrag für „nicht berichtende Banken" hinzugefügt und ein anderer für die „Schecks für Clearing" muß davon abgezogen werden. Die ungemeldeten Depositen aller Art sind in der Tabelle für das Jahr 1909 auf 0.39 geschätzt worden, von denen wohl nach Proportionsrechnung nur $\frac{6.94}{14.01}$

[1]) Siehe Senatsdokument Nr. 225, 61. Kongreß, 2. Session, *Special Report from Banks of the United States*, 28. April 1909, S. 261; dgl. *Report of Comptroller of the Currency*, 1909, S. 835. Die Zahlen schließen Hawaii, Porto Rico und die Philippinen aus, obgleich die hierdurch ausgeschlossene Summe kaum der Rede wert ist.

von 0.39 oder 0.19 scheckfähig sind. Der ganze Clearingaustausch in der Höhe von 0.38 muß also, wie wir annehmen können, fast gänzlich aus Depositen, die dem Scheckverkehr unterworfen sind, bestehen. Die berichtigte *Netto*ziffer beträgt daher 6.94 + 0.19 = 0.38 oder 6.75 Milliarden an scheckfähigen Depositen für das Jahr 1909. Diese stellen ungefähr 67 Prozent der „individuellen Nettodepositen" der siebenten Kolonne dar.

Diese Zahl für die scheckfähigen Depositen des Jahres 1909 steht in der Tabelle am Fuße der neunten Kolonne (9). Da es nur 67 Prozent der individuellen Nettodepositen sind und da nicht angenommen werden konnte, daß dieses selbe Verhältnis auch für andere Jahre Geltung habe, wollte ich mich in bezug auf die scheckfähigen Depositen für diese anderen Jahre nicht aufs Raten verlegen, ohne mich weiter unterrichtet zu haben. Ich schrieb daher an Herrn A. Piatt Andrew, dem damaligen Direktor der Münze, und fragte ihn, ob er in seiner Eigenschaft als Berater der *Monetary Commission* in den Statistiken des *Comptrollers* für das Jahr 1896 und einiger anderer Jahre nicht eine Untersuchung anstellen lassen könnte, um die entsprechenden Verhältnisziffern für diese Jahre zu erhalten. Dank seiner Freundlichkeit und der der Kommission und des *Comptrollers*, mit der man auf mein Ersuchen einging, ist es mir ermöglicht worden, die entsprechende Verhältnisziffer für 1896 in der Höhe von 85 Prozent, für 1899 in der Höhe von 89 Prozent und für 1906 in der Höhe von 78 Prozent auszuarbeiten.

Herr Andrew gibt 4.97 Milliarden als die (unberichtigte) Gesamtsumme der Depositen aller Banken, wie sie am 14. Juli 1896 vorhanden war. Diese Zahl ist um ein Geringes vollständiger, als die aus dem Berichte des *Comptrollers* (nämlich 4.95), die ich schon vorher benutzt hatte, und zwar zweifellos deshalb, weil für diese besondere Untersuchung eine größere Anzahl von Banken herangezogen worden war, als die, die man ursprünglich für die Tabellen des *Comptrollers* benützt hatte. Andrew gibt die scheckfähigen Depositen mit 2.59 Milliarden an. Diese Zahl muß sich zwei Berichtigungen gefallen lassen: die eine besteht darin, daß man den nichtberichtenden Banken, und die andere darin, daß man den „Schecks für Clearing" Rechnung trägt. Wir haben die Depositen der nichtberichtenden Banken auf 0.40 eingeschätzt; und da Andrew in den erwähnten Banken 0.02 mal mehr *Gesamt*depositen (4.97) entdeckt hat, als der *Comptroller* berichtet hatte, müssen wir annehmen, daß sich in seinen Zahlen 0.02 mal weniger ungemeldete Depositen befinden als in denen des *Comptrollers*. Dieses würde für die ungemeldeten Depositen die schätzungsweise Ziffer 0.38 für Andrews Zahlen ergeben, an Stelle von 0.40, wie wir sie für die des *Comptrollers* angenommen haben. Der Teil davon, den man dabei den scheckfähigen

Depositen (2.59) zuweisen muß, ist $\frac{2.59}{4.97} \times 0.38$ oder 0.20. Dies ist die erste (addierende) Berichtigung. Die zweite (subtrahierende) Korrektur besteht im Abzug der „Schecks für Clearing“, nämlich 0.11. Die endgültige berichtigte Zahl ist daher 2.59 + 0.20 — 0.11 oder 2.68. Das Verhältnis dieser Ziffer zu den Nettodepositen ist $\frac{2.68}{3.17}$ oder 85 Prozent.

Andrews Zahlen für die gesamten Nettodepositen im Jahre 1899 betragen 4.38 und für scheckfähige Depositen 4.09. Seine Zahlen für die Gesamtdepositen (7.07) sind um 30 Prozent vollständiger als die des *Comptrollers*, wie sie in der ersten Kolonne obenstehender Tabelle angewandt worden sind und reduzieren dadurch die auf Andrews Ziffern anwendbare Schätzungsziffer für nichtberichtende Banken von 0.44 auf 0.14, wovon $\frac{4.09}{7.07} \times 0.14$ oder 0.08 den scheckfähigen Depositen zuzuschreiben sind. Die aus „Schecks für Clearing“ bestehende Berichtigungszahl beträgt 0.27. Die Zahlen für die scheckfähigen Depositen sind daher 4.09 + 0.08 — 0.27 oder 3.90, was 89 Prozent der „Nettodepositen“ (4.38) bedeutet.

Andrews Zahlen für die gesamten Nettodepositen im Jahre 1906 betragen 8.75 und für scheckfähige Depositen 6.90. Seine Zahlen für die Gesamtdepositen (12.37) sind weniger vollständig als die des *Comptrollers* und erhöhen so die Schätzungsziffer für nichtberichtende Banken, die auf seine Zahlen anwendbar ist, von 0.41 auf 0.61, wovon $\frac{6.90}{12.37} \times 0.61$ oder 0.34 den scheckfähigen Depositen zuzuschreiben sind. Die „Schecks für Clearing“ waren 0.40. Die Zahlen für scheckfähige Depositen sind daher 6.90 + 0.34 — 0.40 oder 6.84, was 78 Prozent der „Nettodepositen“ (8.75) gleichkommt. Wir haben also Ziffern für Kolonne (9) und Kolonne (8) für die Jahre 1896, 1899, 1906 und 1909. Wenn wir nun für die dazwischenliegenden Jahre zwischen diesen Prozentsatzziffern für die Jahre 1896, 1899, 1906 und 1909 ebenmäßige Interpolationen vornehmen, so erhalten wir Kolonne (8) der obenstehenden Tabelle.

Als nächstes kann nur Kolonne (9) für die folgenden Jahre gefunden werden, indem man die Prozentsätze in Kolonne (8) auf die individuellen Nettodepositen in Kolonne (7) anwendet.

Die Tafel ist nun vollständig. Die Resultate sind natürlich gewissen Irrtümern unterworfen, die man aller Wahrscheinlichkeit nach für die Jahre 1896, 1899, 1906 und 1909 nicht höher anzunehmen braucht als zwei oder drei Prozent und vielleicht doppelt so hoch für die Jahre in der Mitte der Zeitabstände zwischen diesen vier Jahren.

Da soviel von der relativen Bedeutung des Scheck- und Geldumlaufs gesagt worden ist, scheint es sonderbar, daß bis zu dieser Zeit noch kein Versuch gemacht worden ist, das Volumen der Umlaufsmittel, die per Scheck zirkulieren, abzuschätzen oder aufzuzeichnen. Diese Umlaufsmittel und ihre Zirkulation haben eine viel größere statistische Bedeutung als das Geld und dessen Zirkulation. Unsere Verwunderung ist um so größer, wenn wir bedenken, daß „dem Scheckverkehr unterworfene Depositen" dem *Comptroller of the Currency* von den einzelnen Banken regelmäßig gemeldet worden sind. Von den sechziger Jahren an begannen die veröffentlichten Ziffern diese Kategorie auszulassen sowie alle persönlichen Depositen in einen Topf zu werfen und die darnach erschienenen Berichte folgten einfach dem von ihren Vorgängern gesetzten Beispiel. Der gegenwärtige *Comptroller* erklärte, daß in Zukunft der Betrag der dem Scheckverkehr unterworfenen Depositen getrennt zu behandeln ist, und wir können also hoffen, daß uns von jetzt ab jährliche Aufstellungen der scheckfähigen Depositen zur Verfügung stehen. So werden wir denn jedes Jahr die Größe dieses Postens in unserem Zirkulationsmittel erfahren, der, wie wir sehen werden, neun Zehntel der gesamten Austauscharbeit des Landes verrichtet.

§ 4 (zum XII. Kapitel, § 3).

Methode zur Berechnung von $G' U'$ für die Jahre 1896 und 1909.

Nach dem Bericht des *Comptrollers* für 1896 war die Gesamtsumme (an Geld und Schecks), die in allen Berichte liefernden Banken an dem dem 1. Juli 1896 nächstliegenden Abrechnungstag deponiert war, 303 000 000. Die Summe, die Kemmerer für nichtberichtende Banken ansetzt (op. cit. S. 110—111), bringt die Zahl auf 506 Millionen. Der für die Schecks an allen Depositen gefundene Anteil wurde mit 92,5 % angegeben, was 468 000 000 als in einem Tage deponierte Schecksumme ergibt, wenn man diesen Prozentsatz auf die schätzungsweise gefundenen 506 000 000 Gesamtdepositen anwendet. Indessen zeigte der 1. Juli, da er der erste eines Monats ist, naturgemäß eine außergewöhnlich große Depositensumme. Um festzustellen eine wie hohe Summe man für diese Tatsache anzusetzen hat, habe ich durch die Freundlichkeit des Herrn Gilpin vom New Yorker Clearinghaus die Zahlen der New Yorker Clearings vom 2. Juli 1896 erhalten. Der 2. Juli wurde deshalb ausgewählt, weil die am 1. Juli in New York deponierten Schecks in den Clearinghausstatistiken vom 2. Juli zu erscheinen pflegen. Die Clearings vom 2. Juli zeigten einen Betrag von 157 000 000, während der tägliche Durchschnitt für 1896 nur 95 000 000 oder 60 % so viel war. Um den tatsächlichen Durchschnitt für das Jahr zu erhalten, muß man also die übergroßen Clearings vom 2. Juli durch Multiplikation mit 0.60 korrigieren. Es ist vielleicht berechtigt, anzunehmen, daß die am 1. Juli in *New York* gemachten Depositen im wesentlichen derselben Korrektur bedürfen. Wenn wir annehmen könnten, daß das Abnorme in den Depositen des Tages im übrigen Land ebenso wäre wie in New York, also auch desselben korrigierenden Faktors (0.60) bedürfte, dann wäre dieser korrigierende Faktor für das ganze Land gültig. Dies können wir indessen unmöglich annehmen. Zweifellos ist 0.60 als tatsächlicher Multiplikationsfaktor für das ganze Land außerhalb New Yorks zu niedrig angenommen. Das Abweichen vom Durchschnitt war wahrscheinlich etwas geringer als in New York City.

Daß dies der Fall ist erscheint aus verschiedenen Gründen wahrscheinlich. Erstens ist New York gegen Schwankungen in der geschäftlichen Lebhaftigkeit empfindlicher als es das Land gewöhnlich ist. In Übereinstimmung mit dieser Ansicht finden wir, daß die Schwankungen im Prozentsatz der Clearings von Jahr zu Jahr in New York größer sind als im übrigen Lande. Wenn jedes Jahr mit dem darauffolgenden verglichen wird, findet man, daß dies, mit Ausnahme von fünf Jahren, für 27 Jahre von 1883 bis einschließlich 1909[1]) stimmt.

Weiterhin würden die viertel- und halbjährlichen Dividenden in einem finanziellen Mittelpunkt wie New York eine größere Ziffer ergeben, als in anderen Städten, in denen nur wenige oder gar keine Dividenden gezahlt werden.

Schließlich werden in großen Städten wie New York Schecks systematischer und pünktlicher deponiert, als in einem kleineren Gemeinwesen, so daß ein größerer Teil der auf den ersten des Monats lautenden und am 1. Juli empfangenen Schecks an diesem Tage deponiert werden. In dem kleineren Gemeinwesen bummeln diese Schecks auf ihrem Weg zur Bank einige Tage nach ihrem Empfang herum und tragen auf diese Weise dazu bei, den täglichen Strom auszugleichen und ganz besonders den übermäßigen Andrang am und um den 1. Juli abzuschwächen. Wir schließen daher, daß 0.60 eine *Minimal*schätzung für unseren Multiplikationsfaktor für 1896 ist.

Nachdem wir so 0.60 als Minimalschätzung erhalten haben, gehen wir nun dazu über, eine Maximalschätzung aufzustellen. Wir können ziemlich sicher sein, daß Depositen außerhalb New Yorks dem Einfluß vierteljähriger Dividendenzahlungen, Monatszahlungen usw. dermaßen unterworfen sind, daß das Volumen der Scheckdepositen außerhalb New Yorks

[1]) Siehe *Financial Review* (the Annual of the *Commercial and Financial Chronicle*), 1906, S. 26 und 1910, S. 33.

den Durchschnitt von 1896 wenigstens etwas überschreiten muß. Wir müssen wissen, bis zu welchem Umfange wir mit Sicherheit ein Überschreiten des Durchschnitts seitens dieses auswärtigen Volumens an Scheckdepositen an dem gewählten Tag annehmen dürfen. Eine solche sichere Schätzung können wir am besten durch Material über Clearinghäuser im Finanzreport für 1896 (S. 493, *Comptrollers Report*) erlangen. Es zeigt sich dort, daß am 1. Juli oder an dem „dem 1. Juli nächsten Abrechnungstage" 66 von 78 Clearinghäusern des Landes 228 Millionen Dollar an Clearings hatten. Wir können mit Sicherheit annehmen, daß die Gesamtclearings des Landes an diesem Tage größer waren als diese Summe, weil die Berichte wie sie vorliegen, von 78 Clearinghäusern des Landes nur 66 umfassen. Desgleichen können wir annehmen, daß sie am folgenden Tag noch größer waren [1]), weil an diesem der Hauptandrang der umfangreichen Scheckdepositen vom 1. Juli erfolgte. Wenn die 228 Millionen Clearings am 1. Juli 1896 für jeden Tag dieses Jahres gültig wären, könnten wir durch einfache Multiplikation mit 305, der Anzahl der Abrechnungstage des Jahres 1896, die Gesamtclearings des Landes auffinden. Das Resultat dieser Multiplikation ist indessen 67,1 Milliarden, wohingegen die tatsächlichen Clearings des Landes für 1896 nur 51,2 Milliarden betrugen. Hieraus kann man mit hinreichender Berechtigung schließen, daß die Clearings vom 1. Juli und vermutlich die vom 2. Juli noch mehr, den täglichen Durchschnitt überschritten und eine Reduktion *zum mindesten* im Verhältnis $\frac{51.2}{67.1}$ oder 0.76, bedürfen.

Daher muß der richtige Korrektionsfaktor zwischen 0.60 und 0.76 liegen. Durch Halbierung der Differenz finden wir 0.68 als schätzungsweise Ziffer, die von den richtigen Zahlen beider Seiten nicht weit entfernt sein kann; besonders da 0.60 und 0.76 zuverlässige und extreme Grenzpunkte sind. Zahlen, die ganz in der Nähe von beiden liegen, sind unwahrscheinlich. Der *wahrscheinliche* Irrtum ist einfach auf 5 oder 6 Prozent anzusetzen.

Wir wenden uns nun zu ähnlichen Berechnungen für 1909. Auf mein Ersuchen hat Herr Professor Weston von der Universität Illinois durch die Freundlichkeit des Herrn Professors Kinley, in der Hauptsache dieselbe Methode angewandt, um, gestützt auf die Untersuchung Kinleys,[1]) die Scheck-

---

[1]) Einen überzeugenden Beweis, daß die Clearings am 2. Juli die des 1. Juli überstiegen, liefert die folgende Tatsache: Während sich die Clearings des Staates New York, wie sie der Bericht des *Comptrollers* für 1896 (S. 494) gibt, auf 140 Millionen Dollar beliefen, betrugen die Clearings am 2. Juli von New York City allein 157 Millionen Dollar. Wie Herr Gilpin vom New Yorker Clearinghaus mir mitteilte, waren die Clearings von New York City am 2. Juli 1896 viel höher als am 1. Juli. Die diesbezüglichen Zahlen sind 157 und 138 Millionen.

zirkulation des Jahres 1909 für den 16. März dieses Jahres zu berechnen. Professor Weston schätzt die gesamten Scheckdepositen des 16. März 1909 auf 1.02 Milliarden. Diese Zahl liegt unter dem täglichen Durchschnitt. Ein Beweis hierfür findet sich in den Clearings des New Yorker Clearinghauses vom 17. März, die die Depositen, die in den New Yorker Banken den Tag vorher gemacht worden waren, widerspiegeln; diese betrugen 268 000 000, die für das Jahr nicht repräsentativ waren, da der tägliche Durchschnitt der Clearings viel größer war, nämlich 342 000 000, oder um 28 Prozent größer als die des 17. März. 1.28 wäre also der Multiplikationsfaktor der Korrektur, den wir anwenden würden, wenn die New Yorker Clearings als zuverlässiges Barometer für das ganze Land betrachtet werden könnten. Da aber, wie wir gesehen haben, New York gegen Spekulationen und andere Abarten von Bankoperationen besonders empfindlich ist und als Teil gewöhnlich größeren Variationen unterworfen ist als das Ganze, kann man mit Recht annehmen, daß der abnorme Zustand, den wir bezüglich der Depositen vom 16. März in New York finden, den abnormen Zustand dieses Tages für das ganze Land viel zu groß erscheinen läßt, und daß der Multiplikationsfaktor der Korrektur weniger als 1.28 sein sollte. Um nun eine sichere niedere Grenze anzusetzen, wollen wir einmal sehen, welche Zahl sich aus der ganz extremen Annahme ergibt, daß die Tagessumme der Depositen am 16. März 1909 außerhalb von New York genau dieselbe Höhe aufwiese, wie der tägliche Durchschnitt für das Jahr. Den resultierenden Korrektionsfaktor können wir nach der Tabelle auf S. 372 ganz gut abschätzen.

Diese Tabelle wurde aus Material konstruiert, das man Kinleys Bericht an die *Monetary Commission on Credit Instruments* (S. 182 und 186) entnahm und zwar in Verbindung mit den abgeschätzten Berichtigungen für die Scheckdepositen des ganzen Landes, die von Weston stammen.

Die Zahl für Depositen in New York City ist für den 16. März 1909 gegeben. Wenn wir diese Zahlen von denen abziehen, die Weston durch Schätzung für das ganze Land gefunden hat, so haben wir die Depositen (786) außerhalb New Yorks. Wie nachgewiesen wurde, ist aber der tägliche Durchschnitt in New York höchstwahrscheinlich um 28 Prozent oder um 306 höher. Wenn man diese Zahlen zu denen für die Depositen außerhalb New Yorks (786) addiert, ergeben sie den täglichen Durchschnitt für das ganze Land, wobei angenommen wird, daß nur New York City an dem ausgewählten Tage einen abnormen Zustand zeigt. Das Resultat (1092), verglichen mit den

[1]) Kinley, *The Use of Credit Instruments in Payments in the United States.* (*National Monetary Commission*, 61. Kongreß, 2. Session, Doc. No. 399, 1910.)

tatsächlichen Depositen an dem ausgewählten Tag (1025), zeigt den Korrektionsfaktor unter der Annahme, daß nur New York abnorm war. Dieser Faktor ist 1.07. Hieraus ergibt sich eine niedere Grenze für den Korrektionsfaktor, den wir suchen.

Deponierte Schecks (in Millionen):

(1)	(2) New York City	(3) Außerhalb New York City	(4) Total Ver. St.
16. März 1909	239	786	1025
Tagesdurchschnitt wenn New York allein abnorme Ziffern aufwiese	306	786	1092
Durchschnittsverhältnis zur tatsächlichen Zahl $= \frac{1092}{1025} = 1{,}07$			

Halbieren wir die Differenz zwischen unseren beiden äußersten Grenzen, 1.07 und 1.28, so erhalten wir als Schätzungsergebnis für die Korrektionsfaktoren 1.17 für 1909 gegen 0.68 für 1896. Der Umfang möglichen Irrtums auf jeder Seite ist ungefähr 10 für 1909 und 8 für 1896. Da die Grenzen sehr extrem gezogen sind, muß der *wahrscheinliche* Irrtum viel geringer sein — vielleicht gerade halb so groß. Wir können behaupten, daß die Korrektionsfaktoren, 0.68 und 1.17, wahrscheinlich bis zu einem Grad von 5 oder 6 Prozent richtig sind.

Wir schließen also, daß die 468 Millionen, die Schätzungsziffer für die *tatsächlichen* Scheckdepositen des 1. Juli 1896, mit 0.68 multipliziert werden müssen, um den schätzungsweisen Durchschnitt der Tagesdepositen des Jahres 1896 zu erhalten. Das Resultat ist 318 Millionen; multipliziert man diese mit 305, der Anzahl der Abrechnungstage, so erhalten wir 97.0 Milliarden als unsere Schätzungsziffer für die Schecktransaktionen in den Vereinigten Staaten für das Jahr 1896.

Multipliziert man in der gleichen Weise den schätzungsweisen Umfang der *tatsächlichen* Schecktransaktionen in den Vereinigten Staaten am 16. März 1909 (nämlich 1025 Millionen) mit dem Korrektionsfaktor 1.17, so erhalten wir 1.20 Milliarden als den schätzungsweisen täglichen Durchschnitt der Scheckdepositen und -transaktionen. Multipliziert man diese Zahl mit 303 (der Zahl der Clearingtage des New Yorker Clearinghauses und der vermutlichen Durchschnittszahl der Bankgeschäftstage des Landes), so erhalten wir 364 Milliarden als Ergebnis der Schätzung der Schecktransaktionen der Vereinigten Staaten im Jahre 1909.

§ 5 (zum XII. Kapitel, § 3).

Methode zur Berechnung von $G' U'$ für die Jahre 1897—1908.

Obwohl die New Yorker Clearings zwei Drittel aller Clearings des ganzen Landes darstellen, kann man sich doch nicht vorstellen, daß die Schecktransaktionen in und um New York zwei Drittel der Schecktransaktionen der Vereinigten Staaten bilden. Wir haben schon gesehen, daß die für den 16. März 1909 gemeldeten Scheckdepositen in New York 239 Millionen betrugen. Diese Zahl, die für New York gilt, ist wahrscheinlich fast vollständig und zeigt, wie wir gesehen haben, einen schätzungsweisen Durchschnitt von 306 Millionen für die täglichen Depositen in New York City im Jahre 1909 an. Dies ergibt 306 × 303 Millionen oder 93 Milliarden für New York City für das ganze Jahr. Unsere Schätzung für das ganze Land war 364 Milliarden, wobei 271 Milliarden für das Land außerhalb New York Citys übrig bleiben. Vergleichen wir einmal diese schätzungsweisen Ziffern für Scheckdepositen mit den Zahlen für die Clearings. Die New Yorker Clearings im Jahre 1909 betrugen 104 Milliarden und die außerhalb New Yorks 62 Milliarden.

Die New Yorker Clearings (104) übersteigen daher die New Yorker Scheckdepositen (93) vermutlich deshalb, weil die Clearings in Anbetracht der Banken außerhalb der Stadt solche einschließen, die Banktransaktionen zum Unterschiede von Handelstransaktionen darstellen, da ja New York City die hauptsächlichste zentrale Reservestadt ist.

Die Depositen der Stadt New York waren so nur $\frac{93}{104}$ oder ungefähr 90 Prozent der New Yorker Clearings. Andrerseits überstiegen die Depositen außerhalb New Yorks die Clearings ganz bedeutend, und zwar im Verhältnis $\frac{271}{62}$ oder 4.4. Diese Verhältnisziffern zwischen Schecktransaktionen und Clearings, nämlich 0.90 für New York und 4.4 für „draußen" zeigen an, daß die veröffentlichten Zahlen für Clearings im Verhältnis 4.4 zu 0.9 oder rund 5 zu 1 zu wiegen sind. Das heißt, das Fünffache der auswärtigen Clearings vermehrt um das Einfache der New Yorker Clearings müßte auf der Basis der Zahlen für 1909 ein gutes Barometer der Schecktransaktionen liefern.

Für 1896 fehlen leider die Zahlen für die Depositen der Stadt New York. Indessen haben wir Ziffern für die Depositen im Staate New York für die beiden Jahre 1896 und 1909, und das Studium dieser Zahlen zeigt an, daß das Gewichtsverhältnis für 1896 etwas über 3 zu 1 betragen sollte. Um es nicht allzugenau zu nehmen, wollen wir das Bewertungsverhältnis 5 zu 1 für alle Jahre benutzen. Der Unterschied in den Resultaten zwischen dem Verhältnis 5 zu 1 und einem Verhältnis von 3 zu 1 oder irgend einem dazwischenliegenden Verhältnis ist geringfügig. 5 zu 1 wurde aber gewählt, 1. weil das Material für 1896, auf das die Zahl 3 basiert ist, weniger sicher ist als das für 1909, und 2. weil die New Yorker Clearings die New Yorker Depositen nicht so gut repräsentieren wie die auswärtigen Clearings die auswärtigen Depositen. Die New Yorker Clearings werden ja immer etwas von einem störenden Element berührt, das nicht zu New York gehört, und ganz besonders durch die Banktransaktionen, die mit der Adjustierung von Bankreserven zusammenhängen. Wir ziehen deshalb vor, soviel wie möglich Gewicht auf die „auswärtigen" Clearings zu legen.

Nachdem wir so unser „Barometer" der Schecktransaktionen gewonnen haben, nämlich die New Yorker Clearings plus dem Fünffachen der auswärtigen Clearings, brauchen wir dies nur noch mit dem angemessenen Verhältnis zu multiplizieren, um die Schecktransaktionen selbst zu erhalten. Eine absolute Kenntnis dieses Verhältnisses der Schecktransaktionen zum Barometer besteht nur für 1896 und 1909; für diese Jahre kennen wir nämlich die Schecktransaktionen so genau wie das Barometer. Diese Verhältnisziffern sind 0.69 und 0.88. Aber wir können nicht sehr fehl gehen, wenn wir annehmen, daß die dazwischenliegenden Jahre dazwischenliegende Verhältniszahlen besitzen, die sich jedes Jahr regelmäßig verändern. Das Resultat ist die folgende Tabelle:

Clearings als Barometer von Schecktransaktionen.

(1) Jahr	(2) New Yorker Clearings	(3) Auswärtige Clearings	(4) Barometer (2) + 5 × (3)	(5) Verhältnis der Schecktransaktion zum Barometer	(6) $G'U'$ Schecktransaktionen (4) × (5)	(7) U' Umlaufsgeschwindigkeit der Depositen (U') (6) ÷ G'
1896.....	28.9	22.4	140.9	.69	97	36.2
1897.....	33.4	23.8	152.4	.70	106	37.9
1898.....	42.0	26.9	176.5	.72	127	39.8
1899.....	60.8	33.3	227.3	.73	166	42.6
1900.....	52.6	33.4	219.6	.75	165	37.5
1901.....	79.4	39.0	274.4	.76	208	40.6
1902.....	76.3	41.7	284.8	.78	222	40.9
1903.....	66.0	43.2	282.0	.79	223	39.1
1904.....	68.6	43.9	288.1	.81	233	40.2
1905.....	93.8	50.0	343.8	.82	282	43.1
1906.....	104.7	55.2	380.7	.84	320	46.8
1907.....	87.2	57.8	376.2	.85	320	44.9
1908.....	79.3	53.1	344.8	.87	300	45.5
1909.....	103.6	62.0	413.6	.88	364	53.9

Wie bereits angegeben, wurden nur die ersten und letzten Zahlen in Kolonne (5) unabhängig berechnet, während der Rest interpoliert ist.

Die andern Zahlen in der Tabelle erklären sich selbst. Die letzte Kolonne gibt die ganz bedeutende Größe, die wir die Umlaufsgeschwindigkeit der scheckfähigen Bankdepositen, oder die „Lebhaftigkeit" der scheckfähigen Konten genannt haben. Die wahrscheinlichen Fehler der letzten Kolonne liegen vermutlich ungefähr zwischen 5 und 10 Prozent.

§ 6 (zum XII. Kapitel, § 4).

Allgemein anwendbare Formel zur Berechnung von *U*.

I. Eine annähernd richtige Formel.

Um den Geldumlauf in kurzen Umrissen schildern und durch Aufzeichnungen in Banken messen zu können, wollen wir die Personen, die Geld zum Einkauf von Gütern benutzen, in drei Gruppen einteilen:

1. In kaufmännische Deponenten, zu denen alle Geschäftstreibende, Firmen, Gesellschaften und andere gehören, welche die Bankdepositen in der Hauptsache oder gänzlich von persönlichen Kontis getrennt haben.
2. In alle anderen Deponenten, hauptsächlich Privatpersonen.
3. In diejenigen, die, den meisten Lohnempfängern gleich, keine Deponenten sind.

Diese drei Klassen wollen wir durch die Bezeichnungen: „Kaufmännische Deponenten", „Andere Deponenten" und „Nichtdeponenten" oder *K*, *A* und *N* voneinander unterscheiden. Das im Besitze der „Kaufmännischen Deponenten" befindliche Geld wollen wir „Kassengeld" und das übrige „Taschengeld" nennen.

Diese drei Gruppen schließen notwendigerweise alle diejenigen des Gemeinwesens ein, die Geld in Umlauf setzen. Unter dem Ausdrucke umlaufendes Geld verstehen wir das im Austausche für Güter und nicht für irgendein anderes Umlaufsmittel wie z. B. für Schecks ausgegebene Geld.

Die Natur dieser drei Personengruppen muß nun unsere Aufmerksamkeit in Anspruch nehmen. In Ländern, wo das Bankwesen vorgeschritten ist, umfassen die „Kaufmännischen Deponenten" tatsächlich alle Geschäftshäuser und sonstige kleine Unternehmungen; zu den „Anderen Deponenten" gehören die meisten Gewerbetreibenden, Beamte und Eigentümer, während die Klasse der „Nichtdeponenten" mit derjenigen der Lohnempfänger fast gleichbedeutend ist.

Freilich ist diese Einteilung in drei verschiedene Klassen durchaus nicht vollständig. Bei den „Kaufmännischen Deponenten" z. B. sind die kleinen Händler, wie die Straßenverkäufer, nicht inbegriffen, denn diese haben gewöhnlich kein Bankkonto. Doch ist deren Zahl verhältnismäßig klein im Vergleich zu der Anzahl der Geschäftsleute oder Gesellschaften, die Konti haben, und was hier mehr in Betracht kommt, ihr Geschäftsumfang ist viel kleiner. Daraus folgt, daß das von ihnen ausgegebene Geld kaum Beachtung verdient. In den Vereinigten Staaten wenigstens, mit Ausnahme der ländlichen Distrikte im Süden und einiger weniger Plätze, wo die Geldausgaben sehr gering sind, ist die Einrichtung von Bankdepositen sozusagen allgemein.

Ein Bankkonto zu haben ist in der Tat für den Geschäftsmann eine praktische Notwendigkeit. Ohne ein solches Konto beraubt er sich selbst dreier wichtiger Hilfsmittel im modernen Geschäftsleben, nämlich: der Benutzung des Zirkulationskredits, der Einrichtung von Zahlungen durch die Post, und des Vorteils des Zeitkredits.

Wofern ein Kaufmann nicht genötigt ist, sofort bar zu bezahlen, oder wenn er diese Zahlungsweise vorzieht — und solcher Fälle gibt es sowohl hinsichtlich der Zahl als auch der Bedeutungslosigkeit des involvierten Geldbetrages nur wenige — so wird er es fast immer leichter finden, seine Zahlungen durch Scheck vorzunehmen. Überdies macht gerade die Tatsache, daß die meisten anderen Geschäftsleute Bankeinrichtungen benutzen, den Wunsch in ihm rege, ebenfalls ein Konto zu besitzen, nicht nur, weil er den anderen nicht „nachstehen“ will, sondern weil er es notwendig findet, die ihm an Geldesstatt gesandten Schecks einzukassieren, eine Prozedur, die immer mit größeren Schwierigkeiten verknüpft ist, als Schecks zu deponieren.

Barzahlungen sind besonders dann unbequem, wenn Geschäfte auf größere Entfernung abgeschlossen werden. Geld durch die Post, per Expreß oder durch persönliche Überbringung zuzustellen, ist mühsam, riskant und kostspielig im Vergleich zur Übersendung eines Schecks durch Brief. Selbst die Geldanweisung durch die Post ist ein umständlicher und teurer Ersatz und ihre Verwendung macht den Gebrauchenden finanziell zu einem unbedeutenden Faktor.

Schließlich kann ein Geschäftsmann ohne Bankkonto gewöhnlich weder von Händlern noch von Banken Zeitkredit erlangen. In den Vereinigten Staaten gewähren die Banken in der Regel nur ihren eigenen Deponenten Anleihen. Ein Geschäftsmann, der eine Bankanleihe zu machen wünscht, wird gewöhnlich aufgefordert, bei der betreffenden Bank ein Konto zu eröffnen. Wenn er einen anderen Händler um eine Anleihe ersuchen wollte, z. B. seinen Lieferanten, so würde das Fehlen eines Bankkontos Zweifel über seinen geschäftlichen Ruf aufkommen lassen, und eine Weigerung zur Folge haben.

Diese Tatsachen, die durch Beobachtungen und Nachfragen bestätigt werden, haben zu der Überzeugung geführt, daß eigentlich alle Geschäfte in den Vereinigten Staaten, sicherlich aber über 99 Prozent (nicht nach deren Zahl, sondern nach dem Gesamtumfang gemessen) mittels des bankmäßigen Zahlungsverkehrs ausgeführt werden. Sogar in Orten, wo sich keine Banken befinden, ziehen es die Händler vor, ein Bankkonto in der ihnen am nächsten liegenden Stadt zu haben, um als Käufer ihre Geschäfte bequemer abwickeln zu können. Wir schließen daher, daß, für alle praktischen Zwecke, die Kategorie der „Kaufmännischen Deponenten" mit der Kategorie der Handelshäuser zusammenfällt.

„Andere Deponenten" umfassen zumeist Eigentümer, Gewerbsleute und Angestellte. Lohnempfänger, Handelsleute oder Geschäftsunternehmungen in kaufmännischem Sinne werden hier selten eingeschlossen. Wenn ein einzelner Mann ein Geschäft leitet, so trennt er gewöhnlich sorgfältig sein geschäftliches und sein persönliches Ich. Die Person Johann Schmidt und das Geschäft Johann Schmidt sind voneinander verschieden. Das Taschengeld des einen und das Kassengeld des anderen werden selten durcheinandergeworfen. Geldzahlungen, welche von dem einen an den anderen gemacht werden, tragen genau denselben Charakter wie die Zahlungen des Geschäftes an irgendeine andere Person. Ursprünglich und unter primitiven Verhältnissen wurde natürlich eine solche Unterscheidung nicht vorgenommen und mitunter geschieht dies auch heutzutage nicht, wie es z. B. bei Hökern, Hausierern, Obstverkäufern und kleinen Landkrämern der Fall ist. Wie wir aber gesehen haben, gehören diese Personen eigentlich nicht zu den Deponenten. Zudem ist ihre Zahl nur gering und da nach der Natur ihres Geschäftes das von ihnen umgesetzte Geld nur unbedeutend ist, so ist für praktische Zwecke deren Einreihung kein Gegenstand von Bedeutung. Es mag dann und wann vorkommen, daß gewöhnliche Kaufleute, die die ausschließliche Verwaltung ihrer Geschäfte innehaben, ihr Geschäftskonto und ihr Personenkonto nicht besonders trennen. Doch können wir in diesen Fällen die Trennung in Gedanken vornehmen. Wenn ein solcher Mann aus seinem Schranke Geld herausnimmt und es in seine Tasche steckt, so können wir sagen, daß sein geschäftliches Ich an sein persönliches Ich Dividende gezahlt hat. In gleicher Weise sind seine gezogenen Schecks gewöhnlich so unterscheidbar, wie seine geschäftlichen oder seine persönlichen Ausgaben, selbst wenn er es unterläßt, zwei separate Bankkonti zu führen. Solche Fälle sind jedoch selten und von keiner Bedeutung, weil jedes größere moderne Geschäft von Teilhabern und Gesellschaften geleitet wird, wo ein striktes Auseinanderhalten der Konti notwendig ist, um die gegenseitigen Interessen zu schützen.

So viel nun über die Grenzlinie zwischen „Anderen Deponenten“ und „Kaufmännischen Deponenten“. Was die Grenzlinie zwischen „Anderen Deponenten“ und „Nichtdeponenten“ anbelangt, so ist zu beachten, daß „Andere Deponenten“ die meisten Eigentümer, Gewerbsleute und Beamte einschließen; doch sind manche Eigentümer und Gewerbetreibende, besonders in ländlichen Gemeinwesen, und manche Gehaltsempfänger, hauptsächlich die kleinen Angestellten, zu den „Nichtdeponenten“ zu rechnen.

„Nichtdeponenten“ endlich setzen sich in der Hauptsache aus allen jenen zusammen, die in den Statistiken als Lohnempfänger bezeichnet werden. Wenn es aber doch Deponenten unter ihnen gibt [1]), so ist deren Zahl sehr gering, und während es andererseits „Nichtdeponenten“ gibt, die nicht als Lohnempfänger betrachtet werden können, besonders (wie eben erwähnt) die Besitzer von Landwirtschaftsgrundstücken (Landwirte) und kleine Angestellte, so ist das von ihnen umgesetzte Geld im Vergleich zum Gesamtumlauf sehr gering. Während die Grenzlinie zwischen Löhnen und Gehältern in der Theorie nicht besonders scharf gezogen wird. ist sie doch in der Praxis leicht festzustellen.

Kinder unter etwa zwölf Jahren können nicht in eine der drei Kategorien eingereiht werden, da sie mit Geld nicht umgehen, wenigstens nicht bis zu einem Grade, daß dies einen nennenswerten Einfluß auf den Gesamtumlauf ausübt.

Wir können nun die Hauptläufe des Geldstromes, einschließlich des im Austausch für Güter zirkulierenden Geldes, in konkreter Weise darstellen. Figur 18 veranschaulicht die drei Haupttypen.

Die Ecken des Dreiecks, K, A und N, repräsentieren die drei Gruppen: „Kaufmännische Deponenten“, „Andere Deponenten“ und „Nichtdeponenten“, und die B repräsentieren die Banken. Die Pfeile stellen den Geldstrom einer jeden der vier Kategorien zu den anderen dar. So bezeichnet B_a die jährlichen Entnahmen aus den Banken durch „Andere Deponenten“, A_k den Aufwand dieses entnommenen Geldes durch „Andere Deponenten“ an „Kaufmännische Deponenten“ und K_b die Rückkehr des Geldes von den „Kaufmännischen Deponenten“ in die Banken. Dieser Kreislauf ($B_a\, A_k\, K_b$) dreier Glieder ist ganz allgemein. Eine zweite Type des Kreislaufes ist durch eine Kette von vier Pfeilen dargestellt ($B_a\, A_n\, N_k\, K_b$), welche die Privatdeponenten illustrieren, die das den Banken entnommene Geld B_a als Lohn in die Hände der Dienstboten gelangen lassen (A_n), von denen es

[1]) Der hier verwendete Ausdruck „Deponenten“ schließt natürlich nicht die Einleger in Sparkassen ein. Eine Sparkasse ist eigentlich keine Depositenbank, welche für den Umlaufskredit sorgt.

wiederum an Kaufleute ausgegeben wird (N_k), die es schließlich deponieren (K_b). Eine ebenfalls vierfache dritte Type des Kreislaufes ist durch die Pfeile B_k K_n N_k K_b dargestellt. Darunter verstehen wir kaufmännische Firmen, welche die für die Gehaltsliste nötigen Schecks in den Banken einkassieren (B_k), um mit dem so erhaltenen Gelde die Gehälter an die Angestellten auszuzahlen (K_n), von denen das Geld wieder an Handeltreibende (N_k) abgegeben wird, welche es von neuem in den Banken deponieren (K_b). Diese drei Typen sind nicht die einzigen, haben aber eine viel größere Bedeutung als andere, so daß wir ihnen unsere ungeteilte Aufmerksamkeit widmen müssen, bevor wir auf ein gründlicheres Studium eingehen. Figur 18 wurde konstruiert, um dieselben ohne Komplikation durch andere Details klar darzustellen.

Es ist zu bemerken, daß nicht alle der hier beschriebenen Ströme Beispiele der Geldzirkulation sind. Wie bereits angedeutet, versteht man unter Zirkulation des Geldes den Austausch des letzteren gegen *Güter*. Sein Eintritt in die Banken und sein Austritt aus den Banken ist ein Strom, nicht aber eine Zirkulation gegen Güter. In dem Diagramm stellen die wagerechten Pfeile bloße Bankoperationen und nicht die wirkliche Zirkulation dar. Das Diagramm zeigt vier solcher Pfeile, welche die vier Haupttypen der Zirkulation repräsentieren, nämlich: A_k Geldzahlungen der „Anderen Deponenten“ an „Kaufmännische Deponenten“ im Einkauf von Gütern; A_n Zahlungen seitens der „Anderen Deponenten“ an „Nichtdeponenten“, wenn z. B. eine Hausfrau Löhne zahlt; K_n Zahlungen der „Kaufmännischen Deponenten“ an „Nichtdeponenten“, wenn Firmen Gehälter auszahlen; und N_k Zahlungen seitens der „Nichtdeponenten“ an „Kaufmännische Deponenten“, wenn Lohnempfänger vom Kaufmann Ware kaufen.

Diese vier Typen der Geldzirkulation gehen in den bereits beschriebenen drei Kreisläufen vor sich und spielen sich zwischen den Strömen von und in die Banken ab. Die erste, A_k, befindet sich innerhalb des Kreislaufes B_a A_b K_b und, da „Nichtdeponenten“ hier nicht in Betracht kommen, repräsentiert dieselbe zwischen Entnahme und Wiedereinlage in die Banken *einmal* ausgetauschtes Geld. Die verbleibenden Typen (A_n, K_n und N_k) bewegen sich innerhalb der beiden anderen Kreisläufe (B_a A_n N_k K_b und B_k K_n N_k K_b und repräsentieren gemäß der Tatsache, daß hier „Nichtdeponenten“ auftreten, zwischen Entnahme und Wiedereinlage *zweimal* zirkulierendes Geld.

Kurz zusammengefaßt zeigt einer der drei Kreisläufe (B_a A_k K_b) außerhalb der Banken *einmal* zirkulierendes Geld. Die beiden anderen gehen durch N und zeigen außerhalb der Banken *zweimal* zirkulierendes Geld. Das Diagramm stellt somit alles umlaufende, aus den Banken kommende und in die Banken gehende Geld dar. In seiner Gesamtheit zirkuliert es in der Zwischenzeit zum wenigsten einmal, und jener Teil, der von den „Nichtdeponenten" ausgegeben wird, zirkuliert *außerdem noch einmal.* Der Gesamtumlauf übersteigt daher den Gesamtstrom aus und in die Banken um den Betrag, der durch die Hände der „Nichtdeponenten" geht. Mit anderen Worten: der Gesamtumlauf in dem Diagramm besteht einfach aus der Summe der jährlichen Geldmenge, die ihren Weg aus und in die Banken nimmt, und aus dem durch die Hände der „Nichtdeponenten" gehenden Gelde. Der Quotient aus der Division dieser Summe dividiert durch den

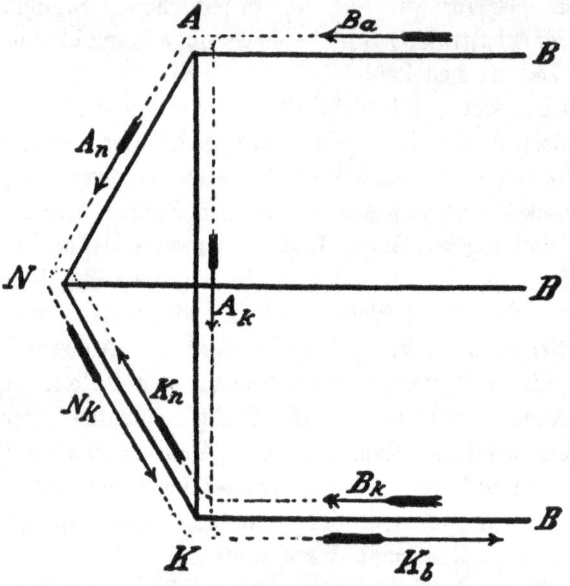

Fig. 18.

Betrag des in Umlauf befindlichen Geldes ergibt die ungefähre Umlaufsgeschwindigkeit des Geldes.

II. Die vollständige Formel.

Wir haben aber noch die vorzunehmenden Korrekturen für die weniger bedeutenden Formen des Geldumlaufs zu berücksichtigen, die in Figur 18 nicht enthalten sind.

Um den Grad der Genauigkeit des ersten Näherungswertes, den wir soeben für den Geldumlauf bestimmt haben, abzuschätzen, müssen wir diesen Näherungswert mit einer vollständigen Formel vergleichen, die so gestaltet sein muß, daß sie alle möglichen Arten der Übertragung des Geldes gegen

Güter umfaßt[1]). Es gibt neun mögliche Arten der Übertragung, von denen sich drei *innerhalb* jeder einzelnen der drei Gruppen, *K*, *A* und *N*, und sechs *zwischen* jedem Paare dieser drei Gruppen nach jeder Richtung befinden.

Innerhalb einer Klasse sind folgende Austausche möglich: 1. der Austausch zwischen einem „Kaufmännischen Deponenten" und einem anderen „Kaufmännischen Deponenten"; 2. der zwischen einem „Anderen Deponenten" und einem anderen, und 3. der zwischen einem „Nichtdeponenten" und einem anderen. Die zwischen den Klassen möglichen Übertragungen sind 4. und 5. die zwischen „Kaufmännischen Deponenten" und „Anderen Depo-

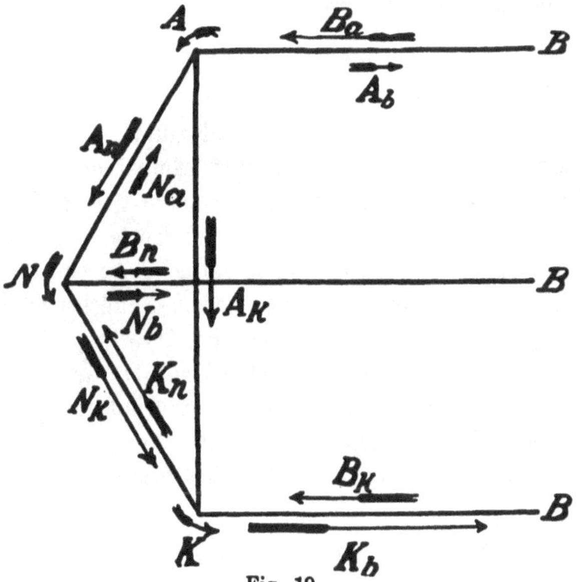

Fig. 19.

nenten" in beiden Richtungen; 6. und 7. die zwischen „Anderen Deponenten" und „Nichtdeponenten" in beiden Richtungen, und 8. und 9. die zwischen „Nichtdeponenten" und „Kaufmännischen Deponenten" in beiden Richtungen. So gibt es drei innerhalb der Klassen befindliche und sechs zwischen den Klassen befindliche Arten der Übertragung des Geldes gegen Güter.

[1]) Das heißt, alle Übertragungen *innerhalb* des unserer Betrachtung zugrunde liegenden Gemeinwesens. Wenn es erwünscht ist, die exportierten und importierten Summen des Außenhandels als Teil der Zirkulation dieses Gemeinwesens einzuschließen, so können diese am bequemsten am Schlusse hinzugefügt werden. Doch selbst wenn solche Summen eingeschlossen werden, sind sie von nur geringer Bedeutung, teils weil der Außenhandel im Vergleiche zum Binnenhandel gewöhnlich sehr gering ist und teils weil im Außenhandel sehr wenig Geld verwendet wird, besonders wenn wir Barrenmetall nicht in die Kategorie des Geldes aufnehmen.

Figur 19 gibt ein vollständiges Bild dieser neun Geldströme im Austausche für Güter, das heißt, von der gesamten „Geldzirkulation". Diese neun Ströme sind in dem Diagramm durch neun um das Dreieck gehende Pfeile dargestellt, von denen sich sechs längs der drei Seiten befinden, welche die zwischen den Klassen stattfindende Zirkulation darstellen, während die drei Pfeile an den Ecken (k, a und n) die innerhalb der Klassen stattfindende Zirkulation darstellen. Die übrigen den wagerechten Linien entlang gehenden sechs Pfeile stellen natürlich bloße Bankoperationen dar. Der Gesamtumlauf oder der im Austausch gegen Güter stattfindende Geldstrom (S) ist demnach die Summe der durch die neun Pfeile dargestellten Größen, nämlich:

$$(1) \qquad S = A_k + K_a + N_k + K_n + A_n + N_a + k + a + n.$$

Dies ist eine genaue Formel für den Geldumlauf. Wir wollen dieselbe nun mit dem ungenauen ersten Näherungswert, nämlich mit dem deponierten Gelde, plus dem Aufwand der „Nichtdeponenten", vergleichen. Dieser Vergleich wird den Fehler des ersten Näherungswertes darstellen und uns eine Methode zur Umwandlung der genauen Formel (1) in eine für statistische Verwendung geeignetere Form an die Hand geben. Zunächst müssen wir den ersten Näherungswert algebraisch ausdrücken. Dies kann durch aufmerksame Betrachtung der Figur 19 leicht geschehen. Das gesamte deponierte Geld ist $K_b + A_b + N_b$, während der Gesamtaufwand der „Nichtdeponenten" $N_k + N_a$ ist. Die Summe dieser beiden Ausdrücke wollen wir S' nennen. Der algebraische Ausdruck für den ersten Näherungswert ist demnach:

$$(2) \qquad S' = K_b + A_b + N_b + N_k + N_a.$$

Um den Unterschied, $S - S'$ zwischen der genauen und der annähernden Formel zu erhalten, subtrahieren wir (2) von (1), indem wir N_k und N_a streichen und den negativen Ausdruck zuerst setzen. Wir erhalten so als Rest (r) das Folgende:

$$(3) \quad r = S - S' = -K_b - A_b - N_b + A_k + K_a + K_n + A_n + k + a + n.$$

Daß der Wert von $S - S'$ gering ist, kann man durch Verwandlung von (3) deutlich ersehen. Wir werden ihn mit Hilfe einer anderen, unten dargestellten Gleichung (4) übertragen. Um diese neue Gleichung abzuleiten, müssen wir uns eine Abschweifung gestatten. Die neue Gleichung ist lediglich eine spezielle Anwendung des allgemeinen Grundsatzes, daß der Nettoabfluß (d. h. Abfluß minus Zufluß) des Inhalts eines Reservoirs gleich sein muß der Nettoabnahme seines Inhaltes während derselben Zeit, oder (algebraisch ausgedrückt), daß der Nettoabfluß (positiv oder negativ), plus der Nettozunahme des Inhaltes (negativ oder positiv), Null sein muß. Wir können diesen Grundsatz auf irgendein Reservoir oder Geldlager anwenden, doch ist es hier am zweckmäßigsten, ihn auf das Geldreservoir anzuwenden, welches die *„Kaufmännischen Deponenten“ und „Nichtdeponenten“ in einer Gruppe vereinigt.* Die Kombination dieser beiden wollen wir als „*KN*-Gruppe“ bezeichnen. Der in dem Diagramm von dieser Gruppe angezeigte Gesamtabfluß ist offenbar $K_b + K_a + N_b + N_a$, und der Gesamtzufluß ist $B_k + A_k + B_n + A_n$. *Soweit das Diagramm anzeigt*, ist also der Nettoabfluß:

$$K_b + K_a + N_b + N_a - B_k - A_k - B_n - A_n.$$

Dieser plus dem Nettoabfluß, der in dem Diagramm *nicht* angezeigt wurde, ist dann der wirkliche Nettoabfluß. Da das Diagramm nur zu dem Zwecke konstruiert wurde, Ströme gegen Güter (Geldzirkulation) und Ströme aus und in die Banken darzustellen, so haben wir noch das in das Gemeinwesen im Austausch für andere Dinge als Güter fließende Geld und sowohl das, welches ohne jedweden Austausch fließt, als auch den Nettoabfluß *außerhalb* des Gemeinwesens in Berücksichtigung zu ziehen.

Wir haben somit drei im Diagramm nicht dargestellte Flüsse zu berücksichtigen. Der erste ist der Nettoabfluß des Geldes von der „*KN*-Gruppe“ zur „*A*-Gruppe“, der, wohl im Austausch, nicht aber im Austausch gegen Güter stattfindet. Dies bedeutet lediglich einkassierte Schecks, denn gemäß der hier vorgenommenen Klassifizierung verstehen wir unter „Gütern“ alles Austauschbare mit Ausnahme von Geld oder Schecks. Unsere erste Korrektur ist daher der Nettoabfluß des Geldes für von der „*KN*-Gruppe“ kassierte Schecks, d. h. die Differenz zwischen den von der „*KN*-Gruppe“ für die „*A*-Gruppe“ kassierten Schecks und den in entgegengesetzter Richtung kassierten Schecks.

Es ist klar, daß wir hier nichts mit der Einkassierung von Schecks in Banken zu tun haben, denn dies ist in dem Diagramm (B_a, B_n und B_k) inbegriffen. Auch haben wir hier mit der Einkassierung von Schecks *innerhalb* der „*KN*-Gruppe“ nichts zu tun, wenn z. B. ein Ladeninhaber einen ihm von einem „Nichtdeponenten“ präsentierten Scheck kassiert. Es handelt sich hier nur um den Nettoabfluß kassierter Schecks von *KN* nach *A*. Diesen Nettoabfluß (der positiv, negativ oder Null sein kann), wollen wir durch den Buchstaben g bezeichnen, der den Begriff „Gefälligkeits“-Schecks ausdrückt.

Hinsichtlich der zweiten Korrektur haben wir den Nettoabfluß von durch die „*KN*-Gruppe“ für Geschenke, Steuern, Diebstähle usw. *hinge-*

gebenen Geldes zu bestimmen, gegen welches spezifische Güter nicht hereinkommen. Dieser Nettoabfluß soll mit h bezeichnet werden.

Drittens ist noch der seitens der KN-Gruppe außerhalb des Gemeinwesens stattfindende Nettoabfluß aufzuführen, d. h. der Nettobetrag des durch den Export, durch Feuer, Schiffbruch, Schmelzen usw. dem Lande verlorengehenden Geldes, soweit dieser Betrag das durch den Import hereinkommende Geld, neues Ausmünzen usw. überschreitet. Diesen „äußeren" Nettoabfall bezeichnen wir mit a. Wenn wir den im Diagramm nicht dargestellten Nettoabfluß $(g + h + a)$ zu dem im Diagramm vertretenen Nettoabfluß addieren, so erhalten wir als Gesamtnettoabfluß

$$K_b + K_a + N_b + N_a - B_k - A_k - B_n - A_n + g + h + a.$$

Nun muß nach dem bereits erklärten Reservoirprinzip die algebraische Summe dieses Nettoabflusses von der „KN-Gruppe" und der Nettozunahme des Geldes in dieser Gruppe Null sein. Wenn wir diese Nettozunahme durch z ausdrücken, so ergibt dies

$$(4)\quad A = K_b + K_a + N_b + N_a - B_k - A_k - B_n - A_n + g + h + a + z.$$

Wir setzen nun diese Gleichung (4) unter die frühere (3), indem wir den Wert von $r = S - S'$ in der folgenden Weise geben:

$$\begin{aligned} r &= -(K_b) - A_b - (N_b) \qquad\qquad\qquad + (A_k) + K_a + K_n + (A_n) \\ &\qquad\qquad\qquad\qquad\qquad\qquad\qquad\qquad + k + a + n \\ a &= \quad (K_b) + K_a + (N_b) + N_a - B_k - (A_k) - B_n \qquad - (A_n) \\ &\qquad\qquad\qquad\qquad\qquad\qquad\qquad\qquad + g + h + a + z. \end{aligned}$$

Wenn wir die in Klammern stehenden Glieder (3) und (4), addieren und wegstreichen, und die verbleibenden Glieder neu anordnen, so erhalten wir

$$\begin{aligned} (3)'\quad r = S - S' = (K_a + K_n - B_k) + (K_a + N_a - A_b) + (k + a + n) \\ + (g + h + a) + z - B_n. \end{aligned}$$

Die Buchstaben wurden in Klammern gruppiert und bilden sechs Ausdrücke, die, soweit wir beurteilen können, in der Reihenfolge absteigender Bedeutung geordnet sind.

Unter Benutzung des eben erhaltenen Ausdruckes für r kann die vollständige Formel (1) für die Zirkulation des Geldes nun in die geeignete Form für statistische Verwendung gebracht werden. Da $r = S - S'$, so ist $S = S' + r$. Wenn wir für S' und r den schon in den Gleichungen (2) und (3)' gegebenen Ausdruck einsetzen, so erhalten wir als Umformung von (1),

$$S = S' + r$$
$$= (K_b + A_b + N_b) + (N_k + N_a)$$
$$+ (K_a + K_n - B_k) + (K_a + N_a - A_b) + (k + a + n) + (g + h + a)$$
$$(1)' \qquad + z - B_n$$

= (1) alles deponierte Geld.
\+ (2) Geldausgaben der „Nichtdeponenten",
\+ (3) K's Geldausgaben aus Ladenkassen (d. h. Geldausgaben, die zu dem den Banken entnommenen Gelde noch hinzukommen),
\+ (4) A's unter der Hand empfangene Geldeinnahmen (d. h. Geldeinnahmen, die zu dem in den Banken deponierten Gelde noch hinzukommen),
\+ (5) innerhalb der verschiedenen Klassen stattfindender Geldumlauf,
\+ (6) KN's Nettogeldabfluß, im Diagramm nicht dargestellt,
\+ (7) KN's Nettozunahme des zur Verfügung gehaltenen Geldes,
— (8) seitens N den Banken entnommenes Geld.

Dies ist eine vollständige und allgemeine Formel für den Geldumlauf eines Gemeinwesens. Ihre ersten beiden Glieder bilden den ersten Näherungswert und die anderen sechs Glieder bilden r, welches das „Restglied" genannt werden kann.

Das erste und zweite Glied sind die allerwichtigsten. Die letzten drei Glieder, das sechste, siebente und achte, sind unter allen in Betracht kommenden Umständen zweifellos ganz ohne Belang. Ich darf wohl auch mit Sicherheit annehmen, daß sich in den Vereinigten Staaten das dritte, vierte und fünfte Glied auf weniger als zehn Prozent, ja höchstwahrscheinlich auf weniger als fünf Prozent der Gesamtsumme beläuft. Das vollständige Weglassen aller Glieder mit Ausnahme der ersten beiden würde daher noch immer eine ziemlich genaue Zahl für die gesamten S geben, denn jedermann, dem die Ungenauigkeit der Statistiken bekannt ist, weiß, daß ein Irrtum von 5 oder 10 Prozent als unbedeutend betrachtet werden kann, besonders bei einer Größe, die bisher außer dem Bereich aller Meßversuche lag.

Wir können also bei unseren Näherungswerten drei aufeinanderfolgende Stadien unterscheiden. Der erste Näherungswert umfaßt nur die ersten beiden Glieder, nämlich deponiertes Geld plus Ausgaben seitens der „Nichtdeponenten"; der zweite enthält außerdem die Glieder (3), (4) und (5), nämlich die aus Ladenkassen gedeckten Geldausgaben von K, seitens A eingenommene Geldeingänge, und den innerhalb der Klassen stattfindenden Geldumlauf, während der dritte durch den Einschluß der Glieder (6), (7) und (8), von denen keines praktische Bedeutung besitzt, absolut vollständig wiedergegeben wurde. Wir haben die Formel vollständig dargelegt, damit dieselbe eine Diskussion und Untersuchung der Frage veranlassen und insbesondere klarstellen möge, inwieweit diese Formel auf Länder angewendet werden kann, in denen das Material für die ersten beiden Glieder, nämlich für das deponierte Geld und für die Ausgaben der „Nichtdeponenten", vorhanden ist. Ersteres ist in den meisten Kulturländern vornehmlich Gegenstand täglicher Aufzeichnung, und letzteres besteht in der Hauptsache aus Löhnen, einer Größe, welche schon seit langer Zeit mit Vorliebe zu statistischen Schätzungen genommen wurde.

§ 7 (zum XII. Kapitel, § 4).

Anwendung der Formel zur Berechnung von U für die Jahre 1896 und 1909.

Wir wollen nun die Verwendung unserer Formel an den für die Vereinigten Staaten gegebenen Zahlen erläutern. Der Bericht des *Comptrollers of the Currency* für das Jahr 1896, auf den bereits verwiesen wurde, und der Spezialbericht der *National Monetary Commission* für das Jahr 1909 geben uns eine Grundlage zur Abschätzung des ersten Gliedes ($K_b + A_b + N_b$), des jährlichen in diesen beiden Jahren in den Banken deponierten Geldes. Beide Berichte wurden unter der Leitung von Professor David Kinley von der Universität Illinois erstattet. Wir wollen zunächst die Zahlen für das Jahr 1896 betrachten. Das gesamte, an dem dem 1. Juli 1896 nächstgelegenen Abrechnungstage in den Banken deponierte Geld betrug 7.4 Prozent der Gesamtdepositen aller Art. Die Gesamtsumme aller Bericht erstattenden Banken betrug 303 Millionen, von denen 7.4 Prozent die Summe von $ 22 400 000 ausmachen. Über $ 16 200 000 waren bei 3474 Nationalbanken, und der Rest bei 2056 anderen Banken deponiert. Dem Berichte des Comptrollers zufolge gab es damals im Lande insgesamt ungefähr 13 000 Banken. Auf Grund dieser Zahlen versuchte der *Comptroller* die (Einzel-)Depositen aller Art für alle 13 000 Banken abzuschätzen, indem er annahm, daß das Durchschnitts-Depositum dieselbe Höhe habe, wie das der Banken auf dem Lande, von denen Berichte vorlagen. Bei Banken an Orten mit 12 000 Einwohnern oder weniger betrug dieser Durchschnitt $ 2375. Wenn wir diesen Durchschnitt auf die nicht Bericht erstattenden Banken anwenden, so erhöhen sich die Einzeldepositen (in Höhe von $ 26 500 000) um weitere $ 17 800 000.

Wenn wir dasselbe Zunahmeverhältnis auf die gesamten *Geld*depositen anwenden, so erhöht sich die Summe von 22.4 Millionen um 15.0 Millionen, was eine Gesamtsumme von 37.4 Millionen als das an dem dem 1. Juli 1896 nächsten Abrechnungstage in den Banken deponierte Geld ergibt. Diese Zahl repräsentiert wenigstens annähernd den ungefähren Zufluß des Geldes in die Banken und daher auch den Abfluß desselben aus den Banken des Landes. Multiplizieren wir nun diese Zahl mit 305, der Anzahl der jährlichen Abrechnungstage, so erhalten wir 11.4 Milliarden als Gesamtbetrag des jährlich deponierten Geldes. Die für den dem 1. Juli nächstgelegenen Abrechnungstag gegebenen Zahlen stehen höchstwahrscheinlich über dem Tagesdurchschnitt des Jahres. So ist die Zahl 11.4 mehr eine *obere Grenze* als eine Schätzung. Später werden wir auch eine untere Grenze ansetzen.

Vorstehende Zahlen beziehen sich auf das Jahr 1896. Ähnliche Berechnungen für das Jahr 1909 wurden von Professor David Kinley [1]) mit Unterstützung von Professor Weston vorgenommen. Es ergab sich, daß das im Jahre 1909 deponierte Geld 19,1 Milliarden betrug [2]).

Wenn es aber in Anbetracht dessen, daß die gewählten Tage eine Ausnahme bilden (siehe § 4 dieses Anhanges), notwendig erscheint, eine Berichtigung der Zahlen für die *Scheck*depositen der Jahre 1896 und 1909 vorzunehmen, so müssen auch die Zahlen für die *Geld*depositen berichtigt werden. Am 1. Juli 1896 müssen viele Junirechnungen sowohl in bar als auch per Scheck bezahlt worden sein, und am 16. März 1909, also in der Mitte des Monats, müssen die Geld- und Scheckzahlungen eine große Abnahme gezeigt haben. Den gesamten Scheckdepositen gleich, müssen daher die am 1. Juli 1896 vorgenommenen gesamten Gelddepositen aller Vermutung nach über dem Tagesdurchschnitt des Jahres 1896, und am 16. März 1909 unter dem Tagesdurchschnitt des Jahres 1909 gestanden haben. Mit anderen Worten: Die Zahl, welche die Geldzirkulation für das Jahr 1896 darstellt, würde ohne Berichtigung in bezug auf die Abnormität der gewählten Tage zu hoch und diejenige für 1909 zu niedrig sein. Das heißt, ohne eine der-

---

[1]) Siehe „*Note on Professor Fisher's Formula for Estimated Velocity of Circulation of Money*". *Publications American Statistical Association*, März 1910. Die Berechnungen basieren auf Angaben, die der wertvollen Monographie von Kinley über „Credit Instruments" (*Reports of National Monetary Commission*, 61. Kongreß, 2. Session, Doc. No. 399) entnommen wurden.

[2]) Kinley gibt 18.3 an. Der Unterschied ist darauf zurückzuführen, daß Kinley die täglichen Depositen wohl auf 62.9 schätzt, diese Zahl aber bei seinen Berechnungen auf 60 Millionen abrundet. Es ist jedoch praktischer, die Schätzung in voller Zahl zu nehmen und etwaige Irrtümer lieber am Schlusse als am Anfange zu berücksichtigen. Auch nimmt Kinley 305 Abrechnungstage per Jahr, also dieselbe Anzahl, welche Kemmerer für das Jahr 1896 benutzt. Von Herrn Gilpin vom New Yorker Clearing House erfahre ich aber, daß das Clearing House im Jahre 1896 305 Geschäftstage hatte, während das Jahr 1909 nur 303 solcher Tage aufwies. Ich habe daher für das Jahr 1909 nur 303 Abrechnungstage genommen. 62.9 Millionen mit 303 multipliziert ergeben demnach 19.1 Milliarden.

artige Berichtigung würden unsere Berechnungen für das Jahr 1896 nur eine obere Grenze und für das Jahr 1909 eine untere Grenze setzen.

Doch können wir mit Leichtigkeit die entgegengesetzten Grenzen festsetzen. Es ist ziemlich sicher, daß die Gelddepositen weniger vom Durchschnitt abweichen als die Scheckdepositen, denn man kann unmöglich annehmen, daß die täglichen Gelddepositen ebensogroßen Schwankungen unterworfen sind, wie die täglichen Scheckdepositen. Tatsächlich übt die Periodizität der Scheckeingänge seitens der Deponenten (in Form von Gehalt, Zinsen oder Dividendenschecks) oder die Periodizität des den Deponenten gewährten Kredits (Geschäftsleuten, die Monatsrechnungen ausstellen) auf alle Scheckzahlungen einen großen Einfluß aus. Wenn die den Schwankungen unterworfenen Geldzahlungen auch mehr oder weniger gleichartig sind, so ist doch deren Umfang aus zwei Gründen ein viel geringerer: Erstens sind die Zahlungs- oder Kreditzyklen, welche auf die Schwankungen der Gelddepositen Einfluß haben, gewöhnlich von kürzerer Dauer als diejenigen, welche auf die Schwankungen der Scheckdepositen einwirken. Der Lohnempfänger wird gewöhnlich wöchentlich ausbezahlt, eine Gehalt beziehende Person empfängt ihren Scheck monatlich, während ein Aktieninhaber seine Dividenden vierteljährlich erhält. Zweitens haben, im Gegensatz zu Scheckzahlungen, viele, wenn nicht die meisten Geldzahlungen, keinen Zahlungs- oder Kreditzyklus. Bei den sogenannten „Kasse"-Zahlungen ist keinerlei Kredit involviert. Die Eingänge großer Warenhäuser, bei denen in bar bezahlt wird, die kleineren Eingänge gewöhnlicher Kaufläden, die Eingänge an Eisenbahnen, Straßenbahnen und Dampfschiffbureaus, die Eingänge an Theaterkassen und bei den verschiedenen Institutionen befinden sich fast ausschließlich auf der Basis der Barzahlung. Aus derartigen Etablissements werden daher täglich und ziemlich gleichmäßig Geldbeträge deponiert. Dies sind alltägliche und von Bankiers bestätigte Vorgänge, aus denen mit Bestimmtheit hervorgeht, daß die Gelddepositen Tag für Tag eine größere Gleichmäßigkeit zeigen als die Scheckdepositen. Zusammenfassende Evidenz über diesen Gegenstand ist auch in Kinleys Untersuchung im Bericht des Comptrollers für das Jahr 1896 gegeben (S. 95). Wenn die Scheck- und Gelddepositen in vollkommener Übereinstimmung schwanken würden, so bliebe der Prozentsatz der aus Schecks bestehenden Gesamtsumme konstant.

Wenn aber, wie wir beweisen werden, das Übermaß oder die Abnormität der Scheckdepositen am 1. Juli größer ist als das Übermaß oder die Abnormität der Gelddepositen des genannten Tages, so muß sich herausstellen, daß der Prozentsatz der Scheckdepositen am 1. Juli höher ist als gewöhnlich.

Die Zahlen im Bericht des *Comptrollers* beweisen, daß dies der Fall ist. Sie zeigen, daß der Prozentsatz der *eingegangenen* Schecks (die leider mit „Depositen" nicht ganz synonym sind) am 17. September 1890 91.0 Prozent und am 1. Juli desselben Jahres 92.5 Prozent betrug oder um 1½ Prozent höher war. Wenn wir ferner den 1. Juli 1896 mit dem nächst verfügbaren Datum eines anderen Jahreszeitraums vergleichen, nämlich mit dem 15. September 1892, so ergeben sich folgende Zahlen: Scheckeingänge vom 15. September 1892 90.6 Prozent, Scheckdepositen vom 1. Juli 1896 92,5 Prozent, also 1.9 Prozent mehr. Wenn beide Zahlen Eingänge, also keine davon Depositen darstellten, dann würde sich eine noch größere Differenz ergeben, denn nach Aussage des Comptrollers führt der Einschluß anderer Eingänge als der der Depositen zu einem zu hohen Prozentsatz der Schecks. Daß der verhältnismäßige Anteil der Schecks am 1. Juli weit größer ist als der am 30. Juni, geht aus den Zahlen für Detaildepositen vom 30. Juni 1894 und vom 1. Juli 1896 hervor, von denen auf das erstere Datum 58.5 Prozent und auf das letztere 67.6 Prozent, also um 9.1 Prozent mehr, entfallen. Wir müssen uns aber hüten, aus dieser Differenz irgendwelche quantitativen Schlüsse zu ziehen, da die Untersuchungen für die Jahre 1894 und 1896 verschieden angestellt wurden. Die gegebene Differenz stimmt aber mit den vorliegenden Tatsachen vollkommen überein. Eine ähnliche Bekräftigung ist daraus herzuleiten, daß im Vergleich mit dem großen Kontrast, den wir zwischen dem 1. Juli und dem 17. September des Jahres 1890 wahrgenommen haben, zwischen den Zahlen für den 30. Juni und 17. September 1881 keinerlei Kontrast besteht. An den letztgenannten beiden Tagen betrugen die Krediteingänge 91.77 bzw. 91.85 Prozent, woraus zu ersehen ist, daß diese Zahlen substantiell gleich sind, während der 1. Juli und der 17. September 1890 eine Differenz von 1½ Prozent aufweisen.

Wir können daher mit Bestimmtheit den Schluß ziehen, daß die Scheckdepositen größeren Schwankungen und Abnormitäten unterworfen sind als die Gelddepositen. Wenn nun auch die Gelddepositen am 1. Juli 1896 den Tagesdurchschnitt überschritten haben können, so standen dieselben doch höchstwahrscheinlich nicht so weit über dem Tagesdurchschnitt als die Scheckdepositen, und ebenso standen am 16. März 1909 die Gelddepositen aller Mutmaßung nach nicht so weit unter dem Tagesdurchschnitt der Gelddepositen, wie dies bei den Scheckdepositen der Fall war.

Wenn sich dies nun nicht bewahrheitete, d. h. wenn die Gelddepositen genau parallel übereinstimmend mit den Scheckdepositen schwanken würden, so müßten wir für das Geld dieselben Berichtigungsfaktoren anwenden wie für die Schecks, nämlich: 0.68 für das Jahr 1896 und 1.17

für das Jahr 1909. Das Resultat ist in Kolonne (4) der nachstehenden Tabelle gegeben.

		Geschätzte Gelddepositen des Jahres		
(1)	(2) An dem gewählten Tage deponiertes Geld (In Millionen)	(3) Tag als Durchschnittstag angenommen (In Milliarden)	(4) Die angenommenen Berichtigungsfaktoren sind denjenigen für Scheckdepositen gleich	(5) Mittel zwischen den beiden vorhergehenden Kolonnen
1896 . . .	37.4	11.4	7.8	9.6
1909 . . .	62.9	19.1	22.3	20.7

Wir sehen, daß der richtige Wert des im Jahre 1896 in den Banken deponierten Geldes aller Wahrscheinlichkeit nach zwischen 7.8 und 11.4 Milliarden und im Jahre 1909 zwischen 19.1 und 22.3 Milliarden liegen muß. Wenn wir in jedem der beiden Fälle die Differenz teilen, so betragen die Schätzungen für das Jahr 1896 9.6 und für 1909 20.7. Diese Zahlen können als ziemlich richtig angenommen werden, denn beiderseits gibt es nur enge Grenzen. Den berechneten Grenzen und dem Charakter der Schätzungen dieser Grenzen nach zu urteilen, kann der mutmaßliche Irrtum in jedem der beiden Fälle auf ungefähr eine Milliarde gesetzt werden. Es ist natürlich zu beachten, daß dieser Irrtum im Jahre 1896 verhältnismäßig größer ist als im Jahre 1909.

Wir haben nun das erste Glied (die Gesamtdepositen) der Formel über die gesamte Geldzirkulation abgeschätzt und kommen nun zu dem Gliede $N_k + N$. Dieses besteht in den an andere Klassen vorgenommenen Ausgaben seitens der „Nichtdeponenten" und stellt den Aufwand der Lohnempfänger dar. Der *Census* gibt die Durchschnittslöhne in den Manufakturindustrien mit $ 430 an. Mr. William C. Hunt vom *Census Bureau* hat in einem nichtamtlichen Memorandum, in das er mich Einsicht nehmen ließ, die Zahl der Arbeiter in den Vereinigten Staaten auf ungefähr 18 400 000 abgeschätzt. Als annähernd richtig können wir annehmen, daß deren Durchschnittslöhne dem Durchschnitt der Manufakturindustrien gleich sind und sich somit ebenfalls auf $ 430 belaufen. Wir wenden dies zunächst auf die 8.5 Millionen Menschen an, welche nach Hunts Schätzung in Fabrik- und Handwerksbetrieben, sowie im Handel und Verkehr angestellt sind, wonach dieselben ungefähr 3.7 Milliarden Dollar an Löhnen erhalten.

Die übrigen Arbeiterklassen bestehen aus Hausbedienten und Landarbeitern. Diesen wird aber bei der Bezahlung Wohnung und Kost in Anrechnung gebracht. Da in den Arbeiterbudgets Wohnung und Lebensmittel mit ungefähr 60 Prozent figurieren, so können wir annehmen, daß das den Hausbediensteten und Feldarbeitern tatsächlich gezahlte Geld nur etwa 40 Prozent des in Fabrik- und Handwerksbetrieben gezahlten Geldes beträgt, was ungefähr $ 170 ergibt. Mr. Hunt schätzt die Zahl der Haus- und Feldarbeiter auf 9.9 Millionen. Das gesamte während eines Jahres in deren Besitz kommende Geld beträgt demnach höchstwahrscheinlich etwa 1.7 Milliarden. Diese Summe zu den vorhergehenden 3.7 Milliarden addiert, ergibt 5.4 Milliarden als Gesamtbetrag der in den Vereinigten Staaten gezahlten Löhne. Die genannten Zahlen beziehen sich auf das Jahr 1900, während die Zahlen des ersten Gliedes für das Jahr 1896 gelten. In der Zwischenzeit hat sich zweifellos sowohl die Zahl der Arbeiter, als auch deren Löhne etwas erhöht und beide Zahlen müssen daher berichtigt werden. Wir wollen annehmen, daß sich die Zahl der Arbeiter im gleichen Verhältnis wie die Bevölkerung erhöhte und daß letztere während der Jahre 1896 und 1900 zur selben Jahresrate zunahm wie zwischen 1890 und 1900. Hierdurch würden die 5.4 Milliarden auf 5.0 Milliarden reduziert. Wenn wir an Stelle der Bevölkerungszahl die Zahl der in Fabrik- und Handwerksbetrieben Beschäftigten annehmen, wie sie vom Arbeitsamt gegeben wurde [1]), so erniedrigt sich die Ziffer auf 4.6. Die richtige Zahl liegt vermutlich zwischen den beiden Angaben, insofern als Feldarbeiter, für welche wir keine Statistiken besitzen, aller Wahrscheinlichkeit nach nicht so rasch zugenommen haben als Fabrikarbeiter, und so würde demnach die relative Zunahme der Fabrikarbeiter im Vergleich zu Landwirtschaftsarbeitern, selbst wenn die Arbeit im großen Ganzen in demselben Verhältnis wie die Bevölkerung zunahm, eine höhere Auszahlung von *Geld*löhnen bedeuten. Als der Richtigkeit nahe können wir 4.8 Milliarden ansetzen. Was den Lohnsatz anbelangt, so standen die Indexziffern des Arbeitsamtes [2]) für die Jahre 1896 und 1900 auf 99.5 bzw. 104.1. Wir müssen daher unsere Schätzung des im Jahre 1896 zur Rate von 104.1 zu 99.5 oder von 4.8 Milliarden auf 4.6 Milliarden gezahlten Geldlöhne noch weiter reduzieren. Außerdem lebt ein kleiner Teil dieser Arbeiter im Wohlstand und besitzt Bankkontos und der Aufwand dieser Arbeiter darf daher nicht in die Ausgaben der „Nichtdeponenten" aufgenommen werden. Wir können hierfür $4\frac{1}{2}$ Milliarden ansetzen, womit wir der Richtigkeit wohl ziemlich nahekommen.

Zu dieser Summe haben wir nun aber noch diejenige der „Nichtdeponenten" zu *addieren*, welche keinen Lohn empfangen. Eine Anzahl der von

[1]) *Bulletin of the Bureau of Labor*, Nr. 77, Juli 1908, S. 7.

[2]) Ebendaselbst S. 7.

Hunt geschätzten 2.1 Millionen Angestellten und 8.6 Millionen Eigentümer sowie Angehörigen der gelehrten Berufe sind zwar keine Arbeiter, aber doch „Nichtdeponenten". Was die erstgenannten anbelangt, so versichern Geschäftsleute, daß die meisten Angestellten mit über $ 100 Monatsgehalt und selbst solche mit geringeren Bezügen ein Bankkonto haben. Die überwiegende Mehrheit der geschätzten 2 Millionen Angestellten bezieht höchstwahrscheinlich viel weniger als $ 100 per Monat, und es befinden sich zweifellos viele darunter, die, wie z. B. Bureaujungen, weniger bekommen als das, was gewöhnlich Lohn genannt wird. Wenn wir eine ziemlich reichliche Schätzung vornehmen wollen, so können wir sagen, daß drei Viertel der Angestellten kein Bankkonto haben und ein durchschnittliches Monatsgehalt von $ 60 beziehen. Selbst dann würde das gesamte in bar gezahlte Geld kaum eine Milliarde übersteigen.

Unter den Eigentümern und Professionisten brauchen wir nur die Gruppe der Gutsbesitzer in Betracht zu ziehen (5.7 Millionen). Der Rest besteht aus Klassen, unter denen das Bankkonto eigentlich ganz allgemein ist. Diejenigen, welche kein Bankkonto besitzen, können zweifellos zu den kleineren Gutsbesitzern gerechnet werden, die in Distrikten leben, wo nur wenig Geld von Hand zu Hand geht. Den hierfür in Betracht kommenden Betrag können wir auf höchstens 4 Millionen ansetzen, was über zwei Drittel der Gesamtsumme ausmacht. Es ist nun die Frage, wie hoch sich das den Deponenten, Kaufleuten und anderen Personen in bar gezahlte Geld beläuft. Das heißt, wir wollen wissen, wieviel Geld die auf dem Lande lebenden Ladeninhaber von den Landwirten erhalten. Zahlungen der letzteren an Wirtschaftsbedienstete oder an andere Landwirte stellen Zahlungen an andere „Nichtdeponenten" dar und kommen hier nicht in Betracht. Für Nahrung und Wohnung oder Landwirtschaftsprodukte, die sie selbst hervorbringen, wird wenig oder gar nichts gezahlt. So soll z. B. die Heuernte des Landes die Weizenernte an Wert übersteigen; es kommt aber so wenig Heu auf den Markt, daß es nur selten angeführt oder als Marktware betrachtet wird. Selbst der Handel der Landwirte mit den Ladeninhabern vollzieht sich größtenteils durch Tausch oder Buchkredit. Deren Aufwand an Bargeld kann durchschnittlich auf weniger als $ 250 jährlich pro Landwirt beziffert werden, was höchstens etwas weniger als eine Milliarde Dollar ausmacht (selbst wenn die Zahl dieser Landwirte auf 4 Millionen angesetzt wird).

Wir können daher mit ziemlicher Gewißheit annehmen, daß nach Anrechnung einer Milliarde für Angestellte und einer Milliarde für Landwirte, der gesamte Aufwand der „Nichtdeponenten" $4\frac{1}{2} + 1 + 1 = 6\frac{1}{2}$ Milliarden nicht übersteigen kann.

Andererseits kann der Aufwand kaum weniger als 5 Milliarden betragen. Wollen wir ihn auf diese Zahl reduzieren, so müßten wir schon die „Nichtdeponenten", die keinen Lohn empfangen, weglassen oder in der Schätzung der Löhne mit einem großen Irrtum rechnen.

Wir ziehen also den Schluß, daß das zweite Glied für das Jahr 1896 zwischen 5 und $6\frac{1}{2}$ Milliarden liegen muß. Wenn wir die Mitte der beiden Summen annehmen, so erhalten wir ungefähr 5.7 Milliarden mit einem möglichen Irrtum von 0.7 oder 0.8. Eine gleiche Berechnung für das Jahr 1909 ergibt für das zweite Glied 13.1 Milliarden, bei einem möglichen Irrtum von 1.0. Wir möchten hier aus dem bereits erwähnten Artikel von Prof. Kinley folgende Passage zitieren [1]):

„Das zweite Glied der Formel besteht aus Geldzahlungen seitens der „Nichtdeponenten", die nach Prof. Fisher's Ansicht in der Hauptsache aus Arbeiterlöhnen zusammengebracht wurden. Nachstehende Tabelle gibt eine Schätzung der Zunahme in gewissen Berufen während der Jahre 1900—1909, und zwar auf Grund des Zunahme-Prozentsatzes von 1890—1900, sowie auf Grund des Zensus und der Eisenbahneingänge seit 1900. Die Zahl der gehaltbeziehenden Beamten wurde nach Möglichkeit ausgeschaltet:

	1890	1900	Zunahme Prozent	Schätzung 1909
Landwirtschaftliche Betriebe	8,565.926	10,381.765	21,2	12,362.605
Häuslicher und persönlicher Dienst	4,220.812	5,580.657	32,2	7,377.628
Zusammen				19,740.233
Handel und Verkehr	1,977.491	2,617.479	35.2	4,275.913
Industrie und Gewerbe	4,251.613	5,208.406		6,935.113
Zusammen				11,211.026

„Eine auf Grund der Zahlen des *Census Bulletins* Nr. 93 vorgenommene ungefähre Berechnung ergibt zirka $ 550 als Durchschnittsjahreslohn in Fabrikbetrieben. Wenn wir Handwerksberufe mit einschließen wollen, so müßte der Durchschnitt wohl etwas erhöht werden. $ 600 wäre für diese Klasse eigentlich richtiger.

„Ebenso gibt der Bericht der *Interstate Commerce Commission* für 1907 Zahlen, aus denen hervorgeht, daß der Durchschnitts-Jahreslohn ungefähr $ 640 beträgt. Es ist nicht so leicht, eine Basis zur Abschätzung der Geldlöhne der in landwirtschaftlichen und häuslichen Diensten Beschäftigten zu erhalten. Jedenfalls ist es schwieriger, als man auf den ersten Blick annehmen könnte. Die Geldlöhne der Hausbediensteten betragen zur Zeit

[1]) *Publications of the American Statistical Association*, März 1910.

durchschnittlich nicht weniger als $ 250 per Jahr. Landwirtschaftliche Arbeiter erhalten jetzt einen höheren Lohn als früher und die Summe von $ 300 bis $ 350 dürfte hierfür wohl nicht zu hoch gegriffen sein. Wir gelangen daher zu folgenden Zahlen:

Handel und Verkehr	4.3 Millionen zu $ 640	$ 2,752 Millionen
Industrie und Gewerbe...........	6.9 Millionen zu $ 550	$ 3,790 Millionen
Landwirtschaftliche Betriebe......	12.4 Millionen zu $ 300	$ 3,720 Millionen
Häuslicher u. persönlicher Dienst..	7.4 Millionen zu $ 250	$ 1,850 Millionen
Angestellte usw., die kein Bankkonto haben		$ 1,000 Millionen
	Zusammen	$ 13,112 Millionen.

„Vorstehende Zahlen ergeben das zweite Glied der Formel."

Wir haben nun die ersten beiden Glieder (die zusammen die sogenannte annähernde Berechnung konstituieren) für 1896 und 1909 abgeschätzt.

Zu diesem ersten Näherungswert muß der übrige Teil, nämlich r, addiert werden, der aus den bereits erklärten Gliedern besteht, die wir meistenteils nicht mit Gewißheit kennen und von denen wir nur wissen, daß dieselben gering sind. Der Ausdruck „gering" hat stets eine relative Bedeutung und in diesem Falle ist für das Jahr 1896 dasjenige Glied gering, welches mit 16 Milliarden verglichen gering ist. 160 Millionen sind z. B. eine Kleinigkeit, da sie von 16 Milliarden nur 1 Prozent darstellen, während 16 Millionen nur das Zehntel eines Prozents bedeuten. Zum Zweck eines Vergleichs der verschiedenen Posten, aus denen r zusammengesetzt ist, bedarf es keiner genauen Statistik. Wir brauchen einzig und allein zu wissen, daß r gering ist und daß es ungefähr so wie der übrige Teil der Zirkulation variiert. Ein großer Fehler in der Schätzung ruft unter diesen Umständen nur einen kleinen Fehler bei Vergleichen hervor. Ein Fehler in der Schätzung könnte die Vergleiche nur dann in hohem Maße berühren, wenn r in bezug auf die anderen Glieder sofort groß und veränderlich ist. Der Versuch, r zu schätzen, wurde weniger zum Zweck der Erlangung dessen absoluten Wertes als vielmehr zur Festsetzung breiter und sicherer Grenzen gemacht.

Die Größe r besteht aus sämtlichen, dem zweiten Posten folgenden fünf Gliedern. Wir wollen dieselben der Reihe nach vornehmen.

Das dritte Glied der Formel ist $C_0 + C_n - B_c$. Es stellt den aus Kassengeld bezahlten kommerziellen Aufwand oder den Überschuß des von „kommerziellen Deponenten" gezahlten und aus den Banken entnommenen Geldes dar. Eine persönliche Nachfrage ergab, daß der größte Teil des von „kaufmännischen Deponenten" den Banken entnommenen Geldes für Lohnzahlungen verwendet wird. Ebenso, daß der größte Teil des von „kaufmännischen Deponenten“ ausgegebenen Bargeldes für Lohn verwandt wird. Mit anderen Worten: K_a ist im Vergleiche zu K_n sehr gering, und die Summe der beiden ist nahezu die gleiche wie B_k. Die Differenz $K_a + K_n - B_k$, d. h. die aus Kassengeld bezahlten Ausgaben, ist daher fast gleich Null. Die aus Kassengeld bezahlten Auslagen, die größtenteils aus Löhnen bestehen, und, den gemachten Erfahrungen gemäß, nur ein kleiner Teil der Gesamtlöhne ($4\frac{1}{2}$ Milliarden) — die sicherlich ein Zehntel nicht übersteigen — können für das Jahr 1896 auf weniger als eine halbe Milliarde und für das Jahr 1909 auf weniger als eine Milliarde angesetzt werden.

Das vierte Glied ($K_a + N_a - A_b$) besteht aus den Geldeinnahmen von A, welche nicht deponiert, sondern vereinnahmt werden. Nun sind diese Geldeinnahmen von A, nämlich K_a und N_a zunächst gering, denn die Deponenten (A) empfangen ihre Dividenden, Zinsen und Gehälter gewöhnlich per Scheck. Eine Hauptausnahme bilden hier Mieten und die seitens der Arbeiter an Hauswirte, Ärzte usw. geleisteten Zahlungen, die den größten Teil von N_a bilden. Diese von Arbeitern an Privatpersonen gezahlten Mieten und Honorare bedeuten aber nur einen Teil der seitens der Arbeiter gezahlten Gesamtmieten und Honorare und die Gesamtmieten und Honorare selbst figurieren in den Statistiken der Arbeiterbudgets nur mit ungefähr 20 Prozent der Löhne. Nach diesen und anderen Anhaltspunkten können wir als obere Grenze für das vierte Glied des Jahres 1896 bestimmt eine halbe Milliarde ansetzen. Prof. Kinley nimmt für das Jahr 1909 als obere Grenze 0.8 Milliarden an.

Das fünfte Glied ($k + a + n$) repräsentiert die Zirkulation innerhalb jeder der drei Gruppen. Offenbar zirkuliert Geld zwischen einem „kaufmännischen Deponenten“ und einem anderen, zwischen zwei „anderen Deponenten“ oder zwischen zwei „Nichtdeponenten“ nur in unbedeutenden Fällen. Für das Jahr 1896 wurde als äußerste Grenze eine halbe Milliarde angesetzt und Prof. Kinley nahm für 1909 0.8 an. Darunter ist zu verstehen, daß von jeden fünfunddreißig ausgegebenen Dollars ungefähr ein Dollar anderen Personen innerhalb der Klasse, zu welcher der Ausgebende gehört, weitergegeben wird. Soweit mir durch persönliche Umfrage festzustellen möglich war, ist universeller Aussage gemäß das richtige Verhältnis der wenigen Repräsentanten von k, a und n tatsächlich geringer als das genannte.

Die übrigen drei Glieder sind von noch geringerer Bedeutung. Wenn sich die „KN-Gruppe“ im Zustande normalen Gleichgewichts befindet, steht das sechste und siebente Glied substantiell auf Null. Das achte Glied, nämlich das den Banken durch Personen, die kein Bankkonto haben, entnommene Geld stellt nur ganz außergewöhnliche Fälle dar, wie z. B. wenn Arbeiter in Banken Schecks kassieren, denn es kommt selten vor, daß Arbeiter Schecks einzulösen haben, und wenn dies der Fall ist, so geschieht es gewöhnlich in Läden und Schankwirtschaften.

Die Schätzungen für jedes einzelne der acht Glieder sind in nachstehender Tabelle zusammengefaßt. Bei jedem Glied wurde die Mitte zwischen der oberen und unteren Grenze als richtig angenommen, wobei jede mögliche Variation nach der einen oder anderen Richtung hinter dem Zeichen „±" angegeben wurde. Unter $ 300 000 000 ± 300 000 000 ist zu verstehen, daß, obgleich $ 300 000 000 als Schätzung gilt, der richtige Wert um eine Summe, die $ 300 000 000 nicht übersteigt, höher oder niedriger sein kann; mit anderen Worten, daß der wahre Wert zwischen $ 600 000 000 und Null liegt. Da diese Zahl durch 2 besser zu dividieren ist, haben wir in der Tabelle statt halben Milliarden $ 600 000 000 genommen. Die Tabelle enthält Ergebnisse für beide Jahre, und „mögliche Irrtümer" wurden in jedem Falle reichlich abgeschätzt. Tatsächlich wurden viele dieser „möglichen" Irrtümer ungewöhnlich hoch angesetzt.

	1896	1909
1. Deponiertes Geld $(K_b + A_b + N)$	9.6 ± 1.5	20.7 ± 1.5
2. Ausgaben der „Nichtdeponenten" $(N_k + N_a)$....	5.7 ± 0.7	13.1 ± 1.0
3. K's Ausgaben aus der Ladenkasse $(K_a + K_n - B_k)$	0.3 ± 0.3	0.5 ± 0.5
4. A's Eingänge, zur sofortigen Verfügung gehalten $(K_a + N_a - A_b)$	0.3 ± 0.3	0.4 ± 0.4
5. Innerhalb der Klassen stattfindende Zirkulation $(k + a + n)$	0.3 ± 0.3	0.4 ± 0.4
6. Im Diagramm nicht dargestellter Nettoabfluß von KN $(g + h + a)$........................	0.0 ± 0.1	0.0 ± .2
7. Nettozunahme des Geldes von KN (z)	0.0 ± 0.1	0.0 ± .2
8. Geldentnahme aus Banken durch „Nichtdeponenten" $(-B_n)$	−0.001 ± 0.001	−0.001 ± .001
	16.2 ± 2	35.1 ± 2

Die ersten beiden Glieder (S') konstituieren den Hauptteil der Gesamtsumme. Die übrigen sechs Glieder (r) machen in jedem der beiden Jahre unter einer Milliarde mehr aus. Die Gesamtsumme beläuft sich auf ungefähr 16 Milliarden, welche die abgeschätzte Geldzirkulation in den Vereinigten Staaten für das Jahr 1896 darstellen. Diese Schätzung kann Irrtümern unterliegen, doch können dieselben nicht so groß sein als diejenigen der Gesamtsumme der möglichen Irrtümer der Einzelglieder, welche über drei Milliarden betragen. Selbst wenn jeder der angegebenen möglichen Fehler ebenso wahrscheinlich wie unwahrscheinlich wäre, so beliefe sich die Möglichkeit, daß die Irrtümer in allen acht Fällen gleichzeitig in ein- und derselben Richtung auftreten, auf $(\frac{1}{2})^8$, d. h. es gäbe unter 256 Fällen einen möglichen Fall. Wir können daher „auf gut Glück" annehmen, daß sich die Irrtümer einigermaßen aufheben. Die Möglichkeit, daß der Irrtum die Summe derjenigen der ersten drei Glieder, oder der 3 Milliarden erreicht, beträgt tatsächlich weniger als die Hälfte. Der „mutmaßliche Irrtum" kann daher mit ziemlicher Gewißheit auf weniger als 2 Milliarden gesetzt werden.

Wenn wir die für den Gesamt-Geldumlauf erhaltenen Zahlen durch die Zahlen des in Umlauf befindlichen Geldbetrages dividieren, so erhalten wir die Zahl der Umlaufsgeschwindigkeit. Letztere beträgt für das Jahr 1896 18.6 und für das Jahr 1909 21.5; die Veränderung ist demnach auffallend gering.

Zurückkommend auf die Bemerkung, mit der wir die Erörterung des Geldumlaufes einleiteten, nämlich, daß das Geld außerhalb der Banken nur selten zirkuliert, wollen wir nun unsere statistischen Ergebnisse im Lichte dieser Tatsache betrachten.

Wenn sämtliches Geld nur einmal zirkulierte, dann würde der Bankbericht für das Jahr 1896, nach welchem jährlich ungefähr $9\frac{1}{2}$ Milliarden Geld in die Banken und aus den Banken fließen, das Volumen der während eines Jahres erledigten Arbeit genau anzeigen. Es würde demnach $9\frac{1}{2}$ Milliarden betragen. Unserer Darlegung gemäß beträgt aber die richtige Zahl ungefähr 16 Milliarden, woraus hervorgeht, daß ein Teil der von den Banken abströmenden $9\frac{1}{2}$ Milliarden vor seiner Rückkehr in die Banken seinen Besitzer mehr als einmal wechselt.

Nehmen wir nun an, daß, mit Ausnahme jenes Teils, der durch die Hände der „Nichtdeponenten" geht (6 Milliarden), diese $9\frac{1}{2}$ Milliarden sämtlich nur einmal zirkulieren, während der erstere eine zweimalige Zirkulation erfährt. Dann zirkulieren $3\frac{1}{2}$ Milliarden nur einmal. Unter dieser Annahme beträgt die gesamte Austauschsumme $3\frac{1}{2} + 2 \times 6 = 15\frac{1}{2}$ Milliarden. Tatsächlich haben wir aber 16 Milliarden herausgerechnet. Die Differenz von einer halben Milliarde ist hauptsächlich auf das außerhalb der Banken mehr als zweimal zirkulierende Geld zurückzuführen.

Die gesamten 16 Milliarden können am besten aufgerechnet werden, wenn man die aus den Banken fließenden $9\frac{1}{2}$ Milliarden in drei Ströme teilt, und zwar in $3\frac{1}{2}$ Milliarden, die nur ein einziges Mal zirkulieren, in $5\frac{1}{2}$ Milliarden, die nur zweimal zirkulieren und in eine halbe Milliarde, die dreimal zirkuliert. Dies ergibt $3\frac{1}{2} + 2 \times 5\frac{1}{2} + 3 \times \frac{1}{2} = 16$ Milliarden. Der erste Teil ($3\frac{1}{2}$ Milliarden) besteht in der Hauptsache aus dem von „anderen Deponenten" für deren Auslagen gezogenes Geld, der zweite Teil ($5\frac{1}{2}$ Milliarden) stellt das Geld dar, das den Banken für Löhne und andere an „Nichtdeponenten" geleistete Zahlungen entnommen wurde, während der dritte Teil ($\frac{1}{2}$ Milliarde) den unbedeutenden Betrag repräsentiert, der nicht auf andere Weise aufgerechnet wurde. Dies ist jedoch nur eine ganz ungefähre Einteilung. Ein ganz kleiner Teil zirkuliert öfter als dreimal [1]).

Auf ähnliche Weise müssen die durch die Hände der „Nichtdeponenten" gehenden 13 Milliarden aus den in die Banken und aus den Banken fließenden 21 Milliarden für das Jahr 1909 zweimal oder öfter zirkuliert haben, was 26 Milliarden der Gesamtzirkulation oder mehr (35 Milliarden) entsprechen würde, wobei 21—13, oder 8 Milliarden mit einmaliger Zirkulation übrig bleiben. Dies bezieht sich auf 26 + 8 oder 34 Milliarden. Die gesamten 35 Milliarden werden aufgebracht, wenn man die aus den Banken fließenden 21 Milliarden in folgende drei Ströme einteilt:

In 8 Milliarden mit nur einmaliger Zirkulation ... 8 Milliarden
In 12 Milliarden mit zweimaliger Zirkulation ......24 Milliarden
In 1 Milliarde mit dreimaliger Zirkulation ....3 Milliarden.

Die gesamten aus den Banken fließenden 21 Milliarden vollbringen vor ihrer Rückkehr in die Banken 35 Milliarden der Zirkulation.

Die ersten beiden Glieder der Formel für die Geldzirkulation ergeben aus dem für das Jahr 1896 abgeschätzten Gesamtbetrag von 16 Milliarden die Summe von $15\frac{1}{2}$ Milliarden und aus demjenigen von 35 Milliarden für 1909 34 Milliarden, woraus hervorgeht, daß der Rest, wenn derselbe nicht bedeutend unterschätzt wurde, relativ gering ist. Das Eigentümliche hierbei ist, daß die statistisch am schwersten abzuschätzenden Glieder die geringste Bedeutung haben. Von den beiden den „ersten Näherungswert" konstituierenden Gliedern ist das erste und bedeutendste von allen der akkuratesten Bestimmung fähig, während das zweite hauptsächlich aus Löhnen besteht, welche ebenfalls statistischer Festsetzung fähig sind oder es zu werden scheinen.

Wollten wir als statistischen Notbehelf für den ersten Näherungswert tatsächlich nur den jährlich aus den Banken gezogenen Geldbetrag zu den jährlichen Geldlöhnen addieren, so würden die 16 Milliarden des Jahres 1896 aus $9\frac{1}{2} + 4\frac{1}{2}$ oder 14 Milliarden bestehen und nur 2 Milliarden übrig

[1]) Um jede Unklarheit zu vermeiden, möchten wir den Leser darauf aufmerksam machen, daß wir es hier nicht mit bestimmten Münzen, sondern mit Geldsummen zu tun haben, die für Güter ausgegeben wurden. Viele Münzen bleiben vor ihrer Rückkehr in die Bank lange Zeit „in Umlauf", da sie zum Geldwechseln dienen. Zum Wechseln benutztes Geld figuriert aber in den Ausgaben als Subtraktionsglied. Wenn gegen einen Einkauf für \$ 8 \$ 10 gezahlt und \$ 2 zurückgegeben werden, so haben \$ 12 den Besitzer gewechselt, wenngleich in der monetären Zirkulation nur \$ 8 gegen Güter effektuiert wurden.

bleiben, die aus anderen Ursachen erklärt werden müssen. Mit anderen Worten: Dieser Notbehelf — der für die statistische Bemessung geeignetste Teil — entspricht ungefähr 88 Prozent der Gesamtzirkulation, wobei bloß 12 Prozent für jenen Teil übrig bleiben, welcher nur innerhalb weiter Grenzen festgesetzt werden kann. Aus 35 Milliarden des Jahres 1909 betrugen die Depositen plus Löhnen ungefähr 32 Milliarden, also über 90 Prozent. Ein noch einfacherer Notbehelf besteht darin, daß man die Depositen zu den *Gesamt*löhnen addiert, ohne den in Geld gezahlten Teil ermitteln zu wollen. Dieser Notbehelf ist aus dem Grunde zu rechtfertigen, weil Gesamtlöhne genauer zu ermitteln sind als der in Geld bezahlte Teil und daß letzterer aller Vermutung nach von Jahr zu Jahr ein ziemlich konstantes Verhältnis zu den Gesamtlöhnen beibehält. Die hier angegebenen beiden Teile können in einen *meßbaren* (das erste Glied unserer Formel (1)' und den größten Teil des zweiten Gliedes umfassenden) und einen *auf Mutmaßungen gegründeten Teil* (den Rest des zweiten Gliedes und die anderen sechs Glieder umfassenden Teil) gesondert werden. Selbst wenn letzterer nur zur Hälfte auf Richtigkeit beruhte, so würde der meßbare Teil noch immer ein sicherer praktischer Index oder ein Barometer der Veränderungen im Zirkulationsvolumen sein. Im Vergleich zum meßbaren Teil würde jeder sich auf das Ganze ausdehnende Exzeß einer Veränderung in dem auf Mutmaßungen gegründeten Teil nur eine ein Viertel so große Störung hervorbringen. Man kann wohl annehmen, daß der auf Mutmaßungen gegründete und der meßbare Teil gewöhnlich zugleich variieren. Wenn der meßbare Teil um 10 Prozent variiert, so kann natürlicherweise angenommen werden, daß der auf Vermutungen gegründete Teil, ebenso wie die Gesamtsumme beider Teile in gleicher Weise variiert. Nehmen wir nun aber an, daß dies auf einem Irrtum beruht, und daß der auf Vermutungen gegründete Teil in Wirklichkeit um 14 Prozent oder um 6 Prozent, und der meßbare Teil um 10 Prozent variiert. Die Differenz zwischen ersteren und letzteren, d. h. die 4 Prozent, welche einen angenommenen Exzeß oder ein Fehlen der Variation repräsentieren, würden in der Gesamtsumme eine Differenz von nur 1 Prozent ausmachen. Das heißt, die Gesamtsumme würde, anstatt um 10 Prozent, um 11 Prozent oder um 9 Prozent variieren. Offenbar kann also jede unbekannte Variation in dem auf Mutmaßungen gegründeten Teil im Resultate nur geringfügig sein. Mit anderen Worten: Der meßbare Teil stellt stets einen guten Index der Gesamtsumme und demgemäß ein zuverlässiges Zirkulationsbarometer dar. Wenn wir diesen Teil durch die Quantität des in Zirkulation befindlichen Geldes dividieren, so erhalten wir eine Zahl, welche die relative Umlaufsgeschwindigkeit des Geldes von Jahr zu Jahr anzeigt.

Wir kommen daher zu dem Schlusse, daß *die Gelddepositen plus Löhnen, dividiert durch das in Umlauf befindliche Geld* stets ein gutes Barometer der Umlaufsgeschwindigkeit abgeben.

Es ist nicht immer der absolute, sondern der unter verschiedenen Umständen existierende relative Wert einer Größe, den wir am brauchbarsten finden. Wenn wir die relative Länge zweier Schiffe vergleichen wollen, so können wir deren Wasserlinie messen, bei welcher Methode allerdings der an beiden Enden überhängende Teil nicht berücksichtigt wird. Ein solcher Vergleich kann bei zwei beliebigen Schiffen, und mit großer Genauigkeit bei zwei Schiffen von gleicher Bauart angestellt werden. In ähnlicher Weise ermöglicht das vorerwähnte Barometer ungefähre Vergleiche zweier Länder mit Bankeinrichtungen vergleichbarer Art und ziemlich genaue Vergleiche zweier aufeinanderfolgender Jahre für ein und dasselbe Land.

Das richtige statistische Verfahren wäre daher, den auf Vermutungen gegründeten Teil mit einer abgeschätzten, als konstanten Faktor an den meßbaren Teil anzuwendenden Prozentsatz-Korrektur zu versehen. Vermutlich wären in den verschiedenen Ländern verschiedene Korrektur-Faktoren anzuwenden, wie z. B. in den Vereinigten Staaten 10 Prozent, in England 20 Prozent, in Frankreich 30 Prozent usw. Der Hauptwert solcher mutmaßlichen Korrekturen besteht darin, daß Umlauf und Umlaufsgeschwindigkeit in den verschiedenen Ländern ungefähr verglichen werden können. Bei Vergleichen verschiedener Zeiten in ein und demselben Lande ist es ziemlich unwesentlich, welche Prozentsatz-Korrektur angenommen, oder ob eine solche überhaupt angenommen wird.

Vermittelst der bereits erklärten Methode glaubt man in Zukunft interessante und wertvolle Resultate zu erzielen, wenn die Statistiker der verschiedenen Länder sich folgende Angaben sichern können: 1. das jährlich in den Banken deponierte gesamte Geld (mit Ausnahme des von anderen Banken deponierten) oder, was eigentlich auf dasselbe hinausläuft, das gesamte den Banken entnommene Geld (mit Ausnahme des von anderen Banken gezogenen); 2. die ausgegebenen Gesamtlöhne, oder, was beinahe dasselbe ist, die empfangenen Gesamtlöhne; 3. falls gewünscht, die Hinzufügung eines mutmaßlichen Prozentsatzes zwecks Berücksichtigung des übrigen und weniger bekannten Teils unserer Formel; 4. das gesamte in Umlauf befindliche Geld. Die Jahressumme von 1 und 2 korrigiert mit 3 und dividiert durch 4 bildet nicht nur ein ganz akkurates Barometer der relativ betrachteten Umlaufsgeschwindigkeit, sondern auch eine richtige Näherung des absoluten Wertes. Durch ein Weglassen des Postens 3 werden die Resultate für relative Vergleichszwecke nicht beeinflußt.

Nach den über diesen Gegenstand von Jevons, Landry und anderen gemachten Äußerungen kann die Wichtigkeit solcher genauer Bestimmungen kaum überschätzt werden. Wenn wir statistisch die Umlaufsgeschwindigkeit des Geldes kennen, sind wir in der Lage, die „Quantitätstheorie“ des Geldes induktiv zu studieren und die Bedeutung dieser Geschwindigkeit in bezug auf Krisen, Reichtumsanhäufung, Bevölkerungsdichte, Transport- und Verbindungsmittel und viele andere Umstände zu erforschen. Es eröffnet sich uns in der Tat ein neues Gebiet der Geldstatistik.

§ 8 (zum XII. Kapitel, § 4).

Interpolation von *U*-Werten für die Jahre 1897—1908.

Um *U*-Werte zu interpolieren, nehmen wir zwei extreme Hypothesen an: einerseits eine äußerste Stetigkeit und andererseits eine extreme Veränderlichkeit.

Die erste dieser Hypothesen ist, daß *U* sich in stetigem Fortschreiten von seinem Werte 18.6 im Jahre 1896 zu seinem Werte 21.5 im Jahre 1909 verändert. Dies würde, ohne jedwede zeitweilige Schwankung, ein vollkommen regelmäßiges Wachsen mit der Zeit in sich schließen. Es ist jedoch unwahrscheinlich, daß die Umlaufsgeschwindigkeit des Geldes von Jahr zu Jahr keinerlei Schwankungen unterworfen sein sollte. Wir haben gesehen, daß theoretisch unter normalen Verhältnissen die Geldausgaben (GU) die Tendenz haben, mit den Scheckausgaben ($G'U'$) gleichen Schritt zu halten. Wenn diese Übereinstimmung eine vollkommene wäre, so wäre das Verhältnis von GU zu $G'U'$, wenn auch nicht konstant, so doch wenigstens ein solches, das sich in vollkommener Übereinstimmung mit der Zeit verändert. Nun beträgt dieses Verhältnis für das Jahr 1896 16.7 Prozent und für 1909 9.6 Prozent. Wenn wir für die dazwischenliegenden 13 Jahre eine vollkommen gleichmäßige Veränderung in diesem Verhältnis anzunehmen hätten, so würde sich der ergebende *U*-Wert ganz bedeutend verändern. Diese Annahme bildet unsere zweite Hypothese extremer Veränderlichkeit. Die Tabelle auf Seite 402 zeigt das Ergebnis der beiden extremen Hypothesen. Wir ersehen daraus, daß im allgemeinen kein großer Unterschied zwischen ihnen ist.

Eine nachträgliche Berechnung offenbart die interessante Tatsache, daß die „Hypothese extremer Veränderlichkeit“ ein annähernd gleiches Schwanken der Geldgeschwindigkeit wie das der Depositengeschwindigkeit hervorrufen würde. Wenn wir die Differenz zwischen den beiden extremen

Jahr	(1) Hypothese extremer Stetigkeit	(2) Hypothese extremer Veränderlichkeit. *U* verändert sich nach Erfordernis, um das gleichförmige Veränderungsverhältnis von *GU* zu *G'U'* beizubehalten	(3) Mittel der beiden Hypothesen
1896.....	18.6	18.6	18.6
1897.....	18.8	19.4	19.1
1898.....	19.0	20.6	19.8
1899.....	19.3	24.4	21.9
1900.....	19.5	20.4	20.0
1901.....	19.7	23.9	21.8
1902.....	19.9	23.6	21.8
1903.....	20.2	20.9	20.6
1904.....	20.4	20.9	20.7
1905.....	20.6	23.0	21.8
1906.....	20.8	22.5	21.7
1907.....	21.1	21.0	21.1
1908.....	21.3	18.6	20.0
1909.....	21.5	21.4	21.5

Hypothesen — die der extremen Stetigkeit und die der extremen Veränderlichkeit — teilen, so erhalten wir das, was wir als annähernd richtige Schätzung der wirklichen Geschwindigkeit annehmen können. In den meisten Fällen ist sie wahrscheinlich für die ersten beiden Ziffern richtig. Selbst für die Jahre 1896 und 1909 können wir nicht annehmen, daß die dritte Ziffer, nämlich jene hinter dem Dezimalpunkt, korrekt ist, um so weniger kann sich dies für die dazwischenliegenden Jahre bestätigen. Doch ist es manchmal ratsam, die Berechnungen bis auf eine Ziffer hinter „der letzten bezeichnenden Zahl“ auszuführen.

§ 9 (zum XII. Kapitel, § 5).

Methode zur Berechnung von *H*.

Die Tabelle im Texte des Buches ist der Schlußkolonne der folgenden vollständigeren Tabelle entnommen:

Indexziffern des Handelsvolumens.

Direkte Indizes und Kalenderjahre					Indirekte Indizes und Fiskaljahre			Kalenderjahre		
(1) Jahr	(2) Inlandhandel	(3) Export und Import	(4) Effekten-Verkäufe	(5) Gewogener Durchschnitt der drei vorhergehenden Kolonnen $\frac{20\times(2)+3\times(3)+1\times(4)}{24}$	(6) Per Eisenbahn beförderte Güter in Tonnen	(7) Durch die Post beförderte Briefe	(8) Gewogener Durchschnitt d. beiden vorhergehenden Kolonnen $\frac{2\times(6)+1\times(7)}{3}$	(9) (8) Reduziert auf Kalenderjahre	(10) Relativer Handel gewogener Durchschnitt $\frac{2\times(5)+1\times(9)}{3}$	(11) Absoluter Handel (H) $(10)\times\frac{399}{155}$
1896..	89	76	55	86	77	—	72	73	81	209
1897..	103	87	77	100	79	63	74	78	93	239
1898..	111	96	113	109	91	68	83	86	101	260
1899..	111	100	176	112	98	72	89	93	106	273
1900..	111	101	138	111	107	78	97	99	107	275
1901..	125	107	266	129	108	85	100	105	121	311
1902..	119	102	189	120	119	92	110	115	118	304
1903..	139	101	161	135	130	101	120	120	130	335
1904..	125	101	187	125	127	105	120	126	126	324
1905..	149	109	263	149	144	111	133	141	147	378
1906..	152	114	284	153	161	128	150	155	154	396
1907..	167	117	196	162	172	137	160	154	160	412
1908..	148	110	197	145	152	142	149	154	148	381
1909..	153	125	215	152	—	152	160	—	155	399

Diese Tabelle ist wie folgt konstruiert worden:

Kolonne (2) wurde aus den im *Monthly Summary of Commerce and Finance of the United States* veröffentlichten Monatszahlen des Inlandhandels der Jahre 1900—1909 konstruiert. Durch Anwendung der Monatszahlen war es möglich, Resultate für Kalenderjahre zu erhalten. Diese Kolonne stellt den Durchschnitt getrennter Indizes nachstehender Artikel dar, für die Aufzeichnungen erhältlich waren. Die ursprünglichen Zahlen geben die Quantitäten jedes in die hauptsächlichsten Städte der Vereinigten Staaten gebrachten Artikels. Jede dieser Quantitäten wurde mit einem angenommenen Preise multipliziert, der als konstanter Multiplikator für jedes Jahr beibehalten wurde. Die Produkte wurden dann addiert und die so erhaltenen Zahlen zur Darstellung des Gesamthandels in diesen Waren genommen, um als Barometer des *relativen* Inlandhandels der Vereinigten Staaten zu gelten.

Die diesbezüglichen Artikel und die Daten, für die das Material benutzt wurde (wie auch die laut nachstehender Erläuterung angewandten Preisfaktoren), sind die folgenden:

Artikel	Preis, in Dollar			Zeitperiode
Baumwolle	45.00	per	Ballen	Januar 1900—1909
Reis	5.00	„	Sack	August 1900—1909
Früchte	1000.00	„	Waggon	Februar 1900—1909
Bauholz (Sendungen aus dem Süden und Südwesten)	0.02	„	Fuß	Februar 1900—1909
Stiefel und Schuhe	80.00	„	Kiste	März 1900—1909
Anthrazitkohle	4.74	„	Tonne	Januar 1900—1909
Bituminöse Kohle	2.74	„	Tonne	Januar 1900—1909
Roheisen, Koks und Anthrazit	19.40	„	gr. Tonne	Juli 1902—1909
Petroleum (Sendungen aus Texas)	1.80	„	Faß	Novbr. 1901—1909
Hornvieh (Eingänge in fünf Städten)	55.00	„	Kopf	Januar 1900—Dez. 1903
Hornvieh (Eingänge in sieben Städten)	55.00	„	Kopf	Januar 1900—1909
Schweine (Eingänge in fünf Städten)	18.00	„	Kopf	Jan. 1900—Dez. 1903
Schweine (Eingänge in sieben Städten)	18.00	„	Kopf	Januar 1900—1909
Schafe (Eingänge in fünf Städten)	4.00	„	Kopf	Jan. 1900—Dez. 1903
Schafe (Eingänge in sieben Städten)	4.00	„	Kopf	Januar 1900—1909
Weizen (Eingänge in elf Städten)	1.00	„	Scheffel	Juni 1903
Weizen (Eingänge in zwölf Städten)	1.00	„	Scheffel	April 1903—Dez. 1903
Weizen (Eingänge in vierzehn Städten)	1.00	„	Scheffel	Mai 1904—1909
Weizen (Eingänge in fünfzehn Städten)	1.00	„	Scheffel	April 1903—1909
Mais (Eingänge in zwölf Städten)	0.75	„	Scheffel	April 1903—Dez. 1903
Mais (Eingänge in vierzehn Städten)	0.75	„	Scheffel	Januar 1904—1909
Mais (Eingänge in dreizehn Städten)	0.75	„	Scheffel	Febr. 1906—Febr. 1907
Mais (Eingänge in fünfzehn Städten)	0.75	„	Scheffel	April 1903—1909
Hafer (Eingänge in zwölf Städten)	0.53	„	Scheffel	April 1903—Dez. 1903

Artikel	Preis, in Dollar	Zeitperiode
Hafer (Eingänge in vierzehn Städten).	0.53 per Scheffel	Febr. 1906—Febr. 1907
Hafer (Eingänge in fünfzehn Städten).	0.53 „ Scheffel	April 1903—1909
Gerste (Eingänge in neun Städten)....	0.70 „ Scheffel	Juni 1903—Aug. 1908
Gerste (Eingänge in zehn Städten)....	0.70 „ Scheffel	April 1903—Mai 1908
Gerste (Eingänge in elf Städten)......	0.70 „ Scheffel	Sept. 1903—Juni 1908
Gerste (Eingänge in zwölf Städten) ...	0.70 „ Scheffel	Febr. 1906—Sept. 1908
Gerste (Eingänge in dreizehn Städten).	0.70 „ Scheffel	Februar 1904—1909
Gerste (Eingänge in vierzehn Städten).	0.70 „ Scheffel	April 1903—1909
Roggen (Eingänge in elf Städten).....	0.80 „ Scheffel	April 1903—Juni 1906
Roggen (Eingänge in zwölf Städten) ..	0.80 „ Scheffel	Jan. 1905—Aug. 1908
Roggen (Eingänge in dreizehn Städten)	0.80 „ Scheffel	April 1904—1909
Roggen (Eingänge in vierzehn Städten)	0.80 „ Scheffel	April 1903—1909
Leinsamen (Eingänge in vier Städten).	1.50 „ Scheffel	Februar 1905—1909
Leinsamen (Eingänge in fünf Städten).	1.50 „ Scheffel	Januar 1904—1909
Leinsamen (Eingänge in sechs Städten)	1.50 „ Scheffel	Januar 1904—1909
Mehl (Eingänge in zehn Städten).....	4.80 „ Faß	April 1903—1909
Mehl (Eingänge in elf Städten).......	4.80 „ Faß	Januar 1904—1909
Mehl (Eingänge in zwölf Städten).....	4.80 „ Faß	März 1904—1909
Mehl (Eingänge in dreizehn Städten)..	4.80 „ Faß	April 1903—1909
Petroleum (Sendungen durch Röhrenleitungen. — Eingetragene Lieferungen	1.80 „ Faß	Januar 1901—1909

Diese Artikel repräsentieren den Handel des Landes und können gut als dessen Barometer dienen. Dennoch bildet der Handelsumfang, der tatsächlich aus den Verkäufen dieser Artikel in den betreffenden wenigen Städten besteht, natürlich nur einen sehr kleinen Teil (wahrscheinlich weniger als ein Zehntel eines Prozentes) des Gesamthandels des Landes.

Alle zuerst erhaltenen tatsächlichen Zahlen wurden, vor Einsetzung in Kolonne (2), durch zwei dividiert, um sie auf einen Maßstab zu bringen, der einen besseren Vergleich mit den Zahlen der Kolonne (3) ermöglicht. Da die angegebenen Jahre nicht alle Waren enthalten, so mußten die fehlenden Jahre in der Tabelle ergänzt werden und zwar nach dem durch Beispiele bereits erläuterten Grundsatze der Proportion. Da die Statistiken des *Monthly Summary* nur bis zum Jahre 1900 zurückreichen, mußte die Tabelle zum Jahre 1896 zurück „angestückt" werden. Dies geschah durch Benutzung des Materials aus dem statistischen Auszug der Vereinigten Staaten und aus dem Auszug des Zensus der Vereinigten Staaten. Die einzigen erhältlichen Zahlen für wichtige Artikel des Inlandhandels waren die für Getreide, welche von fünfzehn Hauptmärkten während der Kalenderjahre erlangt wurden, und für die abgeschätzte Konsumtion des Landes für Fiskaljahre diejenigen der folgenden, hauptsächlich oder größtenteils aus einheimischen Produkten bestehenden Artikel: Baumwolle, Schafwolle, bituminöse Kohle, Roheisen, Eisen- und Stahlschienen, „destillierte Spirituosen, Weine und Liköre".

Die Fiskaljahrzahlen wurden von 1896 bis einschließlich 1901 genommen und unter der Voraussetzung auf Kalenderjahre reduziert, daß z. B. die wahre Zahl für das Kalenderjahr 1896 das Mittel derjenigen für die beiden mit dem 30. Juni 1896 und dem 30. Juni 1897 endenden Fiskaljahre ist. Auf diese Weise erhalten wir hypothetische Kalenderjahrzahlen für die Jahre 1896 bis 1900. Diese Zahlen und jene für Getreide, die bereits für Kalenderjahre gegeben waren, wurden sodann durch einen Faktor reduziert, wonach jede Zahl für das Jahr 1900 111 ausmachte; die Zahl für dieses Jahr wurde durch Berechnung der in der Serie 1900—1909 involvierten Artikel gefunden. Von den so erhaltenen Zahlen wurde der Durchschnitt mit Hilfe von Gewichten genommen, die so gewählt wurden, daß sie mit den Schätzungen ihrer bezüglichen Bedeutung übereinstimmten, beurteilt nach den Schätzungen der Werte ihrer Landeskonsumtion und nach der Tatsache, daß einige davon Indikatoren großer, verwandter Geschäftszweige sind. Die ausgewählten Gewichte waren: für Getreide (einschließlich Weizen, Weizenmehl, Mais, Roggen, Hafer, Gerste, Malz und Erbsen)[1]), 20, für bituminöse Kohle, Eisen und Stahl, geistige Getränke und Baumwolle je 5, und für Roheisen und Wolle je 1.

Das Material für die Jahre 1896—1899 ist viel geringer als das dem *Monthly Summary* entnommene für 1900—1909, und zwar aus drei Gründen: 1. weil es in der Anzahl so gering ist, 2. weil es mit Ausnahme des Getreides für Fiskaljahre gilt und die hypothetische Korrektur bei Kalenderjahren Irrtümern unterworfen ist, und 3. weil es mit Ausnahme des Getreides nur auf ganz ungefähre Konsumtionsschätzungen und nicht auf Sendungen oder Eingänge, sondern auf abgeschätzter Produktion gegründet ist, die betreffs Export und Import berichtigt wurde; sämtliche drei Elemente sind Irrtümern unterworfen.

Es darf uns daher nicht überraschen, in den sich ergebenden Zahlen für die Jahre 1896—1899 größere Irrtümer zu finden als für die Jahre 1900 bis 1909. Tatsächlich werden wir sehen, daß dies höchstwahrscheinlich der Fall ist.

Für die mühsame Arbeit, die Bestimmung der Indexziffern von 1900 bis 1908 festzustellen, bin ich einem meiner noch nicht graduierten Studenten, Herrn Robert N. Griswold, und für diejenigen bis zum Jahre 1909 einem meiner graduierten Studenten, Herrn W. Y. Smiley, zu Dank verpflichtet.

[1]) Siehe *Statistical Abstract of United States*, 1908, s. 523.

Kolonne (3) ist ebenfalls auf mühsame, von Herrn Griswold ausgeführte Berechnungen gegründet. Das Material wurde gleichfalls dem *Monthly Summary of Finance and Commerce* entnommen und enthält 23 Hauptartikel des Imports und 25 des Exports. Die Quantitäten jedes Artikels wurden mit einem einheitlichen Preise multipliziert und die Summe der sich aus den für Import und Export ergebenden Zahlen genommen. Die Einfuhrartikel (mit dem angewendeten Preismultiplikator) waren:

Import der Vereinigten Staaten in den Jahren 1896—1909

(*Bulletin of Bureau of Commerce and Statistics*)

Kakao	0.13	per	Pfund	Rohseide	4.00	per	Pfund
Tee	0.16	„	Pfund	Häute und Felle (Pelzwaren ausgenommen)	0.11	„	Pfund
Kaffee	0.07	„	Pfund	Rohe Wolle	0.13	„	Pfund
Zucker	0.02	„	Pfund	Kautschuk	0.78	„	Pfund
Zitronen	0.04	„	Pfund	Bretter und gesägtes Bauholz	18.00	„	1000 Fuß
Bananen	0.16	„	Bündel	Kohle (bituminöse und Anthrazit)	2.60	„	Tonne
Käse	0.17	„	Pfund	Zinn	0.28	„	Pfund
Destillierte Getränke (eingeführt)	5.00	„	Gallone	Kupfer (Massel, Stangen, Barren, alt und unverarbeitet)	0.17	„	Pfund
Schaumweine (Champ.)	29.00	„	Dtz. Quarts	Roheisen	23.00	„	Tonne
Blättertabak	1.00	„	Pfund	Salpetersaures Natron	38.00	„	Tonne
Baumwolle (zu Tuch verarbeitet)	0.09	„	□-Yard				
Leinen (aus Flachs, Hanf oder Ramie)	0.50	„	□-Yard				
Wollene Kleiderstoffe	0.21	„	□-Yard				

Die Ausfuhrartikel waren:

Export der Vereinigten Staaten in den Jahren 1896—1909

(*Bulletin of Bureau of Commerce and Statistics*)

Vieh	55.00	per	Kopf	Weizen	1.00	per	Scheff.
Schinken	0.11	„	Pfund	Mehl	4.80	„	Scheff.
Pökelfleisch	0.09	„	Pfund	Tabakblätter	0.10	„	Pfund
Frisches Rindfleisch	0.10	„	Pfund	Gesägtes Bauholz	23.00	„	1000 Fuß
Büchsenfleisch	0.11	„	Pfund				
Speck	0.11	„	Pfund	Holzstoff	0.015	„	Pfund
Schweineschmalz	0.11	„	Pfund	Leinöl (Kuchen)	0.014	„	Pfund
Butter	0.21	„	Pfund	Gereinigtes Leuchtöl	0.07	„	Gallone
Sohlenleder	0.21	„	Pfund	Baumwollsamenöl	0.04	„	Gallone
Stiefel und Schuhe	2.75	„	Paar	Kohle	3.70	„	Tonne
Rohe Baumwolle	0.48	„	Ballen	Kupfer	0.17	„	Pfund
Baumwollstoffe	0.09	„	Yard	Stahlschienen	31.60	„	Tonne
Mais	0.60	„	Scheffel	Stahlblech	0.0135	„	Pfund.

Die Statistiken der Aus- und Einfuhr sind wahrscheinlich fünfzigmal so vollständig, wie die des einheimischen Handels und daher (nach dem Grundsatze, daß wahrscheinliche Fehler sich umgekehrt wie die Quadratwurzel aus der Anzahl der angestellten Beobachtungen ändern), ungefähr siebenmal so genau. Andrerseits stellen jedoch die Aus- und Einfuhren weniger als 1 Prozent des einheimischen Handels der Vereinigten Staaten dar, welche, nach den in früheren Kapiteln erklärten Grundsätzen, in der Verkehrsgleichung nur zur Hälfte ihres Wertes eingesetzt werden sollten, da ein Teil des Tauschverkehrs das Ausland ist. Trotzdem nun auch der Außenhandel eine Kleinigkeit ist, so ist er doch bis zu einem gewissen Grade ein Index des Binnenhandels, da große Inlandgeschäfte eine Vorbedingung für Ausfuhren und eine Folge von Einfuhren sind, während vielleicht ein noch größerer Umfang auf andere Weise indirekt mit diesem Handel in Verbindung steht. Indem wir diese und andere Betrachtungen gegeneinander abwogen, wurden die dem Außen- und Innenhandel zugeteilten relativen Gewichte so ausgewählt, wie sie in Kolonne (5) wiedergegeben sind.

Kolonne (4) gibt die Effektenverkäufe nach den gewöhnlichen Zahlen, wie sie beispielsweise in der *Financial Review* zu finden sind. Diese Zahlen beziehen sich natürlich nicht auf die Werte, sondern auf den Umfang der Verkäufe.

Kolonne (6) gibt die Zahlen für die per Eisenbahn beförderten Güter in Tonnen für Fiskaljahre und zwar nach Poors *Railroad Manual*.

Kolonne (7) gibt die Zahlen für die in Fiskaljahren durch die Post der Vereinigten Staaten beförderten Briefe. Diese Ziffern verdanken wir der gütigen Mitteilung des Postdepartements. Für das Jahr 1896 fehlen jedwede Angaben.

Wir haben nun noch das für die Kombination der Kolonnen (2), (3), (4), (6) und (7) angewendete Verfahren zu beschreiben.

Die ersten drei Kolonnen bilden eine Gruppe für sich, die *direkte* Indizes des Handels darstellt, während die letzten beiden Kolonnen eine Gruppe *indirekter* Handelsindizes konstituieren.

Die direkten Indizes wurden so kombiniert, daß der Binnenhandel mit *zwanzig*, die Aus- und Einfuhren mit *drei*, und die Effektenverkäufe mit *eins* gewogen wurden. Diese Gewichte sind allerdings nur Sache der Ansicht, doch ergeben bekanntlich große Unterschiede im System des Wiegens nur geringe Unterschiede in den End-Durchschnitten.

Auf diese Weise wird Kolonne (5) gefunden.

Was die relativen Gewichte für Eisenbahn- und Post-Statistiken anbelangt, so wurden die ersteren mit *zwei* und die letzteren mit *eins* bewertet. Eisenbahnfracht ist fast bei jeder denkbaren Ware im Handel vertreten und kommt dem tatsächlichen Handel viel näher als Postsachen.

Nachdem so die Eisenbahn- und Postsachen-Indizes kombiniert waren, wurde der Übergang von Fiskaljahren zu Kalenderjahren auf Grund der Annahme vorgenommen, daß die Zahlen für ein Kalenderjahr das Mittel der Zahlen der beiden Fiskaljahre sind, die mit dem 30. Juni desselben und dem 30. Juni des nächsten Jahres schließen.

Die Resultate sind in Kolonne (9) wiedergegeben.

Aus den Kolonnen (5) und (9) wurde Kolonne (10) erlangt, indem Kolonne (5) mit *zwei* und Kolonne (9) mit *eins* gewogen wurde.

Und schließlich wurde Kolonne (11) gefunden durch Vergrößerung der Zahlen der Kolonne (10) im Verhältnis $\frac{399}{155}$, um die Zahlen für das Basisjahr 1909 den 399 Milliarden Dollar, dem Gesamtwert der linken Seite der Gleichung $(GU + G'U')$, gleichzustellen.

Mutmaßliche Irrtümer in den berechneten Werten von H können für die Jahre 1900—1909 auf ungefähr 5 oder 10 Prozent und für die Jahre 1896—1900 auf 10 bis 15 Prozent angenommen werden.

§ 10 (zum XII. Kapitel, § 5).

Methode zur Berechnung von P.

Die Tabelle im Texte (Seite 238) über Preisindexnummern ist der letzten Kolonne der Tabelle auf Seite 410 entnommen.

Kolonne (2) gibt die Indexzahlen des *Bureau of Labor of the United States* (Nr. 81, März 1909, S. 204).

Für die Zahl für das Jahr 1909, die ich vor ihrer Veröffentlichung erhielt, bin ich dem Arbeitskommissär Herrn Neill zu großem Dank verpflichtet.

Kolonne (3) ist dem *Bulletin of the Bureau of Labor*, Juli 1908, S. 7, entnommen.

Kolonne (4) wurde dem Artikel: „*The Prices of American Stocks*, 1890 bis 1909“ von Wesley C. Mitchell, *Journal of Political Economy*, Mai 1910, entnommen. Diese Zahlen sind zweifellos die besten, die über diesen schwierigen Gegenstand zu erhalten sind.

Die allgemeine Indexziffer in Kolonne (5) ist ein gewogenes Mittel der Zahlen in den drei vorhergehenden Kolonnen, deren Gewichte wesentlich dieselben sind wie die, welche von Kemmerer aus gleicher Begründung benutzt wurden[1]). Um die Berechnung zu erleichtern, haben wir die Gewichte in ganzen Zahlen angenommen, nämlich 30 für Kolonne (2), 1 für Kolonne (3) und 3 für Kolonne (4). Diese Berechnung führt die Tabelle über das Jahr 1907 hinaus. Da Kolonne (3) für die Jahre 1908—1909 unvollständig ist, wurden diese Jahre und das Jahr 1907 als Durchschnitte der Kolonnen (2) und (4) ausgearbeitet, wobei die nämlichen wie die bereits erwähnten Gewichte genommen wurden. Das Ergebnis sind zwei Zahlenreihen, und zwar eine für alle drei Kolonnen, mit dem Jahre 1907 endende, und die andere für zwei Kolonnen, mit dem Jahre 1907 beginnende Reihe. Da in diesem Falle beide Reihen für das Jahr 1907 die nämliche Ziffer (137) aufweisen, so sind für die Jahre 1908 und 1909 keine Korrekturen erforderlich. Wahrscheinliche Irrtümer in den Zahlen für P können auf ungefähr 5 bis 10 Prozent angesetzt werden.

Indexziffern für Preise:

(1) Jahr	(2) 258 Waren des Groß-handels	(3) Lohn per Stunde	(4) Vierzig Wert-papiere	(5) Gewogener Durchschnitt $\frac{30 \times (2) + 1 \times (3) + 3 \times (4)}{34}$	(6) Kolonne (5) reduziert auf der Basis 100 in 1909
1896..	90	100	77	89	63.3
1897..	90	100	84	90	63.7
1898..	93	100	94	93	66.2
1899..	102	102	128	104	73.8
1900..	111	105	134	113	80.2
1901..	109	108	211	118	83.7
1902..	113	112	250	125	88.7
1903..	114	116	201	122	86.5
1904..	113	117	192	120	85.1
1905..	116	119	250	128	90.8
1906..	123	124	267	136	96.5
1907..	130	129	204	137	97.2
1908..	123	—	201	130	92.2
1909..	127	—	277	141	100.0

[1]) Siehe *Money and Credit Instruments*, New York (Holt) 1909, S. 139.

§ 11 (zum XII. Kapitel, § 7).

Gegenseitige Angleichungen der berechneten Werte von G, G', U, U', P und H.

Es gibt zahlreiche Methoden zur Berechnung der besten Angleichungen, unter denen auch die Methode der kleinsten Quadrate eine Rolle spielt. Doch kann das Problem durch Zerlegung des Prozesses in getrennte Stufen sehr vereinfacht werden. Wir haben zunächst die beste Angleichung der berechneten Werte jeder Seite der Verkehrsgleichung als Ganzes betrachtet festzustellen. Bei der Festsetzung relativer Irrtümer auf beiden Seiten ist richtige Beurteilung erforderlich, doch sind die gesamten Angleichungen so gering, daß Differenzen in der Beurteilung keinen großen Unterschied in den Resultaten ergeben.

Nach sorgfältiger Prüfung aller Beweismittel nehmen wir an, daß die Abweichungen auf der rechten Seite (PH) ungefähr doppelt so groß sein können, wie auf der linken Seite ($GU + G'U'$). Demgemäß wird die Verschiedenheit der beiden Seiten dadurch ausgeglichen, daß PH eine zweimal so große Veränderung erfährt als $GU + G'U'$; das heißt durch eine Korrektur für PH, die zwei Dritteln der gesamten Verschiedenheit der beiden Seiten gleichkommt und durch Anwendung des verbleibenden Drittels auf $GU + G'U'$, wobei die beiden Korrekturen natürlich einander entgegenwirken, und zwar derart, daß sie die beiden Seiten in Übereinstimmung bringen. So ist die Gesamtverschiedenheit für das Jahr 1899 5 Prozent, von denen wir ungefähr ein Drittel, sagen wir 2 Prozent, auf $GU + G'U'$, und die verbleibenden 3 Prozent auf PH übertragen. Das heißt: Wir erhöhen die für $GU + G'U'$ berechneten Zahlen um 2 Prozent und erniedrigen die für PH um 3 Prozent. Das Ergebnis bringt die Zahlen mit 185 Milliarden beinahe in Übereinstimmung. Zuweilen stimmen die Ergebnisse nicht genau miteinander überein, da diese Methode des Addierens und Subtrahierens prozentualer Korrekturen nur annähernd richtig ist, doch werden irgendwelche verbleibenden kleinen Verschiedenheiten durch geringe erfahrungsmäßige Veränderungen in den Faktoren sofort ausgeglichen. Das Resultat ist aus Figur 20 zu ersehen, welche $GU + G'U'$ und PH (reduziert durch Division durch 1.11) in der ursprünglichen Berechnung und eine mittlere (punktierte) Kurve enthält, die die berichtigte Schätzung von $GU + G'U'$ und PH veranschaulicht.

Die Korrekturen, die auf diese Weise an $GU + G'U'$ und PH vorgenommen worden sind, und durch die sie in gegenseitige Übereinstimmung gebracht werden, sind unbedeutend, die bei den einzelnen Faktoren G, U,

G', U', P und H nötigen Korrekturen sind aber noch unbedeutender. Der Einfachheit wegen nehmen wir an, daß die bei G und G' vorzunehmenden prozentualen Korrekturen einander gleich sind, und daß auch die bei U und U' vorzunehmenden Korrekturen einander gleich sind. Dies ist eine berechtigte Annahme, doch selbst wenn irgendeine andere Annahme vorläge, so würde dies die Endresultate kaum ändern.

Eine gleichzeitige Korrektur von 1 Prozent bei G und G' bewirkt eine Korrektur von 1 Prozent bei $GU + G'U'$. Ebenso wird eine gleich-

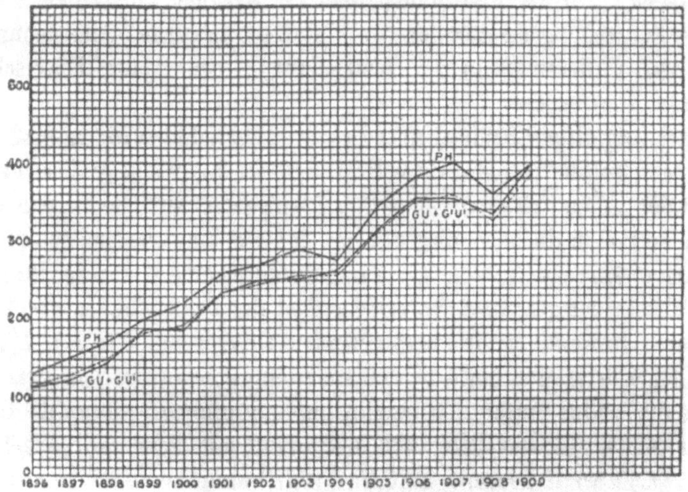

Obere fortlaufende Linie: *PH* ursprünglich.
Untere „ „ : *GU+G'U'* ursprünglich.
Punktierte Linie: *PH* und *GU+G'U'* berichtigt.

Fig. 20.

zeitige Korrektur von 1 Prozent bei U und U' eine Korrektur von 1 Prozent bei $GU + G'U'$ hervorrufen. Wir können somit die Korrektur von $GU + G'U'$ tatsächlich als aus zwei Teilen bestehend betrachten: aus der Korrektur von G und G' und aus der Korrektur von U und U'. Da die G genauer festgestellt wurden als die U, so muß deren Korrektur geringfügiger sein. Die für das Jahr 1897 für $GU + G'U'$ festgesetzte Gesamtkorrektur beträgt daher 3 Prozent, von denen wir 1 Prozent G und G' und die verbleibenden 2 Prozent U und U' zuweisen. Das heißt: Wir erhöhen die berechneten Werte von G und G' um 1 Prozent sowie jene von U und U' um 2 Prozent, und bewirken damit (ungefähr) die gewünschte Erhöhung von 3% für $GU+G'U'$. Auf ähnliche Weise wird die für *PH* angenommene Gesamtkorrektur auf *P* und *H* verteilt, wobei wir *H* den größeren Teil zuweisen. Bei Verteilung der Korrekturen 1. auf *G* und *G'*, 2. auf *U* und *U'*, 3. auf *P* und 4. auf *H*, finden wir, daß nur sehr geringe Einzelkorrekturen nötig sind, deren Höchstziffer nur 5 Prozent beträgt, und die große Mehrzahl (von 56 Fällen 50) 2 Prozent nicht überschreitet. Die entschiedene Majorität (von 56 Fällen 35) bewegt sich innerhalb 1 Prozent. Es ist wirklich erstaunlich, wenn man bedenkt, daß in den von uns berechneten Werten von *G*, *G'*, *U*, *U'*, *P* und *H* gewöhnlich nur eine Korrektur von 2 Prozent oder weniger nötig ist, um sie mit der Verkehrsgleichung vollkommen übereinstimmend zu gestalten. Diese Tatsache beweist, daß die von uns erlangten Resultate im allgemeinen korrekt und zuverlässig sind.

Nachdem wir durch gegenseitige Angleichung alle Faktoren der Verkehrsgleichung berichtigt haben, bleibt uns noch eine Zahl für *P*, die für kein Jahr 100 Prozent beträgt. Da wir vorziehen, das Jahr 1909 das Einheitsjahr zu nennen, so sind die Zahlen für *P* auf dieser Basis auszugleichen und dementsprechend auch jene für *H*. Diese Veränderung stört das relativ zu den ursprünglichen Zahlen bemessene Korrektursystem. Sie reduziert die Korrektur von *P* für das Jahr 1909 auf Null. Im allgemeinen verringert sie die Korrekturen bei *P* und *H* für die um 1909 liegenden Jahre und erhöht sie dementsprechend, je weiter sich die Jahre von 1909 entfernen. Doch selbst dann übersteigen die Korrekturen niemals 10 Prozent für *H* und ebensowenig 6 Prozent für *P*. Da das ganze Korrektursystem eine Sache der Beurteilung ist und jede Zahl unter Berücksichtigung aller Umstände in dem jeweiligen Falle auf ihr eigenes Verdienst hin frank und frei ausgebessert wurde, so ist es nicht ratsam, diese Seiten mit einer vollständigeren Darlegung der umfangreichen Einzelheiten des Prozesses zu belasten. Die bereits im Texte gegebenen Figuren 13, 14, 15 und 16 sprechen für sich selbst.

§ 12 (zum XII. Kapitel, § 8).

Kredit- und Bargeldgeschäfte. Vergleich mit Kinleys Schätzungen.

Diese Zahlen stimmen auffallend überein mit dem, was nach einer ungefähren Berechnung aus Kinleys Untersuchungen erwartet werden kann. Er fand, daß die deponierten Gelder am 1. Juli 1896 7.4 Prozent und am 16. März 1909 5.9 Prozent aller Depositen konstituierten. Diese beiden Zahlen sind zu niedrig, um den Prozentsatz der Geld*transaktionen* darzustellen, und zwar aus dem Grunde, weil Geld oft mehr als einmal zirkuliert ist, bevor es deponiert wird, wohingegen Schecks im allgemeinen nur einmal zirkulieren. Besonders ist die Zahl für das Jahr 1896 wegen der ungewöhnlichen Beträge der am 1. Juli deponierten Schecks zu niedrig. In der Tat stellte Kinley die Untersuchungen für das Jahr 1909 hauptsächlich deswegen an, weil die Zahlen für 1896 nach dieser Richtung kritisiert wurden. Selbstredend wollte er mit den Zahlen der Depositen nicht die genauen Verhältnisse der Scheck- und Geldgeschäfte angeben. Er erkannte die Tatsache, daß dieselben ein zu niedriges Verhältnis für Geld und ein zu hohes für Schecks darstellen würden. Er war davon überzeugt, daß für die Schecktransaktionen im Jahre 1896 75 Prozent[1]) und im Jahre 1909 88 Prozent ein sicheres Minimum seien, wobei er 25 Prozent und 12 Prozent als sicheres Maximum für den Geldumlauf annahm. Kinleys Absicht scheint zu sein, lieber sichere Höchstziffern aufzustellen, als genaue Schätzungen zu wagen. Wenn wir die Zahlen Kinleys in eine Tabelle bringen, so gestalten sich die in Prozenten aller Transaktionen ausgedrückten Geldgeschäfte folgendermaßen:

(1) Jahr	(2) Maximum (Kinleys Schätzung)	(3) Minimum (wie durch Depositen angezeigt)	(4) Mittel der beiden vorhergehenden Prozentsätze	(5) Gegenwärtige Schätzung
1896 .	25	7.4	16½	14
1909 .	12	5.9	9	9

Wenn wir dieser Tabelle gemäß den Prozentsatz des Geldes in Bankdepositen als untere Grenze des Prozentsatzes der Geldtransaktionen und Kinleys Schätzungen als sichere obere Grenze nehmen, und wenn wir die Differenz zwischen diesen beiden Grenzen teilen, so kommen wir beinahe[2]) zu denselben Resultaten wie die, welche wir bereits aus genaueren Berechnungen in diesem Buche erhalten haben. In der letzten Kolonne sind diese Resultate zur Vergleichung gegeben. So bestätigen die Resultate dieses Buches in auffallender Weise diejenigen von Kinley. Sie stimmen auch voll und ganz mit der in der Geschäftswelt herrschenden Ansicht überein, daß ungefähr 90 Prozent des Handels nun vermittelst Scheck ausgeführt werden.

[1]) Kinleys ursprüngliche Schätzung eines sicheren Minimums betrug 80 Prozent. Doch nimmt er im *Journal of Political Economy*, Bd. V, S. 172, und in „*Money*", S. 44 und 108—114,75 Prozent als sicherer an.

[2]) Wenn wir Kinleys ursprüngliches „sicheres Minimum" von 80 Prozent für Schecks, und folglich auch das „sichere Maximum" von 20 Prozent für Bargeld nehmen, so erhalten wir in obiger Tabelle anstatt der 16½ 14 Prozent, wodurch die beiden letzten Kolonnen miteinander absolut übereinstimmen.

Nachtrag zur zweiten (amerikanischen) Auflage.

In der vorliegenden zweiten Auflage sind die Zahlen in den Tabellen auf Seite 249 und 260 durch Hinzufügung von Zahlen für die Jahre 1910, 1911 und 1912 ergänzt und zwischen Seite 250 und 251 ist eine neue graphische Darstellung eingesetzt worden. (Betreffs ausführlicher Erläuterung dieser Zahlen siehe „'The Equation of Exchange', 1896—1910", *American Economic Review* Juni 1911; „'The Equation of Exchange' for 1911 and Forecast", a. a. O. Juni 1912; und „'The Equation of Exchange' for 1912 and Forecast", a. a. O. Juni 1913.)

Herr Professor Wesley Clair Mitchell war so liebenswürdig, mir die Druckbogen seines demnächst erscheinenden Buches über *Business Cycles* (University of California Press) zu zeigen, in dem er die scheckfähigen Depositen (G'), nach etwas anderen Methoden und mit Hilfe von Material, das bei Bearbeitung des vorliegenden Buches noch nicht zur Verfügung stand, nochmals abgeschätzt hat.

Mitchells Schätzungen der scheckfähigen Depositen und der Umfang, in dem die Schätzungen des Verfassers dieses Buches die ersteren überschreiten oder hinter ihnen zurückbleiben.

	Mitchells Ergebnisse	Fisher Mehr (oder Minder)	
		nicht ausgeglichen	ausgeglichen
1896..	2.69	— 0.01	+ 0.02
1897..	2.75	+ 0.05	+ 0.11
1898..	3.20	— 0.01	+ 0.02
1899..	3.87	+ 0.03	+ 0.01
1900..	4.21	+ 0.19	+ 0.23
1901..	4.96	+ 0.17	+ 0.17
1902..	5.37	+ 0.06	+ 0.03
1903..	5.54	+ 0.16	+ 0.19
1904..	5.85	— 0.05	— 0.08
1905..	6.56	— 0.02	— 0.02
1906..	6.86	— 0.02	— 0.05
1907..	7.11	+ 0.02	+ 0.02
1908..	6.52	+ 0.08	+ 0.05
1909..	6.81	— 0.06	— 0.13
1910..	7.71	— 0.47	— 0.48
1911..	8.24	— 0.46	— 0.46

Wenn ich dieses Buch noch einmal zu schreiben hätte, würde ich Mitchells vollkommeneren Methoden und Resultaten folgen. Wollte ich dies jetzt tun, so müßten wegen einer sehr geringen Nettoänderung in den Endergebnissen eine große Anzahl Druckplatten abgeändert werden. Ich begnüge mich daher hier mit einer Tabelle über Mitchells Zahlen, denen zwei Kolonnen angegliedert wurden, aus welchen hervorgeht, um wieviel meine Zahlen größer oder kleiner sind.

Anhang zur zweiten (amerikanischen) Auflage über die „Wertstabilisierung des Dollars".

Seit Veröffentlichung dieses Buches ist der im XIII. Kapitel (S. 278 bis 284) entworfene Plan einer Stabilisierung des Preisniveaus (und folglich der Kaufkraft des Geldes) in Verbindung mit der Golddevisenwährung ausführlicher und populärer auseinandergesetzt worden. (Siehe z. B. den Bericht des Internationalen Kongresses der Handelskammern am 26. September 1912, die Artikel in der „New York Times" vom 22. Dezember 1912, im „*British Economic Journal*" vom Dezember 1912 und im „*Independent*" vom 2. Januar 1913. Die vollständigste Darlegung wurde in „*The Quarterly Journal of Economics*" im Februar 1913 veröffentlicht.) Der Verfasser des vorliegenden Buches gedenkt in kurzer Zeit ein weiteres, diesem speziellen Gegenstande gewidmetes Buch herauszugeben.

Nachstehende Angaben sind meiner vor der „American Economic Association" im Dezember 1912 in Boston gehaltenen Ansprache entnommen, die im März 1913 im *American Economic Review Supplement* in Druck erschien:

Kurz zusammengefaßt bezweckt der Plan die Einführung eines zusammengesetzten Einheitsmaßes, in dem die Einheit „eine zusammengesetzte Tonne" oder „ein zusammengesetztes Frachtstück" vieler Hauptprodukte ist, wobei ein solches Handelsmaß nicht etwa als solches, sondern als sein Äquivalent in Barrengold verwendet wird. Dem Wesen nach würde diese Währung einfach das Gewicht des Goldes im Dollar oder besser, das Gewicht des Goldes hinter dem Rücken des Dollars verändern. Es wird der Zweck verfolgt, die Verluste in der Kaufkraft eines jeden Granes Gold durch die dem Dollar hinzugefügte Goldmenge zu ersetzen.

Auf Grund der Theorie und der Tatsachen können wir das Prinzip als gesund annehmen, daß, je leichter der Golddollar, um so geringer dessen

Kaufkraft ist und um so größer sämtliche Preise sind und daß, je schwerer der Dollar, um so größer seine Kaufkraft ist und um so niedriger die Preisskala zu stehen kommt. Gelingt es uns nun, das Gewicht des Dollars rasch genug um ebensoviele Gran zu erhöhen als nötig sind, um seinen jeweiligen Verlust an Kaufkraft aufzuwiegen, so haben wir den idealen „kompensierten Dollar", d. h. den Dollar, dem jede Kaufkraft, die er bei einer Verringerung im Werte des Goldes verliert, stets zurückerstattet wird.

Wir haben jetzt einen Dollar mit festem Gewicht (25.8 Gran), aber veränderlicher Kaufkraft; nach dem von mir vorgeschlagenen Plan erhielten wir einen solchen von veränderlichem Gewicht, aber von feststehender Kaufkraft.

Wie ist es nun aber möglich, einen Dollar mit veränderlichem Goldgehalt zu haben, ohne daß die Goldmünzen fortwährend umgeprägt werden müssen? Und selbst wenn dies geschehen könnte, wie können wir jederzeit wissen, welches Gewicht der Dollar haben muß, ohne dessen Bestimmung der Willkür politischer Beamten zu überlassen?

Wir befinden uns hier vor zwei sehr bedeutsamen Fragen. Ihre Beantwortung wird durch eine Erklärung des dem Plane zugrunde liegenden Prinzips wesentlich erleichtert, wenn wir zunächst einmal annehmen, daß sich keine wirklichen Goldmünzen, sondern nur Goldzertifikate im Umlauf befinden. Nun ist eine solche Annahme in den Vereinigten Staaten von der tatsächlichen Wahrheit nicht allzuweit entfernt, denn mit Ausnahme Kaliforniens ist die Zahl der in Zirkulation befindlichen Goldmünzen eine sehr geringe. An deren Stelle zirkuliert nahezu eine ganze Milliarde Dollar in Goldzertifikaten, die das in den Schatzkammern der Vereinigten Staaten liegende Gold repräsentieren. Nehmen wir nun weiter an, daß eine andere Form des Goldes nicht in Umlauf ist. Unter diesen Umständen ist es klar, daß der endgültige Golddollar in den Schatzkammern der Vereinigten Staaten in Stangen von Barrengold unbedingt vorhanden ist. Jede 25.8 Gran dieses Barrengoldes bedeuten einen *virtuellen Dollar* hinter einem Dollar der ausstehenden Goldzertifikate. Eine 25.800 Gran wiegende Stange Gold (Kornbarrengold) enthält virtuell 1000 Golddollar.

Der Goldgräber bringt nun diese Stangen Korngoldes zur Münzstätte und deponiert sie, ohne auf ihre Prägung zu warten, erhält dagegen Goldzertifikate, und zwar für jede 25.8 Gran des von ihm deponierten Korngoldes einen Dollar in Goldzertifikaten. Desgleichen können die Inhaber von Goldzertifikaten, wenn sie für Exportzwecke oder zur Verwendung in Juwelierwerkstätten, in der Zahnheilkunst oder für Vergoldungen usw.

Barrengold brauchen, solches jederzeit gegen die Zertifikate entgegennehmen; sie erhalten für jeden Dollar in Goldzertifikaten 25.8 Gran Gold. Demnach gibt oder nimmt die Regierung Gold zu einer Rate von 25.8 Gran des Barrenmetalles per Dollar; der virtuelle, wenngleich unsichtbare Dollar besteht aus diesen 25.8 Gran Barrengold von neun Zehntel Feingehalt.

Der hier gemachte Vorschlag geht dahin, das Gewicht des Dollars dergestalt zu verändern, daß die Veränderungen in seinem Werte ausgeglichen werden. Ohne das Vorhandensein von Goldmünzen würde eine Durchführung dieses Planes keinen Schwierigkeiten begegnen. Wenn zum Beispiel der Wert des Goldes oder vielmehr dessen Kaufkraft um 1 Prozent abnimmt, so wäre das Gewicht des Barrengoldes, das den virtuellen Dollar konstituiert, um 1 Prozent, also von 25.8 auf 26.058 Gran zu erhöhen. Wenn in der Kaufkraft des Goldes eine Zunahme eintritt, so wäre das Gewicht des virtuellen Dollars dementsprechend zu reduzieren. Der das Gold zur Münzstätte bringende Goldproduzent würde dann ein Goldzertifikat erhalten, das für jede 25.8 Gran Gold in Korngehalt nicht notwendig auf einen Dollar, sondern, je nachdem, auf einen größeren oder kleineren Betrag lauten würde, wobei die zu erhaltende Summe immer dieselbe Kaufkraft zu besitzen hätte. In gleicher Weise würde der Inhaber von Goldzertifikaten, die er für den Export oder für kunstgewerbliche Zwecke in Barrengold eingelöst zu haben wünscht, für jeden Dollar in Goldzertifikaten nicht immer gerade 25.8 Gran, sondern je nachdem ein größeres oder kleineres Quantum erhalten. Die Regierung würde auf diese Weise genau so wie dies jetzt der Fall ist, vom Goldproduzenten Gold erhalten und dasselbe an den Juwelier abgeben, nur mit dem Unterschied, daß dies, anstatt des willkürlich festgesetzten Gewichtes von 25.8 Gran in einem veränderlichen Gewichte des Dollars zu geschehen hätte. Das Gewicht des Goldes per Dollar, zu dem die Goldzertifikate jeweilig einzulösen wären, würde den virtuellen und alleinigen Golddollar konstituieren. Unter solchen Umständen ließe sich das Gewicht des Golddollars (d. h. das mit einem Goldzertifikat von einem Dollar einlösbare Quantum Barrengold) erhöhen und erniedrigen, ohne ein Umprägen oder einen anderen Konflikt mit der äußeren Erscheinung des Kurantgeldes in unserer Tasche zu bedingen.

Eigentlich sollten wir uns zur Darstellung der ganzen Sachlage mit einem anderen Verfahren vertraut machen. Statt der Ausdrucksweise, daß die Regierung in der Münzstätte Barrengold entgegennimmt und dieses zur Einlösung von Goldzertifikaten benutzt, können wir auch sagen, daß die Regierung Gold kauft und verkauft. Die Regierung kauft das Gold vom Goldproduzenten und bezahlt es mit Goldzertifikaten; sie verkauft Gold an den Juwelier, der diese Zertifikate einlöst. Der Preis, zu dem gegenwärtig Gold von der Regierung gekauft und verkauft wird, beträgt $ 18.60 per Unze (für Korngold neun Zehntel fein). Dieser Betrag ist aus dem Gewichte des Golddollars leicht auszurechnen, denn 25.8 Gran Gold bilden unseren derzeitigen Dollar, und jede Unze (oder 480 Gran) Barrengold enthält 480/25.8 oder 18.60 virtuelle Dollar. Wenn wir uns also sagen, daß unser Golddollar ein festes Gewicht hat, das auf 25.8 Gran festgesetzt ist, so bedeutet dies genau dasselbe, wie wenn wir uns sagen, daß wir einen von der Regierung gezahlten festen Goldpreis haben, der $ 18.60 per Unze beträgt. Das Gewicht des Golddollars um 1 Prozent oder von 25.8 auf 26.058 Gran zu erhöhen, bedeutet dasselbe, wie den von der Regierung gezahlten Preis für Gold von $ 18.60 auf $ 18.42 per Unze zu erniedrigen.

Wir kommen nun zur Beantwortung der zweiten Frage: Wie ist es zu ermöglichen, die richtigen Anpassungen herauszufinden, die im Gewichte des virtuellen Dollars, d. h. im Gewichte des mit jedem Goldzertifikat von einem Dollar auslösbaren Barrengoldes, vorzunehmen sind, ohne die Entscheidung hierüber der Gefahr auszusetzen, in den Händen der Regierungsbeamten nach Belieben geregelt zu werden? Mit anderen Worten: Wie kann die Anpassung im Gewichte des virtuellen Dollars auf automatische Weise geschehen? Die Antwort hierauf ist: Vermittelst einer Statistik, die den Namen „Indexnummern der Preise“ führt. Eine solche Statistik wird heute vom „*Economist*“ in London, vom Arbeitsamt der Vereinigten Staaten und Kanadas sowie von verschiedenen Handelsagenturen, wie der von Bradstreet, veröffentlicht. Die auf die Engrospreise von 257 Warengattungen gegründete Indexnummer des erstgenannten Arbeitsamtes zeigt die Ausdehnung an, in der die Preise im großen Ganzen von Jahr zu Jahr vorrücken oder fallen, d. h., diese Indexnummer stellt die *Durchschnitts*bewegung sämtlicher 257 Preise dar.

Es gibt eine ganze Anzahl Indexnummersysteme, doch herrscht unter ihnen eine außerordentliche Übereinstimmung. Sobald man sich über das zu wählende Indexnummersystem einmal schlüssig geworden ist, gestaltet sich die numerische Berechnung zu einer bloßen Kommisarbeit. Ein statistisches Bureau (wie z. B. das gegenwärtige Arbeitsamt in den Vereinigten Staaten oder ein internationales statistisches Bureau) könnte diese Statistik und die jeweiligen Preise, auf denen jene basiert, periodisch zusammenstellen und veröffentlichen. Wenn zu einem gewissen Zeitpunkte die offizielle Indexnummer angibt, daß das Preisniveau um 1 Prozent über Pari gestiegen ist, so würde dies das Signal zu einer Erhöhung im virtuellen Dollar von 1 Prozent bedeuten.

Dem vorliegenden Plane gemäß wäre also erstens, für die Berechnung einer offiziellen Indexnummer der Preise Sorge zu tragen, und zweitens, würde das offizielle Gewicht des virtuellen Dollars, zu dem die Regierung Goldzertifikate an die Goldproduzenten ausgibt oder die von den Juwelieren überreichten Goldzertifikate einlöst, entsprechend zu adjustieren sein. Mit anderen Worten: Die amtlichen Goldpreise, zu denen die Regierung bereit ist, je nach Wahl des Publikums Gold zu kaufen oder zu verkaufen, müßten eine entsprechende Anpassung erfahren.

Kurz, der Plan verfolgt den Zweck, das Gewicht des Dollars virtuell entweder höher oder niedriger zu stellen (d. h. den Preis des Barrengoldes nach aufwärts oder nach abwärts festzulegen), was in einem genauen Verhältnis zu den Abweichungen der Preisindexnummer über oder unter Pari zu geschehen hätte.

Es sollen nun noch in aller Kürze einige Einzelheiten in Bezug auf die Durchführung des Planes erwähnt werden. Der Leser erwartet gewiß noch eine Aufklärung darüber, in welcher Weise bei einem solchen System die wirklichen Goldmünzen zur Verwendung kommen. Die in Zirkulation befindlichen Goldmünzen fortwährend umzuprägen, würde sich natürlich als unausführbar erweisen. Doch wäre dies auch ganz unnötig. Die zum Gewichte von 25.8 Gran per Dollar vorhandenen Goldmünzen würden unverändert bleiben und die neu zu prägenden Goldstücke hätten dasselbe Gewicht zu erhalten. Die Goldmünzen würden einfach den Charakter der jetzigen Silberdollar annehmen, d. h. sie würden sich in Münzwertzeichen verwandeln. Sie würden, den Goldzertifikaten gleich, bloße Lagerscheine oder sozusagen „Metallanweisungen" für das in den Schatzkammern der Regierung in Depot liegende Barrengold darstellen. Mit anderen Worten ausgedrückt würden *die Goldmünzen bloße Goldzertifikate bedeuten, die anstatt auf Papier auf Gold gedruckt sind.* Die Benutzung würde genau dieselbe wie diejenige der Goldzertifikate sein, nämlich, die Münzen können dem Goldproduzenten gegen sein Barrengold ausgegeben und von denen, die Barrengold für den Export oder für das Kunstgewerbe benötigen, eingelöst werden.

Das über das Gewicht des gemünzten Dollars hinausgehende Barrenmetall würde mit der allgemein unter dem Namen „Münzgebühr" bekannten Ähnlichkeit haben, so daß der Vorschlag gewissermaßen als ein Plan zur Wiederherstellung des ehemaligen Brauches einer „Münzgebühr" auf Goldmünzen bezeichnet werden kann. Wenn also zu irgendeiner Zeit der virtuelle Dollar auf 35.8 Gran zu stehen käme, so würde das Mehr von zehn Gran über dem Werte der 25.8 Gran wiegenden Dollarmünze die „Münzgebühr" darstellen. Der Goldproduzent würde für jede 35.8 Gran Barrengold, die er in Korngehalt zur Münzstätte bringt, je nach seiner Wahl entweder ein auf Papier oder auf Gold gedrucktes Goldzertifikat (d. h. *eine Dollargoldmünze*) erhalten, welch letzteres, genau wie dies jetzt der Fall ist, 25.8 Gran enthält.

Jedermann, der alte oder neue Goldmünzen besitzt, und jedermann, der Goldzertifikate in Händen hat, könnte von der Regierung zu der von Zeit zu Zeit bekannt gemachten offiziellen Rate Barrengold erhalten. Man würde demnach ein größeres Quantum Barrengold empfangen als das im Golddollar enthaltene. Unseren anderen Münzen gleich, würde dann das Goldstück als Münze mehr wert sein, als als Barrenmetall, und dessen Wert wäre genau so zu bestimmen, wie heutzutage der Wert eines Goldzertifikates oder eines anderen Papiergeldes bestimmt wird, nämlich durch das endgültige Barrenmetall, mit dem es ausgelöst werden kann, wobei das Gewicht dieses Barrenmetalls ein größeres sein müßte, als das des Dollars selbst.

Die einzige, durch eine Beibehaltung des jetzigen Gewichtes und Feingehaltes der Goldmünzen möglicherweise in Erscheinung tretende Komplikation würde darin bestehen, daß sobald die Preise die Tendenz zu einem Fallen unter den Pariwert oder unter den Ausgangspunkt, an dem das System seinen Anfang nahm, zeigen sollten, die Handhabung des Systems eingeschränkt werden müßte. Das Gewicht des virtuellen Golddollars dürfte niemals unter das Gewicht der Dollarmünze sinken, denn wenn dies der Fall wäre, würde die Münzgebühr zu einer Minusquantität, und da die Goldmünzen in Barrenmetall einen höheren Wert repräsentieren würden, als in geprägtem Zustande, so würde ein Einschmelzen sämtlicher Goldmünzen in Barrengold die unmittelbare Folge sein. Das System müßte daher den Vorbehalt in sich schließen, daß das Gewicht des virtuellen Dollars niemals auf *weniger* als 25.8 Gran zu stehen kommt und daß demnach der von der Regierung bewilligte Goldpreis niemals *mehr* als $ 18.60 per Unze beträgt. Angesichts der heutzutage herrschenden Unzufriedenheit über die hohen Preise würde wohl ein großer Teil des Publikums gegen eine Einschränkung nichts einzuwenden haben, durch die den Preisen zwar gestattet wird, unter das jetzige Niveau zu fallen, ein höheres Steigen jedoch nicht zuläßt. Dies wäre aber ein schlechter Grundsatz, weil er nur nach einer Richtung hin wirkt. Infolgedessen müßte, wenn ich für meine Person auch der Ansicht bin, daß die Tendenz zu einem Steigen auch in Zukunft andauern wird, für die Möglichkeit einer Preisbewegung nach abwärts Sorge getragen werden. Wenn dieser Fall eintreten sollte, so könnten zu allem Anbeginn die Goldstücke eingezogen und in Münzen von leichterem Gewicht umgeprägt werden, was sich in derselben Weise vollziehen ließe, wie der Peso in den Philippinen eingezogen und im Gewicht vermindert wurde, als das kurz zuvor eingetretene Steigen im Preise des Silbers zu einem Einschmelzen der Silberpesos zu führen drohte. Doch brauchen wir meiner Meinung nach die Brücke nicht eher zu überschreiten, als bis wir zu ihr gelangen, und es genügt daher vollständig, Maßnahmen für einen solchen Fall im voraus zu treffen. Zu diesem Zwecke könnte einer der nachstehenden beiden Wege eingeschlagen werden. Erstens könnte für den Fall, daß das Preisniveau jemals um mehr als zehn Prozent unter den ursprünglichen Pariwert oder unter das Preisniveau sinkt, von dem das System seinen Anfang nahm, die Einziehung sämtlicher Goldmünzen aus der Zirkulation vorgesehen und an deren Stelle Goldzertifikate ausgegeben werden. Auf diese Weise könnten wir uns aus einer durch die Benutzung von Goldmünzen herbeigeführten Komplikation befreien, und es würde uns fernerhin jederzeit freistehen, das Gewicht des virtuellen Dollars nach abwärts und nach aufwärts zu adjustieren. Das zweite Verfahren besteht in einer Umprägung und Verringerung unserer Goldmünzen, wenn die Preise tatsächlich um mehr als die angenommenen zehn Prozent unter das ursprüngliche Niveau fallen sollten. Unter dieser Verringerung ist zu verstehen, daß das Gold, auf das wir unsere Goldzertifikate drucken, im Gewicht zu reduzieren wäre. Dieses Gold würde natürlich ebensowenig eine Verminderung im Werte der Goldmünzen herbeiführen, als die bei einem ähnlichen Fall im Gewichte der Pesos in den Philippinen erfolgte Reduzierung — oder um ein nächstliegenderes Beispiel zu wählen, ebensowenig wie die vor einem halben Jahrhundert im Gewichte unserer Silberhilfsmünzen bewirkte Reduzierung um zehn Prozent — die Tendenz hatte, den Wert dieser Münzen herabzusetzen.

Bei einer Bevorzugung des letztgenannten Planes würde der Verminderungsbetrag der Goldmünze hinreichend sein, um einen bequemen Spielraum für dergleichen eventuell in Zukunft auftauchende unerwartete Ereignisse zu schaffen. Ein späteres Umprägen könnte daher auf lange Zeit hinausgeschoben und eine ähnliche Vorkehrung dafür getroffen werden. Ich für meine Person würde der erstgenannten Methode, bei der die Goldmünzen ganz und gar ausgeschieden werden, den Vorzug geben.

Ein anderes ganz wesentliches Detail in dem System besteht in einem Vorbehalt, durch den etwaige für die Regierung unheilvolle Spekulationen in Gold vereitelt werden. Dies könnte mittelst einer geringen, sagen wir 1 Prozent betragenden Gebühr geschehen, die zur Deckung der Prägekosten an die Regierung zu zahlen wäre. Diese spezielle Gebühr ist schon in früheren Zeiten gebräuchlich gewesen. Demzufolge würde der zu irgendeinem Zeitpunkte von der Regierung bei dem Einkauf von Gold gezahlte Preis etwas geringer sein als der, zu welchem sie das Gold verkauft. Denn ohne eine solche zum Schutze der Regierung festgesetzte Sicherheitssumme würden die Spekulanten, wenn die Regierung den Goldpreis beispielsweise von $ 18.— auf $ 18.10 per Unze erhöht, in der Voraussicht dieser Erhöhung alles in den Kellern des Schatzamtes lagernde Gold zu $ 18.— aufkaufen, um es unmittelbar nach der Preisveränderung zum Preise von $ 18.10 an die Regierung wieder abzugeben, wobei sie auf Kosten der Regierung zehn Cent per Unze profitieren würden.

In gleicher Weise würde ein eventuelles Sinken im Preise, sagen wir von $ 18.10 auf $ 18.—, eine Spekulation nach der entgegengesetzten Richtung ermutigen. Wer sich im Besitze von Barrengold befindet, würde das letztere eiligst zum Schatzamt bringen, um es zur neuen Rate von $ 18.10 zu verkaufen und sofort nach dem Preiswechsel zu $ 18.— zurückkaufen, wobei er ebenfalls auf Kosten der Regierung zehn Prozent per Unze profitierte. Wenn sich aber die Regierung durch die obengenannte spezielle Münzgebühr von 1 Prozent gegen derartige Manöver verwahrt und wenn Vorkehrungen getroffen werden, daß in dem von der Regierung aufgestellten Preispaar — gleichviel ob sich beide Preise nach aufwärts oder nach abwärts bewegen — keinerlei Einzelverschiebung diese „spezielle Münzgebühr" oder den für beide Preise aufgestellten Sicherheitsbetrag überschreitet, so liegt es auf der Hand, daß eine derartige Spekulation nicht aufkommen könnte, denn durch die an die Regierung zu zahlende spezielle Münzgebühr würde die Einbuße größer sein, als ein eventueller, durch den Wechsel im Preise herbeigeführter spekulativer Gewinn.

Ein weiterer in dem Schema zu berücksichtigender Umstand bezieht sich auf Verfügungen, mittelst denen von allem Anfang an eine Goldreserve, soweit sie nicht bereits vorhanden ist, gesichert und unterhalten wird. Die in den Vereinigten Staaten bereits im Schatzamt liegenden 50 000 000 Unzen Gold könnten sodann zur Einlösung der ausstehenden $ 900 000 000 Goldzertifikate verwendet werden.

Jede im Handel befindliche Einheit ist stabilisiert worden, ausgenommen die wichtigste und universellste von allen, die Einheit der Kaufkraft. Welcher Geschäftsmann würde auch nur im entferntesten darauf eingehen, einen auf soundsoviel Meter Tuch oder soundsoviel Tonnen Kohle lautenden Kontrakt abzuschließen und die Länge des Metermaßes oder die Größe der Tonne dem Zufall überlassen. In früheren Zeiten diente der Gürtel eines Mannes als Längenmaß. Um es konstant zu gestalten, wurde es stabilisiert. Selbst unsere neuen Elektrizitätseinheiten, das Ohm, das Kilowatt, das Ampere und das Volt sind stabilisiert worden. Aber der Dollar ist nach wie vor den Wechselfällen der Goldproduktion ausgesetzt. Die Wertstabilisierung der elektrischen Einheiten konnte anfangs nicht vorgenommen werden, weil uns die geeigneten Instrumente zur Bemessung dieser ausweichenden Größen fehlten. Sobald aber derartige Bemessungsvorrichtungen erfunden wurden, erfolgte die Stabilisierung dieser Einheiten. Die Unterlassung einer Stabilisierung des Dollars als Einheit der Kaufkraft und somit der Stabilisierung von Zahlungen zu einem späteren Termin konnte bisher auf eine ähnliche Rechtfertigung zurückgeführt werden, denn zu einer Bemessung fehlte uns das geeignete Instrument und auch ein Plan, nach dem die Resultate hätten praktisch verwertet werden können. Aber mit der Entwicklung der Indexnummern und mit der Einrichtung, diesen Indexnummern eine entsprechende Münzgebühr anzupassen, stehen uns nunmehr alle zu einer wissenschaftlichen Stabilisierung des Dollars und zur Verwirklichung des langbegehrten Ideals eines „vielfachen Wertregulators“ erforderlichen Materialien zur Verfügung. Es liegt nun in der Macht der menschlichen Gesellschaft, ein stabilisiertes Einheitsmaß des Geldes, einen stabilen Dollar, zu schaffen.

Personen- und Sachregister.

H.

T.

U.

V.

W.

Y.

Z.

FSC
www.fsc.org
MIX
Papier | Fördert gute Waldnutzung
FSC® C083411

Kolibri 360 GmbH
Ferdinand-Jühlke-Straße 7
99095 Erfurt, Deutschland
produktsicherheit@kolibri360.de